인물로 보는
한국 공연예술사

1

인물로 보는

한국 공연예술사 1

초판 1쇄 인쇄 · 2025년 4월 5일
초판 1쇄 발행 · 2025년 4월 15일

지은이 · 유 민 영
펴낸이 · 한 봉 숙
펴낸곳 · 푸른사상사

주간 · 맹문재 | 편집 · 지순이 | 교정 · 김수란, 노현정 | 마케팅 · 한정규
등록 · 1999년 7월 8일 제2-2876호
주소 · 경기도 파주시 회동길 337-16(서패동 470-6)
대표전화 · 031) 955-9111~2 | 팩시밀리 · 031) 955-9114
이메일 · prun21c@hanmail.net
홈페이지 · http://www.prun21c.com

ⓒ 유민영, 2025

ISBN 979-11-308-2232-7 94680
ISBN 979-11-308-2231-0(세트)

값 49,000원

History of Korean
Performing Arts in People 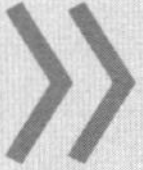

유민영

인물로 보는
한국 공연예술사

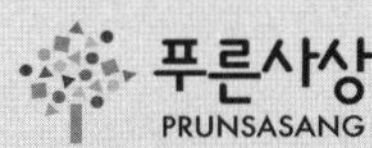
푸른사상
PRUNSASANG

오늘날 연극이 바탕이 된 영화를 비롯하여 뮤지컬, TV 드라마, OTT 드라마 등이 한류의 중요한 축(軸)으로서 세계인들의 환호를 받고 있어 한국인이면 누구나 자부심을 느끼지 않을 수 없을 것이다. 이와 같은 현상은 어느 날 갑자기 하늘에서 떨어진 것이 아니다. 천수백 년 동안 험난한 사회에서 일생을 바쳐 이 땅에 연극을 일궈온 선구자들이 있어 우리가 문화적으로도 일등 국민임을 세계인들에게서 인정받고 있는 것이다. 이 책은 바로 그 선구자들을 심층적으로 탐구한 것이다.

인물 선정의 대전제는 천수백 년에 걸친 우리 연극사를 엮어온 대표적 인물이어야 한다는 것이었다. 그러나 우리의 전통사회에서는 연극이나 무용, 음악 등을 하는 예능인들은 광대라 하여 천민으로 푸대접을 받아왔다. 그런 속에서도 예능이 좋아서, 또는 숙명적으로 그런 것을 하지 않을 수 없었던 사람들이 천수백 년 동안 이 땅에 연극이라는 문화를 형성해왔다. 그럼에도 불구하고 그들은 역사에 이름을 남기지 못하고 초라하게 사라져갔다. 삼국시대부터 가면극이 있었고 고려시대에는 꼭두각시인형극도 있었지만 광대로서 제대로 이름을 남긴 인물은 조선 후기에 판소리를 창극의 차원에서 정립한 신재효(申在孝)가 처음이다. 그 이전에도 수많은 광대들이 명멸했지만 변변한 기록이 없어 천착(穿鑿)의 대상이 될 수가 없다.

이 책은 신재효로부터 시작하여 최근에 타계한 연출가 안민수(安民洙)까지 한국 공연예술사의 흐름을 따라 그때그때 주요 역할을 한 인물들을 선정하여 그들의 삶과 예술세계를 탐색해나갔다. 불행하게도 연극이 배우의 예술임에도 불구하고 비평이 없었던 전 시대에 활동했던 배우들은 기록이 거의 없었다. 다행히 필자가 희곡사, 극장사, 연극사 등을 쓰기 위해 1960년대 중반부터 당시 생존해 있던 연극인들, 변기종, 서월영, 복혜숙, 석금성, 유치진, 박진, 진랑, 김연수, 김소희, 이서구, 전옥, 오영진, 고설봉, 지계순 등 많은 원로 연극인들을 찾아다니며 그들의 이야기를 녹음하고 스케치한 것이 있어서 기록의 한계를 극복하는 데 적잖은 도움이 되었다. 사실 배우의 경우는 작가나 연출가 등과 달리 기록이 희소한 데다가 그나마도 단편적이어서 그들의 삶과 예술세계를 재구(再構)하는 일은 쉽지가 않다. 바로 그 점에서 필자가 일찍이 벌인 녹음 작업이 새삼 소중한 자산이 될 수가 있었다.

배우 외에도 극작가, 연출가, 무대미술가, 제작자, 분장사, 연극학자 등 연극인들이 다수지만, 연극과 관련이 있는 비연극인들도 다수 포함되어 있다. 개화기에 극장 운영자로서 사라져가는 전통예술을 끈질기게 보존하면서 영화예술을 진흥시킨 박승필, 〈아리랑〉으로 창작영화의 지평을 연 나운규, 파란의 삶 속에서 여배우의 전범을 보여준 최은희, 처음으로 우리 손으로 전문적인 동양극장을 세우고 신무용의 단초를 제시한 배구자, 신무용을 개척하여 서양에까지 소개했던 탁월한 무용가 조택원, 극작가 김우진과 비련의 정사를 한 최초의 소프라노 윤심덕, 「떠나가는 배」로 유명한 시인이며 서양희곡을 제대로 번역한 박용철 등, 연극운동가, 영화인, 서양음악가, 신무용가, 번역자까지 다양한 인물들이 망라되었다. 이들이 각자 자기 분야에서 대성했지만 연극에도 크게 기여한 인물들이다.

일이 되느라 최근 『북한연극사』(2024)를 쓰면서 얻은 귀중한 북한 자료로 월북 연극인들인 송영, 김선영, 박영호, 황철, 함세덕, 임선규 등의 예술 활동을 크게 보완할 수가 있었던 것은 더없는 소득이라 하겠다. 20여 년 전에도 인물 연극사를 한 차례 펴낸 적이 있었으나, 그 이후 발굴한 자료들이 적지 않아 새로 정리하여 집필해야겠다는 생각이 마음속 깊은 곳에 빚으로 남아 있던 차에 『북한연극사』의 발간이 나를 채찍질한 셈이다.

분량이 많아져서 세 권으로 나누게 되었다. 1권에서는 조선시대의 판소리 이론가 동리 신재효부터 무성영화의 변사 출신으로 대중과 함께한 김춘광까지, 25명의 인물들을 탐구 대상으로 삼았다. 판소리로부터 창극이 태어나고, 신파극과 신극이 등장하던 근대연극의 변혁기를 다룬 것이다.

출판시장 상황이 어려운데도 불구하고 방대한 분량의 졸저를 출판해준 푸른사상사 한봉숙 대표와 편집부원들에게 깊은 감사를 표한다.

2025년 3월
유민영

:: **차례**

제2부 외국연극의 모방과 수용

제3부 대중 공연예술의 개화 (1)

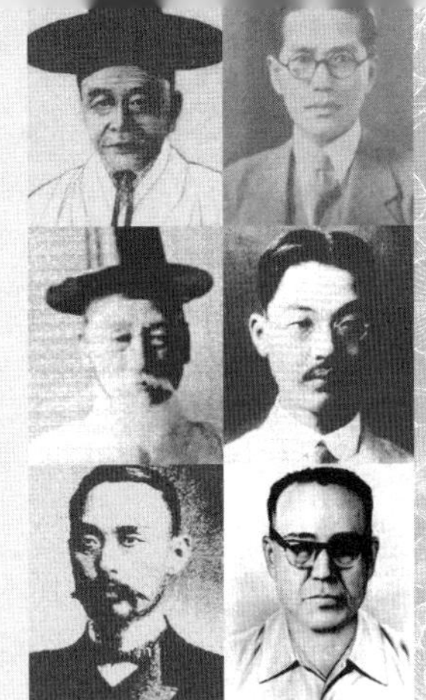

제1부

전통 극예술의 정립과 계승

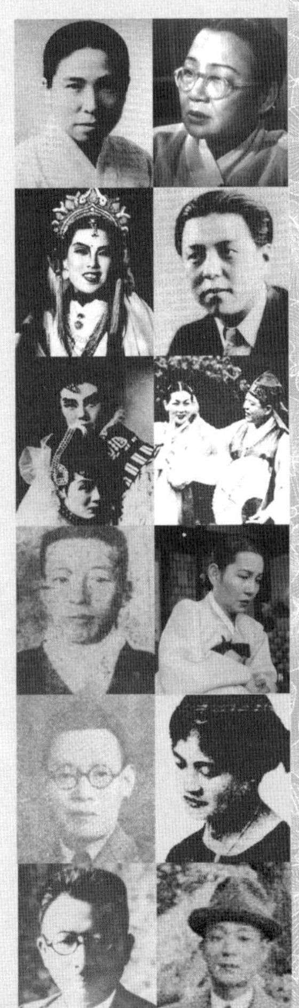

판소리를 공연예술로 끌어올린
신재효

    인간은 단체생활을 해오는 동안 자신들을 둘러싸고 있는 제신(諸神)에 대한 경배의식을 만들어내면서 가무와 함께 여러 가지 표현 방식을 만들어왔다. 즉 인간이 제신에 대한 경의와 위로를 위한 표현 방식을 만들어내면서 스스로의 즐거움도 느끼게 되었는데, 그것이 다름 아닌 오락이었고 일종의 원시적 연극 형태였다고 말할 수가 있다.

    따라서 어느 종족이든 비슷한 형태의 제의와 그에 부수된 예능 형태를 갖게 된 것이다. 다만 각 종족 간의 차이라고 한다면 어느 종족은 예술로 발전시켰는가 하면 그렇지 못한 경우도 있다. 그러니까 제의로부터 연극, 무용, 음악 등이 분화, 발전된 것이라는 이야기다. 우리나라 역시 무속 등과 같은 제의로부터 전통극, 민속무용, 민속음악 등이 분화, 발전되어왔다. 조선시대까지 여러 가지 예술양식이 발전되어왔고, 연극 역시 예외가 아니었다. 고대국가 이래 발전되어온 연극 형태만 하더라도 각종 굿놀이를 비롯해서 탈춤(가면극), 꼭두각시놀음(민속인형극), 그림자극, 판소리, 광대소학지희 등 다양했는데, 그것을 담당해온 계층이 다름 아닌 천민층이었다는 것이 한 가지 공통점이다. 게다가 우리나라 전통극은 다분히 자연발생적이었거나 아니면 대륙문화의 영향권 내에서 형성, 발전되어왔기 때문에 작가나 연출가 등 특별한 창조 주역이

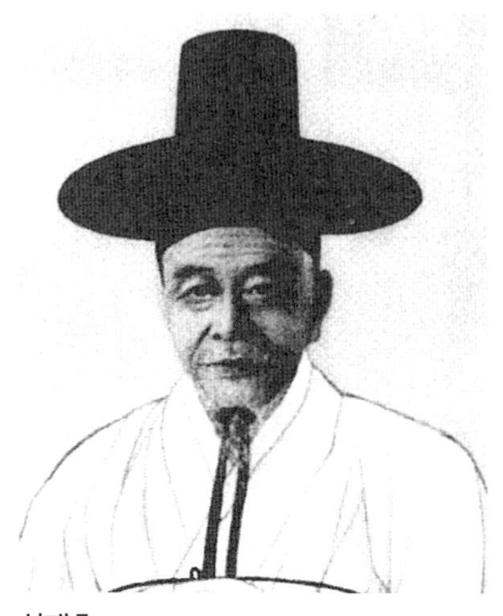

신재효

드러나지 않으며, 배우 역시 천민층이었기 때문에 부각되기가 쉽지 않았다.

따라서 이 땅에서 연극이 시작되어 천 몇백 년 동안 발전되어왔음에도 불구하고 개화기 이전까지는 특별한 인물이 부각되지 않았다. 물론 대중을 웃기고 울리면서 사회 풍자를 전담해왔던 광대소학지희 배우들이 『용재총화(慵齋叢話)』 등 몇몇 야사에 기록되어 있지만 그들의 생애와 활동상을 살필 만한 기록은 찾기가 어렵다. 그렇게 볼 때 19세기에 판소리를 정리한 신재효(申在孝)야말로 대단히 비중 있게 다루어야 할 인물이다. 왜냐하면 신재효는 19세기 말까지 유일하게 부각되어 있는 판소리 이론가 겸 교육자 더 나아가 당대의 출중한 문화운동가였기 때문이다.

신재효가 연극인이냐 하는 이견이 제기될 수 있을 것이다. 그러나 판소리가 특수 양식이라 하더라도 대중을 상대로 하는 공연예술인 것만은 부인할 수 없다. 사실 공연예술은 근대적 분류 방식을 따르자면 연극, 음악, 무용, 오페라 등을 지칭하는 것이다. 그러니까 판소리가 공연예술인 만큼 보편적 분류 방식을 따르는 것이 원칙이고 특수 양식이라거나 서사문학이라고만 고집하는 것은 엄격한 학문 행위라고는 보기 어렵다. 일찍이 연극학이 없었던 시대에 판소리 연구를 국학자들이 진행해오다 보니 아직까지도 판소리는 국문학자들의 연구 전유물이 되어 있는 느낌이다.

다행히 선구 연구자들이 판소리에서 연극성을 발견해낸 것은 판소리 연구의 새 지평을 열어놓은 것이라 말할 수가 있다. 가령 초창기 시가문학 연구학자들이었던 이병기, 정병욱, 김삼불 등이 판소리를 연구하는 과정에서 신재효의 가치를 인정하고, 그를 영국의 세계적인 극작가 셰익스피어에 비교한 것은

　　　　　　　　　　　　　제1부　전통 극예술의 정립과 계승

주목할 만하다.

특히 해방 이후 대표적 판소리 연구자 강한영은 한 논문에서 "그의 작가적 업적과 그 예술 가치를 한마디로 표현한다면 해 뜨는 나라 한국엔 신재효가 있고 해 지는 나라 영국엔 셰익스피어가 있다고 해도 과언은 아닐 것"[1]이라고 단정했다. 그럼에도 불구하고 여전히 국문학자들이 주도해온 판소리 연구에서는 신재효의 연극인로서의 공적이 제대로 평가되지 않았다.

그러나 판소리 연구의 선학들이 신재효를 셰익스피어에 비견한 것은 그가 그만큼 대단한 연극인이었다는 의미 아니겠는가. 물론 셰익스피어는 희곡만 쓴 것은 아니고 소네트도 많이 남겼고 배우로서도 활동했다. 그렇게 볼 때, 신재효의 셰익스피어적 면모는 어디까지나 여러 편의 단가 창작과 함께 판소리에 내재된 연극성 확대, 그리고 배우 양성 교육, 관객 확충 등에 따른 것이라 보겠다.

이제 동리 신재효는 어떤 인물이며 무슨 일을 했는가를 살펴보자. 강한영의 「인간 신재효의 재조명」에 의하면 신재효는 1812년(순조 11) 11월 초 전북 고창에서 출생했고, 본관은 평산이며 자는 백원, 호는 동리(桐里)였다. 부친은 경기도 고양 출신으로 고창현의 경주인(京主人)으로 활동하다가 고창에 내려와 관약방(官藥房)을 경영한 신광흡(申光洽)이다. 집안이 경제적으로 매우 윤택했고, 부친이 한성부에서 봉상시(奉常司) 직장(直長, 종7품)을 지낼 만큼 유식했기 때문에 신재효는 가정교육을 제대로 받을 수가 있었다. 유년 시절에는 부친으로부터 교육받았고, 근처의 명망 높은 한학자와 학문을 논한 적이 있다고 한다. 그가 한학에 능통하고 시문에 뛰어났었음을 "선생의 박학(博學)은 놀라지 않을 수 없으며 더욱 음률에 정통하고 시문에 능하였습니다"[2]라고 쓴 시조시인 조운(曺雲)의 글에서도 확인할 수가 있다.

---

1 강한영, 「인간 신재효의 재조명」, 서종문 · 정병헌, 『신재효 연구』, 태학사, 1997, 54쪽.
2 조운, 「근대가요대방가 신오위장」, 『신생』 1929.1.

그러나 그는 양반 신분이 아니었고, 벼슬은 향리에 불과했다. 부친이 마련한 토대 위에서 고창 현감 이익상 밑에서 이방으로 일하다가 호장에 오른 것으로 알려져 있다.[3] 그러다가 점차 국가에 여러 공로를 세우며 고종 13년에는 통정대부(通政大夫)가 되고 이어서 가선대부(嘉善大夫) 그리고 만년에는 종2품에 해당하는 호조참판으로서 동지중추부사를 겸하기까지 했었다. 물론 이는 대원군의 후광에 의한 것으로 보이기도 하지만, 신재효는 신분 사회가 아니었다면 재상을 지냈어도 손색없을 만큼 학식과 인품이 뛰어난 인물이었다.

부친의 대물림도 있었지만 이재에도 밝았던 그는 이방으로 활동하던 40세 때 이미 5천 석 토지에 50세대 이상의 식솔을 거느린 지주가 되어 있었다. 그가 쓴 〈치산가(治産歌)〉를 통해 그가 지닌 현대적 경영인의 면모를 엿볼 수 있다. 그는 치부(致富)를 긍정적으로 보면서도 근검절약과 도덕성을 강조한 근대 자본주의적인 사고의 소유자였던 것이다.

> 이보 소년들아 기한(飢寒) 노인 웃지 마소
> 젊어서 방탕하면 이러하기 면할소냐
> 칠십이 당한 후의 세상을 찌다르니
> 기력이 쇠진하면 무슨 일을 성사할랴
> 내 형상 자세 보아 헛되이 노지 마소
> 부지런코 검박하면 가장기물 절로 있네
> 사치하고 무도하면 범법수죄 자로 하고
> 패가망신 아주 쉽네
> 치산가 한 곡조를 범연히 듣지 마소
> 창업하기 어렵건가, 수성하기 더 어렵네······[4]

이 단가에서 특히 눈길을 끄는 것은 자본 축적이 거저 되는 것이 아니고 부

---

3 서종문, 「판소리운동가로서의 삶」, 서종문 · 정병헌, 앞의 책, 14쪽.
4 신재효, 〈치산가(治産歌)〉, 강한영, 『신재효 판소리 사설집』, 민중서관, 1971, 673쪽.

                              제1부 전통 극예술의 정립과 계승

지런히 일을 하되 절약하는 생활 자세를 몸에 익혀야 하며 특히 도덕적으로 건실해야지 그렇지 않으면 패가망신하기 쉽다고 주장함으로써 청부(清富)를 중요하게 보았으며, 부자일수록 도덕적 의무, 즉 자기 절제가 요구된다고 한 점이다. 이는 근대 서양의 자본주의가 발달하는 과정에서 청교도 정신을 강조한 것과 일맥상통해 보인다.

그리고 그를 더욱 훌륭하게 보이게 하는 것은 재산에 애착을 별로 갖지 않았던 것과 "익은 음식 나눠 먹세"라는 〈치산가〉의 한 구절처럼 가진 것을 주변 사람들에게 나누어주는 일을 서슴지 않았다. 그의 고향인 고창의 한 숲에 서 있는 유애비(遺愛碑)에 '근검지조(勤儉之操) 박시지인(博施之仁)'이라고 씌어 있는 것도 그의 베푼 삶을 기린 것이다. 허원기도 한 논문에서 "신재효는 여러 차례 자신의 재산을 희사한 바 있고 판소리 광대 양성과 후원을 위해 자신의 재산을 아낌없이 내놓았다"[5]고 쓴 바 있다. 신재효는 재산의 사회 환원을 깊이 인식하고 있었고, 그 실천은 두 방식, 즉 빈자들에 대한 시혜와 광대 교육 사업이었던 것이다.

그의 박애사상을 보여주는 일화도 있다. 어느 날 밤에 도적이 신재효의 침방에 쳐들어왔다. 신재효는 당황하지 않고 온후한 말로 그를 타이르고, 돈 백 냥을 선선히 주면서 이것을 밑천으로 건전한 생업을 해서 남은 삶은 바른 사람으로 살아달라고 부탁하며 내보냈다. 얼마 후, 그 도적이 찾아와 예전의 잘못을 크게 뉘우치면서 원금 백 냥에 이자를 보태 내놓았다. 신재효는 그게 웬 말이냐는 듯이 이를 뿌리치면서 착한 사람이 된 것을 칭찬하여 되돌려보냈다 한다.[6]

이러한 일화는 당시 고창에서 충분히 있을 만한 일이었다. 예부터 그 고장에는 해적이 많았기 때문에 도난 사건이 빈번했었다. 집에 도적이 침입했는데

---

5 허원기, 「신재효의 세 가지 발언—생명사상의 문학적 변용을 중심으로」, 『판소리연구』 제12집, 1998, 122쪽.
6 위의 글, 122~123쪽.

도 품도를 잃지 않고 도적에게까지 훈육과 자선을 베풀었다는 것에서 그의 인품이 짐작된다. 조운도 그와 관련하여 "선생은 학식과 문장보다도 인격이 고귀하였다 하며, 당시 그 주민의 최고의 숭경(崇敬)을 받았다 하며, …(중략)… 선생은 또 열네 칸 줄행랑의 그 많은 노비에게 '해라'를 각박히 한 적이 없었으니 그의 겸손함과 동정이 깊은 줄을 알겠고 그의 문하에게도 그러한 경계가 많았다 합니다"[7]라고 쓴 바 있다.

조운의 신재효 묘사는 과찬이 아닐 것 같다. 수도승 같은 그의 일상생활이 그 점을 어느 정도 뒷받침해준다. 조운이 쓴 글에 의하면 "신재효는 심사(深思)의 인(人)이었고 명상의 인(人)이었다고 한다. 사람을 대하여 담화할 때는 늘 눈을 감고 앉았다고 하며 평생 동안 밤에 불을 켜두는 일이 없었고, 방에는 돗자리를 깔고 벽은 검은 종이로 도배를 했다"는 것이다. [8]

그의 높고 깊은 인품은 그가 남긴 단가에도 나타나 있다.

> 에라 만수 에라 대신
> 고금의 절대 가인 몇몇이 돌아간고
> 살았을 때 미색이요 아차 하면 진토로다
> 초로풍등 우리 인생들 어찌 아니 가련한가
> 기다 흥분 위왕이가 옛 사람의 탄식이라
> 황천 말이 가는 길에 북망산도 많을씨고
> 앞산도 북망이요 뒷산도 북망이라
> 어욱새 더욱새며 덥개나무 가랑잎에
> 잔 비방울 큰 비방울 실푼바람 뒤섞이며 실엉실엉 부는 소리
> 무엇이 좋다 하며 닫혀져 가네그려
> 서시도 찾아가고 우미인도 찾아가니
> 어찌 아니 한심하며 어찌 아니 처량한가. …(중략)…

---

7 조운, 앞의 글. 허원기의 논문에서 재인용.
8 위의 글.

　　　　　　제1부 전통 극예술의 정립과 계승

> 춘초 연연 풀이어도 왕손은 귀불귀라
> 이 설움을 생각하면 부유 같은 우리 인생
> 주야 장상 논다 한들 다 놓고 돌아갈까
> 놀고 놀고 놀아보세 얼씨구 좋을씨구[9]

인생무상을 처연하게 외치는 단가 〈권유가(勸遊歌)〉뿐만 아니라 그는 여러 편의 단가에서 자신의 초월주의적 인생관을 내비치고 있다. 〈광대가(廣大歌)〉에서도 "인간의 부귀영화 일장춘몽 가소롭고 유유한 생이사별 뒤 아니 한탄하리. 거려천지(蘧廬天地) 우리 행락 광대 행세 좋을씨고"라고 인생의 덧없음과 삶이 한바탕 희극이라는 것을 읊조린다. 〈광대가〉에서 주목되는 대목은 '거려천지(蘧廬天地)'라는 용어이다. 우리 인간은 광대무변한 우주 공간 속에서 조그만 여인숙에 잠시 들렀다가 떠나가는 것처럼 보잘것없는 존재라고 파악한 이 대목은 지극히 기독교적인 인생관이어서 주목되는 것이다. 그가 기독교를 믿었다는 증거는 아직 찾아볼 수 없지만 스스로의 심오한 학문 탐구와 깊은 사색으로 상당한 경지에 도달했음을 보여준다.

이처럼 그는 실생활 면에서는 근대 자본주의적 자세를 취한 반면, 정신적인 면에서는 달관한 경지에서 인생을 관조했다. 그런 그를 가리켜서 동학운동과 연관시켜 생명사상가로까지 인식한 허원기의 견해[10]는 주목할 만하다. 물론 신재효의 사상이 동학의 이념과 근사점을 지니고 있는 것은 사실이지만 창시자인 최제우와의 교유 관계는 확인되지 않고 있다.

그가 19세기에 있어서 지적(知的)으로 대단히 탁월한 인물이었던 것만은 아무도 부인하지 못할 것이다. 특히 그는 당시의 상류계급(양반)이 아닌 중인계급에 속해 있었기 때문에 고루하고 경직되지 않은 자유분방한 사고를 지닐 수 있었다. 그러니까 그의 예술적 상상력도 풍류객으로서의 경직되지 않은 자유

9　신재효, 〈권유가(勸遊歌)〉, 강한영, 앞의 책, 677쪽.
10　허원기는 앞에 인용한 논문에서 '신재효가 튼실한 생명사상을 지녔다'고 썼다.

분방한 사고로부터 배태될 수 있었지 않나 싶다.

사실 그가 위선적인 양반 중 한 사람이었다면, 궁(宮)으로 불려간 진채선(陳採仙)에게 절절한 연정의 〈도리화가(桃李花歌)〉를 어찌 보낼 수 있었겠는가.

> 야유원 소년시에 노든 마음 그저 있고
> 신풍주사 취한 술이 어제 논 듯 우의로다
> 강호 우의 호걸들이 왕래하며 하는 말이
> 선낭의 고운 얼굴 노래 또한 명창이라
> 듣던 바의 으뜸이니 못 들으면 한이 되리
> 그중의 기묘한 일 쌓인 병이 절로 낫네
> 이 말 듣고 일어 앉아 어서 바삐 보고지고……11

그는 신분이나 사회적 귀천 등을 초월해서 인생을 관조하면서 감정의 유로를 차단하지 않고 살았던 인물이었다. 사실 당시까지만 해도 양반이 일개 기생과 그처럼 공개적으로(?) 연문(戀文)을 나눈다는 것은 상상할 수도 없었다. 그것은 정신적으로도 신재효 정도의 초절적 수준에 도달해야 가능한 것이다. 더욱이 19세기는 조선 후기로서 정치, 경제, 사회 변동이 극심했던 시기였다. 즉 봉건적 왕권이 부패, 약화되면서 홍경래의 난을 비롯하여 민중봉기가 잇달았고, 화폐경제가 발달하면서 신흥 중산층이 상당한 사회 중심 세력으로 등장한 근세사상 대전환기에 속한다. 특히 강력한 왕권의 이완과 봉건 체제의 해체는 곧 견고한 유교 사회의 붕괴를 의미하는데, 이는 대중에게 정신적으로 상당한 충격을 줄 수밖에 없다. 이와 같이 종교적 신념을 잃어버린 대중에게 닥쳐오는 것은 스스로 극복할 수 없는 고독의 공포와 중압으로서 이런 고통을 잊고 생의 어려움을 피하기 위해서 대중적 오락을 찾게 되는 것이다.

일찍이 프랑스의 철학자 몽테뉴도 인간의 정신적 불안과 사회적 급변에 따

---

11 신재효, 〈도리화가(桃李花歌)〉, 강한영, 앞의 책, 688쪽.

라 사람들은 저급한 오락물을 추구하게 되며, 도덕적인 극복보다는 환경에 따라 적응하며 현실 도피를 꾀하게 되는 것을 필연적 현상으로 본 바 있다. 판소리가 19세기에 번창한 것도 실은 민중이 정신적 고통을 잊으려고 도피적 오락물을 찾은 데서 비롯되었다고 말할 수 있다. 그만큼 19세기의 판소리는 자기위안과 현실도피의 한 돌파구 역할도 해낸 것이다. 그러한 역사적 상황의 한복판에 판소리 광대들과 그들의 정신적 구심점이었던 신재효가 자리하고 있었다.

신재효가 첫 번째로 한 일은 무엇일까. 판소리 광대들에 대한 후원과 교육이었다. 부유한 자산가였던 그는 훌륭한 공연예술임에도 너무나 비천하게 활용되고 있는 판소리를 보호해야겠다는 생각을 한 것이다. 그러기 위해서 해야 될 일이 다름 아닌 광대들에 대한 경제적 후원이었고 그다음이 예술교육이었다. 그는 광대들을 먹여살리고 집을 마련해주는 것으로 그치지 않고, 구전으로 말미암아 정확치 못한 가사를 정비하고 세련시키는 일을 했다. 그러니까 그는 광대 후원으로부터 시작해서 이들에 대한 예술 교육으로 한 걸음씩 진전시켜 나간 것이다. 그다음 단계는 그들이 연행하고 다니는 판소리가 도대체 무엇인가를 인식시키는 작업이었다.

신재효의 판소리 교육에 공감한 전국의 소리꾼들이 얼마나 많이 모여들었는가는 국학자 조용헌의 칼럼에 잘 나타나 있다. "4000평의 집 안에다가 광대, 기생, 소리꾼들을 불러모아 놓고 이들에게 판소리를 가르쳤다. 무료로 숙식을 제공하고 공부까지 시켜준다는 소문을 듣고 전국에서 재인(才人)들이 모여들었다. 많을 때는 300여 명이 신재효 저택인 동리정사(桐里精舍)에서 먹고 잤다고 전해진다. '딴따라' 전용 숙소가 무려 74채나 될 정도였다."[12] 아마도 세계 연예사에서도 찾아볼 수 없을 특이한 예에 속할 듯싶다.

여기서 그가 생각해낸 특이점 중의 하나는 판소리를 공연예술, 즉 음악극으

---

12 조용헌, 「신재효의 노블레스 오블리주」, 『조선일보』, 2016.1.4.

로 설정하여 광대들에게 그런 방향으로 교육해간 점이라 하겠다. 그가 사설을 정리했다는 것도 의태어나 의성어 등을 많이 활용하여 무대언어로 바꾸어 놓은 것이다. 디드로(Diderot)는 일찍이 '소설은 어떤 효과를 쓰는 것이지만, 희곡은 어떤 효과를 내는 것'이라고 설파한 바 있었다. 신재효는 그의 말처럼 무대적 효과를 극대화하는 데 포커스를 맞추어간 것이다. 유영대도 지적한 것처럼, 놀부 박통 속에서 여사당이 나와서 노래를 부르고 좋아하자 놀부 마누라가 "천도머리 돔방치마 속곳가래 풀어놓고 보선발 평나막신 왈칵 뛰어 냅다서서 '나는 눌만 못하기에 사당보고 미치느냐'"라고 하는 장면이나 악기 소리를 "가얏고 둥덩둥덩, 퉁소소리 띠루띠루, 해적소리 고깨고깨, 북장단 검무 추며 번개소고 벼락소고 동골동골"[13]과 같이 표현한 점이 좋은 예이다.

그러나 그에 못지않은 연극적 언어로의 개찬은 역시 시제(時制)라 하겠다. 판소리 사설의 소설적 과거형을 모두 현재형으로 바꾼 것이 신재효였던 것이다. 서종문은 신재효의 춘향가 대본에서는 '~구나', '~나것느', '~간다', '~는다', '~것다' 등의 현재형 서술종지법을 많이 썼다고 지적한 바 있다.[14]

희곡의 시제는 언제나 현재형이다. 아무리 지난 역사를 다루어도 연극의 시제는 현재형일 수밖에 없다. 신재효는 바로 그 점을 간파하고 판소리를 공연예술로서 다듬어간 것이다. 그러니까 판소리가 지향하는 세계는 언제나 현실 공간이라는 이야기이다.

그가 판소리를 연극과 같은 공연예술로 다듬어간 또 한 가지 부분은 가시적 효과를 극대화시켜놓은 점이라 하겠다. 그는 판소리 대본을 정리하면서 관객의 상상 속에 볼거리를 많이 만들어놓은 바 있다. 다름 아닌 유랑예인 집단들인데, 풍각쟁이, 북잽이, 검무쟁이, 각설이패, 외초라니, 잡색패 같은 이들이 판을 벌이는 장면을 매우 사실적으로 묘사하고 있다. 일찍이 유영대도 하나의

---

13 유영대, 「박타령의 성격과 언어」, 서종문·정병헌, 앞의 책, 250쪽.
14 서종문, 「춘향가 동창, 남창의 판의 분화와 의미」, 위의 책, 147쪽.

예로 든 바 있는 〈박타령〉의 한 장면을 소개하면 다음과 같다.

> 쑥 잡아빼어 놓니 줄봉사 오륙백 명 그 줄들을 서로 잡고 꾸역꾸역 나오더니 그 뒤의 나오는 놈. 곰배팔이, 앉은뱅이, 새앙손의 반신불수, 지겟다리, 발디딘 놈, 밀지로 코덮은 놈, 피칠한 놈, 가슴의 구멍난 놈, 얼부푼 낯바닥의 댕강댕강 물듯한 놈, 입술 하나 없이 잇속이 웅등한 놈, 다리가 팅팅부어 모지둥 만씩한 놈, 등덜미 쑥 내밀어 큰 북통진 듯한 놈…… 그저 꾸역꾸역 나오는디[15]

신재효는 유랑예인들이 떼 지어 다니는 모습을 관객의 상상 속에 과장적으로, 또 사실적으로 묘사해놓음으로써 관객으로 하여금 관극을 매우 즐기도록 만들고 있는 것이다. 그는 〈박타령〉에서뿐만 아니라 여러 대본에서 그런 시도를 했는데, 〈변강쇠가〉에서도 강쇠의 치상 행렬이 음생원 외밭에 들러붙어서 떨어지지 않게 되자, 지나가는 사당패를 불러들여 그들이 공연하는 레퍼토리 가운데서 가창물(歌唱物)이 다 동원되고 있다. 서종문은 "사건의 전개로 보아서는 이 부분이 첨가될 필연성이 없는 것이다. 이는 신재효가 소리판의 다양한 전개를 도모하여 이에 걸맞게 사설을 재구성한 결과로 판단되는 일"[16]이라고 했다. 이런 식의 가시적 효과의 극대화는 뒷날 창극 내용을 풍부하게 만드는 바탕도 되었다는 점에서 그의 탁월한 예견력에 경탄케 된다.

그가 판소리를 무대예술로 인식하고 있었음을 보여주는 일화가 여러 가지 있다. 〈춘향가〉 중 〈농부가〉를 신재효 앞에서 부르던 광대가 모를 심는 연기를 하며 걸어오자 신재효는 '저 아까운 모 다 밟힌다'고 하면서 너름새의 잘못을 고쳐주었다고 한다.[17] 또 어느 광대가 〈백구가〉를 부르면서 벼락같이 큰 소리로 '백구야 훨훨 날지 마라'고 하자, 신재효는 놀라서 '날아가는 백구를 멈추

---

15 유영대, 앞의 글.
16 서종문, 「판소리의 이론과 실제」, 서종문 · 정병헌, 앞의 책, 76쪽.
17 조운, 앞의 글.

게 하기는커녕 자는 백구도 놀라 날아가겠다'고 핀잔을 주었다고 한다. 이처럼 그는 판소리를 무대극이라는 인식을 갖고 접근해서 이론을 다듬어간 것이다.

그에게서 판소리 이론을 전수받은 김세종(金世宗)의 판소리 광대관은 신재효의 연극관을 극명하게 보여준다. 즉 김세종은 항상 판소리 광대들에게 "창극조는 물론 창을 주체로 하여 그 짜임새와 말씨를 놓는 것과 창의 억양 반복, 고저장단에 규율을 맞게 하여야 한다. 그러나 형용동작을 등한히 하면 아니 된다. 말하자면 창극인 만큼 극에 대한 의의를 잃어서는 아니 된다. 가령 울음을 울 때에는 실제로 수건으로 낯을 가리고 엎드려서 울던지 방성통곡으로 울던지 그때그때 경우에 따라서 여실히 우는 동작으로 표시하여야 한다. 태연히 아무 비애의 감정도 표현하지 아니하고 아무 동작도 없이 그저 우두커니 앉아서 곡성만 발하면 극이 각분(各分)하여 실격이 된다"면서 청중이 감동하지 않으면 판소리의 정신을 잃는다고 했다. 그러면서 그는 "죽장 짚고 망혜 신고 천리강산 들어가니를 부를 때에는 앉았다가 쪼그리고 쪼그리에서 서서히 기신(起身)하면서 손으로 향편을 지시하면서 천리나 만리나 들어가는 동작을 형용하여 창조와 동작형용이 맞아 떨어져야 한다. 희로애락의 감정을 발로할 때에 행주좌와(行住坐臥)의 동작을 표시할 때에 그 창조와 동작이 상합하면서 맞아 떨어져야 한다"[18]고 했다. 그가 제자 김세종 등에게 가르친 것은 사실적 배우술이었던 것이다.

그의 배우예술론은 그가 지은 〈광대가〉에 구체적으로 나타나 있다. "광대라 하는 것이 제일은 인물치레, 둘째는 사설치레, 그 지차 득음이요, 그 지차 너름새라"라는 〈광대가〉의 한 대목을 해석하면 광대는 인물이 잘나야 되고 말을 잘해야 하며 소리 솜씨와 연기력이 있어야 된다는 것이다. 이는 사실 현대의 배우라, 오페라 가수, 뮤지컬 배우 등이 갖춰야 되는 기본 조건이다. 그는 특

---

18 정노식, 『조선창극사』, 조선일보사, 1940, 63~64쪽.

히 너름새, 즉 연기력을 강조했다. "귀성 끼고 맵시 있고, 경각의 천태만상, 위선위귀, 천변만호, 좌상의 풍류호걸. 귀경하는 노소남녀 울게 하고 웃게 하는 이 귀성 이 맵시가 어찌 아니 어려우며"라면서 배우가 기본적으로 갖춰야 할 능란한 변신술을 강조한 것이다. 그리고 그다음으로 중요한 것으로서 사설, 즉 그는 광대의 언어를 든다. "정금미옥 좋은 말로 분명하고 완연하게 색색이 금상첨화 칠보단장 미부인이, 병풍 뒤에 나서는 듯, 삼오야 밝은 달이 구름 밖에 나오는 듯, 새는 뜨고 웃게 하기 대단히 어렵구나." 배우의 대사 구사 능력이야말로 연기술의 기본이다. 신재효는 바로 그것을 강조한 것이다.

또한 배우는 외모가 출중해야 한다. 신체적 조건을 제대로 갖춰야 무대 위에서 카리스마도 생겨나는 것이다. 특히 개성적이어야 하고 매력을 풍겨야 좋은 배우가 될 수가 있다. 신재효가 판소리 광대의 제1조건으로 매력적인 외모를 제시한 것은 배우가 관중을 휘어잡으려면 우선 매력적인 외모부터 갖추어야 하기 때문이다. 이처럼 그는 판소리를 철두철미 무대예술로 파악하고 있었다.

그는 여기서 한 발 더 나아가 광대들로 하여금 판소리에 등장하는 인물과 일치하도록 강조하기도 했다. 가령 서종문이 강한영의 『신재효 판소리 사설집』(144쪽)에서 인용한 '춘향이 노기 풀고 애원성 진양조로 잡죄난듸'는 서울로 떠나가는 이 도령을 향하여 춘향이 '눈시울 씰눅씰눅 코궁기 벌름벌름'하며 분기를 한껏 내뻗치다 다시 좋게 마음을 돌려 이 도령에게 자탄사설을 시작하는 부분의 극적 표현이 한 예이다.[19] 이를 가리켜 서종문은 극중인물인 춘향과 창자를 일치시킨 것이라고 했다. 대단히 정확한 지적이다. 배우가 극중인물로 변신하는 것이야말로 연기의 알파와 오메가이다. 배우예술을 이야기할 때, 자주 인용하는 '샤레이핀이 보리스 고도노프의 역을 한 것이 아니고 그가 바로 보리스 고도노프였다'는 말은 작중인물과 배우의 합일을 가리키는 것이다.

---

19 서종문, 「춘향가 동창, 남창의 판의 분화와 의미」, 서종문·정병헌, 앞의 책, 152쪽.

신재효도 그랬지만, 그에게서 판소리 이론을 배운 김세종 역시 항상 창자가 등장인물 속으로 들어가야 한다고 우회적으로 설명하곤 했다. 뛰어난 배우는 언제나 극중인물 속으로 들어가 작가가 창조한 인물이 되려고 노력한다. 그것이 바로 다름 아닌 배우의 창조 과정인 것이다. 연기 경험이 풍부한 배우는 관객을 감동시키기 위해 자기 스스로 감동한다. 자신이 감동하지 않고 하는 대사는 관중을 감동시킬 수가 없다. 관객을 움직이려면 먼저 자기 자신이 움직여야 하고, 관중을 울리려면 자기 자신이 먼저 울어야 하는 것이다. 이 도령과의 이별 과정에서 춘향의 심정을 표현하는 창자가 '눈시울이 씰룩씰룩 코궁기 벌름벌름'했다는 대목은 작중인물과 창자 간의 일치를 잘 보여주는 경우이다. 신재효가 너름새를 설명하는 과정에서 '경각의 천태만상 위선위귀 천변만화'라고 한 것도 바로 그러한 배우술의 일단을 가리킨 것이다. 건성으로 하는 연기는 배우가 극중인물 속으로 들어가지 못한 상태에서 대사만 외워서 하는 것을 의미한다. 그러나 배우가 극중인물 속으로 들어가 감정을 느끼면서 하는 연기는 관중에게 촉촉하게 젖어들게 마련이다.

흔히 배우를 단순히 남의 행위를 모방하는 존재라고 한다. 그것도 외형적으로만. 그러나 사실 배우들은 자기가 아닌 남, 즉 극작가가 창조해놓은 인물이 되려고 내적인 변신의 노력을 하는 존재이다. 그러한 노력을 부단히 반복하는 사이에 그와 극중인물과의 거리가 좁혀진다. 그래서 배우는 극중인물의 존재를 피부로 느끼고 또 극중인물이 느낄 수 있는 것과 유사한 감정을 느끼기 시작하는 것이다. 이때 배우와 극중인물의 교감이 이루어지고 배우는 극중인물이 되어 그의 감정과 언어를 표출하게 되는 것이다. 신재효는 바로 그러한 배우술을 터득하고 있었다.

그리고 신재효에게는 셰익스피어적인 면모도 있었다. 작품에서 어릿광대를 잘 활용한 사실에서 극적으로 나타나고 있다. 〈춘향가〉에서의 방자, 〈적벽가〉에서의 정욱, 그리고 여타 작품들에서의 마당쇠 활용 등이 그러한 예다. 셰익스피어는 많은 작품에서 어릿광대를 적절하게 활용하여 왕의 면전에서까지 권력을 비판, 풍자한 바 있었다. 신재효도 그와 유사한 인물을 창조하여 권력을 풍자했다. 〈적벽가〉 개찬과 관련하여 서종문은 "신재효의 개작 의식은 정욱이라는 인물형을 방자형으로 바꾸어놓았다는 점에서 집중적으로 고찰되어야 한다. 정욱을 통해서 불의한 권력과 지배층의 상징적인 인물인 조조를 매도하고 희화함으로써 불의한 권력과 지배층을 비판하고 무력화시키는 관점을 보인다"[20]고 지적한다. 서종문의 지적은 신재효의 연극관을 살피는 데 있어서 대단히 중요한 단서를 제공한다.

이상과 같은 여러 가지 연유로 해서 김재철도 "신재효 씨는 춘향전을 위시하여 종래의 소설을 희곡화하였으며 동시에 가극화한 것을 추측할 수 있으며 조선 구극의 문을 열었다"[21]고 단정한 바 있는 것이다.

건축된 공연장이 없었던 때였지만 신재효는 극장을 아는 연극인이었다. 그 점은 판소리 광대들에 대한 교육활동에서 가장 잘 드러난다. 극장의 기능은 크게 두 가지이다. 한 가지가 예술작품의 창조, 보급이고, 다른 한 가지는 예술 교육이다. 그는 판소리 공연을 활성화시키는 한편 그 필수 조건이라 할 광대양성과 재교육에 정진했다. 그가 광대와 광대 지망자들에게 판소리 교육을 집단적으로 시킬 수 있었던 것은 천석꾼으로서의 넉넉한 재산과 물욕을 초월하는 열정, 그리고 해박한 식견 덕분이었다. 그는 판소리 광대에 대한 교육방식도 대폭 개선한 것으로 알려졌다. 오랫동안 판소리 교육방식으로 전래되었던 실기 위주 도제식 방법을 대폭 개선하여 집단적으로, 또 공연예술 이론을 겸해서 했다는 것부터가 획기적이었다.

서종문은 그런 교육방식이야말로 근대적 지향성을 지닌 것이었다고 평가한 바 있다. "이러한 교육방식은 매우 근대적인 성격을 지닌 것이라 판단할 수 있다. 왜냐하면 이전까지의 판소리 전수방법이 소리 선생과 수습 창자 사이에서

---

20 서종문, 「적벽가의 작가의식」, 위의 책, 310쪽.
21 김재철, 『조선연극사』, 학예사, 1939, 167쪽.

도제적인 전수 방식에 의존하고 있었다고 한다면, 신재효의 판소리 교육은 이를 전문화시키고 실기지도와 이론지도로 세분화시키면서 집단화시켰다는 점에서 전통음악 교육사상 근대적인 지향성을 보여주었기 때문이다." [22]

그의 교육 방식은 여러 측면에서 판소리가 획기적으로 발전할 수 있는 기틀을 마련했다. 첫 번째가 다수의 우수한 창자들의 배출이었다. 박만순, 김세종, 전해종, 김창록 등 기라성 같은 명창들과 판소리 사상 최초로 진채선, 허금파 등 여류명창들을 길러낸 것은 큰 공로다. 두 번째로는 무대예술 이론을 토대로 해서 판소리를 교육시킴으로써 대중으로부터 호응을 얻는 데 크게 기여한 점이다. 창자들로 하여금 연기력을 최대 활용하도록 하여 판소리가 관객에게 종합예술 비슷하게 비치게 했다는 것이다.

이것은 그대로 관객 확대로 이어졌다. 게다가 애연하고 아기자기한 여성 명창까지 만나게 된 판소리 팬들은 환호했다. 당시 군왕의 부친으로서 절대적 권력을 가졌던 대원군까지 진채선에게 매료되었다는 사실에서도 그 점을 확인할 수가 있다. 진채선에 대한 대원군의 총애는 스승인 신재효의 신분 상승의 계기를 만들기까지 했다는 점에서 주목할 만하다. 신재효의 명성이 궁중에까지 알려지며 고종이 그에게 오위장이라는 벼슬까지 제수한 것이다.[23]

사실 고루하기까지 할 만큼 보수적이었던 전통 시대에 남성의 전유물이었던 판소리판에 여성 명창을 진입시켰다는 것은 신재효가 사회통념을 깬 것으로서 미래의 무대예술을 의식한 그의 탁월한 상상력이 없었으면 불가능한 일이었다. 여창이 등장하면서 판소리의 무대예술로서의 변화도 중요한 의미를 갖는다. 정병헌이 지적한 바대로 남성의 성대에 적합하게 되어 있는 판소리 음악이 여성에게도 적합한 방향으로 변화되었고, 사설에서도 그에 적합지 않은 음란하거나 비속한 부분이 제거되었으며, 음악적 세련화와 기교의 중시,

---

22 서종문, 앞의 글, 서종문 · 정병헌, 앞의 책, 16쪽.
23 박황, 『창극사연구』, 백록출판사, 1976, 18쪽.

     제1부   전통 극예술의 정립과 계승

실내악적 분위기로의 변화도 여창의 등장에 의하여 가속화되었을 것으로 보인다.[24] 이는 결국 개화기에 들어서 창극이 발생하는 데 있어 큰 바탕이 되었다고 본다.

그가 〈춘향가〉 개작 과정에서 동창(童唱)본도 따로 만든 것도 간과되어서는 안 된다. 서종문은 가창 능력이 부족한 수련 과정의 창자를 위해서 〈동창춘향가〉를 마련했다고 보았지만,[25] 더 나아가 청소년층 관객도 의식한 것이 아닐까 싶다. 판소리를 어른들의 전유물로서 제한하지 않고 젊은 층에게까지 확산시켜보려는 의도가 숨어 있었을 것이라는 이야기이다. 선구적인 판소리 연구학자 김동욱이 〈동창춘향가〉의 문학적 성격을 규정하면서 '동심의 문학'[26]이라고 지칭한 것이야말로 바로 그 점을 상기시킨 것이라 볼 수 있다.

신재효가 성인층을 중심으로 한 남창 위주의 소리판에 여창을 등장시키고 동창 대본까지 만들어냄으로써 판소리가 다양성을 띠면서 관객층도 넓어지고 급속도로 확대되어 갔을 것임은 분명하다. 그러나 그가 취한 관객 확대 노력은 대표작품들의 주제 손질과 주요 등장인물들에 대한 성격 보완(?) 작업에서도 잘 나타난다. 그가 직접 행록에서 〈춘향가〉, 〈흥보가〉, 〈변강쇠가〉 등을 손질하고 단가를 여러 편 지으면서 '세상 사람으로 하여금 충성스러운 마음, 효성스러운 마음, 맵고 바른 마음을 감발하게 함이다'라고 구체적으로 밝혀놓은 바 있기도 하다. 판소리 대본을 정리하면서 삼강오륜에 맞도록 충의, 효도, 우애, 의리 등에 초점을 맞춰놓은 것이다.

아무래도 판소리가 전라도 지방의 시골 구석에서 신분이 미천한 광대들에 의해 전승되다 보니 조잡하고 외설스러우며 풍자성이 강할 수밖에 없었다. 그것을 신재효가 양반층 도덕률에 다가가도록 손질한 것이다. 그와 관련하여 임형택은 "신재효의 개작은 판소리가 가지고 있는 주제사상, 그리고 민중의 건

---

24 정병헌, 「도리화가의 관습과 일탈」, 서종문 · 정병헌, 앞의 책, 420쪽.
25 서종문, 앞의 글, 위의 책, 61쪽.
26 김동욱, 『춘향가 연구』, 연세대학교 출판부, 1965, 118쪽.

강한 의식을 보수적인 쪽으로 변질·왜곡시키고 있는 것"이라고 비판하면서 "신재효가 광대들을 후원해서 주로 봉건 집권층의 상층부에 봉사하도록 하였으며 이제 판소리를 저들에게 영합하도록 지도하지 않을까"[27]라고 부정적으로 본 바 있다.

김대행도 "신재효가 대원군에 원납전을 바치고 신분 상승을 꾀했던 사실과 관련하여 판소리를 오히려 후퇴시킨 결과를 낳았다"[28]고 동조했다. 이러한 견해는 상당한 설득력을 지니고 있기 때문에 많은 학자들이 동조하고 있는 것이 사실이다.

그러나 신재효의 이러한 처신을 다른 시각에서도 접근할 수 있지 않을까 싶다. 가령 신재효의 경복궁 중건 원납전 제공만 하더라도 단순히 신분 상승만을 꾀한 행위였다고만 보기 어렵다. 그 당시 원납전은 거의 강제성까지 띠고 있어 상당수 백성들이 울며 겨자 먹기식으로 바쳐야 했으며, 자본가였던 신재효가 그에 동참한 것은 극히 자연스러운 일이었다고 보아도 무방하다. 특히 대원군이 진채선을 통해서 판소리 애호가를 넘어 든든한 후원자 노릇까지 했기 때문에 신재효로서는 그에게 크게 감복하고 있던 터였다. 신재효는 대원군을 위해 소리꾼을 추천하기까지 했었다(임형택 주장). 그런 그가 대원군이 주도한 국가 대사에 원납전을 바친 것에는 왕족의 판소리 애호에 대한 보답의 성격도 없지 않을 것이다.

특히 대원군의 판소리 애호가 판소리 관객층이 양반층으로 광범위하게 확산되는 기폭제가 되었다고 본다면 비약일까. 물론 신재효는 이미 판소리를 양반들도 좋아할 수 있도록 주제를 삼강오륜에 맞춰서 개찬해놓은 상태였기도 하다. 양반 출신의 권삼득 같은 인물이 판소리 광대로 나섰던 것도 그러한 배경이 뒷받침되었기 때문에 가능했던 것으로 보아야 할 것이다.

---

27 임형택, 『한국문학사의 시각』, 창작과비평사, 1984, 230쪽.
28 김대행, 「신재효에 대한 평가」, 서종문·정병헌, 앞의 책, 459쪽.

     제1부   전통 극예술의 정립과 계승

그 결과 귀족들이 판소리 명창들을 광적으로 총애한 나머지 판소리판이 한 때는 안동 김씨 세도대감의 사랑방과 대원군의 문하로 양분되는 현상까지 빚어졌고, 신재효를 비롯하여 당대 명창들이 관직까지 제수받게 되었다. 19세기 후반 들어 판소리의 이러한 발전과 관련하여 임형택은 "판소리가 봉건 귀족층의 애호를 받았던 사실은 광대로서 귀족에 대해 봉사한 데 지나지 않지만 귀족을 민중적인 예술세계로 끌어들인 점에서는 확실히 민중예술의 역사적 승리이기도 한 것이다. 판소리는 이제 지역성·민속성을 넘어서서 밑으로부터 위에 이르기까지 각계각층의 향유하는 '국민적인 예술'로 발돋움한 것"[29]이라고 했다.

이처럼 판소리가 국민적인 예술로서 19세기 문화의 중심에 설 수 있었던 데는 신재효의 역할이 절대적이었다고 해도 과언이 아니다. 세계 예술사를 되돌아보더라도 상류층이 외면한 예술이 번창한 예는 찾기 어렵다. 소위 귀족층을 중심으로 하여 예술을 애호하고 후원을 받을 때 예술은 크게 발전했다. 신재효는 이미 그러한 예술 발전의 속성을 간파하고 있었다고 보아야 한다. 그러니까 신재효가 서민문화였던 판소리를 양반층으로까지 확산시키기 위해 작품 개찬에서부터 원납전 제공에 이르기까지 소위 상류층을 향해 다가가려 노력한 것은 단순히 개인적 신분 상승만을 위한 것이라기보다는 이들을 판소리 관객, 더 나아가 후원층으로 삼기 위한 외연 확대 술책이었다고 볼 수 있다. 그가 비록 서양 문화에 대해서 잘 알지는 못했지만 예술발전 방안에 대해서 본능적 통찰력을 지녔던 것이 아닌가 싶다.

이러한 그의 천재적 감각은 20세기 공연문화에도 상당한 영향력을 미쳤는데 그것이 다름 아닌 건축된 극장 탄생과 창극의 등장이다. 고종 황제는 부친 대원군의 판소리 애호 취향을 그대로 이어받아서 명창들을 자주 접했고 그것은 최초의 옥내극장인 협률사(協律社) 개설로 이어졌다. 김재철도 그와 관련해

---

29 임형택,『한국문학사의 논리와 체계』, 창작과비평사, 2002, 261쪽.

서 "당시 궁내대신 이용익 씨의 양해를 얻어서 고종의 칙허를 받아 내탕금으로 원각사극장을 건축하였다"[30]고 썼다. 물론 여기서 말하는 원각사는 협률사의 후신이다.

한국 연극사상 최초의 옥내극장이고 동시에 오늘의 국립극장에 해당했던 황실극장 협률사는 완고한 관료층과 보수적인 지식층의 비판으로 3년 반 만에 그 역할이 중단되고 사사로운 공연장처럼 변질되고 말았다. 그런데 여기서 주목되는 것은 협률사가 다만 황실 직영의 영리 행위만을 중지당했을 뿐 극장 문을 완전히 닫은 것은 아니었다는 사실이다. 협률사가 폐문당하지 않은 것은 순전히 고종의 '민속을 부식하라'(『대한매일신보』 1906.4.27)는 어명 때문이었다. 여기서 고종 황제가 지칭한 민속은 판소리, 전통무용 등임은 두말할 나위 없다.

고종의 판소리 애호는 20세기 들어서 옥내극장을 낳게 했고 그것은 창극 발생의 바탕도 되었다. 물론 신재효가 20세기의 공연예술까지를 예견하고 판소리 예술 발전에 앞장섰다고 보기는 어렵다. 그러나 결과적으로 그가 19세기의 한가운데를 가로지르며 집요하게 펼친 판소리 진흥 운동은 16세기 영국에서 셰익스피어가 펼쳤던 연극 운동에 버금가는 것이었다고 보아도 크게 틀린 것은 아니다. 판소리 연구의 선학들이 그를 가리켜 동방의 셰익스피어라고 했던 것도 우연은 아닌 듯싶다.

---

30 김재철, 앞의 책, 169쪽.

 제1부　전통 극예술의 정립과 계승

판소리 명창이자 근대 창극의 대부
이동백

　19세기 후반부터 20세기 전반부까지 판소리를 주도했던 5대 명창은 김창환, 송만갑, 김창룡, 정정렬, 이동백 등인데, 그중에서도 가장 늦게까지 판소리계와 창극계를 이끌었던 인물이 이동백이다. 그는 다섯 명창들 중에서 비교적 늦게 빛을 보았음에도 불구하고 자기 나름대로의 독특한 판소리 영역을 구축했고, 개화기 이후 판소리에서 창극을 분화시키는 데 앞장섰을 뿐만 아니라 가장 늦게까지 무대를 지켰다.

　그는 1866년 2월 3일 충남 비인(서천) 근일 방면 도만리에서 한 중농의 유복자로 태어나 편모 슬하에서 성장하다가 백부 댁에서 유소년기를 보냈다. 일부에서는 그가 무계(巫系)일 것이라는 추측도 있으나 확인할 만한 자료는 찾을 수 없다. 다만 그의 6촌 여동생이 은산별신굿 예능 보유자 이어린년인 것으로 보아 그의 가계가 무속과 무관치 않을 것이라고 보는 견해[1]가 있긴 하다. 이는 아마도 판소리가 무속과 관련이 있고 또 명창들의 상당수가 무계 집안 출신이라는 사실에서 그런 유추가 나올 수도 있지 않을까 싶다.

　그러나 그는 오히려 생전에 자신이 양반 후예임을 강조한 바 있다. 자존심

---

[1]　오용록, 「이동백」, 『2003년 이달의 문화인물』, 문화관광부, 15쪽.

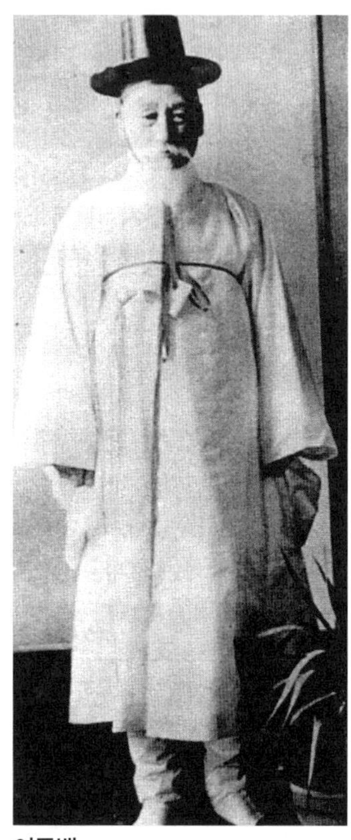

이동백

이 누구보다도 강했던 것으로 보아 그가 반가 출신일 가능성도 없지는 않다. 경주 이씨로서 종기(鍾琦)라는 이름을 받았고, 대대로 충북 진천에 살았으며 증조부가 풍류를 좋아하는 당대의 율객이었다는 사실에서 그의 예술적 혈통을 짐작할 수가 있다고 하겠다.[2]

어려서 부친을 여읜 후 모친의 방황으로 어쩔 수 없이 백부에게 양육되며 그는 불안정한 유소년 시절을 보내야 했다. 당시 정규 교육기관이라 할 수 있는 서당에 들어갔지만 한문 공부에는 뜻이 없고 예능에 관심을 가졌다. 그는 서당에서『십구사략언해(十九史略諺解)』초전까지는 읽었다고 회고했지만 늦게까지 한글마저 제대로 해독하지 못했던 것으로 보아 글공부에는 전혀 취미를 붙이지 못했던 것 같다. 그는 이미 열 살 전후에 판소리를 경청하기 시작했고 그것을 배우고 싶은 충동에 사로잡힌 것이다. 그러나 판소리 공부에 대한 갈망은 백부에 의해 번번이 꺾이곤 했다. 그를 광대로 만들고 싶지는 않았던 백부는 그의 마음을 가라앉히기 위해서 열세 살 때 이웃마을 처녀 박씨와 혼인시킨다. 그러나 조혼도 그의 마음을 가라앉히지는 못했다. 결국 그는 소리 공부를 위해 백부와 결별하게 된다.

2년여 뒤인 15세에 그는 백부 댁에서 따로 나와 개가한 모친과 재결합했고, 도만리에서 멀지 않은 초암(草岩)의 율객 이규석(李圭錫)을 찾아가서 처음으로

---

2 「이동백 일대기 ①」, 『조선일보』 1939.3.21.

　　제1부　전통 극예술의 정립과 계승

소리 공부를 시작한다. 이규석은 이론에는 어느 정도 밝았어도 소리는 뛰어나지 못했기 때문에 그는 기본만 배우고 나서는 독공을 열심히 했다. 그는 주변 산하를 헤매며 목을 틔우는 데 혼신의 힘을 쏟았다. 그러다가 소리를 제대로 배우기 위하여 이웃마을 소리꾼 김정근(金定根)을 찾아가 공부하게 된다. 김정근은 판소리에 진양조를 삽입한 김성옥(金成玉)의 자제로서 삼공잡이를 응용한 소리꾼이었다.

이들에게서 중고제 소리를 어느 정도 익힌 그는 스스로의 피나는 노력으로 나름대로의 자신감을 조금씩 느끼기 시작했다. 타 지방의 더욱 유명한 소리꾼에게서 배우고 싶은 욕망에 끌려 그는 전북 순창의 김혜종(金惠鍾) 명창을 찾게 되었다. 김혜종으로부터 크게 인정을 받고 거기서 상당 기간 〈심청전〉으로부터 시작하여 〈춘향전〉, 〈적벽가〉 등을 배운다. 어느 정도 소리에 자신을 얻게 되자 귀향하여 주변 산속에 토굴을 파고 피나는 독공에 들어갔다. 이때의 소리공부에 대하여 그는 다음과 같이 회고한 바 있다.

> 처음에는 집안 사람도 모르게 조석만 떠먹고는 그 속에 들어가서 소리를 하니 처음에는 목이 쉬어 소리는 나오지 않고 혼자서 장단치는 소리만 탁탁 들려오다가도 자정쯤 되면 목구멍에서 실낱같이 살아 나오는 소리가 어찌나 구성지고 슬펐던지 그 목청으로 〈춘향전〉 이별가나 〈심청전〉에 심청이 부친 이별하는 대목 같은 데 이르면 제 소리에 제가 느껴 울어가면서 소리를 하다가 그만 지쳐지면 그대로 고꾸라져 홀연히 잠이 들 제 몽중(夢中)에 이날치니 김혜종이니 정춘풍이니 하는 명창들이 현몽을 하면서 자기네가 소리를 한바탕씩 하고 너도 이렇게 하라고 하는 바람에 소스라쳐 잠을 깨어가지고 꿈에서 시키던 대로 영락없이 같이 하게 되어 이렇게 공부하기를 얼마를 하니 목이 트이고 심중으로도 소리에 대한 생각이 황연대각이 되었다.[3]

---

3 「이동백 일대기 ②」, 『조선일보』 1939.3.23.

그가 판소리 독공을 얼마나 치열하게 했는가를 짐작할 수 있다. 그가 이처럼 피를 토하면서까지 판소리 독공에 생명을 걸다시피 한 이유는 두 가지였다. 첫 번째 이유는 아무래도 불운한 가정환경에서 찾아야 할 것 같다. 가정적 난관을 극복하기 위해서는 남과 다른 뭔가를 가져야 된다는 생존 전략이 필요했던 것이다. 그는 "소리를 정 잘하면 재상집에 드나들며 가진 총애도 다 받고 그 위에 한 번 궐내에 들어가 어전에서 창을 잘 하면 벼슬도 한다는 바람에 소리에 대한 욕심이 더욱 불탔다"[4]고 실토한 바 있다. 그런 생각을 충분히 가질 만도 했던 것이 당시는 온 나라를 호령하는 대원군이 판소리 애호가로서 명창들을 궐내에까지 불러들이기도 하던 시기였다. 그런 소문이 예술계에 널리 퍼져 있었을 것은 불문가지의 일이다. 따라서 그는 판소리야말로 제대로만 하면 단번에 어려운 가정환경도 극복하고 신분 상승을 꾀할 수 있는 무기가 될 수 있다고 생각한 것이다.

두 번째 이유는 역시 조상으로부터 물려받은 천부적 재질과 함께 소리 공부 외에 별다른 대안이 없다는 인식에 따른 것이었다. 이러한 절박한 상황에서 소리 독공에 도전했기 때문에 그는 젊은 나이에, 그것도 단기간에 상당한 경지에까지 도달할 수 있었다. 그리고 소리에는 역시 고단한 삶과 정한이 서려야 한다고 생각하고 고향을 떠나 방랑에 나서게 된다.

그는 경기도, 경상도, 전라도, 강원도 등 남한의 여기저기를 떠돌면서 소리 공부를 했고, 진주에서는 옥천암이라는 절에 들어가 옥천대사로부터 불가(佛歌)를 배우기도 했다. 그사이에 김세종에게서 동편제 소리와 함께 판소리에 내재된 연극성을 이론적으로 습득하기도 했다. 특히 진주에 머물 때는 구한말에 고관대작으로 승승장구하면서 일본 제국의 한국 침략에 기여한 친일파 대신 이지용(李址鎔)을 만나게 된다. 진주관찰사로 있던 이지용이 판소리광으로서 이동백의 소리에 매료되었던 것이다. 여기서 그는 3년여 머물면서 수시로

---

4 「이동백 일대기 ③」, 『조선일보』 1939.3.24.

　　　　　　　　　제1부　전통 극예술의 정립과 계승

동헌에 불려가 이지용을 즐겁게 해주며 출세의 가도를 달리게 된다.

그는 이지용의 중매로 미모의 과수댁과 다시 결혼하여 아들 하나를 두었다. 그 뒤 이지용은 상경하여 고종 치하에서 궁내부협판, 주일전권공사, 법부대신, 중추원의장 등을 지내면서 세도를 부렸기 때문에 이동백이 협률사와 원각사 전속 명창으로서 큰 역할을 할 수 있도록 후견인이 되어준 것으로 추측된다. 물론 이지용이 진주를 떠난 후 두 사람 간에는 상당 기간 교류는 없었다. 왜냐하면 이지용이 주일전권공사로서 일본에도 가 있었던 데다가 한일합방의 격랑 속에서 핵심적 역할을 하느라고 분주히 살았기 때문이다. 그러나 이동백이 상경하면서부터는 수시로 그의 소리를 들으러 다닌 것은 사실이었다.

여하튼 이지용이 진주를 떠난 뒤 이동백도 그곳을 떠나 다시 방랑길에 오르는데 거기서 만난 과수댁과는 헤어지고 아들만 데리고 다니게 된다. 그가 경상도 지방을 떠나 강원도로 갔을 때는 역시 판소리 애호가로서 강원감사로 와 있던 김정근(金定根)을 만나는 행운을 누린다. 김정근은 구한말에 경무사가 되어 독립협회 탄압에 앞장섰던 세도가였다. 이동백은 김정근의 눈에 들어 수시로 동헌에 불려가 소리를 했고 그의 소개로 상경 기회를 갖게 된다. 물론 김정근은 그가 서울에서 안정적으로 활동할 수 있도록 배려해주기로 했다. 불행하게도 김정근이 요절하는 바람에 잠시 곤경에 처하기도 했으나 다행히 그의 명성이 중앙에까지 알려졌기 때문에 여기저기에서 초청을 해주었다. 그중에서도 그가 당대 세도가 중 한 사람이었던 조동윤(趙東潤) 집에 불려가 소리를 한 것이 계기가 되어 출세가도를 달릴 수가 있었다. 조동윤은 고종 치하에서 병조참판, 무관학교장, 시종무관장 등을 지낸 세도가였다. 이동백은 이처럼 중요한 계기마다 판소리 애호가 고관을 만나는 행운을 누렸다.

상경 후 그는 대갓집의 주요 행사에는 언제나 불려다니는 당대의 스타가 되었다. 때마침 최초의 국립극장격인 협률사(1902)가 개설되면서 그가 전속단원으로 들어간 것은 극히 자연스러운 과정이었다.

특히 그는 협률사의 주무 장봉환(張鳳煥)의 눈에 들어 안정적 생활과 벼슬도

할 수 있게 되었다. 당시 협률사 단원들 중 우수한 예인들은 어전에 자주 불려가 공연을 가졌는데 그중에서도 이동백은 군계일학이었다. 소리를 좋아했던 고종의 눈에 들어 그는 단번에 통정대부라는 높은 벼슬을 얻게 된다. 저간의 사정에 대하여 어느 기자는 다음과 같이 쓴 바 있다.

> 이씨는 특히 민씨와 장씨의 총애를 받아 언제든지 기회 있는 대로 후대를 받아왔는데 이씨에게 있어 일생에 잊지 못하게 영광이 돌아오기는 바로 덕수궁 고종황제의 칠월탄신(七月誕辰) 때의 어전연주(御前演奏)였다. 위의 정숙한 진연 절차가 다 마친 뒤에 준명당(浚明堂) 넓은 마당에서 갖은 풍류음악과 왼갓 기예가 벌어져 요천순일(堯天舜日)을 구가하는 이날에 이씨도 민영찬 씨와 장봉환 씨에 따라 덕수궁에 들어가 어전에서 창을 했다. 일생에 두 번 없는 일이라 마음껏 한껏 한바탕하여 천청(天聽)에 들리었더니 그때에 장봉환 씨 주청으로 통정대부 가자(加資)를 받아서 은영총탕(銀纓聰宕)에 옥관자를 붙이고 나니 파격의 영광이 이에서 더할소냐…5

그는 이때부터 '이 통정'이라 불리게 되었고, 협률사가 폐지된 2년 후 원각사가 다시 문을 열면서 70여 명 전속 단원의 단장에 올랐다. 그렇다고 해서 그가 벼슬을 이용하여 행세를 한 것은 아니었다. 물론 마음만 먹으면 그는 더 높은 자리에 오를 수도 있었다. 대원군, 고종, 순종으로 이어지는 왕들이 모두 판소리 애호가였기 때문에 그가 총애를 많이 받았고, 순종은 그에게 한때 고을 부사를 제의한 적도 있었다. 그럼에도 불구하고 그는 그것을 사양하고 예도에만 정진했다.

그가 누구보다도 관운이 있었던 것은 역시 뛰어난 소리와 함께 당당한 외모, 그리고 절제된 생활 자세 등이 합쳐졌기 때문으로 보아야 할 것이다. 그는 우선 외모가 준수했다. 그를 옆에서 오랫동안 지켜본 원로 국악인 성경린은

---

5 「이동백 일대기 ⑤」, 『조선일보』 1939.3.29.

"좋은 풍채요, 당당한 체구를 모르는 이가 없지만 그가 나면서 힘이 장사인 것은 별로 아는 이가 많지 못하다. 골격이 그러하니 범용한 기운이 아니라는 것쯤 은근히 믿더라도 그의 관우 장자의 풍도에 누구와 싸우는 것을 볼 리도 없으니 힘의 정도를 규지할 바가 없으리라"고 쓴 바 있다. 물론 한때 그는 넘치는 힘 때문에 실수를 한 적도 없지는 않았다. 성경린은 그와 관련하여 다음과 같이 회고한 바 있다.

> 어느 날 술을 마시다가 시비 끝에 싸움을 한 적이 있었다. 상대도 힘줄이나 쓰는 모양이었지만, 그의 상대가 되지 못했다. 단 몇 주먹에 묵사발이 되어버렸던 것이다. 그는 이때 돌연히 깨달았다. '술을 먹다가는 눈에 거슬리는 일을 볼 것이요, 그러면 자기의 결기에 용서하지 않을 것이다. 술은 사람을 그르칠 뿐 아니라 일생을 매어달릴 예도(禮度)에도 크게 장애인 것이 너무 역력하다.' 그는 그 뒤로 죽을 때까지 일체 술을 입에 대지 않았다. [6]

이상과 같이 그는 힘을 절제하고 또 목을 위해서도 술과 담배를 하지 않을 만큼 자신의 관리를 철저히 한 굳은 의지의 사나이였다. 그리고 솔직담백하기로 이름났다. 1930년대 중반에 만주지방에 순회공연을 갔을 때 부잣집에 초대되어 글씨 한 폭을 써달라는 요청을 받고 "주인, 부끄러운 말씀이오나 나는 글을 못 배웠소. 그렇다고 주인의 성의를 저버릴 수도 없고……. 내 대신 시조 한 수를 외우리다. 글씨는 주인이 받아쓰시구려."라고 당당히 말할 만큼 솔직한 인물이었다. 그리고 그는 외양과 성품만 잘난 것이 아니었다. 천부적 미성(美聲)은 〈새타령〉이라는 전설적 단가를 남길 수 있는 배경이 되었다. 그는 누구보다도 열린 사고를 지녔기 때문에 즉흥성도 강했으며 독창성이 있는 소리를 한 명창으로 알려졌다. 고음반 연구의 권위자 노재명은 그와 관련하여 다음과 같이 쓴 바 있다.

---

6 성경린, 「나의 이력서 (41) 명창 이동백옹」, 『한국일보』 1977.7.5.

이동백은 고운 목을 지닌 데다 통성을 바탕으로 한 호령조 성음을 위주로 판소리를 하기 때문에 시원한 느낌을 준다. 또한 미리 정해놓은 각본 없이 청중의 분위기를 파악하여 즉흥적으로 판소리를 엮어나간다. 그는 단가 하나를 가지고도 소리판의 분위기에 따라 즉흥적인 편곡을 통해서 다양한 선율과 여러 성음을 자유자재로 구사했다. 하늘 찌르듯 질러대는 고음과 땅 꺼지듯 내는 저음을 자유롭게 오르내리며 숨 가쁘게 몰아가는 창법은 그의 특기이다.[7]

이상과 같은 풍모와 재질 때문에 그는 일찍이 신재효가 명창의 조건으로 제시한 네 가지 요소라 할 인물, 사설, 득음, 너름새 등을 완벽하게 갖춘 인물로 평가된다.

그는 생활자세도 모범적이었다. 그와 관련하여 성경린은 간정(間靖), 소언(小言), 과욕(寡慾), 청백이라는 네 단어로 요약하면서 "남의 신세를 지는 것을 무엇보다도 괴롭게 여기어 피하는 이였고, 무슨 일이 있더라도 내 힘 내 손으로 감당하기를 신조로 하는 그런 그의 풍신처럼 광명정대의 인격자였다"[8]라고 평가했다.

그는 결혼을 몇 번 했지만 당대 명창들이 흔히 그랬던 것처럼 문란한 생활을 하거나 추문을 뿌리고 다니지 않은 극히 드문 인물이었다. 그가 여성을 멀리한 것도 순전히 좋은 소리를 위해서였다. 젊은 시절 한 여성과의 정염이 소리 생활에 지장을 준다는 것을 깨달은 경험이 평생 절제 생활을 한 배경이 되었음을 성경린의 회고에 잘 나타나 있다.

어느 날 30리 먼 길을 달려와 애인과 사랑을 주고받은 뒤 녹아 떨어졌다. 한참 뒤 번쩍 눈을 떴더니 응당 옆자리에 잠이 깊었어야 할 애인이 동그마니 일어나 앉아 자기의 얼굴을 뚫어져라 쳐다보고 있는 것이 아닌가. 아무리 사랑하는 사람끼리지만 자다 깬 눈에 뚫어질 듯이 내려다보는 두 개의 동공은 무슨 동물

---

7 노재명, 「판소리명창 이동백 단가 연구」, 『한국음반학』 제8호.
8 성경린, 앞의 글.

　　　　　　　　　　　　　　　　　　　제1부　전통 극예술의 정립과 계승

의 안광 모양 소름끼치도록 무서워 보였다. 아마 이 연상의 애인은 어머니에 있어 자는 아이의 얼굴이 더 귀엽듯이 자고 있는 사랑스런 애인의 얼굴을 보았던 듯싶다. 그러나 이 옹은 애욕 생활을 청산하고 본연의 자기 길에 돌아왔다. 그는 그 뒤로는 후진들에게 여자가 소리 공부의 마(魔)가 되니 조심하라고 타이르곤 했다.[9]

이동백 역시 한 회고에서 "그런 정욕의 생활이 내 노래의 생명인 목에는 무서운 독해인 줄 알기 때문에 노래를 한번 잘해야겠다는 결심을 가진 나에게는 극히 조심하지 않을 수 없었다"[10]고 했다. 생활이 그처럼 광명정대하고 절조가 있었기 때문에 그는 예술 행위에도 언제나 품도를 지키려 노력했다. 판소리를 극장이 아닌 곳에서 하는 것을 대단히 싫어하였으며 특히 소리를 돈 받고 하는 곳이라면 절대 사양했다. 그가 "암만 생활 문제가 급하여도 우리의 권위도 세워서 요리집에는 가지 않고 회관에 와서 듣도록 하려고 합니다."라고 말한 것은 매창매기(賣唱賣技)를 타매한 것이었다. 그가 뒷날 은퇴 공연을 가졌던 것도 명창들의 요정 출입을 개탄한 데 따른 것이라는 이야기도 전한다.

이상과 같이 그의 천부적 자질과 생활 자세는 그에게 관운도 안겨주었을 뿐만 아니라, 판소리계의 당당한 지도자로서 개화기 이후 창극을 정립하는 등 신문화의 물결 속에서도 판소리가 생존할 수 있게 하는 절대적 기여를 하는 배경이 된 것이다.

그는 원각사의 전속 단장이 되기 전부터 시대에 맞춘 판소리 변형 작업에 나서고 있었다. 앞에서도 조금 언급한 바 있듯이 그는 즉흥성, 순발력, 독창성이 강한 명창이었기 때문에 사고 역시 개방적이었고 고루한 것을 싫어했다. 그가 원각사 전속예술단 대표를 맡으면서 시대 변화를 읽고 강용환 명창과 함께 내한 공연을 하는 중국의 경극을 구경하면서 판소리 분창 작업에 나섰던

---

9 성경린, 「나의 이력서 (42) 명창 이동백옹」, 『한국일보』 1977.7.7.
10 청엽생, 「명창 이동백전」, 『조광』 1937.3.

것도 예리한 시대 감각에 따른 것이었다. 그러니까 단조로운 판소리가 개화기의 대중에게는 한계가 있다고 느낀 것이다. 따라서 그는 판소리를 과감하게 변화시키는 작업에 나섰고 결국 창극이라는 새로운 연극 장르를 만들어낼 수가 있었다. 그는 〈춘향전〉, 〈수궁가〉 등 전래의 판소리를 창극화해서 대중에게 선보였는데, 의외로 반응은 좋지 않았다. 그러니까 대중은 창극도 판소리의 변형 내지 연장 정도로 인식한 것이다. 따라서 그는 제재 자체를 새로운 것으로 해야 한다는 인식 아래 〈최병두타령〉으로 알려진 〈은세계〉라는 창작 창극을 선보이기도 했다.

그가 개화기를 맞아 판소리를 창극으로 새롭게 만들어낼 수 있었던 것은 그 자신의 독창적이면서도 개방적인 사고에 의한 것이었지만 앞 세대 신재효의 여러 가지 예비 작업도 배경이 되었다고 보아야 한다. 특히 그가 신재효의 영향을 많이 받은 김세종에게 판소리를 배웠기 때문에 무대예술적인 면을 적잖게 인식하고 있었지 않나 싶다.

그러나 원각사 전속예술단 대표로서의 창극 작업도 1910년 일제의 병탄으로 일단 접어야 했다. 한동안 광무대, 연흥사, 단성사 등에서 판소리를 하다가 동료 송만갑이 1910년대 초 송만갑협률사라는 연예단을 조직하자 단원으로 참여하여 수년 동안 경향 각지를 순회공연했다. 송만갑협률사에 참여하기 전에는 장안사에서 주로 공연을 했다. 1910년 9월 말일자 『매일신보』에 "장안사 연극장에 관람하는 남녀 중 탕자음부가 근일 치성(熾盛)하야 풍속을 방해케 함으로 본보에서 경계적으로 게재하였거니와 경문(更聞)한즉 재작일 북부경찰서에서 창부 이동백 등을 조치하야 엄중히 단속하야 운운"한 것으로 보아 그는 합방 직후에 사설극장인 장안사에서 주도적인 활동을 한 것 같다. 그만큼 그는 판소리 명창으로서 쉼 없는 활동을 지속했고 간간이 창극 실험도 했다. 다만 송만갑협률사를 따라다니는 동안만은 서울을 자주 비우고 남도지방을 많이 다녔다. 이 단체에서도 그는 어설프지만 창극을 주로 한 것이 특징이었다.

물론 박승필의 요청으로 서울에 머물 때는 광무대의 주요 공연에 나서곤 했다. 그런데 1910년대 중반부터는 신파극과 서양영화가 대중에 어필하면서 창극 등 전통예술은 자꾸만 위축되어갔다. 이에 위기감을 느낀 전통예술인들은 1915년 3월에 경성구파배우조합이라는 것을 조직했는데, 대의명분은 "장래에 아무쪼록 정신을 차려 남의 치욕을 면하고 잘 수신해가며 조합 발전의 기초"(『매일신보』 1915.6.1)를 다져가자는 것이었다. 이동백은 이 배우조합에서 스승 노릇을 하면서 판소리, 창극 등 전통예술을 지키는 선봉장 역할을 했다.

구파배우조합을 만들어 창극을 좀 더 새롭게도 해보았으나 반응은 여의치 않았다. 구파배우조합원들 중 연출을 아는 사람이 없었기 때문이다. 그러자 이들은 인기 있는 신파 연극인들을 끌어들이는 파격적인 공연까지 시도했다. 경성구파배우조합 신파부개량단이라는 것까지 만들어 신구파 절충극까지 한 것이다. 그러나 이러한 기형적인 공연은 성공하지 못하고 사람들은 각자의 길로 갔고, 이동백 역시 광무대를 중심으로 판소리와 창극을 계속해나갔다.

그는 전국을 다니면서 명창대회는 거의 빠지지 않을 만큼 열정적으로 판소리 보급에 헌신했다. 그럼에도 불구하고 전통예술은 대중으로부터 소외되어갔고, 예능인들은 대중에 영합하기 위해서 정도(正道)를 벗어나 외설적으로 흐르는 등 타락의 조짐을 보이기 시작했다. 전통예술의 정도를 누구보다도 강조해온 이동백은 자구책 마련에 나섰는데, 그것이 이른바 1928년 2월에 조직한 조선음악협회였다. 그는 "남보다 오히려 우월한 예술적 가치를 가지고 있으면서도 유한계급의 사랑 구석으로, 요리집 주석(酒席)으로 쫓겨 다니는 조선 고유의 음악에 대하여 다시 그것을 재흥시키는 동시에 대중과 밀접한 관계, 또는 대중으로 하여금 먼저 우리의 음악을 깊이 이해하게 하려는 목적"(『동아일보』 1927.10.22)으로 이 단체를 조직했음을 밝혔다. 평소 혐오해온 요정에서의 매창매기를 극복하고 전통예술의 품도를 지키기 위해서 이와 같은 조직체를 출범시킨 것이다. 그는 어느 인터뷰에서 "〈심청전〉이나 〈춘향가〉의 가사를 고치어 음탕한 노래로 부르고 또한 그러한 것을 좋아하는 것을 나는 절대로 반대하여왔습니다. 이렇게 판소리 자체의 타락을 나는 통분히 여깁니

다. 소리라는 것은 고저, 청탁, 원근의 오행으로 말마다 글자마다 운(韻)이 있
는 것인데, …(중략)… 슬프게만 하면 좋다고 하니 어디 되겠습니까"[11]라고 개
탄한 바 있다.

조선음악협회에 이어 그는 1930년 가을에는 조선음률협회라는 것을 또다
시 조직하고 나선다. 당대 대표적 명창 30여 명이 참여하여 만든 이 단체는 명
창들을 윤락의 구렁텅이에서 건져내는 것과 전통예술의 타락, 인멸을 막아내
야 한다는 절박함에서 나온 것이었다(『매일신보』 1930.11.28). 이들은 선언문에서
"재인과 가객을 수백 년 동안 노예 취급한 것은 부당한 것"이라고 하면서 전통
예술이야말로 민족자존의 소중한 고급예술이라 주장했다. 조선음률협회는 퇴
폐, 유린된 민족 고유예술의 갱생, 진흥을 구체적으로 실천하기 위하여 오염
된 전통가곡을 수정, 보완하고 신곡 발표도 할 뿐만 아니라 음악회에서의 가
풍 개선, 정화, 동서 음악의 비교 연구, 조선 음악에 대한 전문잡지 발간 등을
주된 사업으로 내걸었다(『매일신보』 1930.11.28).

주목할 만한 것은 이들이 처음 발표회를 가지면서 조선가곡정화공연회라고
칭하고 "비속하여진 악도(樂道)를 음악 본래의 숭고한 지경에 환원시키며 정화
하여서 조선의 생명에 아름다운 거름을 하기 위하여"라고 한 점이다. 이런 일
에 이동백이 앞장섰다는 점에서 그의 전통예술에 대한 애착심을 짐작할 수가
있다. 그로부터 전통예술은 다시 붐을 이루기 시작했는데 때마침 국학자들의
민속연구 붐과도 궤를 같이한 것이었다.

이동백을 중심으로 한 전통예술의 청신운동은 1934년 조선성악원 결성으
로 발전되었는데, 여기에는 전남 순천 지주 김종익(金鐘翊)의 경제적 지원이
있었기 때문에 가능했다. 여류명창 김초향의 후원자였던 김종익이 전통예술
부흥을 위해서 서울 공평동의 큰 주택을 한 채 기증한 것이다. 그러자 이동백
등 당대 명창들이 모여들었고, 그곳을 근거지로 하여 가을에 조선성악연구회

---

11 청엽생, 앞의 글.

라는 것을 만들어 전국 순회공연에 나서면서 창극 운동을 벌일 수 있었다.

이들이 본격적으로 창극 운동에 나선 것은 1936년 봄부터였는데, 마침 연극 전용의 동양극장이 개관되었기 때문이다. 동양극장은 창극이 자리 잡는 데 있어서 두 가지를 기여했다. 첫째가 바람직한 무대라면, 두 번째는 연출가, 무대미술가 등의 지도를 받은 점이었다.

원각사 시대 이후 20여 년 동안 창극을 실험했지만 연출을 몰랐기 때문에 제대로 무대극화된 창극은 만들어내지 못했던 이동백은 다행히 동양극장의 전속 연출가 박진(朴珍)과 무대미술가 원우전(元雨田)을 만남으로써 당초 꿈꿨던 창극을 만들어낼 수 있었다. 그는 기자와의 인터뷰에서 "요사이 연극이라는 것은 어떻게 공이 드는지 격식을 몰라서 쩔쩔매겠습니다. 그러나 지금은 한 번 두 번 해본 일이 아니고 여러 번 이렇게 연습을 해오니 그래도 원리를 알게 됩니다"(『조선일보』 1937.2.18)라고 솔직한 심경을 실토하기도 했다. 이는 그가 신극 연출가인 박진 등의 연출 연기 지도를 받으면서 무대기술을 깨닫게 된 것임을 인정한 것이었다.

이후 그는 직접 연출까지 겸하면서 무대에서는 1인 2역을 하는 등 창극 정립에 혼신의 열정을 쏟았다. 그는 전래의 대표적인 판소리 레퍼토리는 물론이고 「유충렬전」 등 고전소설을 창극화하는 등 창극 대중화에도 앞장섰다.

그렇다고 그가 창극에서 박수를 많이 받는 주역을 맡은 것은 아니었다. 주인공은 언제나 후배들에게 넘겨주고 그는 조역 아니면 별 볼일 없는 단역만을 맡았다. 당대 최고의 명창이 창극을 주도하면서 주역을 항상 후배들에게 넘겼다는 것은 단순히 연로해서만은 아니었고 후배 사랑과 호양정신에 따른 것으로 보아야 할 것이다. 그렇다고 해서 그의 인기가 주역만 못한 것도 아니었다. 창극 〈춘향전〉에서 운봉 역의 이동백, 곡성장 역의 송만갑, 그리고 임실현감 역의 정정렬 등은 농부 역까지 동시에 맡아 출연했는데 판소리학자 박황(朴晃)은 그 광경에 대하여 "백발이 소소한 60대의 노명창들이 농기(農旗)를 펄렁거리며 농부가를 주고받는 노련한 그 목청으로 부르는 '느린 중머리' 조는 판소리

예술의 극치에 도달하였다"[12]고 평했다. 이처럼 이동백은 창극 발전을 위해서 단역도 마다하지 않고 즐겁게 출연했다.

조선성악연구회의 창극이 전국에서 대중음악극으로 자리 잡으면서 상업성도 높아졌음은 두말할 나위 없었다. 그러자 창극에 새로운 형태의 실험도 감행되었다. 그는 연쇄창극을 시도하는가 하면 서양의 오페라처럼 만들어보기도 했다. 그는 개화기 시절부터 애국적인 자선공연을 자주 했는데 1930년대 들어서도 쉬지 않고 앞장섰다. 개화기 때는 재정이 어려운 고아원이나 학교 등에 자금을 보태주기 위한 자선공연을 주로 했지만, 1920년대부터 1930년대 까지는 주로 수해라든가 한발 등으로 인해 재난을 당한 농민들을 위한 의연금 모금 목적의 자선공연을 자주 가졌다. 나이 칠십 줄에 들어서서도 쉼 없이 판소리, 특히 창극 출연에 앞장서는 그에게 『조선일보』 기자가 소감을 묻자 그는 이렇게 답한다.

소리깨나 하는 사람은 모두 육십 이상입니다. 송만갑 씨와 나는 일흔도 넘었으니까 더 말할 것이 없지요. 젊은 사람들이 몇 사람 있기는 있습니다만 어디 수효가 몇 됩니까! 이렇게 가다가는 이 좋은 우리 소리도 그만 없어지나 봅니다. 소리를 부르는 사람도 귀하지마는 들을 줄 아는 사람조차 없으니까요. 그것을 어떻게 살펴볼까 하고 백방으로 애를 써가는 꼴이 겨우 이 모양입니다. 그저 여러분들이 잘못하는 것을 일깨워주고 가르쳐주셔야만 되겠습니다. 이번의 가극 〈춘향전〉은 우리 회의 전력을 다 들여 해보겠습니다. 그래서 세상에서들 좋다고 만 해주시면 〈심청전〉도 그렇게 만들고 〈흥보전〉도 그렇게 만들고 〈배비장전〉, 〈유충렬전〉 같은 것도 그렇게 만들어보겠습니다.(『조선일보』 1936.9.15)

신문화에 밀려서 젊은 소리꾼도 좀처럼 증가하지 않고 판소리 애호가도 감소 추세에 있던 상황에서 그는 어떻게든 우리 소리를 살려보려고 노구를 이끌

---

12 박황, 『창극사연구』, 백록출판사, 1976, 87쪽.

고 단역도 마다하지 않으면서 창극무대에 섰던 것이다. 그 이듬해에도 창극 〈배비장전〉을 직접 연출하고 엑스트라로 출연하기 위해 직접 화장대 앞에 앉아 분장을 하면서 "앞으로 산들 몇 해를 살겠습니까. 그동안에 어떻게 하더라도 성악연구회를 튼튼하게 길러두고 죽어야 그래도 이동백이가 세상에 났던 보람이 있지 않겠습니까? 멀지 않아서 남도지방에 순회를 갑니다. 그때도 따라가야지요."(『조선일보』 1937.2.30)라고 말했다.

이처럼 그는 단순한 소리광대가 아닌 지도자로서의 투철한 사명감과 의식 그리고 비전을 가진 인물이었다. 거기에 그치지 않고 그는 칠십 노구에도 불구하고 솔선수범도 하고 있었다. 그런데 그는 평생 판소리, 더 나아가 전통예술과 예술인들에 대한 천시 풍조를 한스러워했다. 그가 그처럼 열성적으로 소리를 하고 창극 운동에 앞장섰던 여러 가지 이유 중에는 그러한 천시 풍조를 극복하려는 의지도 깔려 있었다고 보아야 할 것이다. 그가 때때로 "소리하는 사람들 아직 소리가 무엇인지 알지도 못하며 천대하는 것이 일생 동안 내 가슴에 사무친 기막힌 일"이라고 되뇌었던 이유도 바로 그것이었다.

이러한 그의 평생의 한(恨)은 결국 극복되지 않고 극적 은퇴로서 마지막 폭발을 하고 말았다. 그는 1939년 3월에 은퇴를 선언하고 마지막 기념공연에 나서면서 은퇴 이유에 대하여 다음과 같이 해명했다.

제 일생은 소리로 살아온 일생이올시다. 죽는 그 순간까지도 잊지 못하고 버리지 못할 그 소리를 은퇴한다고 해서 결단코 내던지려는 것은 아닙니다. 앞으로 남은 목숨이 몇 해가 되든지 그 역시 소리를 위하여 바치겠습니다. 그래서 우리들의 고유한 성악(聲樂)을 행여 없애지 말고 길이 보존하고 널리 보급하도록 적은 힘이나마 다 하겠습니다. 그러나 성악연구회가 차츰차츰 터전이 잡히는 데 따라서 회무가 분망할뿐더러 소리를 팔러 요리집으로 돌아다니는 짓은 우리 성악계의 권위를 세우는데도 지장이 적지 않다고 생각됩니다. 여기서 저는 벌써부터 은퇴하려고 해왔습니다마는 그 역시 여러 가지 문제로 이때껏 진기를 내지 못하던 것입니다. 오히려 제 은퇴는 때가 늦었습니다. 이제부터는 후진이나 가

르치고 회무나 보살피면서 여생을 마치겠습니다.(『조선일보』 1939.3.16)

　그의 주요 은퇴 동기는 상당수 명창들이 요정에서 매창매기하는 데 대한 분노였고 이들에 대한 경고였던 것이다. 그만큼 그는 판소리예술에 대한 권위를 끝까지 지켜내려 애썼다.

　그의 은퇴공연은 조선일보 주최로 부민관대극장에서 열렸으며 김여란, 김소희, 장홍인, 조난옥, 심금향, 박초월, 조소옥, 조영학, 정남희, 강대홍, 강장원 등이 찬조출연했다. 극장은 초만원을 이루었고 전국으로부터 초청공연이 잇달았음은 두말할 나위 없었다. 그는 어쩔 수 없이 조선성악연구회 소속 명창 17명을 이끌고 전라북도 군산을 시발점으로 하여 전주, 이리, 송정리, 순천, 진주, 포항, 대구, 김천, 대전, 인천, 개성, 평양 등 전국 14개 도시를 돌며 2개월 이상 순회공연을 가졌다. 그로서는 생애 가장 바쁜 시간이었고 팬들의 열광 속에서 감격을 맛본 기간이기도 했다.

　은퇴의 변에서 밝혔듯이 그는 판소리계를 완전히 떠난 것은 아니었다. 그는 목숨이 다할 때까지 소리를 위해서 뭔가를 하겠다고 말했다. 따라서 그의 은퇴는 판소리의 권위 회복과 함께 후진에게 길을 열어준다는 뜻도 되는 것이다. 그가 은퇴하면서 조선성악연구회는 급격히 조직력이 약화되었고 여기저기서 창극단들이 생겨나기 시작했다. 그뿐만 아니라 시국 또한 급변해서 일제가 대동아전쟁 준비를 위해 체제 강화에 나서면서 문화에 대한 탄압이 강화되어갔다. 일제는 모든 문화예술을 어용화하여 군국주의를 강화하는 데 이용한 것이다. 저들은 창극 단체를 제한하는가 하면 권번까지 폐쇄해갔다. 거기에 그치지 않고 창극마저 일본말로 공연토록 압력을 넣었다. 명창들이 어려움에 처하자 은퇴해 있던 이동백은 다시 일선에 나서지 않을 수 없었다. 그는 1940년 박녹주 등 후배 50여 명과 함께 조선음악단을 조직하고,[13] 후배들과 함께

---

13 박황, 앞의 책, 137쪽.

지방 공연도 다녔다. 민족의식이 누구보다도 강했던 그는 공연 중 일본 경찰에 의해 곤욕을 치르기도 했다.

1941년 부산공연 때, 그가 "주상전하"라는 가사가 나오는 〈진국명산〉이라는 단가를 부르자 일경이 시비를 걸었다. 조금도 굽힘이 없었던 이동백은 "예로부터 불러오는 단가이며 스승에게 배운 그대로 젊어서부터 불러왔던 노래요. 나는 무식하여 모르니 가사의 뜻을 알고 싶거든 이 단가를 불러도 좋다고 허가해준 경무국에 가서 물어보시오"[14]라고 단호하게 쏘아붙였던 일화는 유명하다. 그는 그만큼 기개가 있었고 민족예술에 대한 자부심이 대단했었다.

이처럼 난세에도 후배들에게 기죽지 않고 판소리를 지키도록 용기를 북돋아준 뒤 조용히 무대를 떠났다. 그는 경기도 평택에 집을 마련하고 은둔 생활을 하다가 1950년 6월 만 84세를 일기로 조용히 세상을 떠났다. 당대 명창들 중에서는 가장 장수한 경우였다. 함께 활동했던 송만갑, 김창룡, 정정렬, 김창환 등이 모두 1920, 30년대에 타계했기 때문이다. 그는 세 번 결혼하여 자녀를 두었고 손자까지 있었으나 모두 일찍 세상을 떠났기에 세 번째 부인과 단둘이서 만년을 보냈다.

일세의 대명창 이동백에게도 약점이 없지 않았는데, 그중 한 가지는 소리하는 과정에서 지나치게 설명을 늘어놓는다는 점이었다.『조선일보』에서는 당대 명창들을 평가하는 글 가운데 그에 대해서 "장안의 인기가 비상하던 명창으로 현재는 은퇴한 이동백 옹은 역시 김창룡의 아버지 김정은 선생에게 배웠다는데 〈새타령〉은 더욱 훌륭하며 그 능숙한 발림과 묘사법은 황홀하기 그지없다. 흠이라고 하면 너무 설명을 늘어놓아 개인 취미가 흠이라고 할까?"(『조선일보』 1939.5.27)라고 지적하기도 했다. 실제로 그는 판소리를 연극하듯이 했던 것 같다.

그가 창극 개발에 나서고도 그 정착에까지 심혈을 기울였던 것도 판소리를

---

14 위의 책, 147쪽.

단순한 음악이 아닌 음악극으로 인식하고 접근했던 데 따른 것으로 보아야 한다. 두 번째로 그는 제자가 없는 대명창이었다는 것이라 하겠다. 중고제의 대가였지만 동편제와 서편제까지 두루 통달한 그는 자기만의 개성 있는 창법을 만들어냈으나 그것이 후대로 전승되지 못한 이유에 대하여 오용록은 "그 첫째는 그가 부르는 중고제가 다소 유행과 거리가 있는 고풍스런 소리였다는 것이고, 둘째로는 그의 즉흥적인 특징 때문에 제자들이 그의 소리를 따라하기가 쉽지 않았다는 점"[15]이라고 정곡을 찌르는 평가를 내렸다. 이동백 자신도 그 점을 어느 정도 시인했다. 그는 만년에 자기의 소리를 믿고 전할 만한 제자가 없는 것이 못내 아쉽다면서 "나의 소리에 대한 창법이 오행(五行)으로 운율을 따라 하는데, 어쩐지 얼만치 숙련한 사람들도 내게 와서는 쩔쩔매입니다"[16]라고 술회한 바 있다.

따라서 일세를 풍미했던 이동백 명창의 판소리 정신과 창극운동은 직계 제자 아닌 방계 후진들인 김연수, 김소희 등에게로 계승되었다. 그 점에서 그는 팬들의 열렬한 사랑에도 불구하고 대명창으로는 대단히 고독한 편이었고, 절제된 삶만큼이나 고독하게 이승과 작별한 경우라 하겠다.

---

15 오용록, 앞의 글, 33~34쪽.
16 청엽생, 앞의 글.

　　　제1부　전통 극예술의 정립과 계승

예술경영의 귀재이자 전통연극 지킴이
박승필

개화기 이후 우리나라 근대문화의 기반을 다지는 데 이바지한 인물들 중 상당수는 오늘날까지도 인구에 회자되거나 문헌 속에서 뚜렷한 위치를 차지하고 있다. 공연예술 분야에서는 처음으로 신파극단을 조직한 임성구를 비롯해서 이기세, 변기종, 현철, 박승희, 복혜숙 등이 있고, 전통예술의 분야에는 이동백, 박춘재, 한성준, 이화중선, 박녹주 등 상당히 많으며, 영화 쪽에도 윤백남을 비롯하여 이경손, 나운규, 윤봉춘, 이채전 등 적지 않다. 그러나 동시대에 이들이 자유롭게 공연 활동을 벌이고 영화도 만들어 상영할 수 있도록 헌신적으로 뒷받침했던 박승필(1875~1932)을 기억하는 사람은 거의 없다. 왜냐하면 그는 배우도 아니었고 작가도 아니었으며 감독도 아닌 극장 경영자이며 연극영화 기획 제작자였기 때문이다. 사실 당대에 그가 없었다면 우리의 전통 공연예술은 물론이고 신극과 영화의 발전도 어려웠을 만큼 그는 막후에서 우리 문화를 지키고 전승·보존하며 촉진시켰던 유일무이한 지킴이였다.

당시 그를 두고 언론계에서 표현했던 몇 구절을 보면, '조선 흥행계의 패자(覇者)'라는 호칭에서부터 '조선 극계의 제일공로자요 조선의 유일한 흥행사'(『매일신보』 1922.12.21)로 정평이 나 있었다. 그러니까 그가 당시 우리 연극계의 최고 공로자이고 흥행계의 패왕임에도 불구하고 죽음과 함께 잊혀진 것은

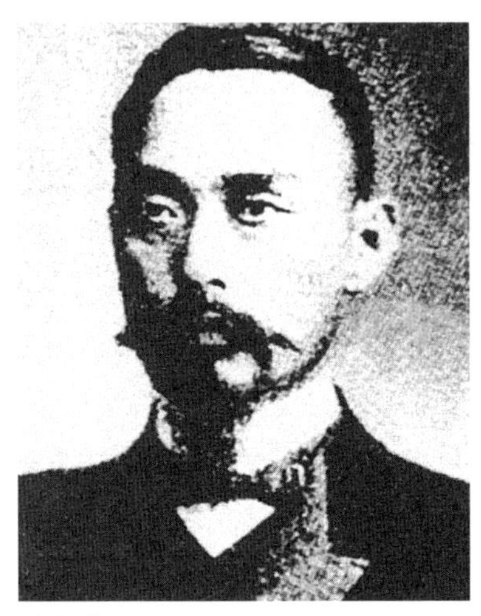

박승필

스타성 있는 장르, 이를테면 연기, 연출, 극작 등 창작 분야의 인물이 아니었기 때문인 것이다. 따라서 이 시점에서 그의 생애와 활동, 그리고 문화적 공과를 가리는 일은 대단히 중요하다고 하겠다.

박승필(朴承弼)은 1875년 서울에서 태어났다. 신식 교육을 별로 받은 것 같지는 않으나 판단력이 좋고 광무대의 소리꾼이었다는 정도로 알려졌을 뿐 그 밖의 성장 배경이나 신상에 대해서는 밝혀진 게 없다.[1] 그러나 분명한 것은 그가 당초 예능에 소질과 관심이 많아서 젊어서는 무대에도 서보았던 것 같다는 사실이다. 다만 소리꾼으로서는 능력의 한계를 느꼈거나 아니면 무대에 서는 동안 공연장의 열악함과 예술인들의 활동력 부족을 절실히 느끼고 관리자로 나섰던 것이 아닌가 싶다. 그의 인품에 대해서는 『매일신보』에서 "거짓말과 아첨이 없이 조선의 흥행계에서 원로요 패왕"(『매일신보』 1926.1.18)이라고 지칭한 데서 어느 정도 유추할 수 있을 것 같다. 그렇게 어렵게 연극, 영화 극장 사업을 하면서도 그는 거짓말을 하지 않았고 권력자나 자본가에게 아첨도 하지 않았다는 것이다.

이는 대단히 어려운 일이다. 수지타산이 전혀 맞지 않는 흥행업을 하면서 거짓말을 아니하고 아첨하지 않았다는 것은 그의 선비적 기질과 강직함을 단적으로 보여주는 것이다. 잘 되지 않는 사업을 하면서 거짓말을 하지 않고 남에게 국척(跼蹐), 아유(阿諛)하지 않으려면 든든한 재정이 뒷받침되어야 한다. 선비풍 강직함만 가지고서는 사업체를 이끌어가기가 쉬운 일이 아닐 것이다.

---

1 김종원 · 정중헌, 『우리 영화 100년』, 현암사, 2001, 104쪽.

   제1부 전통 극예술의 정립과 계승

그런데 박승필은 당초부터 별다른 재력은 없었던 것 같다. 그에 대한 기사를 살펴보자.

> 우리 동포 중에 적수공권으로 십여 년 동안을 백척간난과 천신만고를 헤아리지 않고 용왕 불굴하야 오늘날 성공한 재미있는 이야기와 사실담이 있다. 그는 지금 조선 구파 연극에 수익될 만한 광무대 경영 또는 단성사 활동사진관 두 군데로 나누어 한결같이 경영하여옴에 어려웠으며 실상 팔난봉에 대수석이라는 이름도 들었고, 떳떳한 직업이 없이 남의 의탁을 바라는 처소의 엉터리 생활을 하여 집안을 다스려가던 그 어려운 살림에 쪼들리는 박승필 군이라. …(중략)… 이 박 군은 그때 가계가 무척 곤란하여 목돈을 변통하야 조선의 연극계를 어디까지 유지하여 이름을 보전코자라는 아름다운 뜻으로 경영하여 올 때 일년에도 몇 번을 휴연케 되었건만 이것을 불구하고 부심애 부심을 하야…(『매일신보』 1920.9.12)

위 기사에서 주목되는 부분은 그가 당초부터 적수공권이었다는 것이고 팔난봉꾼으로서 남에 의탁하는 백수였다는 점이다. 그런 그가 화려하면서도 수지타산이 맞지 않는 극장을 그것도 두 곳이나 십수 년 동안 어떻게 운영할 수 있었을까. 그 이유는 아무래도 그의 뛰어난 수완과 공연예술에 대한 사랑과 집념에서 찾아야 할 것 같다. 특히 사심 없이 오로지 극장 경영을 통한 무대예술, 특히 전통예술 보존 전승과 영상예술을 진흥시키려는 열정을 주변 사람들이 확실하게 인정해준 데서 찾아야 할 것이다. 그 점은 다음과 같은 기사에도 잘 나타난다.

> 경성 황금유원 안에서 조선 구연극으로서 다년 흥행하여오는 광무대 박승필 씨는 허다한 곤란과 심력을 다 들여 오늘날까지 조선 연극의 구파라는 것을 지탱하여온 결과로 명 육일이 즉, 일반이 아는 바와 같이 십 년 되는 기념일을 당하였더라. 그런데 박씨의 십 년 동안 신산한 곤란으로 경영하여온 것은 누구를 물론하고 모두 경탄하며 그의 전도에 대하여 빌기를 마지않음은 이미 정평이 있

는 바이라. 오늘날 박승필 씨가 정력은 적고 오직 자본이 많았던들 지금의 십 주년 기념의 장쾌한 일을 보지 못하였지마는 실상 돌아보아 살피건대 우선 놀 라울 만한 정성과 힘… 또 온갖 수단으로써 활용이 교묘하여 만천하 모든 사람 의 동정과 원조를 감사히 받아가며 유지하여 온 역사적 장한 일이라.(『매일신보』 1918.9.5)

이상에서 알 수 있는 바와 같이 박승필은 그야말로 적수공권의 백수였지만 워낙 사심 없이 열정적으로 극장을 운영했기 때문에 많은 사람들로부터 찬사 와 동정을 받았기에 어려움 속에서도 장기간 극장을 경영해갈 수 있었던 것이 다. 그가 만약 자본이 많고 열정이 없었으면 오히려 극장 유지를 못했을 것이 란 지적은 올바로 본 것이다.

그가 극장 경영에 나선 것은 서른세 살 때인 1908년 9월부터였다. 그동안 관립 비슷하게 한성전기회사의 부속 공연장으로 쓰여오던 광무대는 1908년 9 월 박승필이 일본인으로부터 운영권을 인계받으면서부터는 사설극장처럼 활 용되었다. 그러니까 박승필은 운영주임으로서 전권을 갖고 극장을 이끌어가 기 시작한 것이다. 당초 광무대는 주로 활동사진관으로 쓰이면서 간간이 왕십 리의 광대패를 불러다가 전통예능을 공연해왔는데, 박승필이 맡으면서부터는 주로 전통 공연예술을 무대에 올리게 된다. 그는 연중무휴 공연을 내걸고 나 섬으로써 전속단체 조직의 필요성을 인식하게 되었고, 따라서 '박승필 일행'이 라는 전속단체를 두고 극장 경영을 해나갔다.

극장사를 되돌아볼 때 경영주가 대표가 되어 공연단체를 직접 이끈 경우는 드물다. 실제로 영리만 추구했다면 박승필이 직접 리더로 나서지는 않았을 것 이다. 이는 순전히 그가 전통예술의 보존 전승이라는 순수한 목적과 대중에 대한 문화 서비스를 염두에 둔 데서 비롯된 것이었다고 말할 수 있다. 그는 고 전무용, 고전극, 각종 민속예술을 다양하게 무대에 올렸다. 그것도 매일 쉬지 않고 한 것이다. 당시 신파극이 새로이 등장하고 영화도 주목을 받기 시작한

　　　　　　　　　　제1부　전통 극예술의 정립과 계승

때였지만 대중의 인기는 매우 좋은 편이었다. 그러나 1910년 일제의 한국병탄과 함께 경제사정이 날로 어려워지면서 관중의 감소도 불 보듯 뻔했다.

그에게 시련이 닥쳐오기 시작했다. 1912년 초여름 한발이 찾아오자 그는 과감하게 극장문을 닫아버렸다. 이유인즉 일제의 수탈과 함께 가뭄으로 말미암아 쌀값이 하루가 다르게 폭등하는데, 연극을 해서 대중의 푼돈마저 뺏는 것은 도리가 아니라는 것이었다. 그러면서 그는 비가 흡족히 내려서 쌀값이 안정되면 극장문을 다시 열겠다고 했다. 결과적으로 그는 가을부터 다시 극장문을 열고 전통예술을 공연하며 그 약속을 지킴으로써 그는 많은 사람들로부터 칭송을 받았다. 대중이 그의 애국심을 높이 산 것이다.

그런 그가 첫 번째 나선 자선공연은 당시 이 땅에 유일했던 조산부(助産部) 양성소를 위한 것이었다. 이 땅의 자손을 잘 낳아 기르는 데 일조하겠다는 것이 박승필의 꿈이었다. 이러한 아이디어는 순전히 민족에 대한 애국심에서 비롯된 것이었다. 조산부양성소를 위한 자선공연에는 단번에 천여 명의 관객이 몰렸고 출연 배우는 말할 것도 없고 각계의 기부금도 답지했다.

그는 매사에 적극적이고 정의감에 불탔기 때문에 우리나라 공연예술사에서 최초의 송사도 일으켰다. 그가 광무대 연기진을 보강할 목적으로 경상도 지방에서 데려온 김채란이라는 기생이 다른 극장(장안사)으로 옮기자 즉각 출연 금지 소송을 제기한 것이다. 박승필은 불의를 보면 참지 못하는 성격이었고, 우리나라 예술을 위한 일이라면 물불을 가리지 않았다.

그렇게 열정적으로 운영하던 광무대는 또 한 번의 고비를 맞게 되었다. 광무대의 소유주인 일한(日韓)와샤전기회사가 사업을 확장하면서 극장 건물을 차고로 쓰겠다고 나섰기 때문이다. 그리하여 광무대는 1913년 5월 중순에 문을 닫아야 했다. 전기회사 측에서는 광무대의 문화적 비중을 생각해서 새로 극장을 짓겠다고 약속했지만, 일본 회사의 약속이 지켜질 리가 없었다. 결국 후원자들의 십시일반으로 황금유원 내의 700석 규모의 연기관이라는 다 낡은 2층 건물을 월세 300원으로 얻어서 광무대 극장으로 쓰게 되었다. 물론 그 건물주도 일본인이었고 워낙 낡아서 쌀창고나 철물공장같이 보일 정도였다.

그럼에도 불구하고 박승필은 거기서 자선공연을 자주 무대에 올렸다. 조산원 다음으로 신식 교육기관을 위한 자선공연으로 넓혀갔다. 경제 상황이 어렵고 따라서 극장 경영의 곤란에도 불구하고 그는 쉼 없이 자선공연을 이어가며 문화 서비스를 넘어서는 사회 기여를 한 것이다. 사회적으로 칭송은 받았지만 극장 경영은 더욱더 어려워만 갔다. 따라서 그는 극장 수익을 올릴 수 있는 여러 가지 묘안을 찾기 시작했다. 우선 관중을 모을 수 있는 방책으로서 낮에는 씨름대회를 열고 저녁에 공연을 보도록 하는 방식을 시도했다. 레퍼토리 확대만 가지고서는 한계를 느꼈기 때문에 시도한 새 방식이 그런대로 성과를 얻은 모양이다. 그러나 그 방식은 오래 지속되지 않았다. 그 나름대로 부수되는 애로사항이 있었기 때문이 아닌가 싶다.

사실 그가 그 시대에 높게 평가받은 이유는 뭐니 뭐니 해도 신문화의 물결 속에서 전통예술을 굳건하게 지킨 점이었다. 모두 유행 따라 신문물을 좇았고 무대예술도 신파극이 점점 세를 더해갔지만 그는 조금도 동요하지 않고 고집스럽게 우리 고유의 전통예술만을 무대에 올린 것이다. 그렇다고 해서 그의 생각이 고루했던 것은 결코 아니었다. 그는 누구보다도 시대에 앞서간 진보적 인물이었다. 그는 놀랍게도 1913년에 기업의 후원을 얻어서 기업 홍보 연극까지 무대에 올렸다. 이런 방식은 그 당시 아무도 상상 못 했던 것이었다. 그것으로 만족하지 못한 그는 고관대작을 극장의 후원자로 끌어들이고 그것을 발전시켜서 찬성회라는 후원회까지 조직했다. 이것도 물론 우리나라 연극사상 최초의 일이었다.

후원회를 조직하는 데서 끝나지 않고 그들을 관리하는 데도 남달랐다. 후원회원들에게 여러 가지 극장 공연의 특별 배려를 했음은 물론이고 공연 뒤에 소위 입식 향응, 즉 축하 연회를 정기적으로 열었다. 신식 교육을 받아본 적도 없고, 또 서양 견문도 없었던 그가 서구에서나 있었던 방식을 도입한 것은 대단히 놀라운 일이었다.

또한 그는 극장 공연이 매너리즘에 빠지지 않도록 1년에 한 번씩 광무대 개관 날짜에 맞춰서 새로운 레퍼토리와 스타를 선보이고, 입장료 인하, 경품권 돌리기 등 각종 이벤트를 벌이기도 했다. 그는 고집스러울 만큼 전통예술만을 무대에 올렸지만 새로운 문물에도 항상 귀를 기울였다. 광무대 관객들 사이에 새로운 것을 찾는 흐름이 있음을 파악한 그는 즉각 소위 신구파 연극이라는 것을 공연하기도 했다. 신구파극이란 신파와 창극을 결합한 것이었는데 별다른 호응은 받지 못한 것 같다.

많은 단체들이 단 몇 년을 버티지 못하고 이합집산하는 중에서도 박승필 일행만은 끈질기게 생명을 유지해갔는데, 이는 순전히 그의 민족애와 굳건한 신념, 그리고 그것을 지지하는 관중과 후원자들이 있었기 때문이다.

비판자들도 없지 않았다. 광무대의 열악한 시설과 전통예술 일변도의 레퍼토리에 대한 비판이었다. 그런 비판에 대해 그는 "아, 누가 이것을 하여가지고 무슨 밑천이나 좀 잡으려고 하는 줄 아십니까. 이거는 꼭 여러분의 사랑방 삼아서 나도 과하게 밑지지는 않고 여러분께서도 심심하시면 찾아오시니깐 그대로 하여가는 것이올시다"(『동아일보』 1920.9.25)라고 응답한 바 있다. 여기서 그의 극장관을 짐작할 수 있는데, 극장을 사랑방으로 생각한 것은 비교적 올바른 관점이다. 극장이란 심심파적으로 노는 장소이고 거기서 작품도 창조되고 보급되며 교육도 이루어진다. 이처럼 올바른 극장관을 갖고서 전통예술의 지킴이 노릇을 했기 때문에 열악한 환경 속에서도 오랫동안 광무대를 운영할 수 있었던 것이다.

평판이 좋아지면서 그는 광무대와 경쟁 관계에 있던 단성사 운영 제의를 받고, 1918년부터 단성사까지 극장 두 곳을 경영하기 시작한다. 특히 단성사는 다무라(田村)라는 일본인이 매수해서 그에게 운영을 맡긴 것으로, 그가 그 분야에서 얼마나 명망이 있었던가를 잘 보여준다고 하겠다.

단성사까지 떠맡은 박승필은 두 극장의 성격화를 꾀하기 시작했다. 광무대는 종래대로 전통예술 공연장으로 쓰고, 단성사는 영화 전용관으로 탈바꿈시킨 것이다. 그와 관련해서 "시대의 풍조를 따라 연극의 종류가 점차로 변하고 늘어가는 중에 더욱 활동사진에 대한 관념이 긴하여짐을 깨달은 까닭으로 오늘날 박씨는 그분의 종가 되는 광무대에 구파는 더욱 확장하여 발전을 도모하는 동시에 한편으로 이미 세상 사람이 아는 바와 같이 연전 사들인 단성사를 새로이 개축을 하고 구미 문명제국에 유명한 활동배우의 경천동지하는 기술 예술적 활동사진을 수입하여다가 일반에 보이고자 기획하기를 당근 일 년이 넘어 왔다가 마침내 유지사경성(有志事竟成)으로 모든 준비가 완성되어 일전부터 단성사를 위선 내외부를 훼철하고 일신이 개축 또는 증축하여 매야에 관객이 이천 명을 넉넉히 수용"(『매일신보』 1918.9.5)한다고 보도된 바 있다.

단성사 운영을 맡은 지 5개월 만에 뜻밖의 화재를 만나 한 차례의 고비를 맞았지만, 오히려 3층 벽돌 건물로 확장 신축하게 되어 극장으로서는 더욱 좋아졌다. 박승필은 당장 레퍼토리 확장 등에 공을 들이는 데 치중했다. 아무래도 새로 떠맡은 단성사에 더욱 관심을 기울이지 않을 수 없었던 것 같다.

그는 우선 영화계의 혁신을 위하여 즉각즉각 새 필름을 들여오기 편하도록 일본의 유수한 영화사인 아마이쿠(天活) 영화주식회사와 공급계약을 맺었다. 당시에는 우리나라 흥행업자들이 외국 영화사와 직거래를 할 수 없었기 때문에 아마이쿠 주식회사와의 계약은 곧 서구 영화사들과의 거래를 가능케 한 것이었다. 그러니까 아마이쿠 회사를 징검다리 삼아 미국 유니버설 영화사나 프랑스의 고몽 영화사가 만든 영화를 수입 상영하면서 단성사는 단번에 시중의 관객을 끌어 모을 수 있는 극장으로 자리를 굳힐 수 있게 된 것이다.

또한 관객 서비스를 위하여 당대 최고 인기 변사였던 서상호 외에 다섯 명의 변사를 극장에 상근시켰으며, 광고 방식도 크게 개선했다. 가령 광고 문구 중에 '현대사조'라는 용어를 삽입한 것도 대단히 파격적인 것이었다. 그때까지만 해도 문화계에서 현대라는 용어는 누구도 쓰지 않았기 때문이다. 바로 그 점에서 박승필은 최초로 현대라는 말을 광고에 삽입한 인물이고, 단성사는 그 첫 번째 극장이 되는 셈이다.

　　　제1부　전통 극예술의 정립과 계승

그는 대단히 감각적으로 아이디어가 넘치는 인물이었다. 어떻게든 관중을 즐겁게 하고 또 여러 가지 유인책을 써서 극장에 오도록 만든 예술경영 전문가였다. 가령 단성사가 영화 전용관으로서 1주년을 맞은 1919년에는 새 필름 소개와 함께 파격적으로 전 관객에게 입장료 반액 삭감을 단행하기도 했다. 그러나 무엇보다도 그가 연극장과 영화관, 두 곳의 경영자답게 두 장르를 접목하는 작업을 시도한 점이 주목된다. 1919년 10월 신파극단 신극좌를 이끌고 있던 김도산에게 5천 원의 제작비를 주고 연극 속에 들어갈 야외 장면을 찍도록 했는데, 그것도 서울의 명승지를 넣도록 한 것이다. 그것이 다름 아닌 〈의리적 구토〉라는 작품으로서 한국 최초의 연쇄극(kino-drama)이다.

그의 기발한 발상에 의해 만들어진 연쇄극은 세 가지 측면에서 큰 의미가 있다. 첫째로 그 작품이 한국 영화사의 기점이 된 것이고, 두 번째는 우리가 주도적으로 영화를 만들 수 있다는 자신감을 심어준 것이며, 세 번째로 민족적 주체성을 갖게 해준 점이다. 그가 제작자로 참여하여 만든 연쇄극이 창작 영화로 발전되어갔지만 그런 형태가 20여 년 동안 상업적 공연 형태로 지속된 것도 흥미로운 일이다. 그만큼 박승필은 흥행사적 감각이 뛰어난 인물이었다. 언론에서 그를 가리켜 흥행의 귀재라고 부른 것이 틀린 말이 아님을 그의 행적은 잘 보여주고 있다.

그러나 그보다 더 중요한 것은 그의 애국심이었다. 그는 애국심을 말로 떠벌린 적이 없다. 그는 행동으로 보여주되 그것도 예술이라는 수단을 교묘하게 활용한 민족주의자였다. 그가 많은 사람들의 비판에도 불구하고 전통 공연예술을 고집스럽게 자기의 극장 무대에 올린 것에서도, 연쇄극 촬영 때 서울의 명승지를 찍어서 삽입한 것에서도 그것은 잘 나타난다. 그는 최초의 기록영화 제작자로서 당시 서울의 모습과 근교의 명승지를 촬영하게 해서 〈경성전시의 경〉과 〈경성교외전경〉, 〈고종인산실경〉 등 세 편의 가족영화를 따로 만들어 대중에게 보여줌으로써 조국에 대한 사랑을 일깨우는 데 힘썼다. 그만큼 그는 애국심을 여러 가지 우회적 방법을 동원해서 북돋는 일에 앞장섰던 것이다.

그는 파격적인 사고방식과 흥행사적 기질로 주변 사람들을 놀라게 한 경우가 적지 않았다. 광무대에 종종 신파극을 올린 것이나 영화 전용관 단성사 무대에 이따금 전통예술을 올린 것도 그 한 가지이다. 그럼에도 불구하고 그는 독단적이지 않았다. 언제나 유능한 인물을 주변에 두고 유효적절하게 활용할 줄도 알았다. 당시 언론도 "단성사가 오늘의 단성사로 되기까지는 물론 관주 박승필 씨의 절대한 노력을 요하였으려니와 그 부하에 모인 관원의 군이 모두 그 길에 이름 있는 일류만 망라한 것이 큰 원인이 되었을 것『매일신보』1922.12.21)이라고 지적한 바 있다. 그 주변에 일류급 전문가들이 모여들었다는 것은 그의 인간적 매력과 포용력, 즉 리더십이 있었다는 이야기가 된다. 특히 그의 앞서가는 아이디어를 뒷받침해준 인물은 과거 단성사 사장을 지낸 박정현이었다. 박정현의 주도로 셰익스피어의 〈햄릿〉, 〈로미오와 줄리엣〉, 〈클레오파트라〉 등을 수입 상영했는데 이는 대단히 놀라운 일이다. 셰익스피어 작품은 1917년 7월 〈맥베드〉를 수입 상연한 이후 5년여 만이기 때문이다.

박승필은 인재 활용에 있어서도 남달랐다. 우선 그는 극장의 시스템 자체를 합리적이면서도 공격적으로 바꾸었다. 박정현을 예술감독으로 삼고, 이봉익을 외교부 책임자로, 그리고 서용운을 악장으로 내세운 것이다. 극장 편제를 제작, 홍보, 마케팅, 서비스 중심으로 바꾼 이런 인적 구성은 당시 어느 극장도 취택하지 못한 선진적인 것이었다. 사실 단성사가 일류 극장으로 변화한 계기도 그의 인적 시스템 구축과 관리에 있었음을 당시의 보도기사가 잘 보여주고 있다.

첫째. 단성사에는 한결같이 한 주인 한 일꾼들이 계속하야 전후 칠 개년 동안을 두고 경험에 경험을 쌓으며 개혁에 개혁을 더하여 시설과 사진과 변사와 서무와 운영이 한결같이 통일되어 우선 단성사를 찾아오는 손님네들로 하여금 다정한 가정을 찾는 듯한 회포를 일으키게 된 것이니 이에 대하여는 오직 단성사에서 대장이라 부르는 관주 박승필 씨의 노련한 경영방법이 공을 이룬 것이

다.(『매일신보』 1926. 1. 18)

　어느 조직이나 지도자의 리더십에 따라 성쇠가 좌우됨은 자명한 일이다. 박승필이야말로 극장 경영의 귀재란 상찬을 받을 만했다. 특히 극장을 시민의 편안하고 안락한 사랑방으로 가꾼다는 신념에 따라 운영했기 때문에 광무대와 단성사가 당대의 극장 중의 극장이 된 것이다.

　물론 그는 수익성도 항상 염두에 두고 극장을 경영해갔다. 항상 앞서가는 레퍼토리로 관객을 즐겁게 했으며 특히 홍보에 있어서는 타의 추종을 불허했다. 극장에 아예 홍보 전담 문필가(김학근)까지 두고 선전지를 다량으로 찍어서 배포했으며, 설문지 같은 것을 만들어 돌려서 관객들이 계속해서 극장에 관심을 갖도록 했다. 극장 직원들을 가만히 놓아둔 적이 없다. 계속 훈련시켜서 극장의 홍보맨으로 만들었고 마케팅의 전사(戰士)로 활용했다. 앉아서 소극적으로 운영한 것이 아니라 적극적이면서 공격적으로 대중에 파고드는 전략을 구사했다. 따라서 그는 언제나 다른 극장들보다 빠르고 다양한 볼거리를 만들어낼 수 있었다. 일본의 마쓰다케 영화사나 유니버설 영화사로부터 직배로 필름을 들여올 수 있었기 때문에 다른 극장들이 한 주일에 한 편을 돌릴 때 단성사는 두 편의 새 영화를 상영했고 그에 따른 관객 증가는 명약관화한 것이었다.

　그는 단순히 영화 수입자나 극장 경영자로 그치지 않았다. 장차 영상예술이 중요해질 것을 감지한 그는 영화 제작에도 솔선수범했다. 당시 일본의 영향권에 있던 동아문화협회가 제작한 영화 〈춘향전〉이 인기를 끌자 수치심을 느낀 그는 단성사 안에 활동사진 촬영부를 두고 직접 〈장화홍련전〉이라는 영화를 만들어냈다. 이 영화는 과거 작품들과 달리 일본인의 도움 없이 순수 우리 자본과 기술, 인력에 의해 제작된 최초의 한국 영화라는 데 각별한 의미가 있다.[2] 물론 이 작품이 〈춘향전〉을 능가하는 호응을 얻었음은 두말할 나위 없다. 그

2　위의 책, 98쪽.

후로 그는 영화 제작에는 더 이상 손대지 않았지만 영화 육성은 지속적으로 후원했다. 한 가지 좋은 예가 다름 아닌 나운규의 포섭이었다. 박승필은 수준 낮은 작품들 속에서 나운규의 잠재적 재능과 가능성을 발견하고 그에게 지속적으로 재정적 뒷받침을 해주었다. 그런 상황에서 나온 민족영화가 다름 아닌 1926년도의 〈아리랑〉이었다. 그 후로도 나운규는 마음 놓고 작품활동을 할 수 있었는데, 그가 만든 영화 대부분이 단성사에서 개봉되었던 이유도 바로 거기에 있었다.[3]

그렇다고 해서 그가 단성사를 중심으로 한 영화에만 정력을 쏟은 것은 아니었다. 3·1운동 이후 신문화가 물밀듯 쏟아져 들어왔지만, 1908년 이후 전통 공연예술의 보존 전승에 대한 신념은 굳어지면 굳어졌을망정 이완되지는 않았다. 가령 그가 낡은 극장 광무대를 버리고 그 옆에 거금을 들여 새 건물을 세운 점에서도 그의 식지 않은 열정을 알 수 있다. 새 극장을 갖겠다는 평생의 꿈은 극장 운영에 나선 지 15년 만인 1923년 10월에 성취한 것이다. 그는 '새 술은 새 부대에'라는 명분을 내걸고 신축 극장다운 면모를 보여주기 위해 새로운 레퍼토리 개발과 진흙 속의 진주 같은 광대를 찾아 나섰지만 겨우 권금홍과 줄타기 명인 박명옥 정도를 찾는 데 그쳤다.

극장 시설은 좋아졌지만 관객을 끌 만한 전통예술 분야의 신선한 레퍼토리와 탁월한 스타를 찾는 데는 한계가 있었다. 이는 당시 우리 전통예술계의 한계 그 자체이기도 했다. 시간이 흐를수록 광무대 운영은 어려워지기만 했다. 따라서 그는 처음으로 당시 떠오르는 신극단 토월회에 광무대를 1년간 장기 대관해주는 고통도 감내해야 했다. 물론 그는 광무대 임대 조건으로 간간이 전통예술도 곁들이도록 하는 것을 잊지 않았다. 광무대를 신극 단체에게 장기 임대한 것은 그에게 있어서는 치욕이고 고통 그 자체였다. 왜냐하면 잠시나마 그의 신념과 꿈을 접는 일이었기 때문이다. 따라서 그는 단 1년 만에 광무대를

---

3 안종화, 『한국영화측면비사』, 춘추각, 1962, 124쪽.

  제1부 전통 극예술의 정립과 계승

되찾아 본래의 모습대로 전통예술 전용극장으로 운영해가기에 이르렀다. 다만 시대의 흐름을 외면할 수가 없어서 때때로 신구파 절충이라는 고육지책을 써보기도 했다. 그리고 과거처럼 잡다한 공연에서 벗어나 일류 명창대회 등과 같은 스타성 이벤트를 꾸미곤 했다. 그럼에도 불구하고 대중의 호응이 적어서 극장 경영은 점점 어려워만 갔다.

쉰다섯 살의 박승필도 지칠 수밖에 없었다. 그는 1927년 봄, 장장 20여 년 동안 운영해오던 광무대를 인척인 박승배에게 넘기고 제2선으로 물러앉았었다. 불철주야로 두 극장을 경영한다는 것은 건강을 잃기에 충분한 기간이다.

그러나 영화 전용관 단성사만은 떠나지 않았다. 관객들의 투표로 최고의 극장, 극장 중의 극장으로 최고의 명성을 자랑하던 단성사만은 끝까지 지키고 싶어한 것이다. 내외의 경제사정이 날로 어려워지면서 관객의 감소는 어쩔 수 없었다. 아무리 좋은 프로그램이라 하더라도 대중의 배고픔을 뛰어넘지는 못한 것이다. 그것은 특히 광무대가 심했고 단성사도 예외는 아니었다. 그런 속에서 박승필은 더욱 병약해져갔고 극장 경영은 너무나 힘겨운 일이었다. 그러나 그가 한국 최고의 극장으로 만들어 애지중지해오던 단성사를 포기할 수는 없었다.

그가 끝까지 지키려던 단성사도 그의 죽음으로 끝났다. 1932년 1월, 그가 57세의 나이로 세상을 뜨자 『매일신보』는 "조선 흥행계의 원로 박승필 영면"이라는 부고 기사를 크게 냈고, 윤백남은 그의 죽음을 전사(戰死)에 비유하여 "싸움의 마당에서 후생을 위하여 피 흘리다 화살이 다 떨어져(失盡) 명예의 전사를 하고 말았다"[4]라고 애도했다. 이는 그가 생전에 극장 경영을 하면서 얼마나 육신과 정신을 소모했던가를 단적으로 나타내주는 것이다.

박승필은 우리나라 문예사상 최초의 극장 운영 전문가로서 개화기에 일본의 흥행사들에 맞서 새로운 극장 경영 모델을 제시한 선구자였다. 전 세계에

---

4 윤백남, 「고 박승필 씨의 영전에 곡함」, 『영화시대』 1932.2.

예술경영학이라는 것이 존재하지 않을 때, 그는 순전히 경험에서 우러난 아이디어로서 극장 경영의 신경지를 열었다. 후원회 조직, 기업과 문화의 연계, 효율적 홍보, 관객 개발, 마케팅 기법 도입 등은 1960년대 구미에서 일어난 예술경영의 기본이 되는 것이다. 신식 교육도 받아보지 못한 일개 소리꾼이었던 그가 개화기에 어떻게 그런 발상을 했는지 놀라울 뿐이다. 특히 극장의 인력 시스템을 관리, 홍보, 기획, 마케팅으로 나누어 조직한 것은 1세기나 앞선 발상이었다.

그로 말미암아 그가 운영한 광무대와 단성사는 장수할 수 있었고, 전통예술은 명맥을 굳건하게 이을 수 있었으며, 대중에게 단순히 오락물을 제공하는 것으로 그치지 않고 전통예술을 통한 민족적 정체성을 지킬 수 있었다. 1908년부터 1930년대 초까지 광무대와 단성사를 통해서 고집스러울 만큼 전통 공연예술을 줄기차게 무대 위에 올려놓은 그가 없었다면 신문물과 일제의 탄압 속에서 전통예술의 맥이 끊어졌을 가능성도 없지 않은 것이다. 1930년대 중반에 와서 창극이 정착할 수 있었던 것도 광무대를 통한 명창들의 활약이 뒷받침된 데 따른 것으로 보아야 한다.

그 외에도 연쇄극을 통한 한국 영화사의 시작과 그 진흥이라든가 〈고종인산실경(高宗因山實景)〉 등 다큐멘터리 제작을 통한 애국심 고취 등도 그의 공로라 하겠다. 그런 그가 이때까지 역사의 뒤안길에 묻혀 있었다는 것은 참으로 불행한 일이 아닐 수 없다.

판소리가 도달한 하나의 극점
김소희

　판소리, 춤, 악기 연주 등에서 단연 경지에 이르고 서예는 물론이고 엄격한
삶의 자세로 인해 국악계 명인으로 지칭되는 만정(晩汀) 김소희(金素姬)를 가리
켜 한 세기에 나올까 말까 한 대명창으로 부르는 것에 이의를 제기할 사람은
별로 없을 것이다. 판소리의 3대 유파라 할 동편제, 서편제, 중고제를 통합하
여 자신의 소리제로 만들어낸 소리와 춤의 달인 김소희는 1917년 11월 1일(음
력 10월 17일) 전라북도 고창군 흥덕면 흥덕리의 넉넉한 집안에서 태어났다. 부
친이 피리와 단소의 대가로서 풍류깨나 즐긴 한량이었으므로 집안 분위기가
어땠을지는 짐작이 가고도 남을 것이다. 처음에는 여아답게 옥희(玉姬)로 불리
었지만 부친은 그를 호적에 올릴 때 순옥(順玉)이라 했다.

　풍류객인 부친은 술 잘 마시고 놀기 좋아해서 부부 금실이 좋을 리 없었고,
선대가 모아놓은 재산도 서서히 날려버리는 중이었다. 시골에서의 가산 탕진
은 곧 가족 해체로 이어지므로, 그는 매우 고통스런 유년 시절을 보내게 된 것
이다. 그와 관련해서 그는 「판소리 반세기」라는 글에서 "아버지는 집안이 좀
넉넉하니까 풍류도 꽤 즐기시고 그때로서는 멋을 아시는 분이었던 것 같다.
그러나 농사로 버티는 집안에서 농사일 집어치우고 외방으로 나돌며 바람을
피우니 자연 가산을 탕진, 가난할 수밖에 없었고, 또 그러다가 마약에도 손을

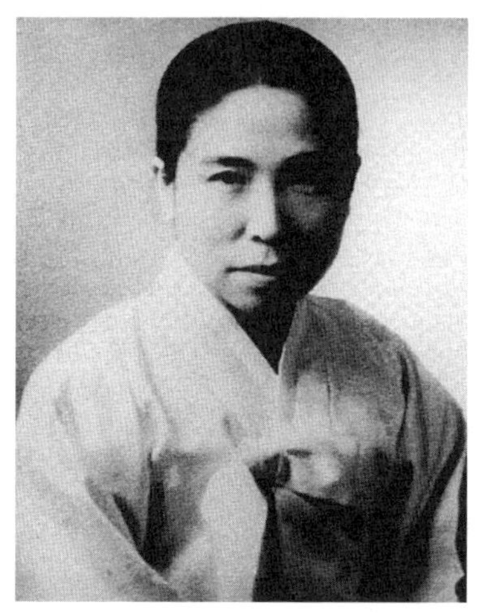

김소희

대신 눈치였으니 형편이 말이 아닌 지경이 된 것이다. …(중략)… 어린 시절의 나를 당차고 꽁한 외로운 성격으로 만들어준 것 또한 어머니와 아버지의 불화였다. 어머니는 딸만 셋을 혼자 손으로 길러오신 호랑이같이 엄격한 홀어머니 밑에서 자란 분이었다. 딸의 다난한 형편이 모두 사위의 그릇된 처신 때문이라고 생각하신 외할머니가 딸을 데려가버리신 것이다. 어머니가 아버지와 오래 불화하시다가 종래는 친정으로 가버리자 나는 엄마 없는 아이로 그늘진 얼굴을 갖게 된 것이다"[1]라고 회고한 바 있다.

김소희는 유년 시절에 이미 뒷날 큰 예술가가 될 수 있는 중요한 경험을 하게 되었다. 첫째는 그가 태어난 고장의 예술과의 관련성이다. 그는 판소리를 정립한 신재효의 고장에서 태어났다. 신재효가 태어난 곳에서 10여 리 안팎인 거리였으니 거의 같은 곳이라고 해도 과언이 아니다. 그러나 그것은 별로 중요하지 않을 수도 있다. 그보다는 그 고장이 판소리가 꽃핀 곳이라는 것과 풍류방까지 있을 정도로 판소리, 시조 등 각종 창(唱)으로 날이 새고 지는 풍류의 고장이었다는 것이 중요하다. 그러니까 그는 모태에서부터 소리를 접했고 성장하면서 창에 젖을 수밖에 없었다고 보아야 한다.

두 번째로는 주변에 무당이 있어서 뱃속에서부터 징소리와 무가(巫歌)를 접했다는 사실이다. 이는 사실 중요한 것이다. 모친은 그 지역의 소리 환경과 언제나 들려오는 무가로 태교를 했다고 해도 과언이 아니다.

세 번째, 불우한 가정환경이 그를 내향적으로 만들었고 일찍부터 곤궁과 이

---

1 김소희, 「예에 살다 (1)」, 『일간스포츠』, 1978.7.27.

     제1부 전통 극예술의 정립과 계승

별 등으로 인해서 마음속에 한이 서리게 된 점이다.

이러한 주변 환경은 그에게 이미 예술가로 대성할 수 있는 운명을 지워주었다고 볼 수 있다. 그러던 차에 그는 불우한 가정환경을 벗어나는 계기를 맞았다. 광주로 유학(전남여고보)을 가게 되었고, 우연히 협률사의 한 갈래라 할 명창 이화중선(李花中仙)의 포장굿을 만나게 되는 것이다. 1927년 초여름, 사촌언니와 함께 광주의 실개천 옆 장터에 마련된 천막극장 옆을 지나다가 이화중선이 부르는 〈심청가〉의 애끓는 가락에 넋을 잃게 된다. 바람결에 들려오는 이화중선의 간장을 녹일 듯한 서편제 소리가 그를 전율케 한 것이다.

무가와 창으로 태교를 받은 그가 이화중선의 애달픈 소리에 자석처럼 빨려들어간 것은 극히 자연스런 일이 아니었을까. 이때부터 철부지 소녀의 입에서는 '날아가는 기러기야, 이 편지를 우리 아버지에게 전해다오…' 하는 〈춘향가〉의 한 대목이 흥얼거려지기 시작했다(『조선일보』1981.11.1). 그와 관련하여 그는 "너무 일찍 슬픔을 아는 아이가 됐던 탓에 일찍 판소리에 매달려 다른 생활을 모르고 치닫는 일생을 가질 수 있었는지도 모르겠다"고 회고한 바 있다.

그의 소질을 알아본 이화중선은 유랑극단을 따라다니겠다는 그를 자기의 스승 송만갑에게 입문시켜 정통 판소리를 배우도록 해주었다. 송만갑 역시 한두 번만 들으면 금방 소리를 외워버릴 정도의 재질을 지닌 그를 특별제자로 삼아 가르치기로 한다. 그때의 송만갑은 60대 초반으로 소리가 무르익은 절정기였다.

당시 13세였던 그에게 이런저런 소리를 시켜본 송만갑은 "너는 천상 이 길로 들어서야 할 운명이다. 그런데 어린 나이에 매일 새벽 5시에 올 수 있느냐"고 물었다고 한다. 김소희가 고개를 끄덕였음은 두말할 나위 없다. 그는 반년 동안 하루도 빠지지 않고 새벽길을 걸으면서 고된 수업을 견뎌냈고 특별장학생으로서 수업료도 내지 않을 만큼 송만갑의 총애를 받았다. 미려하고 맑은 목소리에 나이답지 않게 한마저 서려 있으니 소리꾼으로서는 천부적 재질이 보인 것이다.

소녀 김소희가 지닌 애원성, 즉 한이 담긴 소리는 남도 판소리의 누적된 결과물이기도 하다. 그런 것이 그에게서 보이기 시작했다는 이야기다. 송만갑은 어느 날 이 미완의 소녀를 데려온 이화중선에게 "요놈의 보물이 나에게 온 지 2년밖에 안 되는데 귀신같단 말이야. 한 번 들어보게나"라고 자랑할 정도였다. 이렇게 해서 그는 이화중선의 창극 무대에 처음 서게 된 13세 때 〈춘향가〉의 이 도령 역을 거뜬히 해낸다. 그렇다고 자만하지 않고 송만갑과 함께 새벽 4시면 일어나서 산에 올라 목 틔우기를 2년 반, 목에서 터져 나오는 피를 삼키기를 수십 번 되풀이할 정도였다(『조선일보』 1981.11.1). 그런 수련 뒤에 유랑극단의 첫 무대쯤이야 어려울 것이 없었다. 그와 관련해서 그는 "나는 소리고 발림이고 배운 대로 일러준 대로 또박또박 해냈다. 춘향을 앞에 앉혀놓고 부채를 턱 들고 네가 내 사랑이로구나를 부르고 들어오니 어른들이 '아기 명창' 나왔다고 칭찬을 하셨다"고 술회한 바 있다.

그는 천부적 재능 못지않게 대단한 노력파였다. 스승의 가르침을 백 퍼센트 받아들이는 성실함과 집념을 가진 무서운 소녀였다. 송만갑은 그를 크게 키우기 위해서 또다시 여러 스승을 소개했고, 또 현장 경험도 시켰다. 정정렬(丁貞烈)에게 보내서 〈춘향가〉를 배우게 하고, 이화중선 일행에게 보내서 창극의 아역도 맡도록 했다.

그는 판소리뿐만 아니라 국악의 여러 분야를 배웠다. 전주의 정성린(鄭成麟)에게서는 승무, 검무, 남무받이를 배웠고 전계문(全桂文)에게서는 가사와 가곡을, 그리고 정읍의 유순석에게서는 양금을 배우며 이미 10대에 만능 국악인의 기초를 닦을 수 있었다.

14세 때인 1931년에 남원 춘향각 낙성제의 전국명창대회에서 1등을 했다. 이는 자신의 기량을 점검할 수 있는 기회였으나, 한편 부정으로 얼룩진 어른들의 추태에 실망한 나머지 그 후로는 경연대회에 절대로 참여하지 않았다. 그만큼 자신이 최고라는 자부심이 강했고, 그 자부심을 지키기 위한 피나는 노력을 한 것이다.

어린 시절의 그는 판소리를 부르면서도 그 깊은 뜻을 모르고 한 경우가 많았다. 왜냐하면 중등학교 초급학년 때 판소리에 입문해서 배움이 부족했기 때문이었다. 어린 그로서는 한자성어가 많은 판소리 원본의 뜻을 이해하기가 쉽지 않았다. 따라서 그는 독학으로 천자문을 떼고 한학자 신호열(辛鎬烈)에게서 서예도 조금씩 배워서 후일 국전에 여러 번 입선할 정도의 노력과 집념의 여인이기도 하다.

남원 명창대회 직후 그는 시골을 벗어나야겠다는 결심을 하고 가방 하나만을 챙겨서 1931년 겨울에 외가가 있는 서울로 왔다. 이모 김남수(金南洙)는 여배우 복혜숙과 친구 사이여서 그를 통해 국악계의 대부로 있던 한성준(韓成俊)에게 소개된다. 한성준은 그를 뚫어지게 쳐다보더니, "사목(뱀눈)이라 재주가 있겠구먼" 하고 순순히 받아들여주었다. 이 시기에 이모 김남수는 순옥이란 이름이 촌스럽다며 개명할 것을 권유하여 소박한 성격의 소유자니 소희(素姬)라 지어준다. 그리고 아호 만정(晩汀)은 3년여 뒤 조선성악연구회의 후원자였던 김종익(金鍾翊)이 관상쟁이한테 부탁하여 지어주었다고 한다.

상경은 당대의 국악인들에게 김소희를 알리는 기회가 되었음은 두말할 나위 없는 것이었다. 그때도 예술인들은 역시 중앙으로 몰려들었던 것이다. 특히 그 중심에 명인 한성준이 버티고 있었다. 한성준의 테스트를 통과한 그는 즉각 경성방송국의 국악 프로그램에 나가 이혜구(李惠求) 아나운서의 소개로 30분간의 생방송을 무난하게 마쳤다. 16세 소녀 명창의 소리가 경성방송국의 전파를 타고 전국으로 퍼져나갔다. 그때 장래가 촉망된다고 판단한 경성방송국은 그를 1주일에 한 번씩 출연시키기로 하여 당장에 명창으로 이름을 날리게 되었다.

당시만 하더라도 방송 출연은 이동백, 송만갑, 이화중선, 박녹주 등 국창급 명창들과 가야금도 김운선 정도의 최정상급만 가능했는데, 그가 10대 소녀 명창으로 그들과 어깨를 나란히 하면서 단골 멤버가 된 것이다. 물론 실력은 이동백이나 박녹주 등에게는 훨씬 못 미쳤지만 목소리가 워낙 청아해서 여창으로서는 안성맞춤이었다. 그렇기 때문에 여럿이 나가는 다른 출연자들과는 달리 그는 단독 방송만 했다. 그만큼 인정을 받았던 것이다. 그가 경성방송국에서 부른 작품은 〈흥보가〉, 〈춘향가〉 등이었고, 단가만 30분짜리 방송을 한 적도 있다.

유명해지면서 그는 지방 공연과 레코드 취입 등으로 눈코 뜰 새 없이 바쁘게 뛰어다녔다. 그의 레코드 첫 취입도 16세 때로서 상경한 지 채 1년도 되지 않아서였다. 그는 한성준, 정정렬, 박녹주, 오태석, 오비취, 박종기, 한경심 등과 일본 오사카에 가서 취입했는데, 레퍼토리는 〈춘향가〉 몇 대목과 〈흥타령〉 등 6분짜리 석 장 분량이었다.

처음 콜럼비아 레코드에 취입한 것이 인기를 모으자 오케이 레코드에서 취입 의뢰가 왔다. 당시 우리나라에는 레코드 취입 기술이 없었기 때문에 또다시 일본으로 가야 했다. 그는 임방울, 오비취, 박종기(젓대), 신해중월(경기민요) 등 전통예술인들과 양악인 이인선, 그리고 대중가수 이난영, 고복수 등과 함께 도일했다. 당시 남도에서 유행하던 민요 〈아리랑〉을 〈진도아리랑〉으로 교정해서 녹음했고, 일본 노래를 본떠서 〈뱃노래〉도 직접 작사, 편곡해서 취입했다. 가사는 "파도소리에 잠을 깨니 들려오는 노소리 처량도 하구나. 에야노 야누야 어기어차 뱃놀이 가잔다"였다.

천재적인 음악성뿐만 아니라 문학성도 지닌 그의 인기는 식을 줄 모르고 치솟았다. 일 년에 한두 번씩 일본을 내왕하면서 트리플 레코드사나 씨에론 레코드사에서도 취입을 했다. 그러는 동안 국내에도 레코드 취입이 가능한 기계 설비가 갖추어져서 몇몇 회사에서 독점 계약을 요청해왔다. 그는 결국 빅터사에 전속금 300원을 받고 계약을 하기에 이른다. 당시 그가 30분짜리 방송 프로그램에 출연료 5원을 받았던 것에 비하면 매월 300원은 거금이었다.

취입 레코드가 많이 팔리면서 그는 방송과 취입에 많은 시간을 할애했고, 따라서 명창들의 결집체였던 조선성악연구회에는 창립 3년 뒤인 1937년 3월에 가서야 가입할 수 있었다. 성악연구회가 새로 발굴한 창극 〈배비장전〉에서

제1부 전통 극예술의 정립과 계승

당당히 주역 아랑 역을 맡아 동양극장 무대 화려하게 데뷔한 것이다. 그때부터 그는 창극의 주역 여배우로 동분서주하게 되었다. 상대역이 스승이었던 정정렬이나 오태석이었으니까 그의 실력이 어느 정도로 성장했는지 짐작할 수 있다고 하겠다.

그럼에도 불구하고 그는 자만하지 않고 자기 연마를 게을리하지 않았다. 한창 인기를 끌 때였으므로 젊은 남성들이 따르는 것은 극히 자연스런 일이었다. 그가 동양극장 무대에 데뷔한 직후 대학을 갓 나온 청년 강(姜)모 씨의 적극적인 구혼을 받았다. 그 역시 청년에게 매료되었다. 그러나 청년 집안의 완강한 반대로 첫사랑의 꿈은 사라지고 깊은 상처만을 남기고 끝났다. 그는 첫사랑의 아픔도 달랠 겸 더 공부를 하기 위하여 스승을 찾아 전남 화순의 둔동까지 갔다. 그곳에는 유명한 판소리 명인 박동실이 은둔하면서 제자들을 가르치고 있었기 때문이다.

그곳에는 폭포까지 있어서 피나는 백일 공부 끝에 그는 비로소 판소리의 진수를 깨닫게 된다. 이는 분명히 그에게 있어서는 첫 번째 득음이었고 명창의 생애에 한 전기를 만드는 계기가 되었음은 두말할 나위 없다.

1930년 후반에 들어서는 판소리 공연보다 창극이 발전했기 때문에 그 역시 창극단에서 주로 활동하게 되었다. 1938년 스물두 살의 나이에 조선성악연구회 이사가 된 그는 후일의 남편 박석기(朴錫紀)가 만든 창극단 단원으로 창극 무대의 여자 주역을 도맡아 할 만큼 인기가 좋았다. 당시 성악연구회는 김종익의 후원으로 유지되었지만 전남 담양 지주로서 도쿄제국대학 불문학과를 나온 박석기의 지원도 무시할 수 없었다. 박석기는 대학에서 불문학을 전공했지만 현실 참여를 거부하고 고향에 은둔하면서 민족혼을 지킨다는 신념으로 거문고 공부와 국악 후원으로 세월을 보냈다. 적극적인 독립투쟁이 아닌 국악 지킴이로서 민족의 정체성 지키기에 나선 것이다.

박석기는 임실에도 정자를 짓고 후진을 양성했다. 재주 있는 신인들을 많이 후원했는데 그중에 김소희도 들어 있었던 것이다. 창극단은 지방 순회공연에서 적자를 보는 경우가 많았는데, 그럴 때마다 박석기가 돕고 나섰다. 그러니까 종래에는 박석기 자신이 '화랑'이라는 창극단을 직접 조직해서 이끌기도 했다. 이때의 주역이 다름 아닌 그였고, 함께 살게도 되었다. 거기서 자손도 보았는데 그가 다름 아닌 국악계의 재원 박윤초(朴倫初)이다.

김소희는 창극단을 따라 갖은 고초를 겪으면서 전국 방방곡곡을 다녔고, 만주까지 순회공연을 다니다가 민족해방을 맞았다. 해방 직후인 1945년 10월에 조직된 국악원에 참여하여 〈춘향전〉 공연으로 국악 재건에 앞장섰던 그는 1948년 5월에는 박녹주, 정억색, 박소군, 김강남월, 조농옥 등과 여성국악동호회를 조직했다. 고루한 남성 국악인들과 공연을 다니면서 겪어야 했던 수모와 박대에 역겨워했던 여류명창들이 자유로운 상태에서 후진도 양성하고 친목과 단합도 꾀하자는 게 국악동호회 조직의 근본적 취지였다.

여성들만의 창극은 이미 1919년 가을에도 시도한 바 있었던 데다가 일본의 다카라쓰카(寶塚)나 중국의 월극(越劇)에 대한 지식도 어느 만큼 가지고 있던 여류명창들이 과감하게 독립해 나온 것이 다름 아닌 여성국악동호회였다. 시기적으로도 해방 직후여서 모든 제도가 허술하고 자유분방함을 만끽할 수 있었던 때라서 여성들이 쉽게 경직된 국악단체로부터 이탈할 수 있었다. 1948년 5월에 가진 창립공연 〈햇님 달님〉(김아부 작)에서는 주역은 말할 것도 없고 작곡과 안무까지 도맡아 했는데 대단한 인기를 모았다(『일간스포츠』, 1978.8.13). 이때부터 그는 작곡에도 손을 대면서 국악인으로서의 폭을 넓혀갔다.

특히 여성국악동호회가 큰 인기를 끌며 창극계에 자극제가 되니 여러 유사 단체들이 활발하게 움직였다. 일반 창극 단체만 하더라도 국극단을 위시하여 국극협회, 국극사, 우리국악단 등이 있었고, 임춘앵과 그 일행, 김경애와 그 일행 등의 여성국극단이 생겨났다. 그러나 여성국악동호회의 인기를 능가하는 단체가 없었기 때문에 수익금으로 사단법인화했으며 1950년 봄에는 그가 34세의 나이로 이사장직을 맡게 되었다. 그는 젊은 나이에 국악극계 리더급으로 부상한 것이다.

　　　　　　　　　　　　　　　제1부　전통 극예술의 정립과 계승

그러나 곧바로 6·25전쟁이 발발하여 그는 또다시 고난의 길을 걷게 되었다. 거의 만삭으로 지방 공연을 다녀온 직후에 산기가 있어서 병원에 입원해 있는 동안 막내아들을 해산하고 전쟁을 맞게 된 것이다. 달포간 병원에 누워 있다가 피신할 수 있었고, 1·4후퇴 때는

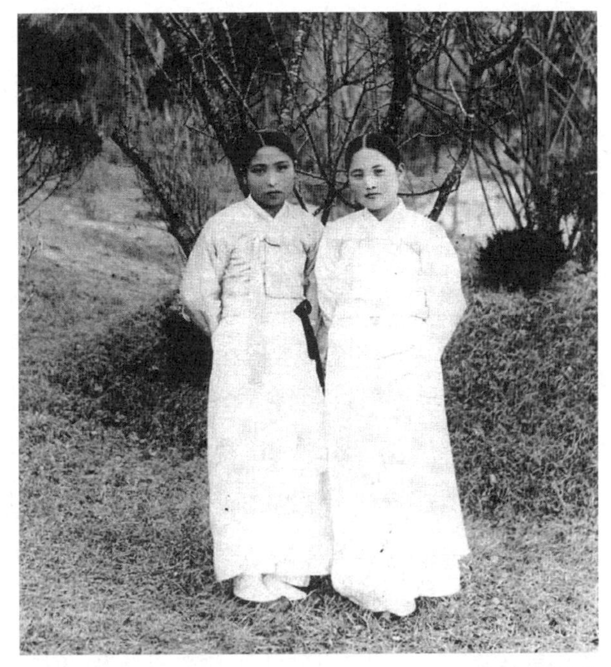

김소희(왼쪽)

부산으로 피난을 갔다. 부산에서는 생계를 위해서 몇 달 동안 친구 박귀희와 요식업을 하면서 방위대를 따라 대구, 진주 등지에서 국군 위문공연을 했다.

그러나 이름난 두 중견 명창이 요식업을 한다는 소문이 나면서 무대 복귀를 권하는 후원자가 나타났고, 결국 그는 박귀희와 함께 창극 제작에 나서게 되었다. 때마침 극작가 유치진이 피난 와 있었기 때문에 창작창극 〈가야금의 유래〉를 얻어 무대에 올릴 수가 있었다. 그가 여성국악동호회에서 작곡, 안무, 연출까지 한 경험이 있었기 때문에 〈가야금의 유래〉를 무대에 올리는 데는 별 어려움이 없었다. 그러나 그런 창작 창극이 성공을 거두기는 쉽지 않았다. 그는 한두 번 공연을 더 가진 뒤 1953년 종전과 함께 곧바로 서울로 올라와서 생계를 위해 박귀희가 차린 요정에 나가 노래를 부르기도 했다. 이는 한 예술가의 험난한 삶의 행태를 단적으로 보여주는 것이기도 하다.

그러나 그런 생활도 오래가지는 못했다. 왜냐하면 명창이 요정에서 소리를

팔아 먹고산다는 비판이 있었기 때문이었다. 심지어 그는 여성국극 출연도 금지당할 정도였다. 이에 충격을 받은 그는 곧바로 사재를 털어서 후진 양성을 위한 민속예술학원을 설립하기에 이른다. 민속예술학원 설립의 직접적 동기는 예술을 천박하게 요정에서 팔아먹는다는 사회적 지탄을 일단 피하기 위해서였지만 평소 마음속에 지녔던 국악인 양성의 꿈의 실현이기도 했다. 6·25전쟁을 전후해서 종합국악예술학원격인 권번이 없어졌기 때문에 체계적으로 국악을 가르칠 교육기관도 없었다. 그는 간난신고 끝에 1956년 11월 여성국악동호회 산하로 민속예술학원을 열고 초대원장에 취임했다.

이 학원은 정식 학교가 아니었기 때문에 학생들의 사기가 저조했다. 그러나 그는 국악을 좋아하던 삼성 이병철 회장과 친교가 있는 국악 이론가 박헌봉을 옹립하고 김용주 전남방직 회장 등의 후원을 얻어 고교 과정의 한국국악예술학교로 발전시켰다(『일간스포츠』, 1978.8.17). 이 예술학교는 오늘날 석관동의 국악예술고등학교에 이르기까지 교사를 여러 번 옮겨 다닐 정도로 재정난을 심하게 겪었다.

그는 단순히 학교 설립에만 매달려 있지 않았다. 국립창극단(1962)이 생기면서 창극 출연도 게을리하지 않았으며 서예 공부, 해외 공연, 그리고 개인 차원의 제자 양성 등 분주하게 살았다. 1962년 프랑스 파리에서 열린 국제민속예술제 참가를 시작으로 해서 몇 년에 한 번꼴로 여러 나라에 국악의 진수를 소개하는 일을 했다. 파리 국제민속예술제 때만 하더라도 이탈리아, 터키, 이란 등을 순회공연했고, 1964년 정월 미국 아시아협회 초청 때는 4개월간 미국 30개주 28개 대학에서 공연을 가졌다. 이어서 가을에 열린 도쿄국제올림픽 문화축전에 참가하여 두 달 동안 일본 전역을 돌면서 순회공연을 가졌다.

이어서 1969년 3월 한일협회 초청으로 재일동포 위문공연을 가졌고, 1972년 두 번째로 가진 미국 18개주와 35개 대학 순회공연에서 판소리의 진수를 보여준 바 있다. 미국에서 돌아오자마자 그는 8월에 열린 뮌헨올림픽에도 참가하여 유럽 등 12개 나라에서 공연을 가졌다. 국악, 특히 판소리의 독특한 예술성이 외국에 알려지면서 그에게는 거의 매년 초청이 잇달아서 1973년에는 재일민단 초청으로 일본에서 8·15 경축 기념 공연을 가진 데 이어 1975년에는 50명의 국악인을 이끌고 2개월간 일본 전역을 순회했다.

무엇보다도 그가 커다란 기쁨을 맛본 해외 공연은 1976년 미국 독립 200주년 경축 사절로 뉴욕에 가서 카네기홀에서 두 시간 동안 열창했을 때였다. 그의 판소리에 감동한 미국 관객들은 기립박수로 화답했다. 판소리에 대한 지식은 없었어도 경지에 오른 김소희의 창에 깊이 감동한 것이었다. 그가 일찍이 득음했느냐는 질문을 받고 "아무리 재주가 비상해도 처음에는 득음을 기대하기 힘듭니다. 제 경우에도 30대에 이르러서야 소리의 묘미를 알기 시작했으니까요. 요즘 사람들은 사실 득음이 뭔 줄도 잘 모릅니다. 동굴이나 폭포 아래 정좌해 적공을 한 소리꾼이 맨 먼저 지나가는 머슴에게 자기 소리를 들려준다고 해요. 그 머슴이 소리를 알아듣고 어깨를 으쓱하며 좋아하면 그때야 비로소 득음을 했다고 합니다. 즉 문외한도 감동시킬 경지를 일컫는 것이지요."라고 응답하여 30대에 득음했음을 암시한 적이 있다. 이 말을 그가 뉴욕의 미국 음악 팬들을 감동시킨 사실과 오버랩시키면 그의 경지를 짐작할 수 있을 것이다.

그가 워낙 빼어난 명창이다 보니 팬들도 전국에 부지기수로 퍼져 있었다. 그는 당대 최고의 명사들과 교분을 쌓았고 중요한 사적 모임에 불려가는 경우도 종종 있었다. 동향인 인촌(仁村) 김성수와는 이미 17, 8세부터 안면이 있었고, 서울로 올라와서는 가끔 불려가서 소리를 했다고 한다. 김성수는 술이 취하시면 "쌀 퍼주고 떡 사 먹기 베 주고 고기 사기"라는 〈심청가〉 중에 뺑덕이네를 말한 대목을 한 곡조 부르곤 할 만큼 소리에 대한 식견이 높았다. 김성수가 그의 소리를 얼마나 좋아했는가는 타계 몇 달 전 병석에서 그를 불러 창을 들었던 사실에서도 잘 나타난다. 조병옥 박사와도 친분이 있었으며, 그는 김소희에게 "네 목소리는 서양에 태어났더라면 세계적인 가수가 됐을 텐데 너도 한국에 태어나서 고생만 직사하게 하는구나"(『일간스포츠』, 1978.8.26)라는 말을 자주 했다고 한다. 그 외에도 이기붕이나 박정희 대통령 등이 그의 소리를 즐겨 들었다고 한다. 박 대통령은 상배 후 울적할 때는 이따금 주석에 그를 불러 창을 들으면서 눈물을 흘렸다고 한다.[2]

그는 대가답게 제작 욕심도 많았다. 국악예고를 세운 것을 비롯하여 사사로이 개인 교습도 꾸준히 해왔다. 그리하여 오정숙, 성창순, 안향년, 신영희, 박초선, 안숙선 등 기라성 같은 명창들이 모두 그의 문하생이고 민속예술학원, 국악고 등을 통해 그의 창맥을 잇는 제자가 2천 명이 넘는다.[3]

그는 항상 책을 가까이하는 예인으로서 국학자 정인보의 한시와 서정주의 시를 좋아하는 한편, 영화광이기도 해서 '불타는 빙산'이라는 별명을 가진 스웨덴의 여배우 그레타 가르보를 특히 좋아했다.

이렇게 충족된 삶을 사는 듯한 그도 만년에 이르자 이따금 삶의 회한을 내비치기도 했다. 1981년 일본 공연으로 큰 인기를 끌었음에도『조선일보』기자와의 인터뷰 때는 "남들은 용케도 외곬으로 걸어왔다고들 하지만 스스로 생각할 때 50년 동안 무엇을 얻었고 무엇을 잃었는지 허전합니다."라고 속마음을 털어놓기도 했다. 물론 그렇다고 해서 그가 자신의 예술 생애를 후회한다는 이야기는 아니다. 그는 누구보다도 자신의 예술에 큰 자부심을 가지고 있었다. 그 점은 그가 자신의 삶을 되돌아보면서 쓴 다음과 같은 글에 잘 나타나 있다.

나는 내가 지금까지 살아온 길을 고맙고 자랑스럽게 생각한다. 어려서 부모를 떠나 살아야 했던 불행이 있기는 했지만, 그리고 집안에서 곱게 자라 공부하고 시집가서 가정에만 들어앉는 평범한 여자의 일생은 아니라 해도 한 인간으로서, 한 예술인으로서 나만큼 축복받은 이는 많지 않을 거란 생각이다. 내가 일생의 큰 복으로 생각하는 것은 나의 세 아이들이 탈 없이 잘 자라서 모두 제 몫의 삶

---

2 김소희의 증언, 자택에서, 1977.5.21.
3 이규원,『우리가 정말 알아야 할 우리 전통 예인 백 사람』, 현암사, 1995, 195쪽.

을 살고 있다는 것이다. …(중략)… 예(藝)의 길에서나 인생의 길에서나 나는 언제나 최선을 다하려고 노력했다(『일간스포츠』, 1978.8.28).

그는 신화 속의 영웅처럼 일찍이 부모 곁을 떠나 간난신고 끝에 예술가로서 최고의 경지에 오른 인물이다. 그러나 그가 삶에 임하는 자세는 극히 여성스러웠고 또 평범하기까지 했다. 그러나 그의 평범함은 온갖 격란을 겪으면서 초절의 경지에서 만나는 평온함 같은 것이다. 그만큼 그는 삶과 예도를 통해서 수양을 적잖이 쌓은 것이라고도 말할 수가 있겠다. 그를 오랫동안 연구한 유영대는 "만정은 따뜻하면서도 다정다감하며 아름다운 마음씨를 지녔다"[4]면서 선후배와 제자 주변 사람들에 대한 희생적 배려, 불의와 타협하지 않는 강직성, 검약과 겸허, 엄격한 지조 지키기 등으로 그의 인품을 요약한 바 있다. 이는 사실 그가 절도와 품격을 유지하면서 평생을 살아온 결과로 얻은 것이라 볼 수 있다. 그는 비록 정규 학교를 다니지는 못했지만 독서로 지성을 닦았고, 한학과 서도로 감성과 교양도 쌓아 선비와 같은 품격을 지니게 된 것이다. 첫사랑에 실패한 뒤 몇 번의 사랑을 겪으면서도 그는 품격을 지켰다. 1977년 초가을에 세종문화회관에서 제자들과 회갑 기념 공연을 가지면서 "회갑잔치라고 해서 술을 잔뜩 차려가지곤 먹고 마셔버리면 그뿐 무슨 뜻이 있겠어요. 젊어서 내 노래를 아끼던 사람들에게 늙어서 이만큼 진경을 보이고 또 이만큼 사그라들기도 했다는 것을 있는 그대로 보여드림으로써 그래도 무언가 남는 게 있지 않을까 해서 생각했어요"(『동아일보』 1977.9.2)라고 겸손하게 설명했지만 그 공연은 만인을 감동시켰고, 거기서 나온 수익금 전액을 고아원과 양로원의 춥고 배고픈 사람들에게 희사해서 화제를 불러일으켰다. 그렇기 때문에 그를 가리켜서 '우리시대의 진정한 예술가'라고 칭하는 것도 과찬은 아니다.

그는 회갑 공연을 앞두고 『동아일보』 기자와의 인터뷰에서 눈물겨운 과거를

---

4 유영대, 「김소희의 초상」, 『동리연구』 제3호, 1996.

상기했다. "창자를 줄여가면서 방방곡곡 면면촌촌을 무작정 돌았어요. 전쟁 말기 먹을 것이 없었지요. 일본 사람들이 극장을 안 줘서 가는 데마다 가설무대를 차려놓곤 노래를 부른 거예요. 콩찌꺼기밥을 먹으면서 달구지도 타고 트럭도 타고 걷기도 하고……. 추운 겨울밤 떨어진 담요 한 장으로 몸을 가리던 일이 눈에 선해요. 어떤 때는 옛날 생각을 하면 눈물이 핑그르르 돌 때가 있습니다." 이는 그가 1930년대 말엽부터 해방 전까지 유랑극단을 따라다니며 고생한 과거를 설명한 것이다. 그가 그런 생활 속에서 그 어렵고 힘든 판소리를 불러왔기 때문에 민족예술에 특별한 애착을 가졌고 가난한 사람들을 생각해서 자선에도 선뜻 나선 것이었다.

그가 진정한 예술가로 칭송을 받는 것은 단순한 예술 수준만을 두고 하는 말이 아니다. 예술가로서뿐만 아니라 한 인간으로서의 품도를 언제나 지켜온 데 따른 것이다. 그가 제자들을 훈육할 때마다 하던 말이 있다. "상대가 아무리 밉고 말을 나쁘게 하더라도 말을 섞지 말라. 남의 험담을 듣게 될 때는 그냥 속 짐작만 하고 전혀 개의치 말고 물들지도 말라." "옷을 갖춰 입지 않은 상태에서 소리하지 마라." "북 없이 맨손으로 앉아서 장난삼아서 단가라도 부르지 마라." "소리를 거절하려면 상대방이 기분 상하지 않게 하라." 그렇게 할 수 있어야 진정한 명창이다. "소리만 잘해서 명창이 아니다." "공짜 바라지 말고 공짜로 소리하지도 마라."[5] 그의 품격을 잘 나타내주는 훈시였다. 그는 수업 과정에서 스승과 동거하는 등 가정 생활이 평탄치 못했지만 연예인들이 흔히 저지르는 추문 한 번 없었다. 그만큼 그는 자신에게 엄격했고 스승들에게는 절대 복종하면서 소리와 춤, 가야금 등을 철두철미하게 익힌 것이다.

이러한 그의 예술에의 집념과 인품 쌓기는 천부적 재질 이상의 피눈물 나는 각고의 노력이 뒷받침되지 않았으면 불가능한 것이었다. 그가 소리를 처

---

5 이명희, 「만정 김소희 선생의 판소리 교육과 나의 판소리 수업기」, 『동리연구』 제3호.

음 배울 때 춤도 함께 익혀서 창과 아니리, 발림에 유연성을 불어넣었으며, 가야금산조도 배워서 그 분야에서는 일가를 이루었다. 물론 이러한 것도 타고난 자질이 없었으면 어려웠을 것이다. 현제명이 일찍이 창 그만두고 소프라노를 하라고 권유할 정도로 그의 소리는 맑고 아름다웠다. "가을밤 기러기 우는 소리"(정병욱, 황병기) 같다느니 "낭랑하고 확실하게 뻗어나가는 절세의 명창"(서우석) 등 여러 전문가들의 극찬이 있었지만, 그중에서 소설가 박경수(朴敬洙)의 다음과 같은 평가는 정곡을 찌른 것이다.

> 그럼에도 불구하고 김소희의 창을 굳이 서편제라 하는 것은 마치 박녹주의 창을 동편제라 하는 것과도 마찬가지로 그녀의 목이 워낙 미려하고 맑으면서 한(恨)이 담긴 소위 애원성을 잘 내기 때문이다. 그 소리가 곧 판소리의 발상지인 남도지방의 오래 누적된 한의 소리이기도 하며 나아가 우리나라 전 민족의 한의 소리이기도 하다. 더구나 그녀의 애원성은 평평한 소리로 나아가다가 한량없이 높은 상성으로 냅다 휘잡아 올려가지고(뽑느린 목) 거기에서 애절비절하게 쥐어짜다가 톱질로 비벼 차근차근 말아들이는 식인데 그 소리는 아무도 감히 흉내를 내지 못하며 듣는 사람의 오간장을 그대로 녹여버린다.(『동아일보』 1978.3.25)

이상과 같은 평가는 그의 소리를 오랫동안 들어온 소설가다운 것이었다. 그러면서 박경수는 그의 한문 실력에서 비롯된 가사 전달의 정확함을 평가했다. 거기에다가 관중의 심리를 읽는 능란한 순발력도 그의 판소리가 대중에게 어필하는 중요한 요인이 된다고 볼 수 있다.

판소리연구학자 최동현은 그의 예술세계에 대해서 "한마디로 근대 이래 우리 판소리가 도달한 한 극점, 여성적 극점을 대표하기에 부족함이 없다"면서 "반세기 이상이나 김소희가 판소리 창자로서 최고의 지위를 누렸다는 사실이 이를 증명하고도 남는다"[6]고 높게 평가했다.

---

6 최동현, 「김소희의 예술세계」, 『동리연구』 제3집, 1996.

대체로 사람들은 그의 소리에는 경계가 없다고 말한다. 그러니까 일정한 법제를 넘어선 소리의 득도 상태(유영대)라는 이야기이다. 그 자신도 일찍이 그와 관련해서 "세월이 흐른 뒤 보니까 판소리는 서편제만으로도 안 되고 동편제만으로도 안 돼요. 소리에 높낮이가 있듯이 음양이 있어야지. 맨날 슬프기만 해도 호령만 해도 관객들은 등을 돌립니다. 동편제와 서편제를 합해야 한다는 것이 바로 판소리의 원리예요. 내 소리에는 스승들의 소리가 다 들어 있어요. 가령 〈춘향가〉는 정정렬 선생제가 8할, 내가 멋있다고 생각해 합친 대목이 2할 정도예요. 말하자면 '김소희제'인 셈이지요"[7]라고 설명한 바 있다.

그런데 이러한 그 자신만의 독특한 소리제를 완성한 것은 그냥 이루어진 것이 아니다. 그는 "잠자고 먹는 시간을 빼놓고는 항상 입을 벌려두었다"면서 "자신의 소리는 너무 맑고 곱고 생생한 것이 불만이고 걸걸한 소리가 부러워 그런 소리가 나라고 죽자고 연습을 했다. 그러나 아무리 해도 그런 소리는 안 나고 무리하다 보니 늙어서 소리를 하고 나면 등 쪽이 쑤시는 소리병을 얻게 된 것이다"(『조선일보』 1980.8.20)라고 술회한 바 있다. 이렇게 치열하게 살았던 그로서는 후진들의 안일한 수련 자세가 못마땅하게 느껴질 수밖에 없었다. 그와 관련하여 한 기자와의 인터뷰에서 "요즘 학생들은 전념을 안 해요. 전보다 사생활이 복잡해져서 그런지 정신부터 옛사람하고 달라요. 소속 단체에 출근도 하랴, 방송 출연하랴, 가정 돌보랴 피곤도 하겠지만 그래도 나는 성의껏 열심히 하라고 항상 야단을 쳐요. 누구라도 자기가 정한 분야에서 남달리 노력하지 않고는 일가를 이룰 수가 없는 것"[8]이라면서 자신은 간 계통의 병까지 얻어 고생을 많이 하고 있지 않느냐고 개탄도 했다. 그러나 그는 자신의 지병도 규칙적인 생활과 식이요법, 절제된 생활로 오랫동안 다스릴 만큼 의지가 강건했다.

7　박성희, 「한국인, 오늘의 초상—김소희」, 『주간조선』, 1994.12.15.
8　위의 글.

이런 그였지만 제1회 방일영 국악상을 수상하고 몇 년 뒤 세상을 뜨고 말았다. 그의 일생에 대하여 구히서는 "김소희는 너무나 뛰어난 재주 때문에 일찍 세상의 버거움과 맞닥뜨려야 했고, 그것이 늘 그에게는 무거운 짐이 되었는지도 모른다. 그러나 우리의 소리하는 보배 김소희는 국악계에, 또 문화계에 줄 것이 많은 어른이다. 불행히도 요즘 사람들은 그 사실을 잊고 지내는 것 같으며, 때로는 그 자신도 그가 얼마나 중요한 '공인'인지 잊고 평범하기만을 바라는 것 같다. 소리하는 사람 김소희의 평생 사연, 그것은 이미 우리에게 한 줄 한 줄이 모두 소중한 역사고 잊을 수 없는 기록이며, 지켜서 간직해야 할 귀중한 자료다"(『주간조선』 1994.12.15)라고 했다. 이 말대로 그는 우리의 근대 판소리와 창극의 역사 자체라고 말해도 부족하다.

그가 이 땅에 남긴 것은 무엇일까. 첫 번째 공로는 역시 근대에 와서 판소리의 전승과 그 나름의 소리제를 완성한 것이다. 전술한 바 있듯이 그는 동편제와 서편제를 통합한 '김소희제'라는 나름대로의 독특한 소리제를 완성해놓았다. 사실 소리제를 완성한다는 것은 비범한 명창이 아니고서는 생각할 수도 없는 것이다. 그러나 그는 50여 년의 각고 끝에 완성해낸 것이다. 따라서 그에 의해서 판소리사 수백여 년 만에 또 하나의 소리제가 탄생한 것이다.

두 번째는 그가 50여 년에 걸쳐서 판소리라는 위안물로서 대중을 위로하고 격조 높은 오락물을 제공함으로써 대중의 삶을 풍요롭게 한 것이다. 식민지라는 암흑 시대에 판소리마저 없었다면 대중의 삶은 더욱 삭막했을 것이다. 그의 애연한 소리는 어두운 시대의 한 줄기 햇빛 같은 것이었다.

특히 판소리를 국내외에 널리 보급한 것도 대단한 공로이다. 그는 이미 10대 소녀부터 명창으로 이름을 날렸기 때문에 일제시대에는 수많은 공연과 라디오, 음반으로 판소리를 보급했고 6·25 이후에는 텔레비전과 영화, 비디오 등을 통해서 소리를 보급했다. 국내에만 보급한 것이 아니라 이웃 일본을 비롯해서 동남아, 구미 등지까지 보급하며 국위 선양까지 했다.

세 번째, 수많은 후진을 양성했다. 오정숙, 성창순, 안숙선 등 기라성 같은 제자들을 양성했고 한국 최초로 국악고등학교까지 설립하여 국악의 기반을 다졌다. 한 여자가 하기에는 대단히 벅찬 일이었다고 아니할 수 없다.

네 번째, 창극 발전에 기여했다. 그가 창극에 입문한 것은 1934년 조선성악연구회가 발족된 이후지만, 그는 춘향 역이나 심청 역 등 창극의 주연배우로서 대중의 사랑을 한 몸에 받았다. 1962년 국립창극단이 처음 발족될 당시에는 창립단원(부단장)으로서 큰 역할을 했고, 타계할 때까지 많은 작품에서 주조연과 도창으로 출연했으며, 대본 정리와 편곡도 적잖게 했다.

오늘날 창극이 그만한 수준에 오를 수 있었던 것도 상당 부분 그의 열성에 힘입은 것이었다. 그러나 그는 창극을 높이 평가하지는 않았다. 아마도 소리의 연화(軟化)가 불만스러웠기 때문이 아니었던가 싶다. 그가 그래도 창극을 열심히 한 것은 높은 예술성 때문이 아니고 경제성에 따른 것으로 보는 것이 합당할 것이다. 그는 생전에 주변 사람들에게 '소리를 창극으로 꾸미면 열 가족이 산다'는 말을 자주 했다고 한다. 그리고 그는 제자들이 소리 수업보다 창극 활동에 열심인 것을 달갑잖게 여겼다고 한다. 그러니까 그가 성악연구회 이후 창극에 꾸준히 출연한 것은 순전히 자신의 생활과 명창 가족들의 생계를 위해서였다고 보는 것이 타당하겠다. 다만 한 가지 짚고 넘어가야 할 것은 그가 소리꾼으로서는 누구보다도 무대를 잘 알고 연극성도 강한 인물이었다는 사실이다. 그가 생전에 제자를 가르치면서 빠뜨리지 않고 하는 말이 있었다. "부채발림이 이면에 맞아야 하며, 소리와 장단과 관객이 호응이 맞아떨어져야 한다. 그래야 진정한 소리가 나고 진정한 명창이다. '그르렁거리고 놀아보세' 하는 대목은 소리바탕 전체를 끝맺는 대목이니까 '놀아보세' 하면서 부채를 척 펴는 발림을 하면 소리로만 하는 것보다 더 극적인 효과를 가져온다."[9] 요약하자면 소리와 표정과 발림이 딱 맞게 떨어져야 한다는 것이다. 아마도 명창들 중 김소희만큼 판소리와 창극에서 연극성을 강조한 경우는 찾아보기 힘들

---

9 이명희, 앞의 글.

　　　　　제1부　전통 극예술의 정립과 계승

것이다.

다섯 번째, 그는 여성국극이라는 매우 독특한 근대극 장르를 만들어내는 데 주도적 역할을 했다. 그가 박녹주, 박귀희, 임춘앵, 김경희 등과 1948년 출범시킨 여성국악동호회는[10] 그로서는 창극계에서 홀로 서는 첫 번째 큰일을 해낸 것이기도 하지만 그보다는 이 땅에 최초로 여성들만의 연극을 내놓은 것이기도 했다. 일본에는 다카라쓰카(寶塚)라는 여성들만의 연극이 있었고, 중국에는 같은 유형의 월극(越劇)이 있었다. 그러나 우리나라에서는 1948년 10월 시공관에서 〈옥중화〉라는 여성국극을 처음 공연하면서 여성들만의 연극이 시작된 것이었다. 여성국극은 6·25전쟁과 그 직후의 정신적 공황 상태에 빠져 있던 대중에게 중요한 위안물이 되었다. 초기의 여성국극에서 주역으로 활동하면서 대중에게 꿈과 즐거움을 준 것도 그의 큰 공로 중의 하나였던 것이다.

이상과 같이 당대 명창 만정 김소희는 근대사의 소용돌이 한가운데서 50여 년 동안 대중에게 소리와 춤으로 희망과 즐거움을 한껏 안겨준 매우 탁월한 예술가였다.

---

10 유민영, 『21세기에 돌아보는 한국 연극운동사』, 푸른사상사, 2022, 85쪽.

<h1 style="text-align:center">여성국극의 알파요 오메가
임춘앵</h1>

세계 예술사에는 샛별처럼 나타나서 한 시대를 풍미하다가 사라지는 스타성 강한 예술가들이 적지 않다. 우리나라 근대연극사에도 그런 인물이 몇 명 있는데, 대중성 짙은 여성국극이라는 매우 유니크한 무대예술로 한 시절 사람들을 매혹했던 임춘앵(林春鶯)도 그런 경우에 속할 것이다. 그는 일찍이 명창으로서 이름을 떨쳤거나 또 다른 재능으로 사람들의 이목을 끈 바도 없고, 오랜 세월 동안 판소리나 연극을 한 것도 아닌데도 6·25전쟁 직후 10여 년 동안 기라성 같은 대선배들을 제치고 창극계를 석권할 만큼 대단한 활약을 하다가 사라진 인물이다. 오늘날 80대 이상의 노인 세대에게 임춘앵은 전설적인 스타이다. 전쟁으로 고통을 겪던 지난 시절 그는 대중에게 동경의 대상이었고, 그들의 의식 속에

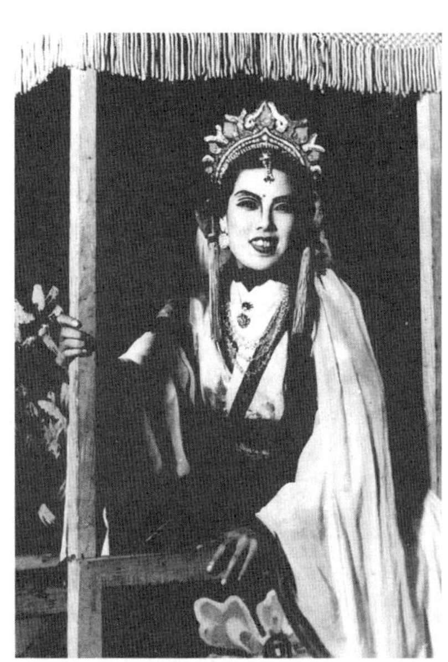

임춘앵

제1부   전통 극예술의 정립과 계승

도사린 전쟁의 공포와 불안, 가난의 시름을 어루만져준 최고의 정신과 의사(?)
였다. 그러나 그는 종전과 함께 등장한 텔레비전과 대형 영화 등에 밀려 곧 사
라졌고, 대중의 심혼 속에 하나의 추억으로 남게 된 것이다.

이런 그에 대하여 반재식[1]과 김은신[2] 두 작가는『여성국극 왕자 임춘앵 전기』
(백중당, 2002)라는 책에서 임춘앵의 생애와 활동 상황을 밝혀놓았다. 그들이 임
춘앵에 대한 기록과 증언 등을 너무나 소상하게 정리했기 때문에, 이 글은 그
것의 축약의 수준을 크게 넘어서지 못함을 밝혀둠과 동시에 필자의 생각을 조
금 첨가하는 정도로 그칠 것이다.

임춘앵은 1924년에 전남 함평에서 임성태와 김화선 사이의 5남매 중 막내
로 태어났다. 함평이 판소리 서편제로 유명한 고장이어서 그런지는 몰라도 부
친은 피리 같은 전통악기 연주로 이름이 있었고, 모친 역시 친정 식구를 닮아
서 소리를 한가락하는 아낙이었다고 한다.[3] 이는 곧 그가 예능을 천부적으로
갖고 태어났다는 이야기가 되는 것이다. 그의 질녀로서 뒷날 함께 여성국극을
부흥시켰던 김진진(金眞眞)이 다음과 같이 설명한 바 있다.

> 이모는 우리 집안 사람들은 모두 예인 기질이 있어 쉽게 할 수 있다고 끈질기
> 게 권했다. 실제로 외가 쪽은 모두 재능이 있었다. 어머니만 4남매 중 유일하게
> 노래와 춤을 배우지 않았다. 이모 임춘앵은 내로라하는 소리꾼이었고, 외삼촌
> (임천수)은 혈혈단신 일본으로 건너가 성악 공부를 했다. 바로 외삼촌의 딸들이
> 80년대 가수 활동을 했던 국자매다. 막내 이모도 소리꾼이었다.[4]

---

1 반재식은 희극과 만담을 전문으로 했던 신불출의 일대기를 다룬『만담백년사(漫談百年
史)』와 개화기 때의 재담꾼으로서 일세를 풍미했던 박춘재의 일대기를 다룬『재담천년
사(才談千年史)』, 그리고『관산별곡(關山別曲)』,『경선지교(京選之敎)』 등의 저자이다.
2 김은신은『호민(豪民)』(전 3권),『서울아리랑』,『자동차 도둑』,『한국 최초 101 장면』 등의
책을 펴낸 작가다.
3 반재식·김은신,『여성국극 왕자 임춘앵 전기』, 백중당, 2002, 27~30쪽.
4 김진진,「나의 젊음, 나의 사랑 (2)」(최병준 기자 정리),『경향신문』1996.11.14.

이와 같이 그의 집안은 대대로 예인 기질을 이어왔으며 5남매 중 세 명이 예술가로 입신하였다. 그만큼 그의 핏속에 전통예술이 힘차게 흐르고 있었던 것이다. 그는 소학교에 들어가서부터 소리를 배우기 시작했는데, 그것은 그의 바람이기도 했지만 부모의 희망도 작용한 것이었다. 그의 어린 시절 성격에 대해 반재식과 김은신은 다음과 같이 묘사했다.

> 천부의 재능은 물론 유난히 자존심이 강하고, 어떤 일이든지 앞장서 일하고 지기 싫어하는 기질을 그때부터 발휘하가 시작했다. 어린 임춘앵은 시키지도 않았는데 마치 소녀들의 우두머리처럼 행동했다. 눈에 거슬리는 일이 있으면 자기보다 나이가 많은데도 가르치려 들었다. 그런 임춘앵을 보고 부모도 선생도, 그리고 학생들도 당차다고 했다. 하찮은 것을 배워도 철저하게 했고, 아닌 것은 아니라고 분명하게 말했다.[5]

임춘앵의 소녀 시절 성격을 묘사한 이 대목이 뒷날 그의 행태를 짐작하게 해주어서 흥미롭다. 지나치리만큼 자존심이 강했다든가 무슨 일이든 솔선수범하고 철저하게 하는 습관, 그리고 시시비비를 분명하게 가리기를 좋아하고 다른 사람들을 이끌어가는 리더십 같은 것이 돋보였다는 것은 그가 장차 어떤 분야에서든 성취할 것임을 예감케 하는 징후였다고 말할 수 있다. 그러나 그런 성품이 다른 한편으로는 좌절에 부딪히면 스스로 파멸하게 하는 요인도 될 수 있다. 왜냐하면 그런 성품은 때때로 자학도 심하게 하기 때문이다. 그것은 실제로 뒷날 그가 적어도 자기 분야에서 대성을 했음에도 불구하고 비극적 생애를 마친 사실에서 확인된다.

적어도 그러한 성격의 소유자는 좋은 환경에서 좋은 교육을 받고 자기 분야에서 성취를 했을 때 행복을 누릴 수 있다. 그런데 그는 그렇지 못했다. 즉 예향(藝鄕)에서 성공하지 못한 예술가 부모에게서 딸로 태어난 데다가 술주정뱅

---

5 반재식 · 김은신, 앞의 책, 37쪽.

 제1부 전통 극예술의 정립과 계승

이 부친으로 말미암아 정규 교육은 겨우 소학교 수료 정도로 그치고 광주로 이주한 후 기생학교인 권번에 입학하게 된다. 이는 그의 앞날이 어떻게 될 것인가를 단적으로 보여주는 것이다.

마침 맏이였던 임유앵이 이미 권번에서 소리를 배우고 있었기 때문에 그의 권번행은 자연스런 행로였을 수도 있었다. 왜냐하면 부모가 이들을 그쪽 방향으로 키우고 싶어했기 때문이다. 물론 딸들을 기생으로 만들려는 것은 아니었다. 다만 그들이 자기들을 닮아서 일찍부터 예능에 재능을 보였기 때문에 장차 그쪽에서 대성하기를 은연중 바랐었다. 다행히 딸들은 권번에 가서도 재능을 발휘했다. 임유앵은 소리가 뛰어났으며 임춘앵은 춤이 남보다 단연 뛰어났다. 따라서 임유앵은 소리로 직업을 삼을 정도가 되었고 임춘앵은 역시 소리가 익어가면서 전통예술의 만능 탤런트가 되었다.

그는 권번에 들어간 지 단 몇 년 만에 후배들을 지도할 만큼 뛰어난 기량과 리더십을 발휘하며 학생반장까지 되었다.[6] 자존심이 대단히 강한 그는 남들로부터 홀대받는 것은 조금도 참지 못했고, 그래서 그런지는 몰라도 굶어죽을망정 기생되는 것만은 절대 용납하지 못했다. 어머니 역시 자존심이 강했던 데다가 술 좋아하는 남편이 제 구실을 못해 딸들을 데리고 전전하는 생활을 했는데, 이를테면 장녀를 따라 함흥을 거쳐서 서울에 자리 잡은 것이 1940년경이었다.

반재식에 의하면 그가 한 예인으로서 공식 무대에 데뷔한 것은 1942년 부민관에서의 무용발표회였다고 한다. 그때 그는 겨우 만 열여덟 살에 불과했다. 어린 나이에 그것도 첫 번째 무대 출연에 전문가들도 주목했다. 그 이유는 그가 "배운 것을 세련되게 보여주기만 하는 것이 아니라 그것에 뭔가 변형이 있고 시도가 보인다는 데 있었으며, 사람들이 감탄하는 것은 어린 나이에 어울

---

6 위의 책, 42쪽.

리지 않게 세련미에 창의적인 면이 돋보였기 때문이었다."[7]는 것이다.

그는 일찍부터 단순히 전통을 익히는 것만으로는 만족 못 하고 항상 새로운 국면을 열어보려는 모험심과 창의성이 강했던 것 같다. 그만큼 창의적인 면이 있었다는 이야기가 된다. 따라서 그는 국악계에 조금씩 이름이 알려져갔고 국악인 명단에 그의 이름이 오른 것은 극히 자연스런 것이었다.

1940년대 들어서 일제가 대동아전쟁을 일으키면서 예술 통제에 나섰다. 그들은 문화예술인들을 강제로 묶는 협회를 종용했으며, 그 결과 조선연극협회로부터 영화, 음악, 국악 등으로 이어져서 협회가 조직되었다. 이때 그는 64명으로 구성된 조선음악협회의 명단에 들어 있었다.[8] 이 협회는 간부진을 비롯하여 총무부, 사무부, 남도창부, 경서소리부, 기악부 등으로 되어 있었는데, 그는 20명으로 편성된 남도창부에 속해 있었다. 이미 10대에 그는 명창의 대열에 끼게 된 것이다. 그러나 그때까지만 해도 그는 나이도 어리고 여전히 무명이었다. 그러니까 고향인 남도에서만 가능성을 인정받은 정도였다고 볼 수 있다.

따라서 그는 해방될 때까지는 이렇다 할 활동을 하지 못한 것이 아닌가 싶다. 왜냐하면 그가 일제 말에 잠시 조선창극단에 가담했다고는 하지만 무슨 작품에 출연했는지 밝혀져 있지 않으며, 실제로 조선창극단이 그때는 활발한 활동을 하지도 못했었다. 왜냐하면 일제가 상당수 창극인들을 징용이나 위안부 등으로 끌어갔기 때문이다. 그렇게 볼 때 임춘앵은 적어도 10대였던 일제 식민지 시대에는 막연히 가능성 있는 국악인으로 머물 수밖에 없었고 해방 이후 여성국극이 등장하면서 비로소 두각을 나타낸 히로인이었다. 그가 각광을 받은 시기가 이렇게 늦어진 것도 실은 남도에 워낙 뛰어난 여류명창이 많았던 것이 한 가지 원인이었을 것이다.

---

7 위의 책, 51쪽.
8 김천흥, 『심소 김천흥 무악 70년』, 도서출판 민속원, 1995, 148~149쪽.

     제1부 전통 극예술의 정립과 계승

그러나 그는 여전히 가능성 있는 국악인이었을 뿐 어떤 기회가 온 것은 아니었다. 더구나 무능했던 부친마저 잃고 생활력 없는 모친과 서울에서 살아가야 했기 때문에 한 예술가로서 부각된다는 것은 거의 불가능해 보이기도 했다. 특히 해방을 맞았을 때 그는 겨우 21세에 불과한 처녀였다. 그는 해방 직후의 혼란과 경제적 궁핍 속에서 홀로 된 모친과 어린 5남매를 두고 소년과부가 된 둘째 언니(임임신)까지 돌보아주어야 할 처지였다. 그는 장기(長技)를 살려서 돈벌이를 해야 했는데, 그것이 다름 아닌 춤과 삼고무(三鼓舞)였다고 한다. 그는 유명 요정과 창경원 등 야외무대에 부지런히 불려 다녔다. 김진진의 증언[9]에 의하면 그는 생활력도 대단히 강했지만 가족애 역시 남달라서 모친과 형제들에게 경제적 도움을 많이 주었다고 한다.

이처럼 해방 직후 3년여 동안은 그가 순전히 가족 부양을 위하여 동분서주한 시기였다. 부친의 애틋한 사랑을 받아보지 못한 그는 1947년에 연상의 유부남 신대우와 가정을 꾸리게 된다. 국악 애호가였던 신대우는 그의 정신적 지주였을 뿐만 아니라 일종의 충실한 매니저였다.

임춘앵이 생애 처음으로 단체에 가담해서 활동을 하기 시작한 것은 1948년 늦은 봄에 결성된 여성국악동호회였다. 해방 직후 국극사, 국극협회, 김연수 창극단, 조선창극단 등의 창극단들에서 여류명창들은 남성명창들의 들러리 역할을 벗어나지 못했고, 그런 처지를 보다 못한 꼿꼿한 성격의 박녹주가 반기를 들고 나서서 여성들만의 단체를 조직한 것이 여성국악동호회였다.

이는 그동안 수없이 여성들에게 수모를 안겨주었던 남성명창들에 대한 일대 반격으로서 연극사에서도 매우 중요한 의미를 지니는 것이기도 하다. 그 점은 당대의 대표적 여류명창 30여 명이 흔쾌히 참여한 사실에서도 확인할 수 있다. 그 당시 신학문을 배우지 못한 여성명창들이 어떻게 그런 일을 저지를 수 있었을까 하는 의문도 없지 않겠지만, 이는 사실 그들이 일본의 다카라쓰

---

9 김진진과의 대담, 단국대학교 대중문화예술대학원장실에서, 2004.3.25.

카를 구경한 바 있어서 어떤 자신감을 가지게 되었을 가능성이 높다. 기록에 따르면 1940년대 초에 일본의 다카라쓰카 단체가 한국에 와서 공연을 하고 간 적도 있었다.

여하튼 여성국악동호회가 출범하면서 그는 4, 50대의 쟁쟁한 대선배들의 말석에서 활동을 시작했다. 다행히 창립공연작인 〈옥중화〉에서 김소희의 춘향 역에 대응하는 이 도령 역을 맡아 주목의 대상이 될 수 있었다. 물론 그가 처음부터 남자 역을 맡으려 한 것은 절대 아니었다. 생애 최초로 창극에서 큰 배역을 맡는데 어찌 남자 역을 한단 말인가. 자존심 센 그로서는 도저히 용납이 되지 않았던 것이다. 그렇지만 여성국악동호회에서 모두 기피하는 남자 역을 그에게 맡길 수밖에 없었던 것은 그가 제일 막내인 데다가 생김새가 선이 굵은 편이었고 목소리 역시 가늘지 않아서 남자 역으로는 그를 따를 자가 없었기 때문이었다. 다만 남편의 반대가 만만치 않아서 부득이 박녹주 회장이 신대우를 설득해서 겨우 무대에 내세울 수 있었다.[10] 물론 임춘앵의 넓은 포용력도 은연중에 작용한 것이 사실이었다.

그러나 하기 싫어서 억지로 맡았던 남자 역이 천만다행으로 그가 장차 스타로 부각되는 단초가 되리라고는 아무도 상상하지 못했다. 이야말로 그에게는 운명적 행운이었다고밖에 설명할 수 없을 것 같다. 그 창립공연은 큰 성공을 거두지는 못하고 다만 가능성만을 타진한 것이었을 뿐이다. 그 역시 처음 해보는 남자 역이 성공할 리 만무했다. 여자 역을 했어도 어려웠을 것을 남자 역까지 맡았으니 관중의 주목을 받기는 좀처럼 어려웠던 것이다.

따라서 두 번째 작품이었던 이듬해의 〈햇님 달님〉 공연에서는 아예 빠졌고 그가 할 만한 역을 대선배 박귀희(朴貴姬)가 맡았다. 지방 순회공연 때는 다시 기용되기도 했었다. 그러나 한 가지 분명한 것은 총명한 그가 첫 작품을 하면서 여성국극의 본질과 그 가능성, 그리고 문제점까지를 어느 정도 파악해냈다

---

10 박녹주, 「나의 이력서 (26)」, 『한국일보』 1974.2.12.

는 점이다.

그즈음 여성국극동지회가 양분되었는데, 그는 언니 임유앵과 함께 친분이 두터운 사람들이 많은 여성국극동지사 쪽으로 방향을 틀었다. 국극동지회는 소리로 일가를 이룬 명창들이 주축이 된 반면 국극동지사는 소리에서는 좀 처져도 춤과 잡기가 능한 젊은이들이 모여 있었기 때문이다. 그러니까 그는 오히려 잔재주를 필요로 하는 후자 쪽에 여성국극의 가능성이 있다고 본 것이다. 그와 관련하여 반재식과 김은신도 그가 장차 여성국극은 소리 위주의 창극보다 춤과 연기에 비중을 두어야 한다는 것을 깨달았다면서 다음과 같이 설명했다.

> 여성국극에 대한 견해를 달리했다는 것은 바로 그 점을 말하는 것이었다. 임춘앵은 평소 자신이 있었던 춤과 소리 외에도 자연스럽게 나오는 연기에 사람들이 경탄하자 소리, 춤, 연기에 의해 이루어지는 여성국극이야말로 새로운 형태의 예술양식이라는 판단을 한 것이다.[11]

그의 깨달음은 그가 명창으로서보다는 배우로서 탁월한 재능을 지니고 있었음을 은연중에 암시해주는 것이기도 해서 주목된다. 실제로 그는 무대 위에서의 연기와 대사가 대단히 뛰어났으며 무대의 스펙터클도 강조했다. 즉 웅장한 무대장치는 기본이고 화려한 의상과 아름다운 분장을 누구보다도 강조한 것이다. 그는 여성국극이 관객에게 재미있는 볼거리를 제공하려면 소리만 가지고서는 안 되고 춤과 연기, 현란한 무대장치와 의상, 분장, 조명 등이 조화를 이루어야 한다고 본 것이다.

이는 곧 오늘날의 뮤지컬의 조건을 그가 이미 터득하고 있었음을 보여주는 경우이다. 그는 현대 무대예술의 조건을 직관적으로 느끼고 있었다는 이야기

---

11 반재식 · 김은신, 앞의 책, 120쪽.

도 되는 것이다. 이러한 그의 여성국극관이 그의 극단이 단번에 스타덤에 오르게 하는 데 결정적 역할을 한 것이 아닌가 싶다.

그가 여성국악동호회를 떠나 국극동지사를 통하여 급부상할 수 있었던 것도 우연이 아니었다. 김주전이 이끌던 여성국극동지사 내에서 그가 발언권을 가질 수 있었던 것은 〈황금돼지〉라는 작품에서 남자 주역으로 인기를 끌기도 했지만 그의 앞서가는 국극관이 단체의 성가를 올리는 결정적 역할을 한 데 따른 것이었다고 보아진다. 그는 얼마 뒤 국극동지사를 인수하여 스물여섯 살의 젊은 나이에 가장 인기 있는 여성국극 단체의 리더가 되었다.

그러나 불행하게도 바로 6 · 25전쟁이 발발하여 그는 고향인 광주로 돌아가야 했다. 광주는 예향이라는 이름 그대로 많은 국악 인재들을 배출한 곳인 데다가 그의 고향이기도 해서 피난 와 있는 예인들로 여성국극동지사의 단원을 보강할 수 있었다. 배짱 있고 능란한 그가 그런 기회를 놓칠 리 만무했다. 그녀는 미래의 대스타가 되는 질녀 김진진과 김경수도 데려다가 단원들 이상으로 강훈련을 시켰는데, 이러한 프로 정신이 그의 단체가 인기를 독점할 수 있는 요인이 된 것이다. 그가 김진진은 말할 것도 없고 단원들을 얼마나 담금질을 시켰던가를 김진진은 다음과 같이 회고한다.

> 이모는 무대장치에 썼던 각목으로 나를 무자비하게 후려쳤다. 얼마나 맞았는지 모른다. 온몸에 푸른 멍이 들었고 두려움과 서러움에 울음을 그칠 수 없었다. 당시 연기자들은 모두 그렇게 맞으면서 배웠다. 그만둘 생각도 있었지만 차마 입이 열리지 않았다. 1주일 동안 하루도 빠짐없이 매질이 이어졌다. …(중략)… 지금 생각하니 이모는 조카를 때려 다른 사람들에게 본보기를 보이려 했던 것이다.[12]

이상과 같은 엄격한 담금질이 임춘앵의 단체가 급성장하는 데 밑거름이 된

---

12 김진진, 앞의 글.

　　　제1부　전통 극예술의 정립과 계승

것만은 분명했다. 물론 여성국극동지사가 '임춘앵 여성국극단'으로 널리 인식된 데는 그의 개인적 인기가 그만큼 대단했다는 것을 의미하는 것이기도 했다. 게다가 남편 신대우의 사업 수완까지 보태져서 국극동지사는 일취월장해 갈 수 있는 조건이 마련된 것이다.

임춘앵이 여성국극의 스타로 부상한 것은 광주에서 전시 중에 새로 만든 〈공주궁의 비밀〉로부터라고 말할 수가 있다. 왜냐하면 이 작품은 그가 의도적으로 자신을 극대화시키는 구성으로 가져갔기 때문이다. 그와 관련하여 반재식과 김은신은 다음과 같이 설명했다.

> 〈공주궁의 비밀〉은 임춘앵이 여성국극동지사를 인수한 후 처음으로 공연하는 작품이기 때문에 이때의 기획, 진행 등은 당시 임춘앵의 의도를 잘 말해준다. 무엇보다 첫 번째로 손꼽을 수 있는 것은 그녀의 카리스마이다. 대본은 자신을 주인공으로 해서 만들어져야 했다. 물론 남자주인공을 말한다. 소리와 춤, 연기가 잘 풀어져 나갈 수 있는 스토리, 그런 자신과 잘 어울려야 하는 상대역, 그밖에도 무대장치, 조명, 소품 등까지 그녀는 철저하게 자신을 중심으로 한 여성국극을 만들어낸 것이다.[13]

즉 그는 여성국극동지사의 독특한 색깔을 남자주인공에 포커스를 맞추고, 연극성을 극대화시킨 형태로 가져감으로써 여타 여성국극단들과 차별화를 꾀했다. 자신만이 할 수 있는 스타 시스템을 만든 것이 임춘앵 본인의 부각과 함께 여성국극의 성공 요인이 되었다.

흥미로운 사실은 임춘앵이 선배들처럼 판소리 무대를 오래 밟지 않았던 것이 오히려 여성국극을 소리 중심이 아닌 춤과 연기술에 비중을 둔 음악극으로 가져가는 데 도움을 주었다는 점이다. 반재식의 주장대로 진정한 여성국극은 1952년 정월 광주에서 새로 만든 임춘앵으로부터 시작되고 또 임춘앵으로부

---

13 반재식 · 김은신, 앞의 책, 182쪽.

터 자리 잡았다고 해도 과언은 아니다. 그리하여 이 작품은 전남지역은 물론
이고 피난지 부산 등지까지 광범위하게 애호층을 넓혀갈 수가 있었다.

특히 젊고 매력 있는 김진진이 중진 명창 박초월을 밀어내고 임춘앵의 상대
역인 공주를 맡음으로써 국극동지사는 신선미까지 풍겨주었다. 임춘앵은 일
찍이 연극의 기본을 배운 적이 없었음에도 불구하고 본능적으로 연극의 본질
을 깨친 천부적 엔터테이너가 아니었나 싶다. 그 점에서 그는 국극에 관한 한
천재성까지 지녔다고 해도 지나친 말이 아닐 것 같다.

물론 여성국극을 해나가는 일이 쉬운 일은 아니었다. 가장 큰 문제가 인재
난이었다. 소리나 춤은 권번에서 배우면 되지만 연기를 가르치는 기관이 없었
으므로 단기간에 배우를 만들어내기가 어려웠다. 그가 1952년 10월 월간『신
태양』기자와 가진 다음과 같은 인터뷰가 그 점을 명확히 밝히고 있다.

장래의 욕망으로는 후배 양성기관 하나 예쁘장스리 만들고 싶으며 사정이 용
서된다면 해외로 우리 고전 국극을 소개도 하고 싶어요. 지금도 일본, 중국 등
애쓰면 갈 수 있을 듯도 하지만 아직은 좀 더 자신이 서야겠어요. 그러나 후배양
성은 가장 힘드는 일인가 합니다. 우리나라 고전악(古典樂)인 창으로 연극을 엮
어나가야 하니 창을 잘 하는 이도 연기에 소질이 없는 수가 많으며, 연기에 천재
적인 소질이 있어도 창을 할 줄 모르며 또한 인물 즉 마스크에 있어서도 여자다
운 인물에 창은 남성다운 것을 하는 이, 게다가 고전무도 갖추어야 하는 만큼 무
대예술 중에도 가장 어려운 것이 아닐까 해요. 그뿐인가요? 자연 이 모든 것을
다 배워 무대에 서도록 하려면 기초지식이 모자라는 분이 많아지지 않아요. 더
구나 이 여성국극에 있어서는 남자보담 여자라야 쉽게 배우는 점이 있으나 여자
란 또한 생리적으로나 육체적으로 마음 놓고 무대에 설 수 있는 기간이 짧으니
까 그야말로 배우자 졸업이군요. 이러한 점으로 보면 우리 여성국극이란 발전성
이 적은 것도 같아요. 하지만 하는 데까지는 해보겠어요.(『신태양』 1952.10호)[14]

---

14 위의 책, 218~219쪽에서 재인용.

　　　　　　　　　　　　제1부　전통 극예술의 정립과 계승

인터뷰에는 임춘앵의 여성국극관에서부터 그 한계, 포부, 장래 문제 등 여러 가지 의미심장한 것이 다 들어 있다. 그는 연기자 문제부터 정확히 짚고 있었다. 국극은 판소리와 연기로 이루어지는 일종의 음악극이다. 그런데 대부분의 배우들이 판소리는 할 줄 아는데 연기력이 없거나 춤을 제대로 추지 못하는 것이 문제였던 것이다. 그나마 연기력이 조금 있는 사람을 찾으면 이번에는 춤을 출 줄 모르고 판소리를 못하니까 그로서는 답답할 수밖에 없었던 것이다.

게다가 연극은 종합예술로서 배우들이 무대 전체를 이해하려면 문예에 대한 기본 소양을 갖추어야 한다. 그런데 국극 배우들은 대부분 소학교를 졸업한 정도이고 중등학교를 나온 사람은 가뭄에 콩 나기였다. 리더였던 임춘앵마저 소학교 중퇴가 아닌가. 이러한 인물들을 이끌고 좋은 작품을 만들어낸다는 것은 참으로 어려운 일이었을 것이다. 그런데 놀랍게도 그 점을 그는 정확히 간파하고 있었다. 절실한 소망 중 하나가 후진 양성 기관 하나 만드는 것이라고 한 것은 대단히 의미심장한 이야기라고 아니할 수 없다.

그다음으로 그는 남자 역을 할 만한 인물이 없는 것을 한탄했다. 남자 역을 하려면 우선 키가 훤칠해야 하고 선이 굵어야 하는데 영양이 부족한 상태에서 성장한 그 당시 여배우들 중에 그런 인물을 찾기란 쉬운 일이 아니었다. 그런데 여성국극의 어려움은 거기에 그치지 않고 여자들이기 때문에 겪는 한계도 적지 않았다. 즉 결혼과 출산 등으로 조기 퇴진하는 경우가 적지 않았으며 육체적인 힘의 한계도 여성국극의 발전을 어렵게 한다고 보았다.

그런 가운데서도 그는 여성국극을 중국이나 일본 등에 소개하고 싶어 했을 만큼 대단한 자부심과 애착을 갖고 있었다. 바로 여기서 그의 여성국극에 대한 폭넓은 안목과 비전을 확인할 수 있다. 그때 나이가 겨우 스물아홉이었다는 사실에서 그가 얼마나 조숙했었는가를 짐작하게 한다. 그의 능력은 작품을 만들어내고 단체를 경영하는 데서도 그대로 나타났다. 유능한 작가와 연출가를 끌어들여서 여타 국극단들보다 앞서가는 작품을 만들어냄으로써 인기를 독차지한 것이 그런 예라 하겠다.

앞에서 누누이 설명한 것처럼 그의 장기는 재미있는 작품을 만들어내는 것이고, 그것은 곧 창(唱)보다도 연기에 많은 신경을 쓰는 것이며, 창 역시 쉽게 부르는 것이었다. 이처럼 그는 당시 대중이 어떤 것을 좋아하고 원하는지를 정확하게 간파하고 있었다. 대중심리를 읽는 탁월한 통찰력이 그의 국극을 정상으로 끌어올리는 요인이 된 것이다. 연극을 배워본 적도 없는 그가 순전히 경험만을 통하여 무대기술을 알고 관객 심리까지 꿰뚫어 보았다는 것은 불가사의한 일이기도 하다. 그가 본능으로 읽어내는 천재성을 가지고 있었다고밖에는 설명할 수 없는 것이다.

> 임춘앵이라는 걸출한 배우가 있어 남자 주인공 역을 하는데, 무대도 소리도 춤도 모두 그의 동작 하나하나를 위해 마련이 된 듯 전체 분위기를 한 몸으로 이끌어가고 있었다. 관객조차도 그 한 몸에 압도당하는 듯 극이 진행되는 내내 임춘앵의 연기에 시선을 빼앗겼다. 관객은 임춘앵이 있음으로 해서 기존 창극과 여성국극이 무엇이 다른지 확실하게 알게 되었고, 몇 번 보고 나서야 스스로 말로 표현할 수 있었다.[15]

그는 천부적 재능과 함께 아무도 범접할 수 없는 리더십과 어느 정도의 경영 능력까지도 갖추고 있었기 때문에 전란 중에도 큰돈을 버는 단체의 대표로서 군림할 수가 있었다. 나이 삼십도 되지 않은 그가 명성과 자금을 한꺼번에 거머쥔 것은 결국 그를 스스로 통제하기 어려운 성격으로 만들어갔다는 부정적 의미도 지닌다고 말할 수가 있다. 여하튼 그는 피난 시절 단시일 내에 그 어떤 명창들보다도 인기가 높고 경제적 여유를 갖춘 대스타가 되었고, 대중에게 여성국극의 대명사처럼 각인되어갔다.

그는 1953년 종전과 함께 서울로 와서 단체 이름도 그의 명성에 걸맞게 '임

---

15 위의 책, 269쪽.

춘앵과 그 일행'이라고 개칭하여 자신을 부각시켜나갔다. 그동안 〈로미오와 줄리엣〉을 번안한 〈청실홍실〉을 비롯하여 〈산호팔찌〉 등 많은 인기작을 만들 어냄으로써 몇몇 여성국극단들을 압도해갔다. 그의 인기는 해가 갈수록 더해 갔다. 국극을 할수록 연극의 요체를 이해해간 데다가 연륜이 붙으면서 무게가 더해졌기 때문에 남자 역으로서는 타인의 추종을 불허하게 되었기 때문이다. 그리고 연기보다도 그가 엮어가는 여성국극이 대중의 정감을 정확히 파고드 는 맛이 있었다.

바로 그 점에서 그는 만능 탤런트이자 엔터테이너였다. 그러니까 단순히 연 출가의 꼭두각시 같은 배우가 아니라 그 자신이 판소리, 춤, 연기력, 작곡력, 안무력 등에 카리스마까지 두루 갖춘 엔터테이너였던 것이다. 그런 임춘앵에 대하여 반재식과 김은신의 다음과 같은 평가는 정확해 보인다.

> 임춘앵의 예술세계는 그렇게 직감적이면서도 번뜩이는 감수성에 있었다. 그 녀는 악보를 가지고 작곡하는 것이 아니었다. 악보를 가지고 가르친 적도 없었 다. 기가 막히게도 그녀는 시종 입으로 작곡하고 입으로 가르쳤다. …(중략)… 여 성국극 한 편의 음악은 시작부터 끝까지 임춘앵의 관여에 의해 창작되는 것이었 다. 팸플릿이나 광고지면에 보면 편곡자, 작곡자, 안무자가 따로 나와 있지만 기 실은 모두가 다 임춘앵이 관여한 것이었다.[16]

즉, 그는 악보를 읽을 줄도 몰랐을 뿐만 아니라 국극의 악보도 없었을 때 순 전히 직감으로 소리에 음악을 실었고 그것도 구음으로 한 것이다. 그리고 국 극에 맞는 춤사위, 삼고무나 구고무(九鼓舞) 등과 같은 악기 활용도 그가 개발 해낸 것이었다. 바로 그 점에서 임춘앵이야말로 여성국극의 알파요 오메가라 고 해도 과언이 아니다.

이런 그에게도 행운만 따른 것은 아니었다. 불행의 그림자가 조금씩 다가

---

16 위의 책, 417~418쪽.

오고 있었다. 첫 번째 어려움은 여성국극단의 난립이었다. 여성국극이 인기가 있다 보니 돈이 벌렸고, 그것은 국극인들을 유혹하기에 충분했다. 1954년부터 여성국극단이 분열의 조짐을 보이기 시작하더니 우후죽순격으로 증가했다. 박황(朴晃)의 조사에 따르면 1954년부터 1958년까지 5년 동안 여성국극단이 무려 15개로 늘어났고 전라북도 지방을 중심으로 생겨난 여성농악단만도 9개나 되었다.[17] 그런데 문제는 여성국극을 할 수 있는 배우가 제한되어 있는 상태에서 많은 단체가 생겨나다 보니 무대에 세울 수 있는 배우는 한 단체에 고작 네댓 명에 불과하고, 따라서 창극 경험이 전혀 없는 아마추어까지 가담하는 상태까지 이르게 된 것이다. 심지어 판소리를 전혀 못 하는 일반 연극배우들까지 가담하는 지경에까지 이르렀다. 뭐니 뭐니 해도 여성국극은 판소리가 모태인데 소리를 못하는 배우가 국극 무대에 선다는 것이 말이 되는가. 그렇다고 레퍼토리가 신선한 것도, 연출에 새로운 점이 나타난 것도 아니었다.

1958년 3월에 『서울신문』은 당시 여성국극이 안고 있는 문제를 정확히 지적한 것이었다. "무엇보다도 가장 중요한 문제는 현재 창극단이 보여주고 있는 무대는 순수한 고전 스타일도 아니요, 그렇다고 현대적으로 재생된 양식도 아니며, 알쏭달쏭한 기형적인 양식을 띠고 있다는 것이다. 그런데 이러한 난점이 개량되려면 먼저 이 난립된 단체들을 통합하여 좋은 스태프, 캐스트를 갖추는 문제로부터 무대 시스템을 세우고 좋은 레퍼토리와 연출 지도를 받아야 한다."(『서울신문』 1958.3.2). 이러한 여성국극의 전체적인 질 저하의 여파가 임춘앵의 국극에도 밀려왔음은 두말할 나위 없다. 여성국극이 도매금으로 매도당하기 시작했다는 이야기다.

두 번째 위기는 그가 절대적으로 의지하고 살던 남편 겸 매니저 신대우의 타계(1955)였다. 대단히 열정적이었던 그는 남편 역시 지독히 사랑했던 터라 신대우의 죽음은 그의 삶의 의욕마저 꺾어놓았다. 그는 유년 시절 아버지의

---

17 박황, 『창극사연구』, 백록출판사, 1976, 231~234쪽.

사랑을 많이 받지 못하고 자란 때문인지 연상의 남편 신대우를 전적으로 의존했었다. 남편을 잃은 그가 신경쇠약으로 방황하면서 술에 많이 의존한 것도 순전히 상실감에 따른 것이다. 단체의 큰 기둥이었던 그의 건강에 이상이 생기고 일에 의욕을 잃으면서 국극단은 흔들릴 수밖에 없었다. 더구나 이 단체는 시스템에 의하기보다 임춘앵의 절대적인 인기와 카리스마에 의해 움직여왔던 터라서 그의 의욕 상실은 곧 단체의 흔들림으로 나타날 수밖에 없었다.

여성국극의 선각자로 자임해온 그는 거기서 끝낼 수는 없다고 생각하여 〈백년초〉 등 신작을 몇 편 더 만들어 무대에 올렸다. 그러나 그는 예전과 달리 국극에 열정을 쏟지 않았다. 오페라를 전공한 오라버니(임천수)가 가세하여 새로운 시도도 해보았지만 기울어가는 단체에 생기를 불어넣기에는 역부족이었다. 재기를 위해 몸부림치던 그는 2년여 뒤에 연하의 신무용가 김응조(金應祚)와의 재혼으로 기운을 차리는 듯했다.[18] 그런데 두 번째 결혼까지 유부남과 한 것이니 처음부터 불행을 안고 들어간 셈이다. 워낙 개성이 강한 여성이었기 때문에 평범한 남자와는 인연이 없었고 언제나 불운한 사랑과 결혼이었다. 그러나 일시적으로 결혼이 그에게 위안과 행복을 안겨준 것만은 사실이었다.

그런 가운데서 그를 더욱 궁지로 모는 사건이 발생했다. 그의 인기에 못지않게 떠오르는 스타였던 질녀 세 자매(김진진, 김경수, 김혜리)가 금전 문제로 이모와 결별하고 '여성국극단 진경(眞慶)'을 갑자기 출범시킨 것이었다. 물론 자존심 강한 임춘앵은 즉각 다른 여배우들로 대체시키긴 했지만 젊은 김진진 세 자매가 주축이 되어 신선미를 풍기는 '진경'의 인기를 따라잡기는 역부족이었다. 진경이 1957년 하반기에 〈사랑탑〉을 국도극장 무대에 올리자 임춘앵의 팬들이 그쪽으로 몰려갔다. 진경의 인기는 곧 임춘앵의 몰락이었다. 그 당시 임춘앵의 나이는 서른네 살에 불과했다. 그가 여성국극의 스타로 군림한 지 고작 8년여 만에 직접 키운 질녀들에 의해서 서서히 여성국극의 뒤안길로 밀려

---

18 반재식 · 김은신, 앞의 책, 496쪽.

나고 있었던 것이다.

이때부터 최고의 스타는 김진진과 김경수였으니 여성국극의 세대 교체가 얼마나 빠른가를 잘 알려주는 것이다. 물론 임춘앵은 질녀들에게 지지 않기 위하여 몸부림쳤다. 문제는 관객이 이를 용납하지 않은 것이다. 대중은 언제나 새로운 것을 찾아 낡은 것을 매정스럽게 버리는 속성이 있음을 그가 미처 깨닫지 못한 것이었다. 당시 대중은 이미 30대 중반에 인생의 풍상에 절어서 흐느적대는 왕년의 대스타 임춘앵보다 발랄하고 힘과 생기가 넘치는 김진진과 김경수가 펼치는 신선한 무대에 빠져가고 있었다. 김진진, 김경수 자매가 이끄는 진경이 왕년의 임춘앵의 인기를 대신하기 시작한 것이다.

세 번째 어려움은, 국내외 외국가 극장가를 석권하기 시작하면서 정통 연극과 악극에 이어 여성국극까지 대중으로부터 버림받기 시작한 것이다. 스케일 큰 미국 영화와 유럽의 네오리얼리즘 영화들이 인텔리 관중을 끌어가고 신상옥(申相玉) 등 신예 감독들이 등장하여 소위 문예영화 붐을 일으키기 시작한 것도 1950년대 후반부터였다. 이런 수준 높은 볼거리들이 생겨나면서 진부하기 이를 데 없는 여성국극이 밀려나는 것은 극히 자연스런 현상이었다.

당시『서울신문』은 여성국극의 급속한 조락과 관련하여 "차츰차츰 높아가는 팬들의 감상안은 우리의 옛것이라는 번지레한 레텔이 붙은 이 조제품에 염증을 느끼기 시작했다. 그들이 중앙에서 발돋움을 잃고 변두리의 저개발지대로 영락하는 현상을 가져왔다"(『서울신문』 1959.6.11)고 정확히 진단한 바 있다.

그런 여파 속에서 그래도 인기를 유지한 것은 여성국극단 진경 정도였다. 이 단체가 그래도 선두주자로서 서울의 극장에서 여성국극의 명맥을 이어갔고, 임춘앵의 국극단 등 몇몇 단체는 변두리와 지방을 돌아다니는 유랑극단이 되었다. 더욱이 1960년대 들어서는 TV마저 조금씩 보급되었고 TV 드라마가 안방극장을 점유하면서 그나마 있던 여성 관객들도 빼앗아가기 시작했다. TV 드라마에 등장하는 신선한 얼굴은 여성국극의 진부한 얼굴들과는 상대가 되지 않았다.

　　　　　　　　　　　　　제1부　전통 극예술의 정립과 계승

가정이긴 하지만 이때 만약 임춘앵이 과감하게 단체를 해체하고 은퇴했더라면 그가 그처럼 참담하게 만년을 보내지는 않았을 것이다. 그는 과거의 인기에 대한 그리움을 떨쳐버리지 못하고 끝까지 만회해보려는 욕심으로 단체를 이끌다 보니 그나마 모아두었던 재산마저 날리고 점점 나락을 향해 가고 있었다. 두 번째 남편마저 떠나갔고, 순전히 여성국극을 하느라고 자식마저 낳지 않아 고립무원이 되고 말았던 것이다. 반재식과 김은신에 의하면 그가 의지한 것은 신경안정제 세코날과 술이었다고 한다.[19]

이런 임춘앵이 이끌어가는 국극이 변변할 리 만무했다. '여성국악단 임춘앵'은 1966년까지는 근근이 유지되었으나 결국 이듬해 단체는 흐지부지되고 그는 생계를 위하여 돈의동 집에 사설강습소를 차리고 후진 양성에 나섰다. 그러나 그 강습소는 당초 그가 꿈꾸었던 후진 양성 기관과는 거리가 먼, 생계를 위한 사설학원을 면치 못하는 것이었다. 처음에는 임춘앵의 명성을 듣고 많은 사람들이 강습소를 찾아왔지만 술에 몸도 망가지고 열정도 식은 그를 보고 교습생들마저 점점 발길을 끊었다고 한다.[20] 그런 그의 참담했던 마지막 모습을 김진진은 다음과 같이 묘사한 바 있다.

마지막까지 국극을 부여안고 공연 생활을 했던 이모 임춘앵도 모든 재산을 날리고 술에 찌들어 살았다. 동생의 처지를 안타까워했던 어머니는 72년 겨울 이모가 눈물을 흘리는 꿈을 꾸셨다. 이상한 예감이 든 어머니와 내가 이모 집으로 달려갔더니 차디찬 방에 이모가 쓰러져 있었다. 이모와는 사이가 안 좋았지만 막상 노쇠해진 이모를 보니 눈시울이 뜨거워졌다. 그래서 다시 우리 집으로 모셔왔다. 그리고 이모를 위해 어렵게 돈을 마련해 장위동에다 국악연구소까지 냈다. 이모는 화려했던 전성기를 잊지 못하고 괴로워했다. 제자들 앞에서도 술을 마셨다.[21]

---

19 위의 책, 632쪽.
20 김진진과의 인터뷰, 가회동 종가집에서, 2004.7.5.
21 김진진, 「나의 젊음, 나의 사랑 (9)」, 『경향신문』 1996.11.25.

이모에게 혹독한 훈련을 받으면서 설움도 많이 당했지만 김진진은 그를 저버리지 않았다. 착한 질녀 김진진은 이모의 건강 회복을 위해 최선을 다했고 집에다가 학원도 차려주었으나 임춘앵은 술버릇을 고치지 못했다. 지난날의 영화를 떨쳐버리지 못하고 깊은 좌절감에 빠진 그는 삶에 의욕을 잃은 것이었다.

김진진에 의하면, 그는 만년에 거의 술로 살다시피 했다고 한다. 자신을 추스를 만큼의 의지력도 상실한 것이다. 이것도 하나의 가정이지만 만일 그가 일찍이 정상적인 교육을 받고 정상적으로 성장했다면 스스로 절제의 도를 찾았을 것이고, 그렇게 참담하게 만년의 삶을 보내지는 않았을 것이다. 물론 그가 천부적 재능과 내면에서 솟구치는 불꽃 같은 열정이 있었기에 여성국극이라는 특수한 연극 장르를 발전시키고 또 한 시대를 풍미하는 대스타 자리에 오를 수도 있었다. 그러나 한편으로는 자신이 지닌 것보다 훨씬 유명세를 치르고 영광을 누린 것이 오히려 그를 불행하게도 만든 요인이 된 것이 아니었을까. 그가 1975년 겨우 51세라는 비교적 젊은 나이로 세상을 뜬 것도 지난날의 영화를 떨쳐버리지 못하고 스스로를 자학한 데서 비롯되었다고 보아도 무방할 것 같다.

그러나 그가 남긴 것을 과소평가하기 어렵다. 우선 연극사적으로 볼 때, 여성국극이라는 매우 독특한 연극 장르를 그가 거의 독자적으로 만들다시피 했으며 동족상잔의 전쟁 와중에 대중이 공포와 불안 등 집단적 공황에 빠져 있는 상황에서 하나의 위안물을 제공한 셈이 되는 것이다. 우리가 임춘앵을 아련한 추억이나 과거의 전설로만 바라볼 수 없는 연유도 바로 거기에 있는 것이다.[22]

---

22 이 글을 쓰는 데는 반재식 · 김은신의 역저 『여성국극 왕자 임춘앵 전기』가 절대적 도움이 되었다. 두 분 저자에게 감사하고 아울러 김진진 여사의 증언도 큰 도움이 되었다. 그리고 이 글과 이어지는 「살아 있는 여성국극사」를 쓰는 데에는 한승연 실명소설 『꽃이 지기 전에』(한누리 미디어, 2003)에 많이 의존했음을 여기에 밝혀둔다.

여성국극의 영원한 스타
김진진

해방 전 세대의 소년 시절, 우리의 마음을 사로잡았던 것은 아마도 겉장이 다 닳아버린 만화책과 어쩌다가 흘러들어오는 서커스단 공연이 아니었을까 싶다. 특히 도시로부터 멀리 떨어져 있는 산촌의 소년들에게 별빛 쏟아지는 밤 시골 소학교 운동장에 장을 펼친 서커스단에서 흘러나오는 구성진 트럼펫 소리는 마음을 설레게 하고도 남음이 있었다.

그렇던 소년들이 대처로 유학 와서 만났던 것이 영화와 여성국극, 그리고 헤르만 헤세의 소설이리라. 미국 영화 〈누구를 위하여 종을 울리나〉라든가 여성국극 〈햇님 달님〉, 그리고 독일 소설 『데미안』 등은 소년들에게 꿈과 사랑, 낭만, 그리고 성숙에의 고뇌와 함께 성인으로 다시 태어나는 데 있어 정신적 자양이 된 것이 사실이다. 호주머니 사정이 어려워 서울 을지로6가 계림극장 굴뚝 담을 뛰어넘어 가다가 인분통에 빠지기도 했던 내 고등학교 시절의 추억담을 동년배 독자들은 공감할 수 있을 것이다. 여성국극은 현대사의 격동 속에서, 그것도 민족 최대의 비극 6 · 25전쟁 와중에서 공포와 불안으로 마음의 안정을 찾지 못하고 방황하던 대중에게 큰 위안이 되었다. 사랑과 화해의 상징 선화공주는 줄리엣처럼 당시 청년들의 영원한 여인이었고 구원의 여성상이었다.

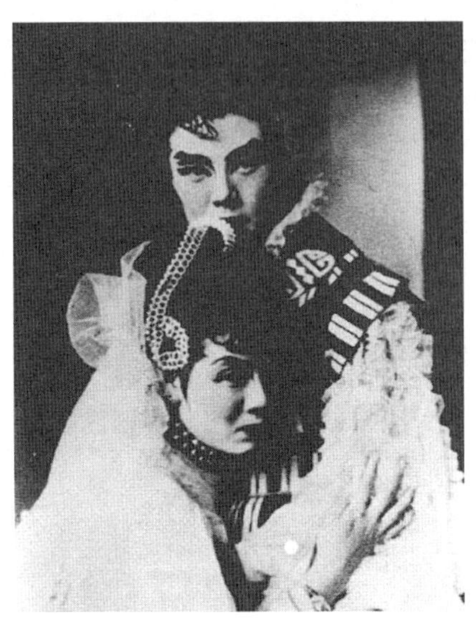

김진진(왼쪽)

그것은 특히 김진진(金眞眞)이라는 불세출의 히로인이 있었기 때문에 가능한 것이었다. 그는 당대의 대스타 임춘앵(林春鶯)의 질녀였다. 여기서 굳이 임춘앵을 거론하는 것은 그가 임춘앵으로 인해서 국악계에 들어섰을 뿐만 아니라 핏속에 외가의 예술혼이 깃들여 있었기 때문이다.

김진진의 친가는 예술과는 무관한 전형적 서울 선비 집안이었다. 아버지 김삼룡은 서울에서 태어나 고등보통학교를 졸업하고 체신청의 과장급 공무원으로 사회생활을 시작했다. 선비 집안 출신답게 강직하고 사리가 분명해서 일본인 상관들에게서도 높이 평가받을 만큼 전도유망한 관리였다. 그런 그가 전남 함평 출신의 임임신과 결혼한 것은 1931년이었다.

처가는 전형적인 남도 예인(藝人)의 집안이었다. 장인은 함평에서도 손꼽히는 가야금과 피리의 명인이었고 장모는 수준급의 판소리 명창이었다. 처숙부는 북과 장구에 능한 고수로서 함평 삼현육각의 리더였고, 매제는 도쿄에서 음악을 공부했으며, 처형(임유생) 역시 판소리 명창이었다. 그러니까 김진진은 순전히 외가의 피를 받았다고 볼 수 있다.

1933년 김삼룡과 임임신의 장녀로 태어난 김진진의 본명은 인수(仁洙)였다. 그 아래로 두 자매(경수, 혜리)와 두 형제(정태, 건태)까지 한두 살 터울로 5남매였다. 김진진은 태어날 때부터 외모가 출중하고 성격 또한 활달한 데다가 두뇌까지 명석해서 소학교에 입학하자마자 돋보였다. 모친이 그를 잉태할 때 머리를 땋아 내린 세 여자가 남장을 하고 물레방아를 열심히 돌리는 태몽을 꾸고는 아이의 팔자가 셀 거라는 예감이 들었다고 한다. 그래서 그런지는 알 수 없으나 그는 어렸을 적부터 남자아이들처럼 적극적이고 노래 잘하며 구변 좋은 소녀로서 주위 사람들의 시선을 끌었다. 소녀 시절의 자신의 모습에 대하여 그는 다음과 같이 회고한 바 있다.

> 나는 어지간히 고집도 셌던 모양이다. 남자애들에게 뒤지는 것을 싫어했다. 워낙 딱 부러지고 사리를 잘 따지는 아이여서 마을 사람들끼리 다투기라도 하면 어른들은 인수에게 가서 물어보라고 할 정도였다.[1]

흑석동과 은로소학교의 명물이 된 김진진의 당초 꿈은 소설가가 되는 것이었다. 워낙 책읽기를 좋아해서 소학교 때 이미 일본의 유명작가 기쿠치 간(菊池寬)의 소설에 심취할 만큼 조숙한 소녀였다. 기쿠치 간의 소설 중에서도 특히 애독했던 것은 천분(天分)을 오산한 무명작가의 출세주의나 명예욕에서 오는 초조감과 시기, 질투심을 예리하게 묘사해낸 「무명작가의 일기」였다. 기쿠치 간에 매료된 그는 「불량소년의 아버지」라든가 「폭도의 아들」과 같은 소설을 두루 읽으면서 성숙해갔기 때문에 같은 반 학생들과는 정신적 연령차가 컸다. 그는 학교와 동네에서 통반장이라는 별명을 들을 만큼 매사에 앞장서는 등 리더십을 발휘했다.[2] 일본말도 누구보다 잘해서 은로소학교 상급학년 때는 교내에서 '일본말 잘하는 학생'으로 소문이 났다.

그에게 불운이 닥친 것은 12세 때. 그러니까 해방 직후인 1945년 12월 아버지의 죽음이었다. 올곧은 공무원이었던 부친이 갑자기 복막염으로 세상을 뜬 것이다. 생활 능력이 없는 30대의 미망인과 올망졸망한 5남매까지 여섯 식구의 생계가 당장 어려워졌다. 모친이 시집올 때 가져온 옷감이며 얼마 안 되는 패물을 팔아도 여섯 식구의 생계와 자녀들의 학비는 어림없었다. 집을 팔아 전세로 옮겨 얹은 모친은 바느질품을 팔기 시작한다. 물론 삯바느질로도 생계

1　김진진, 「나의 젊음, 나의 사랑 (1)」(최병준 정리), 『경향신문』 1996.11.13.
2　김진진과의 인터뷰, 단국대학교 연구실에서, 2003.4.25.

는 여전히 어려웠다. 이 무렵 창극단원으로 이름을 날리기 시작한 이모 임춘앵이 가끔 생활비를 보태주어 겨우 생계를 유지해 갈 수 있었다.

가난 속에서도 김진진은 향학열에 불탔다. 모친의 교육열이 대단해서 영등포고녀에 들어가 학업을 계속할 수 있었지만 순탄치는 못했다. 그가 얼마나 고생스럽게 학교를 다녔는가는 다음과 같은 회고에 잘 나타나 있다.

> 여자는 소학교만 나와도 많이 배웠다고 하던 때였다. 하지만 어머니는 아이들의 교육에 대해서는 유난히 욕심을 내셨다. 어떻게 해서라도 나를 진학시키려고 하셨다. 어머니는 눈이 침침해질 때까지 바느질을 하셨고, 그 덕분에 나는 가까스로 학교에 갈 수가 있었다. 일단 학교에는 보냈지만 제때에 납부금을 낸 적이 없었다. 그래서 친구들은 내가 과연 졸업을 할 수 있을까 걱정했다. 결국 어머니는 아버지가 남겨주신 50평 남짓한 집까지 파셨다. 아버지가 남기신 허름한 집 한 채로 나와 동생들은 고등학교까지는 졸업할 수 있었다.[3]

어렵게 1949년도에 영등포고녀를 졸업했지만 가고 싶었던 대학은 꿈도 꾸지 못하고 당장 뭘 해야 할지 막막할 뿐이었다. 다만 자신이 가난한 집안의 장녀였기 때문에 막연하게나마 가족을 부양해야겠다는 생각만을 하고 있었다. 그러던 어느 날 이모 임춘앵이 그를 여성국극단으로 데려가겠다고 했다. 언니 집을 드나들면서 질녀의 됨됨이와 잠재된 재능을 눈여겨 보아왔던 임춘앵은 그를 국극배우로 키우고 싶었던 것이다. 그는 이렇게 회상했다.

> 실의에 빠져 있을 무렵 이모(임춘앵)가 나를 찾아왔다. 함께 국극을 해보자고 나를 꼬드겼다. 국극이 막 생겨 한창 인기를 얻었을 때였다. …(중략)… 나를 국악 배우로 만들기 위해 이모는 세 번이나 찾아와 설득했다. "내가 스타가 될 수 있을까. 나도 이모처럼 인기인이 될 수 있으면 얼마나 좋을까. 하지만 소리도 연기도 배운 적이 없는데…." 정말 연기에 대하여는 아무것도 몰랐다. 그래도 덤벼

---

3 김진진, 앞의 글.

    제1부 전통 극예술의 정립과 계승

들기만 하면 해낼 수 있을 것 같았다. 노래 실력도 있었고, 연기도 그렇게 어렵게 보이지 않았다. 이모는 우리 집안 사람들은 모두 예인 기질이 있어 쉽게 할 수 있다고 끈질기게 권했다. …(중략)… 나도 할 수 있을 것 같았다. 50년 봄, 그렇게 이모를 따라 국극단 생활을 시작했다.[4]

아무것도 모르고 또 아무런 준비 없이 그가 자신의 일생을 내맡겼던 여성국극은 여성들만의 창극을 가리킨다. 근세까지 이어져온 남존여비 사상은 국악계에서 더욱 심했었다. 창극단에서 주요 역할을 하고 있는 여류명창들이 남성명창들로부터는 찬밥 취급을 받는 신세를 면치 못했다. 창극단에서 궂은일이나 도맡아 하면서도 사람 대접을 못 받던 여류명창들이 해방 이후 자유바람을 타고 각성하기 시작했다. 그러다가 마침내 1948년 가을에 박녹주, 임유앵, 김소희, 박귀희, 조유색, 한영숙, 김농주, 성추월, 신숙 등 여류명창들이 여성국악동호회를 조직했다. 우리나라 예술사상 처음으로 여성명창들이 조직적으로 남성들에게 반기를 들고 나선 것이다.

이렇게 해서 출발한 여성국극은 남성 위주 창극을 압도할 만큼 인기가 급상승했다. 그러한 여성국극 리더들 중에 임춘앵이 있었다. 그 임춘앵이 외모로 보나 성품으로 보나 가능성이 있다고 느낀 질녀 김진진을 데려간 것이다.

종로3가에 사무실을 차린 임춘앵은 김진진에게 특별하다고 할 만큼 혹독하게 훈련을 시켰다. 왜냐하면 김진진이 판소리를 배워본 적이 없었기 때문이다. 처음 국극단에 입단해서는 다른 신입단원들이 그랬던 것처럼 임금 옆에 꼿꼿이 서 있기만 하는 '촛대' 역할뿐이었다. 임춘앵은 여류명창 조몽실을 김진진에게 따로 붙여서 소리를 가르치도록 했다. 대중가요에는 자신 있었던 김진진이었지만 판소리는 대단히 어려운 벽이었다. 그러나 외가로부터 물려받은 천부적 재질이 있었기 때문에 소리는 나날이 좋아졌다. 그가 소리를 몇 마

---

4 김진진, 「나의 젊음, 나의 사랑 (2)」, 『경향신문』 1996.11.14.

디씩 할 수 있게 되자 임춘앵은 창을 한마디 하는 배역을 주었다. 그런데 실전
에서 엉망으로 소리를 하자 혹독한 채찍이 가해졌다.

> 극이 끝나고 나는 이모에게 눈물이 쏙 빠지도록 맞았다. 이모는 무대장치에
> 썼던 각목으로 나를 무자비하게 후려쳤다. 얼마나 맞았는지 모른다. 온몸에 푸
> 른 멍이 들었고 두려움과 서러움에 울음을 그칠 수 없었다. 당시 연기자들은 모
> 두 그렇게 맞으면서 배웠다. 1주일 동안 하루도 빠짐없이 매질이 이어졌다. 이
> 모는 '내 조카가 그것밖에 못 하느냐'고 다그쳤다. 이를 악물었다.[5]

이렇게 혹독한 훈련을 거치면서 그의 소리 실력은 주위 선배들이 놀랄 만큼
늘어났다. 일찍이 원로 연출가 이해랑(李海浪)은 「배우예술론」이라는 글에서
배우에게는 천부적 소질이 무려 70%라고까지 주장한 바 있지만 그의 소리 실
력은 아무래도 몇십 년 불러온 다른 명창들에는 비할 바가 못 되었다. 다행히
구변을 타고났기 때문에 대사만은 타의 추종을 불허할 만큼 낭랑하고 정확했
으며, 고저장단이 분명해서 무대배우로서는 나무랄 데가 없었다.

김진진은 처음에는 단역과 조역으로 만족해야 했다. 연령, 경력, 소리 실력
등으로 볼 때 보잘것없었기 때문에 창극단의 말단 심부름꾼을 면치 못했다.
이렇다고 할 만한 역할 하나 제대로 맡아보지 못하고 지방 순회공연을 따라나
섰다가 광주(光州)에서 6·25전쟁을 만난다. 전쟁이 끝나면 상경할 요량으로
광주에서 공부는 계속하기로 했다. 그런데 뜻밖에 인민군이 들어오면서 이들
에게 붙들려 전선을 따라다니며 강제로 위문공연을 하는 신세가 되기도 했다.
돈 한푼 받지 못하고 겨우 밥만 얻어먹는 정도였다. 그것만도 전시 중에는 고
맙다고 생각했다. 약 3개월 정도 다니면서 소리 품을 팔아야 했는데, 다행히
국군이 진격해 들어와서 이러한 생활은 곧 끝났다. 전쟁 중 광주에서의 생활
이 고되기는 했지만 소리는 이모에게도 배우고, 또 남도의 명창 조몽실에게서

---

5 위의 글.

도 배워 소리가 나날이 좋아졌다.

임춘앵이 1951년 광주에서 박초월, 임유앵, 김경애, 한애순, 조영숙 등과 따로 여성국악동지사를 조직했을 때, 김진진도 동생 김경수와 함께 정식단원이 되었다. 그때 나이 겨우 19세였다. 여성국극에 발을 들여놓은 지 2년여 만에 당당히 여성국극단의 일원이 된 것이다. 여성국악동지사는 창립공연으로 〈공주궁의 비밀〉(조건 작)을 11월 광주에서 초연했는데, 주연은 당연히 임춘앵과 박초월이었다. 김진진은 왕의 여동생인 진진옹주라는 조역을

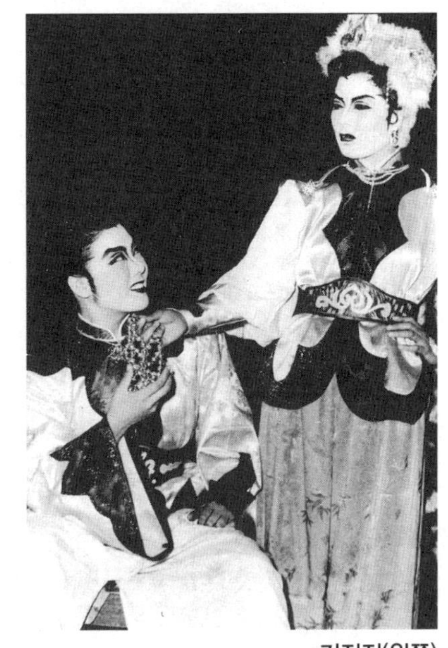

김진진(왼쪽)

맡았었다. 나이 어린 그로서는 과분한 배역이었다.

이 공연은 그에게 일생일대의 중요한 계기를 만들어주었다. 그 하나가 예명(藝名)을 얻은 것이고, 다른 하나는 스타 예감이었다. 〈공주궁의 비밀〉을 연습하는 과정에서 그를 유심히 지켜본 원작자 조건(趙建)이 예명을 갖는 것이 좋겠다는 제안을 한 것이다. 인수(仁洙)라는 본명은 평범한 남자 이름 같아서 스타로 발돋움하는 데 걸림돌이 될 수 있다는 것이었다. 그러면서 그가 마침 진진옹주 역을 맡고 있는 터였으므로 아예 진진이란 예명을 쓰라고 했다. '참되고 참되다', 참 진(眞) 자가 두 번이나 들어간 이름이니 그의 이미지에도 부합한다는 것이다. 다행히 조건 작가의 제의에 전 단원이 찬동하면서 그로부터 김인수는 김진진이 되었다.

스타 예감이란 매우 이상한 사건에서 빚어졌다. 여주인공인 버들아기공주 역으로 나오는 박초월이 능숙한 창으로 관중을 즐겁게 한 것이 사실이지만 아리따운 처녀 공주 역이 40세를 바라보는 그에게 어딘가 걸맞지 않았었다. 그

런 것은 관중이 먼저 느끼고 있었던 것 같다. 따라서 공연 첫날 객석에서 누군가 진진옹주와 버들아기공주를 바꾸어서 하라고 외치는 소리가 들렸고, 그를 받아 관객들이 객석이 떠나가도록 합창을 하는 것이 아닌가. 그때의 정황에 대하여 김진진은 다음과 같이 회상했다.

> 물론 소리에는 자신이 없었다. 하지만 연기에는 나름대로 자부심이 있었다. 소리 경험이 없는 내 목소리는 걸쭉하고 깊은 맛이 없는 대신 맑고 톡톡 튀었다. 막이 오르자 무대를 휘젓고 다니며 정신없이 연기했다. 반응이 좋았다. 잇달아 박수가 터져 나왔다. ‘배추 속떼기같이 때깔이 고운 것을 본께 진짜 공주 같구먼’ ‘어린것이 연기하는 게 솔찬하지. 앗따 징하게 이쁘네.’ 곳곳에서 칭찬하는 소리가 들려왔다. 공연이 한창 절정에 오를 무렵이었다. 관객 한 명이 소리치기 시작했다. ‘이 참에 주인공 바꿔부러라. 진진이한테 공주를 매껴. 버들애기가 너무 늙었당께.’ 관객들은 어느새 한 목소리로 나보고 주인공을 하라고 소리치고 있었다.[6]

이상과 같은 광경을 옆에서 지켜본 박초월은 사색이 될 수밖에 없었다. 자존심이 상한 그는 공연을 마치자마자 기분 나빠서 못 하겠다면서 보따리를 싸들고 상경해버렸다. 극단은 난리가 났다. 당장 여주인공이 사라져버렸으니 다음 날 공연이 문제였다. 어쩔 수 없이 관중의 요청대로 풋내기 김진진이 여주인공을 맡을 수밖에 없었다. 소리 실력에서는 박초월 명창의 발끝에도 미치지 못했지만, 그의 주연 데뷔 무대는 환호성으로 가득 찼다. 임춘앵 대표는 말할 것도 없고 전 단원이 안도의 한숨을 내쉬었다. 그럴 수밖에 없는 것이 판소리를 2년도 채 배우지 못한 데다가 대사 한마디 없는 ‘촛대’ 정도의 단역으로 무대에 서오던 풋내기가 전혀 준비되지 않은 상태에서 어느 날 갑자기 주인공이라는 큰 역할을 맡아서 능숙하게 해냈기 때문이었다.

---

6 김진진, 「나의 젊음, 나의 사랑 (4)」, 『경향신문』 1996.11.18.

김진진의 혜성과 같은 등장은 그것이 비록 우연이라고 하더라도 시대 변화와 대중의 감각 변화에 따른 하나의 역사적 필연으로 보는 것이 타당하다. 적어도 현대사에서 1950년 6·25전쟁은 많은 것을 변화시킨 것이 사실이었다. 그러니까 전쟁은 모든 것을 파괴했고, 외국 군대의 참전으로 대중은 갑자기 서구 문명을 체험하면서 감성도 변할 수밖에 없었다. 따라서 창극 관객도 과거처럼 소리보다는 아기자기한 서사적인 얘깃거리와 발랄한 젊은이들의 또랑또랑한 언어, 역동적인 몸짓과 춤동작을 더 선호한 것이다. 이는 당시 대중이 명창들의 생각과 달리 여성국극이 판소리 쪽보다는 연극 쪽이었음을 간접적으로 일깨워주는 것이기도 했다. 그렇게 볼 때, 이미 40대로 접어든 명창 박초월의 경직되고 고루한 연기에 관객들이 따분해한 것도 이상한 일은 아니었다. 서울에서 태어나 신식 교육을 받은 열아홉 살의 풋풋하면서도 발랄하고 아름다운 처녀 김진진이야말로 관중이 은연중에 갈망하던 스타였던 것이다. 더욱이 김진진은 가녀리고 갸름한 계란형의 전형적인 한국 미인형 얼굴에다가 톡톡 튀는 재치와 순발력, 그리고 고저장단이 분명한 표준어 구사로 인해서 이야기 전달에 타의 추종을 불허했다. 그야말로 관중이 갈구하던 여주인공이었고 시대가 요청한 스타였던 것이다. 이러한 복합적 요인은 부족한 소리 실력을 메우고도 남았다.

1948년에 시작된 여성국극이 그의 등장으로 3년 만에 진정으로 국극다운 국극을 하기 시작한 것이 되는데, 그 촉매 역할을 애송이 김진진이 해낼 줄은 아무도 상상 못 했던 일이다. 그리고 김진진의 등장은 그 이전까지의 소리 위주의 창극으로부터 연극 위주의 창극, 즉 소리, 춤, 연기가 잘 조화된 새로운 형태의 여성국극 시대로 전환되는 계기를 만든 것이다. 김연수(金演洙) 등 당대의 명창들로 구성된 구태의 창극단이 임춘앵의 여성국극에 단번에 밀려났던 이유도 바로 거기에 있었다.

김진진이 하루아침에 스타로 떠오르면서 작품마다 여주인공을 도맡았고, 이미 부동의 스타로 자리 잡고 있던 여성국극의 대모 임춘앵과 맞상대 역을 하면서 서서히 임춘앵의 인기를 뛰어넘었다. 그는 부족한 부분인 소리 실력을 보완하기 위하여 개인적으로 김연수에게 사사받기도 했다. 그는 극단 명칭을 '임춘앵과 그 일행'으로 바꾼 이모를 따라 전시 중에도 쉼 없이 호남지방과 부산지방을 순회공연하면서 대스타로 발돋움해갔다. 특히 1952년 부산에서 공연한 〈반달〉(조건 작)이라든가 〈청실홍실〉(고려성 작), 그리고 〈대춘향전〉 등에 연속적으로 출연하면서 확고한 주연 자리를 굳혔다.

임춘앵의 여성국극단 내부에서 김진진을 시작으로 해서 조금씩 세대 교체가 이루어지기 시작한 것은 흥미로운 사실이다. 그를 뒤따라 입단한 여동생 김경수는 남자 못지않은 우람한 몸집이라 남성 역에 안성맞춤이었다. 김경수도 이모 임춘앵이 고정적으로 맡아오던 남주인공 역을 대신하기 시작했다. 명창 조몽실의 딸 조영숙 역시 코믹한 역에는 딱 들어맞았다. 그렇기 때문에 〈춘향전〉을 공연할 때 김경수(이 도령), 김진진(춘향), 조영숙(방자) 트리오는 환상의 콤비였다.

1953년 가을, 서울 수복과 함께 임춘앵 일행도 상경하여 9월에 시공관에서 〈산호팔찌〉라는 작품으로 환도 기념 공연을 가졌는데, 지방에서의 인기를 능가하고도 남음이 있었다. 그들은 서울과 지방을 돌면서 〈여의주〉(고려성 작), 〈백호와 여장부〉 등을 선보였다. 모두가 삼국시대나 고려시대를 배경으로 한 역사물이었다. 임춘앵 국극단의 레퍼토리는 역사와 설화를 바탕으로 한 작품이거나 아니면 〈청실홍실〉처럼 셰익스피어의 〈로미오와 줄리엣〉 등의 번안극이 주였다. 김진진과 김경수, 김혜리까지 가세하면서 임춘앵 국극단의 세력은 질녀 세 자매에게도 조금씩 쏠려갔다. 더욱이 임춘앵이 1954년 후원자였던 남편 신대우와 사별하고 극단 일을 등한시하자 그런 조짐은 가속이 붙어갔다.

그런 속에서도 여성국극은 여전히 인기를 끌었고 1955년경에는 절정을 이루었다. 그러나 인기를 뒤받쳐줄 레퍼토리 빈곤이 문제였다. 유명작가의 소설, 예를 들면 현진건의 『무영탑』까지도 국극화되었다. 일단은 여성국극이 워낙 폭넓은 관객층을 형성하고 있었기 때문에 무슨 작품을 무대에 올리든 객석

을 가득가득 메울 수는 있었다. 이들은 또다시 지방 순회공연을 위해서 1956
년 〈콩쥐팥쥐〉를 갖고 부산으로 갔다. 그런데 부산 공연 중에 뜻밖의 사건이
벌어진다. 임춘앵의 안하무인적인 독선과 이기주의에 김진진 자매가 반기를
든 것이다. 물론 직접적 동기는 금전 문제였다. 저간의 사정에 대하여 당사자
였던 김진진이 다음과 같이 증언한 바 있다.

> 내 공연은 언제나 매진을 기록했고, 이모는 나 때문에 엄청난 돈을 모았다. 쌀
> 가마니에 10원짜리 지전을 집어넣어 옮기곤 했다. 이모는 나와 동생들에게 출
> 연료는커녕 월급도 주지 않았다. 고작 주는 돈이라고는 하루 야참비뿐이었다.
> 이 야참비도 꼬박꼬박 모아 홀어머니에게 가져다 드렸다. 어머니는 그 돈으로
> 생계를 이어나갔다. 사실 한 번도 살림을 해보지 않은 나는 돈이 얼마나 필요한
> 지 몰랐다. …(중략)… 57년 여름이 다 갈 무렵 부산에서 공연을 하고 있을 때였
> 다. 결혼을 두 달 앞두고 어머니가 이모를 찾아와 혼수 비용을 마련하기 위해 돈
> 이 필요하다고 사정했다. 돈을 주겠다고 호언장담했던 이모는 어머니에게 면박
> 을 주었다. 이 광경을 보고 있던 나는 피가 끓었다. '모두 내 덕에 돈을 벌었을
> 텐데….' 이모의 얼굴이 보기 싫어졌다. 이 사건으로 나는 결국 이모와 갈라서게
> 됐다.[7]

  혈연으로 맺어져서 여성국극의 한 시대를 이끌던 이모와 질녀는 금전 문제
로 결별하고 각자의 길로 나가게 된다. 김진진, 경수와 혜리 두 동생과 함께
새로운 여성국극단을 창단한다. 예나 지금이나 제대로 된 프로페셔널 극단 창
단에는 적잖은 자금이 필요하다. 그들에게도 그것이 가장 큰 문제였다. 다행
히 그가 10여 년 동안 전국에 뿌려놓은 인기가 그런 난관을 쉽게 극복할 수 있
도록 해주었다. 즉 부산에서 얻어놓은 인기 덕분에 동래(東萊) 지역의 열성 국
극 팬이었던 천(千)영감이 거액의 찬조금을 희사한 것이다. 그들이 국극단을
창단한다는 소식이 전해지자 국극을 하겠다는 사람들이 몰려들었다. 김진진

---

7 김진진, 「나의 젊음, 나의 사랑 (6)」, 『경향신문』 1996.11.20.

은 소리 실력보다는 얼굴이 예쁜 지원자들을 뽑았다. 인물이 좋아야 관중이 좋아하기 때문이었다. 소리는 주인공만 잘하면 된다는 것이 그들의 생각이었다. 그리하여 40여 명을 일단 단원으로 뽑아놓고 출범하기로 했다.

김진진 자매가 소리보다는 인물 위주로 단원들을 선발한 것과 관련하여 당시 여성국극의 성격을 조금 언급하고 가야 하겠다. 그 시절 여성국극은 대체로 4막으로 구성되어 있었는데, 막을 바꿀 때마다 관객이 10여 분씩 기다려야 했기 때문에 지루한 막간을 메우기 위한 주인공의 인사말과 재담이 곁들여졌었다. 주인공이 잘나고 말주변이 있어야 하는 이유다. 솔직히 김진진이나 김경수 역시 탁월한 소리꾼이었다기보다는 명배우였다는 말이 옳을 것이다. 이처럼 여성국극은 초기 신파극과 1930년대 이후의 악극의 영향을 많이 받은 창극 유형이었다고 보아야 할 것이다.

김진진만 하더라도 특별한 매력과 재치 넘치는 말솜씨 덕분에 그를 보려고 공연을 찾는 팬들도 적지 않을 정도였다. 여하튼 그는 25세라는 젊은 처녀의 몸으로 1957년 동생 경수와 이름 한 자씩을 따서 '진경(眞慶)여성국극단'이란 단체를 만들어 독립했다. 그 당시 여러 개의 여성국극단이 있었지만 그가 최연소 단체 대표가 된 것이다. 그는 두 여동생과 김옥봉, 박영주, 문미나, 백설화, 김혜경, 김순희, 김명자 등 신진 40여 명으로 조직된 진경여성국극단의 첫 공연인 〈사랑탑〉(조건 작)을 만들어 그해 11월 중순 국도극장 무대에 올린다.

창립 공연은 대성공이었다. 그만큼 김진진 자매의 인기가 대단했다는 의미이다. 진경여성국극단의 등장은 그동안 독주해오던 임춘앵 국극단을 하루아침에 퇴락으로 몰아갔다. 여성국극계의 판도가 젊고 신선한 진경여성국극단 위주로 재편성된 것이다. 진경여성국극단은 여타 단체들과 차별화하기 위해 전도유망한 젊은 극작가 차범석(車凡錫)의 신작 희곡 〈꽃이 지기 전에〉를 시공관 무대에 올리고 신극연출가 이진순(李眞淳)을 연출가로 영입하며 여성국극의 새 활로를 찾아 나섰다. 진경여성국극단의 공연은 우선 고루한 여타 단체들의 공연과는 확연하게 차이가 났고 감각적으로도 관중의 구미에 맞았다.

　　　　　제1부　전통 극예술의 정립과 계승

그 다음 작품으로 창극본을 잘 쓰기로 이름난 조건의 최신작 〈언약〉을 역시 시공관 무대에 올려 인기를 끌었다. 김진진은 춤에 특히 뛰어나서 직접 안무도 맡아했다. 연출은 주로 이유진과 이진순이 번갈아 맡아 작품성을 높였고 창작뿐만 아니라 『몬테크리스트 백작』을 번안한 〈초야에 잃은 님〉을 무대에 올리기도 했다. 김진진, 경수 자매의 인기는 신문(연합신문) 연재소설(「무지개」)의 사진 삽화로 들어갈 만큼 충천했다.

그러나 1960년을 고비로 해서 여성국극이 인기 정상으로부터 서서히 하강 국면으로 기울어가기 시작했다. 여성국극이 쇠퇴의 조짐을 보인 것은 시대환경 변화와 자체 내부 결함 양쪽이 이상스럽게 맞물린 데 따른 것이었다. 여기서 외부 환경 변화라는 것은 아무래도 문명 진보에 따른 대중의 감각 변화를 의미한다. 가령 영화예술의 발달에 따라 천연색 시네마스코프의 현란한 대형 영화가 서양으로부터 물밀듯 밀려 들어왔고, TV의 등장으로 대중을 극장보다는 안방에 머물도록 한 것이다. 특히 TV 드라마와 라디오 드라마의 발달이 극장예술을 위축시켰다.

이서구, 김영수, 한운사, 조남사 등과 같은 뛰어난 방송작가들이 매일 쏟아내는 연속 드라마는 고전과 현대를 가리지 않고 대중오락물로서 더없이 즐거운 것이었다. 그러니까 대중이 굳이 극장을 찾지 않고 안방에 앉아서 편안하게 시청각만으로도 감정을 카타르시스하는 데 부족함이 없었다. 서양영화와 방송 드라마는 그 소재의 폭에 있어서나 감각, 그리고 유명배우들의 세련된 연기 등에 있어서 무대예술을 압도했다. 시간이 흐를수록 대중은 무대예술, 그중에서도 여성국극을 진부하게 느끼게 되었다. 게다가 4·19혁명이 사회 분위기를 일신시켜 대중은 지난 시대의 낡은 것을 털고 새로움을 모색하는 방향으로 나아갔다. 따라서 극장 무대를 석권해온 전통신극단체 신협(新協)과 여성국극이 동시에 퇴조하는 경향을 보여주었다.

물론 이러한 전반적 흐름 속에서도 5·16군사쿠데타 정권이 민족주의를 제창하면서 전통문화 진흥에 나섰고, 방송과 신문 등 언론매체에서 전통예술 발굴 계승에 앞장서며 여성국극에도 영향을 미치기도 하였다. 그러나 그것은 반짝 인기에 불과한 것이었다.

외부 환경 못지않게 여성국극 자체 내에서도 여러 가지 침체 요인이 생겨나기 시작했다. 그것은 두말할 것도 없이 당시 여성국극의 두 버팀목이었다고 할 임춘앵과 김진진에게 동시에 신변상의 불운이 겹쳐 일어난 것이다. 여성국극의 대모 임춘앵은 결혼생활의 파경으로 삶에 의욕을 잃었고, 신성 김진진은 부산에 순회공연을 갔다가 연탄가스 중독 사고를 당했다.

예술은 열정으로 하는 것이다. 더욱이 여성국극은 철저한 스타 시스템의 무대예술이기 때문에 스타의 갑작스런 불상사는 인기에 반영될 수밖에 없었다. 당시 임춘앵의 카리스마와 김진진의 절정에 오른 매력을 대체할 인물이 없었기 때문에 두 대스타의 퇴조는 그대로 여성국극의 동력 상실로 연결되었다. 대스타뿐만 아니라 스타를 떠받쳐줄 신인들의 부족도 문제였다. 해방 직후까지만 하더라도 권번이 몇 개 있어서 국악인들을 양성할 수 있었지만 6·25전쟁을 계기로 그러한 양성소가 없어졌기 때문에 여성국극계에 신진 인물을 수혈(輸血)하기가 거의 불가능했다. 특히 영화의 발달과 보급이 늘어나면서 예술 지망생들은 새로운 매체로 진출하기를 선호했다.

그뿐만 아니라 여성국극 내부에서도 시대 흐름을 제대로 포착하지 못한 맹점이 있었다. 대중의 감각과 기호가 바뀌어가는데도 여성국극계에서는 여전히 인기에 도취한 나머지 조건 등 고정 작가들에게만 전적으로 의존했기 때문에 영화나 TV, 라디오 등에 작품을 제공하는 한운사, 조남사, 김영수, 임희재 등에 극작 실력이나 감각적인 면에서 밀릴 수밖에 없었다. 그러니까 시간이 흐르면서 여성국극 팬들은 영화나 안방극장으로 옮겨갔고 새로운 젊은 관객은 생겨나지 않았던 것이다. 이러한 여성국극의 구태의연함이 쇠퇴를 부채질했다고 말할 수 있다. 따라서 대부분의 여성국극단들은 재기불능 상태로 빠져들어 갔고, 김진진, 김경수의 인기가 워낙 높았기 때문에 진경여성국극단만이 그런대로 고정 팬 중심으로 유지되는 정도였다.

게다가 정부가 국립극장 전속으로 창극단을 조직한 것도 여성국극이 의욕을 잃은 한 가지 계기가 되었다. 같은 창극임에도 불구하고 여성국극을 철저하게 외면한 정부가 1962년에 주요 명창들을 모아 국립창극단을 조직하여 일방적으로 지원하면서 여성국극인들이 소외감을 느끼고 의욕을 상실하게 된 것이다.

그럼에도 불구하고 김진진은 포기하지 않고 국극단을 이끌었다. 그러나 그역시 결혼과 출산만은 한 여인으로서 어쩔 수 없는 것이었다. 그는 일반적인 연예인 이상으로 대단히 보수적이고 도덕적인 여성이었다. 그렇게 많은 열성 팬들을 이끌고 다녔음에도 불구하고 단 한 번의 스캔들도 일으키지 않았다는 것은 신기할 정도인데, 이는 그만큼 그가 처신에 신중했을 뿐만 아니라 실제로 도덕적이었음을 보여주는 것이다. 바로 그런 성격과 자기 통제가 아이러니하게도 여성국극 몰락의 한 요인이 되었다. 바꾸어 말하면 그의 결혼이 여성국극에의 열정을 감소시켰다고 볼 수 있다는 것이다. 그때의 결혼과 출산에 대하여 당사자는 이렇게 회고했다.

> 1961년 11월, 드디어 약혼자 이해철 씨와 결혼했다. 국극으로 성공도 했고 인기도 맘껏 누렸다. …(중략)… 결혼과 함께 나는 진경극단을 동생 경수에게 물려줬다. 하지만 몸이 근질근질했다. 그래서 결국 시어머니를 꼬드겨 1년 만에 무대에 서고 싶다고 간청했다. 시어머니는 흔쾌히 승낙했다. 하지만 나는 그때 큰아들을 잃고 말았다. 임신 중에도 국극에 너무 빠져 있었던 탓에 몸을 제대로 돌보지 못했다. 62년 임신한 몸으로 연습을 하다 쓰러져 개인병원으로 옮겼다가 아들을 낳았다. 물론 열 달을 다 채우지 못하고 나온 미숙아였다. 인큐베이터에만 집어넣으면 살릴 수 있다고 했지만 그 당시만 해도 인큐베이터가 있는 병원은 드물었다. 아들을 잃었고 나는 다시 가정으로 돌아올 수밖에 없었다.[8]

---

8 김진진, 「나의 젊음, 나의 사랑 (8)」, 『경향신문』, 1996.11.23.

그는 출중한 국극배우이기 이전에 한 남성의 충실한 아내로서의 자리를 더욱 소중하게 여긴 보통 여자였던 것이다.

그가 가정으로 들어앉은 이듬해(1963) 진경국극단의 또 한 축이었던 김경수마저 결혼으로 국극단을 떠나면서 진경국극단은 급격히 무너져 내렸다. 김진진이 여기서 그런 상황을 지켜만 보고 있을 만큼 집념이 약한 인물은 아니었다. 그는 해산 직후 또다시 국극단을 이끌기 위해 무대에 섰고 제작까지 도맡았다. 영화에 밀려서 극장 빌리기도 어려운 조건 속에서도 1963년에 겨우 〈태조 이성계〉를 무대에 올렸는데, 공연 직후 출산을 했기 때문에 다시 1년여 물러앉아 있다가 이듬해 〈강강술래〉로 복귀했으며, 다음해(1965)에도 〈세 공주〉를 대극장 무대에 올렸다. 그러나 과거와 같은 열광은 온데간데없었다. 세월의 무상을 느끼지 않을 수 없었다.

미국풍 대중예술의 유행이 젊은 관객을 앗아가는 결정적 요인도 되었다. 결국 진경국극단은 〈세 공주〉 공연을 끝으로 자동 해체되었다. 특히 진경국극단과 여타 단체들이 내부적으로 버티기 어려운 인적 조직을 안고 있었던 것이 더더욱 여성국극을 몰락으로 내몰았다. 그러니까 여성국극을 구조적으로 들여다볼 때, 열정적인 것은 김진진 세 자매와 몇몇 여성들뿐이었으며 그들을 뒷받침하고 있는 남성들 상당수는 예술보다는 수익에만 더욱 열을 올릴 뿐 관객 조직이나 마케팅 같은 데는 무지했다. 그러한 내부 인적 구성이 여성국극단을 더 빠르게 붕괴시키는 한 요인이 되었다.

1966년, 사실상 은퇴 상태에 있던 김진진은 세 딸을 낳고 가사에 전념하고 있었다. 그에게는 이 시기가 한 여성으로서는 가장 행복한 시절이었는지도 모른다. 왜냐하면 낭만적인 남편의 허랑한 풍류 생활이 결국 그를 생활전선으로 뛰쳐나가게 했기 때문이다. 그는 1970년대 들어서면서부터는 관광 야간업소에 다니면서 지난 시절 국극 무대에서 했던 조각 공연과 노래, 춤을 보여주며 생계를 유지하는 처지가 되었다. 한 시대를 풍미했던 대스타의 서글픈 조락(凋落)이었다. 자존심 강하고 윤리적 결함이 없는 그가 밤업소를 다니면서 노래

　　　　　　　　　　제1부　전통 극예술의 정립과 계승

와 춤을 팔아 생계를 유지할 수밖에 없는 처지였음에도 조금도 흐트러짐 없이 그런 일을 해냈다. 그의 꿈은 오로지 두 가지 목표, 즉 자녀 부양을 통한 안온한 가정 유지와 여성국극의 부활이었다. 더욱이 1975년 이모 임춘앵의 타계로 인해서 그가 전적으로 여성국극 부활 계승의 책무를 짊어지고 있다고 믿었다. 임춘앵의 퇴락은 그를 대단히 슬프게 했다. 그래서 그는 이모를 집으로 모시고 서울 장위동에 국악연구소를 차려주었는데, 얼마 가지 않아 이모가 세상을 떠나면서 자신이 이어받아 운영하기도 했다.

그가 여성국극을 다시 일으켜보려 한 것은 1980년대 들어서였다. 1970년대까지만 해도 사회, 경제, 문화 등 여러 가지 환경으로 여성국극의 재기가 어려웠기 때문이었다. 그런데 다행히 1980년대에는 여성국극이 조금씩이나마 살아날 조짐이 보였다. 특히 1985년 마포의 새마음병원에서의 위문공연이 의외의 호응을 불러일으키자 대중음악 평론가 이백천이 그에게 용기를 주었고, 김진진은 5월에 재기를 선언했다. 그때의 사정을 그는 다음과 같이 증언했다.

위문공연이었지만 관객들의 반응은 좋았다. 공연을 본 이씨는 깜짝 놀랐다. 다시 바람을 일으킬 수 있다는 얘기였다. 그래서 우리는 다시 국극 무대를 마련하기로 했다. 나와 함께 국극을 해온 조용숙 씨와 박송희 씨, 조금앵 씨 등이 뜻을 같이했고, 85년 롯데호텔에서 기자회견을 열었다. 그해 5월 롯데호텔 크리스탈 볼룸에서 황인용 씨의 사회로 국극 재기 무대를 가졌다. 작품은 〈선화공주〉. 표는 매진됐고, 올드 팬들이 몰렸다. 이들은 왜 그동안 국극을 한 번도 공연하지 않았느냐며 눈물을 흘렸다. 국극이 부활할 수 있다는 자신감이 생겼다. 87년 다시 공연무대를 마련했다. 이번에는 동생 경수까지 가세했다. 이모 임춘앵 추모 공연이었다. 작품은 〈무영탑〉, 이원경 씨가 연출을 맡았다. 우리 자매가 무대에 선다는 얘기는 화제가 됐다. 그래서인지 공연을 보기 위해 미국에서 교포 20여 명이 찾아오기도 했다. 표는 매일 매진됐다. 서울 공연이 끝난 뒤에는 LA 공연을 떠났다.[9]

)9 김진진, 「나의 젊음, 나의 사랑 (9)」, 『경향신문』 1996.11.25.

1980년대에 여성국극이 잠시 올드 팬들을 사로잡은 것도 사실이었다. 특히 원로 극작가 차범석이 도움을 주기 위해 〈사라공주〉라는 신작까지 써주었다. 그러나 여성국극의 화려한 부활은 몇 가지 문제로 인하여 한계에 부딪혔다. 무엇보다도 막대한 비용이 걸림돌이었는데, 현재의 인원과 단기공연으로서는 극복하기 어려웠다. 그럼에도 불구하고 그는 여성국극의 부활 계승 운동을 멈추지 않았다. 1990년대 들어서는 은퇴해 있던 김경수, 김혜리 자매까지 본격적으로 합류한 데다가 신진 몇 명도 가세하여 진경국극단을 중심으로 여성국극이 악극 등 대중예술 단체들과 어깨를 나란히 하면서 국립극장, 예술의전당, 문예회관 등 관립대극장과 호암아트홀, 학전소극장 등과 같은 사설극장에서도 구작과 새 창작극을 무대에 올렸다. 이것은 순전히 김진진이라는 지난 시대의 한 스타의 집념과 용기에 따른 것이었다.

그러나 그의 불굴의 용기도 시대 변화에는 어쩔 수 없었다. 여성국극도 관립 창극단들처럼 정부나 자치단체의 지속적 지원 없이는 전승이 불가능하다는 것을 곧 알게 되었다.

1949년부터 50여 년 동안 여성국극의 부침(浮沈)과 운명을 같이 해온 김진진은 노년기에 접어들어서도 그 열정이 조금도 식지 않았다. 이는 오로지 여성국극이야말로 민족의 얼과 풍류, 멋을 지닌 무대예술로서 차세대에도 전승되어야 한다는 굳건한 신념 때문이었다. 그의 황야의 외침이 예사롭게 들리지 않았던 것은 한 시대를 풍미한 대중예술의 스타로서 혼돈과 절망의 시대에 아름답고 환상적인 노래와 춤, 드라마로서 민중의 아픈 마음을 쓰다듬어주면서도 도덕적으로 대단히 모범적인 삶을 살아왔기 때문이 아닐까 싶다.

그러나 그의 여성국극 부활의 꿈이 여러 가지 주변 사정으로 인하여 쉽게 이루어지기는 어려웠다. 그러면서 세월은 흘러갔고, 그도 늙고 병들어 더 이상 힘쓸 수가 없었으며 결국 2022년 초에 향년 89세를 일기로 이승과 작별했다. 따라서 여성국극의 부활은 다음 세대에 넘겨지게 되었다.

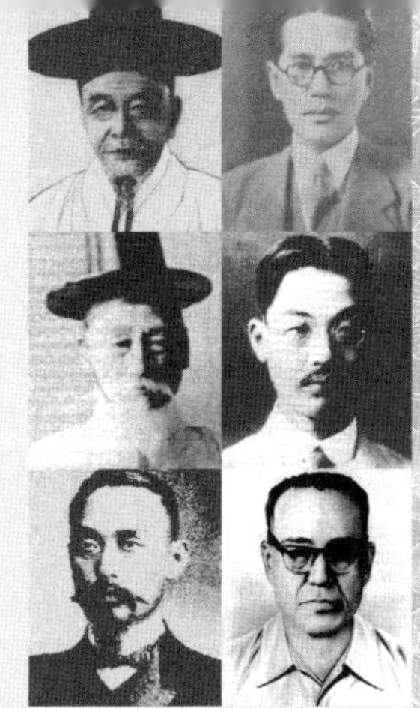

제2부

외국연극의 모방과 수용

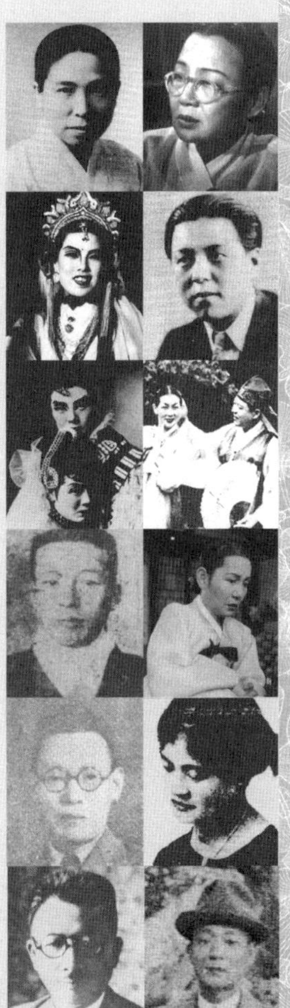

한국 신파극의 창시자
임성구

한국의 신극은 신파극으로부터 출발하였고, 한국 신파극을 최초로 시작한 사람이 임성구(林聖九)라는 것이 당시의 기록이나 증언에 분명히 나타나 있다. 적어도 임성구는 한국 연극사에서는 대단한 인물임에 틀림없다. 하지만 10여 년 동안 별 볼일 없는 신파극만 하다가 요절해서 그런지 신극사에서 그렇게 높은 평가를 받지는 못하고 있다. 신상이나 구체적 활동 사항도 별로 알려져 있지 않다. 따라서 임성구가 어떤 인물이며, 언제 어떤 일을 했는가는 비

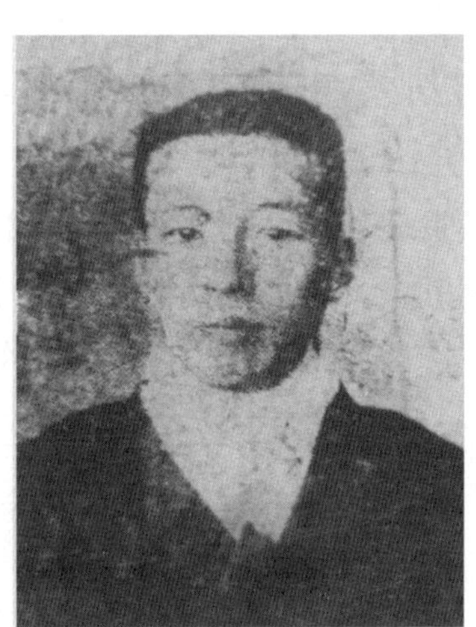

임성구

슷한 시기에 살았던 안종화(安鍾和)의 회고담과 다음과 같은 당시의 기사를 토대로 하여 추적할 수밖에 없다.

어려서부터 내지 사람과 추축하야 듣고 보는 것으로 일본말을 능히 마음대로 통함에 이르렀으나 한 가지 병통은 일찍이 학식을 배우지 못함이라. 십오륙 세

에 이르러서는 진고개 근처에서 상업을 시작하여 여러 해 동안 간난신고를 겪다가 명치 44년(1911)부터는 홀연 감동한 곳이 있어 신파연극을 조직하여 남대문의 어성좌에서 개연하니 그때에 연극이라는 것을 아는 사람이 적은 고로 일반 사람이 환영하는 자 적건마는 임성구의 견인불발하는 마음은 연숙하여 연극으로 성공할 생각이 드디어 삼사 년을 지난 오늘날에야 비로소 신파연극의 어떠한 것을 알게 되었으니 연극의 창시는 가위 혁신단을 원조라 하리로다. 금년 이십팔 세로 재능과 기예는 가위 신배우의 기골풍을 가졌다 하겠으되 신분을 가지기는 극히 신중하야 중목소시에 추투한 혐의를 남에게 받지 않기로 결심한 것은 임성구의 항상 주의하는 바이오, 또는 가상한 일이라 하겠더라. 이후로도 전일의 굳세인 마음을 굴하지 않고 용맹스러이 나아가면 성공은 자재기중이라 하리로다.(『매일신보』 1914.2.11)

　이상은 당시 『매일신보』가 무대예술 분야에서 소위 스타급에 해당하는 연예인 100명에 대해서 쓴 글들 중 임성구 편의 기록이다. 거의가 전통예술 분야에서 활동하던 예인들을 다룬 기사이고, 신파극 배우는 임성구가 유일한 것으로 보아 그가 당시 중요한 연극인이었음은 분명해 보인다. 기사에 따르면 임성구가 어려서부터 일본인들과 어울려 일본말을 배우긴 했으나 정식 교육은 받지 못했고 15, 6세부터 상업으로 어렵게 가계를 꾸려가다가 1911년에 신파극을 최초로 시작했다고 했다. 당시 사람들이 신파극을 몰라 고전했으나 끈기 있게 3, 4년 동안 전개하여 기틀을 잡았고. 비록 무식하긴 해도 배우로서의 재능과 기예는 수준급이었으며 행동거지도 진중했다고 한다. 『매일신보』 기사는 이와 같이 임성구의 인간적 배경과 신극 선구자로서의 면모를 보여주고 있다.

　당시 연극을 구경했던 몇 사람의 기록이 임성구가 누구인지 짐작하는 데 더 도움이 될 것이다. 안종화에 의하면 임성구는 1887년 서울의 초동 궁터 안에서 매우 가난한 집안의 3남매 중 차남으로 태어났다. 서당에서 천자문 한 권 배운 것이 교육의 전부였으나 사회 변화에 매우 민감한 소년이었다. 일본 사람들과 어울려서 독학으로 일본말을 배운 것도 그러한 성향에 따른 것이다.

열대여섯 살 때부터 형(仁九)과 함께 조그만 과일가게를 몇 년간 꾸려가다가 일본인 극장(壽座)에 취직했는데, 그때의 일이라는 것은 고작 관객들의 신발지기였다. 그것이 그가 일본 신파극을 직접 배우는 계기를 만들어준 것이다. 특히 그가 호기심 많고 당돌한 면이 있었다고 안종화는 다음과 같이 회고했다.

> 그에게 들은 후일담이지만, 광무 4년 경인철도 개통식을 소년의 몸으로 제일 먼저 남대문 정거장에 달려나가 바라보았다. 그 광경도 보기 위한 목적이었지만, 소년답지 않게 그 시대의 이면을 생각해보는 것이었다. …(중략)… 임 소년은 가업을 돕는 직책에서 거리에서 거리로 살았다. 그러므로 거리에 벌어진 사태는 대소사 간에 누구보다도 먼저 알았다. 또 기어코 쫓아가서라도 보아버리고 마는 성미였다. 또 이 소년은 이보다 한 해 앞장서서 시내에 전차 개통식이 있을 때에도 누구보다도 먼저 승차하고, 반나절이나 동대문에서 종로로 종로서 서대문으로 몇 왕복을 하여 거리를 살피었다 한다. …(중략)… 거리에서 거리로 떠도는 동안 임 소년은 실로 견문의 산교육을 쌓았다. 그는 이윽고 20의 고개를 넘게 되자 그의 입지할 수 있는 천품이 역경의 소년 시대에 한층 더 도야되어 의지가 굳어갔다. 만약 남과 같은 순조로운 환경에서 학문을 닦았던들, 후일 극계에서 한층 더 큰 풍운을 일으켰을는지도 모른다.(이것은 후일 극계의 삼대 인물이었던 거장들 입에서도 이구동성으로 정평이 있었던 것이다).[1]

이상과 같이 그는 대단히 호기심이 많고 또 언제나 새로운 것을 해보려는 진취성이 강했으며, 정규 교육과 관계없이 자각된 인물이었다. 다만 가정형편과 여건을 제대로 만나지 못해서 큰 인물로 성장하지 못했을 뿐이다.

그가 청소년 시절을 보냈던 1900년대는 국운이 크게 흔들리던 때였고, 을사조약을 전후하여 일본인들이 많이 들어와 살기 시작했었다. 그러나 무대예술계는 전통예술만 있었다. 그러다가 일본 신파극이 들어온 것은 1908년이었다. 이는 순전히 을사보호조약 이후 일인들이 서울을 중심으로 여러 도시에

---

1 안종화, 『신극사 이야기』, 진문사, 1954, 30~31쪽.

이주해 살기 시작한 데 따른 것이었다. 퇴계로, 충무로, 남대문 일대가 그들이 몰려 산 일인촌이었다. 이들은 1907년부터 자기들만의 극장을 몇 개(京城座, 壽座, 御成座 등) 세웠고, 본국으로부터 신파극단을 초청해서 관극한다. 그것을 처음 배워 가지고 소위 혁신단(革新團)이라는 극단을 만들어 연극사상 처음으로 이 땅에 이식한 사람이 바로 임성구였던 것이다.

그에 대해 현철(玄哲)과 이서구(李瑞求)는 각각 다음과 같이 회고한 바 있다.

그때 이현(泥峴)에는 이름만이나마 수좌라는 극장이 있었고, 그 극장에서 일을 보고 있는 한 청년이 있었으니 이 청년이 그 극장에서 무엇을 하고 있었나 하는 것은 묻지 마라. 그가 극장에서 무엇을 했던지 구태여 그것을 알 필요가 없을 것이다. 그가 극장에서 무엇을 했던지 오직 그가 우리 조선에 새로이 연극이라는 것을 제일 먼저 모방해 들여온 유공인이다. 다시 말하면 그가 우리 조선에서 신파극이니 재래극이니 하는 근래 현존한 극의 원조인 고인 임성구 씨이다. 임씨가 어떠한 신분으로 어떻게 출발하였던지 구태여 그것은 논할 바가 아니다. 순(舜)인군이 독장사를 했고 명나라 천자는 걸인으로서 제왕이 되었다는 말이 있지 않은가. 임씨가 극장에서 심부름을 하던 사람이거나 신발을 걷우던 사람이거나 그것을 불문하여 폄(貶)하는 그 사람이 궂은 사람이다. 우리는 다만 임씨가 우리 조선에 극을 제일차로 수입한 공로자인 것만 기억해 둘 것이다.[2]

임성구라 하면 우리나라 연극사 첫머리에 나오는 분이다. 임성구는 고도부끼 좌에서 일인들의 무대 일을 거들어주면서 연극을 배운 것이다. 임성구의 연극 모두가 일인들이 하던 연제, 그것을 그냥 우리말로 옮겨놓은 것임에 틀림없다.[3]

즉, 임성구는 아무런 연극적 바탕과 특별한 교육도 없는 청년으로서 일본인 전용극장에서 잡역으로 일하면서 신파극을 배운 인물임에 틀림없다. 그러

---

2 현철, 「조선 극계도 이미 25년」, 『조광』 1935.12.
3 이서구, 「한국 연극운동의 태아기 야사」, 『신사조』 1964.1.

나 그는 연극에 남다른 열정이 있었고 집념 또한 대단했다. 교육은 제대로 받지 못한 가난한 소상인이었지만 천주교도로서 건실했고, 20세에 결혼하여 가정도 갖고 있었다. 집이 빈한해서 일찍 철이 들었고 성격은 장차 예술가가 될 소질이 있었던 것 같다. 왜냐하면 대단히 신경질적이었고 예민했기 때문이다. 그의 성품과 됨됨이에 관하여 안종화는 다음과 같이 설명한 바 있다.

> 일찍 어릴 적부터 고초를 겪은 그로서는 이미 가정에 의무를 충실히 지키는 자립성의 조숙한 머리였다. 그러나 그의 강파르게 신경질적으로 마른 체질과 예민한 머리는 형제간이라도 경우에 벗어나고 반듯한 행실에 어긋나면 칼날 같은 성미는 폭발하고 마는 터이다.[4]

이러한 가정환경 덕에 일찍 철이 들고 리더십도 생긴 것 같다. 여하튼 당시로서는 대단히 새롭다고 할 수 있었던 일본 신파극의 한국 이식에 뜻을 둔 그는 1910년경에 주변 친구들이었던 한창렬(韓昌烈), 고수길(高秀喆), 김순한(金順漢), 황치삼(黃治三), 안석현(安錫鉉), 임운서(林雲瑞), 정명구(鄭明九), 박창한(朴昌漢), 김소식(金素植), 임인구(林仁九) 등과 한국 최초의 신극단체 혁신단을 조직했다. 여기서 그가 1910년경에 처음으로 신파극단을 조직했다고 보는 것은 혁신단이 1918년 8월에 창립 9주년 기념공연을 가졌기 때문이다. 그때는 한국 나이를 세듯이 출발한 해부터 계산하는 방식을 썼었다. 그렇게 볼 때, 그가 1910년 여름쯤부터 극단 조직에 나서서 1911년 초겨울에 창립공연을 가진 것으로 볼 수 있다.

여기서 짚고 넘어가야 할 것은 소위 배우 계층의 신분 변화, 즉 신분 상승이다. 조선시대까지만 하더라도 배우는 천민 취급을 받았기 때문에 극히 드문 예외를 제외하고는 지체를 따지는 사람들은 잘 나서지 않았다. 그러다가 임성

---

4 안종화, 앞의 책, 42쪽.

구가 조직한 신파극단부터는 보통 시민들이 가입하기 시작한 것이다. 단원들의 직업을 보면 상인 출신의 임성구 형제와 신문사 지국장 박창한, 금은세공 김순한, 연(鳶) 제조자 한창렬 등 모두가 재래와 같은 천민 계급이 아닌 보통 시민들이었다.

이후 연극인은 식자층으로 바뀌어 가게 된다. 임성구의 신파운동에 자극받아 이듬해 연극단체를 조직한 유일단의 이기세(李基世)는 도쿄물리학교 출신이고 문수성의 윤백남(尹白南)은 도쿄상대 출신으로서 보성전문학교 강사와 『매일신보』 편집국장을 지낸 당대 최고의 인텔리겐치아였다.

그렇지만 한국 연극사에서 새로운 전기를 마련한 임성구의 신파극은 저급한 것이었다. 그럴 수밖에 없었던 것이 신파극 자체가 멜로드라마였던 데다가 그것도 일본 아사쿠사(淺草)에서 공연되던 신파극 아류를 답습한 것이었기 때문이다. 잘 짜여진 대본도, 그렇다고 특별한 연출이 있었던 것도 아닌 소위 구치다테(口建)식의 천박한 연극을 그대로 모방한 것이 바로 임성구였다. 따라서 임성구 일파의 혁신단 창립공연 〈불효천벌〉은 참패로 끝났고, 제2회 〈육혈포강도〉로부터 인기를 모으기 시작했다.

당연히 임성구가 주연배우로서 무대를 지배했고, 극단도 이끌었다. 그는 언제나 용맹스럽고 의협심이 강하고 로맨틱한 주역만 도맡아 했다. 그러니까 그는 선량하고 아름다운 주인공 역만 했다는 이야기다. 하다 못해 하인으로 나와도 언제나 비단옷을 입고 등장할 정도였다. 정의로운 역, 선한 역 등 긍정적인 역만 맡다 보니 상대역인 악역은 동료 김도산이 할 수밖에 없었다. 그가 좋은 역만, 박수 받는 역만 골라서 맡은 데서 스타 시스템이란 것도 생겨났다. 〈육혈포강도〉에서 흉악한 강도를 잡는 신입순사 역도 당연히 임성구의 몫이었다. 이상협의 신소설을 각색한 〈눈물〉에서도 그는 젊은 부인이 절망에 빠져서 우물에 몸을 던지려는 순간 부인을 구하는 하인 역으로 등장했다.

그의 연기는 어떠했을까? 데뷔 초기 임성구의 무대연기를 알 수 있는 기록이 두 가지 있다. 1912년 초, 그러니까 신파극단을 처음 만들어서 한두 번 무대에 섰던 그에 대하여 당시 신문은 "단장 임성구의 과목(科目)의 설명은 여읍여소(如泣如訴)"(『매일신보』 1912.2.20)하다고 했고, 연기에 대해서도 "연흥사의 혁신단 신연극은 하기는 참말 잘하야 가히 모범할 만하다 하겠으나 배우 중의 임성구와 하이칼라 여자 고수철이 우는 소리 좀 작작하였으면 좋겠더군. 진정 듣기 싫어, 울 때는 울고 웃을 때는 웃어야 한단 말이지. 육장 우는 소리만 하니 그것도 결점이오"(『매일신보』 1912.3.27)라고 평가했다.

위의 두 가지 기록을 통해서 알 수 있는 것은 임성구의 연기의 특징이 과장적이었다는 점이다. 하다못해 장면 해설까지도 관중의 눈물을 유도하기 위해 여읍여소했을 정도였다. 당시는 대중이 신파극을 전혀 몰랐기 때문에 공연에 들어가기 전에 앞으로 전개될 연극의 장면과 내용 및 의미를 미리 설명했다. 그러니까 연극을 가르치면서 관극을 시킨 것이다. 따라서 연극을 가르치고 또 공연 내용과 의미를 설명하는 데 있어서는 과장이 별로 필요가 없었다. 왜냐하면 그것은 무성영화의 변사와는 달리 단순한 작품 설명이기 때문이다. 그럼에도 불구하고 임성구는 무대 위에만 서면 무조건 여읍여소한 것 같다.

게다가 그는 희극이든 비극이든 아무 작품에서나 가리지 않고 비장조로만 나갔다. "웃을 때는 웃고 울 때는 울어야지 매양 우는 소리만 하니 듣기 싫다"고 한 평에서 보이는 것은 그가 신파극의 최루성에 전적으로 의존했다는 이야기가 된다.

이처럼 그는 배우로서는 몇 가지 호조건에도 불구하고 낮은 수준의 연기만을 했다. 겨우 창극이나 구경하고 민속예능이나 보아온 그가 신파극을 보고 그 과장된 연기가 곧 연극인 줄 알았던 것이다. 일찍이 윤백남이 그에 대하여 "일본의 소위 진사좌식(眞砂座式) 배우와 흡사한 예풍을 가진 배우이니 영합주의하에 잔인 속악 패륜 악독… 그 여러 가지 사회의 더러운 반면만 울린 배우"[5]였다고 혹평한 것도 그 때문이다.

---

5 윤백남, 「연극과 사회」, 『동아일보』 1920.5.21.

이는 어떻게 보면 당연한 것이었는지도 모른다. 일본의 삼류 신파극에 그가 스스로 세뇌당했다고 볼 수 있기 때문이다. 이 시기의 신파극의 주류는 가정비극이 아니면 화류비연극이었다. 모두가 눈물만을 강요하는 멜로드라마였던 데다가 초기 신파극은 가부키식 동작을 조금 변조한 연기 형태였던 것이다. 이러한 과장된 체루성 연기는 처음 우리나라 관중에게 거부감을 넘어 혐오감마저 준 것이 사실이다. 그것이 익숙해지는 데는 몇 년이 걸린 것이다.

그런데 주목할 만한 점은 임성구 자신도 자기의 연극이 수준 이하라는 것을 알았다는 사실이다. 따라서 그는 고심 끝에 신파극의 본고장인 일본에 가서 제대로 배울 결심을 하고 1914년 초여름에 일본으로 떠났다. 그가 신파극을 시작한 지 2년 반 만의 일이었다.

참고삼아 그의 도일에 관한 당시의 보도기사를 소개하면 다음과 같다.

> 극계 총아파동(寵兒波東), 경향은 물론하고 혁신단 임성구(林聖九) 일행이라 하면 삼척동자라도 모두 아는 바요 일반이 환영하고 찬성하는 바라 연래로 극단을 조직한 후 공연과 자선사업도 많이 하던 바, 근일 임성구 군은 시대의 변천을 따라 더욱이 신파극의 발전을 희망하고 내지 동경에 건너가서 전후 괴로움을 무릅쓰고 내지의 유명한 신파연극도 실지로 구경하고, 연구도 하며 또한 상당히 기술을 연습하야 오늘날 연극계에 다대한 환영과 갈채를 받을 작정으로 드디어 결심하고 오는 십팔일 오전 팔시 남대문 기차로 경성을 출발하야 동경으로 건너 간다더라.(『매일신보』 1914.6.17)

그는 1914년 6월 난생처음 동경하던 일본으로 건너가서 10월 귀국 때까지 일본 연극계를 두루 살핀다. 위의 보도를 통해 첫째 임성구와 혁신단은 전국적으로 유명할 뿐 아니라 인기 역시 좋았고, 둘째 그의 일행이 공익을 위해 자선사업을 많이 했으며, 셋째 시대 변천에 발맞춰서 신파극을 제대로 하기 위해 본거지 도쿄로 공부하려고 도일한다는 것을 알 수 있다. 비록 그의 연기는 대단치 않았지만 그가 벌인 신파극운동만은 단 2년여 만에 전국적으로 알려질 만큼 위세를 떨친 것이다.

물론 그의 일파가 단시일 내에 지명도를 높인 데에는 전통극만 보아온 한국 관중에게 있어서 신파극은 적어도 이색적인 연극양식이었으므로 주목을 끌었을 것이다. 그러나 그 못지않게 그가 연극을 통해서 사회공익사업을 벌인 것도 대중의 지지를 받은 요인이 되었다. 이 말은 곧 그가 연기나 작품 테마로서 사회에 이바지할 수는 없었고, 예술 외적인 일, 즉 구제사업을 통해서 사회에 기여했다는 이야기가 된다.

그는 극단을 조직한 직후부터 자선사업에 나섰다. 그가 처음 자선공연에 나선 것은 1912년 4월 초였으므로 연극에 입문한 지 불과 5개월 뒤였다. 그는 인천지방 공연을 재정난으로 허덕이는 박문학교(博文學校) 지원용으로 삼은 것으로 시작하여 조산부양성소 경비지원으로 확대시켰으며, 그것은 다시 걸인잔치로 이어졌다. 그에 관한 당시 보도 두 가지를 참고삼아 소개하면 다음과 같다.

> 일반이 아는 바이어니와 근일 소식을 들은 즉 조산부양성소의 경비 군졸함을 들고 애석히 여겨 장차 연주회를 설한다는데 임성구 일행의 공익상 열심은 붓을 들어 크게 치하할 만하며……(『매일신보』 1912.4.12)

> 임성구의 자선사업, 새감으로 바지 등 옷 삼십여 벌을 만들어 삼십여 명의 거지에게 입혔음으로 거지의 기꺼워함은 물론 여러 사람들이 많이 칭찬한다드라.
> (『매일신보』 1914.2.4)

이상과 같은 당시 보도는 참으로 흥미를 끌 만한데, 아마도 연극인 개인이나 한 극단이 걸인들의 의복까지 만들어 입힌 경우는 세계연극사상 일찍이 임성구 외에는 없을 것이다. 그는 자선사업을 계속 확대해 갔는데 걸인과 극빈자를 위한 의식 무료제공뿐만 아니라 고아들을 위해서도 돈과 의복을 제공했다. 학생들에게든 무료 관람을 시키고 각급 학교에는 기부 형태를 통해서 자선사업을 했던 것이다.

　바로 그 점에서 임성구는 연극공연을 단순한 예술 활동으로서가 아니라 사회운동으로 승화시킨 것이다. 그가 특히 극빈자나 걸인, 고아 등에 관심을 기울인 것은 아무래도 천주교도로서의 인간적 동정심에서였고, 이러한 소외계층에 대한 동정심이 차츰 실국(失國)의 시대 상황에서 민족애로 승화되어간 것이 아닌가 싶다. 그는 연극에 대한 식견 부족으로 인해서 작품을 통해 사회발전에 기여하지 못하는 대신 자선행위를 통해서 민족에 무언가를 기여해보고자 노력한 선구 연극인이었다고 말할 수가 있다.

　그가 적어도 일본에서 본격 신파극을 몸소 체득하겠다고 떠났던 것도 자신의 예술적 한계를 너무나 잘 인식하고 있었기 때문이다. 그러나 도쿄에서의 연극 공부는 큰 성과를 거두지 못한 듯싶다. 왜냐하면 도쿄 체류 중 임성구를 우연히 만났던 현철은 그가 "아무 소득 없이 수삼삭(數三朔) 체재하다가 귀국하고 말았다"고 쓴 바 있기 때문이다. 사실 연극에 대한 특별한 식견이 없었던 그가 단 4개월 만에 큰 소득을 얻으리라고는 그 자신도 생각지 못했을 것도 같다. 그럼에도 불구하고 혁신단은 임성구의 일본 연수를 크게 선전했다. 즉 혁신단은 당장 임성구의 명의로 다음과 같이 광고한 바 있다.

> 본 혁신단이 그동안 폐연하옴은 본 단장이 내지에 문명한 연극을 시찰하기 위하여 폐연하였었다가 이주일 전에 본 단장이 내지로부터 풍속상에 모든 재료와 내지 유명한 제구로 제작일로부터 동구안 단성사에서 개연하였아오니 전보다 일층 본 혁신단을 찬성하시와 다수 내임하심을 복망하옵나이다.
> 　신파원조 혁신단 일행 주임 겸 단장 임성구(『매일신보』 1914.10.13)

　1914년 6월 18일에 서울을 떠나 10월 중순에 돌아왔으니 4개월 정도 도쿄에 머무른 셈이다. 그때 그는 나이 27세의 열혈청년이었다. 그가 일본어를 제대로 했다손 치더라도 4개월은 연극을 공부할 시간으로는 너무나 짧다. 바로 그 점에서 도쿄에서 임성구를 만나본 현철의 회고담이 신빙성이 있는 것이다.

그는 아마도 4개월여 동안 도쿄에서 여러 편의 정통 신파극 공연을 관람하는 정도의 연수를 한 것 같다. 그러나 앞의 선전 문구에 나와 있듯이 "내지로부터 풍속상에 모든 재료와 유명한 제구"를 가져온 점만은 주목된다. 풍속상의 재료와 제구(諸具)라는 것은 두말할 것도 없이 무대미술, 대소도구, 의상, 음향, 조명 등을 가리킨다고 볼 수 있다.

당시만 하더라도 일본 신파극을 그대로 답습한 것이기 때문에 무대장치, 배경, 대소도구, 의상 등이 일본풍이었음은 두말할 나위도 없다. 오직 배우만 한국인이었고, 대사만 우리말이었다. 그나마도 제대로 된 것이 아니었다. 그러다가 임성구가 일본에 가서 정통 신파극의 무대를 처음으로 배워 이 땅에서 시도해본 것이다. 그러니까 신파극 아류만 해오던 그가 정통 신파극의 외형적 틀을 나름대로 시도했다는 이야기가 된다. 그러나 그의 인기는 더 올라가지 않았다. 따라서 그는 지방 순회공연으로 새로운 바람을 일으켜보려 노력했으나 그것 또한 여의치 않았다. 일본이 한국을 병탄한 이후 착취 수단을 가중시킴으로써 경제가 피폐했기 때문이다. 그는 기울어져 가는 신파극의 인기를 다시 일으키기 위하여 다른 신파극단들과 합동공연도 시도해보았으나 역시 전성기의 열기는 다시 회복하지 못했다.

따라서 그는 최후로 연쇄극(連鎖劇)을 시도하는 등 몸부림친다. 당시 영화의 인기로 신파극이 급속히 퇴조하자 김도산(金陶山) 일행이 연극에 영화를 끌어들인 연쇄극을 실험하여 관중의 인기를 모으고 있었다. 그 역시 연쇄극으로 승부를 걸었던 것이다. 그 새로운 방식이 지방에서는 그런대로 괜찮았으나 서울에서만은 색다른 공연이 필요했다.

그런데 그는 연쇄극을 김도산 일행과는 달리 연극보다는 영화 장면을 더 많이 가미시킨 것이 특징이었다. 그럼에도 불구하고 그의 여러 가지 노력도 모두가 허사였다. 좋은 배우도 없고 공연할 만한 극장도 없었으므로 그는 최후로 전문극장 하나 세워보려는 발버둥까지 쳤었다.

3 · 1운동 이후인 1919년 말에 그는 신파극의 부진을 개탄하면서 "적당한

배우도 없어서 실로 전도의 발전할 희망이 없을 뿐 아니라 연극장다운 것도 없는 까닭에 유감이 적지 않으므로 대규모의 연극장을 지어볼 계획으로 십 년 동안 경영하여오던 혁신단의 이름을 창립 때부터 참여하여온 한창렬 군에게 넘겨주어 단장을 사양하고 임 군은 연극장 건설에 활동케" 되었고, 자금은 "주식으로 하여 십만 원을 만들어가지고 외국의 연극장을 모방하여 될 수 있는 대로 사천 명 수용할 만한 대극장을 지을 터인데 이름을 경성극장이라 한다 하며, 연극장의 설계도 대규모로 아름답게 설계하여 화양절충계로 지은다는데, 무대는 백 명의 배우라도 출연할 만한 큰 무대를 만든다 하며 장소는 이왕 장안사 터나 사동 근처의 수천 평 되는 넓은 터를 정한다."(『매일신보』 1919.12.18)는 보도까지 나왔었다. 이는 그의 마지막의 허황된 꿈이었음은 두말할 나위 없는 것이다. 이런 실현하기 전혀 불가능한 꿈을 꾸면서도 그는 여전히 연쇄극을 하고 있었다.

그가 1920년 봄에 실험한 연쇄극은 "기왕 연쇄 활동사진보다 일층 진화 발달되어 대부분 서양 사진의 가미를 넣어 대모험 활극으로 될 수 있는 대로는 잘 박은 것이 드러난 바, 실연이 적고 사진의 서양풍이 많아서"(『매일신보』 1920.4.28) 인기가 있었다는 것이다.

이처럼 그는 3 · 1운동 이후 민족의 광범위한 자각으로 인하여 사회의식이 희박한 저질 신파극이 몰락하는 것을 연쇄극으로 막아보려 했지만 대세를 역류시킬 수는 없었다. 결국 그는 1921년 11월 20일 지병인 폐결핵이 도져서 34세의 젊은 나이로 세상을 떠났다. 그가 물론 어려움 속에서 연극을 하느라고 고생은 했겠지만 요절한 것은 아무래도 천성적으로 나약한 체질을 타고난 데 따른 것이 아닌가 싶다. 가령 안종화의 그의 청년 시절에 대한 묘사에 보면 그 점이 어느 정도 드러난다. 즉 안종화는 임성구의 신체적 조건과 관련하여 다음과 같이 회고했다.

임성구의 내외는 아직 소생이 없었다. 그가 후일 연극계에서 세상을 떠날 때까지 불행히 후손이 끊인 채 작고하였다. 그는 본시 타고난 체질이 섬약할 뿐 아니라 언뜻 보아선 마치 폐환을 앓는 사람 같아서 몸집 몹시 파리했고 말랐다. 그것도 20이 넘으면서부터는 한층 더 심하였던 것이다. 그러기 때문에 그가 후일 무대에 섰을 적의 이야기지만 매우 파리한 얼굴과 몸이라 고심이 컸다. 우선 바짝 여원 볼이고 보니 그것을 감추기 위해서 솜을 양볼에 물리고 둥그스럼한 양볼을 만들어 화장을 했다.[6]

이상에서 확인할 수 있는 것처럼 그는 이미 조사(早死)할 수밖에 없는 체질과 환경을 지니고 있었던 것이다. 그의 갑작스런 죽음과 함께 혁신단도 해산되었음은 두말할 나위 없다. 그가 죽은 얼마 뒤에 과거 함께 연극을 했던 안광익(安光翊) 일파의 조선문예단이 중심이 되어 합동 추선공연(追善公演)이 그를 기리는 유일한 행사였다.

이처럼 임성구는 이 땅에서 최초로 신극(신파)의 문을 열었고, 또 죽을 때까지 이 땅에 신파극을 정착시켜보려고 혼신의 노력을 기울인 선구자였다. 초창기 신파극을 이끌었던 3대 리더 중 그만이 일찍 세상을 떠났으며 이기세와 윤백남은 3·1운동 이후 다른 길을 걸었다. 오로지 신파극만을 하다가 죽은 그는 배우이기 이전에 연극운동가였고, 극단 경영자였으며, 연출가이기도 했다. 그는 또한 미숙하나마 연극교사였으며, 예술을 통한 사회운동가이기도 했다. 만약 그가 없었더라면 우리나라 신파극은 훨씬 뒤에 시작되었을지도 모른다.

물론 신파극의 저질성만을 놓고 따진다면 그는 부정적 평가를 받을 수도 있을 것이다. 왜냐하면 신파극은 개화기 우리 민중의 의식을 정체시킨 하나의 요인도 되기 때문이다. 그러나 신파극도 우리 연극사가 거쳐야 할 하나의 과정이었다고 볼 때, 그는 분명히 한국 신극의 창시자 중 한 사람인 것만은 확실해 보인다.

---

6   안종화, 앞의 책, 43~44쪽.

척박한 개화기 대중문예의 선구자
이기세

우리나라 신파극 초창기를 주도한 수십 명 연극인 가운데 극단을 만들어서 일본 신파를 이 땅에 이식한 선구자 셋을 꼽는다면 단연 임성구와 이기세, 윤백남이다. 그중 처음으로 기치를 든 임성구가 국내에서 일본 신파극을 어깨 너머로 배운 인물인 데 비하여, 이기세와 윤백남은 그 본거지인 일본에서 배웠다는 점에서 차이가 난다.

이기세(1889~1945)는 국운이 쇠하여가던 1889년 개성군 북부면 이정리 입암을에서 부유한 상인의 아들로 태어났다. 당시 개성에는 이렇다 할 신식학교가 없었기 때문에 그의 부친은 그를 일본으로 보내서 상업을 공부하도록 했다. 그러나 상업 공부에 별 재미를 느끼지 못하고, 또 마땅한 학교를 찾지 못한 그는 도쿄물리학교에 입학하게 된다. 그가 도쿄물리학교에 다닐 때는 일본 신파가 완성되어 전성기를 누리다가 조금씩 그 기세가 꺾여가던 시기였다. 그러나 신파극은 감수성이 예민한 그의 호기심을 끌기에 충분했다. 따라서 그는 물리 공부보다는 연극장을 찾거나 일본에 유행하기 시작한 신문물 접하기에 여념이 없었다.

그 당시 본국에서 을사조약 직후에 일본 사람들이 대거 이주하여 서울에 정착하면서 그들의 극장을 세우고 이토후미오 이치자(伊東文夫一座) 등 일본 신파극단들이 들어와 공연을 벌이고 있었음을 그는 어느 정도 알고 있었다. 장차 문화운동을 벌여보고 싶었던 그는 우선 유행하던 신파극을 알아야겠다는 생각으로 교토의 신파극 중진 시즈마 고지로(靜間小次郎)를 사사하기로 했다. 시즈마 고지로에게서 신파의 기본은 물론이고 창작 등을 공부하고 일본 신파 대본들을 얻어가지고 귀국한 것은 1910년이었다. 그는 일단 고향인 개성으로 가서 개성좌라는 극장부터 하나 만들고 전속단체 형태의 유일단이라는 신파 극단을 조직했다. 그것은 사실 극단이라고 보기조차 어려운 단체로서 신파를 구경도 못 한 주변 친구들과 결성한 것으로 보는 것이 좋을 듯싶다. 왜냐하면 그가 유일단을 조직한 것은 1912년으로 임성구가 처음으로 혁신단을 조직한 지 채 1년도 안 되는 1912년이었기 때문이다. 그런데 주목할 만한 사실은 그가 당초 어느 정도의 재력이 있었기 때문에 극장 주변에 단원 숙사까지 마련하여 배우들의 식생활까지 안정시켰다는 점이다. 그만큼 이기세는 꽤 큰 꿈을 갖고 신파극운동을 벌여나갔던 것이다.

그는 개성에서 일본 작품 〈비파성〉과 〈상사린〉 등을 공연했는데 반응은 괜찮았던 것 같다. 『매일신보』(1912.10.7)는 "개성군 서부 소로동에 있는 개성좌 유일단은 일전부터 비파성이라는 예제와 상사린이라는 예제로 흥행하는데 완고의 구습을 파탈하며 현행 신식의 연속한 배우에 활발한 모양이 일반 관람하는 남녀의 박수갈채성이 그치지를 아니하더라"고 매우 긍정적인 평가를 받았음을 알려주고 있다.

그러니까 이기세 자신 외에는 신파극을 접해보지도 못한 아마추어 배우 지망생들을 가르쳐서 아직 신문화 보급이 늦은 개성 지방에서 막을 올렸다는 것은 그의 사명감과 열정을 짐작하게 한다. 도쿄 유학생으로서 무엇이든지 할 수 있었던 시대에 그가 광대의 놀이로서 천대받는 연극을 시작했다는 것은 그의 선구자적인 모습을 잘 보여주는 것이다. 그는 당대 최고 수준급의 인텔리였음에도 배우 겸 연출가, 제작자로서 연극을 한 인물이다.

그가 당초 연극운동을 벌일 때는 수입도 거의 생각지 않고 순전히 신파극만

한다는 생각을 했다고 한다.[1] 그러나 그런 그의 꿈도 연극을 제작하고 단원들을 먹여살리는 데는 한계가 있었다. 그러니까 그는 "경제적으로는 궁핍과 결손을 가져왔고 십 전, 이십 전, 삼십 전 입장료를 갖고는 지탱할 방도가 없어서 일 년 넘어 개성좌에서 연극을 계속하다가 결국은 부득이 중지하였다"는 것이다.

아무래도 그는 개명된 서울이 낫겠다는 생각을 하고 1912년 초겨울에 상경하여 연흥사에서 〈처(妻)〉라는 번안극을 선보였는데 11월 5일이었다. 최초의 신파극단 혁신단이 등장한 지 꼭 1년 뒤의 일이었다. 그런데 유일단이 신극사상 두 번째라고는 하지만 그가 1910년에 귀국해서 극장을 만들고 1년 가까이 개성에서 활동했다고 하니 유일단도 실은 혁신단과 비슷한 시기에 등장한 것으로 보인다. 여하튼 서울로 올라온 그는 변기종 등 단원을 보강했는데, 그때의 단원은 안광익, 한철순, 김영근, 이광, 이응수, 윤상희, 홍정현, 나효진, 이철, 김도원, 고수철 등으로서 1910년대 신파극계를 수놓은 청년들이었다.

특히 그는 임성구와 달리 일본에서 신파극을 제대로 공부를 한 인텔리인 데다가 일본의 초기 신파극의 목표처럼 사회교육이란 원대한 목표를 내걸었기 때문에 공연 수준의 미숙에도 불구하고 내외로부터 신뢰를 받았다. 그는 단원들은 물론이고 관중에게 언제나 연극이야말로 사회교육을 위하여 최선의 효과적 방도라는 것을 내세웠다. 그러니까 그는 일본에서처럼 연극으로써 개화계몽사업을 펼친다는 생각을 했다는 이야기이다. 그는 또 혁신단이나 문수성 등과 달리 개성에서 처음 연극을 시작했기 때문에 지방의 중요성을 누구보다도 일찍 깨달은 연극인이었다. 따라서 누구도 생각하지 못할 때인 1913년 5월부터 지방 순회공연에 나섰다. 그가 1년 반 동안 지방 공연을 벌이자 신파극을 생전 처음 접하는 지방민들의 호응은 호기심과 함께 당혹감이었고 웃지 못할 해프닝도 심심찮게 빚어졌다.

---

1 이기세, 「신파극의 회고」, 『매일신보』 1937.7.2.~7.

그가 유일단을 이끌고 통영으로 가기 위해 마산부두에서 배에 올랐을 때의 일이다. 당시에도 배우들은 모던했던지라 울긋불긋 옷을 차려입고 있었다. 수상사원이 불심검문을 했는데 짐보따리 속에는 모의권총에서부터 군복 등 요상한 의상 대소도구가 가뜩 들어 있지 않은가. 따라서 그들은 어처구니 없게 강도단으로 몰렸는데, 자신들이 배우이고 대소도구라고 설명해도 이해를 못 했기 때문에 경찰서로 끌려갈 수

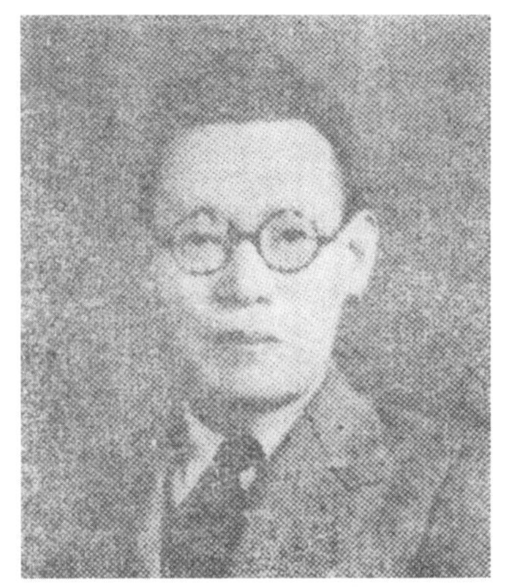

이기세

밖에 없었다. 다행히 김모라는 한국인 경부가 도쿄 유학생 출신이었기 때문에 이기세를 알아보고 방면해줌으로써 겨우 강도단의 누명을 벗고 통영으로 갈 수 있었다.[2] 그는 바로 그런 시대에 신파극이라는 새로운 형태의 연극을 갖고 지방 공연을 다닌 것이다.

남사당패의 풍물 정도나 어쩌다가 구경한 지방 사람들에게 신파극을 처음 보급한 그도 재정적인 한계를 극복하기는 어려웠다. 갖은 고초를 다 겪으면서 1년 반 정도 지방 순회를 마친 그는 서울에 돌아와 재충전하는 공연 활동을 지속했다. 그러나 워낙 내외 경제사정이 어려웠기 때문에 극단 운영도 점점 힘들어지기만 했다. 일제의 토지조사사업으로 자작소농들까지 파산하여 유리걸식하는 사람들이 늘어났고, 회사령이라는 법률이 공표되면서 도시민들도 궁핍을 면하기 어려웠다. 따라서 그는 극단 활동을 중지할 수밖에 없었다. 그렇다고 연극운동을 포기할 수 없었던 그는 동병상련의 윤백남을 만나 1916년 3월 예성좌라는 신파극단을 새로 조직한다. 이는 그만큼 어떤 역경에도 불구하

---

2 유민영, 『21세기에 돌아보는 한국 연극운동사』, 푸른사상사, 2022, 137~138쪽.

고 신파극운동을 멈출 수 없다는 그의 신념에 따른 것이었다.

그는 당시 제일 괜찮다는 신파배우들을 끌어모아 같은 처지의 윤백남에게 대본과 연출을 맡기고 재정 등 잡무는 경험이 풍부한 이범구(李範龜)에게 부담시켜 극단 시스템을 새롭게 꾸렸다. 이러한 예성좌의 극단 시스템은 당시 상당한 주목을 끌었다. 왜냐하면 저간의 극단 시스템은 순전히 1인 시스템으로서 단장이 제작, 연출, 연기 등 극단의 모든 것을 도맡아 했다. 그러다가 그가 예성좌를 조직하면서 제작, 창조 작업, 흥행 등을 분리한 새 시스템을 만들었기 때문에 극단 활동의 진일보로 평가받은 것이다. 극단 운영을 4년여밖에 해보지 못한 그가 그와 같은 극단 시스템을 만들었다는 것은 놀라운 일이다. 왜냐하면 21세기에 들어선 오늘날까지도 극단 대표가 예술 창조는 말할 것도 없고 재정 등 극단 살림을 도맡아하고 있는 것이 현실인데, 한 세기 전에 예술 창조와 흥행, 제작, 재정 등을 분리한 극단 시스템을 만들었다는 것은 대단히 앞선 발상이고 또 실천이었기 때문이다.

예성좌는 극단 시스템만 새로운 것이 아니었다. 공연도 과거의 다른 단체와는 달랐다. 창립 레퍼토리로서 서양 작품 〈코르시카의 형제〉를 비롯해서 일본 예성좌를 모방하여 톨스토이 원작의 〈부활〉을 일본식으로 무대에 올려 호평을 받기도 했다. 그러니까 그는 적어도 예성좌의 연극을 시마무라 호게쓰(島村抱月)의 일본 예술좌처럼 근대극으로 인식하려 했던 것이다.

그가 〈부활〉을 〈카츄샤〉로 개칭해서 공연한 것을 가지고 근대극이라고 부른 데는 나름대로의 이유가 있었다. 시마무라 호게쓰가 톨스토이의 소설을 각색 공연하여 일본에 신파극만이 아닌 서구적 근대극 방법론을 제시하려 했던 것이 바로 1914년 3월이었다. 그때 일본에서는 인기여배우 마쓰이 스마코(松井須磨子)가 카츄샤를 맡았고 그가 부른 주제가가 2만여 장의 레코드 판매 기록까지 깼던 일화가 있다.[3] 그러나 진일보한 예성좌의 신파극도 당 시대 상황

---

3 이두현, 『한국연극사』, 학연사, 1999, 288쪽.

　　　　　　　　　　　　제2부　외국연극의 모방과 수용

을 극복하기에는 역부족이었다.

그런 시기에 김도산이 이끌던 신극좌가 연쇄극이라는 것을 시도하자 이기세도 그에 질세라 타 극단보다 진일보한 촬영기사(이필우) 기용이라는 승부수를 던진다. 그는 남에게 뒤지는 것을 싫어해서 무엇이든 한 발 앞서 결단하는 습성이 있었다. 그런 그에 대하여 윤백남은 "이기세는 배우계 중 유식자의 유일이오, 따라 예술적 양심이 있는 배우라 할 수 있다. …(중략)… 수년간 예성좌 시대에 진지한 노력을 아끼지 아니하던 배우로 그의 평판이 극히 양호하던 사람이다"[4]고 평가한 바 있다.

이처럼 그는 당대 최고의 인텔리 출신으로서 개성에서 처음으로 극장을 열고 극단을 만들어 운영했지만 진정으로 그가 주력한 것은 무대 위에서의 연기였다. 그렇기 때문에 3·1운동의 소용돌이도 아랑곳하지 않고 1919년 10월에 과거의 단원들을 데리고 조선문예단이라는 또 다른 신파극을 조직하기에 이른다. 그런데 흥미로운 사실은 그가 세 번째로 조직한 조선문예단의 창립공연을 첫 번째 유일단의 개성 지방 공연처럼 대구 지방 공연부터 시작했다는 점이다.

그가 서울에 와서 선보인 것은 다음해(1920) 봄 우미관에서 공연한 연쇄극 〈지기〉(전 5장)와 〈황혼〉 등이었다. 예술적 신파극을 내걸고 조직한 조선문예단도 어렵기는 마찬가지였다. 특히 부실한 연기진, 재정적 곤란, 레퍼토리 빈곤 등은 어쩔 수 없었다. 당시 그가 신파극운동을 펼치면서 얼마나 어려움에 처해 있었는지는 다음과 같은 그의 장탄식의 글에 잘 나타나 있다.

> 아직 여명기에 도달치 못하고 캄캄한 야음에서 이 구석 저 구석을 더듬고 있는 우리의 극계가 어떠한 운명의 지배를 받을는지 모르겠습니다만 지금의 현상은 다만 '참담하다' 하겠으며, 극계 현상의 전부를 설명할 확론이라 생각합니다. 10년 전 그 초(初)가 유(有)한 때의 극계 형편과 10년 후 오늘을 비교할진대 격세

---

4 윤백남, 『연극과 사회─병하여 조선현대극단을 논함』, 『동아일보』 1920.5.23.

의 감이 없는 바는 아니로대 과거 10년간 우리의 희생에 대한 오늘의 수확을 계산할 때 태산의 큰 것과 진애(塵埃)의 적음이 얼마나 차이 있음을 깨닫겠습니다. 중산모나 후록코트를 호구의 방책에 사용하고, 예수나 석가를 생활하는 도구로 생각하는 이 세상에 예술의 진리를 아무리 부르짖은들 무슨 반향이 있겠습니까마는 일수입 1천 원의 기록을 돌파하고 밤마다 8, 9백 명의 관객을 모았다 흩었다 하는 우리의 극계를 한 번도 돌아보지 아니하고 남의 일같이 수수방관하는 것은 현 사회의 희귀한 현상이 아닙니까. 기계적 통일이 없는 점선은 그림이 아니요, 시적 취미를 잃은 문자의 점선은 시가 아니요, 극적 규약에 벗어난 극은 극이 아님은 물론이올시다 마는 그러나 사후에 유산을 물릴 만한 장강(壯强)한 아들을 바라는 자는 먼저 그 처의 잉태함을 기뻐할지요. 다행히 아들을 낳았을 진대 반드시 그것을 양육할 일을 잊지 아니하여만 할 것이 올시다. 우리는 지금 우리를 품어줄 만한 부모가 없음을 한없이 슬퍼합니다.(『조선일보』 1920.8.25)

이상에서 볼 수 있는 것처럼 이기세를 비롯한 초창기의 연극인들은 암흑 속을 헤매는 것 같은 상황에서 연극운동을 펼친 것이다. 그가 윗글의 마지막에서 "우리를 품어줄 만한 부모가 없음을 슬퍼합니다"라고 한 것은 천애고아와 같은 처지에서 연극하는 심정을 말한 것이다. 배우들이 제대로 먹지 못해 무대에서 쓰러지기도 하면서 연극을 했던 당시 사람들은 그것을 조금이라도 알아주고 보호해줄 정부가 필요했음은 두말할 나위 없는 것이었다. 그런 속에서도 이기세는 〈희망의 눈물〉 등과 같은 희곡도 쓰면서 극단 리더 겸 배우로 지속적으로 활동했다.

그런 그의 앞에 나타난 현철(玄哲)이란 인물이 좋게 보일 리 만무했다. 왜냐하면 현철은 그보다 늦게 일본 유학을 가서 시마무라 호게쓰 밑에서 과도기적 형태의 연극을 공부하고 와서 우리의 신파극을 폄하하고 있었기 때문이다. 즉 현철이 1920년 가을에 『개벽』 잡지를 통해서 이 땅에는 연극다운 연극이 없다고 썼다. 즉 그는 「희곡의 개요」라는 제목의 글에서 "일례를 들면 현시 소위 신파라고 하는 것은 각종의 연제하에서 공통의 배경을 사용하여 장소의 전후가

     제2부 외국연극의 모방과 수용

모순되고 대화에 조리가 없어 통일과 계연(係連)이 없으므로 성격의 표현이 없고 인물의 생맥이 없으니 이는 연극이 아니고 유희에 불과한 것"[5]이라고 혹평했다.

이러한 현철의 글에 가장 분노한 연극인은 단연 이기세였다. 그는 반박의 글에서 "현재의 극의 유치함을 실제로 깨닫고 벌써 4, 5년 전부터 이것을 향상케 하고 발흥케 하기 위하여 군보다는 좀 의의 있는 운동을 해온 자도 있을 줄 안다. 그러하나 그들은 금전의 여유가 없고 사회의 동정이 없는 위에 흥행사 배우, 작자, 무대감독, 심지어 극장교섭에 관한 일까지라도 한 몸이 겸무하여 2중, 3중은 고사하고 5중, 10중으로 생활을 계속하며 양심을 기만하고 치욕을 불고하고 한갓 그들의 소지(所志)에 대하여 사회가 지도하여줄 시기를 기대하여왔다. 미약하나마 그들의 과거 10년의 역사는 다 눈물이요 원한일 것이다. 그러한데 현 군이 지금에야 눈을 부비고 새삼스럽게 마음이 아프니 슬프니가 무슨 주제넘은 소리냐. 만일 군의 마음이 아플진댄 그들의 가슴은 숯이 되었을 것"[6]이라고 통박하고 나섰다. 이처럼 이기세는 우리 연극 현실이 척박한 상태에서 이상론만 펴는 현철을 아주 매섭게 비판했다. 그러니까 그 자신도 좋은 연극에 대하여 알고 있지만 여건이 워낙 열악해서 어쩔 수 없이 엉성한 신파극을 하고 있다는 것이었다. 특히 자신을 포함한 신파 연극인들의 가슴속은 숯검댕이가 되어 있다고 말함으로써 당시 우리 연극 현실의 어려움을 은유적으로 표현하기도 했다.

그러면서도 그는 다른 한편으로는 시대 변화에 능동적으로 대처해보려는 노력을 게을리하지 않았다. 그러니까 그 자신도 이제는 과거와 같은 신파극으로서는 안 되겠다고 생각했다. 시대의 격동이 워낙 컸기 때문에 여건의 어려움 탓으로만 돌릴 수는 없다고 판단한 것이다. 더욱이 3·1운동 이후 저급한

---

5 현철, 「희곡의 개요」, 『개벽』 1920.11.
6 이기세, 「소위 현당극담」, 『조선일보』 1921.3.2.

신파극에 대한 비판과 자기반성도 크게 일어나고 있었기 때문에 기존 스타일의 신파극에만 안주할 수가 없게 되었다. 따라서 그는 심사숙고 끝에 자신과 뜻을 같이 하는 윤백남, 박승빈, 민대식 등과 함께 새로운 극단을 조직하기에 이른다. 즉 그는 1921년 10월에 '가치 있고 우리 생활에 많은 교화를 줄 수 있는 연극'을 창조한다는 명분을 내걸고 예술협회라는 극단을 만들어 서 곧바로 단성사 무대에 창립공연을 가졌는데, 레퍼토리는 윤백남의 〈운명〉을 비롯하여 자작의 〈희망의 눈물〉, 그리고 김영보의 〈정치삼매〉 등 창작극이었다.

그는 연극이 사회적 기능을 제대로 해야 한다는 인식 아래 가급적이면 '조선 사람의 손으로 된 순전한 창작극을 상연하겠다'면서 하와이 이민 생활의 고단함과 자유연애를 결합시킨 〈운명〉과 〈희망의 눈물〉, 〈정치삼매〉 등을 무대에 올렸으나 현철이 즉각 나서서 후자 두 작품은 각각 투르게네프 원작소설 〈격야〉와 슈니츨러 원작소설인 〈연애삼매〉를 모작한 것이라고 비판했다. 또한 현철은 이어지는 글에서 "여하간에 이멸(泥滅)한 조선 극단의 머릿속에서 그만한 것이나마 그네들을 보여준 것만 하여도 적지 아니한 노력이 들었고, 또 적지 아니한 분투"[7]라고 동정도 해주었다. 여기에 용기를 얻은 이기세는 당초의 목표대로 자작의 〈눈 오는 밤〉을 비롯하여 〈무한의 자본〉(조대호 작), 〈시인의 가정〉(김영보 작) 등을 연속해서 무대에 올리자 현철이 이번에는 기본이 안 된 창작극만 공연하여 극취(劇趣)만을 떨어뜨리기보다는 차라리 좋은 번역극 공연이 바람직하다고 충고했다.

이러한 현철의 비판과는 달리 『매일신보』는 "조선에 신극운동의 봉화를 든 것은 예술협회이다. …(중략)… 일본 신파극을 모방하여 근근이 생명을 이어오던 소위 조선 신파극의 껍질을 벗어버리고 신극운동의 첫발을 디딘 점에 대하여는 조선 연극사에 한 이채"(『매일신보』 1924.4.11)라고 높이 평가하기도 했다.

이기세가 3·1운동 직후에 신파극의 구태를 벗고 새로운 연극을 시도했던

---

7 현철, 「예술협회극단의 제1회 공연을 보고」, 『개벽』 1921.11.

것만은 분명하다. 그는 새로운 연극을 실험하면서 일종의 후원회 성격의 간친회라는 것을 만들어서 어려운 재정을 타개해보려는 시도까지 했다. 이는 대단히 주목할 만한 일로서 초창기 극장 흥행사 박승필이 1910년대에 찬성회라는 것을 조직한 이후 두 번째 후원회 조직이었다. 그는 그 간친회를 평양 등 지방으로까지 확대해서 적극적으로 재정난 타개에 나선 바도 있다. 그의 이러한 적극성과 열성은 인텔리층으로부터 적잖은 호응을 얻기도 했다. 그럼에도 불구하고 그가 이끌던 예술협회도 오래 가지 못했다. 1년여 정도 활동하다가 흐지부지되고 말았던 것이다.

극단 경영자로서, 배우로서, 또 극작가로 부동의 자리를 굳힌 그였지만 12년여의 연극운동에 심신이 지칠 대로 지칠 수밖에 없었다. 그는 일단『매일신보』기자로 들어가서 생활 안정을 꾀하기에 이른다. 물론 기자가 본업일 수는 없었다. 그 직책은 생계를 위한 임시방편에 지나지 않았다. 왜냐하면 그는 이미 12년 동안의 연극인 생활이 몸에 배어 있었기 때문에 기회만 주어지면 언제나 뛰쳐나온다는 생각이었다. 그러나 과거와 같은 고생은 두 번 다시 하지 않겠다는 방침이었다. 그런 그에게 닛토(日東)축음기회사로부터 교섭이 온 것이다. 닛토축음기회사는 1920년 일본 오사카에서 창립된 주식회사로서 당시 최고의 축음기 회사였다. 그 회사가 1926년 7월에 종로에 조선총대리점을 개설하면서 그 총책임자로 예능을 잘 알고 발 넓은 이기세를 영입한 것이다. 그가 닛토축음기회사의 한국총대리점을 맡으면서 "소생은 이번에 일동축음기주식회사 조선총대리점을 인수, 개설하옵고 동사의 제품을 독점 판매하는 외에 내외 각국 근대의 축음기와 레코드 각종도 부속사업으로 판매케 되었습니다"라고 신문광고까지 내며 본격 문화사업가로 나섰음을 내외에 널리 알렸다. 이런 기발한(?) 광고 역시 그의 면모를 잘 보여주는 경우였다. 그런데 굳이 여기서 필자가 그를 문화사업가로 지칭한 것은 이유가 있다.

일본 레코드회사는 물론 순수 음반사업체로서 영리가 최고 목표였다. 따라서 한국 시장을 넓히는 데 있어서 이기세와 같이 도쿄 유학 출신에다가 배우 겸 극작가, 언론인이라는 다양한 경력의 소유자가 필요했던 것 같다. 그러니까 일본 측에서는 그가 한국 시장에서의 간판이 되어 수익을 높이겠다는 의도였지만 그로서는 우리 고유음악의 음반화를 통한 보급과 보존이라는 딴 생각을 하고 있었다는 이야기다. 그리하여 그는 근대적인 대중음악보다는 우리의 전통음악을 레코드화하는 데 힘을 기울였다. 즉 그는 당대 명창들인 김창룡을 비롯한 하규일, 박월정, 현매홍, 김창환, 송만갑, 김녹주, 심상근 등의 판소리와 박춘재의 재담, 그리고 한성준, 최봉학, 양우석, 김창근, 이응룡, 김영근 등의 기악도 음반화한 것이다.

그런데 여기서 또 하나 주목되는 것은 그가 전통음악을 레코드화하면서 당대의 민족지사 이상재의 「조선 청년에게」라는 자극적 연설까지 삽입한 점이다. 그가 단지 전통예술의 레코드화에 그치지 않고 그것을 구실로 하여 전국에 퍼져 있는 명창 명인들을 수시로 불러모아 놓고 명창대회를 갖기도 했다. 그의 대리점이 1927년 1월에 『조선일보』에 낸 광고에 보면 "아사(我社)의 조선 기반 제작이 목적이 이욕보다도 예술적 양심을 포케 함에 있기 때문이 아닙니다. 더욱이 객동(客冬)에 거대한 투자를 단행하여 전선 각도에 산재한 일류 명창을 일일이 초빙하여 고대 명곡은 물론이오 최근 유행의 잡가까지라도 하나도 빼지 않고 철저히 취입"(『조선일보』 1927.1.16) 한다고 했다. 이처럼 그는 민속악은 물론이고 아악, 그리고 대중가요까지 광범위하게 레코드화해서 후세에까지 남도록 했다. 그러니까 그는 마치 연극을 갖고 이루지 못한 조국에의 기여라는 꿈을 전통음악 보존, 전승, 진흥으로 보답하려고 혼신의 힘을 쏟았던 것이다.

가령 그가 1930년 9월에 창립한 조선음률협회만 하더라도 급전직하로 타락, 몰락해가는 우리 고유의 전통음악을 다시 살리기 위한 부흥운동이었다. 즉 그는 날로 타락하고 쇠퇴해가는 전통음악에 새 바람을 불어넣어 진흥시키고자 김창환, 김창룡, 송만갑, 이동백, 정정렬 등 5대 국창과 한성준, 유공렬, 심상근, 김초향, 박녹주, 이화중선, 오태석 등 일류 명창들을 끌어모아 음률협

　　　　　　　　　　　　제2부　외국연극의 모방과 수용

회를 조직했다. 물론 그의 뜻은 모두 이루어지지 않았지만 그러한 포부와 열의는 몇 년 뒤 조선성악연구회로 연결되어 판소리와 창극의 부흥을 가져오는 계기가 된 것만은 분명했다.

그는 레코드상회를 하는 한편 영화에 간여하기 시작했는데, 그것이 대체로 1930년대로부터 1940년대 중반 타계할 때까지였다. 즉 그는 1930년대 들어서 기신양행(起新洋行)이라는 영화사를 냈는데, 이 회사는 미국 파라마운트 영화를 한국에 배급하는 일을 했다. 그는 이광수의 소설 「일설 춘향전」을 이구영과 함께 각색하기도 했으며, 〈심청〉(안석영 감독) 같은 영화를 제작하기도 했다. 그러나 영화로 큰 재미는 보지 못했다. 다만 연극으로 이루지 못한 꿈을 전통음악 보존 보급과 함께 영화로 이루어보고자 했을 뿐이다.

이상과 같이 이기세는 신극 초창기에 있어 최고 인텔리 연극인으로서 극장 개설, 극단 조직, 새로운 극단 시스템 제시, 배우 겸 제작자 겸 작가로서 쉼 없이 활동했고, 인생 후반기에는 레코드회사 주임 겸 영화사 대표로서 인멸되어가는 우리의 전통음악을 레코드화하여 보존 보급했으며, 영화제작과 수입 상영으로 대중예술의 폭을 넓히는 선도자 역할을 하다가 1945년 56세의 나이로 이승과 하직했다.

이러한 그의 문예활동 중에서 역시 크게 평가되어야 할 것은 아무래도 홍해성이 일찍이 지적한 바대로 "일본 신파극을 처음으로 수입해다가 민중 앞에 극이란 형태를 보여준 것"[8]이라 하겠다. 그러니까 그가 임성구와는 달리 제대로 된 극본, 무대장치, 어설프나마 연출 등을 갖춘 신파극을 처음으로 시도했다는 이야기이다. 그 점에서 그는 신파극운동에 관한 한 임성구보다 더욱 선구적 인물이었다고 하겠다.

그런데 그보다 더욱 중요한 업적은 면면히 내려온 우리의 전통음악, 그중에서도 판소리를 레코드화하여 보전 전승에 힘쓰고 더 나아가 진흥에도 힘을 쏟

---

8 홍해성, 「조선은 어디로 가나—극단」, 『별건곤』 제5권 10호.

은 점이다. 주지하다시피 개화기 이후 전통예술인들은 생존을 위하여 귀중한 전통음악을 천박하게 타락시켰었다. 따라서 그가 앞장서서 전통음악이 사도로 흐르지 않도록 예방하고 온전하게 보존 전승되도록 함으로써 궁극적으로 번창하는 데 이바지했다고 말할 수가 있다.

근대문화의 방향타를 잡아준 항해사
윤백남

신극 초창기의 개척자 3인은 앞에서도 말했다시피 임성구, 이기세, 윤백남이다. 이들은 각각 신파극단 혁신단, 유일단, 문수성을 조직한 연극인들인데, 혁신단이 1911년 12월 처음 등장했고, 유일단과 문수성이 1912년에 조직되었다. 이들 세 선구자의 문화예술 활동은 그들의 개성과 삶의 궤적만큼이나 다르다. 즉 임성구는 부족한 학력 배경에도 불구하고 일관되게 신파극운동만을 하다가 1921년 30대의 젊은 나이로 타계했고, 이기세는 신파극운동을 3·1운동 직후까지 벌이다가 문화기업으로 방향을 돌렸던 데 비해서, 윤백남만은 신파극으로부터 영화로, 다시 본격 신극운동으로 방향 전환을 했는가 하면, 또다시 역사소설가로, 만담가, 언론인, 문예교육자 등으로서 누구보다도 폭넓은 활동을 한 특별 인물이다. 그러니까 그는 어느 한 분야에 집중하거나 몰두했다기보다는 문예 분야의 여러 장르를 두루 넘나들면서 신문화 개척에 앞장선 명실상부한 선구자였다.

그가 그런 인물이 된 요인은 두 가지로 볼 수 있다. 그 첫 번째 이유는 아무래도 우리의 신문화가 그 형성기에 놓여 있으므로 문화감각이 뛰어난 지식인으로서는 본의 아니게라도 여러 장르에 걸쳐서 앞장설 수밖에 없었던 주변 여건에 따른 것으로 볼 수 있겠다. 그리고 두 번째로는 그의 다방면에 대한 호기심과 큰 스케일, 그리고 매사에 적극적이었던 성품에서 찾을 수 있는데, 그는 누구보다도 선구자 의식이 강했다. 그렇기 때문에 그는 신문화 초창기에 있어서 금융인으로 시작하여 언론인, 연극인, 영화인, 문인, 만담가, 교육자 등으로 변신을 거듭한 다면적 마스크의 대문화인이라 볼 수가 있는 것이다.

솔직히 이러한 인물은 우리의 근대문화사 속에서 찾아보기 힘든 경우다. 물론 그가 너무 여러 분야를 넘나들면서 그것도 거의 개척자적 자세로 일을 만들다 보니 어느 한 분야를 완성했다든가 획기적인 업적을 남겼다든가 하지는 못한 아쉬움이 남는 것도 사실이다. 그렇다고 해서 그가 관여한 분야에 남긴 업적이 대단치 않다는 이야기는 아니다. 그가 뛰어들어 개척한 분야가 넓음에도 불구하고 각 분야에서 중요한 자취를 남겼으며 질과 양에 있어서도 괄목할 만하다. 특히 그는 연극, 영화, 문학, 만담 등의 분야에서 두드러진다. 그것은 문화운동 측면에서도 예외가 아니다.

따라서 신문화 초창기에 그와 같은 인물이 존재하지 않았다면 신극에서부터 영화, 역사소설, 만담 등은 그 풍요로움을 지니지 못했을 것이다.[1] 이와 같이 다면적인 마스크를 지닌 그가 어떤 성장 배경과 교육과정을 거쳤는가를 알아내는 것은 곧 그의 활동 행적과 업적을 명료하게 들여다보는 관문이 되지 않을까 싶다.

대원군 시절에 무과에 급제하여 병사의 직무를 맡아했던 파평 윤씨의 시병(始炳)과 역시 무과 집안의 평양 조씨 사이의 차남으로 태어난 윤백남의 본명은 교중(敎重)이고, 첫 이름은 학중(學重)이었으며, 잠시 미봉(眉峰)이라는 필명도 쓴 바 있었다.[2] 그가 태어난 1888년은 중국, 일본, 러시아가 조선반도를 장악하기 위해서 격돌 일보 직전에 놓여 있던 때였다. 부친의 임지를 따라 6, 7세경에 서울로 이사한 그는 서당에 다니면서 한문과 역사를 공부했고, 13세

---

1 유민영, 「신극의 개척자 윤백남」, 『윤백남 작품세계』, 문화체육부, 1993, 23쪽.
2 오청원, 「윤백남의 생애」, 위의 책, 10쪽.

때 경성학당 중학부에 들어가 신학문을
접하게 되었다. 수재 집안의 자제답게 그
는 학업성적이 뛰어났고 일본어도 능통
했기 때문에, 1903년 그의 나이 열여섯
살 때 한 해 전에 조혼한 아내를 두고 부
모의 허락도 없이 일본 유학길에 올랐다.
「석세(昔世), 금세(今世)」라는 그의 글에서
'장차 관로에 나가기 싫어서' 유학길에 올
랐다고 한 점에서 그는 처음부터 문예에
뜻을 두었던 것이 아닌가 싶다. 그럼에도
불구하고 그는 반조우(般城)중학을 거쳐

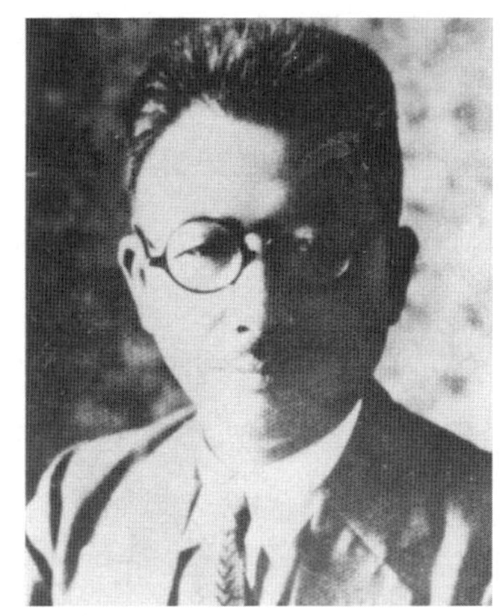

윤백남

와세다대학 정치학과에 진학한다. 이미 국운이 쇠해감을 알았던 그가 정치학
을 공부해서 나라에 이바지해보려는 의지에 따랐던 것 같다. 그러나 그는 타
의에 의하여 곧바로 도쿄고등상업학교로 옮겨가서 상학으로 전공을 바꾸었는
데, 이는 순전히 정부의 장학금을 받기 위해서였다. 이때부터 그는 당초 하고
싶었던 연극과 영화에 관심을 기울여서 학과 공부 이상으로 연극, 영화 공부
에 많은 시간을 할애하게 되었다. 물론 그가 당시 아시아권에 널리 퍼지기 시
작한 계몽주의에 물들지 않을 수 없었을 것이다. 따라서 그는 은연중 문화운
동을 생각했을 개연성이 높다고 하겠다.

그러나 일제의 한국병탄을 전후해서 귀국한 그는 당장 호구지책을 생각하
지 않을 수 없었다. 왜냐하면 그가 15세에 조혼한 아내가 있었기 때문이다.
1910년 귀국하자마자 그는 관립한성수형조합의 중견간부로 취직했다. 그가
처음부터 중견간부로 들어갈 수 있었던 것은 도쿄고등상업학교라는 좋은 학
벌에 힘입은 바 컸던 것이다. 그러나 그는 한성수형조합이 조선식산은행으로
바뀌는 과정에서 강제 퇴직 당하다시피 했다.

그때의 사정과 관련하여 그는 "수형조합이란 왜놈판이었다. 또 그것을 식산

은행으로 개편하려는 징조가 보였기 때문에 후일 금융계로의 지망을 걷어차고 그 자리를 그만두었다. 무엇이나 국내에서 뜻있는 일을 하자. 붓을 잡는 직업을 갖자. 또 붓끝으로 하고 싶은 말을 쓰자"고 다짐했다고 회고한 바 있다.

낙천적이고 자유분방하며 선비적인 강직함으로 다져진 성격의 그는 경성고보 교사와 보성전문 강사로 생활을 꾸려가게 되었다. 그러던 어느 날 동경고상 동문이자 수협조합의 동료이기도 했던 일본인(森丼)이 자금 제공을 전제로 문화사업을 권유했고, 한성기독교회의 친구(玄東哲)도 함께 권고를 했기 때문에 조일재와 극단을 조직하기에 이른 것이다.[3] 그것이 화근이 되어 직장(경성고보)에서 쫓겨나오는 수모도 겪었다. 그러는 동안 장남과 장녀가 태어남으로써 그의 어깨가 더욱 무거워졌다.

그가 1920년대 들어서는 최초의 극영화 〈월하의 맹세〉를 만들었고 조선키네마주식회사의 전속감독도 했다. 그러니까 그는 연극보다는 영화가 대중계몽성이 강하다고 생각한 것이다. 대단히 뛰어난 직관력과 예견력을 지니고 있던 그였기 때문에 그가 영화에 매료되고 또 그 가능성을 긍정적으로 내다본 것은 극히 자연스런 것이었다. 그러나 영화도 그렇게 만만한 것이 아니었다. 영화는 자본과 기술을 전제로 하기 때문에 당시 우리 실정으로는 대단히 어려운 예술사업이었던 것이다. 즉 그가 만든 본격 영화 〈심청전〉을 통해서 나운규도 발굴했지만, 흥행에 실패하고 만주로 도피하는 과정도 겪었고, 귀국해서는 야담꾼과 역사소설가로, 또 방송인 등으로 활동하게 되었다.

경성방송국의 중견간부로 활약한 1930년대 초에는 국악에도 특별한 관심을 가졌다. 따라서 그는 경성방송국을 드나드는 명창들에게 직접 가사를 지어서 부르게 했다. 명창들이 전래되는 것만 부르면 청자가 금방 식상한다고 본 것이다.

그 당시 소녀명창으로 이름을 날리기 시작한 김소희에게 〈춘향가〉 중 〈농

---

3 안종화, 『신극사 이야기』, 진문사, 1954, 184쪽.

     제2부 외국연극의 모방과 수용

부가〉에 새로운 창작가사를 붙여준 적이 있었는데, "동천에 해가 떴네/캄캄한 어둔 밤은 멀리멀리 사라지고/삼천리 너른 들에 새빛이 밝았구나/산명수려 이 강산은 우리 농군들의 차지로다"가 그 시의 내용이었다.[4]

여기서 보이는 것은 그의 앞서가는 사고와 시적 감수성이고 동시에 식민지 치하의 암담한 현실을 은유적으로 표현하면서 동시에 미래에 대한 희망의 메시지를 던질 줄 안다는 점이라 하겠다. 그는 민족성 넘치는 〈농부가〉를 새로 지으면서 동요도 몇 곡 지었는데, "하늘에 높이 떠서 춤추는 홍치마/전선줄에 걸려서 재주넘는 먹꼭지/튀겨라 모르가자 우리 애기 홍치마/심술객이 먹꼭지 얼러보랴 오노라/먹꼭지는 영감연 입살마저요"라는 〈연노래〉 3절을 연극배우 강석연에게 부르게 하여 레코드판을 내기도 했다. 레코드판에 재미를 붙인 그는 여러 편의 촌극도 써서 유행시키기도 했다. 그가 써서 음반에 넣은 촌극은 〈무엇이 그들을 울리었나〉와 〈만주의 달밤〉 등이고 〈선장의 자(선장의 아들)〉, 〈인동의 몽(인동의 꿈)〉, 〈자작의 적(자작의 피리)〉 등 동화도 써서 레코드판으로 내어 인기를 끌기도 했다.

〈자작의 적(자작의 피리)〉라는 동화의 내용을 보면 그의 탁월한 예술적 안목과 민족적 정체성을 발견할 수 있다. 한 소년이 피리에만 매달려 상당한 수준에 올라 있었다. 따라서 마을 사람들은 농사도 팽개치고 피리만 부는 그 소년을 딱하게 여겼다. 그러는 어느 날 백발노인이 그를 발견하고 몇 달 뒤 궁중으로 데려가기로 약속했다. 그사이 소년은 스승을 만나 최고 수준의 피리 솜씨를 익힐 수 있었다. 몇 달 뒤 그 노인이 찾아와서 그의 피리 소리를 듣더니 장탄식을 하면서 이렇게 말했다. "참 안타까운 일이다. 세상에도 절통한 노릇이다. 너의 피리 소리는 훌륭하고 번화하고 듣기 좋다. 그렇지만 네가 석 달 전에 불던 피리 소리 속에는 아주 순진하고 맑은 맛이 있더니 지금 부는 것은 어째 그리 순진한 맛이 없어졌느냐. 너는 필연코 어느 선생에게 배운 모양이다.

---

4 김소희, 「예에 살다 (5)」, 『일간스포츠』, 1978.8.2.

왜 너는 너의 것을 내버리고 남의 흉내를 내려고 하느냐. 무엇이든지 사람이라 하는 것은 자기가 만든 것을 북돋아서 훌륭한 물건을 만들어놓아야만 그것이 사람의 성적이라고 할 수가 있는 것이다. 어, 참 절통한 노릇이다. 지금 네가 부는 피리 소리는 이제 아무짝에도 쓸데없는 피리 소리가 되었다. 너는 이제부터 서울 가서 남의 문전에서 구걸이나 해가며 얻어먹을 피리 소리밖에 못된다면서 그 노인은 눈물을 지으며 멍한히 앉아 있는 그 피리 소년을 돌아보지도 않고 어디론가 사라져버렸다는 내용이다. 이 짤막한 동화 속에는 윤백남의 깊은 예술철학이 함축되어 있을 뿐만 아니라 성인과 어린이가 함께 읽을 수 있는 동화를 그가 처음 시도했다는 사실도 확인해준다.

그처럼 다재다능한 그는 1931년에 생겨난 극영동호회의 후원자로서 젊은이들이 극예술연구회를 조직했을 때 흔쾌히 참여했고, 야담과 신문 연재소설을 쓰면서 문화운동을 펼치기도 했다.

그는 전형적인 선비형 예술가로서 재물에 대한 욕심이 전혀 없었고 불의를 못 참는 강직성 때문에 조직인으로서는 낙제였다. 가령 영화판에서는 치사스런 돈 때문에 손을 뗐고, 방송국에서는 시간 제약이 싫어서 뛰쳐나오기도 했다. 해방 직후에도 잠시 관직(신익희 국회의장 비서실장)에 몸을 담았다가, 남의 심부름꾼이 싫어서 금방 뛰쳐나온 적도 있다. 그러나 가난하게 살아도 인정이 넘치고, 특히 동정심은 대단했다. 자기의 가난함은 참아도 남의 고통은 외면하지 않는 성격이었다. 그와 관련된 여러 가지 일화가 전하는데, 그중에서 한두 가지를 소개할 필요가 있을 것 같다.

그의 손자뻘 되는 윤여백은 "할아버지는 그 가난 속에서도 저만 만나면 만날 때마다 주머니를 뒤져 돈을 꺼내 주셨습니다. 그러다가 돈이 없으면 '아이고 네게 돈을 줘야 할 텐데 내가 돈이 떨어졌으니 이걸 어쩌느냐 하시며 안타까워하시던 일들이 지금도 눈에 선합니다" [5]라고 회고한 바 있다. 윤백남은 올

---

5 오청원, 앞의 글에서 재인용.

　　　　제2부　외국연극의 모방과 수용

곧고 자유분방한 성격 때문에 한 직장에 오래 머물지 못했고, 또 상처 후 재혼으로 자손이 여럿이었기 때문에 생활은 항상 궁핍했다. 그럼에도 불구하고 남을 돕는 일에는 언제나 주저하지 않았다. 그와 연극운동을 함께 하고 『동아일보』 기자로 있으면서 그의 주변을 잘 아는 서항석은 다음과 같이 회고했다.

> 이 무렵 윤백남 선생은 『동아일보』에 연재소설을 집필하고 있어, 매일 신문사 3층 조사실의 조용한 한구석에 오셔서 그날 것을 써주고 가시곤 했다. 그날의 원고를 끝내신 윤 선생의 해학 섞인 농담은 흥미로웠다. 때로는 이 잡담의 자리에 홍해성 씨가 끼이는 일도 있었다. 그러나 홍씨는 잡담을 즐기러 오는 것이 아니고 절박한 사정이 있어 윤 선생을 찾아왔다가 내가 곁에 있어 말을 꺼내지 못하고 그냥 잡담에 끼어드는 눈치였다. 눈치를 챈 나는 자리를 비키기도 했다. 그러나 그것도 한두 번이지 차차 나하고 친해져가니까 그는 내가 곁에 있더라도 자기의 사정을 털어놓는 것이었다. 쌀이 떨어졌다, 땔나무가 없다 등등. 윤 선생은 호주머니를 뒤지다가 가진 것이 넉넉지 못하면 몸에 찬 시계를 떼어주시면서 '전당표는 꼭 갖다 주시오' 하는 것이었다.[6]

여기서 서항석의 회고문을 인용한 것은 윤백남의 동정심과 함께 최초의 연출가 홍해성의 궁핍한 생활도 알리기 위해서다. 그렇게 가난했던 시절에도 윤백남은 의연하고 남을 돕는 데 앞장섰던 것이다. 잠시 국회직을 가진 적도 없지는 않지만 그는 너무 의연하고 자유분방했기 때문에 위계질서가 강한 조직 사회에서는 버텨내는 성격이 못 되었다.

해방 전 만주에 잠시 머물 때도 그는 재만조선농민문화향상협회라는 것을 조직하여 독립운동을 돕다가 옥고를 치른 적도 있으며, 해방 직후에는 『조선의 마음』이라는 책을 써서 농민을 위한 문필보국을 외쳤다. 따라서 그는 광복 후에 문화계의 지도자로서 분단 이후의 민족화를 군건히 하는 데 크게 기여하

---

6 서항석, 『경안 서항석 전집 5』, 하산출판사, 1987, 1778쪽.

게 되었다. 조선영화건설본부 위원장을 필두로 해서 신익희 국회의장 비서실장 등으로 우익진영 문화계의 리더였고, 부산 피난 시절에는 장택상 국무총리의 자문위원, 국민대학 교수, 서라벌예대 초대학장 등을 역임했다. 그와 친분이 두터웠던 황성기독교회 김우현 목사는 윤백남의 30주기 추모사를 통해서 "연극을 하는 것도 애국충정의 의도로 하고, 소설을 쓰는 것도 애국충정의 의도로 하여 오로지 애국충정으로 평생을 바친 분이었다"[7]고 회고했다. 그만큼 그는 애국자였고 민족주의자였다.

그가 문화계, 언론계, 관계, 교육계 등 워낙 넓게 활동을 해왔기 때문에 어느 한 분야에서 대성하지는 못했다고 하더라도 각 분야에서 개척적인 일을 적잖게 한 것만은 사실이다. 연극계에서만 보더라도 초창기에 극단을 만들어서 제대로 된 신파극을 보급했고, 정통 근대운동에도 앞장섬으로써 우리나라 연극의 기반을 닦는 데 크게 기여했다. 영화 분야에서는 〈월하의 맹세〉를 통해 감독의 위상을 확보하고 극영화의 기초를 닦았으며, 우리나라에 처음으로 영화인에 의한 독립영화사를 창설하였고, 나운규, 이월화, 이경손 등과 같은 후진을 양성하여 영화의 대중화에 기여한 것이다. 한마디로 윤백남은 그때까지 존재하지 않았던 한국인 영화감독과 시나리오 작가의 원조로서 초창기 한국 영화의 초석을 다지는 데 크게 이바지한 인물이다.[8] 그는 문인과 만담가로서도 일가를 이루었는데, 『예원』이라는 잡지를 발간하고, 이광수나 김동인, 현진건 등과 함께 역사소설을 개척한 것도 커다란 공로이다. 물론 그의 역사소설이 역사의식에 입각한 것은 못 된다 하더라도 식민지 치하에서 국사 교육이 부재할 때, 역사소설을 통해서 대중에게 단순한 오락 차원을 넘어 우리 역사를 일깨운 것은 계몽운동의 차원에서도 큰 의미가 있었다.

그의 역사소설 소재는 고려조 이전에서부터 근세 조선에 이르기까지 폭이

---

7 오청원, 앞의 글 참조(30주기 녹화 테이프).
8 김종원 · 정중헌, 『우리 영화 10년』, 현암사, 2001, 92쪽.

넓다. 공민왕 때 이야기인『대도전』을 비롯하여 조선시대 단종 때의 이야기인
『야화』, 인조반정 이야기『흑두건』, 동학혁명 이야기인『회천기』, 그리고 기생
황진이의 이야기와 대원군 이야기도 소설화했다. 이처럼 그가 우리 역사의 전
기간에 걸쳐 소재를 취하고 있다는 것은 그가 우리 역사에 대하여 그만큼 많
은 지식과 관심을 가졌다는 의미를 지닌다.[9] 그의 역사소설은 특징도 지녔는
데, 주인공을 왕후장상이나 영웅보다는 기층민중으로 삼았던 것이 그 하나의
예라 볼 수 있다. 그가 역사소설을 쓴 것은 순전히 애국적인 의도에서였다. 동
시대의 문학평론가 홍효민(洪曉民)도 그것을 간파하고 윤백남의 예술세계와
관련하여 다음과 같이 쓴 바 있다.

> 백남의 문학사상의 출발이 결코 우연이나 모방이 아니고 반드시 이러한 곳에
> 서 출발시킴으로써 일반에게 좀 더 많이 끌 수 있고 일면 백남 특유의 웅대한 구
> 상을 자유자재로 운전시킬 수 있다고 생각되는 바이다. 또한 야사를 근거로 하
> 였으나 역시 중국의「삼국지」나「수호지」기타 열전을 능가하는 그러한 것을 얻
> 으려는 야심—당연한 예술적 욕구를 발견할 수 있는 것이 아닌가. 그래서 백남
> 의 대중소설과 그의 예술은 역시 경향소설과 같이 계획적인 대중에게 백남의 독
> 특한 문학사상, 곧 그의 예술을 침투시키고 있는 것이다. 그것은 내가 이곳에 말
> 하지 않더라도「대도전」이후의 그의 수많은 작품에 일관된 무엇이 있는 것을
> 발견할 수 있는 것이다. 다만 권선징악적으로 보았다가는 낭패할 것이다. …(중
> 략)… 이 〈흑두건〉은 표제가 보여주는 바와 같이 벌써 이들이 집단적 행동에서
> 출발되고 있는 것을 몰라서는 아니 될 것이다. 따라서 백남의 예술적 경지는 이
> 〈흑두건〉에서 더욱 기초가 공고해지고 참으로 훌륭한 문학사상을 가지고 제작
> 되는 대중소설이 터지리라 기대되는 바이다. 나는 여기에 대하여 일찍이 푸레하
> 노푸가 톨스토이의 〈전쟁과 평화〉에 대하여 평한 말을 쓰고 이것을 막겠다. '항
> 상 어떤 시대, 또한 어떤 인간사회에 이 사회의 모든 사람에 공통한 그 무엇이
> 선이오, 또한 무엇이 악이라고 하는 종교의식이 존재해 있다. 그리고 이 종교의

---

9   송하섭,「윤백남의 역사소설 이해」,『윤백남 작품세계』, 문화체육부, 1993, 181쪽.

식이야말로 예술에 의하여 전달되는 감정의 가치를 결정하는 것이다.' 곧 이 말은 무엇이냐 하면 백남의 모든 작품은 조선 사람이 가지고 있는 극히 원시적인 선과 악에 대한 종교의식을 재전달하고 있는 야심이 그곳에 있다는 것이다.[10]

이상과 같이 윤백남은 역사소설을 단순히 흥미로 쓴 것이 아니고 민족에 대한 사랑, 그리고 독립심을 고취해보려는 숨은 의도를 갖고 우회적으로 쓴 것이다. 그가 일찍부터 워낙 이야기를 좋아해서 장녀(윤석연)의 회고에 의하면 "어머니께서 시장엘 가시거나 외출을 하셔서 늦게 오시게 되면 아버지께서는 우리들을 모아놓으시고 옛날 얘기를 해주셨다"[11]고 한다. 이런 이야기꾼으로서의 천부적 재능이 역사소설을 만들어냈고 전국 공회당과 장터를 돌아다니며 야담 구연도 한 것이다. 식민지 시대에 방정환의 동화 구연과 윤백남의 야담 구연은 대중에게 은연중에 민족혼을 일깨우는 일종의 오락적 가두 캠페인이었다. 그가 1930년대에 경성방송국의 조선어방송과장을 하면서 때때로 성우 노릇까지 자청했던 것은 워낙 이야기하는 것을 좋아했기 때문이다.

그가 해방 직후에 우익 진영의 지도자로서 역할을 한 것도 실은 정치에의 관심이라기보다는 민족의 정통성과 사회 안정을 기하기 위해서였다. 물론 잠시 정계에 한 발을 들여놓았지만 그것도 순전히 타의에 의해서였고, 결국 그는 곧바로 후진 양성에 매진하는 것으로 그의 만년을 장식했다. 국민대학 교수와 서라벌예대 초대학장 등이 바로 그런 활동의 대미라 하겠다.

그렇다면 연극인으로서의 그의 활동과 공로는 무엇일까? 그는 연극 분야에서도 어느 한 가지에 몰두했다기보다는 운동가로서의 면모를 보여주었다. 즉, 극단 운영에서부터 창작, 이론 등에 걸쳐서 맹활약을 한 것이다. 그가 처음 연극에 발을 들여놓은 것은 1912년 3월 일본 유학 동료 조일재와 소위 문사극단이라는 문수성을 조직하면서부터였다. 그가 유학 중이던 1900년대는 일본 신

---

10 홍효민, 「〈흑두건〉과 윤백남의 예술」, 『삼천리』, 1934.9.
11 윤석연, 「아버지의 유산」, 『호서문학』 제14집.

파극이 완성 단계에 있던 때여서 그는 그런 형태에 상당한 호기심을 가졌음을
다음과 같은 회고에 잘 나타나 있다.

> 조 군(일재)은 소설에 취미를 가지고 한번 사계에 출마하려는 희망을 가지고
> 있었고 나는 소설보다는 연극에 취미를 가지고 있어서 취미를 가졌다느니보다,
> 나는 재동경시에 극광이라고 할 만치 연극구경에 몰두하였고 간혹 극작을 한다
> 고 붓을 들어본 적이 있었기 때문에 조선으로 돌아와서도 매양 생각이 연극수립
> 에 기울어져 있었다.[12]

그는 일본 신파극을 유심히 관찰하면서 막연하게나마 연극에 뜻을 두었던
것 같다. 그래서 연극에 대한 기초 수업 없는 임성구의 어설픈 신파극에 불신
과 우려를 가지게 된 듯싶다. 결국 그는 수형조합 다음 직장인『매일신보』기
자를 사퇴하고 신파극운동에 뛰어들게 된 것이다. 그가 임성구에 이어 또 다
른 극단을 조직한 것은 일본 신파를 무궤도하게 답습한 것이 너무 유치하고
저급한 것에 우려했고, 다음으로는 연극을 통해서 풍속의 모범을 보여주겠다
는 일념에서였다. 그는 친구들의 재정적 도움을 받아 문수성을 조직하고 마침
조일재가 번역한 〈불여귀〉를 갖고 창단공연을 가진 것이다. 이때는 그 자신이
직접 분을 바르고 배우로서 무대에 섰는데, 당시 도쿄 유학 출신의 인텔리가
배우로 나섰다는 것 자체가 그의 선구자적 용기를 단적으로 보여주는 것이었
다. 그는 잠시 몸담았던『매일신보』의 후원을 얻어서 극장 원각사를 인수하여
전용극장 비슷하게 활용했으나 곧바로 화재로 잃었다.

그는 문수성의 신파를 정극이라 이름 붙여서 역시 일본 작품 〈송백절〉 등을
공연하여 주목을 끌었으며, 단원을 직접 도쿄까지 이끌고 가서 일본 신파를
견학토록 하는 구상까지 했다. 그는 1년여 동안 열심히 공연 활동을 벌였으나
재정적 어려움을 극복할 수는 없었다. 그래서 1년여 쉬다가 1914년에 재기하

---

12 윤백남,「조선 신극운동의 20년을 회고하며」,『극예술』1호.

여 〈비파가〉, 〈단장록〉 등 인기 번역극을 공연하며 주목을 끈 데 이어 처음으로 지방 공연도 가졌다. 그러나 재기한 문수성도 1년을 못 버티고 역시 재정난으로 또다시 휴식기에 들어간 것이다.

때마침 유학 친구인 개성의 이기세가 유일단을 만들어 활동하고 있었으므로 통합을 제의, 1916년 봄에 예성좌를 출범시키게 되었다. 두 사람이 모두 도쿄 유학생 출신인 데다가 일본 문화에 정통했기 때문에 신파극을 받아들이는 데 있어서는 앞장설 만한 위치에 있었다. 따라서 그들은 극단 명칭부터 마치 시마무라 호게쓰(島村抱月, 1871~1918)처럼 예성좌라 짓고 단성사를 근거지로 삼아 〈코르시카의 형제〉라든가 톨스토이의 원작소설을 각색한 〈카츄샤〉 등 과도기적 근대극에 접근해보려 했다. 이는 당시로서는 확실히 앞서는 발상이었던 것만은 분명했다.

그러나 그러한 시도도 재정 문제를 해결하기는 쉽지 않았고, 아무리 시마무라 호게쓰가 시도했던 것처럼 서양식의 무대장치와 효과음악 등을 도입해도 관객의 공감을 불러일으키지 못했다. 결국 얼마 버티지 못하고 윤백남은 생활을 위해서『매일신보』에 다시 입사하면서 신파극운동을 잠정 중단할 수밖에 없었다. 그때부터 그는 신문기자로 활동하면서 간간이 소설을 발표하고 희곡 습작도 했다. 그러는 동안 3·1운동이 일어나며 그의 인생도 급변해가기 시작했다. 그가 단순히 총독부 후원의『매일신보』에 몸담고 있을 수만은 없었던 것이다. 그는 당시 연극운동에 관심을 갖고 우선적으로 갓 창간된『동아일보』에 장문의 본격 연극론인「연극과 사회」(1920.5)를 연재하기에 이르렀다.

이 글은 그가 초창기 신파극운동의 한가운데에 서서 직접 체험하고, 또 다양한 연극이론서를 섭렵한 뒤에 쓴 논문이기 때문에 그가 당시 얼마나 앞섰던가를 단적으로 보여주는 것이기도 하다. 논문 내용은 대체로 연극의 개념과 본질 설명으로부터 시작하여 연극의 가치와 효용, 일본을 중심으로 한 외국(서양) 연극 개요, 그리고 조선 극단의 현실진단 및 흥극책 등으로 엮어졌다.

그런데 여기서 주목되는 사실은 그가 자기주장을 전개해감에 있어서 당시

세계연극사상 가장 진보적인 고든 크레이그의 『연극예술(*The Art of the Theatre*)』
이란 저술을 하나의 준거로 삼았던 점이라 하겠다. 우리 신극은 아직 리얼리
즘의 단계에도 들어서지 못한 수준이었는데, 그가 그것을 뛰어넘는 이론을 제
시하며 크레이그의 연극론을 인용했다는 것은 일단 놀랍다고 아니할 수 없다.
그는 이 글에서 우리의 연극이 안고 있는 연극인, 재정, 관객, 기술 등 부재를
지적하고 말미에 가서 "은행을 세우고 회사를 조직하고 학교를 건설하며 권번
을 창설하기 전에 우선 1개의 극장을 건설하여 완전한 극단을 보호하여서 그
가진 바 특성을 발휘케 하며 따라서 민풍개선의 기능을 다하라"[13]고 충고했다.
이 글에서 보면 윤백남은 연극지상주의자처럼 보이며 또 그런 입장에서 연극
운동에 임하고 있었음을 알 수 있다.

　이 논문 발표 얼마 후 그는 다니던 신문사를 떠나 다시 극단 조직에 나선다.
그것이 다름 아닌 예술협회(1921.10)인데 역시 친구 이기세와 함께였다. 그는
단순히 극단 활동만 벌인 것은 아니고 희곡도 쓰고 번역도 겸했다. 그가 극
단 예술협회 조직 명분으로서 가치 있고 우리 생활에 많은 교화를 주는 연극
을 일으킬 목적을 내세움으로써 초창기 신파극의 명제를 크게 앞지르고 있음
을 보여주었다. 따라서 그는 예술협회의 레퍼토리에 대해서도 될 수 있는 대
로 조선 사람의 손으로 된 완전한 창작극의 상연에 한정한 것만 보더라도 그
의 연극관의 변모를 확인할 수가 있는 것이다. 그가 예술협회의 창립공연 레
퍼토리로서 자신의 첫 작품 〈국경〉에 이어 두 번째로 쓴 희곡 〈운명〉을 택한
것도 이 때문이다. 이 〈운명〉은 한국연극사상 첫 번째 희곡집으로 출간된 것
이기도 한데, 초창기 하와이 이민 문제와 자유연애 문제를 접목한 작품이어
서 주목된다. 사실 1920년대 초 그가 추구한 것은 본격 근대극운동은 되지 못
했지만 거기에 다가가려는 의지만은 분명했다. 그가 당장 수년 전에 했던 일
본 신파 모방을 뛰어넘기는 힘들었을 것이다. 그렇기 때문에 〈운명〉뿐만 아니

---

13 윤백남, 「연극과 사회―병하야 조선 현대극단을 논함」, 『동아일보』 1920.5.28.

라 〈등대지기〉라든가 〈기연〉 등 그의 창작희곡들도 그런 유형의 작품으로 보아야 할 것이다.

그럼에도 불구하고 그가 민중극을 제창한 것은 흥미를 끌 만하다. 「연극과 사회」라는 논문에서 그는 구미의 민중극운동을 소개한 것이다. 이는 곧 그가 의식은 앞서가고 실제적인 기량 면에서는 좇아가지 못하는 자가당착적 처지에 놓여 있었음을 의미하는 것이다. 물론 그가 편협된 연극관을 지니고 있지는 않았다. 그는 광범위한 연극관련 서적의 섭렵을 통해서 서구에서 전개되고 있는 리얼리즘운동, 즉 소극장운동도 어느 정도 알고 있었다. 또한 그가 우리나라에서도 그러한 운동을 해야 한다고 했다. 그러나 그는 동시대의 현철(玄哲) 등과는 견해를 달리했다. 왜냐하면 현철은 윤백남과 달리 우리의 전통극을 완전 부정하고 서양의 근대극만을 진정한 연극으로 보았기 때문이다.

그가 1924년에 쓴 「민족성과 연극에 취하야」란 글은 그의 폭넓은 연극관을 보여주고 있어서 주목된다. 그는 이 글에서 자신이 중국을 여행하면서 경극도 구경했고, 일본에서 노나 가부키 등을 보았다면서 서양 근대극 지상주의를 강도 높게 비판한 것이다. 가령 서양에서도 입센이나 체호프, 스트린드베리 등의 작품만 공연하지 않고 대중이 좋아하는 작품도 많이 무대에 올린다면서 다음과 같이 썼다.

우리 조선보다 모든 점에 우월한 태서 각국으로서도 이러하거든 장차 우리 현상으로서 절연히 민족성과 민지 또는 민중의 호상과 너무나 거리가 먼 극이 수지가 맞을 이치가 있습니까. 가까운 예를 일본에서 취하야 보더라도 일본에 태서의 신극이 수입되고 또 유수한 몇 사람의 힘으로 신극운동이 일어난 지 십오여 년의 시간이 경과된 오늘에도 아직 그것이 만족한 성적을 얻지 못하고 의연히 가명 쥬신구라(平本忠臣藏)가 극계의 독삼탕(獨蔘湯)의 위를 점유하고 이를 흥행하는 극장에는 어느 때나 만원찰지의 목패를 내붙이게 되며 어령분라꾸좌의 인형지거가 이수(異數)의 성적을 나타내게 됩니다. 이것은 무슨 까닭입니까. 일본인에게는 일본인의 취미가 있고 전통이 있으며 도의관이 있고 미술이 있으며 무사도의 정신과 남녀의 정리가 있는 까닭이 아닌가 합니다. 쉽게 말하면, 즉 일본 민족성에 부합하는 예술인 연고로 해서 그러하다는 것이올시다. 최근 우리 경성에서 일어나는 신극단체마다 꽃다운 성적을 얻어보지 못하고 우리가 항상 부실하고 보잘것없이 생각하는 광무대가 홀로 13년 동안이나 여실히 심청가, 춘향가로만 꾸준히 유지해 나오는 사실을 볼 때 나는 이것 역시 경영자의 수완이 훌륭해서 그러한 것뿐만으로 해석해버릴 것이 아닌 줄 믿습니다. 춘향가, 심청가는 적어도 우리 민족성에 부합한 무엇이 그 속에 있고, 아무리 장고소리가 시끄럽다 해도 그 속에 우리의 흥을 돋울 만한 무엇이 잠겨있는 까닭에 남녀를 물론하고 노소를 불문하고 그 노래만 듣고 그 소리만 나면 제일로 어깨춤이 나게 되는 것이야 어찌하겠습니까. 이것은 조선 사람이라야 멋을 알고 조선 사람이라야 느낄 수 있는 것입니다. …(중략)… 아무리 구미 풍물에 도취하고 태서 문화에 젖은 일본인이라도 일본 고유의 의태부(義太夫)를 듣고 눈물 아니 흘릴 사람이 몇 사람이나 되며 춘향가나 심청가의 맛있는 곡조를 들을 때 머리끝이 쯔뼷 아니할 조선인이 과연 몇 사람이나 되겠습니까. 만약 그런 사람이 있다면 그 사람은 조선인의 피가 흐르지 아니하는 사람이라고 말할 수밖에 없는 줄 압니다. 그러하므로 우리 조선에는 우리 민족성에 부합한 가극도 있어야 할 것이며 신극도 있어야 할 것이라고 생각하며, 또 있을 것이라고 믿는 바입니다.[14]

이상과 같은 그의 글을 길게 인용한 것은 신문화의 물결이 도도하게 흐르고 연극계에서는 서구의 근대극의 이식과 답습만이 유일무이한 방도라고 믿고 있던 시대에 그가 넓은 안목의 지성인다운 논리를 편 것을 확인하기 위해서였다. 이 글에서 알 수 있듯이 윤백남은 당시의 동서문화 흐름에 정통했으며 특히 우리의 전통문화에 밝고 애착 또한 누구보다도 강했다. 당시 선구적 신문화인들이 서구 선진문화만을 숭상하고 우리 전통문화를 폄하, 홀대했지만 윤백남만은 우리 고유문화의 가치를 너무나 잘 알고 있었다. 그는 아악(雅樂)에서부터 판소리, 가면극, 민속인형극 등에 정통했고 그 가치 또한 높게 평가하

---

14 윤백남, 「민족성과 연극에 취하야」, 『동아일보』 1924.3.19.

면서 공연예술도 전통극과 서구의 근대극이 공존해야 한다고 확신하고 또 주장도 했다. 그러면서도 그는 신극운동에 앞장섰다. 그가 유럽의 민중극운동을 은근히 권장한 것을 비롯하여 극단 예술협회의 공연 활동, 창작희곡 활동 등이 바로 그러한 운동의 연장선 위에 있었던 것이다.

그는 연극사상 최초의 후원회 성격의 간친회라는 것을 만들어 모금운동도 펼친 바 있다. 그러나 그런 운동이 호응을 제대로 받지 못했으므로 그는 1년여 만에 예술협회에서 손을 떼고, 1922년 정월에 젊은 배우들을 데리고 민중극단이란 것도 조직해보았다. 그는 창단사에서 "종래의 비열한 지위에 타락되었던 신극을 개량하여 예술적 지위로 향상케 하며 관중의 요구에 적할 만한 정도에서 신문예적 각본"만을 공연할 계획임을 선언하기도 했다. 그리고 실제로 그는 창작극만을 공연함으로써 예술협회 중심으로 연극개량 사업을 계속해가면서 시마무라 호게쓰 밑에서 신극 공부를 한 바 있는 김정진까지 영입하여 제대로 연극운동을 해보려 안간힘을 썼으나 여의치 않았다. 결국 그는 민중극단이 지방 공연을 떠나게 되자 배우 안광익에게 단체의 모든 책임을 일임하고 잠시 제2선으로 물러나 앉았다.

1922년 조선극장이 문을 열면서 그에게 전속 성격의 극단 조직을 의뢰해오자 만파회라는 단체를 만들어 자신이 직접 번안각색한 빅토르 위고 원작의 〈희무정〉 등을 무대에 올리기도 했지만 그 역시 관객 호응이 따라주지 못하여 일단 연극운동에서 손을 떼고 말았다. 때마침 당시 대중예술로 각광을 받기 시작한 영화계의 부름이 있었던 데 따른 것이었다.

전술한 바 있듯이 그는 최초의 개인 프로덕션을 만드는 등 한국 창작영화의 기초를 다지는 데 혼신과 열정을 쏟으면서도 연극에 대한 미련을 버리지는 못했다. 그가 다시 연극에 관여한 것은 1930년 일본에서 연출가 홍해성이 귀국하면서부터였다. 이때는 그의 나이 43세로서 문화계의 중진으로서 연극계를 잠시 떠났던 그가 다시 연극에 관여하게 된 것은 당시에 홍해성이 연기와 연출을 제대로 배우고 온 유일한 인물이라고 보았기 때문이다. 그는 토월회를

　　　　　　　　　　　　　　　　　제2부　외국연극의 모방과 수용

이끌어왔던 박승희와 힘을 합쳐 홍해성을 위한 신흥극장이라는 극단을 조직했는데 그마저 창립공연으로 끝나고 말았다.

그 다음해에는 『동아일보』의 서항석 기자와 함께 연극영화전람회라는 것을 개최하기도 했다. 그는 이 전람회를 계기로 하여 유치진 등 해외문학파 청년들과 함께 본격 근대극운동 단체인 극예술연구회를 출범시키기도 했다. 이 단체는 지지부진하던 본격 신극운동에 새 바람을 불러일으키는 기폭제가 되었다. 물론 그가 극예술연구회에서 특별한 역할을 한 것은 아니고 다만 의욕만 넘쳐있는 연극청년들의 방풍림 역할을 했을 뿐이다. 그는 이미 생활인으로서 역사소설가와 만담가로 활동하는 데 주력하고 있었다.

그러나 연극에 대한 관심과 애정은 여전해서 연극론도 쓰고 희곡도 몇 편 더 발표했다. 그가 극예술연구회 창립동인으로 활동하기 시작한 1932년 초에 발표한 「연극운동에 대한 신제창」이라는 글은 주목을 끌 만하다. 그는 20여 년 동안 신극운동의 한복판에서 많은 것을 경험했기 때문에 당시 우리의 연극 현실을 누구보다도 뼈저리게 느꼈고 대안도 숙고했던 것이 사실이다. 따라서 이 논문은 당시 한국연극이 당면한 근본적 문제를 극복할 수 있는 대안으로 쓴 것이 아닌가 싶다.

그는 특히 이 글에서 방계적 연극 조성운동이라는 것을 제창한 것이 눈에 띈다. 이것은 유럽에서 한때 있었던 드라마리그, 즉 연극연맹이란 것으로서 생산자(연극창조자)와 소비자(관중)가 합세하는 것을 의미한다고 했다. 그가 영국의 연극연맹운동에 대해서 다섯 가지로 요약했는데 ① 연극의 민중화 운동 ② 희곡을 대학 정규과목에 넣는 운동 ③ 일요일에도 극장을 개장케 하는 운동 ④ 비영리단체의 원조 ⑤ 연극에 대한 출판물 간행 등이라는 것이다. 우리도 이러한 연극연맹운동을 벌여나가는 것이 바람직하다고 보았다. 그는 특히 우리 현실에서는 각급 전문학교 안에 있는 연극 연구에 취미를 가진 학생으로서 1개의 그룹을 조성하여 이것을 세포단체로 삼고, 둘째 사회 각계에 긍하여 봉급생활자 중에 동호자를 개별로 1분자가 되게 하여, 셋째 일반 인텔리층 동호자를 널리 구하여 역시 개별로 1분자를 이루게 해야 한다고 했다. 그러니까 그는 제대로 된 신극운동을 하려면 인텔리층이 든든한 후원자가 되어야 한다고 본 것이다.[15]

이상과 같은 그의 구상은 서양에서 근대극운동 시기에 유행했던 회원제 방법을 훨씬 뛰어넘는 것으로서 그의 선구적 연극진흥책을 단적으로 보여주는 것이다. 그가 특히 관객의 기능에 주목한 것은 현장에서 뼈저리게 느낀 데서 나온 것이라 볼 수 있다. 그러니까 그는 아무리 순수하고 명분 있는 신극운동이라 하더라도 깨어 있는 관중이 뒷받침해주지 않으면 불가능하다고 본 것이다. 그러면서도 그는 후원자와 관객 확대를 중시했다. 물론 그렇다고 그가 동양극장류의 대중극을 선호한 것은 아니었다. 격조 높은 대중극을 마음속에 그리고 있었던 것이 아닌가 싶다. 그가 특히 극예술연구회의 공연 활동을 지켜보면서 그런 생각을 충분히 했을 것도 같다. 그는 마침『동아일보』에 역사소설을 연재하여 대중의 호응을 즉각즉각 느끼고 있던 터였으므로 신극운동에 대한 보다 근본적 개선책을 제시할 수 있었던 것이다.

그는 몇 편의 희곡도 발표했는데, 흥미로운 사실은 모두 부부 문제를 다룬 것이 특징이라는 점이다. 즉 이념과 관습이 다른 부부가 한 집안에서 경계선을 긋고 산다는 〈국경〉에서부터 하와이 이민 사진사기 결혼으로 불행에 빠진 〈운명〉, 그리고 맹인이 된 퇴역장교가 아내를 의심한 나머지 오해로 어린 딸까지 죽이게 되는 〈암괴〉에 이르기까지 페미니즘 희곡만을 쓴 것은 매우 특이한 일이다. 만년에 그가 〈야화〉(5막)라는 역사대하극을 한 편 썼지만 그것은 소설로 다루었던 것을 다시 한번 무대화한 작품이므로 초기에 쓴 순수창작희곡들과는 궤를 달리 한다.

이상과 같이 윤백남은 신문화 초기에 순수예술과 대중예술을 넘나들면서 그 기초를 다지는 창작, 공연, 제작, 이론 전개 등에 앞장섬으로써 신문화가

---

15 윤백남, 「연극운동에 대한 신제창」, 『매일신보』 1932.1.8.

자리 잡는 데 절대적 역할을 한 선구적 인물이었다. 특히 연극 분야에서는 신파극 도입으로부터 극예술연구회라는 본격 신극단체 창립에 이르기까지 극단을 중심으로 한 서구연극의 이식에 앞장섰고, 선진서양의 연극운동을 이론적으로 소개하여 연극인과 대중의 연극 인식을 제고하기도 했다.

세계 연극 조류의 변방이었다고 할 이 땅에서 윤백남과 같은 선구적 인물이 등장하여 신극운동을 전개했다는 것은 참으로 다행한 일이다. 왜냐하면 그가 우리의 근대문화가 세계의 현대문화에 근접할 수 있도록 끊임없이 예술인과 대중을 일깨우고 자극을 가해주었기 때문이다. 바로 그 점에서 윤백남이야말로 초창기에 우리 근대문화가 제대로 자리 잡고 성장해갈 수 있도록 방향타를 잡아준 항해사형 선구자였다고 하겠다.

신극사상 최장수 배우
변기종

아무리 예술사조가 바뀌어도 연극은 배우의 예술이며, 연극의 주체는 배우이다. 극작가가 없었을 때도 연극은 있었고, 연출가가 없어도, 무대가 없어도 연극을 할 수 있는 것은 배우가 있기 때문이다. 그러나 연극 형태의 특수성 때문에 배우는 역사 속에서 영원히 빛을 내며 존재하지 못하고 한 시대만을 풍미할 뿐 그 자신의 퇴장과 함께 담배연기처럼 허무하게 사라져버리기도 한다. 더구나 우리나라처럼 배우가 사회적 대우를 못 받는 경우에서는 역사 속에서 배우의 존재조차 확인하기 어려운 실정이다. 부족국가 시대 이후 수많은 광대들이 민중을 울리고 웃겨왔지만 그들은 역사 속에 아무런 흔적도 남기지 못한 채 타 죽은 부나비처럼 사라져버린 사실에서도 그 점은 확인할 수 있다.

그러한 상황은 개화기 이후에도 별 차이가 없다. 수천수백 명의 유무명(有無名) 배우들이 명멸했지만 뚜렷한 자취를 남긴 배우는 극소수이고 신극운동 90년 동안 전기나 자서전 한 권 남긴 배우가 단 한 사람도 없는 것이 우리 연극의 현실이다. 따라서 변기종(卞基鍾)처럼 신극사상 가장 오랫동안 연기 생활을 한 배우를 아는 사람은 오늘날 거의 없는 실정이다. 연극계나 더 나아가 학계 등에서 배우들에 대해서 특별히 관심을 갖고 배려하며 연구를 해야 하는 당위성도 바로 거기에 있는 것이다.

신극사상 최장수 배우였던 변기종은 국운이 쇠해가던 1895년 7월 29일 서울 권농동 185번지에서 태어났다. 3남 3녀 중 맏이였던 그는 본명이 변창규고, 아호는 남계다. 유년시절에는 별 어려움 없이 성장했다. 부친이 전형적인 서울의 소상인이었으므로 그런대로 중류급 생활은 유지할 수 있었기 때문이다. 변씨 집안은 일찍부터 천주교를 믿어왔기 때문에 그는 유아 영세를 받았고 학교 입학 적령기를 맞아서는 자연스럽게 명동성당 부설 한문서당에서 공부할 수 있게 되었다.

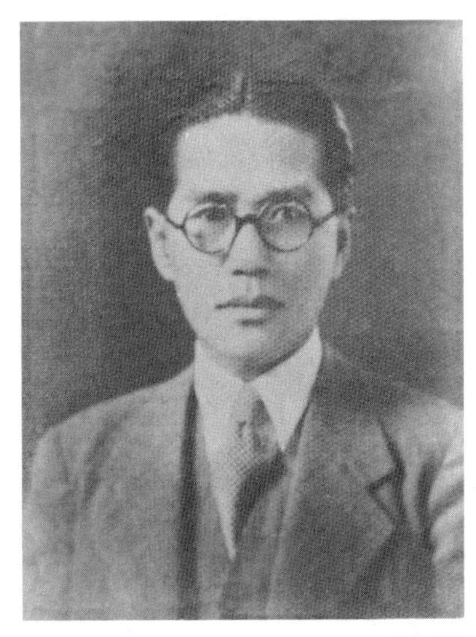

변기종

한문서당이 개화물결에 밀려서 신식인 계성학교로 교과편제가 바뀌자 그는 고등과에 들어가 4년 동안 신식학문을 접할하게 되었다. 어려서부터 종교교육을 받았기 때문에 암기식 한문서당보다는 신식 교육에 적응이 빨랐고 성적도 좋은 편이었다. 졸업할 즈음에 일제가 이 땅을 강점하여 그는 실국(失國)의 아픔을 겪기 시작했다. 당시 이 땅에도 대학이 생긴다는 소문이 돌았기 때문에 그는 희망을 갖고 기다렸다. 그러나 그것은 소문으로 그치고 말았다.

그는 장차 무슨 일을 할까 방황하고 있는 동안 우연히 친구 몇 명과 집 근처의 연흥사극장에 가서 신파극 구경을 한 일이 있었다. 일본 신파를 거의 그대로 번역한 〈진중설〉은 열정의 군사극으로 이것이 그의 운명을 결정짓는 하나의 계기가 될 것은 그 자신도 상상하지 못한 일이었다. 일본 특유의 애국주의를 고취한 이 작품은 소년 변기종으로 하여금 애국심이라는 것이 무엇이며, 그 실현을 위해서 그가 할 일이 무엇인가를 곰곰이 생각하게 했다는 이야기이다. 즉 그는 이 작품을 보면서 그것이 비록 일본 사람들 이야기였지만 문득

"지금 우리나라의 형편이 안일하게 앉아서 공부나 하고 있을 때가 아니다. 빼앗긴 나라를 되찾아야 한다. 그러려면 우매한 백성들을 먼저 깨우쳐야 한다. 그 깨우치는 방식이 바로 저런 계몽극일 것 같다"는 생각이 머리를 스쳐갔다는 것이다.

그러나 열여덟 나이에 연극이란 것을 처음 구경한 그가 연극인이 되어야겠다는 결심을 했다고 당장 무엇을 할 수는 없었다. 그러니까 연극을 어떻게 해야 하는지 또 그때 어떤 연극단체가 있으며 또 기초가 전혀 없는 자기가 극단에 가입할 수가 있는 것인지 막막할 수밖에 없었다.

'궁측통'이란 말이 있듯이 성당에서 가끔 만난 적이 있는 연극인 박창한(朴昌漢)이 그의 뜻을 알고 당장 신파극단 청년파일단(靑年波一團)에 들어오도록 했다. 박창한은 상업으로 돈을 벌어 임성구(林聖九)의 신파극단에 자금을 대면서 연극운동을 벌이던 사람이었는데, 곧 자신이 직접 극단을 조직 운영해서 순박한 소년 변기종을 참여시킨 것이다. 그가 오랜 망설임 끝에 엄부에게 연극 입문을 말했을 때, 분노한 부친의 첫 반응은 '너 이놈, 앞으로는 다시 이 집 문전에 들어서지도 말고 나보고 애비라고 부르지도 말라'는 호통이었다. 신파배우를 신광대라 부르던 당시에 웬만한 중류층 가정 출신 젊은이가 얼굴에 분 바르고 무대에 선다는 것은 미친놈이거나 좀 모자라는 사람으로 인식되었기 때문에 그 자신으로서도 여간한 용단이라 아니할 수 없었다. 당시에 배우로 나서면 가문으로부터는 추방이요, 사우(師友)로부터는 파문이며, 세상으로부터는 괄시였기 때문이다. 더욱이 전통적인 가톨릭 집안이었으므로 어느 가문보다도 보수적이어서 그는 본명인 창규(昌圭)를 못 쓰고 기종이란 예명으로 청년파일단에 가입과 동시에 집을 떠나야 했다. 열여덟 살의 젊은 나이에 오직 연극이 좋아서 유랑생활을 시작한 것이다.

그가 첫발을 디딘 청년파일단만 하더라도 초창기 몇 개 안 되는 여타 극단들처럼 우선 재정적으로 부실했기 때문에 고생이 말이 아니었다. 북선(北鮮) 순회공연 중 평양에서 자금주가 도주하는 바람에 해산되었고, 그에 따라 낯선 타향에서 고아 신세로 버려지는 처지에 놓이게 되었다. 그가 연극에 입문한 지 불과 3개월 만에 부닥친 첫 번째 시련이었다. 주머니에 돈이 넉넉하게 있었던 것도 아니고 처음 와본 객지에 친척이나 지인이 있던 것도 아니었던지라 거의 유랑 걸식 상태에 놓이게 되었다. 그러나 스스로 택한 고행길이었으므로 누구를 원망할 수도 없는 것이 아닌가.

그러던 어느 날 평양거리에서 우연히 신파극단 공연선전 딱지를 주워 보게 된다. 이기세의 유일단이 평양 공연을 온 것이었다. 그는 주린 배를 움켜쥐고 이기세 단장을 찾아갔다. 이기세 역시 배우가 부족한 터였으므로 유망한 신인배우 변기종을 반긴 것은 두말할 나위 없었다. 그때부터 그는 유일단 배우로 전국을 떠돌며 이기세와 깊은 인연을 맺었다. 1916년에 이기세가 새로 예성좌를 조직할 때는 일익을 담당하기도 했다. 그러나 그 극단마저 재정난으로 단명하였기에 또 다른 흥행주를 찾아 조선문예단이라는 것을 만들었다.

그가 이기세와 보조를 맞추기 시작하고 3, 4년 동안에 세 개의 극단이 만들어졌다가 흩어졌다. 일제가 이 땅을 점령하고 착취, 탄압·수탈로 인해서 국민경제는 도탄에 빠져 있을 때였으므로 극단 유지가 대단히 어려웠다. 배우들이 세 끼 밥조차 제대로 먹지 못해서 무대에서 연기를 하다가 쓰러지는 경우도 없지 않을 정도로 궁핍한 시대였다. 따라서 극단과 배우들은 흥행주를 따라 이합집산하는 것은 이상한 일이 아닐 정도로 넓지 않은 연극계가 혼란스러웠던 때가 바로 1910년대였다. 의리와 신념이 강했던 변기종도 그런 시대 분위기를 벗어날 수는 없었다.

그는 곧바로 성향이 다른 김도산 주도의 신극좌에 가입했다. 그러나 신극좌의 리더 김도산이 1년여 뒤 갑자기 세상을 떠났으므로, 이 땅에 신기운이 전국을 뒤덮을 때 그는 낡은 신파극단을 이끌고 지방을 유랑해야 되는 신세가 되었다. 그런데 그런 신극좌마저 얼마 가지 못해 흩뜨릴 수밖에 없었다. 이처럼 그는 처음부터 신극사의 파란 속에서 부유(浮游)하는 처량한 신세가 된 것이다. 그럼에도 불구하고 그는 성격대로 신파극계를 떠나지 않고 고집스럽게 붙잡고 늘어졌다.

가령 1920년대 들어서 도쿄 유학생들의 토월회가 위세를 떨치고 있을 때에도 그는 맥을 못 추고 방황하던 신파배우들을 모아 민립극단을 조직하여 조선극장과 전속계약을 맺을 만큼 당찼다. 외적으로 매우 온순, 소극적으로 보여도 내적으로는 대단히 강인한 면을 지니고 있었던 것이다. 물론 민립극단은 별다른 활동을 벌여보지도 못하고 흐지부지되었지만 그의 야심과 리더십만은 충분히 보여준 경우였다. 그는 다시 조선극우회를 조직해서 이끌다가 1929년에는 열렬한 연극운동가 지두한을 만나서 신파 연극인을 망라한 극단 조선연극사에서 그의 능력을 한껏 발휘할 수가 있었다.

이때부터 그는 비교적 안정적인 연기 생활을 하게 되었는데, 그 이유는 두 가지에 있었다. 첫째 일본 신파극을 배워서 20여 년 동안 나름대로 토착화시켰기 때문에 관중을 확보할 수 있었고, 두 번째로는 그가 30대에 들어서 이합집산을 하는 신파배우들 속에서 중견으로 자리를 굳힘과 동시에 리더로서 배우들을 통솔하는 위치에 섰기 때문이다. 물론 조선연극사는 지두한이 모든 자금을 조달했기 때문에 그가 실질적인 책임자였지만 작품 제작이나 배우 통솔만은 전적으로 변기종이 맡아서 했다. 그런 관계로 그는 1935년 6월 생애 처음으로 일본 경찰에 구속되는 시련을 겪기도 했다. 즉 조선연극사가 공연한 〈신라의 달〉(박영호 작)이 독립운동을 다룬 내용이라 하여 일본 경찰이 변기종 단장 등 출연 배우 10여 명을 구속시키는 사건이 일어난 것이다.

이때 변기종은 의연하게 버텼고 특별한 의도 없이 공연한 것이라고 변명하여 풀려났다. 이처럼 투옥 경력까지 쌓았기 때문에 배우들의 리더로서 손색이 없었던 것이다. 따라서 1935년 동양극장이 설립되고 전속극단이 조직되었을 때 그는 자연스럽게 전속의 하나인 청춘좌 단장이 될 수 있었다. 동양극장은 본격적으로 상업주의를 표방한 전문극장으로서 연극인들도 비로소 생활 안정을 얻을 수 있었던 것이다. 그도 동양극장에 와서 결혼도 하고 가정도 꾸릴 수가 있었다.

그의 연극 생활을 1945년 해방을 기점으로 해서 전후기로 나누어본다면 전반기의 전성기는 바로 동양극장 전속배우의 실질적인 좌장이었던 1930년대 후반이었다. 이후 10년은 그가 마음 놓고 배우로서 활동한 시기였고 연기도 만개했었다. 소위 연기상이라는 것도 이 시기에 받았는데 그것이 1945년 2월 조선연극문화협회 주최 연극경연대회 때 청춘좌가 들고 나간 〈신사임당〉(송영 작)에서의 남자주연상이었다.

여기서 잠시 국민연극 시대의 그의 행적에 관하여 이야기를 하고 넘어가야 하겠다. 그는 다른 배우들과 별다름 없이 오직 연기에만 몰두했다. 국민연극 시대에는 상당수의 작품들이 목적성을 띤 것도 사실이었다. 그러나 그가 속한 청춘좌는 순전히 상업극단이었기 때문에 목적성도 희박하고 정치권력과는 거의 무관했다고 말할 수 있었다. 특히 그는 권력 같은 것에는 처음부터 관심을 두지 않았고 따라서 권력에 편승하거나 타협도 하지 않았음은 두말할 나위 없는 것이다.

작품 출연이야 그의 천직이므로 내용이나 주제와 관계없이 어떤 역이든 최선을 다했지만 그 외의 일에는 일체 참여하지 않았다. 당시에는 평론가와 극작가, 연출가 등이 국민연극을 찬양하는 어용적인 글을 쓰는 등 일제와 영합하는 경우가 적지 않았지만 그는 독실한 천주교도답게 신사참배를 거부하고 오직 묵상과 기도만을 했다.

그는 일관되게 무대 위에서의 생활만을 최대의 즐거움으로 삼으면서 살았고 또 대중극 쪽에서만 연기 생활을 했다. 물론 그가 중견배우로 전성기를 누릴 때 극예술연구회나 현대극장 등 정통연극 쪽에서 유혹도 없지 않았지만 돌아보지 않고 동양극장에서만 무대에 섰다. 해방 이후에도 그러한 그의 고집과 신념은 크게 변하지 않았다. 실제로 1940년대부터는 신파극과 정통적인 신극이라는 것이 그렇게 선명하게 구별되지 않는 방향으로 흐른 까닭에 극단의 이합집산이 과거와 달랐다. 즉 과거에 신파극을 했던 사람이라고 해서 반드시 그런 유형의 극단에만 관여한 것이 아니고 평소의 교분이 오히려 더 중요시되었으며 게다가 좌우 이데올로기 대립은 더욱 그러한 연극 경향을 무시하는 방향으로 나아가게 했던 것이다. 그 점은 해방 직후 변기종의 연극 활동에서 극명하게 드러나고 있다.

그는 해방을 맞자 자동적으로 해산된 동양극장 전속을 떠나 새로운 활로를 찾기 시작했다. 그리하여 좌익 연극인들이 기세를 올리는 속에서 온건한 연극인들을 모아고 극단 자유극장을 조직했다. 그것이 해방이 되고 꼭 2개월 뒤의 일이었다. 그의 성격대로 인천 출신의 온건한 극작가 진우촌(秦雨村)의 〈망향〉으로 창단공연을 가진 자유극장의 멤버는 박고송, 한일송, 김승호, 박상익, 송재로, 강정애, 김선초, 유계선, 김신재, 황정순, 정애란, 진랑 등 동양극장 전속배우들이었다. 그러니까 그가 청춘좌를 재건한 셈이 되는 것이다. 이 자유극장은 적어도 해방 직후에는 가장 견실한 극단 중의 하나였다. 공연 활동도 활발해서 다음해(1946)에는 일곱 작품이나 무대에 올렸으니, 어느 극단도 추종을 불허하는 것이었다. 그러한 정력적 공연 활동이 다음해에도 그대로 이어졌음은 두말할 나위 없다. 그러나 점차 좌익 연극인들이 득세하고 또 배우들의 이합집산 및 연극인들의 월북 등으로 상당수 단원들을 잃어 활동이 주춤해질 수밖에 없었다. 좌우익 연극인들 간의 첨예한 대립과 갈등 속에서도 그는 동요하지 않고 순전히 동지애를 바탕으로 의연하게 자유극장을 지키려 노력했다. 그러나 해방 직후의 열악한 경제사정과 정치 사회적인 혼란 속에서 극단 유지가 쉬운 일만은 아니었다.

그런 때에 6 · 25 전쟁이 발발하여 그는 두문불출할 수밖에 없었다. 며칠 뒤 인민군이 서울을 점령했고 뒤따라 북한의 지도급 연극인들이 서울에 들이닥쳤다. 그중 인민군 소좌 계급장을 단 월북 연극인 심영(沈影)이 서울에 남아 있던 무대예술인들을 불러모으는 일을 했다. 그는 조선연극동맹이라는 조직체를 만들어서 변기종을 위원장으로 앉힌 것이다. 변기종과 심영은 동양극장 때부터 특별한 관계로서, 심영은 대선배였던 변기종을 아버지처럼 존경하고 따랐다. 그는 김일성과 변기종의 초상화를 만들어 무대예술인들과 함께 부민관에서부터 종로까지 시가행진을 벌인 일까지 있었다.

그렇다고 전쟁통에 변기종이 무슨 일을 한 것은 아니었다. 또 조선연극동맹이란 것도 이름만 있었을 뿐 무엇을 한 것은 아니었다. 특히 유엔군의 인천상륙작전으로 서울이 수복되면서 모든 것이 원상복구되었다. 그러나 중공군의 개입으로 서울 사람들이 피난길에 오르자 그 역시 가솔을 이끌고 부산으로 내려갔다. 부산에서 그는 약간의 곤욕을 치른 바 있는데, 전쟁 중 잠시 좌익에 이용당한 것에 대해 문책을 받은 것이다. 그러나 그의 인품을 아는 주위 사람들이 많았기 때문에 그는 곧바로 오해로부터 벗어날 수 있었다.

그는 1951년 초가을 극단 상록극회를 창립했는데 주로 자유극장 단원들이 주축이 되었고 이철혁, 전창근 등 영화인들도 여러 명 참여했다. 그러나 상록극회는 중국 작품 〈명우 추해당〉을 창단공연으로 가진 뒤 이렇다 할 활동을 못 하고 흐지부지되었다. 따라서 그는 오랜만에 긴 휴식을 취할 수 있었고 한두 번 극협 등에 출연하다가 1953년 6월에 장훈, 최무룡, 조미령, 노경희 등 젊은이들을 데리고 극단 자유극회라는 것을 만들었다. 이 극단은 전쟁 중 반공의식을 고취하기 위해 급조된 것으로서 크라브첸코의 〈나는 자유를 선택하였다〉로 창립공연을 하고 남쪽 지역을 순회공연하기도 했다. 물론 그 극단도 단명했음은 두말할 나위 없다. 그는 전쟁 중 방향을 못 잡고 서성이는 연극인들 속에 끼어서 쉬지 않고 무대에 섰는데 그때는 이미 그가 최장수 배우였다.

그는 1957년 국립극장이 대구에서 서울로 환도하자 젊은 배우들과 함께 국립극장에 몸을 담기 시작했다. 안정적인 극장에 전속으로 몸을 담은 것이 1935년 동양극장(1945년까지) 때였고, 우여곡절 끝에 다시 20여 년 만에 국립극장에 전속으로 들어앉게 된 것이다. 처음에는 동양극장 계열의 극단 민극(民劇)으로 출발하여 신협과 합침으로써 명실상부 한국연극의 두 줄기, 즉 신파 계열과 정통 신극 계열이 통합되는 과정에서 그는 새롭게 탄생되었다고 말할 수 있다.

이미 그때 그는 60대 노인이었다. 그는 후배 연극인들의 추대로 1960년 초대 국립극단 단장에 오르면서 서울시 문화상도 받았다. 그의 나이 63세 때였다. 국립극단도 신협과의 관계 속에서 여러 번 흔들렸지만 그는 초지일관 타계(1977)할 때까지 국립극장을 단 한번도 벗어나지 않았다. 그는 예술원 회원도 되었고 예술원상도 받았다. 그가 60대에 와서 비로소 공로상 성격의 상을 몇 개 받을 수 있었던 것이다.

변기종의 연극 활동은 곧 우리나라 신극운동사의 한쪽, 즉 대중연극의 축약 그 자체라 해도 과언이 아니다. 신파극으로 시작된 신극이 3·1운동 이후에는 서구의 근대극을 수용하여 또 하나의 거대한 줄기인 정통 신극을 만들어냈는데, 이러한 두 흐름은 결국 6·25전쟁 직후 국립극장에서 역사적으로 통합되었고 그 통합의 상징이 박진과 이해랑 그리고 변기종이었다는 것은 매우 흥미로운 일이라 아니할 수 없다.

더욱이 신파극을 경멸해온 유치진, 이해랑 등이 절대적인 영향력을 발휘할 때, 신파극의 대표격인 그가 국립극단 초대단장으로 추대된 점에 주목할 필요가 있다. 그것은 두말할 것도 없이 그의 고통에 찬 연극 활동과 인품에 따른 것이었다. 그는 화려한 학벌도 없고 명문가 출신도 아니며 출중한 배우도 못되었다. 그러나 그는 한국 배우사상 신기록을 많이 세웠는데 그 요인 중 하나가 그의 범용성이다. 그는 오척단구(五尺短軀)의 왜소한 체구에다 두드러진 특징도 없었고 성격 또한 온화하고 소극적이어서 뚜렷한 개성을 지닌 명배우는 못 되었다. 무대 한 귀퉁이에서 있는 둥 없는 둥 조·단역만 해온 셈인 데다 데뷔 초 20대 때도 노역을 맡을 정도였다. 그나마도 천민 노인 역에 잘 맞았다. 그러니까 평생 무대에서 늙은이 노릇만 한 셈이다.

그래도 그는 단 한 번도 불평하지 않았고 연극배우가 된 것을 후회하지 않았다. 물론 주역만 좋은 것도 아니다. 왜냐하면 그는 사극에서는 인자한 아버지 역과 같은 빛나는 조역을 주로 했기 때문이다. 그래서 아예 후배 연극인들이나 관객들에게는 호야형(好爺型)으로 이미지가 박혀버렸던 것이다. 그런 단골 조연배우가 어떻게 가난과 천대, 소외를 감수하면서 평생 연극무대를 떠나지 않았을까 의문이 아닐 수 없다. 그런 의문에 대해서 그는 단 한마디 운명이라는 말로 대신했다. 그는 배우의 길을 자신이 의식, 무의식 간에 택한 운명이라고 굳게 믿었다. 그가 고난에 찬 연극배우 생활을 고집스럽게 지킬 수 있었던 것도 순전히 그런 삶을 숙명으로 받아들였기 때문이다.

그의 연극 생애에서도 보이듯이 그는 고매한 인품의 소유자였다. 그는 겸손했고 자신을 내세우지 않았다. 그는 너무나 희생적이었다. 그의 전 생애는 양보와 화합으로 일관했다. 그는 거의 방랑 생활 비슷한 유랑극단 시절에도 인구(人口)에 회자(膾炙)될 만한 스캔들 하나 만들어내지 않았다. 그가 후배 연극인들에게 늘 강조한 것은 단합이라는 말이었다. 그런 그의 주변에서 잡음이 날 리가 만무했다. 그가 초취라 할 서정옥(徐正玉)과 헤어진 것도 순전히 가난 때문이었다. 그는 동양극장 시절에 비로소 가정을 제대로 꾸렸고, 세상을 떠날 때까지 그의 단란한 가정은 조금도 흔들리지 않고 지속되었다. 그는 마음을 비우고 사는 수도승 같았다.

그가 후배 연극인들에게 남긴 말은 "연극을 통해서 돈을 번다거나 지위를 얻겠다는 생각은 처음부터 끝까지 갖지 말아야 한다"는 것이었다. 그는 실제로 그러한 자신의 연극관을 몸소 실천한 배우였다. 그 구체적 에피소드가 동양극장 시절에 있었다. 동양극장 초기에 흥행이 잘 되었기 때문에 배우들은 급료를 많이 요구했다. 그러나 그는 단 한 번도 급료 인상을 요구한 적도 없고, 오히려 돈에 욕심을 내는 배우들을 타이르곤 했다. 한번은 동양극장 주인 홍순언이 그에게 집을 사주겠다면서 아무 데서나 한 채 고르라고 했다. 그랬더니 그는 변두리 북아현동 산꼭대기에 작은 고옥(古屋) 한 채를 택했다. 놀란 홍순언이 왜 산꼭대기의 작은 고옥을 골랐느냐고 핀잔을 주었지만 그는 그런 집이면 충분하다면서 거기서 살았다. 욕심 없는 변기종의 인간됨을 가장 잘 보여준 경우라 하겠다. 그는 남에게 모략을 당할망정 보복하지 않았고 싫은 소리 한번 하지 않은 배우였다.

그의 이러한 인품은 역시 종교 생활로부터 비롯된 것으로 보아도 무방할 것 같다. 전술한 바 있듯이 그는 독실한 구교 집안에서 유아영세를 받았고, 험난한 배우 생활을 하면서도 종교에 게을리하지 않았다. 그의 가정 생활은 기도 생활이었고, 외출해서도 틈만 나면 묵상하고 기도했다. 극본 연구와 성경 읽기, 그리고 기도가 그의 가정 생활의 전부일 정도였다. 그는 하다못해 공연 중에도 무대에 등장하기 5분 전까지 기도하고 출연할 정도였다. 그만큼 그의 생활은 단조로웠고 경건했다. 상당수 연예인들이 주색으로 건강을 망치거나 추하게 늙어갔지만 그와는 상관없는 일이었다. 그는 극예술과 종교를 일치시킨 배우였다. 그렇기 때문에 그에게는 종교와 얽힌 에피소드도 적지 않다.

그는 종교와 배우 생활의 조화와 관련하여 "오히려 나는 천주교가 연극 활동에 도움을 준다고 생각한다. 무슨 작품이었는지는 정확히 기억나지 않지만 출연 중에 대사를 잊어버린 적이 있었다. 그래서 나는 순간적으로 천주님께 기도를 올렸다. 그랬더니 관객 쪽으로 십자가가 나타나면서 대사는 물론 드라마 전체가 선명하게 나타나서 고비를 넘길 수 있었다"고 고백한 일도 있다. 이처럼 그는 천주교 정신을 배우 생활에 끌어들인 매우 특이한 연극인이었다.

그가 평생 스캔들 하나 만들어내지 않고 청빈하게 외곬의 예도를 걸어올 수 있었던 것도 순전히 가톨릭 교도로서 닦은 수양 때문이 아닌가 싶다. 물론 예술인이 눈에 띄는 스캔들 하나 없었다는 것은 그의 무덤덤한 성품과 검박한 생활 자세가 여성들의 시선을 끌지 못한 데에도 기인한다고 볼 수 있다. 장삼이사 같은 평범함이 그의 트레이드 마크였지만 감추어져 있는 장점도 꽤 있었다. 아마 그런 대표적인 것이 의리와 희생정신이었다. 그는 동양극장 설립 직후 전속극단 동극좌 대표를 맡았었다. 그런데 동극좌를 해체하고 다른 극단을 만든다는 것이 동양극장의 계획이었다. 그 당시 극장 측에서는 변기종만을 다시 기용하기로 했었다. 그런 뜻을 변기종에게 알렸음은 두말할 나위 없다. 그러나 변기종은 극장 측의 제의를 단번에 거절했다. 단원들이 모두 떠나는데 자신만 남아서 호의호식(?)할 수 없다는 것이었다. 그는 극단 해산과 함께 집으로 돌아가 굶주림에 시달린 것이다. 이런 사람이 바로 변기종인 것이다. 지

     제2부 외국연극의 모방과 수용

난 시절 이 땅에서의 무대배우 생활이란 생활이라고 말하기조차 어려울 만큼 생존 위협 그 자체였다. 그처럼 어려운 상황에서도 수하 단원들을 먼저 생각하고 스스로의 고행의 길을 택한다는 것은 대단한 희생정신이 없으면 불가능하다.

그처럼 어려운 생활을 지켜본 후배들 중에 그를 위해서 뭔가 도와주려고 나선 연극인도 없지 않다. 그런 연극인 중에 연출가 이기하(李基夏)가 있다. 그는 1970년대까지 TV 드라마 연출을 자주 했었다. 그때 그는 변기종에게 TV 드라마 출연 교섭을 벌였었다. 그러나 그는 그런 제의를 단번에 거절했다. 순수하게 연극무대를 지키겠다는 것이었다. 그러나 영화는 한두 편 출연한 적은 있었다. 그 대표작이 다름 아닌 〈만선〉이었다. 이때 그는 혼신의 연기를 보여줘서 작품의 질을 높였었다. 그리고 배우로서의 전성기는 역시 동양극장의 전속극단 청춘좌 시절이 아니었을까 싶다. 1945년 1월 청춘좌 공연 〈신사임당〉(송영 작)에서 신진식 역은 일생일대의 연기였다. 그는 배우로서 좋은 아버지 역과 소탈한 노인 역을 잘 했지만 분장에 뛰어난 재주를 갖고 있기도 했다. 그는 대체로 스스로 분장을 했는데, 젊어서부터 노인 역을 잘한 것도 분장과 무관하지 않았다.

그는 타인에 대해서 가타부타 평가하지 않고 잡기도 거의 하지 않았다. 오로지 집과 무대, 그리고 성당에 다니는 것이 전부였다. 그야말로 수도승 같은 배우였다. 강아지 네 마리를 기르면서 기도하는 것이 가정 생활의 전부였다. 예술가답지 않게 도덕적이었던 그의 생활 태도는 후배 연극인들에게 귀감이 되었음은 두말할 나위 없다.

1912년 신파극단에 가담하여 〈청년입지고아소위〉라는 작품에 처음 출연한 이래 1975년 국립극단의 〈광야〉에 마지막으로 출연하기까지 무려 65년간 배우 생활을 한 경우는 외국에서도 찾아보기 어렵다. 또 마지막 무대에 설 때의 나이가 80세였다는 것도 드문 예다.

그렇다면 배우로서 신체 조건에서나 성격 등에서 범용하기 이를 데 없었던 그의 연극사적 위상은 어떤 것일까. 첫째는 앞에서도 조금 언급한 바 있는 것처럼 신극사상 가장 오랫동안 오로지 무대배우로서만 활동한 인물이라는 사실이다. 물론 한 분야에 오랫동안 몸담은 것만으로 평가를 받을 수는 없을 것이다. 다만 변기종의 경우는 일제 식민지 치하의 험난한 신극운동 과정에서 초지일관 외곬으로 배우의 길만을 걸어왔다는 점에서 공로가 있고, 고비마다 극단을 조직해서 신극사의 맥을 이어온 인물이라는 점에서 중요한 자리를 차지한다고 보는 것이다.

두 번째로는 그가 드러나지 않게 연극을 통해서 민족계몽운동을 펴온 인물로서 자리를 차지한다고 보는 것이다. 당초에 그가 연극에 입문할 때도 분명히 무대를 통해 민족계몽운동을 펴겠다는 의지를 표명했었다. 그런 의지는 그 이후에도 변하지 않았는데, 그가 평생의 보람 있는 출연작으로 민족애의 색채가 농후한 〈신라의 달〉과 〈소금〉(박호영 작)을 꼽는 점에서도 확인된다고 하겠다. 그가 작가나 연출가가 아니었기 때문에 자신의 민족애를 무대 위에서 마음껏 발휘하기는 어려웠다. 그러나 그가 그런 성향의 작품에 출연하는 것을 연극하는 의미나 보람으로 생각한 것만은 분명했다. 그가 주·조·단역으로 출연한 수백 편의 작품들 중에서 그를 행복하게 해준 작품이 바로 그런 것이었다.

세 번째로 연극과 종교 더 나아가 예술과 인격을 훌륭하게 결합시킨 연극인이었기 때문에 후배 연극인들의 귀감이 되어주었다고 하겠다. 신극운동이 시작된 이후 수천 명의 연극인들이 부침명멸(浮沈明滅)했지만 그만큼 존경을 받은 예는 드물었다. 대체로 작가나 연출가로서 극단을 좌지우지한다든가 어떤 직위에 올라야 존중받는 풍토에서 그는 아무런 직위나 세력 형성을 하지 않고도 존경받는 몇 안 되는 연극인이었다. 그것은 순전히 수도승같이 청빈하게 살아온 그의 온후하고 인자한 성품 때문이라 하겠다. 이러한 그의 고결한 인품은 지난 시절 이합집산의 연극계에서 사람들을 단합시키고 연극을 있게 하는 데 기여를 했다고 보는 것이다. 그는 연극 활동 기간에 연극계를 크게 변화

　　　　　　　　제2부　외국연극의 모방과 수용

시킬 만한 일을 한 것은 없다. 획기적인 작품을 내보였다든가 연극사조를 바꾸어놓을 만한 일을 하지도 않았다. 그러나 1957년 국립극단이 탄생될 때 대중연극의 맥과 지식인들 중심인 정통 신극의 맥을 통합한 공로가 그의 네 번째 기여라 말할 수 있다.

그는 앞에서도 언급한 바 있는 것처럼 성격적으로나 예술적 재질, 신체적 조건 등 여러 면에서 배우로서 이정표적인 업적을 남길 만큼 두드러진 장기를 지니지는 못했다. 그만큼 그는 무대 위에서나 연극계에서 언제나 '배경의 인물'이었다. 일종의 병풍 같은 역할을 했다는 이야기이다. 그는 또 그런 것을 자청해서 한 사람이기도 하다. 왜냐하면 그는 연극을 무슨 이익을 위해서 한 것이 아니라, 사랑으로 했고 하나의 운명으로 받아들였기 때문이다. 대중은 항상 스타를 원하고 또 원하는 만큼이나 쉽게 스타를 버리기도 한다. 그만큼 대중은 간사스럽고 충동적이며 이기적인 속성을 지니고 있다. 변기종은 그러한 대중의 속성을 간파하지도 못했고 또 알려고도 하지 않았다. 그는 대중에게 영합하기보다는 봉사하고 또 계도한다는 자세로 연극에 임한 것이다.

그런 점에서 그는 무대 위의 달인이고 범용함을 갖고 연극계를 제패한 드문 인물이라 볼 수가 있다. 이는 사실 탁월성으로 세상을 제패하는 것과는 정반대의 경우로서 비록 평범하지만 신념이 강하고, 의지가 굳은 변기종 같은 배우나 가능한 것이라 하겠다.

한국 근대극을 위한 도전과 좌절의 여정
현철

세계사의 흐름을 보면 언제나 선도적 인물이 나타나서 역사의 물굽이를 돌려놓거나 바로잡곤 했음을 발견하게 된다. 그것은 우리나라 역사에서도 발견되고, 또 일반사뿐만 아니라 문화사에서도 예외가 아니다. 19세기 판소리 정립자 신재효를 비롯해서 20세기 초 신파극을 처음 시도한 임성구 등이 바로 그러한 경우이다. 그리고 신파극으로부터 서구적 근대극으로 넘어가는 과정에서 중요한 역할을 했던 현철(본명 희운, 1989~1965) 역시 그러한 선도적 인물이다.

경남 동래(지금의 부산)의 명문가에서 태어난 그는 대대로 한학자 집안이었기 때문에 보수적인 면이 강했으나 개방적 측면도 없지 않은 분위기에서 성장했다. 14세까지는 서당에서 한문 공부를 했으나 개화기의 분위기 속에서 고루한 구학문보다는 신식 공부를 하고 싶은 욕망에 사로잡혔다. 어느 관상쟁이의 권유로 장차 의학 공부를 하기 위해서 그는 서당을 중단하고 단신으로 도쿄에 건너가 2년여 동안 일본어 공부부터 했다. 그러나 뜻밖에 부친의 급환으로 귀국길에 올라 결국 보성학교를 마치게 되었다.[1]

---

1 안종화, 『신극사 이야기』, 진문사, 1954, 164~170쪽.

스물두 살이라는 늦은 나이에 보성학
교를 졸업하자마자 그는 당초 뜻을 두었
던 도쿄 유학길에 다시 올라 대학에 진학
하는데, 소년 시절에 생각했던 의학 공부
는 포기하고 버젓하게 와세다 계열로 쓰
보우치(坪內) 박사의 문예협회 뒤를 받들
어 시마무라 호게쓰(島村)가 경영하는 예
술좌 부속 연극학교를 다녔다.[2] 그의 스
승 시마무라는 1902년부터 영국과 독일
등에서 프랑스의 앙투안이 시작한 초기
리얼리즘극 운동을 수년간 몸소 체험하
고 귀국한 근대극 운동가였다. 시마무라

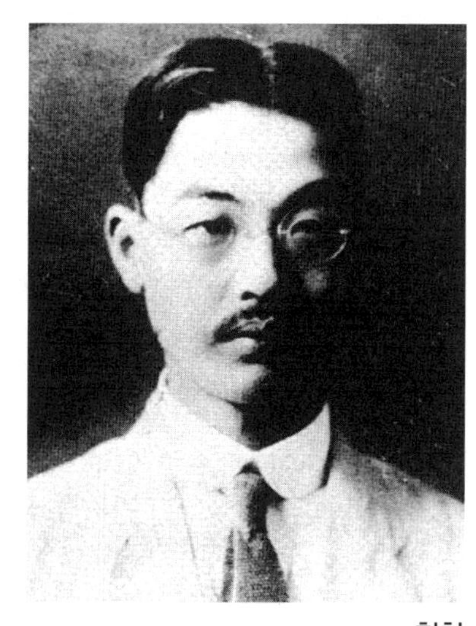

현철

는 귀국 후 와세다대학과 자신이 만든 예술좌에서 서구 근대극을 가르쳤던 인
물이다.[3] 현철은 그 문하에 들어가 앞으로 평생 사용하게 될 철(哲)이라는 예명
으로 바꾸고, 예술좌 연구생으로서 이론 공부뿐만 아니라 입센이라든가 체호
프 작품 등에 단역으로서 무대 경험도 쌓을 수 있었다.

이 기간에 그가 후지하 후요우(藤杷芙蓉)에게서 미용술과 화장품 제조법도
배운 것으로 알려졌다.[4] 호기심이 누구보다 강했던 그는 학교나 극단에만 머
물지 않고 일본의 신파극도 자주 관극하면서 서구적 근대극만이 가장 바람직
하다는 생각을 굳히게 된다.

그는 1910년대의 상당 기간을 일본 다음으로 중국(상하이)에서 보냈는데, 상
하이에서는 어우양위첸(歐陽子倩) 주도의 성기(星綺)연극학교에서의 활동 때
문이었다. 특히 그의 스승 시마무라 호게쓰가 1918년에 사망하고, 예술좌마

---

2 현철, 「고우 윤백남에 얽힌 회상」, 『현대문학』 1963.1.
3 秋庭太郎, 『日本新劇史』, 理想社, 1955, 98面.
4 이두현, 『한국신극사연구』, 서울대학교 출판부, 1966, 98쪽.

저 1919년에 해산하면서 그와 일본과의 관계는 일단 끊어지게 된다. 1919년 3·1 운동을 전후해서 그는 서울에 일시 정착했다. 그때 그의 나이 겨우 20대 후반이었으므로 혈기가 넘쳤다. 따라서 그는 자기 스승처럼 조국에서 근대운동의 기반을 닦는 데 헌신코자 한 것이다. 그는 1920년 우선 근대극을 할 수 있는 인재부터 발굴해서 키워야겠다는 생각으로 서대문 밖에다가 예술학원을 만들었는데 이경손 등이 다녔다고 한다.[5]

그러나 당시 그의 생각이 너무 선진적이어서 사람들이 그 의도를 파악하기 어려웠고, 따라서 그런 형태의 연극학원이 제대로 운영될 리가 만무했다. 그러나 의욕이 대단히 강했던 그는 굴하지 않고 경남 출신 김정원(金正元)의 사재 2천 원으로 무대예술연구회를 조직하여 공연 활동에 나서서 단성사와 고향인 부산 양산 등지에서 체호프의 〈결혼신청〉과 〈곰〉, 기쿠치 간의 〈돌아오는 아버지〉 등을 무대에 올리기도 했다. 그런데 〈돌아오는 아버지〉라는 작품을 노인층이 외면하여 극단이 자금난에 봉착했고 결국 해산되고 말았다.

그는 또다시 용기를 내어 고향인 동래에서 극단을 재건하기로 하고, 경남 출신의 김정원, 유수준, 엄진영 등과 김두현, 이경손이 앞장서서 이상필, 박승호, 이채전, 윤백남, 윤갑용, 안종화, 이승만, 이월화 등을 규합하여 백우회(白羽會)라는 단체를 결성하였다. 이는 사실 서울에 다시 상경하여 활동하기 위한 준비기간으로 활용하자는 속셈이었다.

이들은 우선 범어사(梵魚寺)에 모여 맹연습을 하고 양산청년회관에서 일본 번안작 〈장한몽〉을 무대에 올렸는데, 관객이 적어서 교통비도 마련하지 못하고 부산까지 걸어올 정도였다. 다행히 양산 청년 엄주태(嚴柱泰)가 사재 1만 원을 쾌척한 덕분에 무대예술연구회라는 옛 명칭을 다시 찾아 공연 활동을 지속할 수 있었다. 그리하여 현철은 부산 국제관에서 톨스토이 원작 〈부활〉, 그레고리 작 〈월광곡〉, 김영보의 〈시인의 가정〉, 이기세의 〈희망의 눈물〉, 윤백

남의 〈운명〉 등을 공연했다. 이들은 특히 당시의 신파극과는 달리 무대장치를 사실적으로 해서 호평을 받았으며, 일본인 사업가, 의사, 화가 등 인텔리들이 호감을 가졌고, 일본인 다카사 간조(高佐貫長)가 무대예술연구회 회원들만 참여해준다면 한국에서 최초의 영화사를 만들어보겠다는 의사를 전해오기도 했다. 이에 흥분한 회원들이 영화에 대한 매력과 동경으로 일단 극단 해체를 선언하기로 독지가 엄주태의 양해를 받아냈다. 그러나 일본인의 약속은 구두로 끝났고, 무대예술연구회만 해산한 꼴이 되었다.

지방에서의 연극운동에 한계를 느낀 현철은 다시 서울로 올라와서 새로운 일을 찾기 시작했다. 그것이 다름 아닌 글쓰기였고 이제 막 시작된『개벽』지에서 일할 수 있게 되었다. 그는 당시로서는 문화계의 최고 인텔리에 속했으므로 월간 종합지『개벽』의 학예부장으로 생활하면서 문예에 대한 계몽적인 글쓰기와 연극 인재 양성을 병행해갔다.

그는 근대극을 하려면 먼저 대중이 그 중요성을 인식해야 하고 그 실천가는 어디까지나 무대배우여야 한다는 생각으로 신문 잡지 매체를 통한 이론 개진과 배우학교 설립이 시급하다고 확신한 점에서 대단한 선각자라고 말할 수가 있다. 특히 그의 실천력은 놀라운 것이어서 최초의 예술학원이 실패한 3년여 뒤에 또다시 조선배우학교라는 것을 열었던 점에서 그것이 확인된다. 그는 배우학교 설립에 앞서 그 사업기구로서 동국문화협회라는 것을 만들기도 했다. 그가 개인적으로 야심이 대단했던 것은 이 협회의 설립 배경과 내용을 보면 즉각 알 수 있다. 시마무라 호게쓰의 영향을 절대적으로 받은 결과 연극사업으로 민중의 의지력을 키워야 나라가 제대로 선다는 생각을 굳힌 것이다.

따라서 일찍이 이두현(李杜鉉)이 입수한 그의 미발표 논문「문화기관과 연극사업」[6]은 다음과 같이 다섯 장으로 구성되어 있다. 제1장이 이 땅에서 그 자신이 벌여나갈 문예사업 전반에 관한 것이라고 한다면, 제2장은 배우 양성에 대

---

6 위의 책, 99~100쪽.

한 포부와 구체적 방안이고, 제3장은 문하생들에 대한 훈련 스케줄이며, 제4장과 제5장은 무용과 소녀가극의 필요성 및 민중 교화 수단으로서의 영화의 유용성을 설파한 내용이다.

이상과 같은 구상은 당시로서는 대단히 시의적절했으나 너무나 원대해서 모두 실현된 것은 아니었고, 몇 가지 사업은 초기에 암초에 부딪쳐서 좌절되었다. 가령 그가 가장 중점을 두고 추진했던 조선배우학교만 하더라도 1925년 정월에 시작해서 왕평, 복혜숙 등 20여 명을 입학시켰으나 1년 만에 몇 명만을 졸업시키고 중단되었다. 그러나 이 학교는 최초의 사설 배우 전문 학원으로서 20조항으로 된 교칙도 갖추었으며 교과목도 상당히 광범위하고 다양했다. 가령 학교 보통과에서 이수해야 할 것이 14과목이었고, 고등과는 23과목이나 될 정도로 이론과 실기를 고르게 배치했었다. 물론 그렇게 많은 과목을 가르칠 만한 교수진이 있었던 것은 아니었고 대부분 현철 자신이 직접 담당했다. 이구영 등 한두 사람이 몇 과목을 분담한 정도였다.

그는 또한 대단히 흥미로운 인물이기도 했다. 배우학교 학생들을 가르치면서 직접 분장술을 실습시키기도 한 것이다. 그가 일본 유학 중 미용기술과 화장품 제조법까지 배운 바 있기 때문에 제자들에게 직접 실습을 시킬 수 있었다. 게다가 그가 가르친 제자들만으로 극계현문(劇界玄門)이란 것을 만들어 자신의 예명이었던 철(哲)자 돌림의 이름을 지어주기까지 했었다. 연극을 도제식으로 가르치려 한 것이다. 열 명으로 현문십철(玄門十哲)을 정하고 이들을 데리고 공연까지 계획했었으나 여의치 않아 모든 꿈은 수포로 돌아가고 말았다. 그리하여 그는 대단히 근대적인 연극 인재 양성 사업을 접고 주로 신문, 잡지 등 미디어를 통해 일반 대중과 연극인을 계몽하는 문예이론 전개로 방향을 잡았다.

그의 연극관은 두 가지 측면에서 접근할 수 있다. 첫째 그는 우선 연극지상주의라 할까 또는 절대 신봉자라고 볼 수 있을 것 같다. 그가 자주 인용하는 서철(西哲)의 경구라는 '민족 의력과 연극의 연관성'은 주목을 끌 만했다. 즉 그는 항상 "민족적 의력이 발달하지 못한 나라는 연극이 발달하지 못했고" 따라서 연극을 통해서 민족의 의력을 배양해야 한다는 확신을 갖고 있었다. 그는 같은 공연예술 장르와 비교할 때 "연극은 음악보다도 통속적인 동시에 그 교화 작용은 도저히 다른 예술이 취급치 못할 만치 복잡하고 미묘한 위력이 있는 것"이고 "그 민족과 시대에 남아 있는 여러 가지 예술을 이용하고 종합하여 이지(理智)로나 감정으로나 또는 눈으로나 귀로나 마음으로나, 다시 말하면 인간의 육체와 정신의 전부에 간구하는 불가사의의 매력을 가지고 있다"[7]고 했다. 이처럼 그는 대단한 연극 신봉자로서 연극이야말로 한 민족의 흥망성쇠를 좌우할 만한 예술 형태라고 보고 있었다. 그렇기 때문에 그는 연극 활동을 민족운동 차원에서 접근해보려 한 것이다. 그가 같은 논문에서 "우리의 이 연극운동이 우리 민족사회의 반사경이 되면 이것이 곧 우리의 원하는 바"라고 한 것도 바로 그러한 맥락에서 나온 것으로 볼 수가 있다. 여기서 우리 민족사회의 반사경이라고 한다면 얼마나 일그러진 얼굴이었겠는가.

그는 또 다른 글에서도 "우리 조선에 있어서는 연극운동을 한갓 예술운동의 일부분으로 볼 것이 아니라 민족운동이나 사회운동으로 보아야 할 필요가 있는 줄 필자는 절실히 느끼는 바가 많다"고 주장했다. 당시까지만 해도 천시 대상이었던 연극을 하는 명분도 거기에서 찾은 것이다. 주변 사람들은 그를 두고 "현모(玄某)는 집안도 그렇지 아니하고 사람도 난봉이 아니고 주색잡기를 좋아하는 것도 아니고 지식도 그처럼 없는 터가 아닌데 어째서 그런 연극을 좋아하는지 참 알 수 없는 일이다. 사람이라고 하는 것은 겉만 보아서는 모를 일이다"라고 수군댔다고 했다. 그럴 만하다는 생각이다. 왜냐하면 그가 연극을 단순히 연예나 유희로 알고 하는 것이 아니라 애국심에 입각해서 한 것이기 때문이다.

그는 이렇게도 말했다. "우리에게 선인(先人)의 역사를 읽힐 필요가 있다고

---

7 현철, 「연극과 오인의 생활」, 『동아일보』 1923.9.9.

하면 그 선인의 생활 이면사인 연극으로 그것을 알리게 하는 것이 필요치 아니한가." 그러면서 그는 "필자는 부르짖는다. 우리의 민족을 위하여 모든 것을 노력하는 어진 선비들아, 먼저 자기를 알며 남을 알고 우리의 선인을 알고 후진을 인도할 자각과 암시를 얻기 위하여 뜻있는 연극운동을 일으키라고! 극계로 본 우리의 민족운동이 공허함을 항상 슬퍼한다"[8]면서 은근히 선동도 했다. 이처럼 그는 투철한 애국자였고 연극을 민족의 자주독립운동의 계몽적 수단으로 생각한 인물이었다.

두 번째로 그는 서구적 근대극 지상주의자였다. 따라서 언제나 그런 측면에서 연극을 바라보고 있었다. 이런 그의 연극관을 엿볼 수 있는 글은 그가 처음 소개한 「근대문예와 입센」을 비롯해서 표현주의 소개 등에 나타나 있지만 「현당극담(玄堂劇談)」에 더욱 투명하게 밝혀져 있다.

> 다같이 인생을 축사(縮寫)하는 데도 여러 가지 경우와 여러 가지 종류가 많다. 가령 갑을병정 4단으로 나누어보면 갑은 현실 폭로, 을은 문제 제공, 병은 신사조 선전, 정은 고풍 유전 등이니 여러 가지 왕이 서로 관련하여 이 괴(魂)로 성립되는 수도 있고 혹은 각각 분리하는 수도 있으나 요컨대 지금까지 사회의 풍속 제도 문물에 염증이 나서 개혁의 필요를 부르짖는 것이니 따라서 묵은 습관과 묵은 사상을 파괴하려는 경향을 포함한 것이다.[9]

이상에서 알 수 있는 것처럼 그는 연극을 '있는 그대로 세상을 축사한 것'이고 현실을 폭로하는 것이며, 인과의 진리를 깨닫게 하는 것이라 보았다. 특히 그가 연극을 낡은 사상과 관습을 파괴하는 수단으로 본 것이 주목된다. 그는 또 "아무리 각본이 걸작이요, 배우, 극장의 모든 설비가 완전하여 소위 학리에 맞는 극다운 극을 상장하였다 할지라도 시대의 요구에 어그러지고 관객의 취

---

8 현철, 「극계로 본 우리의 민족운동」, 『동광』 1927.1.
9 현철, 「현당극담」, 『조선일보』 1921.1.25.

                                       제2부 외국연극의 모방과 수용

미에 적합지 아니하여 빈 좌석을 바라보고 행연하게 될진대 그 연극은 그 시대에는 가치 없는 것이 되고 말 것"이라고도 했다. 그러니까 당대를 리얼하게 묘사하는 것이 진정한 연극이라는 견해였던 것이다. 그러면서 그는 입센을 소개하는 중에 입센이 인생 묘사에 궁극적 창작 목표가 있었음을 강조했다. 그가 이처럼 서구 근대극에 절대적으로 경도되어 있었기 때문에 이 땅에는 진정한 의미에서 연극이 없다는 결론에 도달했던 것이 아닌가 싶다.

그가 이기세 등 신파극인들로부터 크게 반발을 샀던 것도 바로 거기에 연유했다. 그는 「현당극담」에서 "내가 지금 우리 조선에는 연극이 없다고 하면 제자제위는 나를 타매하고 허언이라며 그 연례(演例)로 소위 춘향가나 심청가를 들을 거요, 신파로는 임성구, 김도산, 김소랑을 들어 내게 육박할 줄 안다. 그러나 나는 이 모든 극단을 가지고는 여러 가지 극과 학생으로 보아 연극이 아니고 유희이며 체조라고 한다"고 분명히 천명한 바 있다. 바로 이러한 근대극적 연극관 때문에 신파극 선구자 중의 한 사람인 이기세와 치열한 신파 논쟁까지 벌인 일이 있었다.

이런 연극관의 소유자였기 때문에 그는 임성구 등이 해온 초창기 신파극을 대단히 부정적으로 보았다. 그는 「반도극계의 소야담(消夜談)」(『신민』, 1927.8)에서 "고 임성구의 일파의 그네들의 단체는 가장 무식한 집단이라고 볼 수 있었다. 극에 대한 지식은 그만두더라도 일반상식으로 보아서 가취할 하등의 행적이 없었다."고 단정한다. 그러면서 그는 감정적이라고까지 느껴질 만한 글도 썼다. 「극계에 대한 사보(私步)」란 글에서 "그렇다고 함부로 덤벙거려서 재래의 신파니 구파니 하는 것과 같이 몰상식 부조리하게 연극이라는 간판만 빌려 가지고 관중으로 하여금 비열한 정취를 배우게 하고 사회로 하여금 하등의 이익만 없게 할 뿐 아니라 도리어 연극 자체의 신성미를 훼손케 하는 그러한 행동을 취코자 아니합니다"[10]라고 하면서 전통극이나 신파극 행위를 양심 속이

---

10 현철, 「극계에 대한 사보」, 『동아일보』 1922.1.8.

기, 더 나아가 양심팔기라고까지 혹평한 것이다.

그리하여 그는 우선적으로 전통극과 신파가 무대를 점유하고 있는 당시의 현실 타개책으로서 서구의 근대극운동 소개와 함께 표현주의 등과 같은 신사조를 이식하기 위한 논리 펴기에 나섰다. 그 첫 번째 글이 「근대문예와 입센」인데 여기서 그는 단순히 헨리크 입센의 연극세계 소개에 그치지 않고 자신의 연극철학까지 내비치기도 했다. 그러니까 그는 입센을 빌려 연극이 단순히 미적 추구나 정서적 감동 유발에 그치는 것이 아니고 대중계로 더 나아가 국가의 진보에 기여하는 것이라는 점을 강조한 것이다. 물론 미적 감동도 연극의 한 기능임에는 분명하지만 당시와 같은 시대 상황에서는 적합지 않았다고 본 것이다. 그는 연극을 시대 상황과 우리 민족이 놓인 자리와 연결시켰으며 식민지의 질곡의 상황에서 연극이야말로 민족의 자생력이라든가 의기를 키우는 데 있어 최선의 방편이라 판단했었다.

그가 입센에 이어 두 번째로 프랑스 로맹 롤랑의 『민중예술론』에 경도되어 스스로 응용해보려 했던 이유도 바로 거기서 찾을 수 있지 않을까 싶다. 그가 입센 소개 석 달 뒤에 민중극에 대한 글을 발표했는데, 그 요지는 세 가지로 압축된다. 첫째가 민중을 제재로 한 극, 둘째가 민중의 공유물이 되는 극, 셋째 민중교화극이라고 했다. 그가 민중제재극의 예로서 독일의 〈직조공〉(하우프트만 작), 러시아의 〈밤주막〉(고리키 작), 그리고 노르웨이의 〈민중의 적〉(입센 작)들을 꼽은 것은 주목할 만하다. 왜냐하면 저항성이 강한 환경극이나 사회주의적 리얼리즘 계통도 포함시켰기 때문이다.

그의 민중극론도 결국 로맹 롤랑이 1903년에 발표한 『민중예술론』에 영향받은 것으로 보아야 할 것이다. 왜냐하면 로맹 롤랑은 민중극을 소외계층을 대변하는 저항극으로 규정하면서 인간 조건을 끝없이 경신하고 영혼의 해방을 위해 투쟁해가는 것을 그 본질로 삼고 있기 때문이다. 로맹 롤랑은 예술이 당대의 갈망과 분리될 수 없다고 보고 민중극이야말로 민중의 고통, 불안, 희망, 투쟁 등을 담은 것이라고 주장했다. 물론 현철은 로맹 롤랑의 민중연극론에 자신의 생각을 첨가하고는 있다. 그러나 그가 로맹 롤랑의 큰 테두리는 벗어나지 않고 있다. 그런데 더욱 주목되는 것은 그가 유학한 일본과 크게 뒤지지 않는 민중극론을 펼쳤다는 사실이다. 물론 일본에서는 이미 1910년대에 로맹 롤랑의 민중극론이 소개되었지만 오사나이 가오루(小山内薫) 같은 선구적 학자가 민중극론을 편 것은 1923년으로서『예술화보』에「평민과 연극」이란 글을 발표하면서부터였다.[11] 그리고 시인 김억(金億)이 로맹 롤랑의『민중예술론』을『개벽』잡지에 번역 게재한 것도 현철이 민중극론을 펼친 1년 뒤인 1922년 11월이었다. 그것도 그가 편집장으로 있으면서 김억에게 의뢰해서 번역 게재시킨 것이다. 그 점도 그의 선구성을 단적으로 보여주는 것이다.

그러나 그보다도 더 주목을 끌 만한 점은 그가 민중극론을 민족극론으로 변용, 확대시킨 사실이다.「극계로 본 우리의 민족운동」에서 그가 "우리 조선에 있어서는 연극운동을 한갓 예술운동의 일부분으로 볼 것이 아니라 민족운동이나 사회운동으로 보아야 할 필요가 있다"고 한 배경에 민중극론이 서려 있다고 하겠다. 로맹 롤랑은 민중극을 민중의 꿈과 고통, 투쟁을 주제로 한 것이라 했다. 그렇게 볼 때 피식민지하의 우리 민족에는 상류계급이 있을 수 없다. 극소수의 반민족 친일귀족까지도 실제로는 모두가 피지배 민중이라 말할 수 있었다. 결국 우리의 연극은 모두가 민족극이 될 수밖에 없는 것이다. 생존을 위한 연극운동이 되기 때문이다.

이러한 그의 민족연극론은 때마침 전국적으로 요원의 불길처럼 번져나가 학생 청년들의 소인극운동의 이론적 뒷받침이 되었다. 3 · 1운동 직후 젊은 세대가 대대적으로 벌였던 민족운동, 특히 연극운동을 통한 독립투쟁에 있어서 현철이 이론적 바탕을 제공한 것이라 말할 수 있다. 또한 그가 서구의 문예사조 가운데서도 유독 표현주의에 주목했던 이유도 실은 그 급진적 개혁성, 더 나아가 투쟁적 요인 때문으로 보아야 할 것 같다. 왜냐하면 그의 예술을 통한

---

11 양승국,『한국근대연극비평사 연구』, 태학사, 1996, 163쪽.

강력한 현실 타개 의지는 역시 표현주의 사상에 의존하는 수밖에 없었기 때문이라 보고 있어서다.

그는 1921년 가을에 발표한 「독일의 예술운동과 표현주의」의 서두에 패전국인 독일의 경우를 예시하면서 일제 치하에 놓여 있는 우리의 고통을 극복하기 위한 방도는 예술로 통하는 길이라 단정했다. 그러면서 그는 표현주의에 주목하고 그런 사조를 소개하는 것이야말로 정치, 사회개조의 선행 조건이라 했다. 바로 여기서 A. 아놀드가 그의 저서 『표현주의 문학』에서 표현주의는 인간의 변화를 통하여 구원의 가능성을 기대했다고 한 말을 떠올리지 않을 수 없게 만든다.

그러니까 그는 표현주의 연극사조를 소개하는 이유가 단순히 하젠클레버, 카이저 등과 같은 대표적 극작가의 작품 내용과 표현주의 문학의 생성 본질 규명에 머물지 않고 왜 독일에서 그런 문예사조가 풍미했는가에 상당한 역점을 두었다는 이야기이다. 즉 그는 표현주의 문예운동을 누에에 비유하면서 다음과 같이 쓴 것이다.

> 누에가 먹는 상엽(桑葉)은 단백질이 없으나 누에가 토출하는 생사는 전부가 단백질로 되어 있다. 간단히 말하면 표현주의의 행방은 어느 누에와 다를 것이 없다. 여사한 경향은 물론 인상주의에 대한 반동이나 세계대전의 비참한 체험이 이것을 촉진한 독일 사람을 일찍이 금번과 같이 인간을 적게 감각한 것은 없다—인생의 환희로부터 멀리해본 적은 없었다.—그러나 이것을 운명이라고 하여 단념하기까지는 항상 이상으로써 생명으로 하는 독일 사람으로서는 차마 참지 못하였다. 이러하므로 이상을 실행에 옮겨서 인류의 운명을 전환하려고 하였다.[12]

그는 일찍이 이유영(李裕榮)도 지적한 바 있는 것처럼 독일 표현주의 문예운

---

12 현철, 「독일의 예술운동과 표현주의」, 『개벽』 1921.9.

     제2부 외국연극의 모방과 수용

동을 이상을 추구하고 인류의 운명을 스스로 개척하고자 하는 인간의 의지와 결부시켜 설명했다.[13] 그는 적어도 표현주의 문예사조를 빌려 사회여건을 타개하고 민족의식 개조까지를 염두에 둔 바 있으며, 표현파 방법으로 창작계를 자극함은 물론이고 민족연극운동의 불씨까지 지피려 했다고 볼 수 있다.

우리 연극 발전에 대해 끊임없이 고군분투한 그는 연극 인프라가 견실해지는 것이 가장 필수적임을 강조하곤 했다. 여기서 연극 인프라라고 하면 극장, 대중의 연극 인식, 그리고 배우 등 연극 인재 등을 가리킨다. 그가 연극사상 최초로 배우학원을 개설하고 신문, 잡지 등 매체를 통해서 대중을 계도한 것, 그리고 공연장 시설의 절박함을 부르짖는 이유도 거기에 있는 것이다. 그는 「극계에 대한 소망」에서 "우리 조선의 목하 형편상 극장 경영으로서는 구미에서 성행하는 소극장 제도를 취하든지 그렇지 아니하면 민중극장의 방책을 취한다고 하면 극히 유리한 사업이 될 줄 안다"(『동아일보』 1922.1.1)고 썼다.

이 글에서 확인되는 것은 그가 19세기 후반의 유럽 근대극운동을 소상히 파악하고 있었다는 사실이다. 그는 프랑스의 앙투안이 벌인 소극장운동을 통한 근대극운동에서 작은 형태의 공연장이 얼마나 중요한가를 알고 그것을 이 땅에서 실현한다면 연극 발전이 빠를 것이라고 인식하고 있었다. 그는 당시 인구 20만 명이 넘는 서울에 광무대, 단성사, 우미관, 조선극장, 그리고 일본인들이 세운 영화관들만 가지고는 연극운동이 어렵다고 보았다. 적어도 그는 극장을 국민교육장으로 인식하고 극장 경영이라는 용어도 처음 사용했다.

그가 특히 우리 연극이 나아가야 할 발전 단계를 '파종운동기→무양운동기→결실운동기'와 같은 3단계로 나누고 1920년대를 파종과 무양기로 잡은 것도 주목할 만하다. 파종기와 무양기는 극장을 세우고 배우 등 연극인재를 만들어야 함은 물론이고 선진 서구 근대극 소개와 벤치마킹 등을 해야 한다고 보았다. 그런데 흥미로운 사실은 그가 이러한 그의 생각을 남에게 강요한 것

---

13 이유영, 『한독문학비교연구 (3)』, 서강대학교 출판부, 1983, 127쪽.

이 아니라 스스로 실천한 점이라 하겠다.

배우 양성을 위한 노력은 이미 앞에서 설명한 바 있지만 두 번의 실패에도 불구하고 그는 집념을 버리지 않고 기회만 있으면 다시 시도하곤 했었다. 그가 조선배우학교를 그만둔 2년여 뒤인 1927년 6월 조선극장 경영주 차영호(車永鎬)의 요청에 따라 극장 공동운영자가 되었을 때 제시한 조건 세 가지도 연극학교 설치, 매 주말의 예술 선전일 지정, 소녀가극단 설치였던 것이다. 그러니까 그는 조선극장을 통하여 당초 구상했다가 제대로 성취하지 못했던 배우 양성과 연극 계몽, 그리고 일본의 다카라쓰카(寶塚)와 같은 소녀가극단 창단 등을 실현해보려 한 것이다. 물론 이러한 그의 꿈은 조선극장 경영주 차영호의 몰이해와 예산 부족 등으로 또다시 무산되고 말았다. 그가 자신의 요구를 들어주지 못한 조선극장과 결별했음도 두말할 나위 없다.

이처럼 그는 꿈과 집념이 강했고 당시 우리나라 연극 현실을 직시한 상태에서 그 타개책을 모색하는 데 자신의 삶을 바쳤다. 또한 스스로 설정, 분류한 세 단계 연극발전론 중 파종기와 무양기의 한복판에 서서 실천에 앞장서는 동시에 무대의 콘텐츠라 할 희곡 발전 과정 역시 '번역 시기→모작 시기→창작 시기'로 나누어 실천한 것도 흥미롭다. 사실 그가 희곡문학의 정착 단계를 세 단계로 나눈 것은 제3세계 연극이 반드시 거쳐야 될 과정으로서 이웃 일본이나 남미, 아프리카의 여러 나라들도 그런 과정을 거쳤다고 말할 수 있다.

그는 직접 희곡문학을 이 땅에 정착시키려고 스스로 실험에 착수하여 1920년 여름 투르게네프의 소설 각색 극본인 〈격야〉를 번역해냈다. 이 극본은 그가 일본의 예술좌 부설 연극학교 시절 은사였던 구스야마 마사오(楠山正雄)가 각색한 것이었다. 그는 이어서 셰익스피어의 〈햄릿〉도 번역해냈다. 물론 셰익스피어 작품 번역도 예술좌 시절의 은사 쓰보우치 쇼요(坪內逍遙)가 1909년 와세다대학 출판부에서 번역 출판한 것을 중역한 것에 불과하다.[14] 현철이 일본

____

14 김병철, 『한국근대번역문학사연구』, 을유문화사, 1975, 592쪽.

　　　　　　　　　　　　　　　제2부　외국연극의 모방과 수용

세이소쿠(正則)영어학교를 조금 다니긴 했어도 번역할 어학 실력은 없었기 때문에 모두가 일어 중역임에는 틀림이 없다.

그러나 그가 오스카 와일드의 〈살로메〉까지 번역하며 3 · 1운동 직후의 무대를 풍요롭게 만들어보려 노력한 것만은 분명하다. 그는 곧바로 번역 시기를 거쳐 다음 단계인 모작 시기에 해당하는 작품으로서 〈견(犬)〉이라는 단막희곡을 내놓았다. 이 희곡은 그 자신도 밝혔듯이 안톤 체호프의 〈곰〉을 모작한 것이다. 인간의 위선과 사랑의 문제를 매우 풍자적으로 다룬 코미디인 이 작품은 그가 우리 현실에 맞춰서 근대의식을 고취시켜보려는 의도를 작품에 투영한 점에서 원작과 차이가 날 뿐이다.

이처럼 그는 적어도 희곡문학 정착과 관련해서는 번역과 모작에 그침으로써 그가 꿈꾸었던 창작은 뒷날 다른 작가들에 의해 실현되었다. 그는 그 밖에도 문예일반론과 비평에도 조금 손을 댔다. 연극비평이 전혀 없었을 때인 1921년도에 그는 신파극단예술협회가 공연한 작품을 두 번이나 평가한 바 있었다. 그가 이 땅에서 최초의 연극 공연평을 하면서도 그것을 제대로 했다는 점이 주목할 만하다. 단순히 줄거리나 소개하는 리뷰 수준을 넘어 본격적인 평을 한 것이다. 그는 예술협회가 공연한 단막극 세 편 중 〈희망의 눈물〉(이기세 작)과 〈정치삼매〉(김영보 작), 이렇게 두 편의 창작극을 평하며 희곡의 내용에서부터 연기, 연출, 의상, 무대미술, 그리고 조명까지도 세심하게 분석 평가했다. 그가 단순한 인상비평을 넘는 분석비평에까지 도달할 수 있었던 것은 대단히 놀라운 것으로서 그만큼 연극에 대하여 잘 알고 있었음을 의미한다. 그의 연극비평은 뒤에 다른 연극인들이 공연평을 쓰는 데 하나의 전범이 되었다고 볼 수 있다.

그의 선구자적 모습은 연극 분야에서만 보이는 것이 아니다. 그가 월간 『개벽』 제1호(1920.6)부터 제9호(1921.3)까지 10개월 동안 연재한 「현당독폐(鉉堂獨吠)」는 문학 일반과 소설, 희곡에 대한 소개와 그 진흥에 관한 글이다. 그가 굳이 「현당독폐」라고 명명한 것과 관련하여 소회를 밝혔는데 대단히 의미심장하다. "소리는 개소리나 정말 개인지 무엇인지 알 수 없다. 현당에서 짖으니 어두워 자세히 보이지 아니한다. 이 개소리도 여럿이 짖으면 밤중 같은 때는 안면 방해도 되겠지마는 혼자 짖으니 그처럼 안면 방해될 것도 없다. 그러나 소리가 정말 개소리인지는 무엇인지 어두운 집에 있으니 똑똑히 보이지 아니하는 것이 자못 유감이다. 촌양반의 어조로 속히 개명 발달을 하여 이 어두운 현당에도 전등이나 가스불을 켤 때까지 미지의 의문으로 두어둡시다."[15] 개화기의 답답스러울 정도로 깨지 못한 현실을 냉소적으로 개탄하면서 그런 글을 쓰게 된 동기를 우회적으로 토로했음을 알 수 있다. 그러니까 그가 당시 처해 있는 현실을 어둠 그 자체로 보고 그 속에서 자기가 부르짖는 소리가 무슨 소리인지도 모르는 대중을 향해 그래도 뭔가를 전달해야겠다는 사명감을 가지고 있었던 것이다. 적어도 문화에 있어서는 무지몽매한 민중을 계몽해보겠다는 의무와 사명감으로 살다 간 사람이 다름 아닌 현철이었다. 그러나 그의 헌신적 노력에도 불구하고 그는 많은 것을 성취하지는 못했다.

그런데 그는 그의 원대한 포부를 현실화하지 못했을 뿐만 아니라 생활 또한 고달픈 것이었다. 뭔가 한 가지도 제대로 이루지 못해서 개인적 삶까지 부대꼈다는 이야기이다. 따라서 남수월(南水月)의 다음과 같은 그의 평가는 공감을 자아낸다고 볼 수 있다.

이 불세출의 연출가 현철(玄哲)의 가진 모든 점은 다만 순정이었다. 그는 어느 때이고 다시 무대를 향하여 질타하려는 자세 때로는 그것은 애수의 결말은 가질지언정 정열의 새싹은 없을 것 같다. 참말 슬픈 진실일는지 모른다. 그에게는 벌써 시대의 감성을 바로 알지 못할는지 모른다. 또다시 슬픈 현실이요 온당한 망각일는지 모른다. 우리는 그의 수법의 흥미란 약속 있는 기이(奇異)다. 그의 「인형의 가」, 「개」 등의 연출, 그는 당당한 선구자의 고난을 갖고 있다. 또다시 진지

---

15 『개벽』 제3호, 135쪽.

한 극의 사랑을 받고 싶지 않은지 그 순정에 한숨 있거라.[16]

그가 1920년대의 선구적 연극계몽가로서 온 정성을 다 쏟아부었지만 그에게 남은 것이라고는 슬픔뿐이었다는 남수월의 촌평은 감성적으로 바라본 데서 얻어진 결론이긴 하지만 설득력을 지니는 것도 사실이다.

그런데 더욱 흥미로운 사실은 그가 1930년대 들어서는 연극계를 떠나 학창 시절 일본에서 배워두었던 화장품 제조기술을 활용하여 화장품 장사까지 하면서 생계를 이었으며, 그가 연극이 아니라고까지 폄하했던 창극 등 전통예술 분야에서 한참 동안 활약했다는 점이다. 이러한 그의 행적은 대단히 중요한 의미를 지닌다. 왜냐하면 3 · 1운동 직후 우리나라 근대극운동의 선봉에 서서 올바른 방향타를 잡고 심신을 불태웠던 그가 분장기술로 배워온 화장품 제조를 배우들을 위해 활용하지 못하고 생활 방편으로 썼고, 그 스스로 연극으로 인정하지도 않은 전통극에 깊숙이 간여했기 때문이다. 이는 그만큼 우리나라 연극 상황, 더 나아가 문화 전반의 낙후와 생존 조건이 얼마나 열악했었는가를 단적으로 보여주는 것인 동시에, 그가 어려운 상황에서 자신의 연극관마저 애매모호하게 만든 것이기도 하다. 그러니까 그가 오죽했으면 그것도 수공업 방식으로 화장품을 만들어서 팔고 다녔겠는가.

그뿐만 아니다. 그가 연극으로 인정하지 않던 창극 등 국악 분야에 발을 들여놓으면서도 별다른 자기 변호가 없었다. 즉 그는 1941년에 조직된 조선음악협회에 발을 들여놓으면서부터 국악 분야에 깊이 관여하기 시작한다. 그리고 1942년 소위 국민연극시대에는 잠시 창극단인 조선음악단의 상임이사로 들어가 조선총독부 경무국 공연담당 직원과 공연 관계로 교섭을 벌인 일도 있다. 이러한 일은 그에게 있어서 대단한 변신이었다고 하지 않을 수 없다. 그는 또한 해방 직후에는 조선국악건설본부를 조직하는 데 앞장섰고, 6 · 25전쟁

---

16 남수월, 「극단인물론」, 『신세기』 1939.9.

직후에 잠시 국악원장까지 지낸 바 있다. 물론 그가 국악에만 관여한 것은 아니었다. 그는 해방 직후에 국악운동에 한 발을 들여놓고 다른 한편으로는 평생의 꿈이었던 조선배우학교를 또다시 열었던 것이다. 1946년 서울역 앞 조선통운 2층에 조선배우학교를 다시 개설한 것은 20년 만의 일이었다.

그는 이때 자신이 그동안 생업으로 해온 화장품 회사였던 미안수(美顔水)를 통하여 번 돈을 몽땅 털어서 배우학교를 운영했다. 주간과 야간으로 나누어서 학원을 운영했는데 학생들의 호응이 좋았다. 그는 1925년에 했던 방식대로 커리큘럼을 짜고 거의 혼자서 전 과목을 교습할 정도로 열정적이었다. 그러나 그마저도 1948년도에 문을 닫을 수밖에 없었는데, 그 이유는 상당수의 좌익 학생들이 재적하고 있는 데 따른 경찰청의 수사 때문이었다. 그러나 당대 최고의 배우 장민호(張民虎)도 그가 거기서 키워냈던 것이다.[17]

이상과 같이 그의 삶은 투철한 연구자 의식으로 무장되어 한국 근대극을 일으키기 위한 도전과 좌절의 연속이었다. 물론 문화운동이 단기간에 효과가 나타나는 것은 아니지만 분명한 것은 그가 3·1운동 직후 광범위한 민족자각운동의 와중에서 이 땅에 서구형 근대극이 싹틀 수 있도록 설계하고 이론과 실제 면에서 구체화한 공로가 크다는 점이다. 그는 만년에 경기도 양주의 한 촌락에서 자신과 함께 걸어온 근대극운동의 발자취를 정리하다가 1965년 봄 만 74세로 파란만장했던 일생을 마감했다.

---

17 장민호 증언, 2004.7.

근대 연극운동의 불사조
박승희

춘강 박승희(朴勝喜)를 말하기 전에 우리 사회에서의 연극의 위상부터 말해야 한다. 우리나라 연극사에서 아무리 큰 업적을 남겼다고 하더라도 연극의 위상이 보잘것없다면 그 선구자의 존재감 역시 희미할 수밖에 없기 때문이다. 이는 특히 박승희와 같은 뛰어난 연극인을 설명할 때 절실해지는 문제이다. 만약 박승희가 다른 분야에서 그만한 열정을 쏟았더라면 그는 대중 속에 생생히 살아 있을 뿐만 아니라 널리 인구(人口)에 회자(膾炙)되었을 가능성이 높다. 그러나 그는 평생 연극 창조만을 위해 헌신한 관계로 지명도도 낮을 뿐만 아니라 거의 잊혀진 인물로 방치되어 있다고 해도 과언이 아니다.

결론부터 말한다면 그는 우리나라 근대연극이 있게끔 하는 데 절대적 기여를 한 인물이다. 만약에 그가 1920년대에 없었더라면 우리나라의 대중연극은 말할 것도 없고 본격 근대극도 그 토대가 약했을 가능성이 높다. 그만큼 박승희는 3·1운동 직후부터 1930년대 초까지 이 땅에서 연극다운 연극이 있게끔 밑알의 구실을 한 선구 연극인이었다.

사실 이 땅에서 연극이라는 예술 장르는 그의 문화적 공헌도와는 달리 하찮은 것으로 거의 도외시되어왔다. 개화기 때까지도 연극은 예술로서보다는 단순한 놀이로 취급되었고, 그 주역인 배우는 광대로서 천대를 받았다. 수백 년

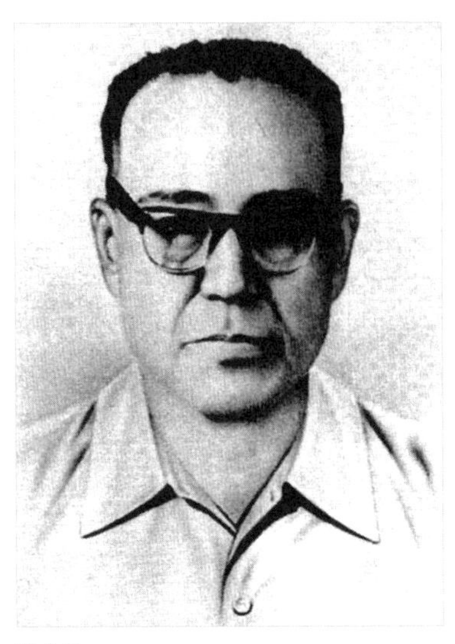

박승희

에 걸친 이러한 연극과 배우에 대한 박대는 연극이 이 땅에서 고급예술로 자리 잡지 못하게 했던 가장 큰 요인이 되었다. 그에 따라 연극은 떳떳한 직업이 되지도 못했고, 유능한 인재들이 연극계에 뛰어들지도 못했다. 사실 연극은 문학이나 미술 등 여타 예술장르와는 다른 합동 창작물이라는 점에서 크게 차이가 난다. 아무리 좋은 문학작품(희곡)을 써놓아도 뛰어난 배우 및 연출가나 견고한 극단이 없으면 그 작품이 살지 못한다. 연극은 무대 위에서 그 진면목을 보여주는 것이고 그렇게 되기까지는 창조자 여러 명이 힘을 모으고 경제적 뒷받침을 받아야 이룩되는 것이다. 그만큼 연극은 극작가, 연출가, 배우, 무대미술가 등 다른 성격의 창조자들을 많이 필요로 하는 종합예술 형태이다. 바로 그 점 때문에 연극은 그 어느 분야보다도 유능한 인재와 경제적 뒷받침을 필요로 하는 특수 장르이다.

그러나 천대받고 소외되어 가난한 삶이 눈앞에 보이는 연극예술에 유능한 인재가 모일 수 있겠는가. 바로 그 점에서 박승희가 위대한 인물일 수밖에 없다는 결론이 나오는 것이다. 즉 구한말의 왕족 다음가는 명문가 자제인 데다가 일본 유학이라는 배경까지 갖추어 장래가 보장된 그가 연극운동이라는 가시밭길로 뛰어든 용기와 신념도 대단하지만 그것을 끝까지 지키느라 가산을 탕진한 그의 선구자적 삶은 높이 평가되어 마땅하다.

가령 1920년대 우리 연극의 대명사라 할 극단 토월회(土月會)만 하더라도 순전히 그의 분신이었다고 해도 과언이 아니다. 물론 토월회는 하나의 연극단체였으므로 많은 사람들이 참여했던 것도 사실이다. 그러나 토월회가 어려운 시대와 사회문화 여건 속에서 분열과 갈등, 이합집산을 수없이 거듭했어도 박승희만은 끝까지 극단과 운명을 같이했다. 그의 의지로 극단이 조직되고, 그의 가산으로 막이 올랐으며, 그가 무대배우로서 또는 연출가로서 기획자로서 작가와 번역 번안가로서 레퍼토리를 제공하지 않았던들 토월회는 유지될 수 없었을 것이다. 이처럼 토월회는 박승희 그 자신이었다. 이 토월회야말로 3·1운동 이후, 그러니까 1930년대의 극예술연구회와 동양극장이 등장하기까지의 과도적 역할을 한 전문 극단이었던 것이다.

아직 학예회 수준을 탈피 못 한 소인극단들이 전국적으로 민족계몽운동을 펼치고 저급한 일본 신파극 답습의 상업극단들이 방향을 잡지 못하고 있을 때 토월회가 나름대로 대중연극의 진로를 제시한 것만도 큰 공로라 말할 수 있다. 그 후견인 역할을 한 것이 바로 박승희라는 인물이다. 그렇기 때문에 박승희는 연극운동가로서뿐만 아니라 배우, 작가, 제작자 등으로서 높이 평가될 수밖에 없는 것이다. 1920년대에는 그 말고도 현철(玄哲)이라든가 김우진(金祐鎭) 등이 있었으나 모두가 연극 활동만은 짧았고 박승희만이 자기 인생을 모두 연극운동에 바쳤던 것이다.

앞에서도 말한 바 있지만 박승희는 연극인으로서는 드문 명문가 출신이었다. 연극이 생활화되고 또 고급문화로서 오랜 전통을 지녀온 서구와 같은 사회에서는 귀족이 연극에 뛰어드는 것이 별스런 일일 수 없지만 우리나라처럼 천시되어온 경우는 참으로 어려운 일이다. 이는 그만큼 박승희가 깨어 있었다는 것이고, 또 귀족 자제답지 않게 예술에 남다른 관심을 가진 인물이었다는 이야기가 된다. 그렇다면 그가 어떻게 당시까지만 하더라도 딴따라나 신광대(新廣大) 정도로 천시된 연극에 관심을 갖고 또 뛰어들 수 있었을까 하는 것이 의문이다. 이는 아무래도 그의 부친이 고위관리를 지내면서도 신문화에 개명된 인물이었다는 점에 유의할 필요가 있을 것 같다.

아버지를 비롯한 가정 분위기가 그로 하여금 문화에 개안되는 촉매제가 되지 않았나 싶다. 그렇다면 그의 아버지는 어떤 인물인가? 그의 아버지 박정양

(朴定陽, 1841~1904)은 구한말 총리대신까지 역임한 고관대작이었다. 과거(별시 문과)에 합격한 뒤 참판을 역임하고 신사유람단의 일원으로 일본에서 선진 문물을 접한 그는 이조참판과 좌승지를 거쳐 1887년에 초대 주미공사에 임명되었다. 2년여 미국 생활에서 선진 문물을 접한 그는 매우 진보적인 관리로 부상했다. 따라서 그는 귀국 후 한성판윤과 학부대신을 역임하고 총리대신까지 올랐다. 구한말 외세에 의한 정치적 소용돌이 속에서 관직에 오랫동안 머무를 수는 없었지만 국운이 기울어가는 와중에서도 나라를 위해 동분서주했다. 서양 문물에서 얻은 열린 사고와 앞서가는 생각으로 가장 진보적 관리였던 그는 이상재(李商在)와 같은 개화파 지식인들의 후견인으로서 최선을 다한 온건 중도 합리적 인물이었다.

박승희는 이러한 박정양의 셋째 아들로서 1901년 서울의 장교동에서 태어났다. 그의 모친에 대한 기록은 찾아볼 수 없지만 부친을 충실히 뒷바라지한 모친의 지적 수준이나 교양 정도는 짐작하고도 남음이 있다. 삼형제 중 막내였던 그는 맏형이 죽었기에 둘째 형 승철(勝喆)과 함께 귀염둥이로 자랐다. 특히 그의 부친이 세 살 때(1904) 죽었기 때문에 홀어머니의 극진한 사랑 속에서 자라게 되었다. 그는 양반집 자제들이 그랬던 것처럼 어려서 서당을 다녔고 일제의 한국병탄(1910) 때부터 신학문을 접하기 시작했다. 장훈보통학교에 입학해서 13세 때인 1914년에 졸업하고, 좀 더 실질적인 것을 배우기 위하여 기독교청년회관에 들어가 교우의 폭을 넓히기도 했다. 그러다가 중앙고보에 편입해서 본격적으로 신학문을 배우기 시작했다.

3·1운동이 일어나면서 광범위한 민족자각의 기운이 팽배해지면서 그는 중앙고보를 졸업하는 둥 마는 둥 하고 일본으로 건너갔다. 선진 학문을 제대로 배우기 위해서였다. 우선 영어를 알아야 선진 학문을 할 수 있다는 생각으로 도쿄정치학교에서 1년여 수업한 그는 메이지학원 고등학부 영문과에 입학했다. 일본에 한 발 앞서 건너온 형 승철은 와세다대학을 마치고 독일 유학을 떠났기 때문에 그는 유학생 친구들과 어울려 다녔다.

그는 비슷한 시기에 유학 온 친구들인 문학도 팔봉 김기진(金基鎭, 릿교대학), 김복진(復鎭, 우에노미술학교) 형제와 이서구(李瑞求, 니혼대학), 박승목(朴勝木, 도쿄제대 의학과), 이제창(李濟昶), 김을한(金乙漢, 와세다대학) 등과 어울리면서 술과 시국 방담으로 학창 생활을 보내고 있었다. 이들은 김팔봉 형제가 하숙하고 있던 도쿄 간다구(神田區) 니시키초(錦町) 18번지를 아지트로 삼고 거의 매일 모여서 학문과 인생을 논하면서 식민지 유학생의 뜨거운 연대감으로 뭉쳤던 것이다.

이들 중에서도 박승희는 문학 이상으로 연극과 영화를 좋아했다. 그는 성격 자체가 온순하고 다정다감한 데다가 감상적이기까지 했기 때문에 선친과는 달리 권세나 물욕은 애초부터 갖고 있지 않았고 어려서부터 문학청년 기질이 강한 낭만주의자였다. 따라서 장차 평론가를 꿈꾸던 김기진과 친할 수밖에 없었다. 그는 김기진과 문학과 민족에 대한 토론을 자주했다고 다음과 같이 회고한 바 있다.

> 우리의 희망과 이상은 크다. 우리의 무대는 동경뿐이 아니라 이 세계가 우리 무대이다. 큰 민족이 되자. 일하는 민족이 되자. 새로운 나라를 세우고 새로운 정치를 하자. 참으로 민족정기를 세우자. 압제와 구속을 무너뜨리고 자유로운 세계가 놀랄 만한 그런 큰 일을 할 사람은 우리들뿐이다. 우리에게 부하된 책임이며 권리이다. 그렇게 못하면 죽는 것도 두렵지 않다. 우리는 학문의 진리탐구보다 민족의 정신을 찾자. 우리 민족은 어디로 갈 것이냐. 두 사람은 서로 끼어안고 마른 풀잎 위로 딩굴면서 소리도 질렀고 울기도 하였다. '자유 없는 설움을 아느냐'고 김기진이 팔을 뽐내고 휘두르는 바람에 나의 앞니를 쳐서 그 이가 병들어 내 나이 오십이 넘어 제일 먼저 빠지고 마니 전날의 생각이 지금도 난다. …(중략)… 젊은이의 참을 수 없는 정열은 끌어 넘치듯 골목길로 들어서며 큰소리로 또 우리나라의 아리랑 노래를 불렀다.[1]

---

1 박승희, 「토월회 이야기(一)」, 『사상계』 통권 121호.

이상과 같이 박승희는 청소년 시절부터 강한 민족의식을 지니고 있었다. 그것은 자연스런 시대정신의 발로로도 볼 수 있지만 그보다는 모친의 영향이 컸던 것 같다. 그가 3·1운동 직후 도쿄 유학을 떠날 당시 그의 완고한 모친은 반대했었다. 공부를 해보아야 일제의 판임관이나 순사 정도밖에 더 되겠느냐, 즉 일제의 앞잡이밖에 더 되느냐는 것이 모친이 아들의 유학을 반대하는 이유였다. 완고한 노모로서 충분히 할 만한 이야기였다. 그러나 누구보다도 신념이 강하고 고집쟁이며 무대예술에 매력을 느끼고 있었던 그는 도쿄로 향하는 발걸음을 멈출 수는 없었다.

도쿄에 가서 그가 주력한 것은 학문 연구가 아닌 무대예술 섭렵이었다. 그는 민족을 위해 뭔가 큰일을 하고자 했는데 그것이 다름 아닌 연극 활동을 통한 민족계몽운동이었다. 그는 본래 조용히 앉아서 독서나 하고 글을 쓰는 형은 아니었다. 그가 유학 기간 동안 주로 극장이나 영화관에 드나든 것만 가지고도 그의 성향을 짐작할 수 있다. 당시의 일본은 우리에 비해서 무대예술이 꽤 앞서가고 있었다. 근대적 형태의 신파극과 전통연희만 있었던 우리와는 사정이 달랐다. 가부키와 같은 전통극은 말할 것도 없고 신파극과 과도적 신극, 그리고 오페라까지 있었던 일본에서의 생활은 신문화에 굶주린 박승희로서는 황홀한 나날이었다.

박승희가 주목한 연극은 시마무라 호게쓰(島村抱月)가 마쓰이 스마코(松井須磨子)와 함께 이끌었던 예술협회의 공연과 아사쿠사(淺草)극장에서 자주 공연되는 신극 공연이었다. 그는 전통극이나 신파극보다는 서구 근대극을 모방한 신극 공연에 매료되었다. 그는 3년여 동안 극장가를 돌아다니면서 완전히 연극광이 되었으며, 결국 장차 연극을 해야겠다는 결심을 굳히기에 이른다. 그가 공부를 마치고 귀국해서 할 일은 신극운동뿐이라는 생각을 갖게 된 것이다. 그러려면 연극무대를 제대로 알아야 했다. 그는 단순히 연극 감상자가 아닌 연구자가 되어갔다. 일본 연극무대를 익혀서 조국에 돌아가 신극운동을 혁신적으로 벌이겠다고 결심을 한 것이다. 그에 대해서 박승희는 다음과 같이

　　　　　　　　　　　　　　　　제2부　외국연극의 모방과 수용

회고했다.

　　이 바람에 쏠린 나는 더욱 연극의 길을 더듬어 준비와 공부를 하고 시간과 여유만 있으면 극장으로 가기를 서슴지 않았고 보고 배워 알려고 부지런하였다. 젊은 학도들의 신극의 감미로운 무대를 보자, 자연 호기심도 컸던 것이나 토월회 여러분은 연극에 대한 관심과 흥미가 없어 극장출입이란 거의 없었고 돈이 없으면 전당이라도 잡혀갈 만한 용기는 나 이외는 아무도 없었다.
　　일본도 아직 무대 설비와 모든 것이 구식이요 원만치는 못하였으나 그런대로 무대를 돌아보며 장치와 설비를 구경하고 설명도 듣고 무대연극 연습, 연출하는 방법, 무대 진행하는 것 등을 세밀하게 보고 알았다. 이러는 동안에 일본에서 상연된 신극은 다 보았으며 가부키극과 신파도 열심히 보았다. 아무리 극장이 멀다 해도 가기를 꺼려 아니하고 즐겨 나섰으니 그때 나의 연극의 정열이란 여간 아니었다. …(중략)… 사람들은 나에게 타고난 팔자로 극장 가는 것을 좋아한다고 하였다.[2]

　박승희는 운명적으로 연극인이 될 수밖에 없었던 것 같다. 그가 공부보다 연극 구경을 더 좋아하게 된 데는 당시의 시대 분위기도 한몫했던 것이 아닌가 싶다. 당시 낭만주의와 예술지상주의가 풍미하는 일본은 젊은이들의 피를 끓게 했다. 그런 분위기에서 감수성 많은 식민지 청년 박승희가 어떠했겠는가는 짐작하고도 남음이 있다.

　박승희는 부유한 귀족 집안의 막내였으므로 서울에서 모친이 학비와 생활비를 풍족하게 보내주어 유학 중에도 항상 주머니 사정은 좋았다. 김기진 형제와 김을한 등이 하숙해 있던 니시키초 18번지에는 박승희, 이서구, 이제창, 연학년, 박승목 등이 매일이다시피 모여서 잡담과 술로 세월을 보내고 있었다. 그러다 우연히 "술만 마시고 떠들 게 아니라 한 주일에 한 번씩 모여서 그 사이 연구한 것도 발표하고 비록 전공은 다르지만 각자의 작품을 내놓고 토론

2　박승희, 「토월회 이야기(二)」, 『사상계』 통권 122호.

하자"는 이야기가 나왔다.

그것이 발단이 되어 1923년 5월경에 독서회 형태의 토월회가 조직된 것이다. 물론 멤버 역시 술친구 그들이었다. 이때 정회원은 아니지만 자주 참여한 사람이 최초의 여류시인 김명순(金明淳)과 그의 연인 임노월(林蘆月)이었다. 명칭 문제가 나와서 많은 논의가 있었지만 김기진의 제안으로 토월회로 정했는데, 이상은 하늘(月)에 두지만 현실(土)에 굳건하게 발을 디디고 서자는 의미를 지닌 것이다. 게다가 그들 모임이 토요일에 있었다는 의미까지도 내포하는 것이다. 근 1년여 동안 독서회 형태로 운영되다가 1923년 여름방학을 맞아 귀국이 예정되면서 뭔가 조국을 위해 하계휴가만이라도 뜻있게 보내자는 의견이 나왔고 그것이 다름 아닌 연극 공연이었다.

이들이 연극을 갖고 귀국하여 봉사를 하게 된 데는 당시의 사회 분위기도 무시할 수 없었다. 3·1운동 직후만 하더라도 조국애에 불타는 젊은 지식인들은 민중을 자각시키는 일들을 많이 했다. 가령 사회과학을 전공하는 학생들은 강연을 주로 다녔고, 인문과학이나 예술 분야 전공 학생들은 공연 활동을 벌이는 것이 하나의 유행이었다. 이러한 풍조에 따라 토월회도 연극단체로 탈바꿈하기에 이른 것이다.

박승희가 주로 재정을 담당하고 여름방학 동안만 계몽운동의 일환으로 공연을 하기로 결정했다. 정회원은 아니었지만 창립회원 중의 하나였던 김을한도 "토월회 이전에 말이야, 도쿄 유학생들의 모임이 몇 번 여름방학을 이용하여 아마추어 연극을 공연한 일이 있었어. 그래서 우리도 이제 정식으로 토월회를 발족시켰으니 여름방학을 이용하여 공연을 하자고 의논이 모아졌다"[3]고 회고했다. 창립회원들은 공연 준비에 들어갔는데 작품은 박승희가 쓴 창작희곡 〈길식(吉植)〉과 버너드 쇼의 〈그 남자가 그 여자의 남편에게 어떻게 거짓말했나〉, 안톤 체호프의 〈곰〉 등 네 편이었다.

---

3 『세대』 통권 94호.

　1923년 7월 4일부터 조선극장을 빌려 공연을 가진 토월회는 거의가 자급자족의 형태를 취했다. 우선 레퍼토리도 스스로 쓰고 번역했을 뿐만 아니라 무대장치, 연출, 연기 등도 회원들이 도맡아 했다. 박승희는 주연도 맡았고 김기진도 마찬가지였다. 그러나 창립공연은 미숙한 회원들만큼이나 서툴러서 예술성이나 흥행 면에서 참패를 면치 못했다. 회원들은 창립공연의 실패에 따른 자존심 실추와 빚을 갚기 위해서라도 두 번째 공연을 서둘렀다.

　제2회 공연은 흥행적인 면을 생각하지 않을 수 없었고, 따라서 비교적 대중성 있는 〈알트하이델베르크〉(마이어푀르스트 작)와 〈부활〉(톨스토이 원작)을 무대에 올렸다. 이때 전문화가 이승만과 장치가 원우전(元雨田) 등이 직접 그림을 그렸기 때문에 무대미술에 관한 한 혁명적 변화를 일으킬 수 있었다. 그 결과 "서울에서 처음 보는 연극이요 처음 듣는 말이었다. 토월회가 하는 것이 정말 연극이었다"[4]고 평한 사람이 있는가 하면 "토월회는 젊은이의 순결한 열로 절대한 수확을 얻게 되었으며 따라서 진부한 조선극단의 레벨을 어느 정도까지 본격적인 그것으로 이끌어놓았다"[5]는 역사적 평가도 나왔다. 분명히 토월회의 등장은 그것이 비록 아마추어 연극이었다손 치더라도 당시의 다른 소인극단들이나 신파극단들의 무대 수준에 비해서 한 수 높은 것이었다.

　이와 같이 1920년대 초 연극계에서 신선한 바람을 불러일으킨 토월회가 전문극단으로 아예 방향 전환을 하게 된다. 이는 분명히 급격한 것이었고, 또한 창립회원들에게조차 충격적이었다. 왜냐하면 이들은 여름방학 중에만 한두 번 공연하고 원래의 학업으로 복귀할 계획이었기 때문이다. 그 결과 창립회원들 간에 이견이 생겼고 대부분의 창립멤버들이 극단을 떠나는 사태가 벌어졌다. 이때 탈퇴한 회원은 김기진 형제와 연학년(延鶴年) 등 창립동인과 안석주(安碩柱), 이승만(李承萬), 윤상렬(尹相烈) 등 주요 인물들이었다.

4　박승희 회고, 「토월회 이야기(二)」, 『사상계』 통권 122호.
5　김연수, 「극단야화」, 『매일신보』 1931.5.22.

결국 남은 사람은 박승희와 단 몇 사람뿐이었다. 김기진 등 창립회원들은 일단 제2회 공연으로 역사적 사명을 다한 것으로 생각했기 때문에 박승희와의 우정과는 관계없이 가볍게 떠날 수 있었다. 따라서 박승희는 토월회를 아예 전문극단으로 재정비하기 시작했다. 사무실을 김기진의 하숙집으로부터 관구여관으로 옮기고 홍노작(洪露雀) 문예부, 원우전 미술부, 정원탁 경리부, 이백수 출연부 등으로 간부진을 짜게 된다. 극단 구조도 동인제 성격에서 박승희를 중심으로 한 프로듀서 시스템에 가까운 운영 방식으로 바꾸었다.

이처럼 도쿄 유학생들의 문예 서클이었던 토월회는 당시 풍미하던 학생민족운동의 한 방편인 강연회와 연예 활동 중 연극운동을 택하여 예정치 않았던 제2회 공연까지 하고서도 토월회 간판을 그대로 가진 채 순수예술과 영리라는 이원의 길을 걷는 전문극단으로 일대 방향 전환을 한 것이다. 그래서 창립회원 이서구도 "진짜 순수한 토월회 연극은 제1회 공연과 제2회 공연, 그리고 YMCA에서 공연한 것뿐"이라고 술회한 바 있다.

박승희를 회장으로 하여 전문극단으로 출범하면서 또 하나의 사건이 일어났다. 그것은 기둥의 역할을 해온 여배우 이월화(李月華)가 극단을 이탈한 사건이었다. 그것도 극히 사적 감정 때문이었다. 즉 열정적이었던 이월화가 상대역을 맡은 박승희를 짝사랑했고 그것이 성취되지 못한 데서 오는 좌절감으로 탈퇴한 것이다.

이월화가 외모나 재질 면에서는 부족함이 없었으나 박승희에게는 이미 명문가 출신의 약혼녀가 있었기 때문에 처음부터 성사되기 어려운 짝사랑이었다. 박승희의 약혼녀 장세숙(張世淑)은 우에노음악학교 학생이었고 그 부친은 법조계에서 명망 높았던 장수(張壽) 변호사였다. 그는 명문가 규수답게 박승희와 결혼해서 자녀들을 잘 키웠고 남편의 어려운 연극운동을 뒤에서 성심껏 뒷바라지하다가 젊은 나이에 세상을 떠났다.

여하튼 새로 정비된 토월회는 직업극단으로 방향 전환하자마자 1924년 1월에 박승희가 쓴 무용가극 〈사랑과 죽음〉 등을 YMCA 강당 무대에 올렸다. 그런데 여기서 주목할 만한 것은 박승희가 음악극에 많은 관심을 쏟은 점이라 하겠다. 그는 〈사랑과 죽음〉 공연에서 오케스트라를 선보였고 신무용 선구자 조택원(趙澤元)으로 하여금 러시아 코팍 춤을 추게 했다. 박승희는 극단에 전속으로 박세면(朴世冕, 플루트), 최호영(崔虎永), 홍재유(洪載裕, 바이올린), 러시아 부인(피아노) 등으로 구성된 오케스트라를 두기도 했다. 토월회는 막간마다 명곡을 연주했는데 이것이 후일 막간극, 더 나아가 악극으로 발전하는 하나의 씨앗이 되었다고 볼 수 있다.

사실 박승희는 일본에서 연극을 전공한 것이 아닌 데다가 그가 구경한 일본 연극 역시 가부키나 신파극, 그리고 쓰키지(築地)소극장으로 나아가기 위한 과도기적 형태뿐이었기 때문에 아카데믹한 연극관을 지닌 것은 아니었다. 그가 주도한 토월회가 직업극단으로 전환하면서부터 대중에 영합하는 자세를 취한 것도 그 때문이라 볼 수 있다. 토월회가 1910년대 신파극단이 즐겨 공연했던 〈장한몽〉을 무대에 올린 것도 거기에 연유했다고 말할 수 있다. 그는 대중적 인기를 끈 〈부활〉과 〈사랑과 죽음〉 등 연정극을 여러 번 재공연하곤 했다.

그러나 당시만 하더라도 무대예술은 참으로 어려운 분야였다. 대중의 관극 수준도 문제였지만 극장 사정, 재정 사정 그리고 극작가, 배우, 연출가 등 인적 자원 문제도 심각했다. 일찍이 현철이 토월회에 대하여 "극 같지도 못한 극으로 허둥지둥하다가 손해만 보고"[6] 말았다고 혹평한 것은 일리가 있다.

그러나 박승희는 조금도 굴하지 않았다. 그는 바쁜 시간을 쪼개서 틈틈이 모자란 연극 공부를 하는 데도 열정을 쏟았다. 토월회에 대한 일부 식자층의 비판을 겸허하게 수용한 것이다. 그가 "나를 보는 여러 사람에게 실망이 가지 않도록 나는 연극에 대하여 철저한 공부를 시작하여 밤이면 집에서 공부를 하였다"[7]고 술회한 것도 바로 그러한 저간의 사정을 말한 것이다.

---

6 현철, 「조선의 연극」, 『동아일보』 1925.1.1.
7 박승희, 「토월회 이야기(二)」, 『사상계』 통권 122호.

도쿄 유학에서 깊이 사귀었던 창립회원들은 두 번 공연하고 대부분 그의 곁을 떠났지만 그의 토월회에 대한 애정과 연극에 대한 열정은 시간이 흐를수록 강해졌고, 연극운동의 장애물에 부딪치는 수많은 난관을 겪을 적마다 더욱 강렬해질 뿐이었다. 그는 이때의 심정을 다음과 같이 회고하고 있다. "나의 마음은 연극으로 향해갔다. 가시밭 같은 우리나라 연극계를 개척하고 결실을 맺으려는 포부가 생겨 연극을 위하여 싸우다 죽겠다는 결심이 생기게 되었다. 나는 사무실에서 날마다 연극 이야기로 신기로운 꿈을 이루었다. 나는 이때 처음으로 여러 사람들로부터 선생님 소리를 들었다."[8] 이와 같이 박승희는 연극을 위해서 순직까지 할 각오마저 되어 있었던 것이다.

연극은 배우가 있어야 하므로 그는 공개 모집을 통해서 유능한 신인들을 여러 명 확보했다. 간부만 가지고 연극을 할 수는 없었기 때문이다. 서일성(徐一星), 이운방(李雲芳), 양백명(梁白明), 서월영(徐月影), 박제행 등 유망주들이 모두 이때 선발된 배우들이었다. 그는 특히 배우들의 의식 개조, 품성 교육에 힘썼다. 과거부터 우리 사회에서는 배우를 천대하는 풍조가 있어왔다는 것을 누구보다도 잘 알고 있었던 그는 배우들에게 우선적으로 지식과 교양이 있어야 한다는 것과 평소의 행동거지에 품격이 있어야 한다는 것을 되풀이 강조했다. 그는 배우들에게 항상 공부하라고 타일렀다. 또 자신도 솔선수범했다. 뒷날 토월회 출신 배우들이 여러 명 대성한 것도 박승희의 인성 교육과 무관하지 않다.

어떻든 토월회는 박승희의 구상에 따라 그 다음해에 접어들어서 완전히 흥행극단으로 탈바꿈했다. 즉 극단 제도를 합자회사 형식으로 바꾸어서 자본의 기초를 굳건히 함과 동시에 발 넓은 이서구를 전무로 앉혔다. 그뿐만 아니라 한국인이 운영하던 유일한 극장 광무대도 1년간 전속극장으로 계약했는가 하면 레퍼토리도 대중 기호에 맞게 가무극 중심으로 취택하였다. 그에 따라 배

---

8 위의 글.

우 역시 가무에 능한 인물을 중심으로 재편했다. 광무대를 전속극장으로 계약했으므로 연중무휴 공연으로 가지 않을 수 없었고, 반은 기업, 반은 예술이라는 목표 아래 전속배우들에게 월급 제도를 실시했다. 그러나 수입이 워낙 적어서 월급은 여배우에게만 줄 수밖에 없었다. 여배우가 워낙 귀한 시대였기 때문이다.

토월회의 어려움은 모든 면에 걸쳐서였지만 특히 전문 극작가가 없던 시대의 레퍼토리는 정말 어려운 문제였다. 토월회가 직업극단으로 전환한 이후에는 박승희 자신이 배우로 무대에 선 적은 없고 회장으로서의 재정 책임자와 작품 제공자 역할만을 주로 맡았다. 창립공연 때도 〈길식〉이라는 창작희곡을 무대에 올렸지만 그 이후에는 더 많은 작품을 썼다. 그러니까 인기작 〈사랑과 죽음〉을 비롯해서 수많은 희곡을 쓰고 번역, 번안을 한 것이다. 그럴 수밖에 없는 것이 연중무휴 공연에다가 3일에 한 번씩 프로그램을 바꾸어야 했기 때문에 박승희로서는 가장 괴로운 일이었다. 워낙 레퍼토리가 딸리다 보니 박승희는 주로 일본에서 공연된 작품들을 번안하는 쪽으로 집중할 수밖에 없었다. 또한 이 시기에 리바이벌 공연이 정착되기도 했다.

배우들은 연습과 공연으로 더없이 고달팠고 무대 스태프진 역시 고충은 마찬가지였다. 특히 박승희는 자금 문제에서부터 운영, 극본 마련 등 정말 혼신을 다해서 극단을 운영해갔다. 당시 박승희가 극단 회원들을 모아놓고 연설한 다음과 같은 이야기는 그의 연극을 통한 조국애가 어떤 것이었나를 짐작하고도 남음이 있다.

> 그해 사월 십일 경 전원을 무대에 집합하고 비장한 나의 결심을 토로했다. 우리는 우리가 이 무대 위에 쓰러져 죽는 것을 두려워 아니하노라. 만일에 그것을 두려워할진대 이 기회에 물러가라. 우리나라의 연극 봉화는 토월회가 들었으니 앞길은 천리만리 알 수 없는 길을 달려야 하는 줄 아는가. 이 불이 가다가 꺼져도 안 되고, 붉게 타는 이 불길은 어느 때나 한결같이 꺼짐이 없어야 하는 것이다. 연극의 길을 위하여 발전과 향상의 길로 명랑과 건실을 잊지 말고 우리는 굳

세계 나가자고 나는 말했다. [9]

이러한 박승희의 자세에서 그의 연극관은 말할 것도 없고 전신을 내던지는 모습이 나타나 있다. 그러나 막상 공연 현장에서는 뜻같이 될 리가 없었다.

우선 그러한 레퍼토리로 현상을 유지하기조차 어려웠다. 매일 광무대를 메울 인기 있는 레퍼토리가 가장 큰 문제였다. 그는 심지어 권번 기생들을 초청해서 창(唱)과 민속춤도 추게 했다. 대중이 좋아하는 것이면 무엇이든지 상관없다는 자세였다. 토월회가 이런 방향으로 흐르자 젊은 배우들이 중심이 되어 출연 거부 소동까지 벌였다. 광무대를 전속으로 쓴 지 대략 5개월 만의 사건이었다. 젊은 배우들은 9개 항의 요구 조건을 내걸고 출연을 거부했는데, 그 골자는 극단의 민주적 운영, 이익의 균등 배분, 회원들의 복지 증진, 그리고 극단의 타락 방지와 정통 연극 창조 등이었다.

이는 곧 박승희의 독주에 대한 반발이었고 또 출발 당시의 순수한 신극 정신을 저버린 채 오직 영리만을 목적으로 타락하는 데 대한 경고였다. 그러나 젊은 회원들의 요구 조건은 모두 묵살당했고 상당수 단원들의 추방으로 끝나버렸다. 물론 박승희로서도 할 말은 많았다. 박승희가 볼 때 그러한 요구는 실정을 모르는 이상주의로밖에 여겨지지 않았던 것이다. 그가 의식 있는 레퍼토리를 선택하면 영락없이 당국의 검열에 걸리곤 했다. 그는 이광수의 소설을 각색해서 공연하기도 했고, 〈춘향전〉을 당대 명창 김창룡(金昌龍)의 도창으로 무대에 올리기도 했다. 〈춘향전〉은 여전히 인기가 있어서 전국으로부터 공연 초청이 쇄도했고, 결국 토월회가 처음으로 1925년 11월 초부터 전국 순회공연에 오르게 된 것이다. 대구를 시발점으로 하여 부산, 진주, 마산, 통영, 삼천포, 김천 등 영남지방과 광주, 여수, 목포, 전주, 군산 등 호남지방, 그리고 천안, 대전 등 주로 중부 이남을 한 달 동안 순회공연했다. 토월회가 순회공연을

---

9 박승희, 「토월회 이야기(二)」, 『사상계』 통권 122호.

하면서 비용은 더 많이 썼고 극단도 느슨해졌다. 12월 초에 귀경해서 광무대에서 다시 공연을 시작했지만 관객은 매일 평균 5, 60여 명에 불과했다. 1년여 만에 박승희는 부모로부터 물려받은 충청도의 3백 석 지기 땅을 몽땅 날려버렸던 것이다.

『매일신보』는 1926년 벽두에 "토월회가 신인의 무리 속에서 채색을 다한 깃발을 들고 일어서자 우선 다른 극단들은 가슴이 내려앉고 말았었다. 그러나 그 수입 성적으로는 오히려 그들에게 뒤질 때도 많았었다. 토월회의 주장 박승희 군이 이미 손실을 본 2만 원 돈을 우습게 여기고도 오히려 토월회를 끌고 나아갈는지 큰 난문"(1926.1.1)이라고 우려하는 글까지 내보냈다.

토월회는 인기 만회를 위하여 미국 영화를 무대극으로 만들기도 했고, 당대의 소프라노 윤심덕까지 주연배우로 썼으나 계속 실패만 했다. 게다가 설상가상으로 핵심회원인 김을한, 이백수, 박제행 등 5명이 집단 탈회를 해버렸다. 이들은 토월회가 영리만을 내세우고 신극운동을 하지 않고 간부들은 희생적 노력은 하지 않은 채 일을 독단적으로만 처리한다고 매도한 것이다. 가뜩이나 재정난, 작품난 등으로 허덕이던 토월회는 결국 1926년 2월 제56회 공연을 끝으로 출범한 지 2년 반 만에 일단 그 막을 내리고 말았다.

토월회가 간판을 내리자 아쉬워하는 사람들이 많았다. 당시로서는 그래도 극단다운 극단은 토월회밖에 없었기 때문이다. 그러다가 2년여 만인 1928년 10월 뿔뿔이 흩어졌던 옛 단원 몇 명과 신입회원이 토월회 재건에 나섰다. 마침 조선극장 측에서 후원을 약속해왔던 것이다. 재기공연이 되는 제57회 작품으로 박승희가 쓴 창작극 〈이 대감 망할 대감〉과 윤심덕의 정사를 다룬 〈사의 찬미〉 등을 무대에 올렸다. 그러나 공연은 성공을 거두지 못했다. 너무 신파극에 가깝다는 혹평만을 들은 것이다.

그러다가 1929년 〈아리랑고개〉(박승희 작, 박진 연출)로 재기 몇 달 만에 옛 명성을 되찾을 수가 있었다. 왜냐하면 이 작품은 식민지 시대의 민족 현실을 정확하면서도 감상적으로 묘파한 작품이었기 때문이다. 박승희는 다시 자신을 얻고 조선극장과 1년 전속계약을 맺었다. 광무대 때처럼 본격적으로 공연 활동을 벌여보겠다는 각오에서였다. 그러자 광무대 때에 봉착했던 문제에 또다시 부딪치지 않을 수 없었다. 그 가장 큰 문제가 레퍼토리 부족이었는데, 이는 3, 4일에 한 번씩 프로그램을 바꾸어야 했기 때문이다. 그러자 토월회는 자연히 광무대 시절에 공연했던 작품들을 재공연하는 방식을 취할 수밖에 없었다. 바뀐 것이라고는 주역 배우들뿐이었다. 게다가 관객 끌기 방안으로 막간극을 하는가 하면 아예 악극도 공연했다.

가령 당시 난센스의 대가 임생원(林生員)과 신카나리아 등이 막간에서 촌극을 하고 노래도 불렀다. 그리고 슈니츨러의 원작소설「눈먼 형제」를 〈애곡〉이라는 악극으로 변조 공연하기도 했다. 토월회가 재정적으로나마 현상 유지를 위해 예술을 내팽개친 채 타락 일로로 접어든 것이다. 토월회는 기왕에 지방흥행으로 승부를 걸기로 하고 1930년 2월 수원을 기점으로 지방순회길에 나섰다. 그러나 지방 순회공연도 토월회를 유지시키기에는 역부족이었다.

결국 출범한 지 만 9년여 만인 1931년에 토월회는 완전히 해산하고 말았다. 박승희의 열정과 애국심도 토월회를 더 이상 유지하기는 역부족이었다. 그가 불꽃 같은 신극운동에의 열정을 거두고 기진맥진한 상태에서 토월회 간판을 내리자 당시 언론에서는 다음과 같이 논평했다.

> 대체 이같이 철저한 신극운동가가 조선에 또 어디 있는가? 조선의 극단을 위하여 물질과 심신을 아울러 다 바친 그의 굳고도 열렬한 한 가지 신념에 대해서는 어찌 뉘라서 존경과 앙모(仰慕)의 정을 일으키지 않을까 보냐?[10]

연극운동에 관한 한 박승희는 불사조와 같았다. 거의 회생하기 어려울 만큼 극단이 파산상태에 빠져도 어떻게든 재기하곤 한 것이 그였다. 즉 1931년 토

---

10 『매일신보』 1931.5.22.

  제2부   외국연극의 모방과 수용

월회가 간판을 내린 뒤 그는 1년도 되지 않아서 태양극장이라는 새로운 간판을 내걸고 재기한 것이다. 그는 박진(朴珍), 이백수, 석금성 등 옛 단원들을 고스란히 끌어안고 미나도좌에서 1932년 음력 정초에 자신과 박진이 쓴 작품 〈과도기의 애화〉, 〈울며 겨자먹기〉 등 비극과 희극으로 힘찬 재건공연을 가졌다. 주로 미나도좌를 본거지로 삼아 자신과 박진의 창작극과 편극을 주로 공연한 태양극장은 1933년에는 몇 달씩 일본 순회공연에 나서기도 했다.

박승희는 두려움을 모르는 연극인이었다. 일본을 다녀온 뒤로는 주로 지방 유랑에 나서기도 했다. 서울에서는 이따금 공연하고 지방 순업에만 정열을 쏟았다. 전국을 다니지 않은 곳이 없을 만큼 방방곡곡을 누볐다. 그는 태양극장을 이끌고 광활한 만주땅까지 순회공연을 다녔다. 도중에 마적도 만나고 단원의 야반도주로 주역을 바꿀 때도 있었다. 전속 악사들이 출연 거부하면 컵과 쇠주발을 두드려서 반주를 대신하기도 했다. 처절한 유랑극단 생활이었다. 따라서 태양극장의 기력도 금방 쇠진할 수밖에 없었다. 결국 태양극장마저 1936년 말 경기도 안성에서 일단 간판을 내리고 말았다. 이 시기에 극단 사정과 자신의 심정을 다음과 같이 회고한 바 있다.

> 개중에 오래 따라다니던 사람들은 땅을 치고 울었다. 이리하여 나는 재산도 없어졌지만 나의 청춘과 정열마저 불사른 셈이었다. 이렇다 할 만한 일도 못 하고 허물어진 나의 청춘의 그림자 위에 눈물을 뿌려 조상할 뿐 나의 쓸쓸한 심경은 거리를 헤매게 되었다.[11]

박승희는 처참하리만큼 심신이 지쳐버린 것이다. 그러나 영영 연극계를 떠날 수는 없었다. 태양극장은 안성의 애원극장 전속 형태로 명칭을 애원좌로 바꿔서 유랑극단 활동을 지속했다. 애원좌로 개칭된 뒤에는 거의 중앙에 오지

---

11 박승희, 「토월회 이야기」, 『사상계』 통권 123호.

않고 지방 유랑만을 한 것이 특징이다. 주로 북선지방을 순업한 이 애원좌도 1940년경에 흐지부지되고 말았다.

일제 말 제2차 세계대전 기간은 우리 현대역사에서 지독한 암흑시대였다. 특히 예술 분야의 경우 소위 국민예술이라 하여 모두 어용화한 것이 1940년 대였다. 이 기간 중 박승희는 연극계를 떠나 은둔 생활로 들어갔다. 5년여 은둔 생활 중 1945년 8월 민족해방을 맞은 박승희는 주변의 강력한 권유로 다시 연극계에 복귀했다. 즉 토월회의 옛 단원들이 해방을 맞자마자 극단 재건에 나선 것이다. 특히 열정적인 박진이 앞장서고 이서구, 이용구, 복혜숙, 석금성, 이백수, 박제행, 서월영, 양백명 등 왕년의 토월회 단원들이 거의 모여서 해방된 4개월 뒤인 12월 14일에 수도극장에서 박승희의 〈40년〉 공연으로 끈질김을 보여준 것이다.

토월회의 열정은 식지 않았기 때문에 다음해 역시 박승희가 쓴 독립운동 이야기 〈아느냐 우리들의 피를(上海 虹口爆彈事件)〉을 무대에 올려서 김구(金九)의 격려를 받기도 했다. 곧 이어서 박승희의 〈모반의 혈〉(박진 연출)을 수도극장에서 공연했으나 흥행상으로는 실패였다.

열정으로만 모였던 재건 토월회도 역시 재정 문제를 해결할 길이 없었다. 따라서 토월회는 재건된 지 1년도 되지 않아 영원히 연극사 현장에서 사라지고 말았다. 재건 토월회가 해산하자 그는 또다시 반은둔 생활로 들어가 연극계와는 완전히 인연을 끊었다. 부인과 사별 후 홀로 지내다가 토월회 배우 출신 최승이(崔承伊)와 재혼하여 서울 정릉 골짜기에서 은둔 생활을 했다. 그러다가 6·25전쟁을 만나 경남 마산으로 피난을 갔고, 거기서 상당 기간 정착하여 마산남전회사(馬山南電會社)의 직원 대우를 받기도 했다.

10여 년 가까이 마산에 살다가 다시 상경, 연건동과 선영이 있는 의정부를 오가며 불우한 여생을 보내다가 1963년 드라마센터(한국연극연구소)가 창설한 한국연극상 제1회 수상자가 되어 작은 위안을 받기도 했다. 그가 생전 처음 연극상이라는 것을 받은 직후인 1963년 7월 17일에 도쿄에 머물고 있던 옛 토월회 동료 김을한에게 다음과 같은 편지를 보낸 바 있다.

> …사람이란 의식주가 편해야 모든 생각이 고루 나건만 나는 들에도 나무에
> 도 부칠 곳이 없고 고독한 인생이라 사는 게 이게 사람 사는 것일까요. 정말 인
> 생 최후의 터널 속에 들어가는 듯하외다. 전일 연극상(드라마센터에서 제정한 연극
> 상)을 받았고 형의 축전도 보았나이다. 턱없는 상을 받노라니 자신의 최고보다
> 도 감개가 무량하나이다. 나는 마포 일간모옥에 방 한 칸을 얻었지요. 찾는 이도
> 갈 곳도 없는 사람이외다. 웬일인지 참말 쓸쓸하외다. 푸른 하늘이 내 집이고 반
> 짝이는 별이 내 벗으로 쓸쓸한 밤을 보내지요. 아무도 없는 빈 뜰에는 참새 두어
> 마리가 와서 지저귑니다.[12]

서간문에서 알 수 있는 바와 같이 그는 만년에 가난과 고독, 그리고 허무감
속에 빠져 있었다. 그럴 수밖에 없었던 것이 자신과 가정까지 저버리고 연극
에 모든 것을 바쳤지만 눈앞에 나타난 성과는 아무 것도 잡히지 않는다고 생
각한 때문이었다. 그는 1964년 7월 63세로 세상을 뜨기 전에 마지막으로 쓴
토월회 회고기 말미에 다음과 같이 적어놓았다.

> 나는 전후 여러 해 동안 고생길에서 방황하면서 한 가지도 성공한 것은 없으
> 니 이는 나의 지식과 재주의 부족한 것이나 탓할까 눈물겨운 내 세상이었다.
> 전국을 거의 두 번이나 돌고 방방곡곡에 연극의 싹을 던졌으니 이 싹이 터서
> 자라기만 바란다. …(중략)… 정신과 육체로 줄기차게 짜내었으나 나의 일생사업
> 인 연극은 아무 성공이 없이 흐지부지 흘러가고 말았다. 나의 이 긴 생애를 여러
> 모로 편달해주시던 분에게 감사를 드리며 또 나의 후생들에게 오직 줄기차고 억
> 세게 이 길로 전진하시어 나중에 열매를 거두도록 하여 주시기를 바라며 지루한
> 이 글을 끝맺는다.[13]

---

12 차범석, 「한국소극장연극사」, 『연극과 인간』, 36쪽.
13 박승희, 앞의 글(완).

사실 박승희는 어디까지나 연극운동가지 전문 극작가로 보기는 어딘가 어울리지 않는다. 그러나 실제로 작품 수로 보아서는 그만큼 많이 쓴 극작가도 드물다. 박승희는 만년에 "나의 극단 생활은 1922년에 시작하여 1946년까지 24, 5년이 되고 토월회로만 160여 회나 되는 신작 공연을 하였으며 나의 손으로 쓴 극본이 실로 200여 편이나 되었다"고 회고했다. 조금 과장된 감도 없지는 않지만 그가 토월회와 태양극장을 이끈 1920, 30년대에 걸쳐 많은 희곡을 쓴 것만은 사실이다. 물론 그가 20여 년에 걸쳐 썼다는 200여 편의 희곡이 모두 창작만은 아니고 상당수가 각색과 번역, 번안물이다. 그가 각색 번안물까지 모두 자기 작품으로 계산한 것은 모두가 일단 그의 손을 거쳐 무대에 올려졌기 때문이다. 따라서 그가 쓴 순수 창작극은 기십 편에 불과하다고 보아야 한다.

이렇게 많은 작품을 썼음에도 그를 전문적 극작가로 보기 어려운 데에는 두 가지 이유가 있다. 그 첫째가 연극운동가로서의 역할이 너무 컸기 때문에 창작은 곁다리로 보일 수밖에 없다는 것이고, 둘째는 그가 희곡을 전문으로 삼지도 않았지만 창작 역시 치밀한 계산하에 썼다기보다 그때그때 즉흥적으로 구성했다는 사실이다. 토월회의 대표작으로 꼽히는 〈아리랑고개〉가 작가와 연출가 박진이 주석에서 이웃집 사람이 부르는 아리랑 노랫가락을 듣고 착상되어 며칠 밤 동안에 여관방에서 씌어졌다는 사실(박진 증언)에서도 그 점은 확인할 수 있다.

그만큼 박승희는 희곡을 즉흥적으로 쉽게 엮는 자세를 취한 것이다. 물론 단 며칠 만에 장막극 한 편을 쓴 것을 가지고 작가나 작품을 폄하하려는 것은 아니다. 그러나 한 편의 희곡을 쓰기 위해서 수개월 또는 그 이상을 고투하는 전문 극작가들과 비교할 때, 박승희는 쉽게 무대 위에 올릴 이야기를 구성하는 구성작가의 성격을 지녔다고 말할 수 있다. 그처럼 쉽게 이야기를 엮을 수 있었기 때문에 어려운 시대에 극단을 혼자 이끌면서 20여 년 동안에 2백여 편의 작품을 쓸 수가 있었던 것이 아닌가 싶다.

그리고 그가 쓴 작품들은 무대의 대본 형태였기 때문에 희곡집이나 잡지 등에 발표되기보다는 극본 그 자체로 끝나버리고 만 것이 특징이다. 오늘날 그의 작품이 겨우 네댓 편 정도만 남은 것도 그 때문이다. 따라서 그의 작품 형식이나 내용, 더 나아가 작품세계를 명확하게 알아내기는 매우 어렵다. 그러나 토월회라는 극단 자체가 문예사적 관점에서 볼 때 낭만 시대에 위치한 것이라든가 박승희의 일본 연극 수업 및 성향들로 볼 때, 서정성이 짙다는 점에서 작품세계도 대체로 낭만주의 세계와 닿아 있다고 말할 수 있을 수 있을 것 같다. 결론부터 말한다면 그의 희곡은 서양의 멜로드라마 유형에 속하고 웰메이드 플레이 계열로 보는 것이 적합하지 않나 싶다.

그가 작품을 쓰기 시작한 것은 토월회를 처음 조직할 무렵인 1922년 메이지대학 영문과 초급학년 때, 즉 〈길식〉이라는 단막극을 낸 때부터였다. 이후 1945년 해방 직후 토월회가 재건된 때 〈모반의 혈〉을 마지막으로 쓴 것까지 20여 년에 걸쳐서였다.

우선 그 자신이 직접 거명한 작품만 하더라도 〈진세의 진경〉, 〈간난이의 설움〉, 〈추풍감별곡〉, 〈데아브로〉, 〈칼멘〉, 〈국회의 비밀〉, 〈농속에 든 새〉, 〈교장의 딸〉, 〈헤어지는 겨레〉, 〈월요일〉, 〈인육시장〉, 〈시드른 방초〉, 〈국교단절〉, 〈장가들기 싫어〉, 〈복사잎이 필 때〉, 〈심청전〉, 〈춘향전〉, 〈혈육〉, 〈눈 내리는 밤〉, 〈고향〉, 〈이 대감 망할 대감〉, 〈강물은 흐른다〉, 〈장화홍련전〉, 〈회사원 돈을 세여봐라〉, 〈안개 건너 산속에 가보라〉, 〈두 호라비〉, 〈쟌발쟌〉, 〈배 주고 뱃속을 빌어먹다〉, 〈지나간 시대〉 등 30여 편이나 된다.

그리고 공연기록에 나와 있는 작품들로서 〈과도기의 애화〉, 〈여자는 보지 마시오〉, 〈아버지〉, 〈우리 선생님〉, 〈사막의 광상곡〉, 〈그리운 무대〉, 〈마데오〉, 〈항구는 험난하다〉, 〈애곡〉, 〈택시시대〉, 〈인육시장〉, 〈환자가 의사냐 의사가 환자냐〉, 〈남경의 거리〉, 〈스타가 되려고〉, 〈아리랑고개〉, 〈기구한 아버지〉, 〈즐거운 인생〉, 〈시세는 흐른다〉, 〈장가들기 싫어〉, 〈불여귀〉, 〈도루가는 아버지〉, 〈1천2백량〉 등 20여 편이 있으며, 잡지 등에 게재되어 지금까지 전하는 작품으로 〈혈육〉, 〈홀아비 형제〉, 〈이 대감 망할 대감〉, 〈고향〉 등 정도다.

그런데 이상의 제목에서 알 수 있는 것처럼 그가 썼다는 작품들 상당수가 우리의 고전소설이라든가 서양의 오페라, 희곡, 소설, 영화 극본이었으며 일본의 신파 대본도 들어 있다. 또한 희곡 형태도 정통적인 것 외에 난센스, 리뷰, 무용가극, 악극 등 다양하다.

이처럼 그의 작품의 전체적 특징은 극히 대중적이고 통속적인 것이었다. 그렇다면 그의 작품세계는 구체적으로 어떤지 남아 있는 네댓 편의 희곡을 통해서 살펴보기로 한다. 처녀작 〈길식〉은 전하지 않지만 작가의 회고에 의하면 낡은 도덕과 인습을 타파하고 새로운 모럴을 강조하는 내용이었던 것 같다. 매우 사실적인 작품으로서 구습을 타파하려는 시대 의식을 주제로 한 희곡임을 짐작할 수 있다.

다음 작품인 〈이 대감 망할 대감〉은 우리의 유명한 고전소설 「배비장전」과 유사하다. '내수'라는 주인공이 관리가 되고 싶어서 전답을 팔아 한양의 대감에게 뇌물을 바친 채 그의 행랑방에서 이때나 저때나 자리를 기다렸지만 아무런 응답도 받지 못한다. 내수는 전답만 날리고 거지가 될 것 같은 초조함 끝에 대감의 약점을 잡을 꾀를 낸다. 그리하여 처를 행랑방에 남겨두고 귀향하는 척한다. 물론 처로 하여금 대감을 유혹토록 해놓는다. 호색적인 대감이 그들의 꾀에 걸려든다. 대감이 내수의 처와 욕정을 불태우려는 순간 내수가 들이닥치고 대감은 장롱 속에 갇힌다. 내수는 장롱을 톱으로 썰겠다고 위협하여 대감을 굴복시키고 수령 벼슬을 얻는다는 희극이다. 작가는 이 작품에서 주인공으로 하여금 '부귀와 공명을 자랑 마소 한때의 꿈이로다'라고 읊조리게 함으로써 동양적 허무를 드러내기도 한다.

이러한 작품과는 달리 그는 사회성 짙은 작품을 여러 편 썼다. 가령 〈혈육〉을 위시하여 〈아리랑고개〉, 〈홀아비 형제〉 등이 바로 그런 계열의 작품이다. 사실 1920년대는 일제의 토지박탈과 동양척식주식회사 설치, 미곡 증산 정책 등으로 농촌이 몰락하고 극도의 궁핍화의 길을 가는 시기이다. 특히 이농(離

農) 현상과 북간도 이주민이 늘어나는 시기도 바로 1920년대였다. 실직과 유랑 걸식으로 우리 민족은 문자 그대로 피폐한 처지에 놓여 있었다.

그가 그런 사회현실을 직설적으로 묘파한 작품들을 쓴 것이다. 즉 〈혈육〉이 농토를 잃고 도시 주변으로 모여들어 잠재적 실직군(失職群)이 된 이농민의 참상을 묘사한 작품이라면, 〈아리랑고개〉는 농지 수탈과 북간도 이주 과정을 그린 작품이다. 한강변 백사장의 움막집에서 사는 어느 빈민 일가의 처참한 삶을 리얼하게 묘파한 〈혈육〉은 당 시대의 단면을 적나라하게 나타내주고 있다. 극한 상황에 빠져 있는 두 가족은 세 끼를 때우기 위해 고민하고 발버둥친다. 그나마 움막집에서조차 쫓겨날 수밖에 없는 것은 총독부의 강압 때문이다. 그런데 도시 변두리를 떠도는 실직자들의 극한적 삶을 묘사한 이 작품은 작가의 역사의식 부족으로 상황을 극복하려는 특별한 의지는 보여주지 못한 채 패배주의로 끝나고 만다.

박승희는 역시 사대부 집안의 자제로서 선비 기질 때문에 현실에 대한 대결 아닌 관망에 그친 감이 없지 않다. 그래서 그의 작품은 언제나 저항보다는 실패에서 오는 감상성이 강하다. 그런 현상은 다음 작품인 〈아리랑고개〉에서도 그대로 나타난다. 일제의 착취로 농토와 가산을 잃고 북간도로 이주하는 과정을 극화한 이 작품의 서사(序詞)는 다음과 같다.

아리랑 아리랑 아라리요. 아리랑고개를 넘어간다.

이 노래는 언제 누가 어디서 부르기 시작했는지 모르면서 우리는 불러왔다. 아리랑고개는 이별의 고개요 아리랑고개는 설움의 고개다. 그럼 이 아리랑고개는 어데메 있느냐? 삼천리강산 구비구비 고갯길이 아리랑고개요 이천만 가슴마다 얽히고설킨 서러운 구절구절에 아리랑고개는 있는 것이다. 불같이 사랑하던 총각 처녀가 애끓는 이별의 단장곡을 부르는 것도 이 아리랑고개요, 조상이 물려준 땅 조각을 지키지 못하여 남의 손에 빼앗기고 쪽박을 차고 넘어가는 원한의 고개도 이 아리랑고개다. 이 아리랑고개는 지금 이 삼천리 강토 구석구석에 없는 곳이 없다. 여기 한 토막의 애끓는 이야기를 보고 우리 같이 노

래하고 울어보자.[14]

 당시 현실을 민요의 슬픈 가락에 얹어서 감상적으로 묘사한 작품이 장안의 관객을 울렸다는 〈아리랑고개〉다. 박승희가 낭만주의자답게 이 작품에서 절박한 현실을 그리면서도 북간도로 떠나는 집안의 총각과 머무는 집안 처녀와의 사랑과 이별의 이야기를 골격으로 하고 있다는 데 주목할 필요가 있다. 바로 그 점에서 이 작품은 그의 장기대로 감상적인 현실 인식의 대표적 예라고 말할 수 있다.

 그가 전형적인 부르주아 출신 작가였기에 현실적 한계를 보여주지 않았나 싶다. 다음 작품 〈홀아비 형제〉도 그런 작가의 성향을 잘 나타내주는 희곡이다. 일제의 한국 침탈을 경제적 측면에서 고찰한 이 작품은 몽환적인 소극으로 흐름으로써 작가의 현실 고발을 약화시키고 있다. 서울의 한 판서댁 사랑에서 젊음을 탕진한 형과 머슴살이로 늙은 동생, 두 홀아비가 두메산골에 살고 있다. 즉 형이 살았던 서 판서댁은 미두(米頭)로 가산을 탕진했고 동생이 머슴살이를 한 정 판서댁은 동양척식주식회사로 땅이 모두 넘어간 상태이며 그들이 살고 있는 산마을의 황 진사댁과 이 청산댁의 땅은 일본인이 헐값에 사서 농장으로 만들었다는 이야기가 주 내용이다. 바로 그 점에서 박승희가 이 작품을 통해 전하려는 것 역시 식민지 수탈에 따른 민족의 좌절이었다.

 그런데 이 작품도 후반으로 갈수록 범용한 남자의 성적 욕구와 그에 대한 허황됨으로 나아간다. 장가도 못 간 두 노총각을 유혹하는 여인의 등장과 괴기적이면서도 몽환적으로 끝맺음하는 방식이 통속적으로 흐르게 만든다. 역시 작가의 장기가 정통희곡의 노선에서 비켜 감을 여실히 보여주고 있다.

 박승희의 감상주의는 〈고향〉에서도 나타난다. 가난과 남편의 학대로 가출한 어머니를 10년 만에 찾아나선 딸과 외조부가 우연히 어느 주점에서 어머니

---

14 박진, 「한국연극사 제1기」, 『예술논문집』 제15집, 대한민국 예술원, 1976, 220~221쪽.

를 만나게 된다. 그러나 의부의 박대와 이복동생의 질시로 어머니와 다시 헤어져서 외조부와 고향으로 돌아간다는 내용이 〈고향〉이다. 이 작품 역시 가난이 빚은 슬픔과 고독을 묘사한 것이다. 고전「콩쥐팥쥐」의 구조에서 골격을 따온 것처럼 보이는 이 작품도 궁핍한 현실을 묘사한 것이지만 역시 한국적 인정과 의리의 고갈로 인한 비정과 이별을 감성적으로 그렸다는 점에서 다른 작품과 흡사하다. 이 작품 말미에서 노인(외조부)이 던지는 대사는 관객으로 하여금 누선(淚線)을 자극하고도 남음이 있을 만큼 감상적이다.

> **노인** 잘들 있거라. 우리는 간다. (무대 앞으로 나선다.) 여러분, 이것은 연극이 아닌 사실이외다. 세상에는 이런 일이 한두 가지가 아니올시다. 이 땅에서 늙어 쓰잘 것 없는 인생은 자라나는 가련한 이 자식을 데리고 다시 내 고향 토막집으로 찾아갑니다. 아무래도 우습지도 않고 울어도 울어도 끝이 없습니다. 여러분, 그리 설으면 이 은숙과 같이 울어나 주십시요. 하하—[15]

이 대사에서 느낄 수 있는 것처럼 박승희는 당대의 어두운 현실을 정면으로 다루면서도 멜로드라마 작가였기 때문에 관중에게는 감상적으로 전달될 수밖에 없었다. 이는 전형적 사대부 출신 지식인으로서 박승희의 현실 파악이 피상적이고 감성적으로 흐를 수밖에 없음을 단적으로 보여준 것이라 하겠다. 그렇다고 해서 그가 사회의식이 엷었다든가 민족의식이 투철치 못했다는 이야기는 결코 아니다. 그는 누구보다도 자신을 모두 내던질 만큼 민족애가 강했고 사회의식이 투철한 극작가였다. 다만 그가 수업한 시대나 수업 배경, 그리고 작가적 성향이 그로 하여금 견고하고 정통적인 희곡을 쓸 수 없도록 했을 뿐이다. 그의 작품이 낭만성 짙은 리얼리즘 계열에 속하면서도 멜로드라마의 분위기를 풍기는 것도 그 때문이다. 여하튼 이렇다 할 극작가가 없었고 저급

---

15 은숙아 가자.(「故鄕」)

한 신파극만 풍미했던 시절에 그가 과도기적 희곡사의 공간을 충실히 메워준 것은 아무도 부인하지 못할 것이다.

앞에서 누누이 설명한 바 있는 것처럼 박승희는 우리나라 근대연극이 있게 하는 데 결정적 역할을 한 선구자 중 대표적 인물이다. 이는 두 가지 측면에서 설명할 수 있는데, 그 한 가지가 이 땅에 본격 신극운동이 일어날 수 있도록 기반을 닦아준 점이고, 다른 한 가지는 타락의 길을 걷던 신파극을 끌어올려서 대중연극의 자리에 설 수 있도록 측면에서 부단히 자극과 압력을 넣어준 점에서 그렇다.

가령 1923년부터 1930년대 초까지 토월회라는 전문극단이 없었다면 3·1운동 이후의 극단 활동은 기껏 소인극이거나 전통극 잔재 아니면 일본 신파극의 타락한 형태가 지방을 유랑하는 정도였다. 그런 시기에 토월회가 등장하여 대중의 연극 갈증을 어느 정도 풀어준 것이다. 만약 당시 조국에 대한 사랑과 연극에 대한 열정을 지니고 든든한 재정을 갖춘 박승희가 없었던들 토월회는 존재할 수 없었을 것이다. 그만큼 토월회는 박승희 그 자체로서 우리나라 근대 문예사에 중요한 역할을 한 전문극단인 것이다.

두 번째로는 연극과 배우의 격을 높인 사람이 바로 박승희였다. 귀족 출신인 그 자신이 대중의 질서를 도외하고 극단을 조직했고, 직접 무대에 서기도 했으며, 배우들에게 품격을 잃지 않도록 교육하기도 했다. 그러니까 그는 신진 연극인들을 발굴 육성하면서도 연극의 격을 떨어뜨리지 않기 위해 배우교육을 철저히 했고, 연극이 고급예술의 자리에 머물수 있도록 각별히 노력한 것이다. 이는 곧 우리의 전통사회에서 연극과 배우가 천시 홀대되어온 것에 대한 반발을 넘어 문화행위로 격상시킨 것이어서 매우 주목되는 일이라 아니할 수 없다.

그는 연극이 제대로 되려면 배우의 사회적 우대가 먼저 이루어져야 된다는 철학을 가졌던 인물이다. 그러려면 배우들 또한 지식과 교양, 품격을 지녀야 한다고 주장했다. 그가 평소 토월회 배우들의 인성교육에 힘쓴 것도 그 때문이다. 그의 이러한 연극관으로 해서 어려웠던 시대에 토월회가 20여 년 가까이 존속할 수 있었고 한국 근대연극사의 중요한 맥이 될 수 있었다.

그는 이처럼 3·1운동 직후의 연극사의 공간만 메운 것이 아니라 극작가로서 희곡사의 공간도 메운 인물이다. 사실 그가 최초의 본격적인 연극운동가였기 때문에 희곡사의 기틀까지 다지지는 못했지만 2백여 편 가까운 작품을 창작, 번안, 각색, 번역했다는 점에서 1920년대 무대예술을 풍요롭게 한 공로는 있는 것이다.

그는 단순히 희곡만 쓴 것이 아니라 무대에서 음악과 무용을 도입한 최초의 인물이기도 하다. 그것이 결과적으로 연극의 통속화를 촉진시킨 부정적 요인도 되었지만 연극을 재미있고 아름다운 예술로 만들어보려는 의지를 보여주었다는 점에서는 선구적이었다고 말할 수 있다.

이는 오늘날 뮤지컬이 전 세계를 풍미하고 우리나라 무대에서도 기세를 올리고 있는 점에서 그가 미래를 내다볼 줄 알았던 것 같다. 이러한 예견력(豫見力)과 조국에 대한 애정이 있었기 때문에 극단운동을 벌이면서 가산을 탕진하고 자신까지 던질 수 있었다고 말할 수 있다. 바로 그 점에서 박승희는 연극예술진흥을 통해서 우리나라 근대문화를 정착시키는 데 크게 기여한 대표적 선구자였다.

박복했던 여명기의 스타
이월화

　사람은 누구나 운명을 타고나는 것 같다. 그래서 한평생 정해진 운명의 길을 마치 사막의 길을 더듬듯 걸어간다. 그것은 특히 예술가들의 삶과 사랑에서 선명하게 드러난다. 예술가들은 특히 열정적이어서 그런 측면이 두드러지는 것일까. 예술가들에게 있어 굴곡 많은 삶이 창조 작업에 자양이 되면 되었지 마이너스 요인은 되지 않는다. 왜냐하면 한 인간에게 험난한 삶이란 체험의 폭과 깊이를 더해주는 것이고, 그에 수반되는 고뇌는 세계와 인생을 통찰할 수 있는 힘을 길러주기 때문이다. 그 점은 대체로 불행하게 산 예술가일수록 뛰어난 창조 활동을 전개했던 예술사가 극명하게 보여주고 있다.

　그러나 인간은 누구나 행복한 삶을 추구하기 때문에 스스로 고행의 길을 찾는 경우는 극히 드물다. 바로 그 점에서 고통스런 삶을 헤쳐나간 예술가들의 창조적 산물이 사람들을 감동시키는 것이 아니겠는가. 외국뿐만 아니라 우리나라 예술사를 되돌아보더라도 선구적 업적을 남긴 예술가들은 상당수가 행복하지 못했다. 더구나 연극같이 우리나라에서 모멸과 사랑을 동시에 받은 예술의 경우, 그 종사자들의 삶이란 역경 그 자체였다.

　3·1운동 직후 예원(藝苑)의 꽃으로서 무대와 스크린을 섬광처럼 빛냈던 전설적 여배우 이월화(李月華)의 삶과 예술은 하나의 본보기가 될 만하다. 신문

화의 물결이 굽이치던 1920년대 장안의 남성들을 뇌쇄(惱殺)시키다가 표연히 사라져버린 당대의 스타 이월화는 출생조차 불분명하다. 당시의 기록들을 훑어보면, 일찍이 안병섭(安炳燮)의 지적대로[1] 그는 1903년에서부터 1906년 사이에 출생한 것으로 되어 있다.

그와 함께 예술 활동을 했거나 가까이에서 접해본 예술가들의 기록, 그리고 당시 언론의 보도 내용은 조금씩 다르다. 그를 스타로 키워준 윤백남(尹白南)은 자기가 주관한 잡지 『예원』에서 1904년생이라 했고, 단짝친구였던 복혜숙도 같은 의견(1904년 동갑)이었으며, 『동아일보』는 1903년 또는 1905생년으로, 그리고 안종화와 박진(朴珍)은 1902년과 1905년생으로 각각 기록했다. 그러니까 결국 그는 1902년에서부터 1905년 사이에 태어난 셈이 되는 것이다. 출생 연도가 확실치 않은 것은 결국 불우했던 가정 배경에서 비롯되었다고 볼 수밖에 없다.

우선 그는 정상적인 가정의 부부 사이에서 태어난 것이 아니다. 사생아설부터 기아(棄兒)설에 이르기까지 그의 출생 배경은 애매모호하다. 『동아일보』는 "그의 본명은 본시 정숙(貞淑)으로 창성동 이십구번지 다 쓰러져가는 오막살이 단칸채에서 편모 슬하에 구차한 살림을 하다가 …(중략)… 그는 본래 충청도 태생으로 무남독녀로 태어나 여섯 살 먹던 해에 서울에서 부친을 여의고 그때부터 홀어머니 밑에서 길러오며…"(1925.8.25)라고 보도한 반면에, 그녀가 죽은 직후의 기사에서는 "이제 다시 '이월화'라는 성명 석 자를 해부하여 보자! 항간에는 이월화의 이름으로 누구나 의심이 없을 것이나 이월화의 성은 김도 아니고 이도 아니며 최도 아니고 박도 아니다. 이는 그가 세상에 나오면서 자기의 아버지가 누구인지도 몰랐으며 그의 어머니도 누구인지를 모르며 자랐다. 그가 어머니라고 부르는 이는 유모였으나, 그 유모 되는 이가 그 뒤 다시 어느 여자에게 수양녀로 주었기 때문에 영영 어머니가 누구인지를 모르면서 자

---

1 안병섭, 『영화적 현실 상상적 현실』, 정음사, 1989, 541쪽.

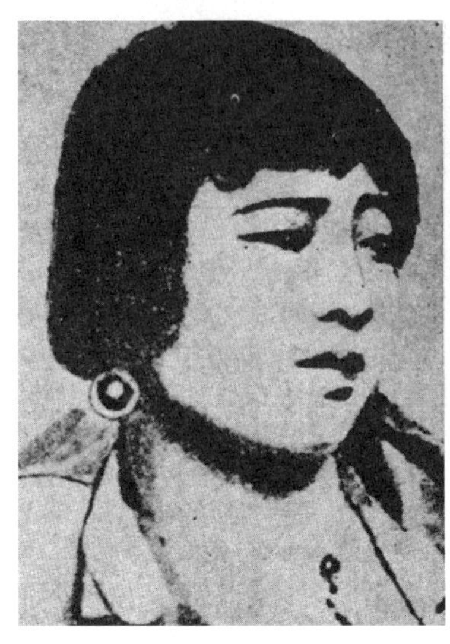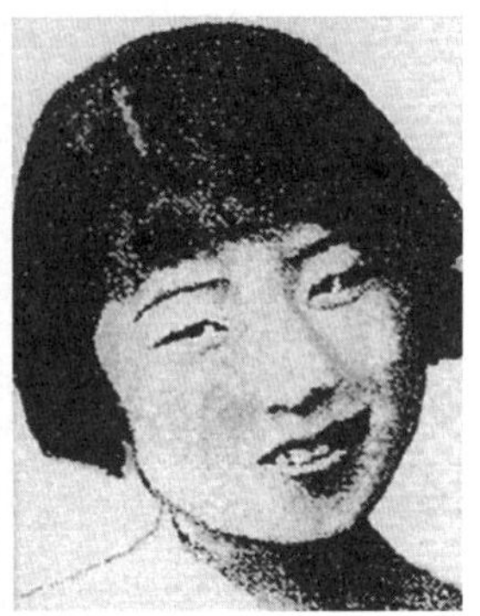

이월화

라났다. 그러므로 이월화의 성명은 누가 어떻게 붙였는지 당자 자신조차 몰랐었다 한다. 그러나 전하는 말에 의하면 성은 홍(洪)가였었고 이름은 소회(所回)였다 하나, 당자의 증명이 없으니 또한 장담은 못할 일이다. 다음 그의 나이는 몇 살이 되었을까. 장안의 젊은이여! 나는 스물세 살이요! 내 남편이여! 나는 스물다섯이외다! 어머니! 나는 스물세 살이지? 이 모양으로 그는 자기 나이도 모르는 듯하였다"(『동아일보』 1933.7.19)라고 기록하고 있다.

생전에 그와 가까웠던 안종화(安種和)는 "월화라는 예명도 물론 백남(白南)이 지어준 것이었다. 그녀가 태어난 곳은 서울 창성동이었다. 일설로는 기아(棄兒)로 버려진 것을 그의 모친이 주워다가 키운 것이라고도 들렸는데, 어쨌든 연극계에 들어간 후로는 홀어머니가 지극히도 감시하고 위해주곤 했다"[2]고 회고했다.

이월화를 토월회의 스타로 만들고 또 그와의 염문으로 그를 불운의 길로 밀어낸 극작가 박승희는 좀 더 구체적으로 그의 출생배경을 기술한 바 있다. "알

---

2 안종화, 『한국영화측면비사』, 춘추각, 1962, 83~84쪽.

     제2부 외국연극의 모방과 수용

고 보니 이월화의 노모란 그분은 자기를 낳은 정말 어머니가 아니었다. 이월화는 옛날 어느 고관의 첩이 낳은 딸인데, 그 고관은 죽고 그 생모도 다른 곳으로 시집을 가게 되어서 이월화는 지금의 노모가 맡아 길렀다고 한다. 지금 어머니도 옛날엔 벼슬아치의 첩이었는데 남편에게 버림을 받아 혼자 고생을 하면서 사는 꼴이 말이 아니었다."[3]

이처럼 그는 출생과 부모, 특히 가정 배경이 불분명하다. 출생지가 충청도나 서울 두 곳 중 한 곳임은 분명하나 생부모가 누구였는지는 정확히 알 수 없다. 그러나 분명한 것은 그녀가 친부모 밑에서 성장한 것은 아니라는 사실이다. 그 점은 그가 성숙해서까지 함께 살았던 어머니가 노모였다는 사실에서 확인된다. 따라서 그의 정확한 이름도 무엇인지 밝혀져 있지 않다. 『동아일보』는 홍소회(洪所回)라 불렸다는 이야기를 전하고 있으며, 『예원』에서는 그녀를 이정숙(李貞淑)으로 기록하고 있다. 이월화라는 이름은 윤백남이 지어준 예명으로서 연예 활동 중에는 그것만 썼다.

그가 출생만 불행한 것이 아니라 성장 과정도 그러했다. 데뷔하기 전에 살던 집만 하더라도 박승희에 의하면 '사는 꼴이 말이 아니었다'는 것이며, 출연 교섭차 그녀 집을 찾아갔던 김팔봉(金八峰)도 '창성동의 초라한 토막집'이라 했다. 그러나 그를 키워준 노모의 교육열만은 대단히 높았던 것 같다. 그런 어려움 속에서도 노모가 그를 상급학교까지 보냈기 때문이다. 기록에 따르면 그는 진명(進明)여학교와 이화(梨花)학당을 다닌 것으로 되어 있다.

『매일신보』는 "이화학당 중학과에 입학한 어떤 해 가을 어느 날 저녁에 우연히 친구에게 끌리어 연극 구경을 처음으로 한 후부터 단순한 처녀의 마음이 연극이란 한 곳으로 쏠리게 되어 밥을 굶을지언정 연극은 아니 구경할 수 없게까지 그곳을 사모하고 동경하였다 한다"(1924.3.18)고 기록하고 있다. 그가 당시로서는 매우 선진적 신식 교육을 받은 것이다. 그가 소녀 시절 우미관(優

3　박승희, 「토월회 이야기 (一)」, 『사상계』 1963.5.

美館)을 제집 드나들 듯 구경 다닐 수 있었던 것이나 신파극을 자주 볼 수 있었던 것도 그런 신식 교육을 받은 덕으로 보아야 할 것이다.

그러나 그도 다른 여성들처럼 조혼을 해야 했고 동시에 조혼의 희생물이 되었다. 첫 번째 결혼에 실패하고 그것이 계기가 되어 방종의 길로 접어들었기 때문이다. 신문 보도에 따르면 그는 "열여섯 살 되던 해에 비로소 어떤 매파의 소개로 당시 재봉침회사에 다니는 조모(趙某)라는 사람과 약혼했고 그리하야 성(性)의 발달이 다른 여자보다 조숙한 그는 그때부터 제법 부부의 생활을 계속하여 얼마 후에 일개 옥동자까지 낳고, 한때는 어머니로서의 생활까지 하였다. 그러다가 불행히 그 애가 두 살 먹던 해에 아이를 그만 잃어버리고 본래의 허영심도 남보다 강렬하던 터라, 아이 죽은 동기로 남편도 싫증이 나고 가정살림도 귀찮아서 그 남자와 이혼을 하고 또다시 당시 경찰부의 형사 모(某)와 신정(新情)을 맺고 지냈다 한다. 얼마 후에 그것도 싫증이 나서 일본으로 나가보겠다는 생각으로 방랑의 길을 떠난 것이 겨우 부산에까지 가서 그치게 된 것이라는데, 그때 부산에서 연극의 수입이 시원치 않아 어린 여자의 몸으로 여관방 값에 붙잡혀 일시는 위험한 경우를 당한 적도 있었다는 것이다."(『동아일보』1925.8.26)

이 기사에 그녀의 연극 입문에 대한 동기가 조금 비쳐져 있어 흥미롭다. 그는 초혼에 실패하고 그 다음 남자와의 관계도 청산하면서 곧바로 신파극단에 들어간 것이다. 그 기사에는 구체적 설명은 없지만 그가 부산까지 가서 연극에 출연했다가 흥행 실패로 곤욕만 치른 것을 보면 당시 어느 신파극단에서 중요한 역을 맡았던 것만은 분명해 보인다.

그가 결혼 실패 후 곧바로 연극에 입문한 것은 아니고 일본으로 가기 위해 부산에 갔다가 호구지책을 마련하기 위해 잠시 간호원 생활을 했다는 기록도 있다. "이월화가 본래 처음 극단에 나타나기는 그가 열여덟 살 먹던 해에 부산 어느 병원에 간호부로 있다가 여배우의 생활이 부러워서 당시 부산으로 내려가 흥행하던 여명극단(黎明劇團)에 가입하여 그곳에서 출연한 것이 비로소 첫

                    제2부 외국연극의 모방과 수용

무대"(『동아일보』1925.8.26)였다는 것이다.

그가 당시 소녀들만으로 조직된 여명극단에서 활동했던 것은 안종화의 회고에서도 확인된다. 소녀들만으로 구성된 극단이 흥행적으로 성공하기 어려웠을 것이고, 그래서 그는 부산에서 숙박료 대신 인질로 잡히는 곤욕까지 치르게 된 것이다.

그리고 1963년도에 발간된 『경상남도』지에 보면 부산 동래가 고향인 현철(玄哲)이 서울에서 예술학원을 하다가 잠시 부산으로 내려가 있으면서 극단 백우회(白羽會)를 조직했을 때, 이월화가 윤백남, 안종화, 윤갑용, 이승만, 이채전 등과 함께 공연 활동을 한 것으로 되어 있는데, 그것이 1921년이다. 그는 백우회가 범우사에서 공연한 〈장한몽〉 등에도 출연했었다. 그런데 그 극단도 신통치 않았던 데다가 현철이 곧바로 상경하는 바람에 흐지부지되었고, 이월화 역시 서울로 올라오게 된다. 이처럼 그가 부산에서 몇 년간 머물렀던 것만은 분명해 보인다.

그러나 이월화는 곧바로 후견인 비슷한 윤백남을 따라 그가 주도한 민중극단에서 본격적인 배우로 나서게 되는데, 그때가 1922년 11월이다. 그렇게 볼 때, 이월화가 열여섯 살 때 김도산 일행의 신극좌에 섞여 있었다는 김팔봉의 회고(동아일보)는 신빙성이 약해 보인다. 왜냐하면 그 시절 그는 신혼 생활 중이었기 때문이다. 물론 그녀가 연극에 호기심을 느껴서 신파극단에 기웃거렸을 가능성은 없지 않다.

여하튼 그는 결혼 실패 직후(1921년 전후) 극단에 가입한 것이다. 이 지점에서 그녀의 연극 입문 배경이 궁금해지는데, 이는 역시 그의 타고난 바람기에 따른 하나의 운명이 아니었을까 싶다. 그가 소녀 시절부터 우미관을 제집 드나들 듯한 것은 연극과 영화를 너무나 좋아해서였다. 거기서 은연중에 배우에 대한 어떤 동경심 같은 것을 가진 게 아닌가 싶다. 결국 그는 여배우가 희귀했던 시절에 단번에 대중적 스타로 부상했다. 처음 신파극단에서 명성을 날렸다는 것은 박승희도 시인한 바 있다. 이월화가 데뷔하자마자 대중의 인기를 끈 이유는 자기가 정말로 하고 싶은 일을 한 데에도 있지만, 매력적 용모와 풍부한 감수성, 그리고 활달한 상격이 배우로서 적합했던 때문으로 볼 수가 있다. 그가 민중극단에 가입하여 〈영겁의 처〉라는 작품에서 여주인공 오르가 역으로 출연했는데, 박승희는 관객들이 그의 연기와 목소리와 육체에 도취되었다[4]고 하며 그의 천부적 배우 기질과 육체미를 인정한 바 있는 것이다.

이월화의 용모는 흑백사진 한두 장이 전할 뿐이라 실제 외모를 짐작할 수 있는 것은 당시 사람들의 회고뿐이다. 그를 토월회 배우로 발탁한 박승희는 "키가 날씬한 여인인데 얼굴도 야위지 않았고 어글어글한 큰 눈에서는 영롱한 영채가 빛났다. 여름옷으로 차린 폼이 당시의 모던걸로 그때 사회에서는 남다른 모습이었다. …(중략)… 얼굴이 곱고 미인이라 장안의 오입쟁이가 뒤를 따라 그는 오늘과 같은 방종한 생활로 변하고 말았다는 것이다. 아무튼 서울에선 미인이란 월계관을 쓴 모던걸이요 팔방미인으로 그 명성이 자못 높았다"[5]고 회고한다. 즉 그는 상당한 미인인 데다가 발랄하고 성적 매력까지 갖추고 있어서 여배우로서는 가장 이상적 자질의 소유자였던 것이다.

그는 성격도 다정다감한 데다가 적극적이어서 남성 중심 사회의 여배우로서도 안성맞춤이었다. 토월회의 연출가 박진도 "좋게 말해서 활달하고 그러니까 숫기 좋고 그러니까 능란하고 그리고 보니 바람기가 담뿍 끼었고 화냥기가 있었다"[6]고 회상한 바 있다.

타고난 미모와 예민한 감수성, 그리고 열정적이면서 자유분방한 성격이 그로 하여금 여배우의 길을 걷게 했지만, 다른 한편으로는 애정 편력의 기구한 삶도 엮게 만들었다. 복혜숙의 회고대로 그에게는 '꿀항아리에 파리가 모이듯' 뭇 남성들이 몰려들어 언제나 주변에는 남자들이 있었고 그는 자신을 불태울 수 있는 사랑이라면 서슴지 않고 몸을 내던지는 정열적인 카르멘이

---

4 김경옥, 『여명 80년』, 창조사, 1964, 114쪽.

5 박승희, 앞의 글.

6 박진, 「한국연극사 제1기」, 『예술논문집』 제15집, 대한민국 예술원, 1976, 213쪽.

　　　　　　　　　　　　　　제2부　외국연극의 모방과 수용

요 카츄샤였다. 조혼의 실패와 두 번째 남자와의 이별 말고도 연예계에 투신한 이후에도 또 다른 남성들과의 비련을 지속시킨 것이 바로 이월화 본인이었던 것이다. 그의 열정적인 성품은 민중극단에서 함께 활동한 이응수가 열정적으로 프러포즈하자 단번에 호응했다는 일화에서도 잘 나타난다. 그와 관련하여 김경옥은 『여명 80년』에서 "이응수도 여간한 한량이 아니었지만 이월화 역시 감수성이 과잉한 분방한 소녀였다. 두 사람은 그날로 결합되었다. 그러나 두 사람의 사이는 광적이리만큼 정열적이었다"(149쪽)고 쓴 바 있다.

이처럼 그는 예술과 사랑이라는 두 축(軸)을 왔다갔다하는 생활을 한 매우 특이한 초창기 여배우였다. 그는 배우로 등단한 단 몇 작품 만에 일약 스타로 발돋움했다. 여명극단 다음으로 민중극단에 들어가서 신파극 최고의 스타로 각광받았다. 그를 지켜본 안종화는 "민중극단에 들어간 월화는 백남의 2막짜리 〈영겁의 처〉에 출연해서 오르가 역으로 빛나는 연기를 보여 하루아침에 유명해졌다. 연기도 좋았거니와 그 음성이나 육체가 문자 그대로 뇌쇄적이어서 관객에게 크게 어필했다"[7]고 증언한다.

신파극계에서 대단한 배우로 평가될 만큼 스타가 된 그가 영화계의 시선을 끈 것은 극히 자연스런 일이었다. 그리하여 그는 1923년 4월 한국 최초의 창작영화 〈월하의 맹세〉에 당당히 발탁된다. 물론 윤백남이 이끌던 민중극단에서 각광받은 그녀가 역시 윤백남이 처음 감독한 영화의 주인공이 되는 것은 극히 자연스런 일이었을 것이다. 더욱이 〈월하의 맹세〉가 계몽영화라고는 하지만 내용을 보면 방탕한 삼촌으로 인해 가세가 기운 어느 집안에서 어린 남매가 합심하여 난관을 극복해간다는 이야기라 이월화의 과거와도 비슷한 데가 있어 적역을 얻은 셈이 되었다.

스크린의 스타까지 된 그에게 극단 토월회의 주연 제의가 들어온 것은 1923

---

7 안종화, 앞의 책, 84쪽.

년 여름이었다. 이것이 그가 신파극을 벗어나 본격 신극 무대에 나서는 단초였다. 익숙지 못한 첫 무대는 실패로 끝났지만 두 번째 공연부터 그는 제 실력을 발휘하기 시작했다. 특히 그의 성향이나 삶의 행태와 어느 정도 들어맞았던 톨스토이 원작의 〈부활〉에서 비련의 여주인공 카츄샤 역을 맡아 천부적 재질을 보여준 것이 토월회의 두 번째 공연에서였다. 그리고 다음 공연 〈알트하이델베르크〉에서의 주막집 처녀 역도 그녀의 발랄한 성격과 맞는 것이었다.

이 두 작품을 통해서 그녀는 단번에 신데렐라가 되었고, 애송이 청년들의 아마추어 극단 토월회는 대중의 주목을 끌게 되었다. 천재 여배우라는 칭호까지 붙었던 그에 대해서『매일신보』는「조선극단의 꽃」이라는 제목으로 장문의 찬사를 싣기도 했다.

이월화 양, 조선의 유일한 여배우요, 예원의 여왕인 이월화 양, 만일 조선에 비록 형태만이라도 극단이 있다 하면 이 이월화 양을 빼어놓으면 그는 무미건조하고 살풍경한 사막이 되고 말 것이다. 천여 관중의 시선을 한몸에 모으고 무대에 올라서서 섬세하게 기예를 아로새겨가는 것을 볼 때 누구라 이러한 감상을 아니 느낄 자가 있으랴. 그의 일거수일투족에는 천재의 번뜩임을 볼 수가 있고, 그의 울고 웃는 데는 관중의 가슴을 날카롭게 찔러 주는 굳세인 힘이 있다. 이것이 오늘날 조선 연극을 말할 때 반드시 이월화를 연상치 아니치 못하게 하는 원인이 된 듯하다. 지금부터 조선에 허다한 여자배우가 새로이 난다 할지라도 그같이 극히 번화한 가운데에도 극히 침묵한 맛을 띠우고 무대에 모든 것을 혼자 차지하고 어려운 역의 복잡한 성격을 살려내는 수완에는 도저히 미치지 못할 것이다. …(중략)… 이월화 양의 당역이 조선에서는 보기가 힘드는 퇴탕(頹蕩)한 여주인공의 이중삼중으로 복잡한 성격을 나타내는 까닭임을 반드시 생각해야 할 것이다. …(중략)… 예원의 여왕, 자중하라. 양의 앞에는 백화가 난만한 예술의 왕국이 열리어 있다.(『매일신보』1924.3.18)

이상의 평에서 주목을 끄는 대목은 역시 순발력과 연기의 폭과 깊이라 하겠다. 그가 대단한 마력을 지닌 배우였던 것만은 분명한 것 같다. 대체로 퇴폐적인 분위기의 그는 비극의 여주인공으로서는 타의 추종을 불허했고, 특히 복잡한 성격을 잘 표현해내는 섬세함을 지녔다고 한다. 당시 매스컴이 그를 전무후무한 배우로 격찬한 것은 어느 정도의 과장도 없지는 않지만 여하튼 천부적 재질에다가 불행한 삶이 보태져서 대중을 매료시켰던 것으로 보면 될 성싶다.

그런데 고기가 물을 만난 것 같았던 토월회에서의 빛나는 활동도 잠깐이었다. 왜냐하면 그를 지탱하던 소위 사랑병이란 것이 다시 도졌기 때문이다. 그는 구한말 총리대신까지 지낸 박정양의 아들이며 토월회 리더인 박승희에게 매료되었다. 명문가 출신의 귀공자 박승희는 첫 무대에서부터 상대역으로서 그의 마음을 뒤흔들어놓았던 것이다. 그러나 박승희는 이미 도쿄 우에노음악학교 재학생인 명문가 출신 규수 장세숙와 정혼한 사이였던 데다가 이월화의 복잡한 과거를 소상히 알고 있던 처지여서 그에게 빠질 리가 만무했다.

그들의 관계에 대해서 이서구는 "박승희는 그렇게도 꼬리를 치는 월화를 어쩌지도 못하고 밤낮 데리고 다니며 술만 먹었다"고 증언하며 이월화의 사랑이 비련으로 끝날 수밖에 없었음을 간접적으로 설명해주고 있다.

결국 박승희에 대한 일방적 사랑이 실패로 끝나자 그는 토월회와 결별하고 폭음과 함께 남성 편력으로 공허감을 달래는 절망적 생활로 빠져들게 되었다. 그러다가 안종화(安鍾和)의 권유에 따라 영화 출연으로 방향을 돌린다. 1924년 12월에 개봉된 조선키네마 제작의 〈해의 비곡〉이 바로 그 작품이었다. 제주도에까지 가서 로케한 그 작품에는 이채전(李彩田)과 함께 출연했다.

그런데 〈해의 비곡〉에서는 좋지 못한 평가를 받았다. 영화전문가 이구영(李龜永)은 그 작품에 대하여 "이월화보다도 채전 양(李彩田)의 표정이 나았었고 월화 양은 영화배우로서의 부적함을 느꼈다. 그의 얼굴이 아름답다고 사람들은 말한다 하나 근육 표정은 기대키 어려운 얼굴이니 물론 연구하고 연습을 쌓으면 못 될 것은 없겠으나 그는 다음 무대에 복귀하여주었으면 좋을 것 같다"(『매일신보』 1924.12.29)고 혹평했다. 아마도 통통하고 둥그런 그녀의 얼굴이 화면을 잘 받지 않았던 것 같다.

그럼에도 불구하고 토월회를 떠난 뒤 그는 영화에 매력을 느껴서 교섭이 오는 대로 출연하려 했다. 그런 그에게 뜻밖의 사건이 생겼다. 즉 다음 작품인 〈운영전〉에서 신인(김우연)에게 주연을 빼앗기는 사태가 오자 자존심이 센 그는 출연을 거부하고 부산에서 서울집으로 돌아갔던 것이다. 그것도 그를 스타로 키워준 윤백남 감독과 대판 싸움을 하고 나서였다. 이는 그의 강한 개성과 연기에 대한 남다른 집념을 잘 보여주는 사건으로서 저간의 사정에 대하여 당시 신문은 "조선키네마의 제2회 작품으로 윤백남의 각색 〈운영전(雲英傳)〉을 받기로 되었었는데 이때에 여배우 이월화와 김우연 두 사람의 스타 다툼이 일어났습니다. 총감독자인 윤백남은 김우연으로 하여금 운영의 역을 맡게 하겠다고 하며 이월화는 실제 기술로 보아 자기가 나은 것은 누구나 알아주는 터인데 자기에게 운영을 맡기지 않는다니 이는 전혀 정실 관계라고 하여 어디까지 반대를 해보았으나 드디어 이루지 못하고 이월화가 분연히 사퇴를 하고 말았습니다. 이것이 영화 촬영에 분쟁 중 첫 분쟁이었으며 스타 다툼으로도 조선에서는 첫 다툼"(『동아일보』 1925.11.21)이었다고 보도했다. 이월화에게 윤백남은 자신을 키워주었다는 점에서 남다른 인물이었지만 스타 의식이 누구보다도 강하고 자존심 강한 그는 결국 결별을 선언한 것이었다.

여하튼 이후 그는 술과 남성 편력으로 세월을 보내기 시작했다. 연극 동료 이응수(李應洙), 안석영(安夕影) 등과 가까이 지내다가, 엉뚱한 남자에 의해서 중국 상하이에까지 기생으로 팔려갔다가 구사일생 탈출하기도 했으며, 한 부호의 애첩으로 들어가기도 했다.

그때의 사정에 대하여 『동아일보』는 "변천 많은 생활을 하여오던 월화는 천만 뜻밖에 한강리에서 재산가로 이름이 있고, 또 장안 화류계에 돈 잘 쓰기로 유명하다는 이모(李某)라는 사람의 귀염과 사랑을 받게 되어 지금은 그의 금옥 같은 애첩으로 전날 그의 오막살이 단칸집도 내던지고 시내 입정정(笠井町) 이십일번지 고래 같은 기와집 마님으로서 거드럭거리며 산다 한다. 이름도 월화라는 예명은 내던지고 정숙(貞淑)이라는 옛날 이름을 되끄집어내 부른다 하며,

또한 시내 어느 여학원 1학년에 입학하여 지금은 제법 학생으로 동무들과 어깨를 걸고 다니는 품이 옛날 배우였던가 싶지도 않다고 한다. 간간 연극장 출입과 요리집 출입은 예사건으로 한다 하며, 어떤 때 그는 자기 동무에게 내가 남의 첩으로는 있을망정 우리집에는 풍금까지 갖다놓고 정말 문화 생활을 하노라고 자랑하더란다. 요새는 삼방(三防)에 피서를 가 있는 중"(1925.8.26)이라 보도했다.

연극에서 영화로 방향을 돌렸다가 실연과 배역 불만으로 모두 내던진 뒤, 그녀는 폭음과 남성 편력 그리고 덧없는 방황으로 세월을 보내고 있다가 생존을 위해서 늙은 부호의 애첩으로 안주한 것이다. 예술이고 사랑이고 다 신물이 났던지 전에 다니다 말던 학교를 다시 다니는 등 평범한 여자의 길을 찾아보려는 듯했다. 그때가 대체로 1925년서부터 1928년까지 3년여였고 그의 나이 스물대여섯 무렵이었다. 그는 너무 일찍 스타가 되었고, 그것을 이겨내지 못한 나머지 인생이 송두리째 무너져 내리기 시작한 것이다. 열정적인 그가 그렇게 쉽게 늙은 부호의 애첩으로 안주하려 했던 것도 실은 일종의 현실 도피였다고 보는 것이 옳지 싶다.

결국 그는 2년여 만에 예술에의 꿈과 매력을 떨쳐버리지 못하고 또다시 영화배우로 나서게 된다. 1928년에 조선키네마의 여섯 번째 작품인 〈뿔 빠진 황소〉(김형진 감독)의 주연으로 재기했고, 이듬해에는 친구 복혜숙과 함께 대륙키네마의 〈지나가(支那街)의 비밀〉(유장안 감독)에 연달아 출연하여 만주까지 가서 로케를 할 만큼 열정적이었다. 그것으로도 만족 못한 그녀는 조금 뒷일이지만 1929년쯤에 조직된 것으로 보이는 오양가극단(五洋歌劇團)을 따라 지방 순회 공연에 나서기도 했다. 그러면서 그녀는 곧바로 늙은 부호와의 비정상적인 동거생활도 청산했음은 두말할 나위 없는 것이다.

다섯 자 두 치의 작은 키는 그녀의 아킬레스건이기도 했다. 그렇기 때문에 술을 마시는 등 방탕한 생활을 하면서 몸이 불어나서 〈뿔 빠진 황소〉 이후에는 조연급으로 만족해야 했다. 그마저 요부 역을 맡아 뱀프형이 특기라는 말까지 들었었다. 그리고 1928년 〈지나가의 비밀〉 촬영 때는 그 유명한 조선 권번에 기적(妓籍)까지 올려놓은 처지였다. 그럴 수밖에 없었던 것이 그를 키워준 노모와의 생활비가 필요했으며, 따라서 그는 대스타가 아닌 대낮부터 비단옷을 입고 손님을 기다리는 기생에 불과했던 것이다.[8] 솔직히 그 당시 대부분의 여배우들은 기적에 올라 있긴 했었다. 험악하게 산 그녀도 예외일 수 없었다. 『조선일보』는 「명성 울리던 토월회 여우(女優), 극단 떠나서 기생 생활」이란 제목으로 "이월화가 아름다운 꽃을 꺾으려고 모여드는 봉접(蜂蝶, 벌나비)의 떼와도 같은 수많은 남성에게 농락당하는 대상물이 된 후 무대를 떠나 기생이 되었다"고 보도했고 이월화는 "조선에 완전한 극단이라도 있어서 생활의 보장만 해준다면 누가 이런 기생질을 하겠어요"(1928.1.5)라고 반박했다는 것이다.

그러니까 그녀가 예술 활동을 다시 시작하면서 열정이 다시 작동을 한 것이다. 특히 방랑벽이 누구보다도 강했던 그녀는 지방순회를 좋아해서 유랑극단을 선호했다. 그의 유랑극단 생활은 1930년 가을까지 지속된 것 같다.

1930년 10월 11일자『조선일보』는 "인천에서 오양가극단 흥행, 이월화(李月華) 등 각 여배우 출연, 남선(南鮮) 방면에 순회 흥행 중인 오양가극단이 인천에 도착하였는데 십일일부터 가부키좌(歌舞伎座)에서 이월화 외에 수많은 여배우의 출연으로 흥행한다"고 나와 있다. 그 후로는 이월화의 연예 활동에 대한 기사가 보이지 않는 것으로 보아 그녀가 1930년으로 오양가극단의 유랑극단 생활도 일단 끝낸 것 같다. 그녀가 그 시대의 신파극단들을 제치고 오양가극단을 택했던 것은 아무래도 춤을 출 줄 알았던 것이 가무극을 선택한 가장 큰 요인이 아니었나 싶다.

이월화는 나이가 들면서 외모가 조금씩 변해가기 시작했다. 몸집이 비대해져간 것이다. 아마도 그가 연예계를 떠나 있는 동안 부호의 첩으로 있으면서 심적 욕구 불만과 스트레스를 먹는 것으로 해결하려 한 것이 살이 찐 원인이

---

8 김종원 · 정중헌,『우리 영화 100년』, 현암사, 2001, 96쪽.

                                        제2부 외국연극의 모방과 수용

된 것 아닌가 싶다. 사랑과 예술의 양축을 오갔던 그녀는 갑자기 모든 연예 생활을 청산하고 중국 상하이로 훌쩍 떠나버린다. 외모도 전 같지 않았던 데다가 시시한 영화와 연극에도 환멸을 느꼈던 것이다. 사실 상하이는 한때 질 나쁜 남자에 의해 인신매매로 팔려간 적이 있었기 때문에 그에게 낯선 도시는 아니었다. 그리고 서울보다는 여러 가지로 화려했기 때문에 그의 허영심을 끌어당기기에는 충분한 도시였다. 따라서 그는 스스로 찾아간 상하이의 생활을 카바레 댄서로 시작했다. 거기서 그는 곧 이국적 분위를 풍기는 혼혈의 중국 청년을 만나 사랑에 빠지고 만다. 그 혼혈 청년과의 사랑과 그 후의 생활에 대하여 『동아일보』는 다음과 같이 보도했다.

> 순박하고 씩씩한 홍안의 미소년. 이는 상해 동문서원에 다니는 이춘래란 중국 학생이었으니 청춘과 청춘의 오고가는 시선은 두 사람으로 하여금 끊이지 못할 인연을 맺게 하고야 말았다. 이후 그들의 스위트홈은 상해를 떠나 조선 수원으로 옮기고 아담한 신접살이를 시작하는 한편 수남포목상(水南布木商)이란 간판을 걸고 그날그날의 달콤한 사랑을 속삭이었다. 그러나 중국인의 남편, 일본인의 시어머니, 중국인의 시아버지 이러한 국제적 가정에서 그녀는 마침내 불안과 권태를 느꼈다. 이리하여 남편과 아울러 다시 현해탄을 건너 모지(門司)에 새로운 집 한 채를 얻어 다시 옛날의 미련을 풀고 있었다. 이것이 지금으로부터 한 달 전의 일이었다. 그 후 자기 어머니의 병이 위독하다는 예산 소식을 듣고 돌아왔으나 노인의 병이 하루 이틀에 나을 것 같지 않다고 짐작하였는지 다시 문사로 건너갔었다. 이것이 이월화가 마지막으로 조선의 땅을 밟았던 것이니 지금으로부터 일주일 전인 7월 열하루 날이었다.(『동아일보』 1933.7.19)

이렇게 그는 모든 것에 싫증도 잘 느끼고 한 곳에 오래 머무르지 못하는 방랑적 기질의 소유자였다. 예술 활동에서도 그렇고 사랑놀이에서도 마찬가지였다. 그리고 또 하나 흥미로운 사실의 하나는 그가 취택한 남성들이 하나같이 평범한 사람들이 아니었다는 점이다. 그러니까 바람기 많은 남자이거나 아니면 범용을 거부하는 예술인이었다. 마지막으로 만난 남자만 하더라도 혼혈 외국인이어서 가정적으로 복잡할 수밖에 없었다. 그러니 그가 안주하려고 해도 운명적으로 불가능했던 것이다.

그럼에도 불구하고 그는 끝까지 살아보려고 몸부림쳤었다. 실제로 그는 가솔을 이끌고 귀국하여 수원으로 이주해서 포목점까지 열면서 의지의 일단을 보여주었다. 절친한 친구 복혜숙이 수원집으로 그녀를 찾아갔을 때, 그녀가 열심히 포목장사를 하면서 재기를 다짐하는 모습이 눈물겨웠다는 회상이야말로 이월화의 삶을 단적으로 보여준다.

그러나 중국계 일본인 시부모에다가 혼혈 남편에게 수원은 이국땅으로서 낯설 수밖에 없었고, 따라서 한국 생활이 평탄할 리 만무했다. 그리하여 이월화는 다시 가솔을 이끌고 시어머니의 땅 일본 모지(門司)를 향해 현해탄을 건너갔다. 일본으로 건너가자마자 그는 자기를 키워준 노모가 위독하다는 소식을 듣고 재차 귀국했다가 곧바로 모지로 되돌아간 얼마 후 원인불명으로 불귀의 객이 되고 말았다. 그것이 1933년의 일로서 당시 『동아일보』는 파란만장했던 그녀의 죽음을 다음과 같이 보도했다. "눈뜨기 시작하는 여명의 조선 극계에서 일찍 화형(花形)으로 영명히 놀던 이월화 여사는 17일 이역 모지(門司)에서 30세의 꽃다운 청춘을 일기로 세상을 떠났다."(『동아일보』1933.7.19)

여명기 최고 인기 여배우의 허망한 사망 보도치고는 너무나 간단하다. 그 뒤 사망 원인은 심장마비로 전해졌지만 친구 복혜숙의 생각은 전혀 달랐다. 이월화가 데리고 있던 가정부 복동이의 말에 의하면 이월화는 시어머니와 자주 싸웠고, 죽은 날 밤도 큰 말다툼 끝에 위층으로 올라가 누웠다고 한다. 얼마 후 가정부가 올라가 저녁식사를 권했지만 먼저 먹으라면서 거절했는데, 잠시 뒤 기척이 없어 다시 올라가 보니 죽어 있더라는 것이다. 물론 남편 이춘래는 자살을 부인했지만 복혜숙은 의혹을 풀지는 못했다. 안종화도 "그녀는 일본땅인 모지(門司)에서 음독자살을 했다고도 하거니와…"라고 기술한 바 있다.

이처럼 출생에서부터 불우하고 예술과 사랑 모두에서 평탄치 못했던 여명

                                                            제2부 외국연극의 모방과 수용

기의 최고 스타 이월화는 나이 겨우 서른에 오랜 방랑 끝에 객지에서 몸부림치면서 죽어갔다. 여타 선구 여성들처럼 앞서간 그를 수용하기 어려웠던 시대, 사회에서 너무 일찍 태어나 고통을 겪다가 참담하게 죽어간 것이다.

무대와 스크린, 그리고 사랑이라는 양축(兩軸)을 오가면서 갈증을 채워보려 몸부림쳤지만 그의 앞에 가로놓인 것은 세속적 모멸과 낙망뿐이었다. 그러니까 그의 갈증을 채워주기에는 시대 모럴과 예술 수준이 너무나 경직되고 낙후되어 있었다는 이야기다. 따라서 그의 삶은 비련과 비운의 점철일 수밖에 없었고, 언제나 파도처럼 밀려드는 좌절과 고독 및 권태와 싸워야만 했다. 이처럼 그녀의 슬픈 죽음도 후진사회의 평범한 삶에서 오는 권태에의 반항이었고, 동시에 허무에의 도전이라는 또 다른 표현이었다고 말할 수 있다.

신파극에서 TV 드라마까지, 공연예술의 대모
복혜숙

역사에 가정은 없다고 하지만 만일 1920년대에 복혜숙(卜惠淑)이란 여배우가 없었다면 무대와 영상이 얼마나 거칠고 무미건조했을까. 물론 동시대에 이월화, 이채전, 김연실 등과 같은 여배우들이 없지 않았지만 이들은 복혜숙만큼 강렬한 캐릭터를 지니지도 못했을 뿐만 아니라 활동폭과 끈질긴 생명력에 있어서 그를 따를 수가 없었다.

복혜숙은 연극무대와 영상세계를 넘나들며 열정 넘치는 연기 활동을 했으며 그것도 시대가 여러 번 바뀌는 동안 쉼 없이 생명이 다하는 순간까지 자신을 몽땅 바친 인물이라는 점에서 높게 평가받아 마땅하다. 동시대의 다른 여배우들이 가정사 등 여러 가지 신상 문제로 10년을 버티지 못하거나 기껏해야 20년을 버텼을까 말까 할 정도로 열악한 환경 속에서도 그는 60여 년 동안 쉼 없이 연기 생활을 했다는 사실 하나만으로도 존경을 받을 만하다. 당시에 기독교 목사의 딸로 태어나 이화학당을 졸업하고 일본 유학까지 한 신여성으로서 혐오 직업 중 하나였던 연극배우로 나섰다는 것 자체가 경이로움을 넘어 역사의 운명이 아니었을까 하는 생각마저 들게 한다.

역사를 살펴보면 그때그때마다 매우 시의적절한 인물들이 등장해서 역사를 진전시켰음을 발견하게 된다. 역사가 시대마다 필요한 인물들을 배출하는 것이야말로 운명적인 것이 아니고 무엇이겠는가. 우리 연극사에서도 고비마다 꼭 필요한 인물들이 등장하여 역사를 만들어내곤 했다. 조선 후기의 신재효(申在孝), 20세기 초엽의 박승필(朴承弼)이 그러한 인물이었다. 그들의 등장으로 말미암아 우리의 전통예술이 그 생명력을 유지할 수가 있었기 때문이다. 3·1운동 이후 여배우 복혜숙이 등장해서 우리의 연극과 영화를 대중의 중요한 오락문화로 정착시키는 데 상당한 기여를 한 것도 바로 그러한 예에 속한다.

복혜숙이 태어난 것은 을사조약이 맺어지기 한 해 전인 1904년 4월이었다. 그는 충남 보령 출신의 복기업(卜箕業) 전도사와 이저연(李著蓮) 사이의 1남 3녀 중 막내로 태어났으며 본명은 마리(馬利)였다. 그의 부친은 대단히 진보적인 사고의 소유자로서 일찍이 기독교에 심취하였기에 엄격한 한학자인 조부로부터 집에서 쫓겨날 정도였다. 모친 역시 전주 이씨 효령대군의 13대손으로서 정식 교육은 못 받았지만 독학으로 국한문을 익혀서 야학에서 가르칠 정도로 총명하고 얌전한 전통적 여성이었다. 양반집 규수였던 모친은 자녀들에게 늘 '형태가 바르면 그림자도 바르다(形直則影正)'라는 교훈을 반복해서 가르치곤 했었다.

1남 3녀 중 장녀는 아홉 살 때 손 귀한 집 민며느리로 보내졌고, 그 아래 두 남매마저 조사(早死)하였으니 복혜숙은 마치 무남독녀처럼 성장하게 된다. 부모는 그에게 남자 옷을 입혀서 아들처럼 귀하게 키웠고 그는 남자아이들과 어울려 연날리기며 자치기 같은 거친 놀이를 좋아하는 타고난 성격처럼 남아와 다름없이 자라났다.

그런데 뜻밖에 부친이 동학운동 탄압 과정에서 무고하게 잡혀 들어가 곤욕을 치르며 가정이 대단히 곤궁해지기도 했다. 그런 와중에서도 부친은 개척교회의 선구자답게 한 마을에 4년 정도 머물면서 교회와 학교를 세워놓고 다른 곳으로 옮기는 방식을 반복한 매우 특이한 목사였다. 목회 활동도 어렵고 가정도 빈한해서 주변에서는 하와이로 이민가는 것을 권하기도 했다. 그의 가족이 배를 탈 수 있는 인천으로 이사 온 것도 실은 그 때문이었다. 그래서 그는

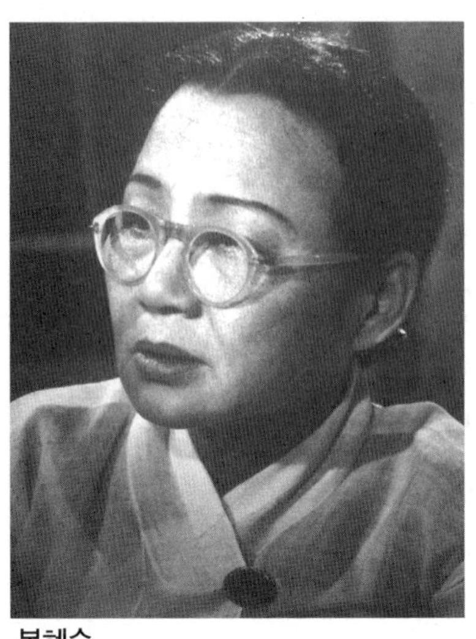

복혜숙

충남 보령과 인천을 옮겨 다니며 살았고, 유년 시절부터 교회 안에서 성장하게 된 것이다. 이렇게 열성적인 복 목사도 훗날 딸이 배우로 나서면서 목회 일을 접을 수밖에 없게 되었다.

복혜숙은 어렸을 때부터 사내아이 이상으로 거칠고 욕심 많으며 남에게 지기 싫어하는 성격이었다. 게다가 이미 여덟 살 무렵에 한글은 물론이고『천자문』, 『동몽선습』, 심지어『소학』까지 뗄 정도로 영리했다.

인천으로부터 다시 논산으로 이사와 살던 그는 부친이 설립한 영화(永和)소학교에 들어가 신식 교육도 받을 수 있었다. 아버지의 직업 때문에 미국 선교사도 만나고 네 살 때 커피까지 마셔본 그는 아홉 살 때 크리스마스 행사로 부친이 직접 제작 연출한 성극(聖劇)에 동정녀 마리아 역으로 출연한다. 그 당시 연극이 뭔지도 모르면서 어설픈 성극에 출연했지만 이는 그가 장차 배우가 되는 상징적 사건이 된 것도 같다. 왜냐하면 그녀가 나중에 배우가 되려 할 때 극구 반대하자 그녀는 "아버지가 직접 연극을 가르쳐주시지 않았느냐"고 항변한 것이다.

부친이 서울에 가서 정식으로 신학 공부도 하고 와서 전도사로서 승승장구할 무렵에 그의 가정에 암운이 깃든 것은 1916년, 그의 나이 열두 살 때 모친이 세상을 떠나면서부터였다. 큰언니가 남의 집 민며느리로 들어가 있는 처지여서 그가 안살림을 도맡아 하는 수밖에 없었다. 다행히 큰언니가 가까이에 살면서 살림을 돌봐주긴 했지만 대부분의 잡일은 그가 해야 했다.

그런 중에도 개명한 부친은 그를 서울로 유학을 보냈다. 불행을 당한 그해에 그는 이화학당에 입학할 수 있었다. 얼마 후 부친은 상처한 지 반 년도 되지 않아 천(千)씨와 재혼을 했다. 그는 부친에게 배신감도 들었지만 어쩔 수 없었을 것이라 이해하려 노력도 했다.

그녀는 친교가 깊었던 유일선 목사의 집과 오가면서 학교를 다니는 둥 마는 둥 했다. 왜냐하면 유 목사의 집에는 두 명의 할머니(장모와 친모?)가 함께 살면서 그를 혹사시키고 때로는 밥까지 굶길 정도로 학대했기 때문이다.[1] 그래서 그가 공부에는 전혀 흥미를 못 느끼고 있었는데, 우연히 종로 3가 부근에서 수산장(水産莊)이라는 수예학원을 발견하게 된다. 모친을 여의고 집안일을 돌볼 때 바느질을 해본 경험이 있어서 그는 순간적으로 수예 공부가 재미있겠다는 생각을 하게 되었다."[2]

거기에 다니는 동안 솜씨를 인정받아서 돈도 어느 정도 받아쓸 수가 있었기 때문에 그는 학교보다는 수산장에 더욱 열심히 다녔다. 당초 수산장은 일본 요코하마에 본부가 있었기 때문에 그는 아예 그곳으로 가서 공부하기로 마음먹기에 이른다. 따라서 그는 이화학당을 중퇴하고 1918년 가을 요코하마의 기예학원으로 떠나버렸다. 15세의 어린 나이였지만 워낙 모험심이 강하고 도전정신으로 넘치는 강인한 성격의 소유자였기 때문에 단신으로 일본 유학길에 오를 수가 있었던 것이다.

> 내가 처음 그 학원 문을 들어선 것은 아마 1918년 15살 되던 봄이었었던 것 같다. …요코하마의 기예학원은 작으마한 목조2층 건물이었다. 일본 학생이 1백 여명, 한국학생이 4명 있었다. 그 무렵 쌀 한 가마니가 3원 50전 정도였는데, 기숙사비는 4원이었다. 아버지는 매월 5원씩 부쳐주었다. …(중략)… 만일 1등만 하면 많은 사례를 받았다. 결국 우리는 수예작품을 기획하는 연구생이 되었던 것이다.[3]

---

1 복혜숙, 「나의 이력서 7 — 남의집 설음」, 『한국일보』. 1974.5.22. 참조
2 복혜숙, 「나의 교유록 (4)」, 『동아일보』 1981.4.20.
3 복혜숙, 「나의 이력서 9 — 일본으로」, 『한국일보』.1974.5.24.

손재주와 열정이 넘치던 그에게 수예학원은 돈벌이까지 가능한 곳이 된 것이다. 학생들 중 한국인이 네 명이나 있어서 외롭지는 않았으나 각자 취향이 다른 관계로 그는 홀로 극장을 드나들면서 연극 영화 관람으로 타향살이의 적적함을 달랬다. 그때 일본에는 서양영화도 꽤 들어왔었고 고전극과 신파극도 자주 볼 수가 있었다. 그는 "1년 가까이 영화 구경을 하자 내 나름대로 이론이 생겼다. 그냥 적당히 보아 넘기는게 아니라 연기가 괜찮은가 나쁜가를 스스로 평가하면서 보았다. 그러면서 내 마음속에는 영화배우가 되고 싶다는 생각이 커져가고 있었다"[4]고 술회한 적이 있다. 기숙사 생활은 엄격했지만 그는 워낙 활달 명랑해서 사감(다쿠사리)의 사랑을 많이 받았다. 그가 가부키의 대표작 중 하나라 할 〈주신구라(忠臣藏)〉 구경담을 멋지게 하자 사감이 감탄해서 '너는 배우가 되는 것이 낫겠다'고 칭찬했고, 이에 언뜻 배우가 되어볼까 하는 생각도 했다고 한다. 그는 무엇이든 해보아야 속이 풀리는 성격이어서 배우가 되는 것을 염두에 두고 우선 무용연구소부터 찾았다.

당시 일본에는 프랑스 파리에서 현대무용을 공부하고 돌아와 연구소를 낸 30여 세의 사와 모리노가 도쿄 아사쿠사 극장거리에 현대무용연구소를 차려놓고 있었다. 그는 기예학원에는 고국으로 돌아간다고 거짓말하고 무용연구소를 찾아갔다. 수업료가 비쌌기 때문에 청소, 빨래, 세 끼 식사 등 집안일을 해주고 공부할 수 있는 내제자(內弟子)로 일단 입주할 수 있었다. 그런데 사와 모리노는 온종일 잡일만 시키면서 학생들이 추는 춤조차 보지 못하게 했다. 그러니까 내제자는 수강 제자가 아니라 천대받는 하녀 그 자체였던 것이다.

그러다가 3개월 뒤부터 훈련 기회를 얻을 수가 있었다. 첫 번째 수업은 다리 펴기였는데, 그의 다리는 쭉 뻗어서 칭찬을 받을 만큼 신체적 조건과 열정을 인정받았다.

이러한 그의 도쿄 생활이 집에 알려지자 놀란 부친이 달려와서 좌고우면하

---

4 복혜숙, 「나의 이력서10 — 일본으로」, 『한국일보』, 1974.5.25.

  제2부 외국연극의 모방과 수용

지 않고 끌고 갔다. 유학 3년, 무용연구소 1년여 만인 1921년 봄이었다. 그는 부친이 있는 강원도 금화(金化)로 끌려가서 교회 부설학교에서 학생들에게 일본말을 가르치게 되었다. 그가 집을 떠나 있던 7년여 동안에 가정은 크게 변해 있었다. 부친과 재혼한 계모 사이에서 4남매가 태어난 것이다. 그런 가족 구성원 속에서 그는 다시 집을 나가야겠다는 결심을 하지 않을 수 없었다.

그는 배우가 되기로 결심하고 귀국한 지 꼭 넉 달 만에 조랑말을 타고 서울로 야반도주한다. 그가 찾아간 곳은 극단 신극좌가 공연 중이던 단성사였다. 여배우가 거의 없던 시절 신여성 복혜숙의 입단 간청은 단원들을 흥분시키기에 충분했다. 그는 이경해(李鏡海)라는 가명으로 단장 김도산, 변사 김덕경, 배우 변기종 등의 지도를 받으면서 일단 단원 생활을 시작하게 되었다.

그때까지만 해도 신극좌는 구치다테(口建)식 연극을 할 정도로 부실한 극단이었지만 그가 입단하면서부터 대본을 갖고 연극을 하는 단체로 향상되어갔다. 그는 〈오호천명〉이라는 첫 무대에서 조역을 했지만 그것으로 만족할 수 없었다. 왜냐하면 대본도 없이 하는 엉성한 공연이었기 때문이다. 너무 실망한 나머지 그는 일본에서 관극한 〈대위의 딸〉을 기억으로 더듬어 〈누교(淚橋)〉라는 극본을 만들어냈다.

그의 실력을 인정한 신극좌에서는 당장 작가 겸 주연배우로 대우해줄 정도였다. 그렇다고 해서 밥 짓고 상 차리는 것까지 면제해준 것은 결코 아니었다. 여배우가 없으니 어쩔 수 없었다. 정말 너무 일이 많아서 죽을 지경이었지만 연극하는 재미 때문에 세월은 잘도 갔다. 극단이 지방 순회공연도 몇 번 다녔지만 수입이 워낙 보잘것없었기 때문에 생활은 말이 아니었다.

그는 극단 생활이 너무 고달픈 데다가 사람 대우도 제대로 받지 못하자 단 몇 달 만에 배우 생활을 청산하고 부친이 있는 강원도 금화로 되돌아갔다. 거기에서 그는 학생들에게 일본어와 초보영어도 가르쳤다. 당시 금화에서는 단연 그가 최고의 신여성이었다. 주변에서는 그가 만일 서양 유학이라도 한다면 큰일을 할 여성이 될 것이라고 수군대기도 했다. 그가 신극좌에서 잠시 연극 활동을 할 때도 그 소리를 여러 번 들은 적도 있었다.

그러나 금화에서의 교사 생활도 싫증을 느낀 그는 1924년 초겨울에 두 번째로 야반도주하여 서울로 오자마자 곧바로 만주의 다롄(大連)행 열차에 몸을 실었다. 그곳에는 일본 기예학원 만주분교도 있었지만, 거기서 미국이나 유럽으로 가는 여객선을 탈 수 있을 거라고 생각했기 때문이다. 그러나 그는 다롄역에 내리자마자 경찰에 붙들려서 서울로 끌려오고 말았다. 왜냐하면 그의 도주행을 짐작하고 부친이 즉각 실종신고를 했기 때문에 다롄에서 경찰 검문에 걸려 그대로 서울로 보내진 것이다. 그녀의 마음속을 꿰뚫어본 부친은 이번에는 그를 강원도로 데려가지 않고 증권거래소의 교환수로 잠시 근무토록 하였다. 부친은 의외로 종로서장에게 훈계까지 들었던 데다가 끝없이 방황하는 딸에게 지치기도 한 참이었다.

그런 그에게 마침 개교하는 조선배우학교에 들어가도록 권고한 이는 변사 출신의 김덕경(金悳經)이었다. 그는 배우학교가 이 땅에 생긴 것에 크게 감동하여 좌고우면하지 않고 1925년 정월에 곧바로 입학했다. 그와 관련하여 그는 "배우학교라고 하니까 그럴듯해 보이지만 교사라야 와룡동 김덕경의 2층을 빌린 것이요, 학생도 정화용, 이금룡, 김규환, 김보아(金寶娥), 이응호, 김성재, 방평산, 이한용, 정감룡, 손기찬 등"[5]이라고 하면서 강의도 연극 영화에 관해서 기초를 가르쳤다고 회고했다. 이곳에서 그는 처음으로 연극과 영화의 기초교육을 받을 수가 있었는데, 현철(玄哲)과 이구영(李龜永)이 대부분을 가르쳤다. 솔직히 배우학교의 교육이 대단한 것은 아니었지만 그에게는 큰 자극이 되었는데, 그나마도 졸업 직전에 극단 토월회에 스카우트되어 중도 포기할 수밖에 없었다.

토월회에서 단번에 인기를 끌자 현철이 찾아와서 배우학교의 시연회로 입센의 〈인형의 집〉을 처음으로 무대에 올리는데 주인공(노라 역)을 부탁하여 거

---

5 복혜숙, 「나의 이력서18 — 증시 교한수로」, 『한국일보』.1924.6.7.

  제2부 외국연극의 모방과 수용

뜬히 해내자 '우리 한국연극계의 꽃피울 빼어난 여배우'라는 호평까지 들었다.

그가 마리(馬利)란 본명을 버리고 혜숙(惠淑)이라는 예명을 쓰기 시작한 것도 이때부터였다. 때마침 토월회가 광무대를 전용극장으로 계약해서 연중무휴 공연을 하고 있던 시기여서 그는 월급 80원(당시 조선총독부 월급 1백 원)이라는 거금을 받고 주연배우로 무대에 서며 스타로 발돋음했다. 수년 전에 신파극을 몇 편 해본 경험이 있었기 때문에 무대공포증도 없어서 쉽게 스타의 반열에 오를 수 있었다. 토월회 무대에서 그는 〈무정〉, 〈개척자〉, 〈재생〉 등 이광수의 소설 각색극은 물론이고 〈산송장〉, 〈데아브로〉 등 번안극에서까지 모두 주연을 맡게 되었다. 그중에서도 〈춘향전〉에서의 춘향 역이 최고의 인기를 끌었다.

이때 당대 명창 이동백을 만나서 판소리도 조금 배우게 되었다. 이동백은 그녀의 걸걸한 목소리가 대단한 가능성을 지녔다고 보고 "한 3천 원쯤 주고 너의 아버지에게 너를 사서 창을 가르치고 싶다"[6]고까지 말했을 정도였다. 실제로 그가 판소리를 좋아했기 때문에 기초적인 것은 그때 배웠고, 〈춘향전〉 등과 같은 고전 소재의 연극과 영화에 출연할 때는 〈창부타령〉 등 남서도창을 직접 몇 마디씩 불러 배우학교에 가서 분위기를 돋우기도 했었다. 국악 애호는 뒷날 그가 한때 기적(妓籍)에 이름을 올렸던 것과 어떤 연관이 있어 보이기도 한다.

그를 시기하던 배우들 중에는 그녀를 직접 대놓고 "김치 깍두기 냄새가 난다"느니 "행랑어멈 연기"라느니 하면서 비아냥거리는 이도 있었다. 이러한 비아냥을 단번에 불식시킨 작품이 바로 〈부활〉(톨스토이 원작)이었다. 그는 이 작품에서 여주인공 카츄샤 역을 훌륭히 해냈고 노래와 춤 솜씨까지 갖추었기 때문에 "카츄샤 내 사랑아 이별하기 어려워"라는 삽입가요까지 구성지게 불러 관중을 울리기까지 했다. 그것은 마치 1914년 일본의 신극단 예술좌에서 마

---

6 복혜숙, 「나의 교유록 (11)」, 『동아일보』 1981.4.29.

쓰이 스마코(松井須磨子)가 카츄샤 역을 맡아 부른 슬픈 노래로 일본 관중을 감동시켰던 경우와 유사한 것이었다.

이처럼 최고 인기배우로 대중의 사랑을 받았지만 지방 순회공연을 다니면서부터 점차 연극에 대해 회의와 실망감을 품기 시작했다. 왜냐하면 순회공연 중 여관비를 물 수 없을 만큼 수입이 없을 때는 그녀가 언제나 인질로 잡혀 있어야 했기 때문이다. 실제로 그는 토월회 시절 지방 공연을 다니면서 여러 번 인질로 잡혀 있으면서 갖은 수모를 다 겪었었다. 당시 어느 잡지는 「우리들의 카츄샤 복혜숙 양」이라는 기사에서 "토월회가 지방순업 중에 곤경에 빠졌을 적마다 복혜숙 양은 그의 가진 바 옷, 패물은 물론이요. 부득이한 때는 자기의 몸을 인질로 잡히고까지 토월회 일행을 구해준 일이 한두 번이 아니도록 그의 일에 대한 열과 공분심이 컸다는 것은 아름다운 에피소드"(『삼천리』 1933.1)라고 쓴 바 있는 것이다. 그만큼 그는 오로지 연극이 좋아서 또 조직의 일원으로서 자신을 던질 줄 알 만큼 희생정신이 강한 여성이었다. 사실 처녀의 몸으로서 생면부지의 타향에서 그것도 수일씩, 때로는 한 달 가까이 잡혀 있었다는 것은 남자 이상의 담력과 용기가 없으면 불가능한 것이었다.

그는 또한 호기심이 어느 누구보다도 강했다. 배우야말로 만능이어야 한다는 소신에 따라 이것저것 잡기에도 손을 많이 댄 편이었다. 일본 유학 중 무용을 배우다가 말기도 했지만 뒷날 동료 양백명(梁白明)을 따라 이병삼에게서 러시아의 민속춤 코팍을 배우기도 했다. 코팍춤은 강낙원이 운영하는 유도장에서 배웠는데, 거기서 아예 도복을 입고 유도까지 배워버린 것이다.

거기에 그치지 않고 그는 황성하(黃成河)에게 서예도 배웠으며 심지어 자동차 면허까지 딸 정도였다. 이러한 그의 만능 탤런트는 뒷날 막간극에서 빛을 발했음은 물론이고 연극과 영화에서 무슨 역이든 소화해낼 수 있는 자산이 되었다. 그만큼 그는 스타가 갖추어야 할 것은 모두 준비하고 있었던 것이다. 그렇기 때문에 그는 단 몇 년 만에 스타로서 부동의 자리에 오를 수 있었고, 영화계로부터 좋은 조건으로 출연교섭을 받았다.

그 당시 영화감독이라야 윤백남과 이규설(李圭卨) 정도였고, 쓰모리(津守) 등 일본 감독 한두 명이 활동하고 있는 정도였다. 마침 쓰모리와 이규설이 공동 감독한 〈농중조(籠中鳥)〉라는 영화에서 주연을 맡았는데, 그것이 1926년 봄이었다. 물론 그는 극영화 〈농중조〉 이전에 이미 계몽영화에 단역으로 출연한 바 있다. 신극좌에서 신파극을 할 때인 1923년에 윤백남이 조선총독부의 후원으로 만든 〈방역(防疫)〉이라는 질병 예방을 위한 계몽영화에 단역으로 나와서 "아이고 어머니, 나 죽네"라는 대사 한 마디를 한 적이 있는 것이다. 〈농중조〉는 그의 두 번째 영화로서 애정물이었기 때문에 대중으로부터 좋은 반응을 얻을 수 있었다. 그사이에도 그는 조선극우회 창립멤버로서 〈신 칼멘〉이라는 작품의 주역을 맡기도 했다. 그러나 그의 성가는 영화에서 나타났고 수익성에 있어서 연극과는 상대가 되지 못했다.

그는 〈낙화유수〉, 〈세 동무〉 직후에 출연한 〈지나가의 비밀〉에서는 단번에 1백 원의 출연료를 받았다. 토월회에서도 월급을 받고 있었으므로 그는 상당한 액수의 돈도 모을 수가 있었다. 즉시 집을 한 채 장만했는데, 얼마 후 친구 최성해(崔星海)에 이끌려서 경마에 손을 댔다가 그 집을 날리기도 했다. 당시 영화나 토월회 연극이 잘 되는 편이 아니어서 그의 수입도 불안정하기 이를 데 없었다. 오죽했으면 그가 조선 권번에 적을 두고 기생들에게 일본말과 현대무용을 가르쳐서 수입을 올렸겠는가. 그때는 일인들이 요정에 많이 드나들었기 때문에 기생들도 일본말을 좀 하는 것이 유리했었다. 그는 기생들과 어울리면서 창과 춤도 배우고 실제로 기생 노릇도 했다. 그것은 다음과 같은 언론 보도로 확인된다.

일찍 극단으로 영화계로 그 이름을 날리던 복혜숙 양과 최성해 양이 기생으로 나왔다. 그들의 과거의 극단의 지위나 영화계의 지위가 높았다든지 얕았다든지 혹은 그들의 재주와 이상이 크다든지 적든지 그것은 묻지 말고라도 그들이 기생까지 나오지 않고는 못 견디었다 함에 이르러서는 다시 한번 생각할 여지가 있는 것이다. 그들은 다같이 조선 권번에 기적을 두고 기명도 새로 짓지 아니 하고 그대로 복혜숙 최성해라고 부른다 한다.(『매일신보』 1927.7.4)

그가 1928년에 비너스다방을 차린 것도 어쩌면 기생 경력과 무관하지 않을 듯싶다. 비너스다방에서는 차뿐만 아니라 가벼운 술까지 팔았기 때문이다. 그녀는 "당시 조선어학회 2층 빌딩의 1층에 자리잡은 '비너스'는 처음『매일신보』기자인 이형우 씨가 다방으로 차리던 것을 도중에 내가 인수했다. …(중략)… 처음 시작할 때의 커피 값은 5전, 하루에 10원(당시 쌀 한 가마니가 6원 정도) 전후의 매상고가 올랐다. 1년 정도 다방을 하다 주위의 요청에 따라 밤에는 바로 형태를 바꿨다.순전히 술만을 파는 게 아니라 다방과 바를 겸했었다. …(중략)… 처음 나는 다방에 매일 나가 일을 보았으나 연극과 영화 출연 때문에 친구 김명순(金明淳)을 대신 데려다 놓았다."[7]고 회고했다. 그러니까 그가 처음으로 다방 마담 시스템을 시행한 것이었다. 그런데 다방 손님들 대부분이 돈 없는 연극영화인이 아니면 신문기자, 문인들이어서 외상이 많아서 유지가 잘 되지는 않았다.

한편 딸이 배우가 되자 목사직을 내놓고 상경한 부친은 여섯 식구 생계를 위해서 쌀가게도 차렸지만 잘 되지 않았다. 결국 복혜숙이 생계를 꾸려가지 않으면 안 되었고 갑자기 다방을 차린 것도 그 때문이었다. 연극과 영화가 잘 되었으면 그가 굳이 다방을 차리지 않아도 되었을 것이다. 물론 그는 다방을 경영하면서도 간간이 연극과 영화에 출연하기도 했다. 다만 다방일이 워낙 바쁘다 보니 극장 무대에는 옛날같이 출연하기가 쉽지는 않았다. 출연료가 좀 나은 영화에 자주 출연한 꼴이 되었다.

다방업은 부모형제 여럿을 부양하는 데 절대적인 기여를 했을 뿐만 아니라 그의 인생에 하나의 전환점을 만드는 계기도 되었다. 그가 당시로서는 최고의

---

7 복혜숙, 「나의 이력서 34—다방 비너스」,『한국일보』 1974.7.3.

인텔리 여배우로서 주다야주(晝茶夜酒)형 다방을 열자 장안의 명사들이 몰려
들었고, 토월회 사람들에게는 이곳이 사랑방이나 마찬가지였다. 게다가 그가
워낙 호방한 데다가 사교적이기까지 해서 남성들이 좋아할 수밖에 없었다. 정
치인, 언론인, 기업인 등도 많이 드나들었는데 그중에서도 유석 조병옥 박사
와 윤보선(尹潽善) 등이 단골이었다. 토월회 동료로서 비너스다방의 터줏대감
이었던 연출가 박진(朴珍)은 그때의 복혜숙에 대하여 다음과 같이 회고했다.

> 이렇게 해서 해가 지면 따끈한 정종이라는 일주(日酒)가 혜숙의 손에 들려나
> 온다. 회계는 불계(不計)다. 받는 날 받는 계산이다. 젊은 혜숙에게 웬만한 남자
> 가 히야가시라는 농담을 섣불리 건넸다가는 욕을 곱먹는 왈가닥이었지만 혜숙
> 이는 역시 여자였고 다시 찾아보지 못할 훌륭하고 재주있는 여배우였다. 무대에
> 서 실수하는 상대역을 휩싸서 포섭해서 다시 극을 제 곳으로 돌리는 데는 아무
> 도 당하는 배우가 없다. 그렇게 능한 배우였다.[8]

그는 능란하고 포용력이 있었기 때문에 특히 남성들이 좋아했다. 그들 중
에 경성제대 의학부 제1회 출신의 외과의사 김성진(金晟鎭)이 있었다. 물론 그
도 조혼 풍습에 따라 일찍 결혼하여 4남매를 둔 기혼자였지만 활달한 신여성
인 복혜숙에게 완전히 매료된 것이었다. 서로 본격적으로 인사를 나누자 김
성진은 "내가 처음 당신을 본 것은 광무대 때인데, 그때 한번 인사라도 했으면
하고 얼마나 애탔는지 몰라"(「나의 이력서 40」)라는 말로 이미 1925년부터 복혜
숙에 특별한 관심을 갖고 있었음을 표현했다. 그러나 그는 김성진과의 관계에
신중할 수밖에 없었다. 김성진이 기혼자이기도 했지만 과거에 한 남자에게서
큰 상처를 받은 적이 있어 좀처럼 남자에게 마음의 문을 열지 않는 처지였기
때문이다.

그는 신파극단 신극좌의 병아리 배우 시절 우(禹)모라는 청년의 유혹에 빠져

---

8 박진, 『세세연년』, 경화출판사, 1966, 112~113쪽.

서 임신까지 한 경험이 있었다. 그래서 그는 스타로 떠오른 후에도 스캔들을 전혀 뿌리지 않았었다. 그의 가까운 친구로서 배우 생활을 함께했던 이월화와 최성해만 하더라도 사랑의 상처를 안고 자살하는 등 기구한 삶을 살았지만 그는 달랐다. 그러나 온화하고 지적이며 전도유망한 의사인 김성진은 그를 사로잡고 말았다. 결국 그는 곧 사랑에 빠졌고 임신도 했다. 결혼 예정도 없이 일부터 벌였다. 그녀가 몰래 시골에 가서 아기를 출산한 이유는 두 가지였을 것이다. 하나는 때마침 김성진이 대학원에서 박사 논문을 준비하던 시기여서 그녀의 출산이 나쁜 영향을 주지 않을까 걱정한 때문이었고, 다른 하나는 전국에 널리 알려진 명배우가 식도 안 올리고 유부남 의사의 아기를 임신했다는 소문이 나는 것이 양쪽 모두를 위해 이롭지 않다는 생각으로 시골(온양)로 내려가 숨어서 여아를 출산한 것이다. 일단 출산을 하고 나면 소문의 벽도 자연스럽게 허물어지게 마련이라고 믿은 것이다. 이때 그의 나이 30세였다. 또 하나 다행스러웠던 것은 그가 배우 활동을 별로 안 해도 되던 시기였다는 점이다. 그러니까 1930년대 초반은 그의 주무대였던 극단 토월회가 해산하고 태양극장이라는 이름으로 활동을 했지만 제대로 된 공연은 드물었고, 극단도 지두한과 변기종이 주도하던 개량신파 성향의 조선연극사 정도만 활동을 하고 있었기 때문에 출연 요청이 거의 없었다. 한편 영화계도 자금난과 검열난 등으로 나운규(羅雲奎)의 〈임자 없는 나룻배〉나 〈개화당이문〉 정도 외에는 제작이 거의 없었다. 그리하여 출산 후 3년 만에 그는 김성진의 후처로 들어가게 되었다.

결혼하면서 그는 여느 아녀자들처럼 두 분의 시모(남편이 양자여서 양모가 있었음)를 모시고 5남매까지 돌보면서 영화에 출연까지 해야 하는 처지에 놓이게 되었다. 다방은 정리했지만 영화 출연까지 포기할 수는 없었다. 다만 연극만은 연습 기간이 길고 수입도 부실해서 삼가는 편이었다. 그런 그녀에게도 연기 활동에 조그만 변화가 생겼다. 가령 그가 영화에서 연인이나 다정한 부부로 나오는 경우 고루한 시부모가 질색을 했던 것이다. 그에 대해서 그녀는 다

　　　　　제2부　외국연극의 모방과 수용

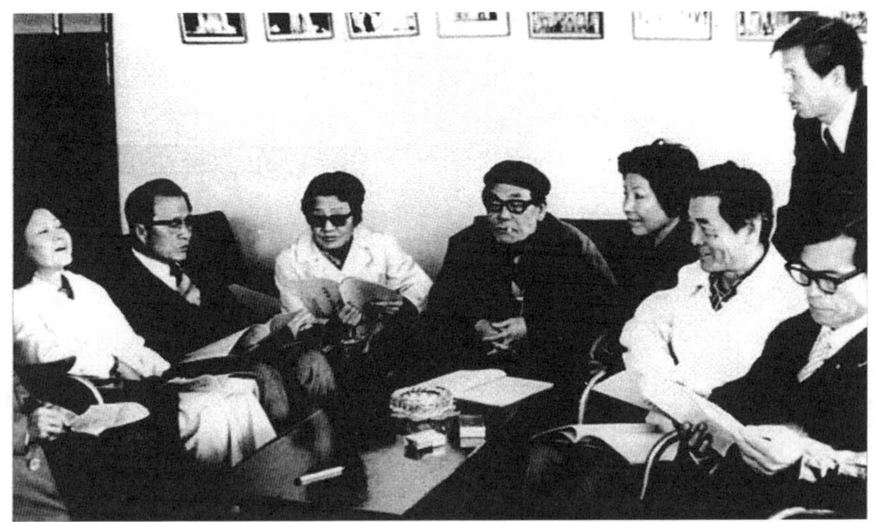

복혜숙(왼쪽에서 세 번째)

음과 같이 회고한 바 있다.

시집에 들어가면서 나는 다방을 그만두었으나 영화와 연극은 계속했다. 집안에선 내놓고 반대는 않았으나 여러 가지 어려움이 많은 건 사실이었다. 두 분 어머니는 내가 영화에서 생면부지의 사람과 '여보 영감'하고 천연덕스럽게 부부 노릇을 하는 데 질색을 했다. 그래서 젊은 아내, 젊은 연인 역을 피하다 보니 자연 과부나 노처녀 또는 아주머니 역을 맡게 되었다. 30세 때 〈수업료〉란 영화에서 처음 할머니 역을 맡았는데 그때부터 나의 할머니 역 단골이 시작되었던 것이다.[9]

즉 그는 결혼과 함께 청춘 멜로물의 주역을 고의적으로 피하고 중년여인이나 할머니 역으로 자신의 이미지나 캐릭터를 바꾸었다. 물론 그가 할머니 역을 맡은 것이 온전히 양가(良家)댁 며느리로서의 부득이한 고육지책으로만 보

---

9 복혜숙, 「나의 교유록 (19)」, 『동아일보』 1981.5.14.

기는 어렵다. 우선 그가 결혼했을 때는 이미 30대였고 또한 신진 여배우들이
몇 명 등장했기 때문에 배우가 절대 부족했던 1920년대와는 상황이 크게 달
라져 있었다. 그가 아니라도 청춘 멜로물의 여주인공을 할 여배우들이 있었
기 때문에 영화계에서는 그에게 전적으로 의존할 필요가 없었다는 이야기이
다. 그리고 또 하나 중요한 요인은 그의 독특한 개성이 이미 청춘 멜로물의 여
주인공에 걸맞지 않았다고도 볼 수가 있다. 즉 괄괄하고 강인하며 거침없는
성격은 오히려 전통적인 할머니나 어머니 역에 적합했던 것이다. 실제로 그는
취향도 그런 쪽이었음을 스스로 고백한 적도 있다.

그는 나운규, 문예봉(文藝峰) 등과 가진 좌담회에서 "나는 요즘 각 신문에 나
는 장편소설을 다 읽는데 특별히 내가 주인공이라도 되어서 작품을 만들어보
았으면 하는 것이 없어요. 워낙 이제는 늙어서 새파란 신부감이나 달디단 연
애소설의 주인공 노릇 하기에는 다 글러먹어 그런 거지요. 그저 어멈 역이나
기생 역이면 한바탕 해보지요. 호호"라고 실토하기도 한다. 그는 남성 못지않
게 솔직담백하고 직설적이었으며, 과격한 면도 지니고 있었다.

그는 영화에서 연기를 제대로 못한다고 함께 출연한 남자배우 이원용에게
"이것아, 배우가 되려거든 도로 태어나거라"고 핀잔을 주어 이원용이 자살 소
동까지 벌인 일이 있었다. 그의 과격한 성격은 당대의 논객『조선일보』설의식
(薛義植) 편집국장과 전화로 이놈, 저놈 했다는 일화에서도 잘 나타난다.[10] 이
러한 거칠음은 그의 남성관에도 잘 나타난다. 남성을 어떻게 보느냐는 질문을
받고 그는 "그야 교육이 있고 없고 간에 이성을 보는 방법이야 어슥비슥하겠
지만, 내 생각에는 사내란 술 잘 먹고 주정하고 계집 속이고 없는 돈 있는 체
하고 천하 여자가 다 저한테 반했거니 우쭐하고 입살 맞고 아니꼽고 건방지
고…"(『삼천리』 1936.4)라고 매섭게 비판하였다. 그의 괄괄하고 소탈한 성격은
부부 생활에서도 잘 나타나고 있다. 그가 영화를 촬영하고 새벽에 귀가하면

---

10 복혜숙 · 복면객, 「장안 신사 숙녀 스타일 만평」, 『삼천리』 1937.1.

남편이 부스스 나와 문을 열어주고 때로는 화가 치민 남편이 따귀를 후려치는 경우도 있었지만 아침이면 서로 웃고 화해하는 화끈함이 있었다고 한다. 그만 큼 금실은 좋은 편이었다.

젊은 시절에는 괴테와 바이런의 낭만시를 읊고, 톨스토이의『부활』의 네플 류도프 공작을 흠모하며 로미오와 줄리엣의 사랑 같은 것을 동경한 적도 있을 만큼 꿈에 젖어 있었지만, 남성들에게 속임을 당하면서부터는 "청춘은 덧없이 시들고 세상일은 내 뜻대로 안 되고 보니 자유로운 새나 된다고 여배우, 기생, 끽다점 마담으로 구르고 굴러서 오늘까지 왔다"고 회한에 찬 푸념도 이따금 했다. 그가 외국 여배우들 중에서도 유독 미국의 메이 웨스트를 좋아했던 것 도 자신의 파란곡절의 인생역정과 무관치 않으며, 부정적인 남성관도 그런 데 서 비롯되었다고 말할 수 있다.

평생의 동료 박진도 그의 성품과 관련해서 그녀가 대단한 의리의 소유자로 서 "불의를 보고는 못 견디고 남을 위해서는 살점도 떼주는 성미"[11]였다고 회 고한다. 여하튼 그는 개성이 강하고 남성 못지않은 여걸이었다.

토월회 시절 고생을 너무 많이 했기 때문에 그는 영화에는 부지런히 출연하 면서도 연극 출연은 대체로 등한시한 편이었다. 그가 토월회를 떠난 후 잠시 이념성이 강한 극단 종합예술협회의 창립공연 〈뺨 맞는 그 자식〉(안드레예프 작) 에 출연한 것이나, 동양극장을 멀리하면서도 극단 중앙무대에 창립단원으로 참가했던 것도 실은 그의 저항성과 명분 있는 연극을 중하게 본 데 따른 것이 었다.

한 가지 주목되는 사실은 그가 1940년부터 조선총독부가 시행한 창씨개명 당시 도미가와 마키쿠(當川馬利)는 일본식 이름으로 바꾸어 활동한 점이다. 물 론 그 당시 영화인 행세를 하려면 울며 겨자 먹기로 창씨개명을 해야 하는 처 지이기는 했다. 그러나 그때도 유치진 같은 작가는 창씨개명을 하지 않고 버

---

11 박진, 앞의 책, 113쪽.

텄다.

해방 전까지만 해도 그는 연극무대보다는 영화 출연을 주된 직업으로 삼았었다. 그러다가 해방이 되면서부터는 간간이 연극무대에도 섰는데, 그 첫 무대가 재건 토월회의 〈40년〉(박승희 작)이라는 작품이었다. 그런데 재건 토월회가 제구실을 못하여 그의 토월회에 대한 사랑도 곧 끝나고 말았다. 그 후 그는 1948년에 이해랑이 주도한 극예술협회의 〈별〉(유치진 작)에 출연했고, 〈포기와 베스〉에도 출연했으며, 1949년에는 우익민족진영의 대한청년단 산하 극단 민족극장 창립공연작 〈탈옥수의 고백〉(송헌 작)에도 주연급으로 출연했다. 영화 〈자유만세〉(최인규 감독) 등 여러 편에 단골로 출연하고 있다가 6·25전쟁 중 보위부에 끌려가 곤욕을 치르다가 질병으로 보름 만에 풀려난 일도 있다.

전쟁 중에는 이해랑이 이끈 문예중대에 소속하여 중진 배우로서 전선을 누비면서 위문공연도 많이 했다. 전쟁 직후 그의 대표작은 역시 이용민 감독의 〈포화 속의 십자가〉로 보아야 할 것 같다.

50대 이후에도 그는 정력적으로 연기 활동을 했다. 주로 영화에서 많은 활동을 했지만 극단 측에서 요청을 해오면 서슴지 않고 무대에도 섰다. 1960년대만 하더라도 국립극단의 〈마을의 봉팔이〉에서 조역을 맡았는데, 당시 58세로서 다시는 무대에 나서지 않겠다는 다짐으로 출연했었다.

그런 그가 한 예술단의 인솔자로서 첫 번째 해외 나들이에 나선 것이 1961년도였는데, 공교롭게도 창극 〈춘향전〉을 갖고 일본을 찾은 것이었다. 그가 비록 인솔자이긴 했어도 창을 좀 할 줄 안다는 죄로 단역으로 출연까지 했었다. 그런 그도 나이를 먹어가면서 건강이 나빠졌고 따라서 60대 들어서는 연기 활동을 자제했다. 그런 중에도 그는 대한영화배우협회(1955년도 발족) 회장을 10년이나 맡았다. 당시에는 영화인들의 권익을 위한 데모가 잦았기 때문에 괄괄한 성격의 그녀가 대표로서는 최적임자였던 것이다.

그런데 그가 1960년대 중반 이후 영화와 연극에는 어쩌다가 나올 정도로 뜸했는데, 노쇠에도 원인이 있었지만 그보다는 TV 개국에 맞춰 방송 드라마에 자주 출연했기 때문이다. 1962년 KBS 개국과 함께 일일연속극에서 어머니, 할머니, 아주머니 역은 도맡다시피 했었다. 사실 그는 일제 시대에도 성우자격을 얻어 JODK 라디오 드라마를 여러 번 해보았기 때문에 TV 드라마는 쉬운 일이었다. 적어도 그에게 있어서는 영화나 연극보다도 TV 드라마 출연이 더 익숙했던 것이다. 그는 1960년대 이후 인기 TV 드라마였던 〈아씨〉, 〈사슴아가씨〉, 〈장희빈〉 등에도 고정 출연했었다. 즉 그는 60여 년에 걸친 연기 생활에서 신파극을 시작으로 해서 정통연극, 영화, 라디오 드라마, 그리고 현대의 매체라 할 TV 드라마까지 고정 출연할 만큼 광범위한 활동을 펼친 대배우였던 것이다.

그가 극단 대표를 두 번이나 했던 것은 잘 알려져 있지 않다. 가령 그가 1960년대 중반에 잠깐 출연했다가 사라진 극단 현대극장과 1970년대 초에 발족된 제3무대의 전신 극단 아카데미의 대표직을 맡아 빚 고생을 한 것을 아는 이는 몇 되지 않는다. 이는 순전히 그의 후배 사랑에서 비롯된 일이었다.

소녀 시절부터 호기심과 모험심이 대단했던 그였지만 노년기에 접어들어 이방자(李方子) 여사를 만나면서부터는 모든 것을 털어버리고 낙선재에 드나들면서 칠보(七寶) 공예에 심취했다. 1970년대 후반까지도 간간이 영화와 TV 드라마에 단역으로 출연했지만 워낙 노쇠해서 칩거하는 편이었다. 그런 가운데 후배 여배우들의 인생 상담을 도맡아 했기 때문에 주변에서는 그를 가리켜서 '영화계의 어머니' 또는 '영화인 모두의 할머니'라 칭하기도 한다. 그만큼 그는 신극 초창기부터 60여 년 이상 자신을 희생하면서까지 연극, 영화, TV를 위해 헌신했고, 또 선후배 연예인들을 보듬은 대모(代母)였던 것이다. 그는 작고 1년여 전에 쓴 회고의 글 말미에서 "난 아직 은퇴를 안 했다. 그러나 앞으로 내가 연극무대에 설 일은 그리 많지 않을 테니 내가 연극에 필요할 거라고 극성스럽게도 배워두었던 걸 모두 써먹지 못한 것이 애석할 뿐이다. 연극 영화하며 고생도 하고 업신여김도 많이 받았지만 내가 안타까운 건 다만 그것뿐이다"[12]라고 토로한 바 있다. 이상에서 주목을 끌 만한 대목은 역시 그가 어렵게 배워두었던 배우술을 마음껏 소진하지 못하고 연기 생활을 끝내야 하는 회한 이라 하겠다.

목사의 딸로 태어나 가장 어려웠던 시기에 예술계에 투신하여 간난신고를 수없이 겪으면서도 굴하지 않고 평생을 무대와 영상을 오간 그는 적잖은 명작 을 남기며 한국 공연예술사를 풍성하게 만든 최고(最古)의 여배우였다. 함께 초창기 연극영화를 찬란하게 빛냈던 이월화, 이채전, 최성해 등의 여배우들 이 요절하거나 연예계를 떠났지만 그만은 끝까지 외길을 지키다 갔다. 그 어 느 여배우들보다도 지적 수련을 쌓은 데다가 남성 이상의 포용력과 강인한 성 격의 소유자로서 젊은 시절부터 앓던 각기병과 위장병 등을 지니고도 1982년 10월 향년 78세로 타계할 때까지 그는 한국적 어머니상과 할머니상이라는 전 형적 캐릭터를 창출해낼 수가 있었다. 그 점에서 그는 한국판 캐서린 햅번이 라고 칭해도 크게 어긋나지 않을 것 같다.

---

12 복혜숙, 「나의 교유록 (30)」, 『동아일보』 1981.5.30.

                                        제2부   외국연극의 모방과 수용

신무용의 개척자
조택원

조선시대까지만 해도 연극이나 무용 등과 같은 무대예술 종사자는 비천한 광대로서 제대로 사람 대접을 받지 못했으며, 예능인에 대한 괄시는 개화기 이후에도 상당 기간 지속되었다. 무대예술이 다른 예술장르보다 뒤떨어지게 된 요인 중의 한 가지가 그러한 사회 인식이었다. 그럼에도 불구하고 연극이 좋아서, 또는 춤이 좋아서 소위 명문 가정을 등지면서까지 무대를 끝까지 지킨 선구자들이 있었기에 오늘날 우리의 연극과 무용이 대중을 살맛나게 만들고 있는 것이다.

그중에서도 선구적 무용가 조택원(趙澤元)이야말로 앞자리에 놓일 만한 한국 근대 무대예술의 대표자이다. 그는 남부럽지 않은 명문가의 3대 독자로서 모든 것을 다 갖추고 좋은 직장까지 가진 전도유망한 청년이었음에도 불구하고 모든 것을 저버리고 멸시의 대상인 춤꾼으로 나섰기 때문이다.

그의 조부 조병교(趙秉敎)는 구한말 함흥군수였고 부친 조종완(趙鍾玩)은 대한제국군관학교 제1회 졸업생으로서, 그는 부친이 참령이었던 1907년 5월 함흥의 관사에서 태어났다. 일제의 한국병탄 직후 부친이 중국으로 망명을 떠났기 때문에 그는 자연히 조부모와 모친 밑에서 성장하게 된다. 3대 독자였기 때문에 그는 조부모의 사랑을 독차지했고, 특히 관기 출신의 서조모 국희(菊姬)

의 무릎에 앉아 읊조리는 소리를 들으면서 매우 일찍부터 선율과 리듬 감각을 키웠다고 한다. 예능과는 무관한 전형적 사대부 가문에서 출생한 그가 뒷날 대예술가가 된 것은 아무래도 유년 시절 기생 출신 서조모의 영향이 크지 않았나 싶다. 그가 물론 천부적 재능도 타고났음을 다음과 같은 회고에서 확인할 수 있다.

> 농악을 할 때 내가 무동을 제일 잘 섰다고 한다. 역시 서너 살 때 일이다. 하루는 내 나이 또래의 군수 아들이 가자는 대로 자기 집엘 갔다. 잔치가 벌어지고 있었다. 할아버지의 아랫사람이었던 군수는 나를 보자 옆에다 앉히고 음식 시중을 들어주었다. 대청에서는 한창 춤이 벌어지고 있었다. 이윽고 군수가 나를 끌어내어 대청으로 데리고 나가더니 붙들고 춤을 추기 시작했다. 흥겨운 분위기에 취했던 것인지 나는 어느새 같이 어울리고 있었다. 얼마 후 나는 그 넓은 대청마루에서 춤을 추고 있는 것이 나 혼자라는 걸 알았다. 다른 사람들이 모두 물러서서 구경을 하고 있었던 것이다. 신이 난 나는 정신없이 춤을 추었다. 관중들의 박수갈채가 넋을 잃게 한 것이다."[1]

이상에서 알 수 있는 것은 두 가지다. 그 첫째는 그가 신명을 타고났다는 점이다. 아무리 어린애라도 타고나지 않으면 그처럼 신명나게 춤을 출 수가 없다. 두 번째로는 역시 기생 출신의 서조모가 그를 무릎에 앉혀놓고 춤을 가르치며 그의 잠재적 재능을 일찍부터 계발(啓發)해주었다는 사실이다. 만약 이상의 두 가지 요인 중 어느 한 가지만 없었어도 그가 그처럼 대무용가는 될 수 없었을 가능성이 높다.

그런 일이 있은 후 그가 모친에게 불려가 모진 매를 맞았다는 것은 사대부의 3대 독자로서 당연히 치러야 할 대가였던 것이다. 여하튼 그는 명문가 자제답게 정상적인 교육을 받기 시작한다. 즉 일곱 살에 홍원보통학교에 들어갔

---

1 조택원, 「나의 이력서 (1)」, 『한국일보』 1976.3.24.

　　　　　　　제2부　외국연극의 모방과 수용

다가 3학년 때 서울의 교동보통학교로 전학
하여 1년여 다녔는데, 그 기간에 한학도 배
웠다. 한학자를 독선생으로 앉혀서『맹자』를
제대로 익힌 것이다.

그러다 따뜻하게 보살펴주던 외할머니가
그리워서 1년여 뒤에 다시 홍원학교로 되돌
아와 졸업하고, 함흥고보로 진학해서 나름
대로 열심히 공부를 했다. 하지만 그는 공부
보다는 예능 활동에 더 관심이 있었다. 그
점은 그가 선배들인 서항석·도상봉 등과
어울려서 아마추어 연극을 한 것에서도 잘

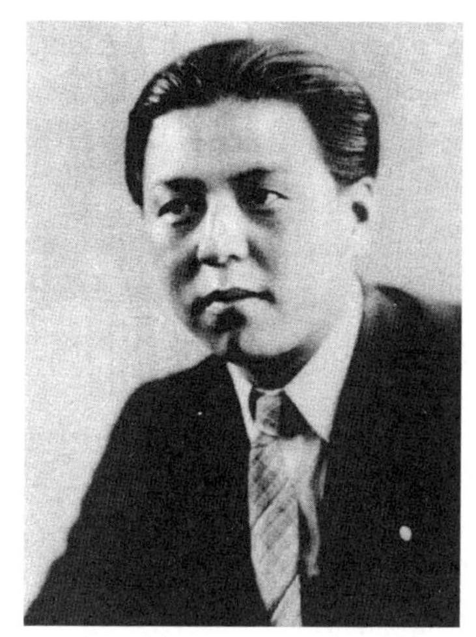

조택원

나타난다. 어머니가 경영하는 홍원읍의 전진여관(前津旅館)에 모여든 이들과
어울려서 연극 〈장발장〉이나 〈장한몽〉 등에 여자 역으로 출연했던 사실이 잘
증명해준다. 그와 관련하여 서항석은 이렇게 회고했다.

> 이리하여 나와 도상봉과 조택원은 홍원읍에서 연극을 하기로 하였다. 전진여
> 관에 합숙을 하면서 연극을 준비하였다. 전진여관은 조군의 어머님이 경영하는
> 여관으로서 조군은 본디 함흥 태생인데, 그 어머님을 따라 홍원에 와서 자랐고,
> 그러므로 홍원은 그에게 고향이나 다름없었다.[2]

여기서 주목되는 사항은 모친이 여관업을 했다는 사실이다. 부친이 중국으
로 망명하여 독립운동을 하고 있었기 때문에 부득이 모친이 생계를 꾸려가야
했다.

그가 서울로 온 것은 1919년 3·1운동 직후였다. 귀경하는 조부를 따라 30
여 년 동안 살았던 함흥을 완전히 떠나게 된 것이다. 그는 휘문고보로 전학했

---

2 서항석,『경안 서항석 전집 (5)』, 하산출판사, 1987, 1841쪽.

다. 운동신경이 누구보다도 발달했던 그는 고향의 함흥고보에 진학하면서 테니스를 치기 시작했는데, 휘문고보에 와서는 학교의 대표선수로 나설 정도로 뛰어났다. 전국 선수권 경기에 나가도 우승할 정도의 실력이었다.

그러나 그가 장차 테니스 선수보다는 무용가로서 대성할 수 있게 운명을 바꾼 것은 블라디보스토크로부터 날아온 동포연예단의 공연 관람이었다. 이미 3·1운동 이전부터 소련의 블라디보스토크에서 활동하고 있던 동포해삼위연예단이 고국 공연에 나선 것은 1922년 4월, 이들은 무용·음악·연극 등 레퍼토리가 다양했고, 무용 하나만 해도 러시아의 민속무용에서부터 스페인 무용까지 폭이 넓었다. 그 단체를 이끈 시몬 박(朴洗冕)은 리더로서뿐만 아니라 탁월한 무용수이기도 했다. 조택원이 그에게 매료된 것이다. 그와 관련하여 그는 다음과 같이 회고했다.

그 후의 내 인생에 더 큰 영향을 미친 일이 휘문고보 시절에 있었다. 1920년대 초, 블라디보스토크에 교포음악단이 있었다. 시몬 박이라는 러시아 태생의 한국인이 단장이었다. 플루트리스트였다. 그 음악단이 서울 공연을 왔을 때 시몬 박이 내 먼 누이뻘로 소학교 교사였던 서복동을 사랑했다. 복동 누나는 미인인 데다 우아하고 다정해 내가 퍽 따랐고 집에도 자주 놀러갔다. 거기서 시몬 박을 만났는데 그는 음악뿐 아니라 무용·회화·연극 등 예술 전반에 걸쳐 높은 교양을 가진 예술인이었다. 특히 무용에서는 이론만이 아니라 실기도 놀라울 정도였다. 슬라브풍의 빠른 템포의 다채롭고 경쾌한 갖가지 춤—트레팍, 코팍 등을 희한하게 잘 추었다. 나는 시몬에게서 코팍을 배웠다. 신바람이 나는 춤이었다. 테니스로 발달된 운동신경 때문에 나는 이 템포 빠르고 다채로운 춤을 비교적 빨리 배웠다. 코팍을 배운 일은 뒤에 가서 발레수업에 큰 도움이 되었을 뿐만 아니라 내게 인기를 안겨다 준 특기가 되었다.[3]

그가 어려서부터 가무에 소질이 있긴 했지만 그의 운명을 바꾸는 결정적 계

---

3 조택원, 「나의 이력서 (3)」, 『한국일보』 1976.3.28.

                                          제2부 외국연극의 모방과 수용

기를 만들어준 것은 역시 블라디보스토크의 연예단 공연과 시몬 박 단장과의 인연 때문이었다. 그리고 그해 여름에 때마침 도쿄 유학생들의 아마추어 연극단체인 토월회가 공연을 가진 것이 그가 무용가의 길을 걷게 된 또 한 가지의 요인으로 볼 수 있다. 무대예술에 관심이 많았던 그는 도쿄 유학생들이 극단 토월회를 만들어 귀국하자 일단 호기심으로 그 단체의 언저리에서 기웃거리게 되었고, 연극 공연에 흥미를 느껴서 엑스트라로 무대에 잠깐 서보긴 했지만 배우가 될 생각은 없었다. 그러나 그가 시몬 박에게서 러시아의 코팍춤을 배워두었던 것 때문에 토월회 무대에 설 기회를 얻었다. 토월회가 아마추어 연극에서 벗어나 전문극단으로 변신한 제3회 공연인 무용가극 〈사랑과 죽음〉(박승희 작, 1924)의 무대에 그에게 코팍춤을 가르쳐준 시몬 박 등과 함께 출연하게 된 것이다. 그것은 토월회가 바이올린(홍재유)·플루트(시몬 박)·피아노(러시아 여인)·코넷(이왕직) 등으로 간단한 오케스트라를 구성했기 때문이다. 그는 이 작품에서 멋진 코팍춤을 추었고, 그 춤이 연극내용 이상으로 관객의 호응을 받아서 재청을 받을 정도였다. 학생들의 아마추어 수준의 유치한 연극이었지만 조택원의 무용이 곁들여지면서 토월회의 인기가 덩달아 올라갔음은 두말할 나위 없다.

그때부터 그의 코팍춤은 문화계에서 흥밋거리가 되었다. 학예회나 여러 가지 축하 행사에는 으레 그의 코팍춤이 들어갔고 자주 열리는 음악회에도 그의 춤 순서가 반드시 삽입되었다. 그러나 그때까지만 해도 그는 무용가가 된다는 생각은 없었고, 다만 취미로 했을 뿐이며 오히려 테니스 선수로서의 활약이 더욱 빛났었다.

그는 휘문고보 졸업 후 1925년 보성전문 법과에 입학했으며 여전히 테니스 선수로서 전국대회에 나가 우승을 하는 등 전도유망한 스포츠맨이었다. 테니스 선수로서 보성전문 2학년 때 상업은행에 스카우트되어 학교를 중퇴했음은 물론이다. 그런 그에게 운명적인 사건(?)이 벌어지는데, 그것이 다름 아닌 1927년 서울의 경성공회당에서 이시이 바쿠(石井漢)와의 만남이었다. 한국에 공연 온 이시이 바쿠의 신무용 공연을 보고 운명을 바꿀 만한 충격을 받은 것이다. 그와 관련하여 그는 다음과 같이 회고했다.

> 은행원이 된 지 1년 반 만에 인생의 전기가 왔다. 1927년 10월에 일본의 이시이 바쿠(石井漠) 무용단의 서울 공연을 보고 나는 무척 감동을 했다. 〈사로잡힌 사람〉이라는 주제의 춤이었는데 이거야말로 내가 오랫동안 꿈꾸어온 인생의 목적이라고 생각한 것이다. 그날 밤 나는 굳게 마음을 먹었다. 지금까지 막연하게 생각해온 내 인생의 목적이 뚜렷하게 보이기 시작한 것이다. 내가 갈 길은 이것 하나밖에 없는 것으로 확신했다.(1976.3.30)

이시이 바쿠의 신무용에 완전히 사로잡힌 그는 곧바로 이시이 바쿠를 만나서 무용가가 되겠다고 결심을 표명했다고 한다. 그동안 러시아 민속무용은 그냥 좋아서 추었었지만 이시이 바쿠의 새로운 춤은 전혀 달랐던 것이다.

뒷날의 회고에서 그는 "이시이 바쿠의 신무용은 달랐다. 답습된 동작의 세련된 기술만이 아니었다. 그 속에는 사상이 있었고, 인생이 있었다. 영혼의 욕구, 슬픔, 환희가 그 움직이는 몸짓 속에서 배어나왔다. 무용이란 움직이는 사색이어야 한다는 나의 생각은 그때 싹텄고, 오늘까지도 내 생각에는 변함이 없다"면서 특히 〈사로잡힌 사람〉이라는 춤에 빠져든 것은 "우리 조선 사람의 심정과 같은 것이었다. 일본인들이 제 마음대로 조선 사람을 잡아 감옥에 넣던 상황 아래서 우리의 억울한 심정을 그 춤이 그대로 표현해주는 것 같았다. 예술이란 바로 그런 것이다. 나는 비로소 예술이 주는 감동을 맛보았던 것이다"[4]라고 술회하며 20대의 젊은 나이에 민족적 감정이 무용가로 나서게 만든 계기가 되었음을 간접적으로 표현한 바 있다.

물론 이시이 바쿠는 그의 입문을 흔쾌히 받아들이지 않았다. 그러나 그는 이시이 바쿠의 제자가 되기 위해서 장래가 보장된 은행을 떠나 부모 몰래 도

4　조택원, 「나의 춤 반세기의 영욕」, 『춤』 1976.3.

쿄로 떠났다. 결국 이시이의 내제자(內弟子)가 된 그는 피나는 노력을 했고 신무용에 관련된 책을 탐독하며 독일의 비크만을 위시하여 크로이츠베르크, 이사도라 던컨 등의 춤 세계도 어느 정도 파악할 수 있었다.

천부적인 재능을 지녔던 그는 나날이 춤 실력이 향상되어 입문 6개월 뒤부터 이시이 바쿠 무용단 공연의 군무(群舞)에 나설 수 있었고, 2년 뒤에는 솔로로 무대에 섰다. 도일한 지 2년여 만에 스스로 안무한 〈어떤 움직임의 매혹〉의 솔로는 스승을 놀라게 할 정도였고, 이시이 바쿠 무용단의 고정 레퍼토리에 들어가기도 했다. 마침내 그는 이시이 바쿠 무용단의 주요 무용수가 되어 일본 전역은 말할 것도 없고 한국·중국 등지까지 순회공연을 다녔으며, 가는 곳마다 인기가 치솟았다. 1929년 한국 공연 직후 '조택원후원회'까지 생겨날 정도였다.

그의 춤 실력은 특히 테니스로 다져진 체력과 유연성에서 나왔다고 할 수 있다. 그를 위한 후원회가 발족되면서 한동안 서울에 머물면서 연극무대에서 춤을 추기도 했다. 당시에는 무용만을 위해서 극장을 빌려주려 하지 않았기 때문이다. 따라서 그는 휘문고보 시절에 잠시 출연했던 극단 토월회 공연에서 한 파트 무용 공연을 하는 것으로 만족해야 했다. 예를 들어 1929년 11월 토월회가 조선극장에서 비극 〈희생〉을 공연할 때 레뷰라는 명목으로 자신이 안무한 〈흐르는 물결을 찾아서〉(1장)에서 멋진 신무용을 추어 보였다. 1주일 뒤 역시 토월회가 조선극장에서 〈여군도〉를 공연할 때도 자신이 안무한 〈왈츠〉(1장)를 추었다. 그 한 달 뒤 토월회가 조선극장에서 〈지나간 시대〉(박진 작·연출)를 공연할 때도 그는 자신이 안무한 〈악마의 행진〉을 선보였는데, 이때는 그가 처음으로 광보(狂步)라는 예명을 사용하기도 했었다. 그는 아예 극단 토월회의 무용단원으로 등록하고 출연하기까지 했었다.

다음해(1930) 초에도 그는 토월회가 조선극장에서 〈엉터리 김〉이라는 연극을 할 때, 역시 자신이 안무한 무용 〈옛날이 그리워〉(1장)를 선보였다. 그리고 1주일 뒤 토월회가 〈월요일〉이라는 연극을 무대에 올렸을 때 그는 자신이 안무한 〈소야곡〉(모스코우스키 작곡)을 멋지게 추어보였다.

그가 신무용을 선보임으로써 토월회는 여타 극단들과는 구별이 될 만큼 인기를 모을 수 있었다. 그가 연극인이 아닌 무용가로서 토월회 무대를 풍성하게 만드는 데 절대적인 역할을 한 것이다. 그리고 우리나라 신무용의 기점을 찾으려 한다면 역시 조택원이 일본의 이시이 바쿠에게서 신무용을 배워 토월회 무대에서 선보인 1929년 11월 17일 조선극장에서의 〈흐르는 물결을 찾아서〉라고 해야 할 것 같다.(만약 배구자의 1928년 4월 20일에 도미 공연을 인정하지 않을 경우)

여하튼 그는 1929년 가을에 귀국하여 토월회 무대에서 3개월 정도 신무용을 공연한 뒤 다시 도일했다. 그곳에 있으면서 그는 단순히 이시이 바쿠에게만 배우는 데 그치지 않고, 도쿄에 공연 온 서양의 최고 무용가들, 이를테면 프랑스의 알렉산드로 사카로프를 위시하여 미국의 루스센트 데니스, 데트 숀 부처, 스페인의 인데리오 아르헨티나 등의 새로운 춤을 보고 많은 것을 배울 수 있었다. 그러면서 그는 언젠가는 본고장에 가서 신무용을 배워야겠다는 생각을 하기도 했다. 그러던 차에 스승 이시이 바쿠가 실명(失明)하게 되어 더 배울 것이 없다는 생각으로 그는 도쿄에 온 지 5년여 만인 1932년에 완전 귀국길에 오른다.

그는 귀국 직후 결혼도 하고 중앙보육학교 교수로 자리를 잡아 후진 양성에 들어갔다. 학교에서만 후진을 양성할 수 없다고 생각한 그는 1933년 2월에 조택원무용연구소를 내고 연구생을 뽑았는데 진수방과 권오직이 들어왔다. 그러면서 그는 전통적인 우리 춤을 배우기 시작했다. 왜냐하면 그가 도쿄에서 공부할 때, 이시이 바쿠가 종종 "너희는 너희 나라에 돌아가서 너희 민족이 가지고 있는 춤을 다시 한번 배워야 한다. 거기서 너의 독창적인 예술을 끌어내야 한다"고 강조한 데 따른 것이었다.

그래서 처음 배운 것이 기생의 승무였다. 기생들이 추는 승무는 어딘가 천박해 보였기 때문에 좋은 춤이라고 볼 수가 없었다. 적어도 그것이 예술적 차원의 춤이 되려면 안무자의 철학이 들어가서 재해석되어야 한다고 생각하고 그것을 다시 다듬기 시작했다. 그는 친구였던 작곡가 김준영에게 작곡을 의뢰하여 춤과 음악이 조화되도록 했고, 그것을 제1회 귀국 발표회로 삼기로 한 것이다.

1933년 그는 경성공회당에서 연수생들과 함께 안무한 〈승무의 인상〉 등 12종류를 선보이게 되었다. 한국 신무용의 효시로 이야기되는 조택원의 〈승무의 인상〉은 정지용 시인에 의해 〈가사호접(袈裟胡蝶)〉으로 개명되어 전설이 된 춤이기도 하다.

그는 열심히 후진을 양성하면서 1935년 봄에 부민관에서 대대적인 두 번째 발표회를 가졌다. 레퍼토리는 밀레의 명화 〈만종〉 등 15종이었다. 그 발표회와 관련하여 그는 다음과 같이 회고했다.

> 나는 그림에서 눈을 떼지 않은 채 김생려의 바이올린 소리에 귀를 기울이고 있었다. 마침내 그 비길 데 없는 평화와 고요와 비현세적인 경건함과 헤아릴 수 없는 자연의 신비가 내 머릿속 무대 위에 재현되었다. 그러나 나는 그 서양 음악을 들으면서 우리 농촌을 머리에 그리고 있었다. 머리 속에서 동서양의 조화가 이루어지고 있었던 것이다. …(중략)… 〈포엠〉은 석정막 선생의 동생으로 피아니스트 겸 작곡가인 석정오랑과의 합작이었다. 내가 아이디어를 주고 석정이 작곡한 음악으로 〈생각하는 사람〉, 〈고요한 걸음〉, 〈희망〉의 3부작으로 되어 있다. 〈생각하는 사람〉은 로댕의 조각에서 힌트를 얻었다. 사나이는 깊이 생각에 잠기면서 고요한 한걸음 한걸음을 옮겨놓는다. 거니는 동안에 새로운 상념들이 잇달아 떠오른다. 그 상념이 차차 희망으로 변하면서 그를 힘차게 밀어준다. 고요한 걸음은 차차 빠르고 힘차고 씩씩한 걸음으로 변하고 마침내 쥐었던 주먹을 펼치면서 '아! 이 벅찬 희망…' 하고 소리라도 지르고 싶어진다. 그 대신 마루를 찬다. 그러면서 미칠 듯한 환희의 고조로 변한다.(『한국일보』 1976.4.9)

이상의 글에는 조택원의 취향과 무용철학 등이 대체로 나타나 있다. 우선 그가 서양의 낭만주의 내지 자연주의 음악과 미술에 절대적으로 경도되어 있었다는 사실과 춤이란 '움직이는 사색'이라는 확고한 철학을 명징하게 설명해주고 있다는 점이다. 가령 그가 로댕의 조각이라든가 밀레의 회화, 그리고 쇼팽의 음악 등에 심취한 것이 바로 그런 성향을 보여주는 것이라고 말할 수가 있다.

그런데 그에게 주목할 만한 점은 그가 단순히 서양 예술에 심취나 모방에 그치지 않았다는 사실이다. 가령 그가 밀레의 〈만종〉을 보면서 한국 농촌을 생각했다고 한 사실에 그 점이 어느 정도 나타난다. 이는 간단히 보아넘길 일이 아니다. 그가 서양의 예술에서 모티브를 가져오면서도 한국적인 것을 만들어 보겠다는 의지를 은연중에 내보인 것이기 때문이다. 그가 머릿속에서 동서양을 조화시켜보겠다고 한 것도 바로 그 점을 가리키는 것이다. 그가 서구 유학을 동경하면서 쓴 에세이의 첫머리는 다음과 같다. "무용 행각으로 세계일주를 떠나자면 먼저 조선 정서가 농후한 조선의 고전무용을 현대 우리들의 감정에 맞게 고쳐가지고 그것을 서양 음악의 반주로 가장 재미있다고 생각하는 〈승무·검무〉 몇몇 가지 무용을 짊어지고 세계를 유람하는데 서양 무용으로는 감히 그들과 어깨를 겨눌 수가 없었기에 돈 없는 우리들의 걸음이니만큼 벌어가면서 길을 떠나고자 한다."[5]

바로 이 글 속에 그의 창작무용의 자세가 담겨 있다고 볼 수 있다. 그러니까 우리의 고전무용을 현대적인 감각에 맞도록 만드는 데 있어서 반주음악은 서양 음악 그것도 그가 좋아하는 낭만 시대 음악을 쓴다는 것이다. 그러한 그의 무용철학은 그가 발표했던 두 번의 작품에 여실히 나타나 있다. 전통무용을 그대로 하는 것은 예술이 아니라고 생각한 그는 서양적 방법을 원용했고, 그런 시각에서 최승희의 춤도 평가한 바 있다. 즉 그는 1936년 4월에 발표한 최승희의 춤에 대하여 "재래의 향토무용을 새롭게 무용화할 때 그 형식만 취한다면 차라리 고전 그대로 하는 것이 정당할 것이며, 그렇지 않으면 그 내용에 있어서 아이디어가 있어야 비로소 예술의 동일 가치가 있으리라 생각한다.

5　조택원, 「미라노의 스카라좌를 보고저」, 『삼천리』 1936.1.

다시 한번 생각할 필요가 있지 않을까? 형식보다 그 내용에 있어서 조선인의 정서를 파악하는 것이 조선무용을 개혁하는 데 제일 조건이 되지 않을까 한다."(『매일신보』 1936.4.8)[6]고 평한 바 있다.

그의 작품 속에서 또 하나 간과해서는 안 될 것이 절망 속에서도 희망의 불을 지펴보겠다는 의지의 표현이다. 솔직히 당시는 희망을 찾아볼 수 없는 참담한 암흑시대였다. 그렇기 때문에 그는 춤을 통해서 민족에게 희망의 메시지를 던지고 싶어했던 것으로 보아도 무방할 것이다.

그리고 그가 가정은 물론이고 주변의 만류에도 불구하고 10여 년 가까이 춤을 추어왔지만 그럴수록 이 땅에서의 무용 활동에 너무나 한계를 느끼기 시작한다. 그것은 두말할 것도 없이 전통적인 모럴에 입각한 무용 천시 사상 때문이다. 그는 "왜 사람들이 다른 예술에 대해서는 이해를 하면서도 무용에 대하여는 그처럼 이해를 못 하는가" 하고 한탄한 적이 있다. 대중이 무용을 천시하는 데는 춤을 화류계 사람들의 오락물로 보는 데 있고, 특히 춤을 추는 데 있어서 "내용을 충실히 돕기에 노력하지 않고 외장(外裝)에 정 붙잡혀 연기자 자신도 이해 못하는 방만한 무용을 하여온 것이 큰 원인일 것"[7]이라고 썼다. 천한 사람들이 천하게 추어온 것이, 사람들이 무용을 폄하하는 이유라고 보았던 것이다. 그러면서 그는 다음과 같이 자신의 생각을 피력하고 있다.

완전한 골동품도 못 될 뿐 아니라 현대의 분위기에도 맞지 않는 무용을 하고 있으니 우리들은 하루바삐 탈을 벗고 대자연 가운데로 뛰어나가야 할 것이다. 그리하여 모르는 대중으로 하여금, 어려운 무용으로써 이해를 전념시키지 말고 취미를 붙이게 될 정도의 무용으로써 그들을 이끌어야 될 것이다. 왜 우리들은 우리들이 가지고 있어야 할 고귀한 무용을 한구석에다 내버려두고 그것을 찾으려고도 하지 않는가? 빈한한 살림살이인 줄 알면서도, 고칠 것은 고치려고도 하

---

6 『공연과 리뷰』, 2006년 봄호에서 재인용.
7 조택원, 「나와 무용과 사회」, 『조선중앙일보』 1936.1.1.

지 않으며 내버릴 것도 내버리려고도 하지 않는가? 직접 책임이 무용가 자신에
있겠지만 아직 수 적은 우리들의 힘으로는 현재 이상의 진보를 얻기 어려우니
대중이 첫째로 무용예술이란 인간사회에 필요하다는 것을 깨닫고 이것을 우리
사회에도 널리 보급시키려고 애써주어야 할 것이다. …(중략)… 조선 춤의 수법
을 취재로 새로운 무보와 색채로서 새로운 무용조선을 건설하려면 이것은 무용
가와 대중의 밀도가 가까워야 되리라고 본다.[8]

이상의 글 속에는 선구 무용가로서의 조택원의 무용관 내지 이 땅에서의 발
전책 같은 것이 여실히 드러나 있다. 왜 우리가 그를 가리켜서 신무용 개척자
라고 하는지를 이 글은 잘 함축해주고 있다. 그는 결국 이 땅에서의 무용의 무
기력과 자신이 추고 있는 춤의 한계를 절감하게 되어 신무용의 본고장으로의
유학을 꿈꾸게 된다. 그가 특히 일본에서 공부할 때 읽었던 서구 신무용가들
의 저서들이 그로 하여금 그곳 무용 현장을 동경케 하는 결정적 역할을 한 것
이다.

그는 앞에 소개한 글에서 자신이 그려본 서구 기행을 참으로 흥미롭게 묘사
했다. 즉 그는 서구로 무용 유학을 떠날 경우, 그동안 자신이 안무한 작품들을
가지고 여비까지 마련한다는 구상을 갖기도 했다. 그러면서 우선 압록강을 건
너 드넓은 만주땅에 가서 좋은 공기를 마신 다음 러시아의 모스크바에서 발레
의 기본을 배운 다음에 자신이 가장 좋아하는 독일의 신무용 선구자 메리 웨
크멘 밑에서 2년여 깊이 있는 춤을 연구한 뒤에 프랑스 파리로 가서 우리 무용
을 소개하고 싶다고 했다. 그 다음으로 영국과 스페인, 이탈리아, 그리고 미국
을 거쳐 귀국하고 싶다면서 다음과 같이 쓴 바 있다.

… 내가 가장 좋아하며 목적으로 삼는 독일로 발을 옮겨 그곳에서 적어도 2년
간은 우리의 선구자인 메리 웨크멘 무용연구소에서 신흥 중앙파 무용을 여사에

---

8 위의 글.

게 지도받으며 연구하고 싶다. …(중략)… 재즈와 돈으로 세계를 정복하는 미국에 건너가 마음껏 보고 듣고 뛰고 한 연후에 태평양을 건너 다시금 내 고향인 조선에 돌아와 세계의 참된 무용을 가지고 남에게 뒤떨어진 조선의 대중과 무용아들을 위하여 새로운 힘이 되어보련다.[9]

이상에서 알 수 있는 것처럼 그는 몇 번의 발표회를 갖자마자 자신의 한계를 깨닫고 서구 유학의 그림을 그리기 시작했으며 구체적인 복안을 주변에 제시하기까지 했다. 그런 구상이 완성되자 그는 이 땅에서 무용 활동이 무의미하다고 보고 여비 마련을 위해서 동분서주하기 시작했다. 그런 그의 결심을 막을 사람은 아무도 없었다. 결국 그는 1937년 11월에 일본의 고베항을 떠나 유럽 유학길에 오를 수 있었던 것이다. 프랑스 파리에 도착한 그는 경이로움에 빠질 수밖에 없었다. 왜냐하면 너무나 낙후되어 있었던 조국과는 달리 너무나 선진되어 있었기 때문이다.

그가 「파리 견문」이라는 글에서 "가장 오래되고 새로운 도시라는 느낌, 거리거리 그 어느 것이 문화와 전통과 예술의 향취를 담지 않은 것이 없다는 것을 절실히 느꼈다"고 한 것이야말로 그의 경탄을 잘 나타낸 것이라고 하겠다. 그러니까 풍부하면서도 훌륭한 문화유산과 사람들의 예술감각은 그를 놀라게 하고도 남음이 있었던 것이다.

또한 그가 한 회고의 글에서 "파리에 가보니 그곳 예술가들은 자기 분야 외에도 예술 일반에 대한 교양이 높았다. 문학인이라도 문학만 하는 것이 아니고 음악·미술·무용 등 예술의 모든 분야에 깊은 조예를 가졌고, 미술인·음악인 역시 다른 예술 분야에서 교양을 쌓고 있다"고 했다. 여기서 굳이 이런 그의 회고의 글을 인용한 것은 그가 귀국해서도 항용 후배 무용가들에게 여러 분야를 공부하라고 권유한 데 따른 것이다.

---

9 위의 글.

그는 처음 프랑스에 가서 상당 기간 위축되어 있었다. 왜냐하면 우리와는 너무나 격차가 컸기 때문이었다. 그러나 그는 몇 달 후 발표 기회를 가지면서 전기를 맞을 수가 있었다. 그는 1938년 봄 뮤제 기메와 뮤스 자나기의 집에서의 발표회를 가졌는데, 이 두 번의 공연은 상당히 주목을 끌었다. 그가 한국에서 발표했던 〈작열〉, 〈포엠〉, 〈가사호접〉 등을 발표한 것이었는데, 특히 〈가사호접〉이 신비롭고 이국적이라 해서 호평을 받았다고 한다. 거기서 그는 어느 정도 자신감도 얻었고 자신이 추구해야 할 무용이 어떤 것인가 숙고하게 되었다. 그는 그곳에서 더욱 조국을 생각하게 되었으며, 독립에 대한 열망도 강해져갔다. 그는 기회만 있으면 조국 독립을 부르짖었는데 그것은 특히 일본인들을 만나면 더했다.

그가 오랫동안 파리에서 사귄 일본인 친구로서 저명한 예술가인 후지와라 요시이(藤原義江)는 자서전『노래에 살고 사랑에 살고』에 "나는 하나의 친구를 파리에서 얻었다. 그는 조택원이라는 조선 사람이었다. 그는 조선 무용의 명수라서 파리에서도 사라 베르나르좌에서의 공연 같은 것은 굉장한 인기였다. 그러나 그와 내가 아주 허물없는 사이가 된 것은 무용가로서의 조는 물론이지만 그보다도 사람으로서의 조 때문이다. 그는 흥분하게 되면 책상을 치면서 조선 민족 해방을 부르짖고, 상대가 누구든 알 바 없고, 심지어 일본의 고관 앞에서도 일본의 조선 정책이 돼먹지 않았다고 지적, 규탄했다. 언제나 그랬지만 그의 이 민족론이 나오게 되면 그 열변에 누구나가 어쩔 줄을 몰랐다."[10]고 기록했다. 그만큼 그가 타향에서 조국에 대한 강렬한 사랑을 느끼면서 울분을 토하고 지냈음을 알 수가 있다. 그는 그곳에서 세계 최고의 무용가들을 만났고 또 공연도 보았다. 자신의 춤도 그들에게 보여주었음은 두말할 나위 없다. 그런데 저명한 안무가일수록 그에게 몸에 맞지 않는 서양적인 무용보다는 전통적인 고유의 춤에 파고들라는 충고를 하였던 것이다. 그런 충고를 받

---

10 위의 글.

으면서 1년가량이 흐르자 그의 심경도 다음과 같이 달라진 것이다.

> 파리에서 1년쯤 살다 보니 고국의 산천과 친구들도 그리웠고 우리 고유의 예술의 멋이, 그 매력이 대양의 파도처럼 가슴속으로 밀려들곤 했다. 꿈같은 파리에서의 생활, 휘황찬란한 최고급 사교장무대에서 춤을 춘다는 것이 따지고 보면 무어냐? 한 달이 가나 같은 일을 되풀이하는 하나의 기계에 지나지 않지 않은가. 이에 비해 아무리 메마르고 초라하더라도 내 살과 피와 혼이 온전히 안주할 수 있는 곳은 나를 낳아준 땅밖에는 더 있겠는가. 그 구김살 없고 순수하고 새파란 한국의 하늘이 준 사명은 우리 고유의 춤을 탐구하고 개발하고 창조하는 일이 아니겠는가.[11]

이상과 같이 그가 장차 어떤 춤을 추구해야 하는가를 파리 생활 1년여 만에 스스로 깨닫고 귀국을 결심하게 된다. 그러니까 그의 내면에서 무언가 꿈틀거리면서 솟아나오는 것과 같은 느낌이 있었는데 그것이 다름 아닌 민족춤에 대한 갈망이었던 것이다. 그때 그에게는 어떤 형태까지도 어렴풋이 떠올랐는데, 그것이 뒷날 〈학(鶴)〉이라는 작품으로 탄생된 것이다.

그가 귀국한 것은 만 8개월 만인 1938년 9월이었다. 그가 귀국 직후 『조선일보』에 쓴 글에서도 소감과 관련하여 "그들의 문화에서는 내 본 바에 의하면 새로운 예술의 싹은 볼 수 없는 것 같아요. 어쨌든 조선 사람은 조선이 가진 분위기와 예술을 토대로 해서 새로운 예술을 창조해야 되겠다는 산 교훈을 절실히 받고 돌아왔다"[12]고 말하면서 장차 민족무용을 창조하겠다는 것을 명확하게 밝힌 바 있다.

그리고 두어 달 뒤인 1938년 11월에 일단 일본에 건너가 히비야 공원에서 귀국발표회를 갖게 된다. 그 발표에 대한 아사히신문의 평은 대단히 호의적

---

11 조택원, 「나의 이력서 (19)」, 『한국일보』 1976.4.22.
12 조택원, 「파리 견문」, 『조선일보』 1938.9.9.

이었다. 그가 파리에서 서양 무용을 견문한 뒤에 오히려 가장 동양적이고 특히 한국의 가을하늘처럼 투명하고 섬세한 춤을 선보였다고 극찬한 것이다. 그는 춤에 미쳐서 국경을 넘어서 자기의 춤을 보여주며 다닌 것이다. 그리고 한국에 머물 적에도 기회만 주어지면 무대에 나서서 춤을 추었다. 1939년 4월 24일에는 부민관 무대에 나가서 동양극장 전속극단 청춘좌의 〈사비수와 낙화암〉(임선규 작) 공연 때는 특별 찬조출연자로 나서서 그동안 만든 춤을 보여주기도 했다(『동아일보』 1939.4.24). 극장들이 무용가들에게 무대를 잘 내어주려 하지 않았기 때문에 부득이 연극공연 때 춤을 출 수밖에 없었던 것이다.

그가 그처럼 고군분투하면서 신무용을 발전시키고, 또 이를 평생 작업의 과제로 안고 왔지만, 가정은 일단 파탄지경이 될 수밖에 없었다. 그가 춤에 미쳐 있는 동안 아내가 두 딸을 두고 친정으로 돌아가버려 초혼에 실패한 것이다. 그러나 곧 영화배우 출신의 김소영(金素英)과 재혼하여 가정도 안정되고 일본인들의 그에 대한 높은 평가에 힘입어 그는 일본과 한국을 오가면서 부지런히 발표회를 가졌다. 가령 일본에서도 도쿄에서만이 아니고 교토라든가 오사카 등 10여 군데의 대도시 순회공연을 다녔고, 곧바로 귀국하여 국내 대중소도시 등 50여 군데를 돌아다닐 정도로 신무용 전도사로서의 역할에 충실하였다. 주요 언론사들이 그를 후원하려고 경쟁을 벌일 만큼 그는 신무용가로서 부동의 위치를 다진 것이다.

그는 파리에서부터 구상해온 신작 〈학〉을 거금을 들여 연극연출가 무라야마 도모요시(村山知義) 연출로 무대에 올렸는데, 일본 신무용사상 최대 규모였음에도 불구하고 흥행에는 성공하지 못했다. 그런데 이 작품은 매우 중요한 의미를 갖는다. 왜냐하면 서구 발레의 고전이라 할 〈백조의 호수〉가 비극적 비전에 입각한 명작이지만, 그는 그 작품에 별로 동의하지 않고 그에 대항할 만한 작품으로서 가장 동양적인 희극적 비전으로 〈학〉을 만들었기 때문이다.

조택원도 그 작품에 대하여 "요컨대 이것은 어디까지나 동양의 학(鶴)이요, 동양의 정서요, 동양의 철학이 담겨 있는 작품이다. 이를테면 〈빈사의 백조〉

제2부 외국연극의 모방과 수용

의 분위기와는 정반대로 그저
화창하고 명랑하고 귀엽고 사
랑스럽고 전적으로 삶을 긍정
하고 찬양하는 진원시"[13]라면
서 그 점을 시인했다. 이 말은
곧 그가 적어도 서양적인 정서
에는 공감하지 않는다는 점을
강조한 것이다.

앞에서도 언급한 바 있는 것
처럼 그는 전형적인 사대부 집
안 출신으로서 한국적 모럴과
정서의 소유자였다. 이는 그가
그만큼 낙천적이고 긍정적인
인생관의 소유자라는 이야기

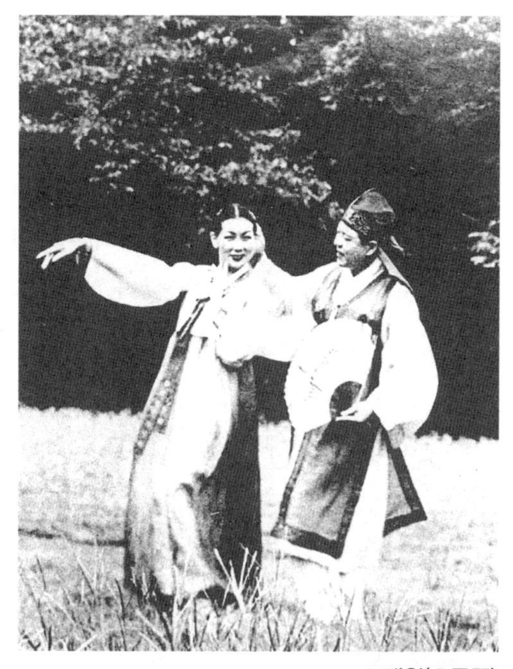

조택원(오른쪽)

도 된다고 말할 수 있다. 그가 평생 비극적 비전의 작품보다는 희극적 비전의
작품을 많이 했고, 성공한 작품들도 대부분 그런 계열이었음은 잘 알려진 사
실이다. 그러니까 가장 한국적 정서라 할 멋과 흥을 살린 작품들이 성공을 거
두었다는 이야기가 된다.

〈학〉 공연 때도 부수적인 〈춘향전〉이 오히려 크게 성공했던 것이 한 예가 될
만하다. 그가 이 작품 공연 때, 사용한 음악이 영산회상 진양조, 중머리, 중중
머리, 굿거리 등을 사용했는데 그 음악만으로도 성공을 거둘 만했다는 것이
다. 그 공연과 관련하여 그는 "거의가 다 어깨춤이 아니면 그 변형으로 출 수
있는 춤이니 내 기질에도 맞고 진정 흥에 겨워서 나오는 춤이기 때문이다. 한
국 사람이 아니면 못 추는 춤이기도 했다."고 술회한 바 있다.

13 조택원, 「나의 이력서 (24)」, 『한국일보』 1976.4.28.

그가 명성을 드높여가면서 그에 대한 일제의 관심도 높아갔음은 두말할 나위 없었다. 그를 어용무용가로 이용하려는 음모가 총독부를 통해서 이루어지고 있었던 것이다. 가령 함세덕이 희곡 〈낙화암〉으로 내선일체를 강조했던 것처럼 그에게도 3천 궁녀 이야기를 무용극화해보라는 것이었다. 일본인들과 워낙 가까웠던 그가 거절하기는 어려웠을 것 같다. 그래서 총독부의 재정지원으로 만든 작품이 그 유명한 〈부여 회상곡〉(이서구 극본)이다. 물론 그는 이 작품을 통해서 나름대로의 한국적 전원시(田園詩)를 만든다는 자세로 임한 것도 사실이었다. 그러나 그 작품은 분명 목적성이 강한 무용이었음은 두말할 나위 없는 것이다.

그렇다고 해서 그 작품에 그의 사색형 무용철학이 투영되지 않은 것이 아니었다. 오랜만에 그의 춤을 관극한 동료 최승희가 "당신 춤에는 소곤소곤 귓속말로 들려주는 듯한 이야기가 들어 있어 좋다."고 평한 것이야말로 바로 그의 '생각하는 춤'을 잘 지적한 것이었다. 그는 무슨 작품을 만들든 언제나 자신의 깊은 사색을 투영하려고 애썼다. 그는 항상 무용이라는 표현 대신에 무상(舞想)이라는 용어를 취택하곤 했다. 여하튼 그는 대화숙, 경방단, 애국부인회, 그리고 조선국사령부 등의 후원으로 이 작품을 갖고 1945년 8월 해방 때까지 3년여 동안 한국과 일본은 말할 것도 없고 만주, 중국 일대, 몽골 등지의 수백 군데 도시를 순회했다. 그러니까 그와 그의 무용단이 징용당해서 황군 위문을 위하여 그렇게 넓은 지역을 순회 공연한 것이다.

이런 공연 행위가 해방 후 그가 친일행위자로 몰리게 되는 결정적 계기가 되었다. 그러나 그는 조선총독의 창씨개명만은 거부한 것으로 유명하다. 그가 거부의 명목으로 내세운 것은 자신의 이름 석 자가 곧 브랜드라는 것이었고, 그것은 총독부도 받아들이지 않으면 안 될 명분이 될 수가 있었다.

그는 자신의 돈암동 무용연구소에서 감격의 민족해방을 맞았다. 해방은 그에게도 큰 변화를 몰고 왔다. 일단 친일 무용가로 낙인 찍힌 것으로부터 그의 고달픈 여정이 시작된 것이다. 그것은 물론 좌파로부터였다. 그러나 그는 그

 제2부 외국연극의 모방과 수용

런 문제에 개의치 않고 1946년 8월에 문철민, 박용호, 함귀봉, 한동인 등과 조선무용협회를 조직하여 회장에 취임했다. 그리고 곧 국도극장에서 무용동맹 이름으로 공연을 가졌는데, 우익 청년단체로부터 제지를 당하는 수모를 겪기도 했다.

그는 사실 공산주의를 싫어했었고 이념에는 관심도 없었다. 따라서 그는 어떻게든 춤만 출 수 있으면 다행이라는 처지에서 무용 활동을 해보려 한 것이었다. 그가 다음해 봄, 3·1절 예술제 때에 시조와 중머리를 즉흥무로 선보인 것이나 대무용극 〈해방의 종소리〉를 전인방 등과 함께 제일극장에서 추었던 것도 바로 그러한 자세에서였다. 그럼에도 불구하고 그는 좌우로부터 이런저런 공격을 받음으로써 이 땅에서 자유롭게 무용활동을 하기가 쉽지 않겠다는 생각을 하게 된 것이다.

그는 평소 가고 싶었던 미국행을 준비했다. 그리고 여비도 마련할 겸해서 경향신문 주최로 1947년 6월 초에 시공관에서 대대적인 도미고별공연을 갖고 미국으로 떠난다. 물론 그것은 장기체류 목적은 아니었다. 혼란스런 해방공간을 일단 벗어나 미국에서 세계적인 무용흐름도 공부하고 우리 춤도 알릴 겸해서였다.

그해 10월에 그는 그렇게 가고 싶어한 미국에 도착하여 로스앤젤레스에 근거지를 정하고 활동을 시작하게 되는데, 그것은 그의 무용단원들인 이순복 부부, 임경희, 심상근, 심태진, 김옥진, 김광영 등이 4개월여 뒤(1948년 2월)에 도착하면서부터 가능했다. 따라서 이들은 그해 4월부터 할리우드의 윌사이어 이벨극장에서 그의 고정 레퍼토리라 할 〈가사호접〉과 〈만종〉 등을 추는 것으로 미국 공연의 막을 올린다. 그로부터 이들은 시카고, 뉴욕, 워싱턴 등 주요 도시를 순회하고 하와이까지 가서 수개월 동안 우리 춤의 멋스러움을 미국인들은 물론이고 재미동포들에게도 선사한 것이다.

그의 미국에서의 활동은 한국을 전혀 모르는 미국 사람들에게 우리의 전통과 문화를 알려준 것이었고, 그것은 많은 사람들을 감동시켰다. 그래서 유명한 여류작가 펄 벅은 동서협회를 통하여 후원도 해주는 등 그의 공연 활동을 뒷받침해주었다. 그 결과 그는 거기서 장고 리듬을 통해서 몸은 늙어도 마음만은 늙지 않는다는 주제의 〈신로심불로(身老心不老)〉라는 신작도 만들 수 있었다.

그런 그에게 시련이 닥친 것은 그의 입바른 설화(舌禍)가 발단이 되었다. 즉 그가 1949년 3·1절 기념으로 워싱턴의 우드먼파크 호텔에서 공연을 한 뒤 미국 정계 및 한국 요인들이 모인 파티장에서 이승만 대통령을 비판한 것이 화근이 되어 귀국할 수 없게 된 것이다. 그런 그에게 또 다른 두 가지 불행이 닥쳐왔다. 하나는 아내 김소영과의 이혼이고, 다른 또 하나는 단원들의 여러 가지 사정으로 무용단을 해산한 것이었다. 그런 그는 이민국으로부터 영주권을 신청하든지 미국을 떠나든지 양자택일하라는 통고를 받게 된다.

그는 영주할 생각이 없었기 때문에 잠시 하와이로 가 있게 된다. 일본으로 가기 위해서였다. 결국 그는 1952년 봄, 뉴욕에서 미국 생활 5년을 정리하는 고별 공연으로 〈춘향전〉을 무대에 올리고 일본으로 떠날 수 있었다. 일본에서의 체류는 워낙 친구들이 많아서 수월했다. 그는 일본에 도착하자마자 히비야 공회당에서 대대적인 발표회를 가졌었다.

거기서 발표한 작품은 〈춘향전 조곡〉을 위시하여 〈전원풍경〉 등 12곡이었다. 그 공연을 마침 프랑스의 예술 매니저 알렉산더 레비도프가 관람하고, 즉석에서 반년간의 유럽 공연을 제의해왔다. 그는 이때다 싶어서 즉석에서 허락했고 수속을 밟기 시작했다. 친일파로 몰린 데다가 자유당 정권에 비판적이었던 그는 대사관의 비협조로 해외 순회공연도 순탄치만은 않았다. 여권을 가지고 방해를 놓았기 때문이다. 그러나 다행히 일본 정부의 적극적인 도움으로 유럽 순회공연에 나설 수가 있었던 것은 1953년 5월이었다.

그가 유럽의 첫 번 공연에 나서는 데는 여러 가지 악조건이 따랐다. 우선 한국 무용가들이 없었기 때문에 일본 무용가들 몇 명에게 우리 춤을 가르쳐서 급조된 무용단을 데리고 다녀야 하는 어려움이었다. 그리하여 그는 먼저 스웨

덴의 스톡홀름을 기점으로 하여 핀란드의 헬싱키 등에서 우리 춤을 선보였는데, 그들은 처음 대하는 한국 더 나아가 동양 무용에 매료될 수밖에 없었다.

그런 소문이 퍼져나가면서 조택원 무용단은 유네스코 초청 공연도 가졌다. 이 공연을 관람한 프랑스 문교부 관리가 전국의 2백여 도시의 중학교 학생들을 상대로 1년간 순회공연을 해줄 것을 요청하면서 이들의 활동폭을 넓혀주기도 했다. 이들은 호평 속에 1년간 프랑스 전역을 돌면서 학생들을 위해 공연한 데 이어 가톨릭 교회의 도움으로 프랑스와 벨기에 전역까지 순회공연을 가졌었다고 그는 다음과 같이 회고했다.

> 나이도노프는 곧 가톨릭극장에서의 우리의 공연과 「한국과 한국 춤」을 『미시』지에 크게 소개해주었고, 그 후에도 여러 차례에 걸쳐 우리의 공연사진을 표지에 싣고 우리의 동정을 매우 상세히 다루어주었다. 과연 그 효과는 놀라왔다. 다음달부터 공연요청이 쇄도해 앞서 말한 것처럼 프랑스 국내에서만 1백여 개 도시에서, 나아가서는 국경을 넘어 벨기에서도 60여 회의 공연을 가지게 된 것이다. 어떤 곳에서는 3천 명씩이나 관객이 모여들었고 적은 데도 1천 명을 밑도는 데는 없었던 것으로 기억된다. 그러니 평균 2천 명을 잡으면 나는 미세와 미시지 주최 공연에서만도 백만 명에 가까운 프랑스, 벨기에 사람들에게 난생 처음으로 우리의 한국 춤을, 우리 고유의 예술의 편모를 보여준 셈이다.[14]

이상과 같은 그의 유럽에서의 공연 활동에서 느껴지는 것은 두 가지이다. 첫째는 그가 만난을 무릅쓰고 우리의 고유문화를 유럽에 소개하고자 뛰어다닌 점이고, 두 번째는 유럽 사람들의 동양 예술의 수용 자세라고 하겠다. 특히 조택원도 감탄한 바 있지만 프랑스가 전국의 중학교 학생들에게 교육적 차원에서 동양의 작은 나라의 춤을 보여주는 열의는 감동을 넘을 만했다. 당시 북구에는 한국 대사관도 설치되어 있지 않은 상태에서 정부가 해야 할 문화사절

---

14 조택원, 「나의 이력서 (43)」, 『한국일보』, 1976.5.26.

역할을 그가 대신하여 해낸 것은 대단한 공로라고 아니할 수 없다.

그런 그가 심신이 지쳐서 일본으로 다시 돌아온 것은 3년여 만인 1957년이었다. 그는 은퇴를 결심했다. 더 이상 춤을 추기도 싫었고, 60대가 되었으니 춤출 나이도 지났다고 생각했기 때문에 이제부터는 후진이나 양성해야겠다고 마음먹은 것이다. 따라서 그는 곧바로 도쿄의 히비야 공회당과 오사카의 매일 회관에서 대대적인 은퇴 공연을 가졌다.

이때 새 작품을 하나 추가해서 보여준 것이 다름 아닌 우리 농악의 무용화였다. 오랜만에 그가 신작을 또 하나 만들어낸 것이다. 그리고 얼마 후인 1960년 1월 그는 긴자(銀座)에서 우연히 운명의 여인을 만나게 되는데, 그가 후일 아내가 된 신예무용가 김문숙(金文淑)이다. 그리고 잇달아서 그에게 좋은 기회가 찾아왔는데, 그것이 바로 4·19학생혁명이었다. 그가 고국으로 돌아올 수 있게 된 것이다.

그는 지체 없이 귀국길에 올랐다. 4·19혁명이 일어난 지 꼭 17일 만인 5월 6일에 김포공항에 내렸는데, 그것은 미국으로 떠난 지 14년 만이었다. 몸도 마음도 지친 상태에서 귀국한 것이다. 그러나 또다시 억울하게 좌익으로 몰려서 일본으로 되돌아가야 했다. 따라서 그는 이듬해 5·16군사정변이 일어나 박정희 정권이 들어서자 겨우 억울한 누명을 벗고 완전히 귀국, 정착할 수가 있었다.

해방 직후 무용동맹에 반대하여 좌익으로부터 친일파로 몰렸던 그가 우리 정부로부터도 좌익으로 몰린 것은 참으로 아이러니라 아니할 수 없다. 그만큼 그는 전혀 무용과는 아무런 관계도 없는 일로 인하여 불운하게도 10여 년간을 해외에서 방랑을 해야 했던 것이다. 그러나 우리 무용에 대한 그의 열정은 조금도 식지 않았다. 그는 김문숙과 결혼하여 오랜만에 생활안정도 찾았고 그래서 여생을 후진 양성과 우리 무용을 세계 수준에 맞추는 일에 헌신할 수가 있었던 것이다.

즉 그가 1969년에는 한국민속무용단을 창단했고, 이듬해에는 50명으로 구성된 민속무용단을 직접 이끌고 오사카 엑스포에 가서 장기공연을 갖는가 하면, 동남아 순회공연까지 한 것이다. 그는 지병이 악화되기 전인 1974년까지 국내외 공연을 계속했다. 그러니까 그가 학생 시절인 1923년 극단 토월회 무대에서 코팍춤을 춘 이래 1974년까지 무려 50여 년을 불사신처럼 무대에 오른 셈이 되는 것이다. 그 가운데 3분지 1가량을 일본, 미국, 그리고 유럽의 무대에 섰다.

따라서 그의 무용 세계를 분석한 허영일은 그에 대하여 "순연한 정신과 혼을 가지고 예술에 몰두하기가 쉽지 않았던 일제하의 시대적 상황 속에서도, 일찍이 개안하여 조국을 떠나 일본과 세계에서 공연을 한 조택원의 존재는 우리 신무용사에 뚜렷한 자취를 남긴 것은 물론이고, 바른 민족적 무용사관을 확립하는 데 많은 시사를 주기에 충분하다"[15] 고 한 것은 정곡을 찌른 평가라고 말할 수 있다.

그렇다. 그는 무용예술에 대한 이해가 전혀 없었던 이 땅에서 신무용을 일으키는 동시에 기생들이 보여주는 천한 놀이에 머무르던 전통무용을 예술무용으로 업그레이드시킨 선구자를 넘어서 우리 무용을 일본, 중국, 몽골 등 극동과 미국, 그리고 유럽에 널리 알린 개인적 문화사절이었다. 그것은 매우 중요한 일이었다. 당시까지만 해도 우리의 국력은 보잘것없었고, 특히 서양 사람들에게 한국이라고 하면 일본 식민지, 분단, 전쟁, 가난의 후진국으로 각인되어 있었을 때, 그는 수준 높은 무용예술로서 우리의 진면목을 알린 것이었다. 이는 억만금의 돈으로도 할 수 없는 것이었고, 정부 차원에서나 할 일을 그가 순전히 혼자의 힘으로 해낸 것이었다. 그는 일찍부터 예술적 코스모폴리탄이었다. 귀국 후에 그에게 예술원상을 위시하여 대한민국 금관문화훈장 등이 주어졌지만 그의 일생에 걸친 조국에 대한 봉사에 비한다면 그런 포상도

---

15 허영일, 「일본 신무용기를 통해서 본 조택원의 작품세계」, 송수남 편, 『한국 근대춤 인물사』, 현대미학사, 1999, 79쪽.

보잘것없는 것이라고 해도 과언이 아니다.

그러나 그에 못지않게 중요한 몫을 한 것은 역시 그가 민족무용의 기본적 기틀을 잡아놓은 것이라고 말할 수 있다. 가령 그가 처음 무용을 시작할 때만 하더라도 우리나라에는 전래되어온 전통춤밖에 없었다. 근대에 와서 우리의 무용이 어떤 방향으로 나아가야 할지를 아무도 모르고 있었다. 그런 때에 그가 등장하여 전통무용을 바탕으로 한 현대적 재창조가 한국 무용이 나아갈 방향이라고 주장한 것이다. 그는 일본을 넘어 유럽에서 최첨단 무용을 두루 섭렵하면서 방법은 배웠지만 서양 무용의 미학에는 동의하지 않았다. 그가 서양 발레의 고전이라 할 차이콥스키의 〈백조의 호수〉에 대항하여 〈학〉이라는 한국 무용을 만들어낸 것이야말로 그 단적인 예라 하겠다.

그는 서양의 기계적이고 형식적이며 비극미를 숭상하는 발레를 거부하고 낙천적이며 신명과 흥이 넘치는 우리의 전통무용을 사랑했다. 왜냐하면 그 속에는 혼이 서려 있고 인생을 긍정적으로 바라보게 하는 희망의 메시지가 들어 있다고 생각했기 때문이다. 그 점에서 그는 전형적인 한국인인 것이다. 특히 그가 무용을 무상(舞想)이라고 부르기를 좋아할 정도로 몸만 움직이는 것이 아니라 사색을 강조한 것도 실은 우리의 전통무용의 깊은 맛에서 비롯된 것으로 보아야 할 것 같다.

그가 만년에 쓴 자서전『가사호접』에서도 "예술이란 본질적으로 민족적인 것이다. 내가 태어난 땅과 겨레와 그 배경과 전통에서 벗어날래야 벗어날 도리가 없는 민족혼의 재현인 것이다. 요컨대 예술이란 겨레와 더불어, 또 그 속에서만 싹이 틀 수 있고 열매를 맺을 수 있는 특이한 물건이다"[16]고 술회함으로써 그가 전형적인 민족무용가였음을 극명하게 나타내주고 있다. 그가 이미 1930년대 초에 제시한 우리 무용의 발전 방향, 즉 '우리의 전통을 바탕으로 한 현대적 재창조'는 오늘날 신세대에 의하여 현대무용으로 꽃피고 있지 않은가.

---

16 조택원,『가사호접』, 서문당, 1973, 452쪽.

파란만장한 역사 속에 사라진 여배우
석금성

식민지 시대 후반기, 극단 고협을 이끌던 배우 심영(沈影)이 은퇴한 여배우 김연실을 다시 무대에 세우면서 한 신문과의 인터뷰에서 여배우를 그만두면 남의 집 소실이나 기생, 아니면 카페 여급으로 가는 것을 당연지사로 알고 있는 터에 김연실 양을 다시 무대에 세우는 것에 자부심을 느낀다고 말했다. 이 이야기는 지난 시절 우리나라 여배우의 처지를 짐작하는 데 하나의 참고자료가 되지 않을까 싶다. 1930년대까지만 해도 여배우의 운명은 비극적일 수밖에 없었다.

이런 이야기를 서두에서 꺼낸 것은 우리가 이미 잊어버린 석금성이라는 추억의 여배우를 독자들 앞에 자연스럽게 소개하기 위해서다. 신극 최초의 여배우 김소진(金小珍)도 기생 출신이었고, 극단 토월회의 최고 스타 복혜숙도 동경 유학까지 한 목사의 딸이었지만 연극무대에 선 뒤에는 조선 권번에 기적을 둔 일이 있었다. 그만큼 초창기 여배우들은 완고한 전통사회의 희생물이었던 것이다. 복혜숙의 뒤를 이은 석금성(1907~1995)도 기생 출신이었다. 그는 자신의 과거와 관련하여 다음과 같이 설명한 바 있었다.

나는 본시 기생의 출신으로 봄바람에 나부끼는 노류장화(路柳墻花)의 생활도 해보았고, 또 남의 여염집의 주부 노릇도 하여보다가 어찌한 사정으로 인하여 지금으로부터 6년 전 봄에 당시 광무대에서 공연중인 토월회에 가입한 것이 내가 여배우로 행세하게 된 것입니다. 첫 무대는 〈추풍감별곡〉의 추향(秋香)의 역이었는데 처음에는 좋은지 나쁜지 모르므로 그저 천둥벌거숭이로 지내었으나 그 후 차차로 경험이 느니깐 무대라는 것이 어떻게 무서운지 연극을 하려고 무대에만 나서면 번번이 가슴이 두근두근하여 못 견디겠습디다. 그러니까 할수록 어려운 것이 연극이라 하겠지요.[1]

그는 일찍부터 기방에서 생활한 전형적 기생으로서 출생이라든가 성장 배경 등은 전혀 밝혀진 것이 없다. 다만 그가 1907년에 평안남도에서 태어났고, 본명이 정의(丁義)로서 진명학교를 조금 다녔다고 알려져 있을 뿐이다. 워낙 적극적인 성격에다가 구경을 좋아해서 극장을 수시로 드나들었는데, 그런 그를 토월회로 인도한 사람은 당시 전무로 있던 이서구(李瑞求)였다. 여배우가 너무나 귀하던 시절이라 극단 관계자가 여배우를 구하는 일도 중요했었다. 토월회 관객 중에 어여쁜 여성이 끼어 있어서 이서구가 뒤를 쫓았는데, 그 여성이 삼청동의 어느 요정으로 들어가더라는 것이다. 술을 좋아한 이서구가 따라 들어가 이야기를 나누다가 자신의 신분을 밝히고 토월회 가입을 권한 것이다.

석금성이 극단에 발을 들여놓는 데는 여러 가지 시련이 따랐다. 그가 요정과 맺은 여러 가지 계약 때문이었다. 공연 중에 요정 마담이 행패를 부리는 사건이 일어났던 것도 바로 그러한 계약조건 때문이었다. 그러나 워낙 명랑하고 활달한 성격의 소유자였기에 그는 여러 가지 난관을 뚫고 여배우로서의 자리를 굳혀갔다.

석금성은 1925년 토월회가 광무대를 전속극장으로 사용하던 때 입단했는데, 급료는 기방에서 받던 만큼인 60원을 받기로 하고 전속배우가 되었다. 그는 워낙 괄괄한 성격이어서 무대에 잘 적응했고, 복혜숙과 쌍벽을 이루면서

---

1 석금성, 「웃음 속의 눈물생활 (4)」, 『매일신보』 1930.10.3.

토월회 무대를 장식해갔다. 그는 토월회의 거의 모든 작품에 출연했으며, 복혜숙과 최성해가 보조를 맞춰주었다. 일찍이 제대로 된 연기수업을 받아본 적은 없지만 두둑한 배짱과 뛰어난 순발력으로 많은 난관을 극복해나갔다.

그는 토월회의 여러 작품들, 이를테면 〈카츄샤〉를 비롯하여 〈희생하든 날 밤〉, 〈산송장〉, 〈농속에 든 새〉 등 수많은 작품에 출연했다. 그 당시는 영화와 연극밖에 볼거리가 없었던 시절이라 그는 단번에 스타의 자리에 올라설 수가

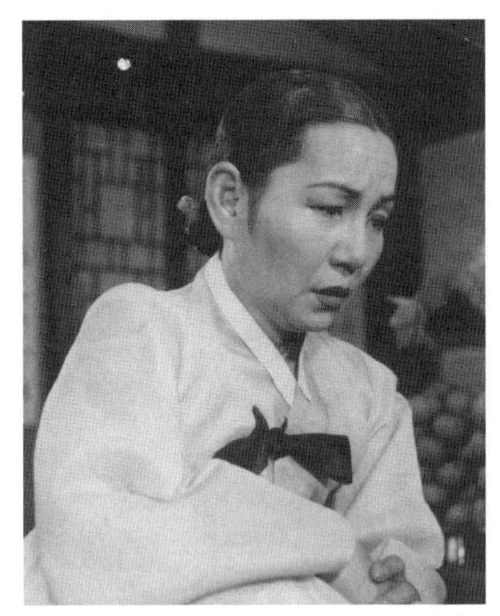

석금성

있었다. 날이 갈수록 그의 인기는 올라갔고 여배우의 상징처럼 된 것이다. 그래서 그가 서울의 다운타운 명동에 나들이라도 하면 사람들이 몰려들어 "저기 토월회가 간다"고 수군거리곤 했다. 그의 헤어스타일과 입은 옷의 모양이나 색깔은 여성들의 유행이 되기도 했다. 어떤 여성은 양장점에 가서 아예 "석금성이 해 입은 것으로 해달라'고 주문하기도 했다. 토월회 시절 그의 인기가 얼마나 대단했던가를 단적으로 보여주는 사례다.

젊은 여성이 만인의 스타로 부상되면 옛날이나 요즘이나 풍류객의 표적이 되는 경우가 적지 않은데 석금성 역시 예외가 아니었다. 그가 토월회 무대에 선 지 채 1년도 되지 않아서 충남 서산의 갑부이며 한때 충남지사까지 지낸 바 있는 명사 이모 씨가 그를 맞아들인 것이다.

그와 관련하여 당시 『매일신보』가 신년벽두에 "토월회의 주장 박승희 군이 이미 손실을 본 2만 원을 무섭게 여기고도 오히려 토월회를 끌고 나갈는지 큰 난관이며, 이백수, 복혜숙 양군이 건재한 이상 그대로 끌고는 나갈 것이나 생각할수록 아까운 것은 천재가 싹터 나오려고 하던 금성 군이 극단을 떠나게

된 것"[2] 이라고 하여 그를 대단히 촉망받는 여배우로 묘사한 것이다.

그가 결혼으로 토월회를 떠나자 복혜숙과 최성해가 뛰었지만 극단은 사양 길로 접어들었다. 그는 결혼 후 4년여 가까이 가정에 틀어박혀 아들 둘을 낳아 키웠지만 보수적이며 권위적인 충청도 명문가의 며느리로서는 견뎌내기가 어려웠던 것 같다. 결국 그는 가정을 뛰쳐나와 다시 무대에 복귀한다. 그것이 1929년 초로서 그동안 휴지기에 있던 토월회도 재기를 추구하던 시기였다. 용기를 얻은 토월회는 찬영회의 후원을 얻어 1929년에 일제의 수탈을 직설적으로 묘사한 〈아리랑고개〉(박승희 작, 박진 연출)를 무대에 올리기로 한다.

일제는 합방 후 토지조사사업이다, 동양척식주식회사다, 미곡증산운동이다 하면서 수탈해가서 농민들은 농토를 잃고 남부여대하여 만주 등지로 떠나가는 이농현상이 두드러졌었다. 그런 처지를 묘사한 작품이 바로 재기공연작 〈아리랑고개〉였다. 석금성은 주인공 마을 처녀로 출연했다. 오랜만에 석금성이 무대에 나온다는 소문이 나면서 막이 오르기 전부터 관객들이 몰려들었다. 그런데 개막 직전까지 그가 나타나지 않는 극적인 사건이 발생한다. 이 아슬아슬한 사건은 당시 연극 상황을 단적으로 알려주는 것이어서 그대로 소개해보면 흥미롭다. 연출을 담당했던 박진은 그때의 사정을 이렇게 설명한다.

석금성은 애당초 그 공연만은 제 재기를 위하여 무보수 출연을 하는 것을 승낙했으니 그렇지는 않으리라 하고 기다려보자는 의론이었으나 그러나 그녀는 토월회에서 돈 때문에 여기저기 신파나 활동사진판으로 왕래한 경력이 있다. 그래서 차마 맞대고 돈을 달라기는 못하겠으니까 그 수법을 쓰는 것이라 생각하고 박진(朴珍)이가 약간의 돈을 들고 회동 그의 집으로 인력거로 달렸다. 괘씸하기 짝이 없었다. 아니나 다를까 머리를 싸매고 누워 있는 것이다. 아하 역시 그렇구나 하고 그녀 앞에 돈뭉치를 내던졌다. 그랬더니 그녀는 잠자코 돈뭉치를 도로 내민다. 옳지 적어서 그러는구나 하고 '가면 끝나고 더 줄께' 하였더니 그녀는

---

2 취성생, 「극단의 독자 토월회 비경에 빠진 우리 극단」, 『매일신보』 1926.1.1.

두말없이 엎어지며 대성통곡을 하면서 한 장의 전보용지를 내민다. 까닭을 모르고 읽어보니 '××금조사망'. 그녀는 눈이 퉁퉁 부어 앞을 못 보며 이렇게 말한다. "이년이 팔자가 사나워서 살림이라고 들어가서 아이만 낳아주고 쫓겨났는데 그 자식이 어미젖을 싫건 먹어도 못보고 죽었어요. 그러니 이 전보를 받고 아무리 무정한 년이기로 무대에 나설 수 있겠어요" 듣고 보니 애처로운 사정이다. 참으로 난처했다. 그러나 부모가 운명했다는 기별을 받고도 무대에 나가서 웃어야 하는 것이 배우의 예술가로서 위대한 점이다.[3]

이상에서 확인할 수 있는 것은 대체로 두 가지인데, 그 하나가 그 당시 연극이 얼마나 무계획적이고 즉흥적이냐 하는 점이다. 수많은 관객과의 약속인 연극 행위임에도 주연여배우가 가정사정으로 인하여 출연하지 않을 수도 있었던 시대가 바로 1920년대라는 사실이다. 다행히 위기를 넘기기는 했지만 만일에 연출가가 재빨리 대처하지 않았다면 공연은 펑크를 낼 뻔한 것이다. 두 번째로는 석금성의 가정적 불행이다. 인기 절정에 명문가의 아내로 징발(?)되어 갔지만 그의 강한 성격과 예술가적 기질 등으로 인하여 가정주부로서는 합격점을 받지 못했던 것 같다. 결국 파경에 이르고 사랑하는 아들과의 생이별과 아들의 갑작스런 죽음 등은 그를 매우 불행하게 만든 것이다.

결국 그의 출연으로 비극 〈아리랑고개〉는 모두를 울리는 명연기가 펼쳐졌다. 사랑하는 마을 총각과 이별하고 고향을 떠나 정처없이 북간도로 향하는 처녀 역의 그가 자신의 설움에 복받쳐 실제로 목놓아 울다가 실신하는 사태가 벌어진 것이다. 의식을 잃은 그는 곧바로 병원으로 실려 갔고, 다음부터는 단역으로 따라다니던 전옥(全玉)이 대타로 나섰다. 물론 토월회가 그 작품으로 상승세를 타기는 했으나 민족적인 이 작품에 관객이 몰리는 과정에서, 한 청년이 무대에 올라 '광주학생사건을 기억하라'는 전단지를 뿌리는 사건으로 극단의 간판을 내려야 했다.

3　박진, 「한국연극사 제1기」, 『예술논문집』 제15집, 대한민국 예술원, 1976, 224~225쪽.

그는 가정도 잃고 극단도 잃은 상태로 몇 달 동안 칩거하다가 일본에서 최초의 연출가 홍해성이 귀국하여 극단 신흥극장을 조직할 때 큰 꿈을 갖고 참여하게 된다. 신흥극장에는 문 닫은 토월회 배우들이 대거 참여했기 때문에 그도 마음 편하게 가담할 수 있었던 것이다. 그것이 1930년 11월로서 창립작품 〈모란등기〉에 그는 주역으로 출연했으나 대실패로 끝나 또다시 새로운 모색을 하지 않을 수 없었다. 때마침 평소에 영화 등으로 잘 알고 지내던 나운규가 주동이 되어, 사회성이 강한 연극인들인 심영, 최승일, 이백수 등이 미나도좌에 신극부를 두자 그는 두말없이 참여한다. 그는 거기서 사회성이 짙은 작품, 이를테면 나운규가 제작한 〈벙어리 삼룡〉을 비롯하여 〈언덕을 오르는 사람〉, 그리고 업턴 싱클레어 원작의 〈2층의 사나이〉 등에 주역으로 출연했다.

명랑하고 강인하며 발랄했던 그는 과연 어떤 역에 가장 적합했을까? 그는 『매일신보』와의 인터뷰에서 "나의 성격으로 보아서 가장 적역이라고 생각허는 것은 토월회에서 공연한 〈스잔나〉와 기타 그저 천진스러운 것이나 아니면 날뛰고 까부는 역인 것 같습니다"라고 말했다. 비극류보다는 희극류에 적합하다고 스스로 판단하고 있었던 것이다. 그러나 식민지 시대에 그런 작품보다는 어두운 작품이 주조를 이루었기 때문에 그로서는 거기에 맞추기가 쉽지 않았던 것이다. 그리고 그때의 연극판에 대하여 그는 여러 가지 불만스러운 것이 적지 않았음을 다음과 같이 토로했었다.

> 지금은 미나도좌에서 공연하고 있습니다마는 제일로 고통되는 것은 조선은 제대로 배우에 대한 이해가 없는 사회인데다가 겸하여 이곳에서는 연극다운 연극을 하지 못하는 것이 나의 불평이요 또 큰 고통이야요. 저의 이상은 그것은 조선에 훌륭한 극단과 극장이 하루바삐 어서 생기는 것입니다.[4]

---

4 석금성, 앞의 글.

이상과 같은 그의 불만은 단 1년여 동안에 큰 기대를 갖고 참여했던 홍해성 주도의 신흥극장이 단 한 편의 작품으로 끝나고 지금 의욕적으로 참여하고 있는 미나도좌의 신극부 역시 흔들리면서 언제 보따리를 싸야 할지 모르는 고통을 실토한 것이며 우리 극장을 가진 튼실한 극단을 갈망하고 꿈꾼다는 이야기다. 이는 그뿐만 아니라 당시 우리나라 연극인들의 공통적인 갈망이고 꿈이기도 했다. 그처럼 어려운 연극배우 생활도 극단들이 흐지부지되면 무대에 서는 것도 쉽지가 않았다. 그가 세 번째로 참여했던 미나도좌 신극부도 예외가 아니었다. 단 1년여 만에 해체되었기 때문이다. 그러나 그는 거기서 새로운 인생을 마련했다. 즉 경성방송국 아나운서 출신의 배우 최승일(신무용가 최승희의 친오빠)과 재혼을 한 것이다. 거기서 그는 행복을 찾았고 가정이 안정을 이루면서 연예활동도 더욱 활발해진 것이다.

그가 결혼을 하고 가정이 안정되는 시기에 그의 배우 생활을 시작케 했던 토월회가 박승희에 의해서 태양극장으로 재탄생되었다. 그것이 1932년 2월이었는데, 그는 과거 토월회에서 함께 활동했던 이백수, 박제행, 윤성묘, 이소연, 김연실, 강석연 등과 함께 흔쾌히 참여한 것이다. 그는 태양극장에서 주역 여배우로서 최선의 노력을 기울였다. 가정도 안정된 데다가 나이도 20대 중반에 접어들었기 때문에 과거의 천방지축은 벗어난 것이었다. 그는 태양극장의 대표작이라 할 〈부활〉과 〈이 대감 망할 대감〉 등은 말할 것도 없고 〈지나간 시절〉이라든가 〈내일은 월급날〉 등과 같은 박승희 작품에서 열연을 했다.

그가 얼마나 열심히 했었는가는 〈지나간 시절〉에 대한 이석훈의 관극평에도 잘 나타나 있다. 즉 그는 관극평에서 그의 연기와 관련하여 "연기가 너무 능란해서 시골 처녀다운 점이 조금도 없는 것이 보이었다. 석군은 시골 처녀란 것을 염두에 두는 것보다 능란한 자기의 기능에 치우치는 감이 있다"[5]고 씀으로써 그의 열연을 오버액션으로 본 것이다. 이는 제대로 훈련받지 못한 배

---

5 이석훈, 「태양극장 제7회 공연을 보고」, 『매일신보』 1932.3.17.

우가 열정만으로 하는 연기라서 그런 과잉 표현이 정제되지 않은 채 마구 튀어나옴을 지적한 것이라고 말할 수가 있다. 그가 이미 20대 후반에 접어들면서 무대도 조금 알았을 뿐만 아니라 공포심도 사라진 상태에서 그러한 오버액션을 심하게 했던 모양이다.

과거 토월회도 그랬고, 또 다른 직업극단들도 마찬가지로 그 당시는 지방순회공연을 자주 다녔었다. 그가 속해 있던 태양극장도 많이 다니는 편이었다. 그러나 그는 자주 따라다니지 못했다. 왜냐하면 그가 최승일과 재혼 후에 자녀를 4남매나 낳았기 때문이다. 워낙 열정적이었던 그는 지방순업은 자주 못가는 대신 서울의 군소 극단에는 출연을 했었다. 가령 1933년 10월의 극단 서울 무대 초연에 강홍식, 김소랑, 임생원 등과 함께 출연한 것도 그 하나의 예였다.

그런데 이 단체마저 흐지부지되자 그는 연극계를 떠나 영화 쪽으로 방향전환을 해버리게 된다. 사실 그가 영화에 발을 들여놓은 것은 더 일찍부터였다. 즉 그가 한 신문과의 인터뷰에서 "연극을 하는 사이사이에 〈약혼(約婚)〉과 같은 영화에도 출연해본 경험이 있습니다"라고 설명한 것으로 보아 영화 데뷔도 꽤 일찍 했음을 알 수 있다. 영화 〈약혼〉은 1929년에 카프 계열의 김영환 감독이 만든 것이다. 그 이후로도 그가 간간이 영화에 모습을 드러냈지만 연극에 더욱 열정을 쏟았었다.

그러다가 1934년 이후로는 완전히 영화로 방향을 튼 것이었다. 영화계에 나서서 첫 번째로 성공한 작품은 아무래도 1937년 안석영 감독의 〈심청전〉이었던 것 같다. 왜냐하면 그가 평소 영화 데뷔작으로 이 작품을 꼽았기 때문이다. 사실 그 이전에도 전술한 바 있는 〈약혼〉을 위시하여 김상진 감독의 〈종소리〉 등에도 주·조연으로 출연한 바 있는 것이다. 그가 영화에 전념하느라고 동양극장이 문을 열었어도 거의 거들떠보지 않았던 것이다. 가정살림과 네 자녀양육 등 바쁜 속에서도 영화만은 계속했다. 억세고 괄괄한 어머니나 할머니 역에 잘 맞았던 그였지만 국책영화에도 출연하지 않을 수가 없었던 같다. 이를테면 허영 감독의 〈너와 나〉에서 가야마 사다코(佳山貞子)란 일본 이름으로 출연했던 것이 그 단적인 예라 하겠다.

그는 가정적으로는 행복한 편이 아니었다. 왜냐하면 재혼한 상대 최승일이 줄곧 카프계열에서 활동하다 보니 생활력이 없었던 터에 식민지 시대에 연예활동만으로 4남매를 키우면서 가정을 이끈다는 것은 참으로 어려운 일이었다. 그렇기 때문에 국책영화에도 주저 없이 출연할 수밖에 없었던 것이다. 그러다가 1945년 해방을 맞아서는 오히려 더 불행의 앞날이 기다리고 있었다. 왜냐하면 북한이 고향이었던 남편 최승일이 곧바로 월북하고 네 자녀마저 뒤따라가면서 그만 고립무원이 되었기 때문이다. 생계가 어려워지자 숙명고녀에 다니던 장녀 최로사가 어느 극단에 가입하려 했으나 그가 극구 말렸기에 자녀들마저 부친을 쫓아 월북했는데, 그만은 병으로 운신 못 하는 시부 때문에 동행할 수가 없었다고 한다.[6]

월북한 자녀들 중 장녀 최로사는 김일성대학을 다닌 것으로 알려졌고 희곡과 시를 써서 북한에서 최고 권위의 김일성상을 수상하고 계관작가로 활동하고 있으며 아들은 무용가로서 만경대학생궁전에서 어린이들에게 춤을 가르치는 교육자로 활동하고 있는 것으로 알려졌다.

남한에 혼자 남은 그가 해방 이후에도 연극보다는 영화에 더 많이 출연했고, 연극은 토월회의 옛 동료들과 1946년 재건공연인 〈40년〉(박승희 작)에 의리로 출연한 정도이다. 해방 이후 그가 출연한 대표적 영화를 꼽는다면 〈광복 이전〉, 〈마음의 고향〉, 〈춘향전〉, 〈마의태자〉, 〈단종애사〉, 〈왕자 호동과 낙랑공주〉, 〈여자의 일생〉, 〈숙영낭자전〉, 〈홍길동전〉, 〈애원의 고백〉 등 1백여 편이 넘는데, 그중 대표작은 역시 〈춘향전〉이고 거기서 월매 역이야말로 영화사에 남을 만하다. 그는 1970년대까지 영화와 TV 드라마에 간간이 출연했고, KBS TV문학관 〈사평역〉(임철우 소설 원작)에서 치매에 걸린 불행한 노파 역으로 등

---

6 최창호, 『민족수난기의 연극 2』, 평양출판사. 2002, 160쪽 참조.

장한 바도 있었다. 그것이 1988년이었으므로 그 나이 82세 때였다.

그는 노구를 이끌고 계속해서 TV 드라마에 출연했는데, 가령 1991년도의 SBS드라마 〈분례기〉에 연속적으로 출연한 데 이어 마지막 작품으로 미수(88세) 때인 1994년 SBS드라마 〈친애하는 기타 여러분〉(이종한 감독)에 여러 달 동안 나갔었다. 그리고 그 작품에 출연한 지 1년여 뒤인 1995년 9월에 파란만장한 생을 마감한 것이다.

그처럼 화려한 연예인 생활을 했던 그였지만 만년은 너무나 고독하고 가난했었다. 왜냐하면 남편 최승일이 4남매와 함께 1948년 월북한 뒤 내내 혼자 살아야 했기 때문이었다. 독실한 불교 신자였던 그는 독지가가 얻어준 어느 절 근처에서 살다가 만년에는 노구를 이끌고 여관을 전전하는 떠돌이 생활을 했다. 남북 화해가 시작되면서 1991년부터 맏딸 최로사와 무용가로 성장한 막내아들 최호섭 등과 서신 왕래를 하면서 재회를 꿈꾸었지만 끝내 재회에는 이르지 못했다.

다행히 〈분례기〉 출연으로 알게 된 아역배우 홍보경 양의 부친의 보살핌으로 여관 생활을 청산하고 경기도 광명시 홍씨 집에서 89년의 파란만장한 이승과 영원히 하직할 수 있었다(『조선일보』 1995.9.5). 이처럼 1920년대 장안의 여성들에게 유행까지 불러일으킬 만큼 스타로서 명성을 떨쳤던 석금성이었지만 세월의 변화 속에서 그의 만년은 너무나 비참했다. '도천(盜泉)'이었다.

시대를 잘못 만난 비운의 소프라노
윤심덕

식민지의 어두운 그림자가 이 땅에 무겁게 드리워지고 염세주의가 사람과 사람 사이에 전염병처럼 번져나가던 1920년대 중엽 어느 날 신문 사회면을 연일 도배질한 충격적 사건이 있었다. 소프라노 가수 윤심덕과 동갑내기 극작가 김우진의 현해탄 정사 사건이었다. 청춘남녀가 이룰 수 없는 사랑 때문에 동반 자살하는 일은 동서고금 흔히 있는 일이지만, 윤심덕과 김우진의 정사가 전국뿐만 아니라 일본에까지도 충격적 파문을 불러일으킨 것은 두 사람이 당시 문화계에서 차지했던 비중과 극적인 죽음의 방식 때문이었을 것이다.

명문 와세다대학 영문과 출신의 수재 김우진의 경우는 내성적인 성격 때문에 대중에게 별로 알려져 있지 않았다. 하지만 윤심덕은 개명이 늦은 이 땅에서 양악을 제대로 공부한 소프라노 가수로서, 1920년대 중반까지 최절정의 인기를 누리다가 갑자기 자살을 했기 때문에 세인들에게 경악과 의혹을 동시에 불러일으켰던 것 같다. 더욱이 죽음의 방식도 혼자가 아니라 처자가 있는 지주의 장남과 함께였던 데다가 한반도와 일본 열도를 잇는 회한의 현해탄에서 여명이 밝아오는 새벽에 투신했다는 점도 주목을 끌기에 충분했다.

이들이 자살하기 3년 전에 일본에서도 유명한 백화파(白樺派) 문학의 선봉장 아리시마 다케오(有島武郎)가 미모의 유부녀와 극적으로 정사하여 화제를 불

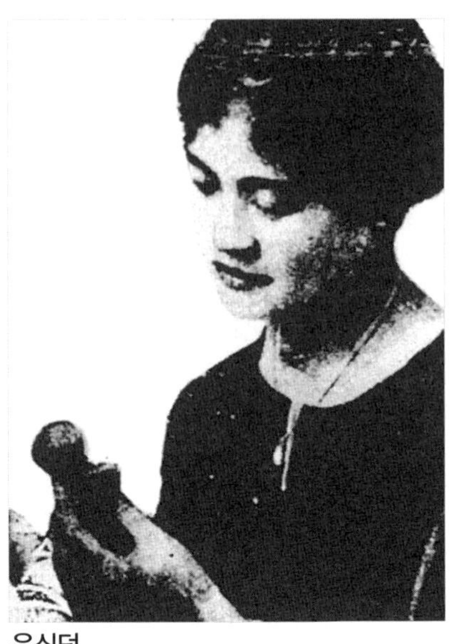

윤심덕

러일으켰던 터라서, 윤심덕의 죽음도 같은 맥락에서 보려는 경향이 있었다. 함께 죽은 김우진이 몇 가지 점에서 아리시마 다케오와 닮은 데다가 실제로 그 영향을 받은 바 있었다. 사회주의적인 성향의 진보적인 문사로서 윤리와 에고, 이기와 이타, 사회와 개인의 정신적 괴리 등 근대 지식인이 직면했던 절박한 문제에 좌절한 점에서 공통성을 지녔다고 볼 수 있다.

그 점에서 음악가였지만 대단히 이지적이었던 윤심덕도 마찬가지였다. 오히려 그는 여자였기 때문에 강도가 심했다고 볼 수 있다. 그 외에도 당시 우리는 일본과는 달리 그들의 지배를 받는 처지였기 때문에 개인이 느끼는 패배감은 몇 배나 더했던 것이 사실이다. 그러니까 견고한 전통적 도덕률과 피압박 민족이라는 이중고 속에서 자신을 볶다가 스스로 삶을 포기한 절망적 여성의 한 표본이 바로 윤심덕이었다. 동시대 선구 여성으로는 남성편력 끝에 정신분열증에 걸려 방랑하다가 실종된 최초의 여류시인 김명순(金明淳)이 있었고, 삭발 출가하여 비구니로 일생을 마친 작가 김일엽(金一葉), 그리고 프랑스 유학 중 독립운동가 최린과의 염문으로 말미암아 남편으로부터 박축당하고 젊은 나이에 양로원에서 참담하게 생을 마감한 최초의 여류서양화가 나혜석(羅蕙錫)이 있었다.

물론 예술로 자신을 불태워보려다가 참담하게 좌절한 이들과는 달리 민족독립운동으로 자신을 승화시켰던 유관순, 김마리아 등등 의지의 화신들도 있었다. 반면에 윤심덕 등 예술인들은 대단히 감성적이었다는 점에서 역사와 사회를 받아들이는 방식이 달랐고, 또 역사와 사회보다는 개인 문제의 해결에 신경을 썼으며 그래서 더더욱 견고한 전통 인습을 극복하지 못하고 좌초한 것이다. 그러니까 이들이 아무리 노라를 예찬하고 이바노비치의 왈츠곡을 불러대도 바윗덩이와 같은 견고한 구습을 깨뜨리기에는 역부족이었던 것이다. 이들의 연약한 주먹으로 인습이라는 바윗덩이를 부술 수는 없었고, 오히려 암벽에 부딪혀서는 피만 흘리고 쓰러진 것이다.

그런데 주목할 만한 사실은 이들을 미치게 하고 죽음마저 두렵지 않게 만든 것은 인간다운 삶과 진정한 사랑이었다는 점이다. 바로 그러한 사실로 인해서 이들은 남성들로부터 매도당했지만, 실제로 이들이 얼마나 여성적이었나를 알려주기도 한 것이다.

윤심덕은 1897년 정월 평양시 수옥리(순영리라는 설도 있음) 330번지에서 윤석호(尹錫浩, 浩炳으로 기록된 것도 있음)와 김씨 사이에서 4남매 중 2녀로 태어났다. 본향이 성찬이었던 부친 윤석호는 가난하여 신식 교육은 받지 못했지만 일찍부터 기독교에 입문했기 때문에 비교적 개명한 사람이었다. 조혼한 윤석호는 다행히 명민한 아내를 맞아서 남산현 감리교회의 열렬한 신도에 그치지 않고 아내를 전도사로 일할 수 있도록 했다. 그러나 그 자신이 풋나물장수에 불과했기 때문에 가난을 면할 길이 없어 아내로 하여금 미국 여선교사가 운영하는 광혜여의원의 사무원 노릇을 하게 한 것이다.

가난한 생활 속에서도 이들 부부는 4남매 모두에게 신식 교육을 시킬 만큼 깨어 있었다. 따라서 윤심덕만 하더라도 1907년에 진남포사립숭의학교에 들어가서 3년 수료하고 1910년에 평양사립여학교에 입학할 수 있었다. 비록 영양이 부족하여 살집은 없었지만 모계를 닮아서 훤칠하게 컸고 이목구비가 뚜렷했다. 그는 노래도 잘했지만 학업성적이 아주 우수해 특대생이었다. 물론 음악적 재능은 대단해서 단 몇 달 동안에 독학으로 풍금을 익혀서 상당한 수준에 올랐고, 무슨 노래든지 한번만 따라 부르면 완벽하게 익힐 만큼 탁월한 재질을 가지고 있었다.

그가 유년 시절부터 부모의 손을 잡고 남산교회에 다니면서 익힌 찬송가 솜씨는 돋보였고, 창가 역시 모르는 것이 없을 정도였다. 그렇기 때문에 동네와 학교에서 단연 칭송받는 소녀가 되었다. 게다가 훤칠한 키에다가 남자 이상의 활달 명랑한 성격 때문에 주위의 총아가 된 것이다. 주변 사람들은 그만 보면 노래를 청했고 뱃심 좋은 그는 아무 데서나 목청을 뽑았다.

그러나 어머니는 윤심덕을 의사로 만들고 싶어했다. 그가 워낙 총명한 데다가 광혜원의 미국 여의사 선교사가 너무 훌륭하다고 생각한 어머니는 딸이 그렇게 되면 소원이 없을 것 같았기 때문이다. 사실 당시 여자가 의사가 되는 것은 여간 어려운 일이 아니었다. 국내에 그런 대학도 없었을뿐더러 유학시킬 형편도 되지 않았다. 윤심덕 역시 그러한 상황을 너무 잘 알고 있었던 데다가 음악에 워낙 소질이 있었기 때문에 다른 생각은 할 수가 없었다. 그는 우선 직업을 갖기 위해서 평양숭의여학교를 우등으로 졸업하자마자 서울로 와서 경성여자고보(현 경기여고) 사범과에 편입한다.

기숙사에 들어간 그는 부지런하고 건강해서 유학 생활을 누구보다도 잘 꾸려갔다. 살림 솜씨는 모친의 직장 생활로 인해 스스로 집안을 챙겨온 경험에 따른 것이다. 그는 음식과 빨래는 물론이고 편물, 자수 등에도 재주가 있었다. 성격은 비록 남성 이상으로 활달했지만 가사는 대단히 여성적이었다. 서울에서의 첫 번째 방학을 맞아서도 곧바로 평양집으로 돌아가서 헌신적으로 가사를 돌볼 정도였다. 가난으로 고생하고 있는 부모를 생각해서 남다른 효심을 발휘한 것이다.

경성여고보 역시 우등으로 졸업한 그는 이제 고향으로 돌아가서 교원이 된다는 꿈에 부풀었으나 의외로 낯선 강원도 원주로 발령이 나고 말았다. 총독부 발령이니 어쩔 수 없이 원주로 가서 즐겁게 소학교 교원 생활을 했다. 그런데 반년 만에 그는 다시 벽지인 횡성소학교로 발령이 났다. 화가 치민 그는 방학 중이어서 발령지로 가지 않고 곧바로 평양 집으로 돌아왔다.

마침 숭의여학교에서 동창회가 열렸는데 그 자리에 총독부의 세키야(関屋) 학무국장이 와 있었다. 그는 교원 인사 발령의 총책인 학무국장을 보자마자

　　　　　　제2부　외국연극의 모방과 수용

단상으로 올라가 그의 멱살을 잡고 응석을 섞어서 "할아버지, 나 윤심덕 교사인데 무슨 죄로 그런 시골구석으로 이동 발령을 낸 것입니까. 나는 그런 곳에 못가요!"라고 앙탈을 한 것이다. 갑자기 처녀한테 멱살을 잡힌 학무국장이 어리둥절하고 있는데 장내에서 "와!" 웃는 소리가 나면서 그도 얼떨결에 함께 따라 웃고는 그를 달래서 내려보냈다.

그 사건은 윤심덕의 괄괄하면서도 담대한 성품을 잘 보여주는 에피소드다. 여하튼 그 사건 직후 그는 학무국장의 특명으로 춘천소학교로 재발령이 났다. 그러나 춘천에서도 오래 있지 못했다. 아이들과 함께하는 학교 생활이 재미는 있었으나 곧 답답증을 느낀 그는 야망을 채우기 위해 일본 유학을 가기로 결심했다. 그는 모친이 사무원으로 근무하는 광혜원의 홀 원장의 후원을 받아 총독부 관비유학생으로 선발되어 도쿄 우에노음악학교로 떠나게 되었는데, 이때도 세키야 학무국장의 도움이 컸다. 멱살잡이가 전화위복이 될 줄은 꿈에도 생각 못한 일이었다.

윤심덕은 1915년 4월 열아홉 살 처녀의 몸으로 부산에서 관부연락선을 타고 도쿄 유학길에 올랐다. 희망에 부푼 그는 현해탄의 검은 파도가 뒷날 자신의 무덤이 될 줄은 전혀 상상하지도 못하고, 선상에서 소리 높여 희망가를 불렀다. 조선 제일의 음악가가 될 것이라는 상상만 하고 있었던 것이다. 그는 처음에 일본의 풍물도 익힐 겸해서 아오야마(靑山)학원에 입학한다. 아오야마학원에서 독일어 등을 3년여 공부한 뒤 꿈꾸던 우에노(上野)음악학교에 입학한다.

당시 우에노음악학교장은 아사히신문과의 인터뷰(1926년 8월 5일)에서 "윤씨는 외국인 위탁학생이고 고등사범과에 특별하게 입학했기 때문에 본교 졸업생이 아닌 셈이다"[1]라고 증언한 바 있었다. 이 증언은 학교에 대한 명예를 감안해서 한 말로 보이는 동시에 그때까지만 해도 우에노음악학교가 외국인 유

---

1 가와세 키누, 「윤심덕 '정사'고」, 『한국연극학』 제11호.

학생은 별도 취급했던 것 같다. 그런데 분명한 것은 윤심덕이 일본인 학생들과 함께 똑같은 과정을 밟았고 풍부한 성량과 타고난 미성으로 인하여 입학하자마자 두각을 나타냈다는 사실이다.

게다가 왜소한 일본인들에게서는 찾아볼 수 없는 훤칠한 키와 괄괄한 성격은 그를 돋보이게 하고도 남음이 있었다. 이렇게 돋보인 그를 한때 도쿄의 유명 국립극단에서 데려다가 쓰려는 욕심까지 낼 정도였다.

1919년 3·1운동이 일어난 후부터 민족자각운동이 광범하게 번지면서 이 땅의 젊은이들이 대거 도쿄 유학길에 올랐다. 그리고 이미 그곳에서 공부하고 있던 유학생들도 뭔가 조국을 위해 일해야 한다는 자각을 하고 있었다. 그런 때에 문예독서클럽인 도쿄의 극예술협회에 노동자 단체인 동우회에서 하계방학 동안 순회극단을 만들어 모금운동을 벌여달라는 요청이 왔다. 재일 한일 노동자들이 회관을 하나 마련하겠다는 것이었다. 이때 그곳에 유학중이던 와세다대학의 김우진을 비롯해서 홍해성, 유춘섭, 공원호, 조명의, 김기진, 홍난파, 한기주, 김석원, 허일, 그리고 윤심덕 등이 동우회 순회극단이란 것을 조직했다.

이 단체에 음악도 세 명이 가담한 것은 연극 공연만이 아닌 음악 연주도 레퍼토리에 반드시 포함시켰기 때문이다. 실제로 순회공연 중 홍난파의 바이올린과 한기주의 풍금 반주에 윤심덕이 부르는 소프라노가 박수갈채를 가장 많이 받았다. 그러나 그는 연극 출연에는 절대 응하지 않을 만큼 음악예술에 대한 자부심이 대단히 강했다. 동료들의 요구에도 한마디로 잘랐기 때문에 고집 센 그를 누구도 설득하지 못했다. 그는 동료들에게 자기보다도 더 예쁘게 생긴 남자 마해송(馬海松)을 온나가타(女形) 배우로 쓰라고 했다. 결국 마해송이 여자 역을 맡아 부산에서부터 평양, 원산 등 10여 군데 도시를 두 달 동안 순회공연을 했다.

순회공연 중 자자분한 사건들이 일어날 수밖에 없었던 것은 이들이 스무 살 안팎의 청년들인 데다가 윤심덕과 한기주 두 여성회원이 끼어 있었기 때문이다. 피아니스트 한기주는 워낙 정숙했기 때문에 감히 누가 어쩌질 못했지만 윤심덕만은 활달한 성격으로 누구와도 터놓고 지낼 만큼 명랑했기 때문에 동료 남성들은 모두가 자기를 좋아하는 줄 착각하고 있었다. 어떤 남자와도 한 번 만나면 '얘, 쟤' 하고 살을 베어 먹일 것 같은 붙임성 때문에 동료들에게 오해를 불러일으키기에 안성맞춤이었다.

그 한 예가 부산 여관 사건이었다. 돈이 넉넉지 못했기 때문에 이들은 좀 큰 방 두 개에 나누어 자게 되었다. 그런데 평소 은근히 연정을 품고 있던 한 동료가 한밤중에 윤심덕을 덥석 끌어안은 것이다. 자다가 깜짝 놀란 그가 벌떡 일어나 그 남자의 뺨따귀를 올려붙이면서 "너 이놈! 나는 평소에 너를 그렇게 야비한 인간이 아닌 줄 알고 대했는데 이게 무슨 수작이냐"고 호통을 쳐서 일대 소란이 벌어졌다. 그 동료가 백배 사과하고 나가려 하자 그냥 자라고 달랬고 옆방 동료들이 큰일이 난 줄 알고 건너오자 윤심덕은 태연하게 생쥐 한 마리가 들어와서 잡느라고 소동을 피웠다고 변명했다. 이튿날도 그는 아무 일 없었다는 듯이 그 동료를 다정하게 대해줄 정도로 대범했다.

그런 윤심덕이었지만 리더였던 김우진에게만은 특별한 관심을 가졌었다. 왜냐하면 김우진이 연극에 해박하고 자금을 모두 그가 조달하는 데다가 겸손했기 때문이다. 그러나 김우진이 처자를 거느리고 있음을 알고 있었기 때문에 별다른 감정을 가진 것은 아니었다. 그렇던 그들이 도쿄에 돌아가서는 조금씩 가까워지기 시작했다.

1922년 음악학교를 졸업한 윤심덕은 거기서 1년여 더 공부하고 이듬해 귀국했다. 귀국과 동시에 그는 집을 나와 서울 서대문정 1정목 73번지로 이사했다. 집에는 일찍 출가했으나 과부가 된 언니(心聖)가 가끔 생활비를 보태긴 했지만 부모와 이화학당에 다니는 여동생(聖惠) 그리고 연회전문에 다니는 남동생(基聖) 등 여섯 식구가 빠듯하게 살았다.

윤심덕이 국내에서 정식 성악가로 선을 보인 것은 1923년 초여름인 6월 26일 저녁 8시 중앙청년회관에서였다. 이는 동아부인상회 창립 3주년 기념 음악무도회였기 때문에 정식 데뷔 무대는 아니었다. 레퍼토리는 서양 여성 콕의 독창과 기악연주, 그리고 러시아 무용까지 곁들인 프로였지만 윤심덕의 소프라노가 주목을 끈 연주회였다.

이어서 나흘 뒤인 6월 30일 8시 중앙청년회관에서 여자청년회 주최로 한기주의 피아노 반주로 독창회를 열어 정식 데뷔했고, 일주일 뒤인 7월 7일 8시에는 경성여고보 동창회인 경운회(京雲會) 주최로 '윤심덕, 한기주 환영음악회'가 열렸다. 그로부터 그는 소프라노 가수로서 일반에게 알려지기 시작했다. 따라서 음악회만 열리면 으레 등장했고 아름다운 목소리로 대중을 사로잡아갔다. 특히 키가 훤칠하고 얼굴이 긴 그가 연주복을 입고 무대에 서면 무대가 꽉 채워졌고, 청중을 압도하는 풍부한 성량과 미성은 서양 음악의 진미를 만끽하게 했다. 그로부터 2년여 동안 그는 "밤 지난 해당(海棠)의 붉은 화관이 아침 이슬에 젖은 듯한 오렌지빛 작은 입술로 옥반에 구르는 구슬소리와 같이 곱고도 청아한 멜로디를 울리어 반도악단(半島樂團)의 한없는 총애를 한몸에 받는"(『조선일보』 1928.8.6) 스타가 되었다.

그렇지만 인기가 그대로 돈을 가져다주지는 못했다. 그만큼 양악이 대중에게 크게 어필한 시대는 아니었던 것이다. 두 동생은 장학금을 받아 전문학교를 다녔지만 여섯 식구의 생활은 쉽지 않았다. 어머니와 언니가 편물 등으로 생계를 도왔지만 넉넉지는 못했고 그가 라디오 출연과 모교 강사로 보태주는 처지였다. 부모의 결혼 권유와 인기에 편승한 뭇 남성들의 프러포즈에도 그는 아무런 반응을 보이지 않았다. 와세다대학을 졸업하고 목포 집에 와 있는 김우진이 있었기 때문이다.

니혼(日本)대학 출신의 박정식이 그에 대한 상사병으로 정신이상자가 되어 총독부의원에 입원, "오! 윤심덕이냐. 노래 한 곡 불러다오. 응! 노래 한마디 불러라…" 하면서 신음하다가 죽은 일도 생겨났었다. 그 소식을 전해들은 그는 "흥, 그것이 내 잘못인가? 내가 싫다는데 그렇게 미치기까지 하는 남자가 어디 있어. 못난 사람…"이라고 외면할 정도로 의연했다.

그런 그도 김우진에게만은 전혀 달랐다. 김우진보다는 그가 더욱 적극적이어서 장거리 전화와 목포행 기차 타기도 언제나 그가 주도한 것이었다. 그가 목포에 갈 때마다 김우진은 엄한 부친의 눈을 피해 밀애를 나누었고, 동료라고 속여서 성덕, 기성 등 그의 두 동생까지 목포로 초대하여 가족음악회를 연 일도 있었다. 다만 김우진은 그의 성악가로서의 재능과 선각자적인 지성, 그리고 꿋꿋하고 포용성 있는 성격을 좋아했을 뿐 지나치게 활달개방적인 면은 싫어했다. 그러나 더 중요한 것은 그 당시 두 사람의 사랑의 결실을 얻기가 쉽지 않았다는 점이라 하겠다. 김우진이 워낙 명문가의 장남으로서 처자를 거느리고 있었던 데다가 그 많은 자산도 그가 관리해야 했기 때문이다.

윤심덕은 나이를 먹어가면서 갈등이 커갈 수밖에 없었다. 요즘처럼 성악가로서 활동 범위가 넓었다면 별 문제가 없었겠지만 소프라노 가수라는 직업이 성립될 수 없었던 당시로서는 어려움이 적지 않았다. 그러니까 김우진이라는 벽과, 전념할 수도 넘을 수도 없는 두 장벽 사이에서 번민하던 그는 한때 평범한 삶의 길을 생각해보기도 했다. 성남 출신 부호 김홍기(金鴻基)와 친구 소개로 선도 보았지만 김우진이 머리에서 떠나지 않았기 때문에 결혼이 성사되지는 못했다.

그즈음에 남동생 기성(基聖)의 미국 유학 자금과 관련해서 윤심덕과 낙산 갑부 이용문(李容汶) 사이의 스캔들이 터졌다. 연전 출신의 남동생이 미국 유학을 가게 되었는데 그 비용을 이용문이 제공하겠다고 나선 것이었다. 적극적인 성격의 그가 혼자서 이용문 집에 가서 6백 원의 은행 절수를 받아 왔기 때문에 연정 스캔들로 비화된 것이다. 사실 그 정도의 돈이라면 애인 김우진에게서도 충분히 마련할 수 있었음에도 자존심 강한 윤심덕이 후원자를 만난 것이 화근이 되었다. 그는 단번에 이상한 스캔들로 시달리게 되면서 충격 속에 상당 기간 문밖출입까지 하지 않게 되었다. 그러니까 돈 6백 원에 얽힌 스캔들로 그가 그동안 음악가로 쌓아놓았던 명성이 하루아침에 치명타를 입게 된 것이다.

당시 신여성에게 가혹했던 사회분위기에 절망한 그는 좌절감 속에서 헤어나지 못했다. 그러던 어느 날 그는 북만주행 열차에 몸을 실었다. 수모와 비감으로부터 일탈하여 새 삶을 찾기 위한 도피성 방랑길에 오른 것이다. 북만주 그것도 하얼빈을 향해 떠나게 된 것은 그곳에 평양의 어린 시절부터 영적 지도자였던 감리교 북만(北滿) 선교사인 배형식 목사가 있었기 때문이다. 배 목사는 훌륭한 성직자였을 뿐만 아니라 독립지사이기도 해서 그가 존경하는 인물이었고, 곤경에 처할 때마다 서신을 통해 자문을 받곤 했다.

그가 1924년 12월 23일 서울역에서 하얼빈을 향해 떠나던 날은 눈발이 날렸고, 언니와 여동생의 눈물어린 전송을 받았다. 그는 딱딱한 의자에 앉아 뜨거운 눈물을 흘리면서 수십 시간 만주벌을 달렸고 잠깐 동안이나마 스타로서 무대를 장식했던 지난 시절을 반추하는 신세가 되었음을 슬퍼했다. 하룻밤을 지새고 다음날 온종일 만주벌을 달리는 동안 눈발도 날리고 햇빛도 화창해지기도 하는 등 지평선은 꽤나 멀었다.

붉은 태양이 끝간 데 모르는 대륙의 아스름한 지평선 너머로 사라져갈 무렵 기차는 하얼빈역에 도착했다. 백발이 성성한 배형식 목사가 역에서 그를 맞았을 때, 그는 뜨거운 부성애마저 느낄 수가 있었다. 배 목사는 평양의 남산현교회 때부터 목회 일을 보아왔기 때문에 집안끼리도 잘 아는 사이였다.

그는 배 목사의 집에 머물면서 목사의 영신적 지도로 잃었던 옛날의 신앙심도 되찾고 상처 입은 영혼도 달랬다. 그는 마치 사랑에 지친 아우구스투스처럼 담담하게 하루하루를 보냈다. 배 목사의 집이 그만큼 편안했고 그는 주일이면 풍금을 치면서 찬송가를 부르곤 했다. 그러나 이미 그는 나이 스물여덟 살이었고 세파에 시달린 나머지 삶의 활기를 되찾기에는 조금은 늦었던 것도 사실이었다. 김우진과 멀리 떠나 있는 하얼빈의 겨울생활은 고독 그 자체였다. 더구나 광막한 북만주의 황량한 겨울 지평선은 그를 못 견디게 했다. 그러니까 그러한 북만주벌의 음울한 분위기가 그의 좌절과 절망감을 더욱 심화시킨 것이다. 그는 일찍이 꿈꾸었던 이탈리아 유학이나 가볼까 하고 얼마간 이탈리아어 공부도 해보았다. 그것은 배 목사가 강력히 권고하기도 했다. 그러나 어느덧 그에게서 음악에의 열정도 식어가고 있었다. 그는 틈틈이 교회에 나가 기도만 올렸다. 그런데 신이 그를 버렸는지 잡념만 들었다.

그럭저럭 반년이 넘었을까, 초여름의 어느 날(1925년 6월) 서울의 동생으로부터 급히 돌아오라는 편지가 날아왔다. 생활고 때문에 그는 배 목사의 만류를 뿌리치고 집으로 돌아왔다. 서대문 집에 칩거하다시피하면서 레코드 취입 등으로 가사를 돌보고 있었다. 김우진과도 자주 만났다. 두 사람 간에는 사랑의 농도가 더욱 짙어졌다. 이제는 남의 눈치를 살피지도 않고 사랑만이 전부인 것처럼 두 사람의 만남은 잦아졌다. 그도 많이 변해서 화장도 짙게 하고 옷차림도 눈에 띄게 달라졌다. 그래서 여성잡지에서는 그의 행색을 다음과 같이 가십기사로 다루기도 했다.

> 한참 왕년에 성악가로 예간다 제간다 하고 문제가 많던 심덕 아씨(尹心悳)는 요새 또 무슨 복덕방을 만났는지 일전에 누가 전차 중에서 보니까 잘 두루마기에 금테안경을 버텨쓰고 두 손에는 보석 물린 금반지가 번쩍번쩍하는데 향내가 옆에 앉은 사람의 코를 쿡쿡 찔러서 견딜 수가 없더라나.(『신여성』 1926.2)

그는 사랑에 실패한 여성이 화려한 몸치장으로 자신의 좌절을 덮어보려는 것 같은 모습을 보여주었던 것 같다. 담비털을 단 고가의 두루마기를 입은 것도 그의 당시 처지로서는 의외였던 데다가 금테 안경에 보석금반지까지 끼고 향수 냄새가 진동할 정도였다니 여러 사람의 눈에 경이롭게 비쳤을 것임은 분명하다. 그만큼 그는 꽃이 떨어지기 직전의 아름다움처럼 농익은 여성미를 한껏 풍기고 다닌 것이 사실이었다. 세미클래식 음악 취입으로 돈도 제법 생겼다. 조금 넉넉해지자 남들이 뭐라고 하든 아랑곳하지 않고 자기 멋대로 하고 다닌 것이다. 그가 그만큼 진보적이었기 때문에 주변 사람들이 뭐라고 할수록 더더욱 한껏 멋을 내서 거리를 활보했다.

이는 고루한 사회에 대한 그의 도전이었고 조롱이기도 했다. 그는 특히 도덕군자연하는 것을 위선이라고 비판하면서 무시했다.

변한 것은 연인 김우진도 마찬가지였다. 엄한 가친 밑에서 숨죽이면서 재산 관리만 하고 있던 김우진이 자신의 진정한 삶을 모색하겠다는 결심을 하고 친구 홍해성(洪海星)과 경성이나 목포에 소극장을 만들어 본격 신극운동을 기획하기도 했다. 당시에는 여배우가 절대 부족한 시절이었으므로 윤심덕을 여배우로 만들 필요가 있다고 생각한 사람이 바로 김우진이었다. 김우진은 윤심덕을 극단 토월회로 보낸다.

토월회로서는 굴러 들어온 떡이었다. 윤심덕의 토월회 입단 과정도 흥미롭다. 그는 박승희(朴勝喜) 대표에게 "이 사람은 오래전부터 무대예술을 동경하여 될 수만 있다면 꼭 한번 무대 생활을 하고자 하는 사람입니다. 이런 사람이 만일 쓸데가 있으면 한번 찾아주십시오. 그러면 그때에 자세한 말씀을 하겠습니다"라고 서신을 보냈기 때문이다. 토월회로서 마침 복혜숙과 석금성이 영화계로 가버려서 여배우 때문에 고심 중이었던 데다가 최고의 성악가로 명성을 누리고 있는 그의 입단은 천군만마를 얻은 것이나 마찬가지였다.

연극계 진입이 비록 김우진의 권유에 따른 것이었다고는 하지만 윤심덕 자신도 은연중에 배우를 꿈꾸었던 것이 사실이었다. 여기서도 그의 선구적인 면을 살필 수 있다. 그 당시는 인텔리 여성이 배우가 된다는 것은 상상하기가 어려울 만큼 고루한 시대였기 때문이다. 예상했던 대로 전 가족이 천한 여배우가 되는 것을 결사반대했다. 반대가 워낙 강했기 때문에 그는 대구의 친척집에 간다는 핑계를 대고 가출하여 토월회가 미리 마련해준 여관으로 피신하기도 했다. 이는 무엇이든 결심만 하면 끝까지 밀고나가는 그의 성격이 아니면 불가능한 일이었다.

1926년 2월 6일, 윤심덕은 미국 영화를 이경손이 각색한 〈동도(東道)〉라는 토월회 연극무대에 첫 여주인공을 맡아 나섰는데 극장은 광무대였다. 윤리라란 예명으로 윤심덕이 토월회 작품에 나온다는 소문이 퍼지면서 광무대는 터져나갈 정도였지만, 주인공 안나 역을 그런 대로 해냈다. 충분한 연습도 없이 무대에 섰었기 때문에 뱃심 좋은 그도 굳을 수밖에 없었다. 따라서 그의 첫 번째 연극무대는 성공적이지 못했다.

석간신문에서 그가 토월회 무대에 출연했다는 기사를 접한 부모는 충격으로 몸저눕고 말았다. 이튿날 공연에는 모친과 형제들이 출연하지 못하게 무대 뒤로 잡으러 왔고 그는 분장실에 들어가지 못하고 화장실 부근에서 서성이다가 공연을 마친 뒤에 뒷문으로 도망쳤다. 그는 가족의 완강한 반대를 무릅쓰고 연극배우로 나서게 된 심경을 이렇게 털어 놓았었다.

> 금번 내 생활의 전환은 새삼스럽게 지은 것도 아니요, 우연히 맺어진 것도 아닙니다. 일찍부터 생각하였던 바가 금번에는 실현되었을 뿐입니다. 그리고 오해 많던 나의 과거의 내 생활을 변명하기 위하여 나선 것은 더구나 아닙니다. 물론 아직 일반사회에서는 여자는 배워가지고 가정으로 돌아가 현모양처가 되고 양처가 되지 않으면 교원이 되고 산파간호부가 되거나 사무원 같은 것이 되기 전에야 말썽 없을 것이 어디 있겠습니까. 더구나 여자배우라 하는 것 같은 부랑무식한 타락자가 아니면 차마 못할 것으로 알아온 나의 이번 나선 길을 최후의 말로라고까지 할 줄 압니다. 물론 그러한 각오까지 가지고 나서게 되기는 오로지 힘을 다해야 새로 지으려는 조선 예술의 전당에 한 모퉁이의 무엇이라도 되려는 당돌한 발걸음이 이에 이르게 된 것뿐입니다. 금후의 나가는 앞길의 험로라 나로 하여금 어떠한 피로를 주고 어떠한 권태의 기분을 던져줄는지는 아직 아득한 바입니다.(『동아일보』 1926.2.6)

이 인터뷰에는 그의 선각자적인 비전과 각오가 분명하게 담겨 있다. 그가 갑자기 연극배우가 된 것은 새삼스러운 것도 우연도 아니며 더구나 그동안 그에 대한 오해를 씻고자 한 것이 아닌 생활철학의 실천이라고 분명히 밝혔다. 그리고 그는 '조선 예술의 전당의 한 모퉁이의 무엇이 되려고' 배우로 나선 것이라는 것이다. 이러한 선진적 사고와 용기, 그리고 사명감이 있었기 때문에 그는 그동안의 명성과 가족 사랑까지 외면하고 연극무대에 설 수 있었던 것이다.

윤심덕이 두 번째 연극무대에 나선 작품은 그의 음악성을 감안해서 박승희가 편곡한 〈카르멘〉이었다. 이미 20대 후반의 노처녀로서 몸은 굳어져서 연기는 부실했지만 노래만은 수준급이었기 때문에 관객의 호응이 대단했다. 그렇지만 당초 그가 갈망해 마지않던 명배우가 되기는 어렵다는 생각을 하게 되었다. 왜냐하면 성악가로서 무대에 서는 것과 배우로서 나서는 것은 현격한 차이가 있기 때문이다. 배우로서의 기초 훈련을 전혀 받아보지도 않았을뿐더러 좋은 연출가도 없었던 시절에 그가 좋은 배우가 되는 것은 연목구어나 다름없었다. 그렇지만 그의 연극에 대한 열정은 식지 않았다.

다만 대중의 시선이 단번에 달라졌음을 실감할 때 의욕이 꺾일 뿐이었다. 즉 성악가로서 명성을 날릴 때는 대중이 그를 선망의 대상으로 생각했으나 여배우가 되면서 거리를 나섰을 때는 "저기 저년 심덕이 지나간다"고 수군대는 소리가 귀를 스치곤 했다. 당시까지만 해도 사람들이 여배우를 무조건 '저년!'이라고 비하하던 시절이었기 때문에 윤심덕에게도 예외일 수는 없었다.

그러던 차에 토월회 내부에서 분규가 발생했다. 박승희 등 토월회 지도부가 희생적으로 신극운동을 한다기보다는 돈벌이에만 신경을 쓰고 있었기 때문에 윤심덕이 주동이 되어 김을한(金乙漢) 전무 등 간부급 다섯 명이 탈퇴를 선언했던 것이다. 그 사건 발생이 2월 19일이었으므로 그가 무대에 선 지 꼭 2주일이 지난 때였다. 그가 특히 낙담할 수밖에 없었던 이유는 양악이 착근하려면 요원한 일인데 연극은 더하다고 느낀 때문이었다. 그는 연극을 하면서 적어도 이 땅에서는 순수예술이 발붙이기는 어렵겠다는 것에 절망했다. 그렇더라도 그가 자신의 명예와 가족까지도 저버리고 뛰어든 연극이었는데 중도에 포기할 수는 없다고 생각했다.

의협심이 강하고 적극적이었던 윤심덕은 1921년 동우회 순회극단을 함께 했던 김기진과 토월회 창립회원인 김복진, 연학년 등 20여 명을 끌어들여 백조회(白鳥會)라는 극단을 조직했다. 그러나 백조회는 토월회만 붕괴시키고 공연 한번 해보지 못하고 흐지부지되고 말았다. 연극 현실을 모르고 이상만 높았던 그들이 극단을 가동시키기란 좀처럼 쉽지 않았던 것이다.

결국 윤심덕이 이 땅의 무대예술에 크게 기여해보려고 난관을 무릅쓰고 뛰어든 연극배우 활동은 한갓 허황된 도로(徒勞)로 그치고 말았는데 그 직접적 동기는 토월회 내분이었다.

연극에서 손을 뗀 뒤에도 윤심덕은 서대문 본가로 들어갈 수가 없었다. 토월회에서 임시로 얻어준 여관을 나와 수은동 60번지의 왕도사진관 뒷방으로 옮겨 여기저기서 매식하며 라디오 출연과 레코드 취입 등을 주업 삼아 하루하루를 보냈다. 그는 닛토레코드회사와 전속을 맺고 〈어여쁜 색시〉, 〈아 그것이 사랑인가〉, 〈매기의 추억〉, 〈어머니 부르신다〉, 〈너와 나〉, 〈방긋 웃는 월계화〉, 〈만향가〉 등 세미클래식풍의 레코드판을 내놓기도 했다.

그러나 그 무렵부터 그는 다시 절망의 늪으로 빠져들어갔다. 연극운동을 통해 재기해보려던 것이 물거품이 되면서 노처녀의 앞날이 캄캄하다고 느낀 데 따른 것이었다. 그는 매사에 흥미와 의욕을 잃고 때때로 우울증에 빠지곤 했다. 그런 그를 위로해주는 사람은 목포의 김우진뿐이었다. 그에게 김우진이야말로 최후의 도피처였고 그럴수록 두 사람 간의 사랑은 깊어만 갔다. 그는 이따금 서울에 와서 며칠씩 지내고 가는 김우진에게 고통스럽지만 살아야 한다고도 했다.

그렇지만 그렇게 강해 보이기만 했던 그도 친구를 만나면 "나는 찰나(刹那)에 산다. 다시 말하면 찰나에 사는 사람이다. 이 찰나를 얻을 수 없게 된다면 그때 가서 나는 죽은 사람이다. 즉 사십 살이 넘도록은 세상에 살아 있지 않겠다"는 말을 해서 주위를 놀라게도 했다. 또 어떤 때는 "세상에 나같이 불행한 여자는 없을 거야. 지금 내가 내 처지를 돌아보고 나를 응시할 때에는 사실 기가 막혀. 나는 나를 너무 잘 아는 것이 걱정이야"라는 자학적인 말도 했다.

김우진도 현실(가정)과 이상 사이에서 고뇌하다가 1926년 늦봄에 목포 집을 뛰쳐나와서 일본으로 갔다. 독일이나 영국으로 유학 가서 연극이나 철학을 더 공부해야겠다는 결심을 하고 일단 도쿄의 홍해성 하숙방에서 함께 기거하고 있었다. 때마침 윤심덕의 동생 성덕은 음악 공부를 제대로 하려고 미국 유학

수속을 마쳤다. 미국 유학길에 오를 수 있게 된 것이다. 윤심덕은 성덕의 학비를 보태주기 위해서 오사카의 닛토 레코드회사와 취입 계약을 하고 있던 차 취입 겸 배웅을 위하여 자매가 도일한 것은 7월 16일이었다. 서울역에 레코드회사 관계자들인 이기세, 이서구와『동아일보』기자들이 배웅나왔다. 그때에 정경을 이서구는 이렇게 회상했다.

> 모두 즐거운 분위기였죠. 취입 잘하고 돌아올 땐 선물로 고급 넥타이나 사오라고 했더니 "죽어도 사와요?"라고 말하고는 또 쾌활하게 웃더군요. "그래. 죽으려거든 넥타이나 사서 부치고 죽어" 하고 농담을 했거든요. 그러고 보니 그것이 마지막이었습니다.[2]

이렇게 서울을 떠난 지 4일 뒤인 7월 20일에 윤심덕 자매는 오사카의 오카하루(岡春) 여관에 여장을 풀었다. 윤심덕은 성덕의 피아노 반주로 26곡을 취입했는데 대체로 찬송가풍과 이탈리아의 서정적인 가곡을 편곡한 세미클래식이었다. 끝으로 자작시에 루마니아 출신 작곡가 이바노비치의 〈다뉴브강의 잔물결〉의 멜로디를 붙인 〈사의 찬미〉를 특청하여 울면서 취입을 했다. 그가 너무 비감어린 자세로 그 노래를 불렀기 때문에 다우치(田內) 사장 등 모두가 울었다. 다눈치오의『사의 승리』라는 소설을 애독하고 여주인공 이돌리타를 유독 좋아했던 그가 마지막 곡목 이름을 〈사의 찬미〉라고라고 붙인 것도 우연의 일은 아니다. "광막한 황야에 달리는 인생아/너의 가는 곳 그 어디냐/쓸쓸한 세상 험악한 고해에/너는 무엇을 찾으려 가느냐/눈물로 된 이 세상이/나 죽으면 그만일까/행복 찾는 인생들아/너 찾는 것 괴롬이다/웃는 꽃과 우는 새가/그 운명이 모두 같으니/생의 열중인 가련한 인생/너의 칼 위에 춤추는 자이다/허영에 빠져서 날뛰는 인생아/너 속였음을 네가 아느냐/근본 세상은 너에

---

2 이서구,「연예수첩 반세기」,『동아일보』1973.2.1.

게 허무니/너 죽은 뒤에 세상은 없도다/잘 살고 못되고 찰나의 것이니/흉흉한 암초는 가까워오도다/이래도 일생 저래도 한 세상/돈도 명예도 내 님도 다 싫다/살수록 괴롭고 갈수록 험하니/한갓 바람은 평화한 나의 죽음/내가 세상에 이 몸을 감출 때/괴롬도 쓰림도 사라져버린다."

이 자작시는 윤심덕 자신의 삶과 심경을 문학적으로 정제한 것이었고 1920년대를 풍미했던 염세주의의 결정체라고 볼 수 있다. 그러니까 시대의 암벽 앞에서 스스로의 한계와 한 치의 앞도 예측할 수 없는 상황에 처한 자신의 처지를 노래한 것이었다.

레코드 취입을 마치고 이틀 뒤 그는 동생 성덕의 도미 배웅을 다우치 사장에게 부탁하고 도쿄에서 급히 달려온 김우진과 함께 귀국길에 올랐다. 8월 3일 밤 11시에 그들은 시모노세키에서 부산을 향해 출항하는 관부연락선 쇼케이마루(昌慶丸)에 몸을 실은 것이다. 4일 새벽 아직 먼동이 트기 전 쇼케이카루가 대마도를 지날 무렵 갑판에서 이상한 소리를 들은 갑판원이 뛰어갔을 때, 두 남녀의 구두와 간단한 행구만 덩그러니 놓여 있었다. 승객 명부에는 목포의 김수산(金水山)과 경성의 윤수선(伊水仙)이라고 적혀 있었는데, 수산과 수선은 그들의 아호였고 둘 다 물 수(水) 자가 들어 있는 것도 흥미롭다. 유류품은 옷가방, 140원 및 장식품 몇 개가 든 여자 지갑, 20원과 금시계가 든 남자지갑, 그리고 유서 한 장이 전부였다.

윤심덕의 자살을 전해들은 가족들은 믿을 수 없다면서 "그 애가 미국은 갈 수 없어도 이탈리아에 가서 음악을 더 연구하여 세계적 오페라 가수가 되어보겠다고 나더러 자꾸 이탈리아로 보내달라고 졸라대서 나도 그곳에 보내줄까 하는 생각을 하던 터입니다. 그렇던 애가 자살을 할 리가 있나요?"(언니)라고 망연자실해했다.

실제로 그의 진정한 꿈은 오페라 가수가 되는 것이었다. 그가 이따금 주변 사람들에게 빵 먹는 나라로 가고 싶다고 되뇌었던 것도 실은 이탈리아를 지칭한 것이었다. 그런 그가 오페라의 그림자도 없던 이 땅에서 이혼도 쉽지 않은 유부남을 사랑했으니 그 귀결점이 어디였던가는 짐작하고도 남음이 있지 않은가.

그러나 그의 정사에 대한 구식 사회의 반응은 냉엄했다. 그만 못한 사람들도 살려고 발버둥치는데 그런 식으로 죽음을 택한다는 것은 용납하기 어렵다는 것이 여론이었다. 지주집 유부남과의 불륜과 낭만적 죽음으로서 흥미 본위로 접근하려는 여론도 드셌다. 솔직히 그의 죽음은 당시 세인들이 생각했던 것처럼 그렇게 로맨틱한 것은 아니었다.

그가 걸어온 삶의 궤적에서도 느낄 수 있는 바와 같이 그의 자살은 윤리적으로 완고한 사회와 지나치리만큼 진보적 사고와의 위골(違骨)에서 빚어진 비극적 파국이었다고 보는 것이 정설로 되어 있다. 일본 학자 가와세 키누도 그에 대하여 다이쇼 시대에 처자 있는 평론가 노무라 와이한과 처녀 오카무라 우메코와의 정사에 비교하면서 "오카무라와 윤심덕의 경우는 기존의 인습을 타파해 자기를 해방시키려고 노력하다가 성취되지 못한 채 자살의 길로 해결할 실마리를 찾아냈던 것"[3]이라 본 바 있다.

이러한 일본 학자의 견해는 옳을 수도 있다. 왜냐하면 윤심덕이 일본에서 선각적 지식인들의 자살 풍조가 풍미할 때 도쿄에서 음악 공부를 한 것이 어느 정도 영향을 받았을 수 있었기 때문이다. 그런데 그가 자살을 결심할 수밖에 없을 만큼 궁지로 몰아간 총독부의 강요가 있었다는 색다른 주장도 있다.

> 그가 현해탄에 몸을 던진 것은 다음과 같은 원인 때문이다. 그것은 윤심덕이가 여배우로, 가수로 두각을 나타내자 일제의 조선총독부 학무국장은 그를 불러다 놓고 총독부의 비용으로 일본에서 공부를 하고 돌아왔으면 이제 보답을 해야 하지 않겠는가. 그러니 촉탁가수가 되어 일본노래를 불러서 조선 사람들도 일본노래를 부르게 하라고 강요하였다. 이 시기 일제의 조선총독부 촉탁가수가 되면 관직자들이 먹자판을 벌리는 연회장에서 노래를 불러야 하였고 이등박문놈의

---

3 가와세 키누, 앞의 글.

  제2부 외국연극의 모방과 수용

밀정노릇을 하면서 창녀로 전락한 배정자와 같이 일제침략자들의 유흥의 희생
물이 되어야 하는 것을 피할 수 없었다. 그는 학무국장에게 일본에 레코드 취입
을 갔다가 돌아온 후에 생각해보겠다고 대답하였다. 그는 세계관의 제한성으로
하여 일제와 맞서 격렬하게 싸울 생각을 못하였지만 조선여성으로서 양심을 지
킨 배우였다고 볼 수 있다.[4]

이상과 같은 주장도 윤심덕이 자살하는 한 가지 요인을 설명할 수도 있겠다
는 생각이나 신빙성은 희박하다고 본다. 왜냐하면 그가 그런 언질을 누구에게
도 표명하지 않았기 때문이다.

그의 마지막 노래가 된 〈사의 찬미〉를 취입하고 1주일도 안 돼 정사하면
서 레코드판이 불티나게 팔렸고 닛토레코드의 다우치 사장만 떼돈을 벌었
다. 그래서 한동안 이상한 풍문도 돌았다. 레코드판을 많이 팔아먹기 위하
여 닛토사 측에서 그를 배에서 밀어 죽였다는 루머였다. 루머는 또 있었다.
그가 김우진과 죽음을 가장하고 이탈리아에 가서 살고 있다는 소문이었다.

그러나 이러한 몇 가지 풍문은 말 만들어내기 좋아하는 사람들의 억측과
가짜뉴스에 불과한 것이었다. 그가 투신하는 것을 아무도 목격하지 못했기
때문에 여러 가지 억측이 나올 수도 있었을 것이다. 어느 시대 어느 사회에
서나 유명한 청춘남녀의 극적인 동반자살은 화제를 낳을 수밖에 없고 그런
연유로 인해서 망자의 진의가 덮어지게 마련이다. 윤심덕이 바로 그러한 경
우가 아닐까 싶다.

4　최창호, 『민족수난기의 연극 2』, 평양출판사, 2002, 76~77쪽.

연극에 죽고 연극에 살았던 의리의 연극인
지두한

　우리 연극사에는 일반 상식으로는 설명하기 어려운 독특한 기인들이 있다. 보통 연극인이라고 하면 연극의 어느 한 분야의 전문가를 뜻한다. 가령 희곡을 쓴다거나 아니면 연출을 하거나 또는 배우로서 연기를 하거나, 그 외 무대장치, 조명, 분장 등을 맡는 사람들이 모두 연극인이다. 그런데 그 어느 분야에도 해당되지 않는 사람이 연극사에 뚜렷한 발자취를 남겼다면 그건 도대체 어떤 상황일까.

　1930년대에 크게 활약한 지두한(池斗漢)이란 인물이 바로 그런 사람인데 요즘 같으면 기획제작자라고 하면 알맞을 것 같다. 다만 그 시절에는 연극에서 그런 분야가 따로 독립되어 있지 않았다. 그럼에도 불구하고 가장 어려웠던 시대에 연극운동을 펼치면서 전문연극인 이상으로 많은 재산과 가족까지 몽땅 연극에 바침으로써 한국연극사에 적잖게 기여를 한 인물이라는 점에서 주목을 받아야 한다고 보는 것이다.

　1896년 7월 4일에 함경남도 함흥군 황금면140번지의 부농 집안에서 태어난 그는 이호가 춘곡(春谷) 신식 교육을 받고 18세 때부터 함흥정평학교에서 교사를 하고 있었다. 수만 평의 전답과 임야를 가진 부농의 아들이었지만 재산상속에는 아무런 관심도 없었던 그는 오로지 아이들 가르치는 일에만 열중

하고 있었다. 그러던 차에 3·1운동을 맞음으로써 그는 충격을 받지 않을 수 없었고, 결국 독립운동의 길로 나서지 않을 수 없게 된 것이다. 따라서 그는 학교를 사직하고 소련의 블라디보스토크로 가서 본격적으로 독립운동에 나서 게 되었다.

한 청년의 독립운동은 곧바로 일본 경찰의 마수에 걸릴 수밖에 없었고, 그 는 체포 구속되기에 이른다. 가령 막내아들 지용남이 쓴 부친의 이력에 보면 "부친께서 1918년 12월경 함흥에서 한희선생님과 시민 42명을 동원하여 만주 용정 주재소 일본관헌을 살해하고자 만주로가 싸움을 하던 중 동년 5월 그중 1명이 배신하여 왜놈에게 우리의 의사계획을 탄로하여 모두 체포 투옥하여 부친께서 동년 7월에 징역 5년을 선고 받고 함흥감목에서 복역 중 탈옥을 하 였으나 그 뜻을 이루지 못하고 다시 체포 되어 함흥 만세교 다리 밑 얼음 속에 집어넣고 모진 고문을 받아 실신상태로 다시 투옥 3년을 복역 중 1921년 신병 으로 함흥 자혜도립병원 독실에서 3년 입원타가 출소하자, 삼촌인 지진한께 서 함흥에서 무성영화 변사로 있으면서 부친께 무대연극으로 한민족의 얼과 왜놈에게 항거해줄 것을 유언하여 1928년 5월경 조선연극사를 창단, 1932년 만주 한국 등에서 〈신라의 달〉 연극 등을 공연타가 전 단원이 투옥된 사실이 있어 그 후에는 계속 연극을 통하여 민족의 얼을 계몽하였음".[1]

아들이 작성한 이상과 같은 이력에 나타나 있는 것을 보면 지두한은 연극인 들 중에서 유일하게 장기간 독립투쟁을 하다가 6년여 동안 감옥과 병원에서 혹독한 감시를 받으면서 곤욕을 치른 후에 무성영화변사로 일하고 있던 계씨 의 권유로 연극운동에 나섰음을 알 수가 있다. 그러니까 평소 영화나 연극에 별 관심을 두지 않았던 그에게 무성영화 변사로 일하고 있던 계씨 지진한이 영화의 대중적 영향력이 대단하다는 것을 현장에서 느끼고 백씨인 지두한에

---

1 1968년 2월 9일부터 11일까 지두한선생추모기념공연위원회 주최로 시민회관에서 열
   린 〈68신춘희극제—지두한 선생 추모기념공연〉 프로그램 중 막내아들 지용남이 쓴 이
   력을 그대로 옮겼음.

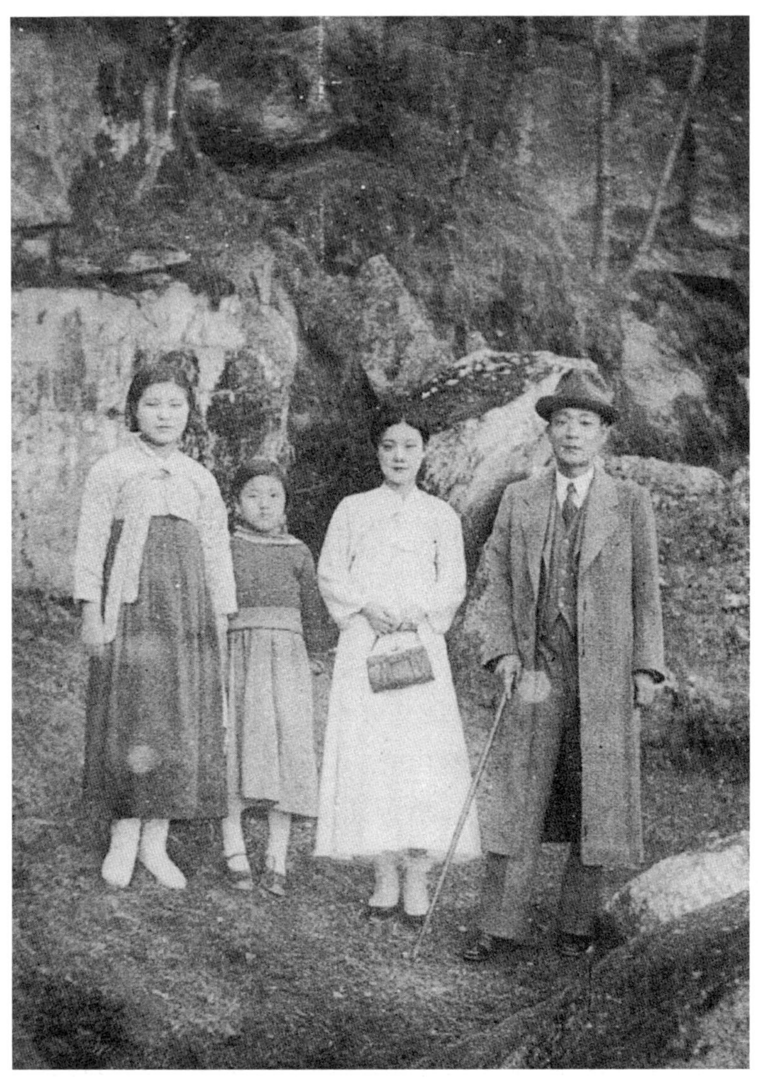

지두한

게 공연예술을 민중운동의 수단으로 삼도록 권유한 것이다. 계씨의 권유를 그가 흔쾌히 받아들인 것은 당시 백성의 8, 90%가 문맹인 점을 인지하고 있었기 때문으로 보아야 할 것 같다. 때마침 당시 청년, 학생들의 소인극운동이 요원

     제2부 외국연극의 모방과 수용

의 불꽃처럼 전국적으로 번지고 있었고 그 자신도 피부로 느끼고 있었던 터였다. 즉 3·1운동 이후 도쿄유학생들로부터 시작된 소인극운동이 전국적으로 확산되어갔는데 그 여파는 그의 고향인 함흥지방도 예외가 아니었다.

마침 그곳 젊은이들은 도쿄에서 유학 중이던 몇몇 청년들에 자극되어 소인 극단 예림회(藝林會)라는 것을 조직하면서 그를 대표로 추대한 것이다. 소학교 훈도에다가 소련까지 가서 독립투쟁을 한 바 있는 그가 대표로 추대된 것은 극히 자연스런 것이기도 했다. 게다가 그가 부농집안 자제였기 때문에 자금도 댈 만하다고 생각한 것이 그곳 청년들의 계산이기도 했던 것 같다.

그런데 단원들 중에는 연극전문가가 없었기 때문에 공연작품은 자연히 중앙에서 얻어왔고, 첫 번째 레퍼토리 〈희망의 눈물〉(이기세 작) 등을 비롯한 대부분의 작품이 모두 다 그런 것이었다. 물론 그들이 안톤 체호프의 〈결혼신청〉 등과 같은 번역극도 무대에 올리긴 했다. 그래서 예림회가 그 지역 젊은 층으로부터는 주목을 받기도 했었다. 일찍부터 흥행사 기질을 보인 지두한은 예림회를 이끌고 만주 간도까지 가서 재만동포들을 위한 순회공연까지 했다. 머리 회전이 빠른 그가 연극 활동을 통한 민족운동을 지상목표로 삼은 것이다.

얼마 후 그는 극단 이름을 예화(藝和)극단으로 개칭하고 꾸준히 공연 활동을 벌여나갔다. 사실 그러한 소인극운동은 전국에서 수십 개가 등장하여 노골적으로 민족운동의 성격을 띠고 있었다. 그런데 그가 연극을 해본 경험이 전무한 처지라서 극단을 운영하는 일이 쉬울 수가 없었고, 특히 조혼까지 해서 처자를 두었기 때문에 더욱 어려웠다. 그럼에도 불구하고 그는 가업을 아내에게 몽땅 맡기고 연극사업에만 매달렸다. 그러니까 그는 마치 독립운동을 하듯이 극단 활동을 한 것인데, 마침 그런 분위기가 그 시절에 퍼져 있었기 때문에 가능했다고 말할 수 있는 것이다.

일제가 그런 흐름을 보고만 있을 리 만무했다. 1920년대 후반, 일본경찰이 그런 소인극단들을 강력히 탄압하기 시작한 것이다. 따라서 대부분의 소인극단들이 사라졌고 나머지는 직업극단으로 탈바꿈하기도 했다. 예화극단 역시 진로를 고민하지 않을 수 없었다. 특히 예화극단에는 전문성을 갖춘 연극인이 단 한 명도 없었기 때문에 더욱 난감한 처지에 놓일 수밖에 없었다.

그런 고민에 빠져 있을 때 마침 김소랑(金小浪)이 이끄는 신파극단 취성좌가 함흥에 공연을 왔고, 지두한이 그것을 보고 관심을 갖기에 이르렀다. 김소랑 역시 흥행사적 기질이 강한 지두한을 만나자마자 의기투합하여 함께 연극 활동을 펴나가기로 한 것이다. 지두한은 곧바로 취성좌 간부로 취임하여 김소랑을 따라 전국순회공연에 나서게 된다. 취성좌에 참여하면서 그는 흥행사적 실력을 발휘하기 시작하여 당시에는 생소한 관극회를 갖는 등 관객확대에 나서기까지 했다.

그런데 그가 공연을 다니면서 가장 절실하다고 느낀 것은 역시 공연장 문제였다. 일본의 대륙 낭인들이 세운 모든 극장들이 영화 전용관으로서 시설도 형편없었지만 그보다도 4·6제로서 수입의 대부분을 저들이 가져가는 것은 심각한 문제라 아니할 수 없었다. 따라서 연극인들은 아무리 발버둥쳐도 호구조차 힘들 수밖에 없었던 것이다. 게다가 극단대표의 횡포 또한 심해서 배우들은 노예나 마찬가지였다. 강직하기로 이름난 그가 김소랑 단장과 대립하기 시작했고, 결국 그와 뜻을 같이 하는 단원들과 새로운 단체를 만들기로 합의하기에 이르렀다.

그래서 그가 만든 직업극단이 조선연극사(朝鮮演劇舍)이다. 동시대에 연극을 함께 했던 극작가 이서구가 「조선 극단의 금석」이라는 글에서 "김소랑군부처의 전횡에 반기를 든 취성좌원 일동은 하룻밤 사이에 금성철벽 같은 김소랑군의 지반을 깨뜨리고 신흥연극사를 창설하였다"[2]고 기술한 것이야말로 그 점을 지적한 것이다. 이처럼 그는 불의를 보면 참지를 못했는데 그것은 어디까지나 자기중심적인 이기주의에서가 아니고 사회정의 차원에서였다.

---

2 이서구, 「조선 극단의 금석」, 『혜성』 제9호, 1931.12.

                                    제2부 외국연극의 모방과 수용

그가 이처럼 정의심에 불타는 데다가 사심이 없었기 때문에 연극에 대한 전문지식이 없었음에도 불구하고 단원들이 전적으로 신뢰하고 따랐던 것이다. 특히 그와 뜻을 같이 하겠다 두 전문가가 참여케 되어 극단의 내실을 견고하게 다질 수가 있었다. 즉 와세다대학 출신의 천한수(千漢洙)와 현철의 조선배우학교와 일본 쓰키지소극장을 경험한 김성제(金聖濟)가 그들이었다. 가령 천한수는 이론과 연출을 전문으로 하고 김성제는 연기지도에 능했다.

한편 누구보다도 흥행사적 기질이 강했던 그는 이소산(李小山)이라는 자본가를 즉각 극단 후원자로 끌어들여서 재정적 어려움을 극복하기도 했다. 그가 1929년 초겨울 서울 관철동에 사무실을 내고 '조선에서 연극을 연구하는 유일한 집'이라는 의미의 조선연극사라는 극단을 출범시킬 수 있었던 것도 바로 그러한 그의 능력에 의한 것이었다.

그런데 그의 취성좌 이탈은 곧 그 단체의 와해로 이어졌다. 왜냐하면 단원 대부분이 그를 따라왔기 때문이다. 결국 그는 '연극을 통한 국권회복'이라는 원대한 꿈을 갖고 연극운동에 뛰어든 지 7년여 만에 당대 최고의 직업배우들을 데리고 전문극단을 운영하게 된 것이다.

사실 그의 궁극적 꿈은 민족계몽을 통한 자주독립이었지만 당장의 목표는 우리 손에 의한 전용극장 건립이었다. 그러니까 당장 우리 손으로 세운 극장이 있어야 연극인들도 먹고살 수 있고, 민족계몽운동도 펼칠 수 있으니만큼 눈앞의 문제부터 해결하자는 것이 그의 생각이었다. 극단에서 연출과 함께 참모역할을 하고 있던 천한수도 평소 "우리나라의 독립이 빨리 되려면 연극을 통하여민중을 깨우쳐야 하며 1500만원만 있으면 훌륭한 연극상설관을 지을 수가 있으니가 힘을 합쳐서 지두한을 도와야 한다"(지최순 증언, 1977.5.8)고 했다. 그러한 목표를 가진 이 극단에는 그동안 취성좌에서 함께 활동했던 변기종, 이경환, 강홍식, 권일청, 이경설, 성광현, 신은봉, 전옥, 나품심, 현순자, 윤백단, 이애리수 등 당대 최고 인기배우 30여 명과 밴드부 30여 명, 그리고 연수생 30여 명을 합쳐 90여 명의 거대한 극단을 등장시켜서 연극계를 깜짝 놀라게 했던 것이다.

당시 극단의 공연을 책임졌던 변기종은 하 회고의 글에서 "지두한은 나와 동년배이며 생일달도 또 같은 달이다. 그리고 조선연극사를 만들어 나는 무대에 관한 일을 맡고 지두한은 모든 운영과 바깥일을 이렇게 두 사람이 안팎 살림을 도맡아 한다"[3]고 했다.

지두한은 극단 형태도 당시에는 대단히 선진적으로 가져갔다. 즉 이 극단의 새로웠던 네 가지는 첫 번째로 체제 면에서 동인제와 법인체를 절충한 형태로 구성했고, 두 번째로는 월급제를 실시하면서 배당제까지 가미하여 극단사상 최초로 성과급제를 도입했으며, 세 번째로는 레퍼토리의 일본색 탈피라는 명분을 내걸고 창작극을 우선으로 삼았고, 네 번째로는 자기 손으로 직접 전용 극장을 건립한다는 것이었다.[4]

이상과 같은 시스템은 당시 연극인들로서는 상상하기 어려울 만큼 획기적인 제도와 야망이었음은 두말할 나위 없는 것이었다. 그렇기 때문에 당시 언론에서도 극단 조선연극사 출범과 관련하여 "조선 극계에 새로이 나타난 극단으로서 우리로 하여금 장래의 기대를 갖게 하는 극단이 출연하였다"(『중외일보』 1930.1.18)고 주목하기도 했다.

이 조선연극사는 창립공연으로 〈눈먼 동생〉(슈니출러 원작)을 비롯하여 〈카프에의 째스〉, 〈5만원의 재보〉 등을 단성사 무대에 올렸는데 호응이 대단히 좋았다. 그럴 수밖에 없었던 것이 천한수(天漢洙)가 비록 짧은 기간이라고 해도 일본에 가서 연출수업을 받고 와서 〈카프에의 째스〉를 음악무용극으로 만들었기 때문이다. 그러나 무엇보다도 그 시기에 지두한이 연극계에서 주목을 받은 이유는 혁신적인 극단 시스템 운용과 원대한 목표 설정에 있었다. 사실 그 당시 성과급제 같은 것은 대단히 앞선 기업에서나 생각해볼 수 있는 복지책이

---

3 변기종, 「유수 같은 세월 50 전일」, 〈68신춘희극제—지두한선생 추모기념공연〉 팸플릿.
4 지두한의 장녀 지최순의 증언, 한양대학교 연구실에서, 1977.7.24.

었고, 무대에서의 일본색 탈피는 신파극의 토착화 내지 대중화 시도로서 민족의식이 강하지 않으면 생각할 수 없는 것이었다.

특히 우리 손으로의 전용극장 건립목표는 일본인들의 극장독점을 통한 착취행위에 도전하는 것이기도 했다. 그뿐만 아니라, 그가 당시 상당히 기세를 올리고 있던 프롤레타리아연극을 배격하고 나왔던 것도 주목되는 것이다.

그러니까 그는 단원들에 의해서 민주적으로 '전무(專務)'라는 직책에 선임되어 극단 시스템에서부터 여러 가지 새로운 운영체제를 갖춤으로써 신극운동을 한 단계 끌어올렸다고 말할 수가 있는 것이다. 바꾸어 말하면 그가 과거의 도제식 극단운영방식을 민주적으로 전환시켰을 뿐만 아니라 연극자립을 위한 여러 가지 방책도 강구해간 것이라는 이야기다. 가령 그가 자신의 목표달성을 위해서 예술창조와 영업을 분리했을 뿐만 아니라 창조행위도 극작, 연출, 연기, 무대미술 등으로 구분하고, 전속작가, 연출가, 무대미술가 등을 따로 전속으로 두기 시작한 것이다.

그리하여 그는 천한수와 홍해성(洪海星)을 전속연출가로, 왕평(王平), 임서방, 신불출, 임선규 등을 전속작가로 지명하고, 원우전(元雨田)을 전속무대장치가로 두었었는데, 이는 기왕의 극단 시스템에서는 생각할 수도 없는 획기적 조치다. 이러한 근대적 극단 시스템 구축은 초창기 신파극운동을 이끈 이기세(李基世)가 1916년 극단 예성좌에서 시도했던 선진적 제도를 또다시 한 단계 업그레이드한 것으로서 지두한의 개혁적 사고를 극명하게 보여주는 경우라 하겠다.

그가 자신이 조직한 극단에서 전무(專務)라는 직책을 만들어 단장과 구별한 것도 흥미롭다. 그러니까 그는 배우를 단장으로 앉히고 자신은 극단의 살림살이를 총괄하는 전무라 자칭한 것이다. 사실 과거 토월회에서도 활용한 바는 있지만 전무라는 직책은 주식회사에서나 있는 직책이다. 따라서 단원 90여 명으로 구성된 조선연극사에서 전무라는 직책이 어울린다고 보기는 어렵다. 그럼에도 불구하고 그가 굳이 전무라는 직책을 만들어서 그 자신 연극 비전문가로서 기획경영자임을 자칭한 것이라 볼 수가 있겠다.

물론 조선연극사가 민주적 체제를 갖추었다고 해서 민주적으로만 운영된 것은 아니었다. 우선 지두한의 고집 세고 의연한 성격과 과격한 성격의 강홍식(姜弘植) 단장에 의해서 일방적으로 극단이 이끌어졌다. 이들 두 지도자의 확고한 생각은 조선연극사를 전문 흥행극단으로 가져가야 한다는 것이었고, 그러기 위해서 김교성 지휘의 음악밴드부와 백은선(白恩善) 안무의 무용부까지 두었으며, 막간부라는 것도 신설했다. 사실 막간부는 연극을 타락시킨 요소로 사갈시(蛇蝎視)되지만 당시로서는 인기를 끈 품목이었다.

이처럼 흥행성에 주안점을 둔 조선연극사의 인기는 대단해서 단 몇 년 만에 연극계를 석권했다. 당시 조선연극사의 상대가 될 만한 단체가 없었다. 중앙은 말할 것도 없고 전국을 순회하면서 대중연극계를 주도하다시피 했던 것이다. 그러나 이러한 조선연극사의 눈부신 활약도 단 1년여 만에 시련에 봉착하게 된다. 왜냐하면 지두한과 강홍식 단장의 독선에 반발한 박정현, 이경환, 이경설 등 대표적인 배우들이 탈퇴하여 새 단체 연극시장을 조직하고 나섰기 때문이다.

물론 리더십이 강한 지두한이 몇몇 배우를 회유하여 극단을 추스르기는 했지만 또다시 신불출, 이종철 등과 같은 중견급 배우들이 신무대라는 단체를 만들어 나감으로써 조선연극사는 공연조차 어려울 정도로 약화된 것이다. 특히 이애리수, 이경설 등 주연급 여배우들의 이탈이 극단에 결정타를 준 것이다.

그에 당황한 지두한은 우선 극단 재정부터 해결하기 위해 고향 함흥으로 급히 가서 전답 수천 평을 팔아치우는 데 그치지 않고 소학교와 중학교에 다니고 있던 세 딸(崔順, 京順, 季順)까지 모두 데리고 서울로 온 것이다. 그의 처에게는 안된 일이지만 극단을 살리기 위해서는 어쩔 수 없는 긴급 처방이었다. 연극이 뭔지도 모르는 10대의 세 딸까지 데리고 가겠다는 지두한에게 이의를 제기한 사람은 당연히 그의 처였다. 즉 그의 아내는 그가 연극을 위해서 전답을 팔아가는 것은 이해해도 어린 세 딸까지 데려가겠다는 것은 용납할 수 없다고 버틴 것이다. 그러자 지두한은 자식이야 또 낳으면 되지 않겠는가고 달랬지만 그의 처는 "일 년 열두 달 당신의 얼굴을 볼 수도 없는데 자식을 나 혼자 낳을 수 있는 것인가"고 항변함으로써 그를 머쓱하게 만들기도 했었다.

그러나 아내도 지두한의 고집을 꺾을 수가 없었으므로 결국 세 딸과 함께 서울로 와서 극단에 합류했다. 사실 그녀가 할 수 있는 일은 단원들을 위한 조석 마련과 빨래뿐이었다. 전통사회의 유랑예인집단이라든가 서커스단을 제외하고 가족이 몽땅 연극단체에 합류한 경우는 극히 드문 일이었는데 지두한의 가족이 그랬다. 이처럼 그의 처는 극단을 따라다니면서 밥을 짓고 세탁을 도맡는 식모 아닌 식모 노릇을 한 것이다. 그러면서 소원대로 남매를 또 낳았다.(말순과 용남)

앞에서도 언급한 바 있듯이 그는 여러 가지 새로운 시도를 많이 했는데 그 중 일본색 탈피를 위해서 창작극본 모집제도를 실시한 것도 주목을 끌 만했다. 그 결과 임선규(林仙圭), 박영호, 김건 등의 신진 극작가들이 등장하여 조선연극사를 기반으로 해서 1930년대를 풍미할 수가 있었던 것이다. 철저하게 흥행성을 추구했던 그가 일본에서 귀국한 홍해성까지 자기 극단에 영입한 것만 보더라도 좋은 작품을 만들어내기 위해서 얼마나 노력했었는가를 짐작할 수가 있는 것이다.

그러나 그의 이러한 노력도 극단을 유지하는 데는 별 도움이 되지 못했던 것 같다. 수익을 위해서 여러 가지 방책을 끊임없이 모색한 그는 관객을 즐겁게만 한다면 무슨 일이라도 한다는 자세로 임했고, 연극공연 중에 독창과 제창을 끼워넣는가 하면 난센스라는 즉흥성 만담을 막간으로 삽입하기도 했다. 물론 그렇다고 해서 그가 오락 일변도로만 나아간 것은 아니었고, 젊은 극작가 박영호에게 사회성 짙은 작품을 쓰도록 해서 공연도 했었다.

사실 당시에는 일본 경찰의 감시와 탄압이 워낙 심해서 단원들이 수시로 경찰서에 끌려갔고 잡혀간 단원들을 빼내오는 일은 당연히 지두한의 몫이었다. 그가 워낙 위풍당당하고 의연, 단호했기 때문에 경찰도 그의 이야기는 곧잘 들어주었다고 한다. 그러나 1935년 여름에 조선연극사가 공연한 〈신라의 달〉(박영호 작)만은 극단을 크게 위축시키는 계기를 만들었다. 즉 독립투쟁을 한 청년을 자기 집에 숨겨두었다가 도피시킨 뒤 자살하는 애인의 이야기인 이 작품을 일본 경찰이 가만둘 리가 없었다. 경찰이 단원 10여 명을 체포 구금했다가 시말서만 받고 석방은 시켰지만 이때부터 조선연극사는 요주의 극단으로 찍히고 말았던 것이다.[5]

당시만 하더라도 요주의 단체로 찍히면 그 피해가 대단해서 활동폭이 좁아짐은 두말할 나위 없었다. 엎친 데 덮친 격으로 인텔리 연극단체 극예술연구회도 조선연극사를 측면에서 윽죄었다. 왜냐하면 막간 등 오락성만을 추구하는 조선연극사의 공연물이 순수 정통극을 추구하는 극예술연구회의 작품과는 너무나 대조적으로 관중에게 비쳤기 때문이다.

이처럼 어려운 시기에 극단의 꽃으로 팬들의 사랑을 받던 그의 장녀 지최순(池崔順)이 심장병과 폐결핵으로 쓰러진 것이다. 가뜩이나 허약한 그녀를 너무 혹사시킨 결과였다. 연극을 위해서 가산을 몽땅 탕진하고도 아무렇지 않던 지두한도 사랑하는 장녀의 쓰러짐에는 적잖은 충격을 받지 않을 수 없었다. 그 사건을 계기로 해서 그는 자신의 연극운동에 대하여 회의와 번민을 하기 시작한다. 특히 그는 우리 손으로 전문극장을 짓겠다는 원대한 목표가 한갓 신기루라는 것도 깨달았다. 그렇게 노력해도 공연 수입으로는 단원들의 호구지책도 마련하기 어려운 처지에 어떻게 극장을 지을 수 있겠는가, 그렇게 현실을 깨닫기 시작했다는 이야기이다.

그가 미래에 대해서 절망하고 있을 때 마침 배구자, 홍순언 부부가 서대문에 그럴 듯한 연극전용 동양극장을 세운 것이었다. 따라서 그는 자기가 극단 운영을 하지 않아도 괜찮겠다는 생각을 굳히게 되었다. 극단해산을 결심한 그

---

5 『동아일보』 1935. 6. 11

는 1935년 7월 조선극장에서 〈범죄의 도시〉(이운방 작), 〈모범강짜〉(고한승 작), 〈섬색시〉(김건 작), 〈상경 제일보〉(김홍구 작) 등을 마지막으로 공연하고, 만 6년 만에 그 화려한 대단원의 막을 내린 것이다.

그런데 그의 단체 해산도 지두한답게 대단히 극적이었다. 왜냐하면 그가 사전에 아무런 예고나 전혀 기미를 보이지 않다가 갑자기 해단선언을 해버렸기 때문이다. 즉 그는 조선극장 공연 얼마 후에 단원들을 모이게 하고는 배구자의 동양극장에 가서 밥을 먹으라는 것이었다. 그러니까 그가 당초 목표했던 우리 손으로의 전용극장 건립이 다른 사람에 의해서 성취되었으니 자신의 임무는 끝났다는 것이었다. 놀란 단원들이 울면서 아우성쳤지만 한번 결심한 그의 고집을 꺾을 수는 없었다. 명분과 목표를 잃었는데도 연극을 계속한다는 것은 자기기만밖에 되지 않는다는 것이 그의 소신이었다.

사실 그는 평생 연극을 해서 밥을 먹고 살겠다는 생각을 해본 적이 없었기 때문에 극단해산에 있어서도 쉽게 결단을 내릴 수가 있었다. 그가 아마추어연극운동 7년여와 극단 조선연극사 6년을 합해서 그의 장년기 10년 이상을 연극운동에 바쳤으므로 상당한 미련을 가졌을 법도 한데 그는 전혀 그렇지 않았다. 더욱이 그는 연극을 하면서 누대로 내려온 전답을 몽땅 바친 점에서는 토월회의 박승희와 비교가 될 만하다. 그런 헌신에도 불구하고 그의 만년은 박승희처럼 비참하기 이를 데 없었다.

병약한 그의 장녀(최순)는 신무용가 백은선(白恩善)과 결혼해서 독립했고, 두 딸(경순, 계순)은 동양극장 전속배우로 남았기 때문에 그는 늦둥이 남매와 함께 낙향하여 함흥거리에서 싸구려 포장마차를 했다. 연극하느라고 전답을 모두 팔아먹었기 때문에 네 식구가 먹고 살 길이 막막해서였다. 그가 비록 전문연극인은 아니었어도 연극을 위해서 십수 년간을 헌신적으로 활동했기 때문에 연극인들은 그를 높이 평가하고 존경도 했다. 그런 그가 호구조차 어렵다는 소식을 들은 연극인들이 크게 아쉬워했음은 두말할 나위 없는 것이다.

그 소식을 들은 동양극장 사장 홍순언(洪淳彦)이 함흥으로 달려가서 지두한을 만났다. 무용가 배구자의 남편으로서 갑자기 극장 운영을 맡은 그가 필요한 것은 명망가의 자문이었다. 그러니까 홍순언은 고생만 한 연극 공로자 지두한도 도와주고 이따금 자문도 받기 위해서 그에게 동양극장 고문으로 이름만 올려주면 고정적으로 급료를 주겠다는 제의를 정중하게 했다고 한다. 그러자 지두한은 항상 짚고 다니는 단장으로 땅을 탁탁 치면서 "네가 극장장이면 극장장이었지 내 일생까지 좌우하려 드느냐, 괘씸한 것 같으니, 내가 그런 기생충인 줄 아느냐!"면서 노발대발 호통을 치는 바람에 홍순언이 백배사죄하고 되돌아왔다는 일화가 전할 만큼 그는 강직했던 것이다.

그런 그는 1945년 8월 해방과 함께 딸들이 있는 서울로 월남하여 서대문 밖 영천에서 역시 국수장사로 근근이 살아갔는데 평생 고생만 시킨 아내가 세상을 뜨자, 그 역시 곧 당뇨병 등으로 병석에 눕게 되었다. 놀란 세 딸이 집을 저당 잡혀 염출한 돈으로 그를 강제로 적십자병원에 입원시켰으나 그는 단 며칠 만에 몰래 퇴원해버리고 말았다. 이유는 자식들에게 초가삼간 하나 물려주지 못한 애비가 어떻게 딸의 집을 치료비로 날릴 수 있느냐는 것이었다. 더구나 딸들이 가난한 연극을 해서 어렵게 장만한 집이 아니냐는 것이었다. 남의 신세를 절대로 지지 않는 성격의 그는 적십자병원에서 나온 후 음료수마저 일체 거부하다가 1964년 7월 4일 향년 78세로 결국 굶어죽고 말았다. 그는 죽음도 그답게 극적이었다.

이처럼 그는 가장 어려웠던 시기에 연극이라는 수단을 갖고 국권회복(國權回復)에 뭔가 기여해보려고 전 재산과 가족까지 몽땅 던져버린 선구적 인물이었다. 그가 특히 돋보이는 부분은 비전문가였음에도 불구하고 연극인 이상의 열정으로 대중연극 발전에 자신을 몽땅 던진 삶이었다.

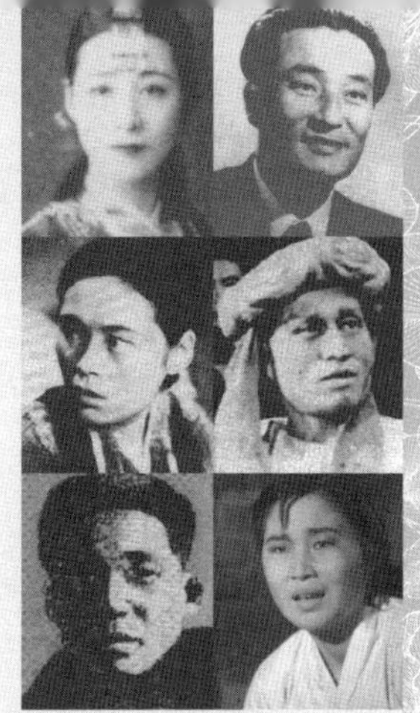

대중 공연예술의 개화 (1)

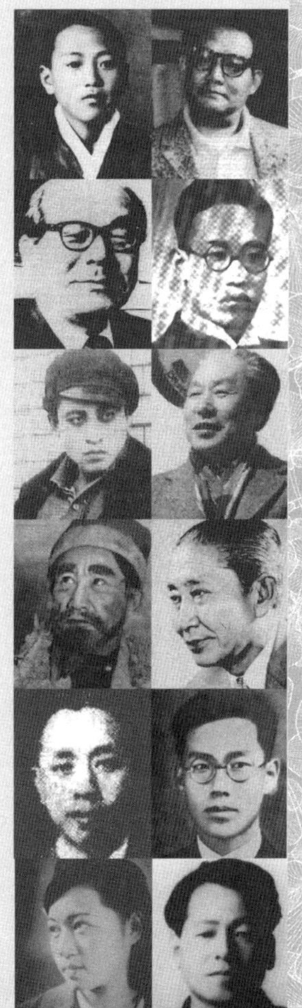

대중가요의 선구적 작사가
왕평

2018년부터 올해 초까지 TV조선에서 주최한 〈미스트롯〉과 〈미스터트롯〉의 기획은 대중음악 시장의 판도를 바꾸어놓을 만큼 전국적으로 큰 반향을 불러일으켜 평소 성인가요에 별 관심이 없던 사람들까지 트로트에 매료되는 기현상을 가져왔다. 그래서 필자는 오늘의 대중 감정을 밑바닥부터 뒤흔들어놓을 만큼 영향력이 커진 트로트의 원천을 한번 짚고 넘어가기 위해 최초로 성인가요 가사를 작사한 왕평(王平)이라는 인물에 대해 소상히 살펴보기로 했다.

왕평 이야기에 들어가기 전에 트로트의 개념에 대한 궁금증부터 풀어야겠다. 흔히 2박자의 노래(쿵짝, 뽕짝)를 가리키는 트로트는 명칭이 영어이니만큼 대중가요가 서양의 영향을 받았을 것이라는 오해를 할 수도 있지만 이는 단순히 같은 2박자의 서양 춤곡 폭스트로트(foxtrot)에서 명칭만 따온 것일 뿐 그쪽 음악과는 별 관계가 없다. 실상은 일본 메이지 시대에 그들의 전래민요와 폭스트로트를 융합하여 만든 엔카(演歌)가 신파극과 함께 들어와서 토착화된 것이 바로 성인가요, 트로트인 것이다. 물론 엔카가 오히려 우리의 전래민요에 바탕한 노래로서 한국이 트로트의 발상지라는 견해도 없지는 않다. 그런데 한 가지 분명한 것은 이 트로트가 193,40년대 즉 식민지 시대에 좌절한 국민의 슬픔을 대변했던 회한의 노래로서 민족의 평균적 감정을 대변했던 대중가요

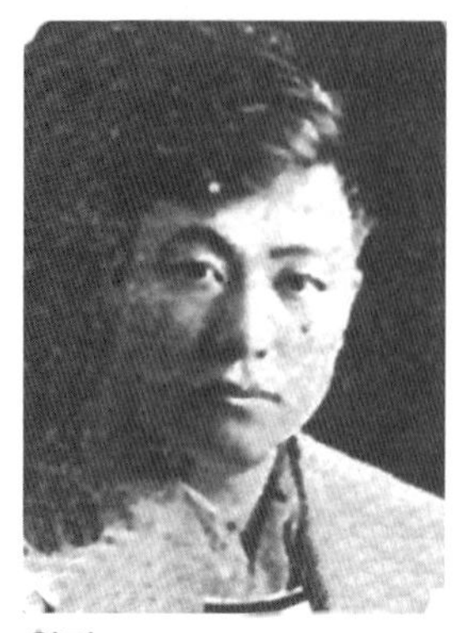

왕평

였다는 사실이라 하겠다.

이러한 대중가요의 선구적 작사자가 바로 극작 등 다양한 활동을 했던 왕평이었다. 이러한 왕평에 대해서는 이미 영남대 국문과 이동순 교수가 2009년에 『민족문화논총』 제43호에 「1930년대 식민지 대중문화운동의 성격과 방향」이라는 장문의 논문을 발표한 바 있고, 그의 출생지 영천문화원에서도 최은하 수필가의 조사로 『무대 위에 스러진 불꽃 왕평 이응호』(2011)라는 책자를 펴낸 바 있다. 그래서 필자는 면밀하게 조사 연구된 위의 논문과 책자를 바탕으로 하여 선구자의 생애를 살펴보기로 하겠다.

왕평은 본명이 이응호(李應鎬), 아명은 두희(斗熙)였다. 1908년 3월 15일 경북 영천에서 이권조와 김침동 사이에서 6형제 중 차남으로 태어난 이응호의 부친은 대대로 양반 소리를 들어온 천석꾼이었으며 지역의 한학자로서도 명성이 자자했다고 한다. 부친은 거기에 그치지 않고 반일사상까지 강해서 한때는 재속 승려로서 불교에 심취해 있다고 한다. 그런 부친의 슬하에서 한학을 공부하고 아홉 살에 영천보통학교에서 신학문을 익힌 이응호는 탁월한 문재까지 타고난, 장래가 촉망되는 소년이었다. 고향에서 보통학교를 마친 그는 1924년에 상경하여 독립운동의 본거지 중 한 곳인 배재중학에 입학했다.[1]

흥미로운 점은 그가 배재중학 재학 중에 자신의 신분을 감추려는 듯 왕평이라는 예명으로 선구 연극인 현철(1891~1965)이 세운 조선배우학교에 입학한 사실이다. 매우 보수적인 고장의 양반 자제, 그것도 엄한 한학자 부친 밑에서 성장한 그가 비천하게 여기는 광대학교에 들어간 사실을 명료하게 설명하기

---

1 이동순, 「한국대중문화사와 왕평 이응호의 위상」, 동북아시아문화학회 국제학술대회 발표자료집 참조.

는 쉽지 않으나 대체로 두 가지 요인만은 추정할 수가 있을 것 같다. 즉 그 하나는 당시의 시대 사회 분위기인데, 3 · 1운동 직후 유학생 및 청소년 중심의 소인극단들이 무대예술을 통한 민족운동 열기에 소년 이응호도 고향의 관극 체험에서 자극받았을 개연성이 있다는 점이다.

예를 들어서 1921년 여름 동우회 순회극단을 시작으로 한 수십 개의 소인극 단들의 순회극운동이 수년 동안 요원의 불꽃처럼 전국을 휩쓸었는데, 그 불길 이 영천에까지 미쳤음은 두말할 나위 없는 것이다. 그 한 증거로서『동아일보』 1921년 10월 10일자에 "영천읍에 도착한 대한청년회문예단 일행은 단장 이길 용 군 외 십인이 10월 3일 석(夕)에 〈견이불견〉이란 예제로 소인극을 흥행하야 유지의 후원금도 있었고, 엡월청년회의 후원을 받아서 연 이일 간을 계속하고 사일 오전 구시 경주로 출발하였다더라"로 기록되어 있음이 확인된다.

그리고 또 하나 그를 유인한 요인은 조선배우학교가 설립취지로서 "현재 우 리 조선 사람의 형편으로서는 제일 급한 것이 의지력을 기르는 것과 인간을 알게 하는 것인 바 이 의지력을 배양하고 인간을 알게 하는 데 무엇보다 필요 한 것은 연극사업"이라는 내용이 아니었던가 싶다.

이처럼 그는 전형적인 민족학교 배재중학에서는 독립심을 북돋우고, 조선 배우학교에서는 종합예술인 연극으로 민족의 의력(意力)을 키우겠다는 포부 를 갖고 자신의 인생 방향을 연극계로 정한 것 같다. 그래서 그는 학교 공부와 병행하여 배우학교에서도 열심이었던 것이다. 그가 배우학교에 더욱 열정을 쏟았던 이유는 두 가지에 있었다. 첫째는 배재중학이 1925년에 조선총독부에 의해서 폐교 조치 당함으로써 학업에의 꿈이 사라진 데 따른 것이었고, 두 번 째로는 배우학교의 커리큘럼이 다양하고 흥미로웠던 때문으로 볼 수가 있다.

현철이 도쿄 유학 중 일본 신극의 선구자 시마무라 호게쓰 문하에서 배운 서양 근대극의 본질을 그대로 이 땅에 이식하려고 배우학교를 세웠던 만큼 교 과내용도 매우 다양했다. 연극과 영화의 전 분야를 가르치고 학생들에게 민족 의식까지를 심어주면서 동시에 배우의 인격 도야를 중시한 배우학교의 교육이 그를 매료시킨 것으로 보인다. 특히 왕평은 40여 명의 입학생 중 17세의 최연소자로서 공부도 뛰어났기 때문에 수제자 현문십철(玄門十哲) 중 다섯 번째의 세철(世哲)이라는 예명도 받을 수가 있었다.[2]

그가 배우학교를 수료한 1926년에는 나운규의 민족영화 〈아리랑〉이 선풍을 일으키기도 했지만 18세의 소년이 활동할 만한 공간을 찾기는 쉽지 않았을 것이다. 당시 극단 토월회와 한두 개의 신파극단이 있었으나 어린 그를 불러줄 곳은 없었을 것 같다. 그런데 주목할 만한 점은 그가 배우학교 수료 3년 뒤인 1929년 21살의 나이에 기성작가 임서방과 함께 당대 최고 신파극단 조선연극사의 전속작가로 영입되었다는 사실이다.

조선연극사는 20년대의 대표적 신파극단인 김소랑의 취성좌를 지두한이 인수해서 재편성한 직업극단이었다. 그런 대표적인 직업극단에서 아무런 작가 경력이 없는 왕평을 전속작가로 영입했다는 것에 의문이 생기게 된다. 바로 그 점에서 기록에는 나타나지 않지만 그가 배우학교를 떠난 1926년부터 3년(1926~1929) 동안 신파극단 취성좌에서 견습생 겸 무명작가로서 큰 역할을 했던 것으로 추정케 된다.

새로 탄생된 이 조선연극사는 취성좌 배우들과 신파와 영화 등을 넘나들던 스타급 배우들이라 할 변기종, 이경환, 강홍식, 성광현, 문수일, 권일청, 이애리수, 이경설, 신은봉, 전옥, 나품심 등 30여 명의 배우와 밴드부 30여 명, 임서방, 왕평 등 전속작가와 연출가 천한수, 그리고 연습생 30명 내외까지 합쳐서 90여 명을 거느린 매머드 단체였다. 하루 벌어 하루 먹던 이 직업극단이 무명의 왕평을 발탁한 것은 아무래도 그의 취성좌에서의 다양한 활동이 검증되었던 터라서 김소랑의 추천이 작용했을 것으로 보인다.

1920년대의 대표적 신파극단 취성좌가 가요부를 두고 촌극, 노래, 춤까지

2　"劇界 玄門十哲
　玄門梨哲 孫基燦, 芝哲 金聖濟, 英哲 金榮培, 藝哲 李錦龍, 世哲 李應浩(王平)…"(『동아일보』. 1924.12.13)

곁들인 공연을 하는 단체로 탈바꿈한 데에는 명문 배재중학과 배우학교 출신의 인텔리 왕평의 쓰임새가 컸을 것이다. 그가 연극과 영화 분야에서 쌓은 만능 엔터테이너로서의 능력은 조선연극사 전속작가가 되자마자 그대로 발휘되기 시작했다. 입단 1년 뒤인 1930년 한 해만도 〈꽃을 파는 사나이〉, 〈서로 만난 그이들〉, 〈도회의 일경〉, 〈마술사의 결혼식〉, 〈2·8청춘〉, 〈사내시장〉 등 6편의 희곡을 전속극단이 무대에 올린 것이 그의 위치를 단적으로 증명한다.

이렇게 극단의 믿음직스런 전속작가로 자리 잡은 그에게 대중적 명성이 더해지는 극적 사건이 발생한다. 당시에는 극단들이 돈벌이를 위하여 지방순업을 자주 다녔는데, 마침 북선 지방을 돌던 조선연극사가 개성 공연 후 가까운 배천 온천에서 잠시 휴식을 하고 있었다. 그런데 장맛비가 추적추적 내리는 날 개성 출신의 바이올리니스트 전수린이 당시 무너진 성터에 잡초만이 무성했던 고려의 5백 년 옛터 개성에서 새삼 느꼈던 세월의 덧없음을 울적한 감정으로 흥얼거리고 있었고, 옆에서 듣고 있던 왕평이 그 멜로디에 맞춰 즉흥적으로 써내려간 가사가 3절로 된 「황성의 적(跡)」이었다. "황성옛터에 밤이 되니 월색만 고요해/폐허에 서른 회포를 말하여 주노라/아 외로운 저 나그네 홀로 잠 못 이뤄/구슬픈 벌레 소래에 말없이 눈물겨요"로 이어지는 이 새로운 노래의 곡명을 곧바로 〈황성옛터〉로 바꿔서 주연배우 이애리수로 하여금 부르게 하였다. 단원들로부터는 괜찮다는 평가가 나왔으므로 변변한 미디어가 없었던 시절 그 가능성을 서울에 가서 시도해보기로 했다.

당시에는 막간이라는 극중극이 있어서 그런 때에 노래와 만담 같은 것을 했었다. 연극사가 귀경하자마자 단성사 막간에서 주연배우 이애리수를 내세워 구성진 목소리로 〈황성옛터〉를 부르자 극장 안은 숙연한 가운데 단번에 눈물바다가 되었다. 이애리수가 노래를 부르다가 눈물을 흘리면서 잠깐잠깐 멈추는가 하면 일부 관객들까지 따라 울면서 합창했다. 마침내 천여 명의 관객들이 흥분에 빠져 발을 구르고 아우성을 치자 놀란 임석경관이 앞으로 뛰쳐나와 호각을 불며 당장 막을 내리게 했다. 화가 풀리지 않은 경관은 그날 밤에 당장 작사자인 왕평과 작곡자 전수린, 그리고 노래를 부른 이애리수까지 종로서로 끌고 가 밤새도록 취조를 하고 이튿날 귀가시킨다. 그리고 〈황성옛터〉는 곧바로 금지곡이 되었지만 은밀하게 불리어졌고, 그 후 항일시위 때마다 단골 노래로 정착되었으며 대구의 어느 학교 음악교사가 학생들에게 이 노래야말로 '민족의 노래'라고 가르쳤다가 파면당했던 일화는 우리 가요사에 하나의 전설처럼 전해지고 있다.

금지곡이었음에도 불구하고 꾸준히 불리어진 이 노래가 1932년에 빅터레코드사가 음반으로 찍어내자 당시 부잣집이나 보유할 수 있을 정도로 유성기 보급이 흔치 않던 시절이었지만 당장 5만 장이나 판매될 정도로 〈황성옛터〉는 국민적 노래로 확고하게 자리를 잡아갔다.

그런데 흥미로운 사실은 이 노래를 만들어 보급시킨 주인공들 모두가 약관 20대 초반이었다는 점이다. 작사자 왕평(1908년생)이 스물두 살이었고, 전수린 (1907~1984)이 스물세 살이었으며 이애리수(1910~2009)는 겨우 스무 살이었다.

전수린은 개성 출신으로서 송도고보 재학 중 기독교 소년모임에서 활동하다가 같은 멤버에 바이올린을 하는 육촌 장봉송에게서 자신의 음악적 재능을 깨닫고, 호수돈고녀 교장 리클스 부인에게서 본격적으로 바이올린을 배워 평생 음악가의 길을 걷게 되었다.[3] 이후 그는 음악 연주를 많이 곁들인 신파극단, 이를테면 동방예술단과 취성좌를 거쳐 1929년에 극단 조선연극사에 합류하면서 전속작가 왕평과 주연배우 이애리수를 만남으로써 단번에 스타 연주자 겸 대중음악 작곡자로서 입지를 굳혀 평생의 업으로 삼았던 것이다.

역시 개성 출신의 이애리수(李愛利秀, 본명 音全)는 1919년 아홉 살 때 김도산이 이끄는 신파극단 신극좌에 입단하여 주로 노래를 부른 것으로 단번에 신동가수로 사람들의 사랑을 독차지했고 3·1운동 이후에는 민중극단, 취성좌, 그리고 조선연극사에 가입했다. 그의 입단으로 세 사람이 극단의 3인방으로 불

---

3 황문평, 『인물로 본 연예사—삶의 발자국 1』, 도서출판 선, 1998, 40~43쪽 참조.

리게 된 것이다.

그 이후 전수린은 작곡가로서 1984년 작고 전까지 활동했고, 청순한 미모에 빼어난 가창력까지 갖추었던 이애리수는 1930년대 중반까지 많은 레코드를 남기는 등 슈퍼스타로서 절정의 인기를 누리다가 연희전문 학생과의 정사 소동이라는 염사(艶事)로 가수 생활의 마무리를 장식하고 평범한 남성을 만나 가정을 꾸리면서 영원히 일찍 연예계를 떠나고 만다. 그리고 〈황성옛터〉의 주역이라 할 왕평이야말로 단번에 스타덤에 올라 대중예술가로서 절정을 향해 질주해간다. 그는 궁핍한 시대였음에도 불구하고 유복한 가정에서 태어나 고생을 몰랐고, 타고난 건강과 호기심으로 연예 분야에서도 팔방미인처럼 장르를 넘나드는 활동을 펼친 특이한 인물이 된 것이다.

즉 그의 주업은 극작이었지만 연기자로서의 꿈도 끝까지 저버리지 않고 극작 틈틈이 영화 촬영과 연극무대에도 자주 섰다. 극작 분야에서는 희곡과 촌극, 시나리오, 난센스, 다큐에 해당하는 스케치, 그리고 만담 등을 쓰고 실연(實演)까지 했으며 대중가요 작사도 유행가, 서정소곡, 민요, 속요, 신민요, 합창곡, 행진곡, 그리고 재즈송까지 폭넓었다. 그가 작사한 곡들이 히트하자 그는 이들을 레코드화할 욕심으로 조선연극학교의 동기이자 극단의 동료로서 노래를 잘했던 여배우 이경설, 그리고 가수 김용환과 함께 일본 포리돌레코드사 한국지점을 내고 문예부장이라는 직책을 맡기도 했다.

우리나라 연예사상 왕평만큼 장르를 넘나들면서 폭넓게 활동한 인물은 아마도 전무후무할 듯싶다. 왕평은 당대 연예계의 최고 스타였다. 1930년대 초반에는 극작에 치중했으나 그가 작사한 곡들이 많이 히트하면서 중후반에는 가요 작사에 열정을 쏟은 특징을 보여준다. 그런데 그가 승승장구한 것만은 아니었다. 당국에 의해 급제동도 걸렸었다. 1933년도 초에 발표된 가요곡 〈국경애화(國境哀話)〉가 불온하다는 이유로 압수당하고 발매금지까지 당한 것이다. 『매일신보』 1933년 1월 23일자에 보면 "부내 종로서 고등계에서는 작 21일에 '포리돌' 축음기 회사 관계자를 소환하여 엄중한 설유를 한 후 돌려보내고 국경의애곡(國境哀話)이라는 레코드 수매를 압수하였는데 동 레코드는 리경설(李景雪) 양과 왕평(王平) 군이 취입한 것으로 그 가사가 불온하다는 것으로 즉시 발매 금지 처분을 하였다고 한다.”고 나와 있다. 이러한 곤경을 당하고 겁먹은 왕평이 잠시 작사 작업을 멈추고 희곡 창작으로 눈을 돌린다.

1930년대 초반에 발표한 희곡들만 들어보더라도 당시 그가 소속된 연극사가 공연한 〈다시 만난 그이들〉(1931.6)을 비롯하여 〈도적 쌴타스의 유언〉(1932.5), 〈학창로맨스〉(1932.6), 〈청춘 난영(亂影)〉(1932.10), 〈총각의 웃음〉(1933.11), 〈산적 올스타〉(1934.5), 〈산중의 용자(勇者)〉(1935.12), 〈황금 왕소곡〉(1933.6), 〈선구자시대〉(1933.6), 〈서울 이렇다〉(1933.12) 등 10편이나 된다. 그가 쓴 희곡들도 조선연극사뿐만 아니라 협동신무대, 연극호, 그리고 황금좌 등 여러 단체들이 공연한 것을 보면 작품들도 꽤 인기가 있었던 것 같다.

그는 자신이 쓴 작품에 자주 출연했고 촌극이나 스케치, 만담 같은 것은 직접 연출을 하고 출연까지 했다. 그가 처음에는 의리상 자신을 픽업해준 극단 연극사에 열정적으로 협조했지만 인기 상승과 함께 다른 극단에도 작품을 주었으며 시간이 흐르면서 전속극단과 거리를 두어갔다. 그러다가 1935년 무용가 배구자가 동양극장을 세우자 지두한 전무가 극단 연극사를 해체하였고, 그에 따라 왕평은 자동적으로 프리랜서가 되어 활동 폭을 더욱 넓혀갔다.

그런데 그의 작가와 배우로서의 일은 오히려 쉬운 것이었고, 포리돌 레코드사를 운영하여 이끌고 가는 일이 더 힘든 일이었다. 왜냐하면 그는 당시 6개의 레코드사와 경쟁하면서 가수 섭외와 전속관현악단을 구성하여 그들을 먹여 살려야 하는 경영자로서의 책무까지 짊어져야 했기 때문이다.

함께 활동했던 사람들의 회고에 의하면 그는 뼈대 있는 부잣집 아들답게 민족의식이 강하고 신의와 포용력도 갖추었음은 물론이고 생각도 상당히 앞서 갔던 것 같다. 따라서 그는 좋은 배우와 가수들, 이를테면 박제행, 전옥, 최일선, 김용환, 왕수복(평양기생 출신), 선우일선 등을 한 묶음으로 하여 연극과 가요 프로그램을 만들어 전국 각지와 북간도 연길, 심지어 일본 도쿄까지 순회

공연을 다녔으며 수익금 일부를 야학이나 유치원, 노동자단체 등에 기부하곤 했었다. 당시 『동아일보』에는 "1935년 5월 17일~18일 양일간 동경서 처음 열리는 조선 유행가의 밤에 왕평을 포함한 포리돌 레코드 전속예술가인 왕수복, 전옥, 김용환이 출연하고 일본 학생 대표 긴안라, 김진구 등이 찬조 출연했다. 재동경기독교청년회와 동아일보 동경지국이 후원한 이 행사는 오후 7시 동경시 본소시공회당에서 개최되었으며 수익금은 무산아 야학에 기부되었다"고 보도되어 있다.

한편 그가 당시 좌담회에서의 발언을 보면 위문단을 거느리고 연길이나 일본에 가는 것으로 만족하지 않고 미국이라든가 "남쪽 나라 그 열대지방(熱帶地方)의 섬 속에서 야자수를 쳐다보며 노래 부르고 싶어요"(『삼천리』 제8권 제1호)라고 말함으로써 그의 속내를 내치기도 했다. 그리고 의연금만 낸 것이 아니고 '독자 위문 음악 연극의 밤' 같은 것을 자주 개최하여 시름에 빠져 있던 동포 위문 공연도 자주 했다. 그러니까 돈만 가지고는 동포를 위하는 데 한계가 있다고 생각하여 수시로 재능 기부까지 했다는 이야기가 된다.

평소 개방적이면서 하고 싶은 일도 많고 의욕에 넘쳤던 그가 1936년 하반기에는 평소 아끼던 신예감독 이규한과 배우 문예봉 등 셋이서 공동 투자하여 '조선영화의 새 역사를 만들겠다'는 명분을 내걸고 영화제작사 성봉영화원(聖峰映畫園)을 출범시키게 된다. 그는 제작사를 만들자마자 이규한 감독으로 자신과 문예봉이 주연하는 향토색 짙은 영화 〈나그네〉를 현지 로케로 만들었는데 의외로 성공을 거두어 동남아 몇 개 나라에 수출까지 했다.[4] 이어서 그들은 국책영화라 할 〈군용열차〉를 제작하여 역시 흥행상으로서는 괜찮은 편이었다. 그러나 역시 영화에는 많은 투자가 필요한데 그 한계를 극복하기가 쉽지 않았다. 특히 명콤비였던 문예봉과 왕평이 외부 자본을 끌어들이는 문제로 견해의 차이가 컸고 그로 인하여 두 사람은 거의 의절하다시피 했다.

---

4 최은아, 『무대 위에서 스러진 불꽃 왕평 이응호』, 미루나무, 2011, 65~67쪽.

그리하여 성봉영화원에서 문예봉 등이 떠나고 백형권과 최남주가 좌지우지하는 조선영화주식회사에 매각되어 단명으로 끝났음을 월간『삼천리』(제13권 제1호)에 보면 "동보와의 제휴하에 서광제 감독으로 군용열차를 제작하고 의정부에 촬영소까지 갖게 되어 비로소 숙망의 영화기업화까지 보게 될 제 최남주 군의 앞잡이였던 백형권의 등장으로 성봉영화원은 부득이 조영(朝映)에 매신케 되었다. 아마 이것이 조선영화계에 있어 대자본의 철제 밑에 유린된 최초의 기록"[5]이 될 것이라고 했다.

이처럼 왕평이 영화사의 꿈은 접었으나 곧바로 무성영화로부터 유성영화에로의 전환기에 반드시 필수적인 녹음시설의 시급성을 인식하고 영화계의 자본가였던 홍찬(洪燦)과 손잡고 그의 자본금 10만 원으로 1937년 9월에 조선발성영화제작소를 출범시킴과 동시에 의정부에 토키스튜디오를 짓는다. 그런데 토키스튜디오의 초대 소장으로 신흥키네마 대표였던 일본인 스즈키 시게요시(鈴木重吉)가 취임한 것으로 보아 역시 자본금 상당액을 그가 댄 것 같다.

아무래도 당시 조선인들은 경제적으로 어려웠던 만큼 일본 자금에 의존하는 처지여서 그들이 원하는 작품을 제작할 수밖에 없는 처지여서 자연스럽게 시대극들을 만들었고, 그것들이 바로 일제의 국책영화들이었다. 좀더 구체적으로 말하면, 당시 일제는 그들이 지상과제로 추구했던 내선일체를 위한 홍보영화를 만들었고 그런 영화의 주연배우로 왕평이 출연했다는 이야기다. 항일의식이 대단히 강했던 그의 부친을 떠올렸을 때, 그런 행위가 가능했을까 하는 의문이 생길 수밖에 없는 것도 사실이다. 왕평은 이미 연예계에 나서면서부터는 고향의 부모와는 거리를 두고 살고 있긴 했지만 인간적으로는 갈등이 많았을 것임은 짐작할 수가 있다. 그러나 그는 당시에는 이미 영화예술에 깊이 빠져 있던 터라서 정치적 상황을 떠나 배우로서 열정을 쏟고 있었다.

마침 그런 시기에 그는 여성 문제로 한동안 골머리를 앓기도 했다. 전술한

5　위의 책에서 재인용.

대로 그는 일찍 고향을 떠나 서울에서 분주하게 살고 있어서 조혼제도에 따른 정식 결혼은 한 적이 없었다. 그가 좋은 집안 출신에다가 배재학교를 다녔고 극작가, 작사가, 배우, 레코드회사 간부 등의 직위에 있는 연예인으로서는 당대 최고의 인기인이이서 따르는 여성이 많았다고 볼 수가 있다. 그럼에도 불구하고 별다른 스캔들을 뿌리지 않았던 것은 그가 취성좌 때부터 친했던 극단 조선연극사의 미모의 여배우 나품심(羅品心)과 동거생활을 하고 있었기 때문이다. 그런데 배우와 가수로서 나품심의 인기가 약간 하락하는 데 반해 왕평의 인기는 계속 치솟고 있어서 예민해질 수밖에 없었고, 따라서 두 사람 간의 갈등도 생겨났던 것 같다. 그래서 나품심이 음독자살을 꾀했던 것이다. 저간의 사정에 관하여는 『매일신보』에 다음과 같이 보도한바 있었다.

한때 인기 여배우로 연극팬과 레코드의 인기를 한몸에 지니고 있던 부내 광희정 2정목 259번지 라품심 양은 19일 오전 열한시경 다량의 칼로찐을 먹고 신음하는 것을 집안사람이 발견하고 락원정 권령우 병원에 입원 치료중인데 생명에는 별 관계가 없으리라고 한다. 그런데 자살을 도모한 원인은 동 양의 인기생활로부터 몰락한 녀배우의 비애와 아울러 최근에는 그와 내연관계를 맺고 있는 성봉영화원의 왕모라는 배우와의 문제 때문에 가정풍파가 끊일 사이 없어 항상 비관을 하고 있던 바 19일 아침에도 그의 오라버니와 싸움을 하고 격분한 끝에 그와 같이 음독을 한 것이라고 한다.(『매일신보』 1938.7.2)

이상의 보도대로 한 차례 이혼 경력이 있는 나품심이 왕평과는 수년 동안 명콤비로서 동거 생활을 해오다가 여자의 질투심으로 말미암아 음독자살 미수라는 사건을 일으키고 결국 헤어져 각자의 길을 가게 된다. 따라서 그는 오로지 작가와 배우로서 영화에 올인하고 있었다. 그가 영화배우로서 활동하던 전성기에는 조선영화주식회사 외에도 동아영화제작소와 한양영화사 등이 있었다. 1938년도 들어서는 조선영화주식회사가 신예 김유영 감독의 〈수선화〉를 문예봉 주연으로 내놓았고, 동아제작소는 왕평을 내세운 국책영화 〈지원

병)를 제작했으며 한양영화사는 신경균 감독의 〈처녀도〉를 갖고 경쟁하기도 했었다.

왕평이 여러 편의 국책영화에 출연한 것을 놓고 친일 문제를 제기하는 사람도 없지 않지만 배우는 어떤 작품이든 출연하여 작가가 만들어놓은 역을 충실해내는 직업이다. 바로 그 점에서 작품 속의 가공의 인물과 배우를 일치시키는 것은 예술과 연기의 속성을 이해 못하는 데서 비롯되는 것이라 말할 수가 있는 것이다. 셰익스피어의 〈오셀로〉에서 이아고 역을 맡은 배우가 실제로 악인이 아니며 항일운동을 다룬 작품의 주인공을 맡은 배우가 곧 독립지사가 아닌 것과 마찬가지다. 그런데 그가 1940년 2월 총독부가 문화예술 통제를 위한 영화령을 공포한 직후 조직된 조선영화인협회의 준비위원과 이사를 맡았던 데에는 의문을 제기할 수가 있을 것 같다. 당시『동아일보』는 "지난 11일 오후 1시부터 태평동 조선일보사 대강당에서 개최되어 총독부측으로부터 청수 이사관 이하 지전, 서귀의 제씨 군부측으로부터 조선군의 개천소좌 헌병대 고하 소위 배급조합측으로부터 도변 장태랑급 회원 일백삼명 열석 하에 개회 이재명씨와 기호인사 왕평씨의 선언 등이 있어 의장에는 안종화씨가 추거되고 전정혁씨의 경과보고 토의사항으로 옮겨 역원선거 이사 감사 평의원이 있은 후 계속하여 청수이사관 개천소좌의 축사가 있었으며 최승일 복혜숙 문예봉의 회원 대표인사가 있은 후 동 삼시 십분 폐회하였는데 역원선거는 다음과 같이 결정되었다"(1940.2.14)고 보도했다.

그 회의에서 뽑힌 이사는 왕평, 안석영 등 5명이었고 감사는 안종화 등 2명이었으며 평의원은 이규환 등 7명이었다. 이처럼 조선영화인협회에는 모든 영화인들이 참여했었다. 그러한 상황 속에서도 왕평은 여러 번 영화 발전을 위하여라는 자신의 뜻을 분명히 밝힌 바 있다. 이 말은 당시 그에게 있어서는 영화예술 발전이 모든 것에 앞선다는 것이 아니었나 싶다.

그런데 실제로 그가 열정을 쏟은 분야는 포리돌레코드 단원들을 이끌고 수시로 전국과 만주지방까지 유랑하면서 공연을 하는 일이었다. 당시 대중극단들은 모두가 유랑극단이었다. 서울에서만 공연해서는 수익상 단체를 유지할 수가 없었기 때문에 가장 추운 겨울철을 제외하고는 모두가 지방 순회공연을 다니면서 생계를 유지했었다. 다 알다시피 일제강점기는 궁핍한 시대여서 교통시설의 열악함과 숙박시설의 낙후에다가 삼시세끼 역시 부실해서 단원들의 고생은 말할 수 없었다. 따라서 단원들은 영양실조와 각종 질환으로 이탈하는 경우도 잦았으며 공연 중 졸도하는 경우도 종종 있었다.

포리돌악극단의 리더 왕평이야말로 바로 그러한 시대 상황의 대표적인 희생자가 된 경우였다. 즉 그는 1940년 여름 포리돌악극단을 이끌고 북선 지방 순회공연에 나서서 평북 강계극장에서 그 자신이 쓰고 연출한 〈남매〉를 무대에 올리게 되었다. 그런데 안타깝게도 남자주인공이 무더위에 배탈이 나서 부랴부랴 그가 대역으로 무대에 서게 되었고, 절규하는 장면을 실감 있게 열연하다가 갑자기 고꾸라지고 만 것이다. 관중은 쓰러지는 장면인 줄 알고 우레와 같은 박수를 쳤지만 그는 이미 가쁜 숨을 내쉬면서 이승과 작별하고 있었다. 사진상으로 보더라도 그는 몸이 비대하여 혈압이 높아 보였고 멀리 순회공연 다니면서 피로와 무더위에 견디지 못했던 것 같다. 당대 최고의 대중문화 만능 엔터테이너였던 그가 향년 32세로 마치 프랑스의 세계적 명여배우 사라 베르나르(1944~1923)처럼 타향의 연극무대 위에서 요절한 것이다.

당시 『매일신보』는 '최후의 무대'라는 제목으로 강계특전이라 하여 "강계극장(江界劇場)에서 공연 중인 '포리돌' 가수 실연의 제2야 되는 31일 밤 8시 30분에 출연 중이던 왕평(王平) 군은 갑자기 뇌일혈(腦溢血)을 일으키어 응급가료 할 사이도 없이 무대 위에서 급사하였다. 군은 다년간 무대에서 많은 경험을 쌓은 후 소화 8년 7월에 '포리돌'에 입사한 후 14년 3월에 문예부장(文藝部長)으로 취임하여 지금까지 내려왔는바, 그는 레코드는 물론 〈나그네〉 〈군용열차(軍用列車)〉 등 영화에도 출연하였다"[6]고 보도했다. 한편 『동아일보』도 「왕

---

6 최후의 무대 왕평군 공연 중 급사, 『매일신보』 1940.8.2.

평 군의 유골, 삼일 조 경성 작」이라는 제목으로 "지난 31일 밤 여덟 시 삼십 분에 강계극장에 출연 중이던 왕평군이 뇌일혈로 급사하여 레코드계, 극계, 영화계를 통한 군의 공적에 비추어 애도함을 마지 않거니와 그의 유골은 3일 아침 7시 20분 경성역에 도착하리라 한다"(1940.8.3)고 보도했으며 이어서 『동아일보』는 "기보한 바 지난 31일 강계극장 무대에서 순직한 왕평 군의 영결식은 금 7일(수) 오후 6시에 시내 영락정 207번지 천대사에서 거행하기로 되었다"(1940.8.7)고 보도한 것이다. 그가 워낙 유명인사여서 주변에는 사람들이 많았기 때문에 장례문제는 포리돌악극단에서 도맡았지만 막상 가족이 없는 처지에서 시신 수습 등 민감한 문제는 서울에서 급히 온 동거녀 나품심이 해야 했다. 그러니까 나품심이 혼자서 상주노릇을 한 셈이다.

약관의 나이에 당대 최고의 대중연극단의 전속작가로 데뷔한 그가 단 12년 동안 극작가, 성인가요 작사자, 연극 영화배우 겸 연출가, 레코드회사 경영자, 그리고 영화사 제작자 등 여러 가지 장르를 아우르면서 195편이라는 놀랄 만한 작품을 남겼는데, 장르별로 구분해보면 성인가요와 민요, 희곡과 시나리오, 난센스, 스케치와 만담 등 다양했다. 희곡은 전하지 않아 작품세계를 알 수 없지만 난센스, 스케치 만담 등은 상당수 남았는데, 대체로 식민지 현실의 모순과 불합리를 에둘러 비꼬고 풍자한 희극세계였다.

그리고 가요의 주제는 개략적으로 전통에 대한 애착, 삶에 대한 비애, 남녀 간의 연정과 이별, 청춘예찬, 우리 국토에 사랑, 인생무상, 그리고 이국정취 등으로 요약되는데 애국심이 깔려 있는 특징도 보인다.[7] 이러한 그의 갈지자 걸음에 대하여 그 스스로는 어떤 단서도 남기지 않았지만 아무래도 그가 만년에는 영화예술 발전을 우선시하여 그쪽에 열정을 쏟았던 것이 아닌가 싶다.

---

7 이동순, 앞의 글 참조.

동양극장을 세운 전설적인 신무용가
배구자

한국의 근대 무용사에서, 아니 한국 예술사에서 배구자(裵龜子)는 대단히 중요한 인물인에도 불구하고 일반은 그를 잘 모른다. 누구보다 파란만장한 일생을 살면서 무용뿐만 아니라 대중예술에 큰 영향을 끼친 그이지만, 사람들은 그 실체도 모르고 그를 제대로 평가하는 이도 없다.

배구자 하면, 초창기 신무용사에 최승희나 조택원 못지않은 공로가 있음에도 불구하고 실체 없이 이름만 떠돌며 전혀 제자리를 찾지 못하고 있는 인물이 되었다. 다시 말해 배구자 하면 오직 신비스러움만 불러일으킬 뿐 그의 진가가 무엇인지를 알지 못하는 것이다. 그가 전설적인 무용가로서 신비스러움을 불러일으키는 이유는 역시 출생에 따른 것일 뿐만 아니라 해방과 함께 그가 사라져버린 때문이 아닌가 싶다. 그의 출생이란 그의 고모이자 구한말의 요화로 일컬어지던 배정자(裵貞子)와 관련되어 있음은 두말할 나위 없다. 혹시 그가 이토 히로부미(伊藤博文)와 배정자 사이에서 탄생된 사생아가 아닌가 하는 의구심이 바로 그것이다.

그런 소문이 1930년대에 한동안 떠돌았는데 그것은 미모의 배정자가 이토의 수양딸로 총애를 받았다는 데서 비롯된 것이었다. 그의 동생 배한라도 〈언니 배구자〉라는 글에서 "왜 굳이 덴가쓰에게 보내지 않으면 안 되었을까, 고

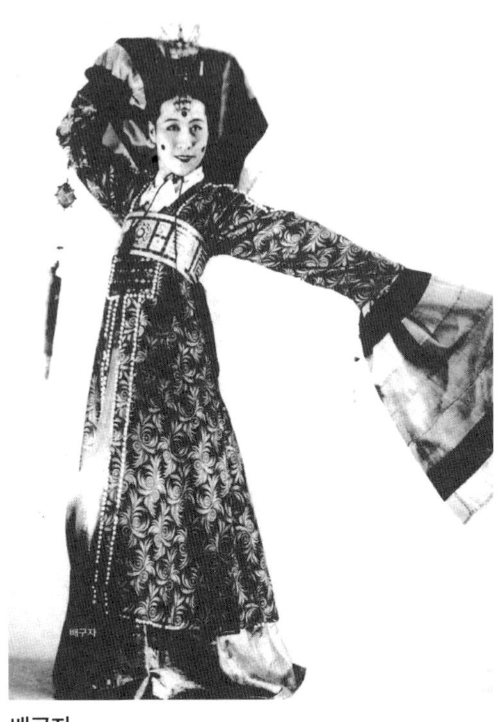

배구자

모 정자 사이에서 태어난 자식(?)이었던 까닭에… 아마 정치적으로 귀찮게 생각되었음으로… 그때 마침 경성공연을 왔던 덴가쓰 일좌에게 이토의 의향으로 말하자면 예술인으로서가 아니고 소중한 손님으로 언니가 맡겼던 것으로 생각된다."(『춤』통권 제17호)고 쓴 바 있다. 이는 다분히 이토의 소생으로 느껴지게 하는 내용이다.

그러나 배구자가 이토의 소생일지도 모른다는 소문은 역사적인 전후 맥락으로 볼 때 전혀 맞지 않는다. 우선 그의 출생연대가 대체로 1905년부터 1908년으로 나타나 있다. 사전마다 출생연대가 다른데(1907년과 1908년) 필자의 계산으로는 1905년 정도로 보인다. 왜냐하면『매일신보』1918년 기사에 "여자로서 배우가 되어 처음으로 무대에 나와 첫 배반을 치르는 배구자 금년 열세 살의 꽃 같은 색시"(『매일신보』1918.5.25)라고 씌어 있는 점에서 확인할 수 있다. 그리고 이토가 안중근 의사의 총탄에 쓰러진 해가 1909년이다. 그렇다면 배구자는 겨우 네 살 때인데, 만약 1907년생이거나 1908년생이면 그는 겨우 한두 살의 어린 애가 아닌가. 그뿐만 아니라 덴가쓰(天勝)곡예단이 한국에 처음 공연을 온 것은 1913년 11월로 되어 있다.

이토가 암살당한 지 4년이 흐른 뒤인 것이다. 이토가 정치적으로 부담을 느껴서 배구자를 덴가쓰곡예단에 맡겼다는 것은 어불성설이다. 또한 배구자의 남편 홍순언(洪淳彦)과 친척관계로서 두 사람의 결혼 과정을 비교적 소상히 알고 있었던 소설가 최독견(崔獨鵑)은 자신의 실명소설 『낭만시대』(1914)에서 그것을 부인했다. 최독견은 이토와 배정자 두 사람 모두 자손이 없었고, 이토가 양자로 대를 이었다는 배구자의 사생아설을 단호하게 부인했다. 따라서 덴가쓰의 양녀로 사랑을 받던 배구자가 이토가 죽은 후 천덕꾸러기가 되어, 덴가쓰곡예단을 탈출했다는 이야기도 뒷날 꾸며진 것임을 알 수 있다. 그렇다면 그는 누구의 딸이며 덴가쓰곡예단에는 어떻게 들어가게 되었는가 하는 의문이 생긴다. 그 비밀을 알 수 있는 당시 기사를 소개하면 다음과 같다.

> 덴가쓰의 제자 된 배구자 경성 와서 첫 무대를 치르기로 하였더라. 기술로 유명한 덴가쓰 일행은 요사이 부산에서 그곳 황금관에서 개연 중인데, 이번에는 「평화의 여신」이라는 것을 개연하기 위하여 어여쁜 여자좌원들을 많이 데리고 왔더라. 그중에는 이왕 경성 왔을 때에 데리고 간 배구자도 같이 왔는데 배구자라 함은 괴 여인으로 유명한 배정자의 친정조카 딸이며 그 부친은 경성 내 자동 사는 배석태(裵錫泰) 씨인데 이 아이는 그 고모 정자를 닮아서 외양도 예쁘고 성질도 민첩하더라. 재작년 덴가쓰 일행이 경성 왔을 때에 당년 열한 살 된 계집애가 덴가쓰가 머물러 있는 산본여관을 가서 제자 되기를 간청하는 고로 덴가쓰도 그 용기를 갸륵히 여겨 구자 부친과 의논한 결과 그 일좌에 들게 하였더라. 그 뒤로 삼 년 동안 공부를 시켜서 지금은 재료도 한두 가지 배운 고로 조선에 나와 첫 무대를 치르게 할 터이라는데 배구자는 이왕 경성에서 보통학교를 다녀 일본말을 하던 데다가 일본 가서 닦인 결과로 지금은 아주 동경서 생장한 일본 아이나 다를 것 없다 하며 이번에는 덴가쓰가 아주 수양녀로 삼을 터이라더라.(『매일신보』 1918.5.14)

당시 기사에는 그는 분명 서울토박이 배석태의 딸로 되어 있는 것이다. 그런데 배석태는 생활이 비교적 괜찮은 편이었다고 한다. 배구자는 고모인 배정자를 자주 찾아다녔고 보통학교를 다녔기 때문에 일본말도 제법 했다고 한다. 그런 소녀가 1916년 공진회 행사 때를 맞추어 내한한 덴가쓰곡예단을 구경하고 그 마술에 매료된 것이다. "어린 마음에 신출귀몰한 기술과 여러 가지 혼란한 장식이 부러운 끝에 저도 한번 그같이 하여보고 싶은 마음이 간절하였다. 그래서 집에 돌아와서는 항상 저의 부모에게든지 고모에게든지 덴가쓰를 따라가서 저도 그같이 한번 되어보겠다고 간청하였다"(『매일신보』 1918.5.26)는 것이다.

그러나 당시 배우를 천시하던 때 그의 부모가 허락할 리 만무했다. 집념이 강했던 그 소녀의 고집을 꺾지 못한 배석태가 알선자를 물색하던 중 배정자 집을 자주 드나들던 종로경찰서 형사 교본(橋本)이 배구자를 덴가쓰에게 소개했다는 것이다. 교본이라는 경관도 물론 덴가쓰가 초면이었으나 배구자가 "제자 되기를 간청한즉 덴가쓰도 어린아이의 굳은 뜻에 감동하여 즉석에 허락하니" 이것이 저의 덴가쓰의 제자가 된 내력이었던 것이다.

여기에는 많은 의문이 남아 있다. 특히 부친 배석태 이외에는 가정관계가 전혀 나타나 있지 않고, 그가 어떻게 일본의 유명한 곡예단에 그것도 어린 나이에 가입했으며, 거기에 왜 고위 일본 경찰이 관계했느냐는 것이다. 그리고 구한말의 요화로서 이토 히로부미의 정부(情婦)로 알려진 배정자의 집에 일본 경찰이 부지런히 드나든 것도 의문이다. 그러한 여러 가지 의문을 어느 정도 풀 수 있는 자료가 월간『춤』지에 나와있다.

그러나 이러한 자료가 배구자의 모호했던 출생과 성장 과정을 정확하게 알려주는 것이냐 하는 의문은 여전히 조금 남는 것도 사실이다. 즉 그가 2001년 3월 1일자에 *The Santa Barbara Independent*라는 지역신문에 자신의 출생 등 여러 가지 사실에 관하여 다음과 같이 고백한 것이다.

나는 메이지 천황(재임, 1867~1912)의 10번째 딸로 알고 있다. 나의 이복 오빠였던 요시히토는 타이쇼 천황(재임, 1912~1926)이었다. 그의 아들, 즉 나의 조카는 히로히토 천황(재임, 1926~1989)이었다. 나의 할머니는 한국의 민 황후였고, 나의 어머니는 공주였다. 그녀와 메이지 천황과의 밀회에 의해 내가 태어난 것이다. 나는 공주였다. 그러나 아주 비밀스러운 공주였다. 일본 왕실에서 인정은 했지만, 공적으로 인정받지는 못했다. 나는 거꾸로 선 아기여서 어머니가 산고를 겪었다고 들었다. 그리고 반쯤 귀머거리로 태어났기 때문에 사람들은 내가 살기 어려울 것이라고 했다. 그러나 나는 살아남았고, 어머니는 얼마 지나지 않아 돌아가셨다. 나는 일본의 좋은 가문 출신인 유모에 의해 양육되었는데, 그녀는 40년 이상을 나와 함께 했다.

나의 아버지였던 천황은 뵌 적이 드물어서 기억이 잘 나지 않는다. 그는 이토 히로부미(일본의 수상)에게 나를 보살피라는 임무를 맡겼다. 히로부미는 중국으로부터 오 선생이라는 분을 나의 개인 교사로 모셔왔다. 오 선생은 한의사이자, 고대 중국의 서예와 수묵화에 조예가 깊은 분이었다. 이 인내심 강한 분은 15년 동안 나의 스승이자 나의 친구로 지내주었다. 나는 3살 때부터 서예와 수묵화와 같은 예술을 시작했다. …(중략)… 1909년 이토 히로부미가 암살된 후, 나에 대한 보살핌은 아주 유명한 사이온지 왕자에게 전가되었다.[1]

이상의 글에서 배구자의 출생 비밀 같은 것이 밝혀졌는데, 너무나 소설 같은 이야기라서 황당하다 싶은 것도 부인할 수 없다. 그러나 한 가지 분명한 것은 그가 이토 히로부미와 배정자 사이에서 태어난 것도 아니고, 배정자의 오라버니인 배석태의 딸도 아니며, 일본 천황과 한국 공주, 즉 민 황후의 딸 사이에서 비밀스럽게 태어난 사생아라는 점이며, 출생연도도 1901년이라는 것이다. 그런데 그 공주가 일찍 타계했음으로 누군지는 모르겠으나 개연성이 전혀 없지도 않다. 그 당시로서는 무소불위의 권력을 가졌던 천황의 사생아였다면 그 처리가 간단치는 않았을 것이다.

그러나 당시의 정황으로 보아 천황은 그의 처리를 당대의 실력자 이토 히로부미에게 위임하고, 그는 또다시 정부로서 수양딸처럼 막역히 지내던 배정자

1　배구자, 「배구자의 환상적인 이야기」, 『춤』 2002.7에서 재인용.

에게 넘겼을 가능성은 있어 보인다. 그의 출생 성장 등 여러 가지 아리송했던 것도 이상과 같은 복잡한 사정 때문이 었던 것이 아닌가 싶다. 그렇다고 모든 의문이 사라지는 것은 아니다. 당시 한일관계 역시 대단히 미묘한 긴장관계였었는데, 어떻게 일본 천황과 한국 황후의 딸이 사랑을 할 수 있었을까 하는 것이 우선 풀리지 않는 의문부호이기 때문이다.

또 하나 의문스러운 것 중의 한 가지는 그가 자전의 글에서 주로 활동했던 덴가쓰곡예단 이야기라든가 홍순언과의 첫 결혼, 동양극장 설립 이야기, 그리고 무용가로서 한국 내에서 가극운동을 했던 이야기 등이 모두 빠져 있다는 점이다. 그렇지만 그가 일본과 중국을 여러 번 다닌 것이라든가 1920년대 초에 일본과 미국에 순회공연을 다녔다는 이야기가 있는 것으로 보아 그것이 덴가쓰곡예단임을 알 수 있게 한다.

그가 2001년 이 글을 쓴 것이 만 100세 때였다. 웬만한 기억은 못 할 나이인 것이다. 고의적으로 국내활동을 뺄 수도 있고 아니면 기억에서 지워졌을 수도 없지 않은 것이다. 그런데 이 자료를 발굴한 서지연구가 김종욱(金鍾旭)의 후기에 보면 그가 여동생 배한라가 만든 하와이 무용연구소를 1백 살 때 방문했는데 여전히 건강하고 아름다웠으며, 거기서 살풀이춤까지 추어 보였다고 한다.[2] 여하튼 그가 분명 10대 때부터 덴가쓰곡예단에 가입해서는 알게 모르게 여러 가지 비밀보호를 받으면서 활동을 한 것만은 분명해 보인다.

주지하다시피 덴가쓰는 제자를 대단히 엄격하게 다루는 것으로 이름난 인물이었다. 그가 제자를 가르칠 때는 기본교육 3년 뒤에나 기술을 가르쳤다고 한다. 그러나 3세 때부터 중국인 개인교사로부터 예술교육을 받은 배구자만은 워낙 뛰어난 소양을 갖고 있었기 때문에 곧바로 기술을 가르쳐 무대에 세웠던 것 같기도 하다.

당시 기사에 보면 배구자는 매몰차리만큼 부모 곁을 떠나 일본으로 가서

2　김종욱, 「배구자는 일본 명치천황의 딸임을 주장하는데…」, 『춤』 2002.7.

"덴가쓰를 저의 모친으로 알고 덴가쓰는 딸같이 여겨서 처음에는 기거동작이며 예를 일본식으로 가르치고 말도 가르쳐 이제는 조선말을 전혀 잊어버리고 일본말은 일본인과 조금도 다를 바 없이 되었으며, 열심히 가르치는 대로 공부를 하여 저의 여러 동무 중에도 성적이 가장 좋았으며 덴가쓰 일행 중에는 모두 저를 장래 큰 이름을 얻을 줄로 인정하게 되었더라"고 기록되어 있다. 이어서 그 기사는 "덴가쓰의 제자 가르치는 법은 자기가 만 3년 동안을 교육한 후가 아니면 기술을 가르치지 않았으나 배구자는 원래 재주가 탁월하므로 그의 제자가 된 지 불과 이 개년에 벌써 처음으로 무대에 나서게 된 것"이라 적어놓았다.

그의 첫 귀국무대는 대성공이었다. 그의 기량이 뛰어났던 것이다. 그는 이처럼 이미 십대소녀로서 덴가쓰의 마술에 버금가는 요술을 지니게 된 것이다. 그런데 한 가지 주목해야 할 것이 그가 11세에 덴가쓰를 따라 일본으로 가서 너무나 철저한 교육을 받은 나머지 2년 반 만에 귀국했을 때는 우리말을 거의 못했다는 사실이다. 이는 그가 한국말을 거의 쓰지 않았기 때문이라고 볼 수 있겠다.

주지하다시피 덴가쓰곡예단은 여걸인 쇼교쿠사이 덴가쓰(松旭斎天勝)가 이끄는 일종의 곡예단으로서 1900년대에 발족된 단체이다. 일본의 대표적인 곡예단으로서 레퍼토리는 무용, 음악, 곡예, 연극, 가극 등 다양했다. 따라서 단원의 조건은 노래와 춤, 연기력이었음은 두말할 나위 없다. 이 단체의 활동범위는 대단히 넓어서 본부가 있는 도쿄를 거점으로 삼고, 동쪽으로는 남북 미주(美洲), 서쪽으로는 한국을 거쳐서 만주, 러시아, 유럽까지 순회공연을 다닐 정도였다. 그렇기 때문에 단원들은 자연히 서양 문물도 접하게 되고 또한 안목도 대단히 넓어질 수밖에 없었다. 이 단체가 우리나라에 순회공연을 오기 시작한 것은 1913년 11월부터로 한 번 오면 서울뿐만 아니라 평양 등 지방 대도시들도 다녔다. 그 이후에는 거의 매년 한국 공연을 다녔다. 이 단체의 인기는 대단했다. 레퍼토리가 다양한 데다가 뛰어난 기량 때문이었다.

1915년 순회공연 때의 레퍼토리를 참고삼아 소개하면 다음과 같다. 중요한 기술(奇術)―불사의(不思議)의 선(扇), 장중(場中)의 미―그는 구극, 사로메극, 골계기술비방(滑稽奇術秘方), 음악의 합주, 기타 십수번(十數番)(『매일신보』1915.10.22) 이상과 같은 레퍼토리 외에도 순회공연 올 때마다 서양 무용 등 새로운 것을 선뵈곤 했다. 이들은 대체로 40여 명 규모로 순회공연을 다녔는데, 특히 무용수준은 대단한 것이었다. 이런 곡예단에서 배구자는 일찍부터 두각을 나타냈는데 그것은 순전히 그의 타고난 재능과 열정적인 노력 덕분이었고, 덴가쓰의 후계자로서 인정받았던 데 따른 것으로 보인다. 따라서 그는 덴가쓰 남편의 성을 받아서 노로 가메꼬(野呂龜子)로 불리기까지 했다.

그리고 1921년 즉 스무 살 되던 해부터는 작은 덴가쓰라는 별명과 함께 덴가쓰의 상대역으로 나서기 시작했다. 그가 한국 공연 때는 남성팬들이 열병을 앓을 정도로 신데렐라였고 매일 엽서를 한 뭉치씩 보내는 청년도 부지기수였다. 일본인 동료단원들이 식민지 출신의 배구자를 시기, 질투, 학대한 것은 당연한 일이었다. 기량에서 상대가 되지 않는 일본인 동료들의 투기와 박대는 견딜 수 없는 것이었다. 그러나 그는 그런 것에 구애받지 않고 오로지 열광하는 관중만을 생각하면서 열심히 공연을 다녔다.

그는 덴가쓰곡예단을 따라 미국, 중국, 러시아 등지까지 순회공연을 다녔다. 거기서 서양 무용을 많이 접할 수 있었다. 그의 비밀스런 일본집 주위에 백계 러시아인들이 살았기 때문에 일찍부터 발레도 배웠던 만큼 그러한 서양 무용은 그의 레퍼토리를 살찌게 하는 동시에 반성도 하게끔 만들었다. 미국 순회공연 때는 여러 가지 경험을 한 것으로 되어 있는데, 그와 관련해서는 배구자는 자전적인 글에서 다음과 같이 썼다.

우리 일행은 기차로 시카고에 갔다. 우리의 호텔방은 1층에 있었는데, 그리 멀지 않아 방을 옮겨야 했다. 우리는 시카고에서 몇 달을 머물렀는데, 우리의 모든 관심은 무대예술에 있었다. 밤에는 연극, 발레, 보어더빌을 관람했다. 그리

　　　　　　　　　　　　제3부　대중 공연예술의 개화 (1)

고 그곳에서 스튜디오를 갖고 있던 유명한 발레 무용가인 이토 미치로에게서 발레 레슨을 받았다. 로스앤젤레스의 일본 영사관은 아주 협조적이었다. 뉴욕의 한 아파트에서 거의 일 년 이상을 보냈다. 그곳에서는 발레, 오페라, 탭댄스, 피아노, 색소폰, 플루트를 배우는 등 많은 레슨을 받았다. 밤에는 발레, 오페라, 연극, 보어더빌을 관람했다.[3]

이상에서 확인할 수 있는 것은 그가 미국 순회공연 중에 따로 떨어져서 여러 가지 예술 체험을 했고, 또 뒷날 두 번째 남편이 되는 열다섯 살 연하의 일본계 미국인 소년 프란시스 료조 야마모토를 만난 점이다.

그런 그도 나이를 먹어가면서 어렴풋이나마 민족감정을 느끼기 시작한 것 같다. 특히 일본인 동료들의 시기, 질투 등은 더욱 그로 하여금 조국에 대한 자각을 하게끔 한 것이다. 마침 그런 시기에 덴가쓰 부부와 갈등마저 생겨나게 되었다. 노로(野呂)의 전처 소생과 사랑에 빠졌던 바, 그 눈치를 챈 덴가쓰 부부가 제동을 걸고 나온 것이다. 왜냐하면 이들이 결혼하게 되면 막대한 유산이 배구자의 손으로 넘어가는 것은 말할 것도 없고 자신의 예업 계승이 무산될 것임은 자명한 사실이 될 것이기 때문이다(『매일신보』 1926.6.7).

그는 덴가쓰곡예단으로부터 이탈할 결심을 굳혀갔다. 그것은 두 가지 이유에서였다. 물론 그 한 가지는 덴가쓰 부부 및 단원들과의 갈등이고, 두 번째로는 한국에 남아 우리나라 예술계를 위해서 일해야겠다는 생각에서였다.[4] 그가 덴가쓰곡예단으로부터 탈출을 한 것은 순전히 의리에 대한 충격적 단절로 보아야 될 것 같다. 사실 그는 보수도 받지 않고 10여 년 가까이 다녔었다. 그가 두 번째 탈출 기도에서 성공한 뒤 첫 번째 찾은 중외일보 최독견 기자에게 "하아, 마에낑(前金) 말입니까? 그런 건 저는 잘 모르겠습니다. 우리 고모(裵貞子)가 저를 덴가쓰에게 판 것이 아니라 맡긴 것이니께요. 그러니까 기한도 없이

---

3 배구자, 앞의 글.
4 홍순언이 최독견에게 보낸 서간 참조.

돈도 안 받고 뭐라고 할까요. 그저 준 셈이죠"[5]라고 실토하면서 "의리가 문제지요"라는 말로 자조한 바 있다.

결국 그는 평양 순회공연에 와서 극적으로 탈출했는데, 그때가 바로 1926년 6월 3일이었다. 그는 덴가쓰 부부 앞으로 "노하실 줄 알면서도 이를 불구하고 쓰는 것을 용서하여 주십시오. 한 번도 아니고 두 번째나 같은 짓을 하지 않으면 안 될 소녀의 마음을 용서하여주시고 불쌍타 하여주셔요. 불행한 저를, 박행한 소녀를, 불효막심한 자식을 제발 잊어버려주십시오"(『매일신보』 1926.6.7)라는 편지를 남기고 평양철도호텔에 숨어들었던 것이다. 그때 그를 숨겨준 사람이 후일 첫 남편이 된 지배인 홍순언(洪淳彦)이었다.

그런데 덴가쓰는 그의 탈주를 순전히 친부모와 배정자의 음모로 몰아붙이면서 일본에서의 탈주 사건도 부모가 요구하는 돈 때문이었다고 주장했다(『매일신보』 1926.6.7). 여하튼 은신 3일 만에 고모로 끝까지 행세한 배정자가 황주까지 마중 오는 배려 속에 기차로 서울에 왔다. 그는 찾아간 기자에게 "조명이 찬란한 무대 위에서 만인의 칭찬을 받는 것은 매우 기뻤습니다. 그러나 환락의 세계 속에서 또한 구슬픈 일이 한두 가지가 아닙니다. 언제든지 그 같은 세계 속에서 세상의 공허한 사랑만 받는 것을 즐거움으로 삼고 있다가는 나의 최후도 어찌될지 모르고 더욱 기예를 끝까지 배우려면 한이 없는 것일 뿐 아니라 무엇보다도 참된 사람으로서의 생활을 하여 보자는 것이 이번 일행을 떠난 동기"라고 밝혔다.

그러니까 그가 철이 들면서 뜬구름 같은 인기와 덴가쓰류의 예술행태에 대해서 회의를 갖게 되었고, 또한 국내외 순회공연의 강행군으로 심신이 지친 것이 탈출 동기라고 밝힌 것이다. 서울에서 그는 근 2년여 동안 세상에 모습을 드러내지 않은 채 은둔하면서 재기를 계획하고 있었다. 그런데 재기하려면 덴가쓰곡예단의 기술만으로는 부족하다고 생각한 그는 미국 유학을 결심하게

5　최독견, 『浪漫時代』, 1964.11.

　제3부　대중 공연예술의 개화 (1)

되었다. 한 예술가가 유학을 떠남에
있어 고별무대를 가져야 한다는 생
각으로 그는 나름대로 창의성을 발
휘하는 레퍼토리를 착실히 준비했
다. 그리하여 탈출 2년여 만인 1928
년 4월 20일 밤 장곡천정 공회당에
서 저 유명한 배구자 고별 음악 무용
회를 가지게 되는 것이다.

오늘날 무용학계에서는 신무용
의 기점을 어떤 공연으로 삼아야 하
느냐로 의견이 분분한 것 같다. 그
런데 본인 생각으로는 그 효시를 배
구자의 미국 유학을 위한 고별공연
으로 삼아야 하지 않을까 하는 생각
을 하게 된다. 우선 그의 본격 무대
가 되는 고별공연의 레퍼토리를 보
더라도 유모레스크 〈집시댄스〉, 그

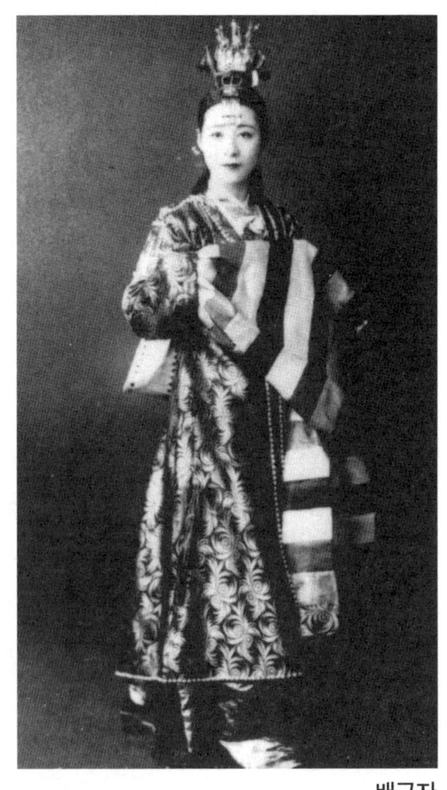

배구자

리고 자작무용 〈아리랑〉 등이었던 바, 이는 그의 평소 신념대로 서양 무용 소
개와 한국 창작무용을 선보였다는 점에서 그렇다. 물론 여기서 〈아리랑〉은 재
래의 전통무용을 현대적으로 대담하게 개량한 것이었다. 그가 고별공연을 할
때, 바이올리니스트 휴즈, 안병소 등의 반주가 곁들여졌었다.

그런데 그는 춤만 춘 것이 아니라 독창(알토)도 했다. 그의 재기 고별공연
은 대단한 호평을 받았고, 민요 아리랑의 신무용화는 무용사에 하나의 이정
표가 되는 역사적 사건이 된 것이다. 당시의 한 비평가는 "민요곡 아리랑을
자작한 것은 그 동기로부터 우리는 감사하고 싶다. 순진한 시골처녀로 분장
하여 아리랑의 기분을 무용으로 나타내었는데 그 얼마는 확실히 성공하였

다"(『매일신보』 1928.4.23)고 쓴 바 있다.

그러나 그의 고별무대는 불행하게도 미국 유학으로 이어지지는 못했다. 왜냐하면 여권문제가 여의치 않았기 때문이다. 따라서 그는 다음해(1929) 홍순언과 첫 번째 결혼을 하고 본격 무용활동에 나서게 된다. 평북 의주(義州) 출신의 홍순언은 열차식당 보이로 출발해서 평양철도호텔 지배인이 된 건실한 청년이었다. 이러한 배경으로 해서 배구자의 상대는 되지 못했지만 기연(奇緣)에 의한 의리를 저버릴 수 없어 결혼을 해준 경우였다. 결혼 직후 그는 찬영회(讚暎會)의 후원을 얻어서 서양 무용을 이 땅에 소개하는 동시에 전통무용을 개량한다는 목적으로 신당리문화촌에 배구자무용연구소를 개설했다. 그것이 1929년 6월의 일이었다. 그런 그의 무용연구소의 활동이 언론에 자주 등장한 것은 1929년 여름부터였다. 「배구자 여사 무대에 출현」이라는 『동아일보』 기사는 1929년 8월 24일자였다. 주지하다시피 이서구(李瑞求), 최독견 등 언론인들이 주동이 되어 연극, 영화 등을 지원 육성하기 위해 조직된 것이 찬영회였다. 따라서 찬영회는 배구자를 잘 키워서 이 땅의 훌륭한 무용가로 만들자며 발 벗고 나선 것이다.

우선 그는 무용연구소원 선발방식에서부터 매우 달랐다. 전원 숙식까지 무료로 하고 내규도 까다롭게 만들었는데, 그것은 철저하고 엄격한 교육을 위해서였다. 가령 자격 제한을 만들어서 출신을 중요시한 점이 주목할 만한 것이었다. 이를테면 권번(券番) 출신이라든가 흥행극단 배우 출신 등을 일종의 얼치기로 보고 일절 배제했다. 그러니까 그는 우리 무용을 기방예능으로부터 해방시켜 순수예술 무용으로 격상시키려면 애초부터 때 묻은 젊은이는 배제하고 가야 한다고 결심한 것이었다. 결국 12명으로 출발한 배구자무용연구소가 기초교육을 철저하게 시켜나감으로써 크게 인정을 받았고, 그 소문이 퍼지면서 50여 명의 젊은 지망생들이 모여들어 무용연구소를 가득 채웠던 것이다.

15세부터 20세까지의 처녀들이 선발 대상이었지만 남성 바이올리니스트

안병소(安炳昭)도 지원해서 흥미롭다. 그는 이들을 3개월 정도 강훈을 시킨 후인 1929년 9월 19일에 영락정중앙관에서 제1회 발표회를 가졌다. 이는 한국무용사상 최초의 무용연구소 개설과 발표회이기도 했다. 그 발표회는 배구자 자신의 창작신무용과 연구생들의 합동무용, 그리고 안병소의 바이올린 독주, 피아노 독주, 게다가 서양영화까지 곁들여 자못 대성황을 이루었다. 배구자는 그 발표회에서 〈수(水)의 정(精)〉 등 독창적인 작품을 여러 편 선보였는데 소설가 심훈(沈薰)은 전문가 못지않은 안목을 갖고 긍정적 평가를 내린 바 있다. 즉 그는 배구자의 발표회가 첫째로 과거의 유흥기분을 떠나서 진지하고 학구적이었다는 점, 둘째는 그가 우리 춤을 개발 창작했다는 점, 셋째 배구자의 춤이 민요적이며 서정적이며 소야곡적(小夜曲的)인 예풍을 가졌다고 평가한 것이다(『조선일보』 1929.9.22).

이처럼 배구자는 우리 고유의 춤을 발굴하고 재창조해서 신무용으로 발전시키는 작업을 했던 것이다. 그의 창작무용에 대한 철학은 다음과 같은 고백 속에 잘 나타나 있다.

나는 처음에 생각하기를 조선이라는 곳에는 전혀 무용이라는 것 없는 줄로만 알았어요. 그렇지만 실제로 발을 벗고 일을 하여보니까 무용이 없기는 고사하고 우리의 조상들은 벌써 어느 나라에도 지지 않을 만한 훌륭한 무용을 하고 있었던 것이 판명되었습니다. 그렇건만 우리의 무용은 왜 찬란하게 빛이 나지를 못합니까? 무엇 때문에 우리들은 우리의 훌륭한 춤을 가지고 있으면서도 밤낮 남의 나라의 춤만 숭상하여 그것을 배우지 못해 애를 씁니까? 그야말로 보배를 썩히는 격이에요. 그래서 나는 생각했습니다. 세계적으로 유명한 메리 던컨이나 안나 파브로바 여사의 춤이 아무리 가치가 있고 또 유명한 것이라고 하더라도 결국 그것은 그들의 춤이요 결코 우리의 춤은 되지 못하니까 그것을 숭상할 필요도 없거니와 또 그것을 숭상한다 하더라도 우리의 짧은 다리와 삐뚤어진 관절을 가지고는 암만해도 그들을 따라갈 수는 없는 일이니까 쓸데없이 좋으나 그르나 남의 것만 맹목적으로 추종해갈 것이 아니라 우리는 어디까지나 우리의 고유한 춤을 연구해서 조선에 확고한 무용도(舞踊道)를 수립하는 것이 우선 급선무가 아닐까 해요. 그래서 나는 금년부터는 특히 우리나라의 자랑인 조선 민요를 무대에 올리는 동시에 우리 조상이 남겨둔 검무, 승무 같은 것을 이용하여 가무극 같은 데에도 손을 대어볼까 합니다. 그러나 어찌 될는지요. 황무지와 같은 곳에서 예술의 꽃동산을 꾸미어보겠다는 우리의 고충을 좀 살피어주셔요(『매일신보』 1931.1.9).

배구자의 고백에는 그 자신의 무용관을 넘어 한국 신무용사에 있어서 매우 중요한 획을 긋는 내용이 들어 있다고 말할 수 있다. 왜냐하면 개화기에 있어서 너도나도 앞 다투어 서양 문물에 추수적(追隨的)이던 때에 있어서 그가 나서서 우리의 전통춤, 더 나아가 전통예술의 가치를 제대로 인식하고 그것의 재창조를 통해서 신무용을 정립해야 한다고 설파했기 때문이다. 그는 시대에 앞서가는 선구자답게 민족무용에 대한 확고한 신념을 갖고 있었다. 예술이 뭔지를 제대로 느끼지 못한 십대의 소녀가, 덴가쓰곡예단에 들어가서 일본화된 서양 춤만 배웠던 그가 우리의 전통무용에 눈을 돌렸던 것은 외지를 떠돌며 자연스럽게 싹튼 민족의식의 발로에 따른 것이 아니었을까 싶다.

실제로 그가 우리 춤에 대해 심각하게 생각하게 된 계기는 16세 때인 1921년 덴가쓰곡예단을 따라 미국 만국박람회 공연 중 세계적인 무용가 안나 파블로바를 만나면서부터였다(여동생 배한라 증언). 그때부터 그는 '내 나라로 가야지' 하는 조국에의 강렬한 귀환의식을 품기 시작했고, 덴가쓰 곁을 떠난 이유 중에는 그러한 민족의식도 있었다. 특히 안나 파블로바의 러시아 민속춤을 바탕으로 한 실험적인 무용이 배구자에게 대단한 충격을 주었다고 한다.

너무 일찍 일본으로 건너가서 우리 춤을 전혀 몰랐던 그가 일본 춤과 서양 춤을 배웠고 특히 실험성 강한 현대 춤을 보고 우리 고유의 전통무용에 눈을 돌린 것은 배구자가 아니고서는 어려운 것이었다. 그가 서양 춤을 맹목적으로 추종하는 것을 경계하면서 한국인의 짧은 정강이와 휜 관절을 가지고서는 발레 등 서양 무용을 따라잡기 어렵다고 본 것은 대단한 통찰력이었다. 당시까지만 하더라도 우리 어린이들은 영양상태가 좋지 않았던 데다가 주로 업어서 키웠기 때문에 다리가 짧고 휘었던 것이 사실이었다. 배구자는 그것을 명쾌하게 집어낸 것이다. 그만큼 그는 명석한 두뇌와 예민한 감수성은 물론이고 날카로운 통찰력까지 갖춘 인물이었던 것이다.

그렇기 때문에 그가 소녀 때부터 일본 춤과 서양 춤만을 배워가지고 외지를 떠돌아다녔어도 그것에 함몰하지 않고 우리 것에 눈을 돌려 민족무용도를 정립하기 위해서 과감히 독립한 것이었다. 그보다 한참 뒤에 일본 신무용가 이시이 바쿠(石井漠)의 제자가 되어 그의 춤을 배운 최승희(崔承喜)가 창작무용연구소를 개설한 것은 1930년이었다. 이처럼 무용가로서 본격적으로 모습을 드러낸 것은 배구자보다 뒤였고 발표회도 마찬가지였다. 그럼에도 불구하고 최승희와 달리 배구자를 신무용의 선구 대열에서 제외시킨 것은 그가 무용만을 고집하지 않고 가무극도 하는 등 활동 분야가 넓었기 때문이 아닐까.

당시 저명한 소설가 김동인(金東仁)도 그가 최승희에 비해 제대로 평가되지 않았다면서 "그러나 지금 회상되는 배구자의 무용에서 받은 감격을 무엇으로 설명할 수 있을 것인가?"(『매일신보』 1932.5.12)라고 개탄한 바 있는 것이다. 그는 연구생들과 가진 첫 번째 발표회가 성공을 거두자 자신감을 갖고 지방 순회공연을 했고, 인천을 한번 다녀오자마자 본격 예술단체로 정비해갔다. 그가 구상한 것은 일본의 소녀가무극단 다카라쓰카(寶塚) 같은 것이었다.

그리하여 그는 1929년 9월 중순에 무용연구소를 가무극단 성격으로 재편성하여 단체 이름도 '배구자일좌'라고 정하고 단성사에서 대대적인 창립공연을 가졌다. 그때의 레퍼토리를 보면 서양 무용과 집시춤, 아리랑, 방아타령 등 우리 민요의 무용화, 그리고 가극이었다. 특히 가극을 포함시킨 것은 그가 단순히 무용만이 아니라 연극, 음악 등 종합무대를 만들어갔다는 것을 의미한다. 이는 곧 그가 이 땅에서 최초로 다카라쓰카와 같은 가무극단체를 만들었음을 알 수 있는 것이다.

그는 중외일보 독자를 위안 프로그램이라 하여 영화까지 곁들임으로써 대중성을 추구했음을 알 수 있다. 그 시기는 마침 극단 조선연극사(朝鮮演劇舍)

같은 신파극단들이 막간을 발전시켜서 악극 흉내를 낼 때였으므로 배구자의
가무극과 어느 정도 연계가 있지 않았나 싶다. 물론 배구자가 시도한 가무극
과 신파극단들의 막간극과는 질적으로 상대가 되지 않았다. 그렇지만 그의 가
무극은 신파극단의 막간극에 절대적인 영향을 주었고, 악극으로 발전해 가는
데 있어 하나의 모델이 된 것만은 분명하다고 보아야 한다.

국내에서 단번에 인기를 얻은 그는 연구소의 인원을 50여 명 이상으로 확대
개편하고 11월 15일에 단성사에서 대대적인 공연을 가졌다. 그때의 레퍼토리
는 신작 무용과 가극 〈잠자는 신〉 등이었다(『매일신보』 1929.11.15). 이들은 곧바
로 개성, 수원, 청주 등지로 순회공연도 다녔다. 이듬해 초부터 그는 부산, 대
구, 통영 등 남선지방을 순회했는데, 동아일보 부산지국은 "조선 무도계의 중
진이요 거성인 배구자(裵龜子) 일행은 십일, 이 양일 본보부산지국 후원으로
부산공회당에서 공연"(『동아일보』 1930.1.11)했다고 보도했다. 그러다가 그는 그
해 3월 초에 단체를 이끌고 곧바로 일본 순연 길에 올랐다. 1930년 3월 26일
자 중외일보에 그가 규슈지방에서 공연한다는 기사가 보인다.

일본은 그에게 있어서 안마당과 같은 곳이었는 데다가 일본인과 똑같은 언
어구사와 빼어난 춤, 노래 솜씨로 찬사를 받았고 특히 배구자가 관중을 매료
시켰다. 여러 가지 레퍼토리 중에서도 신무용 〈아리랑〉이 대호평이었는데, 카
페 길은 곳에서 아리랑을 부르는 일인들이 늘어날 정도였다. 일본 순회공연
중 그가 『삼천리』라는 월간지에 보내온 경과 보고는 다음과 같다.

이곳에서 공연하는 종목은 대별하면 아래와 같습니다. 「조선민요무용」, 「조선
동요무용」, 「조선표현의 신무용」, 「서양무용」 외 스켓치 등이올시다. 저이들은
각지에서 공연 마치고는 각 방면의 비평을 엿듣습니다. 그리고 저이들의 공연
이 이 나라 사람들에게 어떠한 감상을 주고 있는가 하는 것을 재미있게 생각하
여 늘 주의하여 보고 있습니다. 각지에서 듣는 평을 종합적으로 보면 다음과 같
습니다. 민요 아리랑은 그 사람들 귀에 멜로디가 애연스럽고 재미있게 들린다고
하여 공연을 하고 나면 반드시 유행되는 것을 봅니다. 그리고 동요 박꽃아가씨

와 양산도, 도라지타령과 잔도토리와 타령 등 곡조에 맞추어 추는 춤은 조선의 정조일 듯한 새 맛이 드러난다고 하여 새 것을 좋아하는 젊은 사람들 사이에서는 매우 환영을 합니다.(『삼천리』 1933.1)

그의 일본 공연은 큰 호응을 불러일으켰다. 근 반년여 순회공연을 마치고 1930년 10월 말에 그가 귀국 일성으로 신작무용을 많이 발표하겠다고 선언했지만, 실제로는 연극 쪽으로 더욱 기울어져서 장·단막 가무극을 무대에 올렸다. 가령 11월 초 조선극장에서 가진 귀국 첫 공연의 레퍼토리를 보면 동화극 〈인형제〉(전 1막)를 비롯하여 몇 가지 무용과 촌극 〈붉은 꽃 흰 꽃〉, 〈모뽀 모껄〉, 〈당대신사〉, 〈기막힌 전화〉, 그리고 비극 〈무궁화〉(전 1막), 리뷰 〈스피드 세계일주〉 등이었다(『동아일보』 1930.11.4). 그는 활극뿐만 아니라 〈멍텅구리 미인탐방〉과 같은 코미디, 촌극 〈모던 장한몽〉, 소극 같은 것도 공연했다. 그가 무용보다는 가무극 쪽으로 기울어져 간 데는 활달한 성격과 다양한 재능, 그리고 최승희의 등장도 한몫했다는 것이 그와 동양극장을 함께 했던 최독견의 주장이다.(소설 『낭만시대』)

배구자는 뛰어난 재능에도 불구하고 무용가로서의 체격 조건에서는 최승희를 따를 수는 없었다. 그가 이따금 "무용을 하는 데는 머리보다 육체가 더 필요한 거예요, 더욱이 육체의 노출 부분이 많을수록 효과가 나는 서양 춤에는 말이에요"(소설 『낭만시대』)라고 되뇌었던 것도 실은 최승희를 의식하고 한 말이었다.

여하튼 배구자의 주 활동무대는 일본이었다. 십수 년 동안 덴가쓰곡예단을 따라다니면서 수많은 팬을 확보하고 있었기 때문이다. 1930년대 초 잠시 귀국공연을 가졌던 그는 일본 흥행업자들의 등쌀로 또다시 순회공연에 나설 수밖에 없었다. 일활(日活)이라든가 길본(吉本)흥업, 송죽좌같은 흥행업자들이 그의 가극단과 계약을 강요했고 결국 송죽좌와 계약을 맺은 것이다. 그는 송죽좌에 이어 오사카에 본부를 둔 길본흥업의 요청으로 재차 도일, 공연을 가졌다. 이때 중간다리역할을 경성극장주인 와께시마(分島)가 했다. 배구자는 몇 년간 일본 순회공연으로 돈을 좀 모았고 남편 홍순언도 따라다니는 동안 예술에 어느 정도 눈을 뜨게 되었다.

수중에 목돈을 쥔 배구자는 한국 문화 그중에서도 무대예술 전체를 생각하기 시작했다. 그가 수년간 공연 활동을 벌이면서 여러 가지 장애를 겪었던 터라서 극장 사정이 어떤가는 너무나 잘 알고 있었다. 그러니까 이 땅에 무대예술 전문극장이 있어본 적이 없었고, 모두가 일본흥행업자들이 만든 영화관에서 무대예술이랍시고 공연한다는 것이 얼마나 괴롭고 엉터리였던가를 그가 뼈저리게 느끼고 있었던 것이다. 그러나 수중에 갖고 있던 돈(4천여 원) 가지고는 극장을 지을 수가 없었다. 배구자 부부는 길본(吉本)흥업을 통해서 알게 된 일본인 흥행업자 와께시마를 알선자로 내세워 상업은행으로부터 융자를 받아 이 땅 최초의 무대예술전용 동양극장을 세우게 된 것이다.

서대문로터리에 650여 석의 동양극장이 들어선 것은 배구자가 일본순회공연을 마치고 귀국한 1년 뒤인 1935년 11월이었다. 그는 남편 홍순언의 오촌 당숙인 언론인 겸 소설가 최독견을 총지배인으로 앉히고 대대적인 신축개관 공연을 가졌다. 그는 단체명칭도 배구자악극단으로 고쳤는데, 개관 레퍼토리는 만극(漫劇) 〈멍텅구리 제2세〉, 촌극 〈월급날〉, 무용극 〈급수부(汲水婦)〉, 20여 명으로 구성된 소녀관현악단의 무대연주 조양곡(朝洋曲) 수종, 무용(클래식, 재즈, 덮푸) 5종, 조선 무용 〈아리랑〉, 독창, 합창, 뮤직플레이 등이 있었다(『매일신보』 1935.10.30). 이어서 배구자악극단은 석별흥행주간이라 하여 악극 〈피리의 기적〉(최독견 작)과 〈쌍동의 결혼〉, 촌극 〈아첨하다 봉변〉, 소녀관현악단 연주, 그리고 각종 무용 등을 공연했다(『매일신보』 1935.11.9).

그런데 공연 중 사건이 일어났다. 〈피리의 기적〉 마지막 장면에서 배구자가 갑자기 태극기를 꺼내 흔들었는데 그것이 임석경관에게 발각된 것이다. 결국 배구자가 1주일간 유치장 생활을 하는 것으로 끝나긴 했지만 그 사건은 그의 민족의식을 단적으로 보여준 것이었다. 그리고 배구자악극단만으로 치른 개관공연은 별로 성공을 거두지는 못했다. 따라서 최독견이 전면에 나서서 당시의 대표적인 극작가, 연출가, 배우, 무대 스태프진을 끌어들여서 흥행극단을 조직했음은 물론이고 전원월급제도 실시했다. 이것 역시 한국연극사상 최초의 일로서 전문극장 건립 못지않게 중요한 의미를 지니는 것이다.

극장을 최독견에게 일임하고 순회공연을 다녀온 배구자악극단은 이듬해 5월에 전속극단 청춘좌와 합동으로 리뷰 〈안녕합쇼 서울〉, 악극 〈마음의 등불〉, 리뷰 〈잘 있거라 서울〉, 재즈 검극 〈근등용〉, 악극 〈사랑은 허무하기 물거품 같더라〉 등을 공연하고는 또다시 순회공연 길에 오른다. 그런데 여기서 주목되는 것은 그가 대부분 구성한 리뷰극에 서울을 많이 등장시킨 점이라 하겠다. 그가 공연 때마다 거의 빠뜨리지 않는 춤 가운데 〈아리랑〉과 〈물 긷는 처녀〉 같은 한국 무용이 들어 있는 사실에서 알 수 있듯이 그가 조국에 대한 사랑을 작품 곳곳에서 내비쳤던 것이다.

이런 그였지만 박행(薄幸)해서 극장을 지은 2년여 만에 남편 홍순언이 급작스럽게 세상을 떠나고 말았다. 남편이 죽은 뒤 공연 활동도 중지하고 극장 경영에 몰두했는데 남편 친족 및 최독견 지배인 등과 합명회사를 만들어 운영하기도 했다. 그러나 무리한 경영으로 운영이 어려워지면서 그는 단 몇 달 만에 동양극장 경영에서 손을 떼고 말았다. 이것이 결국 그가 조국을 떠나는 계기가 되었고, 결과적으로 그가 이 땅에서 구상했던 문화운동의 꿈이 깨지는 순간이었다. 그러나 그가 무대예술전용극장을 세워놓음으로써 그 운영자가 누가 되었든 대중공연예술이 꽃을 피울 수 있게끔 토대를 마련했다는 점에서 대단히 큰 공로를 남긴 것이다. 그가 동양극장에서 손을 뗀 다음의 행적이 수수께끼였는데 지난번 미국 신문에서 인터뷰한 것에 의하면 한국에서 스튜디오를 열고 고아원생들을 돌본 것으로 되어 있지만 확인할 길이 없다.

그의 자전적인 글에서 보면 "그 상황에서 일본인으로 있는 것이 불편했으며, 나 역시 반은 한국인이기에 한국 옷으로 갈아입고서 한국인이 되었다. 거의 아무도 내가 일본계라는 사실을 알아채지 못했다. 비밀은 계속되었다. 삼촌에게 도움을 청해서, 나는 스튜디오라는 것을 열었다. 그곳에서 한국인 고아들이 음식, 잠잘 곳, 교육, 희망을 찾을 수 있게 했다. 나는 한국어를 좀 더 배우고자 노력했다. …(중략)… 일본을 가끔 왕래하면서, 수년간 이 일을 계속했다"고 쓴 것이다. 그리고 종전과 함께 일본으로 건너가서 또다시 일본의 고아들을 위해서 일했다고 썼다. 참으로 수수께끼 같은 이야기라고 아니할 수 없다. 그러나 당자가 자신의 이야기를 소설처럼 꾸몄다고 보기 어렵다. 왜냐하면 그가 1920년대 미국에 갔을 때 잠시 만났던 열다섯 살 연하의 일본계 미국인인 프란시스 료조 야마모토와 두 번째로 결혼하여 뒤늦게 딸(엘렌)과 아들(프레드)을 두고 단란하게 살고 있기 때문이다.

그는 종전과 함께 찾아온 야마모토와의 결혼과 관련하여 "같이 만나는 동안 비록 15살이나 어리지만 그가 나와의 결혼을 진심으로 원한다는 것을 알게 되었다. 내가? 결혼을 해? 나는 내가 하는 일들을 즐기고 있었기 때문에 이 일에 별로 관심이 없었다. 누가 결혼을 원했지? 나의 조카 히로히토 천황은 달리 생각했다. 그는 내가 이미 나이도 찼으니 결혼해야 한다고 말했다. 나는 45살이었다. 그가 옳았는지도 모른다. 나는 사랑에 빠지지는 않았지만 결혼할 것에 동의했다"고 쓴 것이다. 그가 아직 생존해 있는 일본 천황까지 들먹이면서 아주 구체적으로 이야기를 전개한 것을 보면 픽션이라고 말하기도 어렵다.

이처럼 여러 가지로 신비에 싸여 있는 배구자가 암울했던 식민지 시대 한가운데를 가로지르면서 단 몇 년 동안이긴 했지만 신무용을 창조함으로써 민족무용도의 기초를 닦는 데 일익을 담당했고, 특히 무대예술전용 동양극장을 건립함으로써 이 땅에 대중적인 공연예술을 꽃피울 수 있게 한 것은 대단한 공로라고 아니할 수 없다.

영화계의 위대한 개척자
나운규

춘사(春史) 나운규라고 하면 우선 〈아리랑〉을 떠올리고, 그 다음에 영화를 연상하리만큼 그는 한국 영화의 상징처럼 되어 있다. 그만큼 그는 한국 영화를 말할 때 맨 먼저 이야기되어야 할 인물임에 틀림없다. 그리고 이어지는 이야기는 우리나라 초창기 낭만 시대의 전형적 기인(奇人)의 첫 손가락에 꼽힐 만큼 주색에도 뒤지지 않았던 사람이 바로 나운규다. 이러한 그의 평가는 상당 부분 맞는 것이며 그가 거의 술을 마시지 않았다는 사실을 아는 사람은 극히 드물다. 드물다기보다는 아예 없다는 것이 옳을지 모른다. 이는 그만큼 그가 문화예술계뿐만 아니라 세간에 잘 알려진 것처럼 되어 있지만, 잘못 알려진 부분도 많다는 것을 의미한다고 말할 수 있다.

그는 우선 출생에 대해서도 여러 가지 주장이 있다.[1] 그러나 여러 정황에 의하면, 그는 1902년 11월 26일 함경북도 회령에서 나형권(羅亨權)의 3남으로 태어난 것으로 되어 있다. 그가 태어날 때는 그의 부친이 구한국군 부교(副敎)였으므로 생활이 비교적 괜찮은 편이었던 것 같다. 그 아래로 여동생이 셋이

---

1   나운규의 출생연월일에 대해서는 세 가지 주장이 있는데, 1902년 10월 27일, 11월 26일, 그리고 1901년 4월 6일 등인데 그를 가장 잘 아는 윤봉춘에 따르면 1902년이 맞을 것 같다.

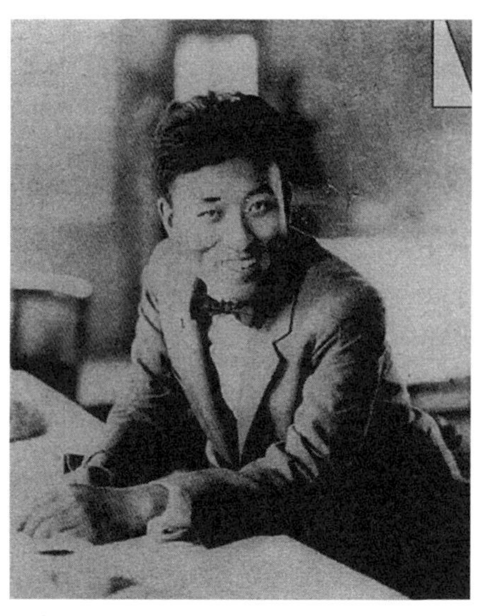

나운규

었으므로 그는 6남매 중 셋째가 되는 셈이다. 그런데 1905년 을사보호조약과 함께 군대가 강제 해산당하면서 그의 부친은 의술을 자습하여 한방을 차렸다고 한다. 그러니 생활은 그런대로 괜찮은 편이었을 것이다. 그의 부친은 장교 출신에다가 의술까지 갖고 있었으므로 지역 유지로서 자기 고장을 위해서 여러 가지 일을 벌였던 것 같다. 가령 젊은 인재 양성을 위해서 삼인학회(三人學會)라는 것을 만들기도 했고 자선

사업도 벌인 것으로 되어 있다. 이는 그만큼 그의 부친이 의협심도 강하고 독립정신 또한 남 못지않았기 때문에 그러한 사회사업으로 일제에 항거했던 것이 아닌가 싶다.

그런데 아들들 역시 부친을 닮아 저항적이었고 일제를 증오한 것은 부친을 능가했다. 그가 회령공립보통학교 4년을 수료하고 보흥(普興)학교 고등과에 입학한 것은 1918년이었다. 소년 시절의 그는 작은 외모와는 달리 당차고 집중력이 뛰어났으며 장난이 심했던 것으로 알려졌다.[2] 특히 이들의 장난이 산야를 돌아다니면서 목총을 갖고 군대의 전쟁놀이를 했다는 점에서 흥미롭다. 이는 아무래도 이들이 무의식중에라도 일제에 항거한다는 의미로서 군사놀이를 한 것이 아닐까 싶다. 그리고 나운규는 두뇌가 대단히 명석했음에도 불구하고 학교 공부에는 별관심이 없었고 노는 일에 열심이었다. 그의 동창생이었던 윤봉춘은 그와 관련하여 다음과 같이 회상한 바 있다.

---

2 윤봉춘, 「나운규 일대기」, 『영화연극』 1939.4.

군은 어렸을 적부터 재주가 비상하고 총명스러웠다. 공부라고는 복습 한번 하는 일 없고 장난만 하는데 시험에는 언제나 둘째나 셋째 자리를 놓치지 않았다. 산술시간에 운규더러 교단에 나와서 숙제를 풀어보라면 울상을 하고 끌려나가 어물어물하고 내려온 것을 보면 어려운 문제라도 답을 써놓고 내려오곤 하였다. 그때에 수학에 재간이 있는 것을 선생도 놀라고 우리들도 놀랬다. 작문도 제법 잘 짓는 편이었다. 운규는 학과는 보기 싫어하면서도 잡지 같은 것은 매우 좋아 하였다.[3]

이상에서 확인할 수 있는 것처럼 그는 대단히 비상한 두뇌의 소유자로서 독서와 노는 일, 특히 연극을 꽤나 좋아했다. 그는 손에 들어오는 책이면 무엇이든지 닥치는 대로 읽었고, 어쩌다가 지나가는 신파극단이라도 만나면 밤새는 줄 모르고 공연에 빠져들었다. 연극을 너무 좋아한 나머지 마을 소년들을 모아 놓고 엉터리로 연극을 하기도 했으며, 어느 여름방학 때는 아예 회청동우회라는 아마추어 극단을 만들어서 연극을 하다가 어른들에게 꾸중을 듣기도 했다.

이런 그는 당시의 조혼제도에 따라서 16세 때인 1917년에 두 살 연상의 조정옥(曹貞玉)과 중매 결혼했는데, 그에게는 동급생 연인이 있었다. 그가 그녀와 얼마나 열렬히 연애했었는가는 무기정학사건이 잘 말해준다고 하겠다. 그러나 부모의 뜻을 거역 못하고 결혼하여 1918년에 장남(鍾益)을 낳았고, 삼 년 뒤 둘째 딸(辛子)을 얻었으며, 13년 뒤에 차남(奉漢) 등 삼남매를 두게 된다. 그렇다고 그가 평탄한 길을 걸었다는 이야기가 아니다. 삼남매의 터울을 통해서도 짐작할 수 있듯이 결혼 후의 그의 생활은 파란만장 그 자체였다. 우선 그는 조혼한 아내는 거들떠보지도 않고 동급생과의 연애사건으로 무기정학 뒤에 자살소동(?)을 일으키고 만주의 간도로 도망치듯 가버리게 된다.

그런데 이 사건에서 그의 성품 일부가 적나라하게 드러나고 있다. 즉 그가 무기정학을 받자 행방을 감춘 뒤 주변 사람들에게 "나는 죽는다. 학교도 애인

---

3 위의 글.

도 다 잃어버렸다. 이담 천당에서 다시 보자"라는 편지를 띄운 것이다. 놀란 주변 사람들이 그를 찾아 돌아다녀야 했고, 얼마 뒤 절간 뒷산에서 그를 찾아 낼 수가 있었다. 그때의 광경을 친구 윤봉춘은 이렇게 회고했다.

> 학교는 벌컥 뒤집혔다. 총동원령이 내리고 각반 각대로 나뉘어서 찾으러 떠났다. 산으로 가고 들로 가보자 하는 선생님 명령에 학생들은 다시 성문 밖으로 내달았다. 절간 뒷간 비탈에 운규의 그림자가 나타났다. 한손에는 칼이 들리고 한손에는 약병이 들렸다. 그는 눈물을 흘리고 무엇이라고 중얼거리고 있었다. 우리는 그 순간 달려 들어가서 빼앗고 그를 데리고 자기 집에다가 맡겨버렸다. 그후 며칠 후에 영영 고향에서 자취를 감추고 말았다.[4]

이상과 같은 윤봉춘의 글에서 나운규의 성격 일부가 잘 드러나고 있다. 우선 이 사건이 그가 결혼한 뒤에 일어났었다는 점에서 어떤 것에도 구애받지 않는 그의 성품이 나타난다. 그러니까 그는 좌고우면하지 않고 자기가 옳다고 생각하면 그대로 밀고 가며, 어떤 한 가지 일에 대단한 집중력을 보이는 점이다. 그리고 자기 뜻대로 되지 않으면 과격성을 띨 만큼 극단적으로 흐른다는 점이라 하겠다. 그뿐만 아니라 그가 대단히 열정적이라는 사실도 드러났다.

여하튼 그는 곧바로 간도에 가서 명동중학(明東中學)에 편입해서 학업을 계속했다. 거기서도 그는 공부보다는 학생들을 데리고 연극을 하는 데 더욱 열정적이었다. 그런데 민족성이 강한 이 학교가 얼마 가지 않아 폐교됨으로써 그는 원동을 방황하게 된다. 아마도 이 학교에서 항일운동이 일어났던 것이 아닌가 싶다. 그는 학업을 중단하고 잠시 고향으로 돌아와 있었다. 그런 때에 3·1운동이 일어남으로써 그가 가만히 있을 리 만무했다. 그는 젊은 혈기에 만세운동에 앞장섰고 일본 경찰에 쫓겨서 만주로 도망칠 수밖에 없었다. 만주도 일본 경찰의 손이 미쳤기 때문에, 그는 아예 러시아로 피신한 것이다. 왜냐

---

4 위의 글.

하면 그가 러시아를 방랑케 된 이유와 관련하여 "무엇 하러 러시아에 갔느냐고, 무엇 하러가 아니라 매 맞을 짓을 하고 매가 무서워서 살그머니 튀었든 것이다. 그러나 그 후 기어이 잡히어서 매 맞고 꾸중 듣고 철창(鐵窓)에 매달린 적이 있으니 이제는 마음 놓고 이야기하자"⁵ 고 쓴 바 있는 것이다. 그 어려운 시기에 무연고의 러시아 방랑은 언제나 죽음과 맞닥뜨려야 했다. 왜냐하면 언어장벽에다가 무일푼의 걸인 신세였기 때문이다. 실제로 그는 동료 세 사람과 극한상황에서 구걸하고 다니고 있었던 것이다. 그는 그때의 처지를 이렇게 술회했다.

> 이 주막거리에서 우리에게 거적을 빌려주는 자가 없다 하면 우리는 유언을 써 놓아야 할 시각에 서서 있다. …(중략)… 모든 동물은 방안에 기어드는데 우리의 세 사람은 죽엄과 함께 경주하여 오는 어둠 안에 우두커니 서서 있다. 독자 중에는 어이하야 구걸을 못하느냐고 묻는 분이 있을 것이다. 그러나 우리는 백인의 모욕으로만 살아온 우리이다. 이 중에 어느 누가 황인종도 사람으로 여겨주는 집을 찾으랴.⁶

이상에서 알 수 있는 바와 같이 그는 시시각각 죽음을 의식하면서 러시아의 춥고 광활한 들판을 방황해야 했다. 그는 특히 러시아에서 백인들의 황인종에 대한 차별에서 대단한 분노와 좌절을 느꼈고, 거기에 일본인들까지 가세한 것에 슬픔까지 느끼지 않을 수 없었다. 물론 그렇다고 해서 그가 그대로 주저앉을 박약의 인물은 아니었다. 그는 허기지고 차디찬 북구의 황량한 들판에서 '심야(深夜)는 남아의 통곡장이다. 그러나 우는 얼굴을 남에게 들키면 남아가 못된다'는 속담을 되뇌면서 기개를 키운 것이다.

결국 그는 순전히 배고픔을 면하기 위해서 러시아 백군(白軍)에 입대하게 된

---

5 나운규, 「나의 러시아 방랑기(自敍傳)」, 『문예·영화』 창간호, 1928.3.
6 위의 글.

다. 백군이 하는 일이란 마적이나 잡는 일이었고 그가 몸 달아 할 것은 없었다. 그는 다만 허기만 메꾸면 되었기 때문이다. 그런 중에도 그는 러시아 처녀를 사귀고 연애도 했다. 워낙 여자를 좋아하다 보니 극한상황에서도 기회만 있으면 연애를 했던 것이다. 그러기를 1년여, 그는 그러한 생활에 질력이 난데다가 고국도 그립고, 또 하던 공부도 더 해야겠다는 생각을 하기 시작했다. 결국 그는 1921년 러시아 백군을 탈출하여 고향으로 돌아왔다.

그는 학업에 대한 갈망으로 곧바로 단신 서울로 와서 중동중학에 편입한다. 그런데 중동학교에 편입한 지 1년도 되지 않아 회령경찰서 형사 두 명이 그를 잡으러 온 것이 아닌가. 그는 꼼짝없이 그들에 끌려서 회령으로 압송되었다. 물론 독립운동을 한 죄였다. 그는 그때부터 1년 반가량을 청진 함흥 형무소에서 복역할 수밖에 없었다. 그가 출옥했을 때 가세는 급격히 기울어가고 있었다. 왜냐하면 일제에 대한 울분을 술로 달래고 있던 부친이 결국 뇌졸중으로 쓰러져 곧바로 타계한 데다가 모친마저 곧 뒤를 따랐기 때문이었다.

그의 두 형이 가솔을 이끌었지만 맏형이 독립운동을 한다고 중국으로 망명한 데다가 둘째 형마저 질병으로 일찍이 세상을 떴기 때문에 그는 집안을 돌보면서 새로운 삶을 암중모색하고 있었다. 그러던 차에 마침 함흥에서 지두한(池斗漢)이 조직한 소인극단 예림회(藝林會)가 회령공연을 갔었다. 워낙 연극이 하고 싶어 몸살이 났던 그는 곧바로 주요단원이었던 안종화를 찾아가서 입단을 애원한 것이다. 그의 간청을 못 이긴 안종화가 그를 연구생으로 입회시켜 회령공연 때 단역으로 무대에 처음 세워보았다. 그러나 그의 첫 무대는 기대와는 달리 형편없었음을 다음과 같은 안종화의 글로 확인할 수가 있다.

안종화는 후에 나운규에게 귀재라는. 칭호를 붙여 부르기도 했지만, 그러나 이 첫 무대에서 그는 보기 좋게 실패하고 말았다. 하기야 변변한 연습 한번 없이

　　　　　　　제3부　대중 공연예술의 개화 (1)

출연한 탓이기도 했지만, 천재적인 번쩍임을 보여주긴커녕, 도리어 모두들 그를
둔재(鈍才)라고 손가락질해 부를 정도로 보잘것없는 연기였던 것이다.[7]

이상에서 알 수 있듯이 그의 연극무대 첫 데뷔는 하잘것없는 것이었다. 물
론 별다른 연습도 없이 갑자기 무대에 선 그가 제대로 된 연기를 하기는 불가
능한 것임은 자명하다. 그러나 그의 기성극단의 첫 데뷔는 대실패로 끝난 것
이 분명했다. 그럼에도 불구하고 그는 조금도 주눅 들지 않고 열심히 극단의
허드렛일을 하면서 따라다녔다. 그는 극단 측의 주목을 전혀 받지는 못했지만
연수생이었기 때문에 겨우 밥이나 얻어먹으면서 북간도 순회공연까지 따라갔
었다. 그가 예림회를 따라다니는 동안 당시 연예계에서 큰 역할을 하고 있던
안종화와 친해진 것은 그가 인생의 전기를 마련하는 데 절대적 역할을 한 것
만은 분명했다. 결국 그 인연이 계기가 되어 안종화를 따라 다시 서울로 오게
된 것이다.

그런데 이번에는 가솔을 데리고 상경했다. 왜냐하면 이미 남매를 두었던 데
다가 회령에서 가족을 돌볼 사람이 전혀 없었기 때문이다. 그는 효자동 근처
에 전셋집을 얻었는데 생활은 순전히 아내의 삯바느질로 겨우겨우 꾸려갈 수
가 있었다. 공부에 대한 열의가 대단했던 그는 전에 다니던 중동학교에 다시
들어가서 고등예비과에서 강의를 들으면서 일을 찾아보려 했다. 그렇다고 해
서 그가 학업에 열심인 것은 아니었다. 그는 셰익스피어라든가 톨스토이 등에
심취하면서 학교보다는 영화관에서 살다시피 했다. 그만큼 그가 영화를 좋아
했던 것이다.

그런 때, 우연히 그는 단성사 앞길에서 안종화를 만나게 되어 영화의 길로
들어서게 된다. 안종화가 부산에서 예술관련 일을 하고 있었으므로 그를 잡
은 것이다. 부산에는 당시 조선키네마라는 영화제작회사가 있었기 때문이다.

---

7 안종화, 「한국영화측면비사』, 춘추각, 1962, 72쪽.

여비가 없었던 그는 자신이 애지중지 가지고 있던 참고서와 둘째 형의 유물인 서양역사통속강의록 십여 권을 팔아서 겨우 여비를 마련했다.

1924년 가을 그는 부산에 가서 〈운영전〉에 출연할 배우 오디션에 응시한다. 까무잡잡한 얼굴에 왜소한 체구의 그가 합격될 리 만무했다. 윤백남 시험관은 "첫째 키가 작고, 둘째 목이 짧고, 다리가 안짱다리기 때문에 배우의 자격이 없다"[8]면서 낙방시킨 것이다. 그렇다고 해서 그가 순순히 포기할 위인은 아니었다. 그는 윤백남의 손을 꽉 잡고 "선생님 저는 서울에서 내려올 차비만 가지고 왔습니다. 선생님이 안 받아주시면 저는 당장 오고갈 데가 없습니다. 선생님 저는 꼭 배우가 되려고 단단히 마음먹고 왔으니 꼭 배우를 시켜주세요"[9]라고 애원함으로써 그 성의에 감복한 백남이 그를 엑스트라로 뽑은 것이다. 따라서 그는 한 달에 11원이라는 박봉으로 조선키네마의 연수생이 되었다. 그때의 감격을 그는 서울의 친구 김용국에게 다음과 같이 써 보냈다.

> 아무튼 내가 찾든 길, 내 소지(素志)를 시험해볼 곳이래야 지금의 조선에서는 이곳뿐이기에 찾아온 것이며 또 내가 항상 동경하는 예술이 하루라도 일찍이 우리 민중에게 표현되어 그들로 하여금 감상케 하고 그네들을 웃기고 그네들과 한 가지로 울 수가 있다면 그뿐이 아니겠느냐. K군아, 어쨌든 나는 오랫동안 헤매이던 미로에서 해탈하였다. 그리고 환경이란 서리에 시들었던 내 이상(理想)의 한 잎 두 잎 피게 될 봄 자연이 점점 가까워오는 것 같다. 생각하면 얼마나 지리한 겨울이었느냐. 이 길이 이제야 내 앞에 전개된 것이 늦은 것을 너도 잘 알 것이다. K군아 운규의 이상의 길은 지금부터 열리는 것이다.[10]

이상과 같은 그의 감격적인 편지 속의 여러 가지 함축된 의미가 예사롭지

---

8 정종화,「문헌에 나타난 나운규상」, 춘사 탄생 100주년 기념 심포지엄, 성균관대학교에서, 2002.11.25.

9 위의 글.

10 김용국,「그날의 나운규군」,『문예·영화』,1928.3.

않다. 우선 그가 자신의 소질과 포부를 테스트해볼 곳이 조선키네마밖에 없어서 부산으로 왔다는 것, 그리고 그의 오랜 꿈을 비로소 펼칠 수 있는 기회를 잡았다는 것, 그러나 무엇보다도 여기서 주목을 끌 만한 사실은 그가 영화를 하려는 것은 어디까지나 단순히 돈벌이 수단이나 취미로서가 아니라 민중과 더불어 살기 위한 것이라는 점을 분명히 밝히고 있다는 점이라 하겠다.

그는 대단한 꿈에 부풀었지만 첫 영화 〈운영전〉에서는 대사 한 마디 없는 가마꾼으로 출연했을 뿐이다. 그러나 그는 열심히 했고, 그것은 곧바로 감독의 눈에 띨 수밖에 없는 것이다. 특히 그가 윤백남의 눈에 들은 것은 하나의 에피소드 때문이라는 이야기가 전한다. 즉 영화사에서 제작진으로 일하고 있던 일본인 오오이케(大池)란 자가 여배우 이채전을 희롱하자 조선 사람을 어떻게 보느냐면서 의자로 내려친 일이 있었다. 그 광경을 지켜본 백남이 나운규야말로 민족정신을 고취할 영화를 만들 수 있는 재목이라 생각하고 그와 함께 윤백남 프로덕션을 만들게 되었다는 것이다.[11]

그가 곧바로 두 번째 작품 〈심청전〉에서 당당히 주연급이라 할 심봉사 역을 맡게 된 것도 우연의 일이 아니었다. 윤백남이 그를 단번에 주연급인 심봉사 역에 발탁한 것은 그의 생김새가 워낙 신통치 않아서 구질구질한 장님 역에 괜찮겠다고 생각되어서였다. 그가 뜻하지 않게 주연을 맡아 열연은 했으나 흥행에는 실패함으로써 서울 상연은 단 3일로 끝나고, 지방 흥행에 나섰으나 그마저 신통치 않음으로써 제작비도 건지지 못했다.

그는 다음 작품으로 계림영화협회가 제작한 〈장한몽〉에 친구 주삼손과 출연했는데 촬영 중 부상을 입기도 했다. 사연이 많았던 이 영화에서도 그의 진가는 나타나지 않았다. 그러나 그의 진가가 나타나기 시작한 것은 그 다음 작품인 조선키네마사의 〈농중조〉에서였다. 즉 그의 배우로서의 진가를 발견한 이는 언론인 김을한(金乙漢)이었는데 그는 그의 연기평에서 다음과

---

11 정종화, 앞의 글.

같이 썼다.

영화가 처음부터 끝까지 흐리멍덩한 중에 나운규 군의 힘 있는 연기만이 홀로 뛰어나서 단조로운 스토리를 잘 조화하여서 가끔 웃기는 것이 적이 성공이라 하겠다. 이 일 편만으로서도 나 군이 얼마나 영화배우로서의 소질을 풍부히 가지고 있다는 것을 알 수가 있다.(『조선일보』 1926.6.3)

이상에서 확인할 수 있는 바와 같이 그가 연예계에 뛰어든 지 3년여 만에 비로소 배우로서의 인정을 받은 것이고, 그때부터 도약의 발판을 마련한 것이라 말할 수 있다. 그는 특히 격투장면에서 좋은 평가를 받았는데 이는 아무래도 그의 몸을 사리지 않는 열연 때문으로 보아도 무방할 것 같다. 그러나 실제로 그가 좋아하는 연기는 격투기 같은 과격한 것은 아니었다.

그가 어느 잡지사 기자의 좋아하는 역에 대한 질문을 받고 "한 마디로 말하자면 무거운 역 침울한 역이 가장 좋아요. 그러기에 로서아 영화 같은 것을 그 중 좋아하지요. 〈산송장〉 같은 영화를 하나 만들어보았으면 합니다"라고 술회한 바 있다. 따라서 그는 서양 배우들 중에서도 조지 오브라이언이라든가 영화 〈모로코〉에서의 게리 쿠퍼, 그리고 여배우도 네텐비 같은 연기자를 좋아했다. 솔직히 그는 신체적 조건으로서는 명배우가 될 만한 데가 없었다.

그를 잘 아는 김태진(金泰鎭)이 일찍이 그와 관련하여 "배우로서의 나운규는 그 용모부터 복 받은 조건에 있지 못하였다. 나운규도 어느 인간보다 못지않게 표현 능력과 센스를 가졌지만 내가 본 배우 나운규는 기형 역밖에 맡길 수 없는 배우라 생각한다. 론 차니 타입이나 에도가와 란포(江戸川亂步)의 탐정소설 인물 등 괴벽한 '형'을 하였으면 보다 빛날 만한 자격을 가졌어도 그 짧고 꼬부장한 각선, 달라붙은 목, 낮은 키, 깔깔한 성대, 아무리 봐도 스마트한 선남 역도 노블한 신사나 미끈한 소위 '다찌야꾸' 감은 절대로 아니었다. 이것은 그 자신도 긍정하여 언제든지 스타 지위는 양보할 눈치였고 이런 연기형의 궤

도란 엽기적이거나 추적(醜的)형상에 적당한 것이지 〈아리랑〉의 광인 밖의 수많은 그의 역은 적역이 아니었다"[12]고 쓴 바 있다.

따라서 그의 위대성은 그가 신체적 악조건을 극복하고 개성파 배우로서 자신을 정립했고, 자신은 시대고(時代苦)로 언제나 침울한 상태에 있으면서도 대중에게는 언제나 희망의 불을 지펴주려 했다는 점이라 하겠다. 그러니까 우리 민족이 절망의 늪에 빠져 있으면 안 된다고 믿고 있었던 것이다. 그리고 그는 열정적인 예술가답게 여자를 누구보다도 좋아했고, 여자들 또한 그를 유난히 좋아했던 것 같다. 왜냐하면 그가 가는 곳에는 언제나 염문이 따라다녔기 때문이다. 더욱이 그가 영화배우로서 각광까지 받으면서 여난은 더욱 기승을 부릴 수밖에 없지 않았나 싶다.

그와 관련하여 윤봉춘도 회고의 글에서 "군은 가는 곳마다 미인이 있고 미인이 있는 곳에는 군과의 로맨스는 반드시 있었다"면서 한 일본 여성과 도쿄로 도망을 간다고 떠나는 것을 정거장에 가서 붙잡아온 일도 있었다고 쓴 바 있다. 그러나 분명한 것은 그가 얼마 동안 일본을 방랑했으며, 그것이 일본 여성과의 애정도피였는지는 확실치 않다. 그것도 실은 만주와 러시아 방랑에 이은 세 번째였다는 점에서 그에게는 어느 정도 방랑벽도 있었지 않나 싶다. 그 점은 그가 한 잡지에 쓴 글에서 "제가 여러 해를 일본 기타 해외로 돌아다니다가 귀국하여서 처음 내놓은 작품이 〈아리랑〉이었습니다"라고 한 사실에서 확인이 되기 때문이다.

여하튼 그는 조선키네마의 첫 작품 〈농중조〉에서 각광을 받은 직후 대변신을 하게 된다. 그것이 다름 아닌 감독으로의 도약이다. 그때의 상황을 영화평론가 정종화는 매우 극적으로 그려내고 있다.

〈심청전〉의 흥행부진으로 윤백남은 이를 만회하기 위해 〈심청전〉 필름 프린

---

12 김태진, 「영화계의 풍운아 고 나운규를 논함」, 『동아일보』 1939.8.8.

트 한 벌을 갖고 일본으로 가 3개월이 넘도록 소식이 끊기자 나운규는 면회조차 거절하고 캄캄한 셋방에서 무엇인가를 공상하며 고민하고 있었다. 나운규와 가장 친한 윤봉춘이 위로를 하며 왜 그러느냐! 소원이 있다면 무엇이든지 다 들어주마고 어린아이 달래듯 해도 막무가내였다. 약 15일간이 계속되든 어느 날 새벽에 미친 듯이 집을 뛰쳐나간 나운규는 행방불명이 되고 말았다. 영화인들은 4, 5일간을 수소문한 결과 삼청동에 있는 어느 한글학자 집에서 발견하였다. 나운규는 진실하고 양심적인 영화를 만들기 위해 며칠 동안 자기의 은사를 만나서 아리랑의 전설을 듣고 배우며 연구를 하고 있었다. 그때 삼청동으로 찾아간 영화인들에게 그는 말하기를 '됐다! 정말 활동사진이 아닌 영화다운 영화를 만들 수 있다. 우리 민족을 위하여 우리 영화예술을 위하여 나는 이 한 작품을 만들 것이다. 이러한 작품을 무사히 완성만 한다면 나는 죽어도 한이 없다'라고 말하며 시나리오를 만들 수 있는 대강 이야기, 원고지 30매 가량으로 되어 있는 플롯을 들고 은사의 집을 나섰다.[13]

이상과 같은 이야기는 그의 열정적인 성격의 일면을 보여주는 것이어서 흥미롭고, 또 신빙성도 있어 보이는 것은 그가 직접 작품을 만드는 데 있어서 얼마나 혼신의 힘을 쏟았는가를 보여주기 때문이다. 어떻든 그는 자신이 주연은 말할 것도 없고 시나리오 창작, 그리고 감독까지 전부 맡아서 〈아리랑〉을 만들게 되는 것이다. 그가 이 작품을 만들 때는 전신에 열이 끓어 올랐다면서 다음과 같이 회고한 바 있다.

지금에 이르러 생각나는 것은 그 〈아리랑〉을 촬영할 때에 내 자신은 전신에 열이 끓어 오르든 것을 기억합니다. 이 작품이 세상에 나아가 돈이 되거나 말거나 세상 사람이 좋다거나 말다거나 그러한 불순한 생각을 터럭 끝만치라도 없이 오직 내 정신과 역량을 다 하여서 내 자신이 자랑거리 될 만한 작품을 만들자는 순정이 가득하였을 뿐이외다. 그래서 이 한 편에는 자랑할 만한 우리의 조선 정서(朝鮮情緒)를 가득 담아놓는 동시에 '동무들아 결코 결코 실망하지 말자'

---

13 위의 글.

하는 것을 암시로라도 표현하려 애썼고, 또 한 가지는 '우리의 고유한 기상은 남성적이었다. 민족성이라 할까 할 그 집단의 정신은 의협하였고 용맹하였던 것이니 나는 그 패기를 영화 위에 살리려 하였든 것이외다. '아리랑고개' 그는 우리의 희망의 고개라 넘자, 넘자 그 고개 어서 넘자 하는 일관한 정신을 거기 담자 한 것이나 얼마나 표현되었는지 저는 부끄러울 뿐이외다.[14]

이상과 같은 그의 회고에는 여러 가지 중요한 의미가 함축되어 있다. 그 첫 번째는 그동안의 상업영화와 달리 영리를 일절 생각지 않고 영화다운 영화를 만들겠다는 것과, 두 번째는 조선 정서를 최대한 담는다는 것, 그런데 그 조선 정신은 패배주의가 아닌 낙관주의라는 것이며, 세 번째로 우리의 민족성은 남성적으로서 의협심이 강하고 용맹하다는 것이라고 했다. 그리고 끝으로는 우리 모두 희망의 고개를 넘자는 메시지를 담으려 했다고 썼다. 그의 투철한 민족정신을 너무나 극명하게 보여주는 글이라 하겠다.

이 글을 통해 보면 그가 얼마나 우리의 강인한 민족성을 꿰뚫고 있으며 또 그것을 강조하고 있는가를 알 수 있다. 그는 거의 의도적으로 절망과 패배주의에 빠져 있는 우리 동포들의 잠재의식에 불을 지르려 한 것으로 보아도 무방하다. 물론 그가 그것만을 의도한 것은 아니고 다 목적 포석을 한 것이었다. 그가 영화의 재미도 도외시하지 않았다는 이야기이다.

그가 죽기 1년 전에 쓴 「아리랑을 만들 때—조선 영화감독의 고심담」이란 글에 보면 "조선 영화는 재미가 없다. 졸음이 오고 따분한 조선 영화를 누가 보겠는가. 미국 영화처럼 재미있는 대작을 만들어야 관객을 끌 수 있다. 그래서 마을의 풍년잔치 장면에 엑스트라 8백 명을 등장시켰다"[15]고 씌어 있는 것이다. 그리고 거기에 그친 것도 아니다. 영화가 재미있으려면 스피드가 붙어야 한다는 생각을 항상 해왔기 때문에 이 작품에서는 과거의 우리 영화에서

---

14 나운규, 「〈아리랑〉과 사회와 나」, 『삼천리』 1930.7.
15 나운규, 「아리랑을 만들 때—조선 영화감독의 고심담」, 『조선영화』 1936.11.

보지 못한 빠른 템포를 볼 수가 있었다.

그가 이 작품 제작과 관련해서 쓴 글에 보면 "제가 영화계에 나올 때 생각한 바 있다면 종래 우리 영화의 느리던 템포를 빨리할 것과 배우들의 동작에 스피드를 훨씬 내어 종래에 15권 만들던 것이면 7, 8권으로 줄이려 했던 점이외다"[16]라고 분명하게 밝혀놓은 바 있다. 이런 점에서도 확인되는바 그의 명석한 두뇌이다. 이런 두뇌에서 나온 영화인 만큼 그동안 일본 감독이나 윤백남 등 우리 감독들이 만들었던 작품들과는 달리 크게 진전된 작품인 데다가 민족적인 주제까지 갈려 있어서 그의 작품들은 개봉 전부터 화제를 불러일으켰음은 두말할 나위 없는 것이다.

최영진이라는 한 청년을 내세워 일제의 만행을 고발한 이 작품의 첫 자막에는 한일 간의 적대감정을 상징하는 개와 고양이가 비치면서 황량한 농촌 풍경이 전개되면서 영화가 진행된다. 당시 관객의 한 사람이었던 배우 전택이는 1926년 10월 1일 단성사 개봉과 관련하여 "낮과 밤 하루 두 차례 상영했는데, 영화 시작 두어 시간 전에 이미 표가 매진돼 미처 표를 구하지 못한 사람들이 아우성을 쳤고 극장문이 부서지기도 했다"[17]고 회고한 바 있다. 대단한 반응이었음을 미루어 짐작할 수 있겠다. 특히 인상적이었던 것은 영진이 오기호를 죽이고 경찰에 끌려 아리랑고개를 넘어가는 마지막 장면에선 기생 5명이 무대에 나와 주제가인 민요 〈아리랑〉을 부르는데, 이때 관객들도 일제히 일어나 목청껏 합창했다고 한다.

이때의 아리랑은 경기의 자진아리랑을 영화음악으로 편곡한 것이고, 작사역시 나운규가 했다. 이 영화에 대한 평가는 대단할 수밖에 없었는데, 가령 "구국의 구조를 탈피한 이 작품은 마치 어느 의혈단원이 서울 한구석에 폭탄을 던진 듯한 설레임을 느끼게 했다"[18]든가 "그때까지의 한국 영화 수준으로

16 위의 글.
17 이형기, 「은막 70년… 그 시절 명작들, 아리랑」, 『한국일보』 1991.3.9.
18 이경손, 「무성영화시대의 자전」, 『신동아』 1964.12.

볼 때 파격적인 민족의 저항을 담은 그 내용과 함께 당시로선 생각하기 어려운 영화적 기법을 구사하여 관객들을 사로잡았다"[19]는 호평 일색이었다. 당시로서는 대단히 파격적이었던 이 작품에 대하여 영화학자들은 나운규가 그동안 여타 감독들이 써보지 못했던 비유와 암시, 그리고 상징의 몽타주를 쓴 것이 큰 진전이라고 평가했다.[20]

여하튼 이 작품은 전국적으로 큰 반향을 불러일으키면서 한국 영화를 한 단계 업그레이드하는 전기를 마련했던 것만은 분명했다. 그러나 막상 본인은 영화를 찍을 때처럼 열이 올라 있지 않았고 오히려 부족함 같은 것을 느끼고 있다고 해서 흥미롭다고 하겠다.

즉 그는 뒷날 한 인터뷰에서 "자신 있게 만든 작품이 무엇이냐"는 기자의 질문을 받고 "하나도 없었어요, 처음 만들 때에는 좀 자신 있게 잘 만들어 보려니 하지마는 정작 작품을 만들어낸 다음에 보면 어디 이때까지 단 하나나 내 마음에 맞도록 된 것이 있어요?"라면서 〈아리랑〉에 대해서도 "글쎄요… 나로서는 역시 만족된 작품이라고는 할 수 없지요… 그래도 내가 만들어낸 영화 중에서는 그중에 나은 것이라고 하겠지요, 다시 말하면 나의 성격에 맞는 배역이었던 관계도 되겠지요…『삼천리』1936.4)"이라고 대답한 바 있다.

그리고 그는 또 다른 글에서도 "어쨌든 저는 경우가 경우이었든 만치 공부를 넉넉히 못하였던 것이 유감이외다. 그러기에 저는 공부하고 싶은 생각에 늘 가슴이 타오릅니다. 그러기에 금추(今秋)에 혼신에 힘을 다하여 한 편의 영화를 제작하여 놓고 몇 해 작정으로 해외에 공부하러 가겠습니다. 그리고 장래라도 배우로 나서기는 아주 피하고 영화의 제작방면에 전심력을 다하여 볼까 합니다"[21]라고 분명히 밝힌 바 있다. 이는 대단히 주목되는 이야기이다. 왜냐하면 그가 마음먹고 영화를 한 편 만들자마자 자신의 한계를 뼈저리게 느끼

---

19 이규환, 「영화 60년, 태동기」,『중앙일보』1979.12.22.
20 김종원·정중헌,『우리 영화 100년』, 현암사, 2001, 119쪽.
21 나운규, 「아리랑을 만들 때―조선 영화감독의 고심담」.

고 영화선진국으로 해외 유학을 갈망하고 있었으며 장차 배우로서보다는 제작자로서 일하고 싶다고 했기 때문이다.

결국 그러한 그의 소망은 이루어지지 않았고 영화와 남들처럼 연극판을 왔다 갔다 하면서 세월을 보내는 나날이었다. 그만큼 그가 자신의 소망을 이루기에는 주변 상황이 너무나 열악했었다고 볼 수밖에 없다. 여하튼 유명세를 탄 그는 곧 이어서 두 번째 작품 〈풍운아〉를 역시 각본, 감독, 주연으로 해서 상영했다. 이어서 그는 〈야서(野鼠)〉, 〈흑과 백〉, 〈금붕어〉 등을 만들었는데, 〈금붕어〉는 혹평을 받았다. 그 시절 함께 영화를 했던 이금룡(李錦龍)은 나운규가 유명세를 타고 우쭐거리고 언어행동이 거칠었다고 회상했다. 그리고 〈금붕어〉를 개봉하고 다음 작품을 준비하던 중에 조선키네마 사장과 배우들이 갈등을 빚음으로써 나운규가 이탈하여 독립프로덕션을 만들게 되었음을 다음과 같이 회고했다.

> 그러나 그때나 이때나 자금을 구하기란 극히 어려운 일이었다. 우리들은 빈궁에 떨며 거리를 방황했다. 울어도 보고 굶어도 보고 세상을 저주도 해보고, 돈 있는 이를 찾아가 하소연도 해보고… 그러나 사람들은 우리를 거들떠보지 않았다. 고생을 떡 먹듯 하며 얼마를 지낸 후 마침내 단성사 박씨(朴晶鉉사장을 가리킴)의 관대한 사랑을 힘입어 한 작품 제작할 자금을 얻게 되었다. 우리들은 곧 동대문 밖 홍수동(紅樹洞)에 '나운규프로덕션'이란 간판을 걸고 동인제로 나운규, 윤봉춘, 이창용, 이명우, 홍개명, 이경선, 주삼손, 필자 등 제씨가 힘을 합하여 작품을 제작하기 시작하였다.[22]

이상의 글에서 알 수 있는 것처럼 나운규가 유명세를 탔음에도 그에게 자금을 대겠다고 나서는 사람들은 극히 드물었음을 확인할 수가 있다. 그가 다행히 단성사의 박 사장을 만난 것은 그래도 행운이었다. 나운규는 영화 〈잘 있

---

22 이금룡, 「정열은 강한 것」, 『삼천리』 1941.3.

거라〉와 〈옥녀〉를 근근이 만들어내긴 했으나 흥행에 성공한 것은 아니었다. 그런데 첫 작품인 〈잘 있거라〉를 만들 때 프로덕션 측에서 매우 색다른 광고를 신문에 냈다는 사실이다. 14항으로 되어 있는 선전문 중에 회사자랑에서부터 감독, 출연배우, 촬영자 등을 소개하고 이 작품이 '빈민의 애사(哀史)'라면서 내용까지 설명한 뒤 '우리 나운규프로덕션의 복을 빌어주십시오'(『매일신보』 1927.10.12)라고 축원까지 하고 있다는 점에서 매우 흥미로웠다. 왜냐하면 나운규프로덕션이 당시로서는 생각해내기 어려운 기획홍보까지 시도했기 때문이다. 그럼에도 불구하고 흥행상으로는 여전히 어려웠다.

그때의 사정을 배우 이금룡은 회고의 글에서 "한 작품을 제작하고 또 새 작품을 제작할 자금을 끌어들이는 동안이 사뭇 길어서 반년씩은 흔히 걸렸다. 그동안의 회사 경리와 개인의 생활 상태는 비참 그것이었다."[23] 고 했다. 특히 당시 영화 입장료가 넝마 값이라고 할 만큼 저렴했던 데다가 관객마저 매일 감소 추세를 보여줌으로써 영화사가 버티기란 정말 힘든 시기였던 것도 사실이었다. 그런 처지에도 불구하고 그런대로 작품은 근근이 만들어 갔다. 세 번째 작품인 〈두만강을 건너서〉는 고향인 회령에서 로케를 했는데, 촬영의 어려움을 중앙일보사 앞으로 편지로 써 보내기도 했다. 그는 이 서간에서 "다사해서 편지 한 장 올리지 못하였습니다. 10여 명 동무와 같이 찬바람과 싸우면서 일합니다. 있는 힘을 다하여 애는 씁니다마는 어떠한 물건이 될런지는 모르겠습니다. 엑스트라 구하기 힘들고 중국 관청에 촬영허가 얻기 어렵습니다. 내월 초순에는 귀경하겠습니다. 다른 사람의 암실을 빌려 일하게 되오니 모든 것이 마음대로 되지 아니 합니다"(『중앙일보』 1928.2.27)라고 적어 보냈던 것이다.

그런 어려운 가운데 촬영을 마치고 귀경하자 기다리고 있는 사람은 경기도 경찰국이었다. 경찰국 고등과에서 세 가지 이유로 그를 호출한 것이다. 그하나는 영화 개봉관을 단성사와 조선극장 두 곳으로 정한 것과 내용 중에 '나

---

23 위의 글.

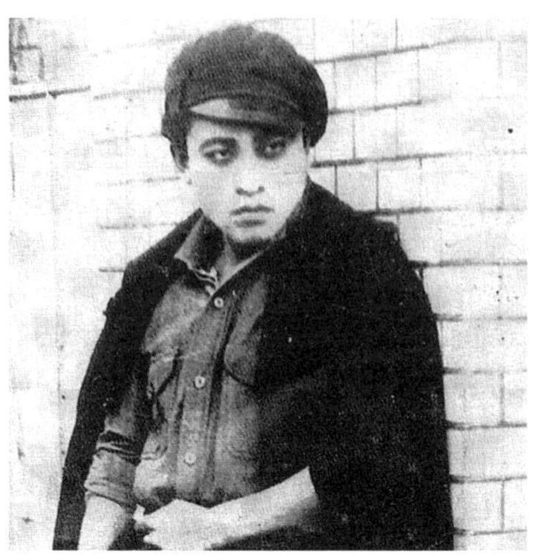

나운규

는 죽더라도 조선 땅에 묻어달라'는 대사는 조선 사람을 흥분시키기에 충분하므로 삭제하라는 것, 그리고 영화제목 〈두만강을 건너서〉를 〈사랑을 찾아서〉로 바꾸어 상영하라는 것이었다. 그 당시는 시키는 대로 할 수밖에 없었다. 그런 고통 속에서도 그는 절망하지 않고 줄기차게 작품을 만들었고, 영화사상 두 번째로 문예영화 〈벙어리 삼룡〉(나도향 원작)을 만들어낸다.

그가 문예영화를 만들게 된 동기에 대하여 "어릴 때부터 문학을 좋아한 탓으로 틈만 있으면 여러 작가의 작품을 읽느라고 노력했지요! 그중에서 가장 인상 깊은 것이 이 〈벙어리 삼룡〉이었어요. 또 그 스토리된 품이 영화화하기에 알맞고 주인공이 내 비위를 끌어요"라고 했다. 그러나 흥행에는 모두 성공하지 못했다. 그래서 나운규프로덕션이 입주해 있던 건물주가 매일같이 나가줄 것을 요구하는 사태에 직면하였다.

결국 그들은 견뎌내지 못하고 쫓겨나는 신세가 되기도 했다. 이처럼 풍전등화와 같은 처지에 놓였던 프로덕션이 해산되기에 이르렀는데, 그 직접적 원인은 불행하게도 재정적 난관에 앞서 나운규의 외도 때문이었음을 이금룡은 다음과 같이 밝히고 있다.

그럼으로 조선의 각 프로덕션들은 작품 제작할 길을 잃고 갈팡거리게 되었고 '나운규프로덕션' 역시 자금난에 빠져서 그의 운명은 풍전등화와 같이 위태했다. 그러나 그 시절엔 '나운규프로덕션'이 가장 인기가 있었으니 나(羅)씨 만 좀 더 이성의 움직임만이 컸더라면 그만한 난관은 돌파했을 것이다. 그의 주책없는 호색(好色)으로 말미암아 '프로덕션'은 거꾸러지고 말았다. 이에 4, 5년간 고락을 같이 하던 동인들은 울분함을 금치 못하며 흩어지었다. 그 후 모씨의 맹활약으로 귀한 자본을 이끌어 〈아리랑 후편〉을 만들었다. 그러나 이내 영화인들은 제가끔 가고 말았으니 지방순회극단으로, 푸로운동하다가 감옥으로, 만주로, 제 고향으로, 혹은 장사치로, 이렇게 뿔뿔이 흩어지고 말았다.[24]

이상과 같이 나운규프로덕션도 재정난으로 상당한 고충을 겪다가 결국 작품 세 편 제작으로 일단 해산되고 만 것이었다. 그런데 여기서 한 가지 주목되는 사실은 나운규프로덕션 해체의 직접적 도화선은 나운규의 애정행각 때문이었다는 점이다. 이 사건은 나운규가 영화 촬영 도중 기생과 함께 인천으로 잠적했던 일화를 가리키는 것이 아닌가 싶다.

전술한 바 있듯이 그가 여자를 매우 좋아했다는 것은 잘 알려져 있는 사실이다. 그 점은 친구 윤봉춘의 증언에도 잘 나타나 있을 뿐만 아니라 그 자신도 시인하고 있다. 그는 연애를 해본 적이 있느냐는 기자의 질문에 대단히 많다면서 한 가지 불문율은 절대로 자기 분야 여성들과는 이성으로서의 교제는 하지 않는다는 것이다. 그와 관련하여 그는 기자의 질문을 받고 "나는 같은 영화나 연극 방면의 여자들과는 절대로 특별히 사귀지 않으려 합니다. 그러기에 연애를 하여도 다른 방면에 있는 여자들과 사귀지요. 그것은 내가 이 영화계로 나아가는 데 있어서의 한 신조(信條)이니까요"라고 실토한 바 있다. 그런데 그가 여자에 빠졌던 이유는 단순히 호색가여서는 아니었다고 여겨진다. 왜냐하면 그는 이미 20대 초부터 건강이 좋지 않은 것으로 알려져 있었다. 그럴 수밖에 없는 것이 궁핍한 식민지 시대에 방랑과 투옥, 굶주림 등으로 건강이 나빠졌던 것이다. 그럼에도 불구하고 기생 등 여성편력을 한 것은 일종의 스트레스 해소, 더 나아가 현실도피로도 볼 수 있는 것이다.

---

24 위의 글.

　물론 그는 당대의 대스타로서 여성들의 동경의 대상이었던 것만은 분명했다. 따라서 그는 고통과 좌절의 심정을 여성들의 품에서 잊어보려 했던 것이 아닌가 싶다. 실제로 그는 널리 알려진 것과는 달리 애연가이긴 했어도 술은 거의 마실 줄 몰랐으며, 잡기를 전혀 하지 않았었다. 가령 취미가 무엇이냐는 기자의 질문에 그는 "몰취미(沒趣味)한 인간이지요. 아무런 취미라고는 없어요. 술(酒)은 한 잔도 못 먹고 장기, 바둑도 둘 줄 모르고 골프, 마작도 통 모르지요. 그러나 담배는 대장이지요… 하하… 하루에 25본 내지 35본의 기록은 늘 보지(保待)하고 있으니까 흡연가대경연회가 있다면 자격이 충분하겠지요"라고 고백했었다.

　그는 취미가 거의 없을 만큼 덤덤한 성격이어서 자기 집에도 별다른 장식을 않고 살았던 모양이다. 기자가 집을 어떻게 꾸미고 사느냐는 질문에 "아무런 장치도 없어요. 아침 다섯 시나 일어나면 밤 열한 시나 되어서야 집에 들어가니 워낙 집안을 장식할 수도 없는 일이지만, 하여야 될 필요를 느끼지 않습니다. 나는 아침 일찍이 일어나는 습관만은 있지요. 그래서 남이 잘 때 방문을 가서 꼭꼭 만나서 모든 일을 하지요"라고 답변을 한 바 있다.

　이상과 같은 그의 답변 가운데는 매우 중요한 내용이 담겨 있어 주목된다. 그동안 그는 주색잡기에 능한 기인(奇人)처럼 대중에게 각인되어 있지만 실제로 그는 술을 단 한 잔도 못하며 바둑, 장기, 골프, 마작 등 잡기에 전혀 손대지 않는 인물임을 확인할 수가 있는 것이다. 그가 스스로 무취미인이라는 것을 확실하게 밝히고 있을 뿐만 아니라 집안치장도 전혀 하지 않았다고도 했다. 이처럼 그는 솔직 담백하고 소탈하며 검소했다. 그가 여성편력을 한 것도 실은 전술한 바와 같이 하나의 현실도피였고, 스트레스 해소방책의 하나로 보아도 크게 어긋나지 않을 성싶다.

　또 하나 우리가 주목해야 할 것은 그의 평소 생활 자세이다. 그동안 많은 이들에게 그는 기인스런 낭만 시대의 문인들이 그랬듯이 무절제하게 산 인물로 인식되지만, 실제 그의 생활은 현대의 기업 CEO들처럼 대단히 근면 성실했다는 사실이다. 그는 술을 단 한 잔도 마시지 않으면서 새벽에 일어나서 밤 11시까지 영화 일을 했다. 그 일이란 자금 조달에서부터 스태프진 구성, 캐스트 선정, 영화 촬영은 물론이고 기획 홍보까지 하지 않는 일이 거의 없을 만큼 몽땅 자신을 예술 활동에 쏟아부은 것이다.

일찍이 서광제(徐光霽)가 그에 관해서 "예술적 작품을 만들겠다는 그것보다도 그날의 호구를 위하여 전주(錢主)를 영화에 출연시키면서까지 백방으로 전주를 구하여 가지고 영화를 만들어놓았다"고까지 말할 정도로 그는 치열하게 영화를 한 편 한 편 만들어갔던 것이다. 한때는 그가 무분별하게 일인감독 작품에 출연했다든가 일본인 자본에 기댄 것 등을 가리켜서 그를 타락한 영화인으로 매도하기도 했었다.

가령 그가 세 번째 작품 〈사랑을 찾아서〉를 만들 때 요도 도라조(淀虎藏)에게서 자본을 끌어 쓴 것이라든가 일본계 도야마(遠山滿)프로덕션이 제작한 영화 〈금강한〉과 〈남편은 경비대로〉에 악역으로 출연한 것 등이 하나의 예가 될 듯싶다. 그는 이 작품에 출연한 후에는 상당히 실의에 빠지기도 했었다. 그러나 그것은 어디까지나 영화제작 비용을 벌기 위한 것이었지 민족문제와는 별개였다고 보아도 무방할 것이다. 그만큼 그는 영화를 위해서는 자본이 어느 나라 것이든 상관하지 않았다고 말할 수 있다. 그 점에서 그는 전형적인 영화인이었고, 영화기업인이었기 때문에, 때때로 스스로 수치감을 감수하고 영화 만들기에 나섰다고 말할 수 있지 않을까 싶다. 또한 전술한 바 있듯이 그는 독서광이기도 했다. 20대를 전후해서는 셰익스피어라든가 톨스토이 등 문예서적을 닥치는 대로 읽었지만, 실제 창작 생활을 할 때는 사회과학 계통의 책을 주로 읽고 있음을 확인할 수 있었다. 즉 기자가 독서 습관에 대해서 질문했을 때, 그는 "틈만 있으면 독서합니다. 그러나 내 성미가 별해서인지 영화 방면의 서적은 별로이 보지 않고(원체 그리 수도 많지 않지만) 정치, 경제 방면의 서적을 많이 보지요"라고 분명히 밝힌 바 있다. 이처럼 그는 영화예술을 위해서 영화서적을 본 것이 아니라 정치와 경제 분야에 관련된 서적을 주로 읽었다는 것이다.

그렇다면 이는 무엇을 의미하는가. 그가 비록 낭만 시대에 예술 활동을 했지만 예술을 위한 예술이 아닌 사회개혁을 위해서 영화를 한다는 자세로 영화에 임했다고 말할 수 있을 성싶다. 이는 그가 영화를 적어도 조국의 독립을 목표로 삼았다는 이야기도 된다. 그럴 수밖에 없었던 것이 그가 청소년 시절을 피압박과 궁핍 속에 보내고, 특히 만주, 러시아의 방랑 과정에서 민족의 설움과 울분을 뼛속에 새기면서 절치부심 영화를 통한 조국독립 의지를 다졌다고 보기 때문이다.

그는 그에 그치지 않고 영화기술 발전에도 상당한 신경을 써서 느린 화면을 대폭 개선했는데, 거기에는 배우들의 동작 역시 속도를 빨리했음은 두말할 나위 없는 것이다. 그러나 그의 한계는 너무나 많았다. 우선 마음 놓고 영화를 만들 수 있는 정치적, 경제적 여건이 최악이었던 데다가 공부 또한 짧았다. 그가 일본에 잠시 들러 어깨너머로 영화계를 둘러본 정도에다 서책을 통해서 예이젠시테인에 대해서 읽었을 뿐 특별한 공부를 해본 적이 없었다. 순전히 독학으로 영화기술을 익혔을 뿐이다. 그가 항상 영화선진국에 유학을 하고 싶다고 되뇌었던 것도 바로 그 때문이었다.

그가 일단 영화 제작에 실패한 뒤로는 그가 처음에 했던 대로 다시 연극계로 돌아갔었다. 즉 그는 1929년에 현성완이 이끌던 극단 형제좌(兄弟座)의 한 배우로 지방 공연에 나섰다. 주지하다시피 형제좌 현성완 일행은 삼류급 신파 극단으로서 보잘것없는 단체였다. 그런 단체에 당대 최고의 영화감독으로 명성을 얻은 그가 무대배우의 한 사람으로 지방순회에 따라나서서 연극 〈무화과〉, 〈그림자〉, 〈아리랑 3편〉 등에 열심히 출연한 것이다. 그리고 1930년 정월에는 좌경 성향의 최승일이 주도하는 미나도좌 신극부에 정단원으로 가입해서 여배우 석금성 등과 오토 뮐러 원작 〈구루마(荷車)〉에 출연했고, 이어서 스스로 나운규프로덕션이라는 이름으로 연극을 제작하여 배우 심영 등과 출연했는데, 작품은 〈벙어리 삼룡〉과 〈언덕을 오르는 사람〉(이백수 연출) 등이었다.

그런데 여기서 흥미를 끌 만한 사실은 그 자신은 연극을 연출하지 않고 이백수 등 전문연극인들을 내세웠다는 점이다. 이처럼 그는 이미 그 시대에도 전문성을 강조하고 그것을 스스로 지켰다. 이것은 별것이 아닐 듯 싶지만 행동으로 실천하기는 쉽지 않다고 본다. 더구나 나운규처럼 명성이 대단했던 사람이 지키기는 더더욱 어렵다고 본다. 그러나 그는 그것을 아무런 거리낌 없이 실천에 옮긴 것이다. 그는 적어도 1930년도에는 영화보다는 연극에 열정을 쏟은 것이 사실이었다. 그래서 그는 그해 가을까지는 꾸준히 연극 출연을 했다. 그는 미나도좌 신극부에 속해 있으면서 스스로 두 편의 작품을 제작 출연한 뒤에는 별 재미를 보지 못했다고 생각했는지 배우로서 출연만 했다. 가령 리뷰극 〈어느날 밤〉을 위시하여 〈2층의 사나이〉(업톤 싱클레어 작) 등에 출연했는데, 이 작품에서는 도둑 역을 맡아 흥미롭다.

그러면서도 영화에 대한 애착으로 단성사 박정현 사장의 후원을 받아서 원방각사라는 제작사를 만들어 영화 〈아리랑 그 후의 이야기〉를 극장에 올렸으나 관객이 별로 들지 않았다. 왜냐하면 그 작품이 〈아리랑〉에 미치지 못했기 때문이다. 영화평론가 서광제가 추도문에서 "아리랑고개를 여러 번 넘어가는 것으로써 조선 농촌의 파멸상을 보여주는 것같이 하였으나, 관중에게는 고소밖에 주지 않았고, 더욱이 영화에는 아무 쓸데가 없는 남장여미인 등을 내놓고 피스톨을 내놓고 하여 가끔가끔 나오는 나군의 의식 무의식의 불근신한 짓을 보였을 뿐이다. '조선 그리고 나는 조선을 사랑한다. 이 즉 나의 애인이다. 걸인이 나의 친구다' 이런 엉뚱한 말로서 〈아리랑 후편〉이라는 것을 만들어 놓았으나 그것은 전혀 실패에 돌아갔다"고 혹평한 바 있는 것이다.

물론 이 영화도 그가 감독하지 않고 신진 이구영이 메가폰을 쥔 작품이었음은 두말할 나위 없다. 그러나 여기서 한 가지 주목해야 할 것은 그가 시대의 밑바닥을 리얼하게 묘파하려 한 점이라 하겠다. 당시만 하더라도 일제의 토지 수탈과 동척(東拓) 등으로 이농(離農)현상이 두드러졌었는데, 농토를 잃은 농민들이 남부여대하여 북간도 등지로 떠났기 때문이다. 그가 그러한 현실을 스크린에 담으려 한 것이다. 그가 참담한 현실에서 눈을 떼지 않은 것은 바로 뒤에 만든 〈철인도〉가 잘 말해주고 있다. 이 작품이야말로 밑바닥 인생을 묘사한 것이기 때문이다.

사실 나운규의 여러 가지 공로 가운데 하나는 뭐니 뭐니 해도 영화기술의 혁신이라 말할 수 있지 않을까 싶다. 가령 전술한 바 있듯이 템포의 조정도 그 당시로서는 쉽지 않은 일이었는데, 그가 그것을 단행했다. 최초의 발성영화 〈말 못할 사정〉도 시도하다가 자금 사정으로 중도에 그치긴 했지만, 영화사에 있어서 큰 의미를 지닌다고 말할 수가 있다. 그는 그와 관련해서 대중은 이미 무성영화의 의미를 부정적으로 본다면서 "사람이 동작하며 말할 수 있는데 동작하면서 말을 못한다는 것은 시대적 역류"라고 주장한 바 있다.

그리고 여기서 한 가지 짚고 넘어가야 할 사항은 그의 사회주의 예술관이라 할까, 혹은 그의 사상적 성향 같은 것에 대한 의문이다. 왜 여기서 그 문제를 제기했느냐 하면, 그가 연극을 하면서도 대체로 좌파 성향의 극단을 선호한 데 따른 것이다. 최승일이 이끌던 미나도좌 신극부가 그렇고, 1930년대에 주로 출연한 극단들도 협동신무대나 신무대였기 때문이다. 물론 그는 순수극만 아니라 대중 성향의 극단과 작품도 마다하지 않고 출연했던 것이 사실이다.

가령 그는 1920년대 후반부터 1930년대 초반까지 유행했었던 좌익영화에 대한 생각을 질문 받았을 때, 명확한 답변을 피하면서 "나는 과거 10년간도 그러했었지만 금후로도 가능한 정도 내에서는 다시 말한다면 합법적인 범위 내에서는 최대한으로 우리 조선 사람이 요구하는 진실하고 무게 있는 영화를 만들려고 합니다"[25]라고 말한 바 있다. 이상과 같은 그의 생각을 달리 표현한다면, 당시 우리 사회가 직면한 절실한 문제를 영화화하는 데 있어서 꼭 어떤 이념에 치우쳐서 접근할 필요가 있느냐는 것이다. 그러니까 사회와 인생을 묘사하는 데 있어서는 다양한 접근태도가 필요하다고 본 것이다. 그가 이념적으로 어느 편에 분명하게 서지 않은 탓에 한때는 프로예술인들로부터 비판을 받기

---

[25] 「당대 인기스타―나운규 씨의 대답은 이러합니다」, 『삼천리』 1936.4.

도 했었다. 그 결과 그는 분단 이후 양쪽 모두에서 높은 평가를 받는 거의 유일한 영화감독으로 기록되고 있는 것이다.

그리고 여기서 또한 주목해야 할 사항은 그가 〈아리랑〉으로 유명세를 탔지만 그것을 능가하는 작품은 별로 만들어내지 못한 것이 아닌가 싶다. 그에 대해서는 서광제가 다음과 같이 적절하게 지적한 바 있다.

> 사실 조선 영화계에서 나운규 군만큼 영화의 기술적 스태프를 다분히 갖고 있는 영화인도 없었다. 때를 못 만난 영웅처럼 세 불리한 한가운데서 꾸준히 영화를 만들어내고 대중의 인기를 끌고나간 사람은 나운규 군밖에 없다. 그러나 인간이나 동물이나 같은 재조를 여러 번 되풀이하면 재미가 없듯이 〈아리랑〉에서 얻은 그의 명성은 그것을 여러 번 되풀이해먹기 때문에 나중에는 태작(駄作) 태작이 연발하였다. 그의 개인생활이 여유치 못한 점에도 있겠지만 내 생각 같아서는 자기 재주만 믿고 좀 더 영화예술이라는 것을 연구해나가지 않은 데서 후기의 그의 작품이 타작이 많았던 원인이 있지 않은가 생각한다.[26]

이상과 같이 나운규는 공부 부족으로 한계에 처했던 것으로, 당시 영화평론가는 분석하고 있다. 물론 거기에 더해지는 원인이 없지 않다. 가령 정치, 경제적으로 열악했고, 일제의 강력한 통제, 그리고 불건전한 사생활을 첨가했다. 거기에 그치는 것도 아니다. 우리의 문화수준으로 볼 때, 전문기술자들 역시 절대 부족이었음은 두말할 나위 없는 것이다. 따라서 그는 실패를 거듭했고 그럴 때마다 연극 쪽으로 가곤 했었다.

그리고 1930년대 초에는 영화와 연극을 왔다 갔다 하면서 작품활동을 한 것이 특징일 듯싶다. 그러니까 영화제작을 주업으로 하면서도 사이사이에 연극에 출연하고 희곡을 쓴 것이다. 가령 그가 개화기에 주목하고 갑신정변의 의미를 캐보려 한 〈개화당이문〉 제작은 현실의 한계를, 역사를 통해 극복해보

---

26 서광제, 「고 나운규 씨의 생애와 예술」, 『조광』 1937.10.

려 했다는 점에서 관심을 끌고도 남음이 있겠다. 물론 그의 역사영화 제작은 경찰의 제지로 더 이상 진척이 없었다. 그만큼 역사영화 제작은 그에게는 큰 고통이었다. 〈개화당이문〉 제작과 관련하여 그는 "사실 고백하지만 사극은 어려워요. 그 시대의 말씨라든지 의복제도라든지 그런 데다가 사실에만 충실하자면 작품이 싱겁게 되고 예술미를, 즉 꿈을 집어넣자면 역사를 위조하게 되고요. 어쨌든 그 작품에서 가장 커트를 많이 당했어요. 그리고 그 작품 이후에는 같은 사극이라도 이조 5백 년 동안의 역사물은 되도록 취급치 말라는 주의를 받았어요"라고 실토한 바 있다.

그 작품 제작 직후 그는 다른 작품 출연으로 마음을 달랠 수밖에 없었다. 그것이 다름 아닌 〈임자 없는 나룻배〉인데, 이 작품은 무명의 신진 이규환(李圭煥)이 메가폰을 잡은 것이었다. 여기서 주목할 만한 것은 다름 아닌 영화에 대한 그의 열정이었다. 즉 그는 영화를 위해서는 거의 체면 같은 것은 가리지 않았다. 가령 〈임자 없는 나룻배〉를 처녀감독했던 이규환이 회고의 글에서 최고의 영화인으로서 명성이 드높았던 "나운규가 전혀 무명인 한 영화인의 출연부탁을 수락한 것은 그의 인간적인 면모와 영화에 대한 애정이 얼마나 깊은가를 짐작하게 해준 일이었다"면서 그와의 일화를 다음과 같이 소개했다.

나운규는 "앞으로 힘을 합쳐 영화를 위해 노력하자"고 하면서 〈임자없는 나룻배〉의 시나리오를 보자고 했다. 그리고는 읽어보고 내일 다시 오겠다며 자리를 떴다. 나는 그날 밤 과연 나운규가 다시 찾아올까 하고 잠을 이룰 수가 없었다. 그런데 이튿날 그는 아침 일찍 집을 들어섰다. 그런데 그는 어저께와는 달리 밀짚모자를 눌러쓰고 있지 않은가. 나운규가 방으로 들어오면서 밀짚모자를 휙 벗는데 머리를 보니 빡빡 머리였다. 모두 놀라서 멀거니 쳐다보는데 그는 껄껄 웃으며 다짜고짜로 억센 함경도 사투리로 "합세다!" 했다. 그리고는 "왜들 놀라시오? 시나리오를 읽어보니 주인공은 머리를 깎게 되어 있어 아예 깎고 오는 길인데…" 했다. 나는 너무나 놀랍고 고마워 벌떡 일어나 그의 손을 잡았다. 과연 그가 출연해줄는지 가슴을 죄었는데, 그가 아예 출연하기로 작정을 하고 그 탐스러웠던 머리까지 **빡빡** 깎고 나타났으니 나는 감격하지 않을 수 없었다. 나도 모르게 눈물이 괴었고 나운규의 손을 한동안 놓을 줄 몰랐다. 나운규는 "작품을 읽어보니 워낙 탐이 나서 머리를 깎지 않을 수 없었다오. 이형의 연출에 기대를 걸겠소" 하면서 용기를 북돋아주었다. 나는 가까스로 감정을 진정하고 "출연료 문제가 남아 있는데 만약 출연료가 적으면 어떻게 하려고 머리부터 깎았나?"고 물었다. 그는 여전히 호탕하게 웃으며 "감독은 그런 것까지 걱정할 필요는 없어요. 나는 이 작품이 마음에 드니까 출연을 결심한 것이지 보수가 문제가 아니오"라고 했다.[27]

이상과 같이 나운규와 5년여 동안 영화를 했던 이규환의 회고담을 길게 인용한 것은 그의 영화작가로서의 열정을 어느 정도 살필 수 있다고 보았기 때문이다. 우선 그가 좋은 영화라면 선후배를 가리지 않고 제작에 열정적으로 참여했음을 알 수 있다. 사실 이규환은 그와 상대가 되지 않을 만큼 무명의 후배감독이었다. 가능성을 전혀 예측할 수 없는 나이 어린 신진의 처녀감독 작품에 시나리오만 읽고서 선뜻 출연을 한 것부터 놀랍다. 다음으로는 출연료를 거의 생각지 않고 작품만 마음에 들면 일단 출연한다는 그의 예술가적 자세이다. 솔직히 시나리오도 이규환의 초고를 그가 거의 다시 쓰다시피 해서 촬영에 임한 것이었다.

특히 아무런 보장도 없이 시나리오만 읽고서 그렇게 아끼던 장발을 단번에 깎아버리는 그의 배우로서의 프로정신은 경탄스럽기까지 하다. 그렇게 해서 만든 작품이었기 때문에 그것은 대체로 성공작이 되었다. 그가 연극과 영화를 넘나든 몇 안 되는 인물이었기 때문에 연쇄극 제작에도 남다른 재능을 보여준 바 있다. 즉 그는 〈임자 없는 나룻배〉에서 열연한 직후에는 극단 협동신무대를 통해서 연쇄극 두 편 〈홍길동전〉과 〈젊은이여 우지마라〉를 직접 만들어 주연까지 한 것이다. 이어서 그는 역시 연쇄극 〈암굴왕〉을 만들었는데, 이 작품

---

27 이규환, 「영화 60년 제67화—나운규와의 만남」, 『중앙일보』 1979.12.22.

에서는 그의 각색 솜씨가 남다름을 보여주기도 했다.

물론 그는 연쇄극만 만든 것은 아니었다. 정통적인 희곡도 적잖게 써서 무대에 올렸었다. 가령 시대활극 〈신라노〉라든가 인정극 〈망향가〉, 그리고 영화로 히트한 〈아리랑〉을 향토민속희곡으로 재창조해서 스스로 주연을 맡기도 했었다. 그러나 그는 역시 연쇄극에 상당한 매력을 갖고 있었다. 따라서 그는 〈내가 죽인 여자〉라든가 〈총성〉, 〈장화홍련전〉 등을 계속해서 만들어 공연을 한 것이다. 그는 또한 김춘광이 주도하던 상업극단 예원좌에 〈주마등〉이라는 각색희곡을 제공하기도 했고, 다시 극단 협동 신무대로 복귀하여 연쇄극 〈악인 카이에〉를 만들어 무대에 올리기도 했다.

그러나 그는 역시 연극보다는 영화에 관심이 있었던 것이 사실이었다. 1933년 대구에서 그를 중심으로 대구영화촬영소가 설립되었던 것도 특기할 만한 사건이었고, 거기서 만들어진 영화 〈통로〉만 하더라도 그가 직접 쓰고 주연까지 했었다. 물론 그것은 오래가지 못했고 한 작품으로 끝나고 말았다.

그는 10편 이상의 희곡을 발표했는데 〈성웅 이순신 장군〉을 비롯해서 〈바다의 아들〉, 〈흑조〉, 〈남성〉 등은 무대에 올려지지 못했거나 아니면 사후에 공연되기도 했었다. 그가 2년여 동안 극단 활동을 열심히 하다가 1935년부터는 다시 영화연출에 혼신의 열정을 쏟았다. 그가 이때부터 병석에 눕기까지 2년여 동안 직접 시나리오를 쓰거나 각색해서 연출 주연까지 한 작품은 〈무화과〉를 위시하여 〈강 건너 마을〉, 발성영화 〈아리랑〉 3편, 〈오몽녀〉(이태준 원작소설), 〈7번통소사〉 등이었다.

이들 중에서도 발성영화 〈아리랑〉과 문예영화 〈오몽녀〉가 영화사에 남을 만한 작품으로 기록되어야 할 것 같다. 왜냐하면 발성영화는 무성영화 시대를 마감하고 영화의 전환점을 마련했다는 데 의미가 있고, 〈오몽녀〉는 문예영화의 새 지평을 열었다는 데 의미가 있기 때문이다. 그러나 나운규는 이 두 작품을 만드는 동안 너무나 자신을 던진 나머지 건강을 잃은 것이 문제였다. 그때의 사정에 대해서 친구 윤봉춘은 다음과 같이 회고했다.

　제3부　대중 공연예술의 개화 (1)

　　〈오몽녀〉를 발표한 군의 체질은 말할 수 없이 약해지고 아주 자리에 누워있게 되었다. 이런 병은 누워있으면 안될 테니 인천이나 원산 등지에 가서 모든 것을 다 잊어버리고 한 일년 돌아다니자고 여러 번 동무가 말했으나 이런 꼴을 남에게 뵈이고 싶지 않다고 하면서 종시 듣지 않았다.[28]

　　이상과 같이 그는 젊은 날 얻은 지병인 폐질환이 도져서 병석에 눕게 된 것이다. 그러면서도 자존심 강한 그는 자신의 초라한 꼴을 남에게 보이지 않으려고 애썼고, 결국 그러한 자기고집과 치료의 한계로 영영 재기가 어렵게 된 것이다. 그는 건강이 조금만 나아지면 작품에 매달렸는데, 발성영화의 기술적 문제를 해결하기 위해서 잠시 도쿄에 다녀왔던 것도 그 하나의 예가 될 것이다. 그는 자리에 누워서도 다음 작품 〈불가사리〉를 구상했고, 어떻게든 영화를 완성해보려 노심초사했다.

　　그는 1937년 정월 병석에 누워서 쓴 「영화시감」에서 "금년 1년은 병과 싸웠다. 싸우는 동안에 가끔 치료에 대한 자신을 잃어버리는 때가 있다. 이런 때마다 영화제작할 욕심이 백배나 더해진다. 이대로 죽어버리면 무엇을 남겨놓는가. 10년 싸워서 남긴 것이라고는 한데 모아놓고 불질러버리고 싶은 작품 몇 개가 굴러다닐 뿐이다. 문인들이 전집을 발행시키는 데 비하면 얼마나 슬픈 일이냐. 그러나 붓과 종이만으로 되는 문인들이 작품과 돈과 기계로 그리는 우리들의 일과는 형편이 다르다. 이것이 우리들이 가진 최대 고통이다. 공통으로 맛보는 쓰라린 사정이 다 용솟음치는 제작욕을 예술가로서 이 표현욕을 만족시킬 수 없어서 가슴을 치며 거리로 방황하는 동무들을 나는 수없이 안다. 그들을 위하여서라도 조선 영화를 어느 수준까지 끌어가서 완전한 시장을 얻고 싶었다. 상품으로서 이 조선 내 시장만으로는 조선 영화의 장래도 현재도 없다. 이런 의미로 원작을 좋은 것을 구하려고 퍽 애를 많이 써보았다. 외

---

28 윤봉춘, 앞의 글.

지에 보내는 조선 영화를 만드는 데 아무렇게 쳐도 조선 사람의 손으로 된 이야기가 필요했기 때문에 이런 방면으로 구해봤다"(『삼천리』)고 토로했다.

그런데 여기서 주목되는 점 몇 가지가 보이는데, 그 첫째가 대부분의 작품을 태워버리고 싶다고 한 것, 둘째로 문학 등 여타 예술과 달리 영화는 기술과 자본을 필요로 하는 데서 오는 한계, 셋째로는 영화시장이 국내에 국한될 때의 한계를 지적한 것 등이다. 이처럼 그는 천재 예술가들이 흔히 갖는 결벽성과 함께 영화제작자로서의 시장까지도 예리하게 간파하고 있었다.

대체로 예술가들은 창조밖에 모르는 경향이 강하지만 그는 경영에 대해서도 상당한 안목을 갖고 있었던 것이다. 그가 중병과 싸우면서도 희망을 잃지 않고 영화 창작에 더 큰 의욕을 나타낸 것은 눈물겹기도 하다. 특히 그 시기에 가장 우리적인 영화를 만들어서 외국 시장까지 진출해보고자 한 것은 놀라운 비전이라 아니할 수 없다. 그리고 그가 임종 직전에 윤봉춘과 나눈 대화 속에는 그의 인생관의 일면이 나타나 있어 주목된다. 그는 윤봉춘이 유언이라도 남기라는 대화 중에 다음과 같이 말했다.

> 나는 내일 다시 〈한강〉 로케이션을 떠난다. 언제 올지 모르니 나한테 할말이 없나? 없다. 보고 싶은 사람도 없어? 없다. 동무들 중에도? 없다. ××의 어머니한테서 금비녀를 빌려다가 잡혀 쓴 것이 있다. 그걸 네가 찾아주어라. 보고 싶은 여자도 없어? 만일 내가 이러다가 죽으면 신문에는 오르겠지. 그러면 전에 나하고 지내던 여자들이 신문을 받고 제각기 다른 표정으로 나를 생각할 것을 내가 누워서 생각해본 일이 있다. 그럼 세상에 아무런 미련도 없단 말이지. 없다. 네가 이렇게 누웠는데도 찾아오는 사람이라고 한 사람도 없다. 이걸 보면 네가 전에 그네들한테 호감도 못 가졌고 또 너무 냉정하게 굴었다는 생각도 없나. 그건 피차일반이다. 한참 무엇을 생각하더니 행자(幸子, 군의 딸)에게 전보해서 오게 하라. 보고 싶다.[29]

---

29 위의 글.

이상의 글에서 나운규의 인간적인 여러 면이 극명하게 나타나 있다. 즉 그가 대단히 이성적인 인물임이 드러나고 있다. 그는 구질구질한 것을 대단히 싫어한 것 같다. 그는 죽음을 앞둔 절대고독 속에서도 인간에 대해서 특별한 애착이나 미련을 갖고 있지 않았으며, 영화 이외에는 이 세상 모든 것에 아무런 애착을 갖고 있지 않았던 것이다. 그는 심지어 가족에 대해서까지 끈끈한 정을 갖고 있지 않았고, 다만 딸에 대해서만 부정(父情)을 느꼈던 것 같은데, 이것도 실은 그동안 돌보지 못한 죄의식에서 비롯된 것이 아닌가 싶다. 그는 함경도 사람답게 사리가 분명하고 강인하며 무뚝뚝하기까지 했던 것 같다. 그 점은 영화를 만들기 위해서 금비녀를 빌려다가 전당포에 맡겼던 것을 잊지 않고 친구였던 윤봉춘에게 대신 찾아주라는 부탁을 한 사실에서 극명하게 나타난다.

이런 여러 가지 정황으로 볼 때, 그는 허무주의자 같기도 하고, 냉철한 천재형 인물 같기도 했다. 따라서 그의 주변에는 영화나 연극 관계 일로서만 사람들이 몰렸을 뿐 사사로운 인간관계는 별로 없었던 것 같다. 그 점은 그가 중환으로 누워있어도 찾아오는 사람을 거의 볼 수 없었던 것이 단적인 예가 되지 않을까. 그는 조강지처 조정옥와의 사이에 2남 1녀를 두었지만 서대문 밖 영천 집에서 임종할 때는 한동안 동거했던 현방란(玄芳蘭, 극단 형제좌의 리더 현성완의 딸)만이 곁을 지켰을 뿐이다. 그는 결국 폐질환에서 벗어나지 못하고 1937년 8월 9일 36세를 일기로 파란만장한 삶을 마감했다. 당시 장남 종익(鍾益)은 19세였고, 장녀 신자(辛子)는 16세였으며 막내 봉한(奉漢)는 겨우 네 살에 불과했다. 조정옥은 1957년 쉰여덟 살로 작고할 때까지 서울에서 삼남매를 어려운 환경 속에서 잘 키웠지만 생전에 남편 나운규에 대해서만은 일언반구도 없었다고 한다. 그 이유는 아마도 남편에 대한 쓰디쓴 회한과 함께 천재 예술가에 대해서 조금이라도 누를 끼치지 않겠다는 심려에 따른 것으로 볼 수 있을 것 같다.

그의 막내아들 나봉한 감독이 한 인터뷰에서 모친에 대해서 "스물 남짓의 꽃다운 나이로 남편 따라 서울에 와 삯바느질로 어렵게 생계를 꾸려가면서도 자신의 영화 제목처럼 당대의 풍운아였던 나운규와의 만남을 숙명, 그 자체로 받아들여 지난(至難)한 삶에 대한 회한을 혼자 가슴속에 꼭꼭 저미고 살았던 이조(李朝)여인 같은 분"(『역사산책』, 1991.2)이었다고 말한 것은 많은 것을 함축하고 있는 것이다.

여하튼 나운규는 가정까지 희생하면서 십수 년 동안 연극과 영화계를 넘나들며 수십 편의 작품을 직접 만들고 또 출연도 하면서 우리나라 영화예술을 획기적으로 끌어올리기 위해 다양한 실험을 하는 동안 성공과 실패도 적잖았다. 그러나 분명한 것은 그가 초창기 영화사에 있어서 하나의 이정표를 세운 대단한 선구자였다는 사실이라 하겠다. 그에 대해서 찬탄의 평가가 많지만 당시 그에 비판적이었던 서광제의 다음과 같은 추도문이 그를 비교적 제대로 설명한 글 같아 소개한다.

조선 영화계의 위대한 개척자의 나군(羅君)이여 그대는 너무나 조선에 있기에 불운한 인간이었다. 조선의 살림이 좀 더 넉넉하고 문화가 좀 더 발달되었더라면 그대는 벌써 세계적 예술가가 되었을는지도 모른다. 그대의 생애는 너무나 비참하였고, 그대의 예술적 활동은 너무나 짧았다. 그러나 남기고 간 예술은 기리기리 있을 것이다. [30]

---

30 서광제, 앞의 글.

최초의 전문 연출가
홍해성

우리 연극을 오늘의 수준까지 이끌어온 것은 선구 연극인들의 피나는 노력이었다. 임성구를 비롯해서 윤백남, 이기세, 현철, 박승희 등 극단 운영자, 배우, 극작가, 연극이론가들이 앞장서서 일본 신파를 배우고, 서양의 근대극도 수입해서 이만큼이라도 우리 연극이 세계의 연극사조에 동참하게 된 것이다. 초창기 연극인들은 거의가 배우 아니면 극단 운영자, 극작가였다. 연출가는 없었다. 개화기 이전도 예외가 아니었다. 1920년대 말엽까지만 해도 신파 계열의 천한수 정도가 배우 겸 연출가였고 전문 연출가는 없었던 것이다. 전문 연출가 부재가 우리 연극의 발전을 지연시킨 가장 큰 원인 중 하나일 것이다.

바로 그 점에서 홍해성(洪海星, 1893~1957)이 크게 부각되어야 함에도 불구하고 시간이 지날수록 연극계에서조차 잊혀진 인물이 되어가고 있다. 그가 중요하게 평가되어야 하는 이유는 다음과 같은 네 가지 이유에서다.

첫째로 그는 한국 연극사상 최초의 본격적인 전문 연출가였다. 두 번째로 소위 연출법이라는 것을 처음으로 도입해서 연극무대에 활용한 사람이었다. 세 번째로 그는 1930년대 이후 본격 근대극을 뿌리내리게 하는 데 절대적 기여를 한 인물이었다. 네 번째, 아직 극예술이라고 이름 붙이기조차 어려울 만큼 저급한 신파를 바로 대중연극이 될 수 있도록 향상시킨 장본인이었다. 본

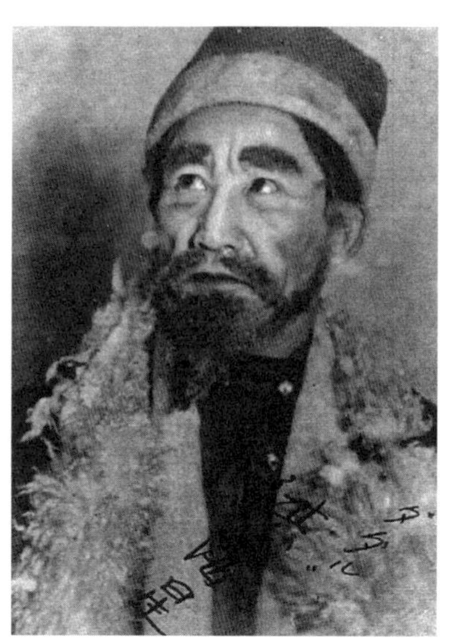

홍해성

격 근대극뿐만 아니라 신파극이 무대예술로서 틀을 갖추게끔 하는 데 있어서 홍해성의 힘이 절대적이었다는 것이다.

이러한 홍해성이 태어난 곳은 경북 대구였다. 조부가 일찍이 관리를 지낸 바 있는 평범한 가정의 5형제 중 3남으로 태어난 때가 갑신개혁 직전인 1893년이었다.

누대로 대구에서 살아온 부친 홍치장은 교육열이 강한 데다가 신문물에 밝았기 때문에 5형제 모두 교육을 시켰고, 홍해성(본명 柱植) 역시 소학교를 거쳐 계성중학에 진학시켰다. 내성적이고 섬세한 그였지만 학생자치활동에서는 적극적이었고, 따라서 연극반에 들어가 출연도 했다. 그때 교내연극에서 여역(女役) 배우로 나섰는데, 그것은 용모가 단정한 데다가 내성적인 성격 때문이었다. 사실 그가 뒷날 연극인이 되리라는 것을 꿈조차 꾸지 않은 상태에서 학교 연극에 참여한 것이다. 그는 부모의 권유에 따라 일본 유학길에 올랐는데, 3·1운동이 그를 더욱 자극했다.

그는 부모의 뜻에 따라 변호사가 되기 위해 주오대학 법학과에 진학했다. 당시만 하더라도 유학생이 많지 않았던 데다가 법학도가 희소했기 때문에 그가 변호사의 야심을 가진 것은 가문뿐만 아니라 조국을 위해서도 바람직한 것이라 믿었다. 그는 도쿄에서 유학생들과 활발한 서클활동을 했고, 특히 와세다대(早稻田大) 영문과에서 연극을 공부하고 있던 김우진과 절친하게 지냈다. 김우진과는 성격과 취향이 비슷했기 때문에 누구보다도 가까이 지냈다. 그들이 1920년 봄 극예술협회를 조직할 수 있었던 것도 우연의 일이 아니었다. 그는 이때부터 방향을 돌리기 시작했다.

김우진은 대지주의 장남으로서 목포나 서울에 소극장을 세워 근대극운동을 펼칠 계획이 있었기 때문에 함께 일할 동지가 필요했고, 홍해성이야말로 가장 적합한 인물로 생각되었던 모양이다. 그들은 1921년 여름, 잠시 순회극운동을 벌이는 동안 뜻을 굳히게 되었고, 차가운 학문(法學)보다는 부드럽고 따뜻한 공부(演劇)를 하기로 결심한 것이다. 그는 같은 해 목포의 대지주집 장녀인 김복동(金卜同)과 결혼했는데, 우연히도 그의 장인은 김우진의 부친 김성규와 북교소학교(北橋小學校)를 함께 설립한 사람이었다.

김복동 역시 목포에서 신식 교육을 받은 신여성이었기 때문에 연극을 하겠다는 홍해성을 누구보다도 잘 이해했다. 그는 연극으로 마음을 굳히자마자 우선 대학의 전공부터 바꾸었다. 따라서 마음 내키지 않은 상태에서 다니던 주오대학 법학과를 자퇴하고 니혼대학 예술과로 편입했다. 그러나 무엇보다도 그가 바라던 것은 연극현장에서의 실제적 활동이었기 때문에, 때마침 설립된 일본 근대극의 요람 쓰키지소극장(1924)에 한국인으로서 유일하게 참여하게 되었다. 그럴 수밖에 없었던 것이 그가 스타니슬라프스키의 연극관과 로맹 롤랑의『민중예술론』에 심취한 오사나이 가오루(小山內薰)의 문하에 들어갔기 때문이다.

그는 쓰키지소극장의 창립공연 작품인 막심 고리키의 〈밤 주막〉(小山內薰 연출)에서 타르타르(人) 역으로 처녀출연을 했는데, 첫 작품임에도 불구하고 소화력이 뛰어나서 호평을 받았다. 그러니까 그는 1924년 10월부터 쓰키지소극장 제67회 공연(1927년 9월)까지 만 3년 동안 32편의 작품에서 대소역(大小役)을 맡아 무대에 섰던 것이다.[1] 3년 동안 32편에 출연했다는 것은 곧 연간 10편

---

1 홍해성은 그로부터 계속 출연했는데 가령 스트린드베리의 〈번개〉(얼음배달부 역), 게오르크 카이저의 〈아침부터 밤중까지〉(호텔급사 역), 고골리의 〈검찰관〉(시골의사 역), 차페크의 〈벌레의 생활〉(노동자 역), 스트린드베리의 〈난취(爛醉)〉(탐정 역), 안드레예프의 〈빰 맞는 그 자식〉(급사 역), 스트린드베리의 〈줄리에 양(孃)〉(백성 역), 하젠클레버의 〈인간(人間)〉(신사배심원 역), 피란델로의 〈각인각설〉(손님 역), 메테를링크의 〈파랑새〉(당나귀 역), 로맹 롤랑의 〈이리떼〉(사관 역), 〈사랑과 죽음의 희롱〉(클라팔트 역), 체호프의 〈세 자매〉(노신사 역), 버너드 쇼의 〈성(聖) 존〉(요리사 역), 에츠의 〈모래시계〉(제3의 제자 역), 톨스토이의

이상 참여한 것이 되므로 평균 1개월에 한 작품씩 출연했다는 이야기가 된다. 그가 한국인 신분으로 일본의 대표적 근대극장에 출연할 수 있었던 것은 역시 뛰어난 연기력과 성실성에 의한 것으로 볼 수 있다. 그는 쓰키지소극장에서 연기뿐만 아니라 연출, 분장 등 다방면에 걸쳐 철저히 수업을 받았다. 이는 아마도 귀국 후를 대비했던 것이 아닌가 싶다.

그러나 그는 차차 쓰키지소극장에 실망하기 시작했다. 왜냐하면 쓰키지소극장이 급격히 변해갔기 때문이다. 즉 그의 스승이자 극장의 주도자인 오사나이 가오루가 모스크바 예술극장에 다녀온 뒤(1927)로 일본 전통극을 바탕으로 한 신극을 주창했으며 게다가 사회주의 연극으로 급격히 경도되어 갔기 때문이다. [2] 특히 오사나이 가오루가 스타니슬라프스키와 메이어홀드를 만나고 귀국한 직후, 일본 연극은 동양 연극의 바탕 위에 서구 연극을 수용하고, 가부키(歌舞伎)가 모체가 되는 새 연극이 되어야 한다고 주장한 것에 거부감을 느꼈던 것이 아닌가 싶다. 그나마 오사나이 가오루가 모스크바를 다녀온 다음 해(1928) 죽은 데다가 쓰키지소극장마저 극심한 분열까지 일으키는 바람에 홍해성은 1930년 6월에 미련 없이 귀국했다. [3]

그의 귀국과 관련하여『조선일보』는 다음과 같이 보도했다.

〈어둠의 힘〉(촌장 역), 차페크의 〈인조인간〉(마리우스 역), 오사나이 가오루의 〈나락〉(사와무라 덴시로 역), 무샤노코지 사네아쓰(武者小路實篤)의 〈애욕〉(남자 역), 빌헬름 마이어푀르스트의 〈알트하이델베르크〉(엥겔프레히드 役), 버너드 쇼의 〈말 도적〉(하인 역), 마르셀 밀치네의 〈밤〉(노인 역), 체호프의 〈곰〉(백성 역), 버너드 쇼의 〈악마의 제자〉(장교 역), 유진 오닐의 〈고래〉(수부 역), 체호프의 〈벚꽃동산〉(역장 역), 기타무라 고마쓰(北村小松)의 〈원숭이한테서 받은 감씨〉(원숭이의 사용인 역), 니콜라이 에우레이노프의 〈마음의 극장〉(교수 역), 모르나르의 〈릴리옴〉(경찰관 역), 오사나이 가오루의 〈시네마토그라프〉(촬영조수 역), 피란델로의 〈바보〉(제5의 기자 역) 등에 출연하고 다음 공연부터는 그 이름이 나타나지 않는다. 李眞淳,「현대연극사」,『국립극장 30년』, 1980.
2 菅井幸雄,『築地小劇場』, 未來社, 1976, 52~58쪽.
3 「홍해성씨 入京」,『조선일보』1930.6.29.

　　지금으로부터 십여 년 전에 동경으로 건너가 조도전대학 문학부에 설치한 문
화사업연구회에 입회하여 연극부원으로 있으면서 셰익스피어라고도 말할 만한
평내소요(平內逍遙) 씨의 곡진한 지도로 삼 년간 연구하고 그 뒤에 1924년에 동
경 축지소극장이 창립되자, 이 극장에 들어가 일본극장의 은인 고 소산내훈 씨
의 지도로 출연하게 되어, 그의 명성이 이역에 떨친 홍해성(洪海星) 씨가 요사이
고향인 대구에 돌아왔다는데, 축지소극장에 있을 때는 막심 골키의 〈밤 주막〉에
달단인 '핫산'으로 분장하여 그의 천품을 보여주었으며, 그 외에도 여러 가지 극
중에도 중요한 역으로 나와 일본 각 신문에 칭송한 일도 있었는데, 씨가 조선에
돌아옴으로부터 조선의 극계는 변혁되리라고 일반이 추측한다는데 왕방한 기자
에게 아래와 같이 말하였다. "글쎄요, 앞으로는 조선의 극계를 위하여 어떠한 일
이 있어야 하겠지요. 어느 때나 무엇이고 제가 하는 때는 사회 일반의 원조와 편
달을 바랍니다."(『조선일보』 1930.6.17)

이상과 같은 귀국 관련 기사에서 알 수 있는 것처럼 그의 귀국은 무대예술
계에서는 큰 사건이었고, 따라서 박승희, 윤백남, 이기세 등이 중심이 되어 귀
국환영회[4]까지 가질 정도였다. 그럴 수밖에 없는 것이 한국인으로서 일본에
유학 가서 일본 신극의 두 거두라 할 쓰보우치 쇼요와 오사나이 가오루의 지
도로 연출을 제대로 배운 경우는 홍해성이 처음이었기 때문이었다.

그가 귀국하자마자 가장 고무된 사람들은 토월회 주도자일 수밖에 없었다.
당시로서는 변질된 토월회였지만 그래도 근대극을 시도해보려 노력한 극단
이었기 때문이다. 토월회 단원들은 재도약을 모색하기 위해 그를 영입하려 했
다. 그러나 그는 이미 새로운 극단을 만들어서 제대로 근대극을 해보려는 야
망에 불타고 있었다. 그가 생각한 것은 쓰키지소극장을 그대로 옮겨와서 한국
근대극의 새로운 활로를 열어보겠다는 것이었다.[5]

다행히 대구 출신의 문우 이상화가 그의 뜻을 알아차리고 경성소극장 건립

4　「홍해성씨 환영회」, 『조선일보』 1930.7.3.
5　박진, 『세세연년』, 경화출판사, 1966, 83쪽.

을 추진하겠다는 의사를 표시해왔다. 그러나 그것이 여의치 않았기 때문에 극단 조직으로 방향을 돌렸다. 도쿄에서 극예술협회를 함께 했던 개성 부호의 친구인 고한승이 자금을 대주어서 1930년 10월에 극단 신흥극장을 조직할 수 있었다. 물론 주요 참여자는 거의가 토월회 단원이었다.[6]

홍해성은 극단 조직과 함께 창립공연 준비에 나섰다. 레퍼토리는 역시 쓰키지소극장에서 했던 〈목단등기(牧丹燈記)〉인데, 이는 중국의 『전등신화(剪燈新話)』를 일본 프롤레타리아 작가 등삼성길(藤森成吉)이 개작한 작품이었다. 이기영 번역과 홍해성 연출로 창립 공연한 이 작품은 연극인들의 기대와는 달리 참패로 끝났는데 그 원인은 김연수(金演洙)의 지적대로 "일본의 시설을 직수입하려는 데 있었다."[7]

그러니까 번역도 졸렬했을 뿐만 아니라 연출도 과욕을 부렸으며, 김연수의 회고대로 "쓰키지에서 한 극본을 가지고 5일 이상만 하여도 벌써 관객이 줄어드는 곳이 이곳이다. 또 도쿄는 문화적이고 분업적이다. 극작가, 연출자, 진행자가 모두 독립되어 있으나 여기는 그렇지 못하다"는 것이었다. 실패할 수밖에 없는 이유가 도처에 자리하고 있었다는 이야기가 된다. 도쿄와는 연극 여건이 너무 차이 나는 서울에서 일본에서 했던 방식을 도입한 것이 실패의 원인이었다. 그러한 열악한 환경에다가 홍해성의 리더십 부족까지 겹치면서 더욱더 공연뿐만 아니라 극단 존립마저 어렵게 한 것이다.

그를 영롱한 인격자로 본 김연수가 그에 대해서 "배우로서는 물론 일반 극장인으로서도 보기 드문 순진한 사람으로 적어도 거짓말을 할 줄 모르는 이

---

6 "신흥극단 창단…(극계의 동지들이 모여 새로운 연극단을 조직) 지난 22일 시내 단성사에서 극계의 동지들이 모여서 새 극단 신흥극단을 창립하였는바 사무소는 단성사 안에 두었고 공연은 내월 중순부터 하리라는 바 공연할 종목과 부서는 다음과 같다. 부서 연출부=홍해성, 연기부=이백수, 이소연, 박제행, 심영, 이호영, 이화백, 염유일, 석금성, 강석제, 강석연, 김연실 외 남자 7인, 여자 3인, 문예부=홍노작, 최승일, 박희분 외 1인, 미술부=원우전."(『매일신보』 1930.10.25)

7 김연수, 「극단야화」, 1930.11.22.

다. 그의 성격은 우유부단하여 공사를 일도양단으로 처리하지 못하므로 극단
의 수령이 되는 것보다는 차라리 국부적으로 연출부와 같은 한 곳의 일만 전
문으로 맡아보는 것이 본인을 위하여도 타당할 줄 안다"고 평한 것은 그 점에
서 정곡을 찌른 것이다. 그런 온순한 신사가 오합지졸의 극단을 이끌고 공연
을 성공시키기에는 역부족이었던 것 같다. 물론 신흥극장의 실패를 레퍼토리
와 배우술의 부족에서 찾은 사람도 없지는 않다.

가령 고혜산이 창립공연에 대해서 "극본의 불충분으로 인한 것이 지대하니
일본의 현하 정도에 꼭 맞도록 일부러 각색해놓은 등삼씨(藤三氏)의 5막 8장을
그대로 사소의 가감도 없이 풍속과 환경이 다른 조선 민중에 내놓으려 한 것
도 실수려니와 그것을 번안하는 데 축자역(逐字譯)으로 하여 그 일본말을 그대
로 직역해놓은 것과 같은 것은 그보다 훨씬 더 큰 실수이며 일반 배우들의 연
기가 이전 토월회에서보다 한층 열이 없어 보이는 것"[8] 이 가장 큰 요인이었다
는 것이다.

이상과 같이 홍해성의 귀국 활동에 대한 첫 번째 평가는 대체로 부정적이었
다. 적어도 홍해성은 당시 우리 연극 조건에 비해 너무 수준이 높았고, 결국은
연극 현실을 제대로 읽지 못한 그의 높은 이상과 원칙이 실패를 자초한 것이
었다. 따라서 그의 생활은 말이 아니었다. 서울에 집이 있었던 것도 아니고 일
본에서부터 다섯 식구를 이끌고 돌아온 그로서는 호구(糊口) 걱정까지 하지 않
을 수 없었다. 그때의 절박한 상황을 서항석은 다음과 같이 회고한 바 있다.

이 무렵 윤백남 선생은 『동아일보』 연재소설을 집필하고 있어 매일신문사 3
층 조사부의 조용한 한구석에 오셔서 그날의 원고를 끝내신 윤 선생의 해학 섞
인 잡담은 흥미로웠다. 때로는 이 잡담의 자리에 홍해성 씨가 끼이는 일도 있었
다. 그러나 홍씨는 잡담을 즐기러 오는 것이 아니고 절박한 사정이 있어 윤 선생
을 찾으러 왔다가 내가 곁에 있어 말을 꺼내지 못하고 그냥 잡담에 끼어드는 눈

---

8 고혜산, 「목단등기 인상기」, 『매일신보』 1930.11.18.

치였다. 눈치를 챈 나는 자리를 비키기도 했다. 그러나 그것도 한두 번이지 차차 나하고도 친해져가니까 그는 내가 곁에 있더라도 자기의 사정을 털어놓는 것이었다. 쌀이 떨어졌다, 땔나무가 없다 등등. 윤 선생은 호주머니를 뒤지다가 가진 것이 넉넉지 못하면 몸에 찬 시계를 떼어주면서 "전당표는 갖다 주시오" 하는 것이었다. 때로는 윤 선생에게 가진 돈도 없고 시계는 도로 찾아오지 못한 채 있는 경우에는, 곁에 있던 내가 호주머니를 뒤지거나 시계를 떼어놓을 수밖에 없었다. 그는 사양 없이 받아주었다. 그의 사정은 그만큼 절박했고 우리의 친분은 그만큼 늘어 있었다.[9]

그가 당시 얼마나 궁핍했던지 짐작된다. '커피를 못 마시면 우울해지고 다방이건 어디건 솔베지송의 음악이 들려오면 하염없이 울고 앉았던 그'(朴珍 증언)는 나비넥타이에 홈스펀 중절모 파이프 담배의 서양풍 신사였다. 깔끔하고 감성적이며 자기 절제가 강했던 홍해성이 넉넉지도 못한 윤백남에게 생활비를 얻어 쓰지 않을 수 없을 만큼 곤궁했던 것이다. 그럼에도 불구하고 그는 연극 외에는 아무것도 관심을 갖지 않았다. 그에게 연극은 하나의 종교였다.

그가 만년에 쓴 글에서 "무대는 나의 마음의 극장이다. 나의 예술의 재료는 나의 육체"[10]라고 한 것처럼 홍해성에 있어서 연극은 인생의 전부였다고 해도 과언이 아니다. 따라서 그는 다섯 식구의 호구지책을 마련하기 어려웠음에도 연극 외의 다른 일을 한다는 것은 상상조차 하지 않았다. 그는 적어도 배우라는 업을 자신의 운명처럼 생각했던 것이다.

그가 만년에 한 회고의 글에서 "나는 내 자신을 수련하며 철저한 자각과 확고한 정신적 준비와 육체적 준비, 진실한 사고와 모든 경험을 토대로 연기에 대한 창조적 요소를 조화하여 나의 영혼에 점화해서 거기에서 창조되어지는 예술이 나의 예술"이라고 쓴 바 있다. 그러니까 자신을 모두 던져서 연기와 연

---

9 서항석, 「나의 이력서」, 『경안 서항석 전집 (5)』, 하산출판사, 1987, 1778쪽.
10 홍해성, 「나와 무대」, 『조선일보』 1956.2.22.

극을 했다는 이야기이다. 연기와 연극을 종교적 차원으로까지 끌어올려 생각한 홍해성이었지만 당시 상황은 너무나 비연극적이었다.

그는 나쁜 연극 조건을 여러 측면에서 생각했다. 첫째로 민족의 문화적 후진성과 식민지 상황임을 인식하고 있었다. 따라서 그는 우선 글을 통해 대중을 각성시키고 연극에 대한 이해의 폭을 넓히는 방향으로 나아갔다. 물론 이것은 어디까지나 극단운동과 병행한 것이다. 그가 처음 연극에 관한 글을 쓴 것은 절친한 동지 김우진과 1926년『조선일보』지상을 통해서였다.

「우리 신극운동의 첫길」이라는 글인데, 여기서 그는 앙투안의 자유극장을 시발로 서구 근대극운동을 모델로 삼아 연극의 기반 조성에 초점을 맞추고 있다. 즉 대중의 연극인식 제고로부터 시작해서 연극인 양성, 극장 설립, 관객 조직, 그리고 대중매체의 연극지원 등 폭넓게 소견을 밝힌 것이다. 그는 귀국 직후에도「조선 민족과 신극운동」이라든가「민족과 극예술」같은 글을 통해서 당시 우리의 암담한 민족현실에 있어서 연극이 지니는 가치와 사회적 기능을 강조하고 연극과 연기의 기초적인 문제를 매우 구체적으로 제시 설명해주었다. 즉 그는「민족과 극예술」이란 글에서는 연극의 사회적 기능과 관련하여 다음과 같이 쓰고 있다.

> 극예술은 한 사회와 그 시대적 생활의 반사경이며 또한 만화경이외다. 이러함으로써 보면 연극은 다만 예술적으로 고귀한 창조일 뿐만 아니라 그 민족의 문화의 길 위에 생활력의 원천이 될 수 있다 함이외다. …(중략)… 자유의 고귀한 문화가 없으며 자국의 극예술(劇藝術)을 가지지 못한 국민은 벌써 정신적으로 멸망하는 경지에 이를 것이라 생각합니다. 극예술은 민족생활의 생명에 길을 인도하는 것이외다. 그것이 없고 보면 확실한 방향이 없는 곳에 행동(演劇)도 없을 것이며 행동이 없는 곳에는 생활도 없다 함이외다.[11]

---

11 홍해성,「민족과 극예술 (1)—극예술운동과 문화적 사명 (1)」,『동아일보』1929.10.15

이러한 그의 연극관은 1932년도의 문단을 전망하는 글에서도 그대로 표출된다. 즉 그는 「현실에 입각 현실을 탈출」이라는 글에서도 "극문학은 시대성과 사회성을 가졌음으로 그 시대와 사회를 따라 변천할 것입니다. 그 시대와 사회의 민중이 자기의 생활과 사상과 희망과 요구를 극문학을 통해서 표현하려고 하지 않습니까? 극문학은 그 사회와 시대생활의 반영이므로 이것은 다만 예술뿐으로의 고귀한 창조가 아니라 그 사회문화사업의 중추가 되어야 할 것"[12]이라고 주장한 바 있는 것이다.

신파극이 대중극으로 자리 잡아가던 시기에 이상과 같은 내용의 글을 썼다는 것은 홍해성이 본격 근대극의 입장에 서 있음을 뚜렷이 보여준 경우라 하겠다. 이러한 그의 근대적 연극관은 신파극 비판으로 이어질 수밖에 없다. 그는 신파극을 근대연극사의 별동대(別動隊)로 취급하면서 다음과 같이 비판했다.

> 신파의 표현 양식은 조선 민중에게는 천부당만부당한 표현 방식이며 그 과백(科白)이 부자연하고 과백의 음조가 우리의 과백의 음조가 아니며 그 형태가 우리가 가진 형태가 아니며 무대의 장치가 조선의 산천이 아니고 우리의 만상이 아니었습니다.[13]

이상과 같이 홍해성은 일본투의 신파극을 혐오하면서 시급한 타파책으로서 인재 양성을 제시했다. 연극학교를 세워서 조직적으로 열정적인 인재를 양성해야만 우리 근대극이 창출될 수 있다는 것이다. 그리고 전문극장이 있어야 진정한 민족극이 성장할 수 있다고 다음과 같이 썼다.

> 세상에 4천 년이란 역사를 가졌고 이천만이란 민족을 가진 우리들은 연극장

---

12 홍해성, 「32년 문단전망」, 『동아일보』 1932.1.14.
13 홍해성, 「조선 민족과 신극운동(1)—극예술운동과 문화적 사명(4)」, 『동아일보』 1929.10.15.

하나 없습니다. 어째서 우리들은 마음 모아둘 극장 하나 없어야 합니까. 사람아!
조선심(朝鮮心)이 용납할 자유스러운 연극장을 주어라.[14]

여기서 주목되는 구절은 "조선심이 용납할 자유스러운 연극장"인데, 그렇게
보는 이유는 홍해성의 민족주의적 색채가 강하게 표출되고 있기 때문이다.

사실 그의 근대적 연극관이라는 것도 쓰키지소극장의 오사나이 가오루로부
터 전수받은 것으로 볼 수 있다. 오사나이 가오루는 유럽 유학 출신으로 스타니
슬라프스키와 메이어홀드에게서 강한 영향을 받은 인물이다. 그러니까 홍해성
이 스타니슬라프스키나 메이어홀드의 영향을 오사나이 가오루를 통해서 간접
적으로 받았다는 이야기가 된다. 그렇지만 홍해성은 철두철미 스타니슬라프스
키의 연극철학에 입각해서 연기나 연출 또는 생활을 육화시킨 인물이었다.

가령 그가 연극이 배우의 예술[15]이란 신념을 지닌 것만 하더라도 철저한 리
얼리스트로서 스타니슬라프스키의 연극관과 맥을 같이하는 것이며, 특히 그
가 연극에 있어서 자연스러움 속의 환상을 강조하는 것이야말로 스타니슬라
프스키 연극관의 핵심이라 하겠다. 주지하다시피 스타니슬라프스키는 배우
를 철저히 훈련시키기로 유명했다. 그는 적어도 배우의 육체를 하나의 도구로
까지 생각했다. 즉 홍해성이 쓴 글 중에 "나의 예술의 재료는 육체다"(조선일보,
1956.2.22)고 한 것은 곧 스타니슬라프스키의 연기지도 기본원리 일곱 가지 중
의 하나라 할 "배우는 자신을 하나의 도구로서 자기를 완성하는 작업을 해야
한다"[16] 는 내용과 일치한다.

---

14 홍해성, 「우리 민족과 극장 (2)—극예술운동과 문화적 사명 (7)」, 『동아일보』
　　1929.10.24.

15 "연극은 복잡한 다각적 결정체이다. 그리고 그 결정체의 핵심은 항상 연기에 있다고 하
　　는 것은 연극사를 통해서 보더라도 명확한 사실이다. 때를 따라서 혹은 문학 혹은 무대
　　장치로 그 종합의 중심이 이동되는 듯 보이나 그것은 피상적이요 그 중심이 배우의 기
　　를 떠나본 적이 없었다."(홍해성, 「연극계의 장래를 위하여」, 『문예월간』 제2호, 1932.1)

16 "An Actor must continue to work to perfect himself as an instrument."(Oskar G.Brokett, *His-*

실제로 그는 스타니슬라프스키를 이 땅에 처음 소개한 장본인이기도 했다. 그는 막스 라인하르트, 고돈 크레이그, 메이어홀드 등과 근대극의 대표적 연출가들을 소개하는 가운데 스타니슬라프스키 예술의 요체를 다음과 같이 소개한 바 있다.

> 모스크바예술좌의 연출에 대한 스타니슬라프스키의 예술원칙은 그가 열성으로 노력을 하여 무대 실생활의 진실성이란 것을 최고의 목표로 한 점에 있다고 본다.[17]

홍해성은 우리나라 근대극 초창기에 연극 그 가운데서도 무대 실제를 제대로 수련받은 최초의 인물이었다. 더욱이 그가 이론과 실기 양쪽에 밝았던 것은 대학을 니혼대 예술과로 옮겨가면서까지 연극이론을 다진 데다가 쓰키지 소극장에서 7여 년 동안 제작에 참여했기 때문이다.

특히 엄격한 오사나이 가오루의 지도는 그로 하여금 정신적으로 연극예술에 투철하게 했으며, 배우술뿐만 아니라 연출, 무대미술, 분장 등에도 밝게 만들었던 것이다.

그가 귀국 후 연출에 전적으로 매달릴 수 있었던 것도 그러한 훈련 덕택이었다. 그리고 신문화 초창기의 많은 선구자들처럼 그 역시 선구의식이 대단히 강한 인물이었다. 그가 만년에 쓴『무대예술과 배우론』말미의 다음과 같은 글의 내용은 그의 선구자적 모습을 극명하게 보여준다고 하겠다.

> 우리 무대예술인이 되려는 동지 여러분은 끓어오르는 피와 날카로운 지성으로 인생무대의 천태만상의 역경과 투쟁하면서 현실에 대한 정확한 관찰력과 의식력을 가져야 할 것이며 전 사회층을 힘차게 이끌어 조국의 이념을 지향하면서

---

tory of the theatre, Allyn and Bacon, Inc., Boston, 1974, p.487)

17 홍해성, 「스타니슬라프스키―명연출가 순례」,『동아일보』1935.4.17.

지도할 수 있는 능력을 가진 선구자가 되어주기를 바란다. 그리하여 우리 무대
예술인은 사적인 개인의 운명만을 표현한 것이 아니라 나아가서 이 지상 전 인
류의 시대적 운명을 표현해야 할 것이다. 그리고 우리 한국의 새로운 무대예술
인의 사명을 가진 여러분은 널리 전세계적 극장의 극장인이 되어주기를 나는 여
러분에게 바라마지 않는다. 이러함으로써 진실한 우리들의 새로운 무대예술과
배우의 생명이 더욱 길이길이 빛날 것이다.[18]

이상과 같은 선구의식으로 인해서 그의 글은 거의가 민족연극의 기반 구축
의 자세에서 비롯되고 있다. 가령 그가 초기에 쓴「조선 연극의 향상정화, 조
선 영화의 재건방책」라는 글에서도 보면 다음과 같이 설명하고 있다.

> 연극의 정화나 영화의 재건 내지 창설은 조선 사회의 전체적 문제의 하나다.
> 이러한 중대성을 가진 문화사업인 이 문제를 사회전체가 협동적으로 환기시키
> 지 않으면 안 되게 되었다. 이 예술운동과 사회적 관련을 등한시한다면 우리의
> 문화통일에 새로운 전망과 기치가 청공에 빛나지 못할 것이다. 우리 사회도 예
> 술의 신 도덕적 가치를 철저하게 자각하도록 하자! 그래서 사회적 최고학부를
> 건설하자는 것이다. 우리들 생활의 존속에 중요한 역할이 될 수 있는 예술에 대
> 한 사회적 의의를 파악하지 아니하면 연극의 정화나 영화의 재건을 형성할 수
> 없다고 생각한다. 그러나 무엇보다도 먼저 예술의 위대성도 사회적 원동력이 미
> 치지 않으면 안 되는 것을 생각해야 할지니, 우리 사회에 지도적 무슨 구성이 있
> 어서 연극이나 영화를 지도할 그러한 최고기관을 세워서 그 지도하에 조직화하
> 기도 하였고, 구체화하기 전엔 진정한 예술운동을 수립해서 우리의 정신적 중심
> 인 사회교화와 계몽운동의 결실을 보기 어려울 것이라고 생각한다.[19]

이러한 선구의식은 단순한 글로서만이 아닌 구체적 실천행동으로 이어졌
는데, 그것이 다름 아닌 극단운동과 연출 작업, 그리고 배우훈련 등이었다. 그

---

18 홍해성,『무대예술과 배우론』, 동양극장 연구부, 1940.5.
19 홍해성,「조선 연극의 향상정화, 조선 영화의 재건방책」,『조선일보』1934.6.16.

런데 이 중에서도 연출 작업과 배우 교육이 주가 된 것이 특징이다. 그가 극단 경영보다 연출이나 배우 교육에 열정을 쏟은 것은 아무래도 내성적이면서도 온후한 성격 때문이 아닌가 싶다. 왜냐하면 극단운동은 강력한 리더십과 자금 동원 능력이 있어야 되는데, 그는 외향적이 아니었기 때문이다. 어쨌든 그는 타고난 배우였고 연출가였던 것이다.

홍해성이 연극을 시작한 것은 일본 주오대학 법학과 학생 시절 아마추어 순회극운동으로부터였다. 1920년 봄 도쿄 유학생들이 조직한 극예술협회의 회원으로 한 서클활동이 그가 연극에 입문하는 단초가 되었는데, 특히 극작가 김우진과의 우정이 중요한 끈이 되었음은 전술한 바 있다. 그 후 그는 동우회 순회극단에 직간접으로 참여한 뒤 대학의 전공도 바꾸고 쓰키지소극장에 정식으로 가입한 뒤 귀국하였다.

귀국 첫 번째 활동이 극단운동으로서 신흥극장 조직과 공연 활동인 것은 전술한 바 있다. 당시 연극 상황이 그의 이상을 펼치기에는 너무나 척박했고, 그것이 그에게 첫 번째 좌절을 안겨준 것이다. 그런 그에게 있어서 후배들에 의해 마련된 연극영화전람회 1931년[20] 개최는 재기를 마련하는 계기가 되었다. 전람회 개최를 하면서 극영동호회(劇映同好會)라는 임시 결사체도 생겨났고, 유치진, 이헌구 등 해외문학파들이 모여들어서 곧 극예술연구회라는 근대극 단체가 생겨난 것이다. 창립동인 12명 중 연극을 해보았거나 연극에 뜻이 있었던 인물은 홍해성을 비롯하여 윤백남, 유치진, 서항석 등이었다.

홍해성은 본격적으로 자기의 뜻을 펼 수 있다는 신념하에 대중계몽과 신인 양성에 앞장섰다. 그는 극예술연구회가 주최하는 연극 강연에 솔선수범했고, 극예술연구회가 조직한 직속극단 실험무대 가동을 위해서 신인배우 교육에 열정을 쏟았다. 이어서 그는 본격 연출 작업에 들어갔다. 극예술연구회의 창

---

20 윤백남의 제의로 서항석이 앞장서서 마련한 연극영화전람회는 순전히 그의 생계를 돕자는 뜻에서 출발했지만 문화사적 의의는 컸다(서항석, 『경안 서항석 전집 (5)』, 하산출판사, 1987, 1779쪽).

립공연인 고골리의 〈검찰관〉 연출을 맡은 것이다. 대체로 아마추어 수준의 신인들로 꾸민 첫 연출작품은 호평일색이었다. 나웅(羅雄)과 목동(牧童)은 각각 다음과 같이 극찬했다.

이 극을 대할 때 무엇보다도 제씨의 열정과 성실이 관중으로 하여금 경복케 한다. 조선의 신극운동은 열정과 진실로서 비로소 진정한 스타트가 될 것이라고 생각한다. 여하건 출연자로서 연기하니 다른 기성극단에서 찾아볼 수 없는 열성과 진실이 우리로 하여금 앞날의 크나큰 기대를 가지게 한다. 모두 처녀 출연임에도 불구하고 어떤 부분은 기성극단을 압도할 만한 천재적 신기를 보일 때 참으로 경탄함을 마지않았다.[21]

극예술연구회의 창립공연인 〈검찰관〉을 구경했다. 보고난 뒤 첫 말이 대성공이라 하는 칭찬일 수밖에 없다. 첫 번 시연임에도 불구하고 조선에 현존하는 어느 직업극단보다도 훨씬 뛰어나게 잘했으니 연구상 제씨의 노력을 탄하지 않을 수 없다. …(중략)… 그리고 연출 전체로 보아 이제까지 조선에서 맛볼 수 없던 심각미와 세련미를 맛볼 수 있었음은 대단히 유쾌한 일이다. 개개인의 연출로 보아도 대개가 성공이었다.[22]

이상과 같이 본격 근대극의 첫 연출에서 홍해성은 큰 성공을 거두었는데, 무대의 진실성이 관중에게 신선하게 비쳐진 것이다. 이는 신파극의 엉성한 무대만 보아온 관중에게 있어서 하나의 충격이었다. 고혜산이 토월회 제2회 공연작품 〈부활〉과 〈알트 하이델베르크〉이래 최대의 수확이라면서 극단의 경이라고까지 극찬한 것 역시 당시 극계로서는 당연히 나올 만한 평이었다. 그런데 고혜산은 이 작품이 쓰키지소극장의 〈검찰관〉을 직수입한 것이라는 지적도 빼놓지 않았다. 여하튼 홍해성의 연출이 극도로 침체되고 문란해진 조선

<hr>

21 나웅, 「실험무대 제1회 시연초일을 보고 (3)」, 『동아일보』 1932.5.13.
22 목동, 「극예술연구회 공연 〈검찰관〉 관극기」, 『신동아』, 1932.6.

극단에 한 줄기의 청신한 공기를 주입해준 사실[23]만은 부인하지 않았다. 그만큼 홍해성은 단 한번의 극예술연구회의 연출을 통해서 저질 대중극이 판치는 연극계에 근대극이 나아갈 방향을 명확히 제시한 것이다.

홍해성은 잇달아 두 번째 연출에 임했다. 그것이 다름 아닌 극예술연구회 제2회 공연의 〈관대한 애인〉(이어빙 작), 〈옥문(獄門)〉(그레고리 부인 작), 〈해적〉(괴링 작) 등을 연출한 것이다. 두 번째 연출작품에 대한 평도 대체로 긍정적이었음은 두말할 나위 없다. 연극에 한 발을 들여놓았던 시인 박용철은 홍해성의 연출에 대하여 다음과 같이 평가했다.

> 대체의 인상을 먼저 말하면 〈관대한 애인〉의 연출이 국내용 정서를 관중에게 전달시키는 데 가장 성공한 것 같고, …(중략)… 연출의 성공이 이 효과를 작출하는 데 필요한 임무를 향한 것은 물론이나……[24]

또한 주영하도 제2회 공연과 관련하여 배우 개개인에 대해서는 부정적인 평가를 했지만, 분장, 의상, 무대미술, 조명 그리고 연출에 대해서만은 긍정적이었다. 그는 글 가운데 "실패는 없었다. 장치, 조명은 경이"라면서 "연습 과도로 성대를 상한 듯 세리후가 들리지 않았다"[25]고 평함으로써 홍해성의 혹독한 배우훈련을 간접적으로 칭찬했던 것이다. 그뿐만 아니라 주영하는 실험무대 공연을 학술적인 연극으로 규정하기도 했다. 홍해성은 곤궁한 생활에도 불구하고 극예술연구회의 공연작품을 도맡아서 연출했다. 제3회에는 그가 가장 좋아하는 안톤 체호프의 〈기념제〉와 처음으로 창작극 〈토막(土幕)〉(유치진 작)을 연출함으로써 그가 유일한 연출가임을 내외에 과시했다.

그러나 그를 계속 압박해오는 생활고는 버텨내기 힘들었던 것 같다. 변변히

---

23 고혜산, 「실험무대 제1회 공연 〈검찰관〉을 보고」, 『매일신보』 1932.5.8.
24 박용철, 「실험무대 제2회 시연초일을 보고 (1)·(2)」, 『동아일보』 1932.6.30.~7.3.
25 주영하, 「실험무대시연」, 『조선일보』 1932.7.1.

거처할 만한 집도 없는 상태에서 다섯 식구의 호구는 그로 하여금 근대극운동의 열정을 식게 만들었다. 그런 때 대중극단 조선연극사로부터 연출 교섭을 받은 것이다. 극예술연구회 측 동인들이 크게 반발했음은 두말할 나위도 없다. 저간의 사정에 대하여 함께 연극운동을 했던 서항석은 다음과 같이 회고했다.

> 창립 이래 연출을 도맡아오던 홍해성이 이번 공연에 그 자리를 비킨 것은 오랜 생활고에 견디기 어려웠던 탓인지 그가 흥행극단 조선연극사에 관계를 가지게 되었기 때문이었다. 극연이 투쟁대상으로 하고 있는 상업극단에 투신한 것은 극연으로서는 용납할 수 없는 일이라는 물의가 극연 내부에 돌고 있었고, 조선연극사는 조선연극사대로 박영호 작 〈개화전야〉를 홍해성 입사(入舍) 기념공연이라고 대대적으로 선전하여 극연 동인들의 비위를 건드렸다. 홍해성이 극연에 가지는 비중이 더할 나위 없이 약해졌다. 동인들의 홍해성에 대한 냉대는 당연하다고 생각되지만 홍해성의 신극에 대한 열의와 극한에 이른 생활형편을 잘 알고 있는 나로서는 그의 처신을 이해하고도 남음이 있었으므로 괴로웠다.[26]

이상과 같이 홍해성은 생활고가 직접적 계기가 되어 당시 대표적인 대중극단이었던 조선연극사의 연출까지 맡지 않을 수 없었다. 조선연극사로서는 당대 유일의 연출가 홍해성의 참여를 극단 이미지 개선뿐만 아니라 연극의 질을 높이는 계기로 삼고자 대대적인 선전을 펴기도 했다. 홍해성이 조선연극사의 〈개화전야(開化前夜)〉 연출을 맡자마자 관객이 몰렸음은 두말할 나위 없다. 그만큼 홍해성은 귀국 2년여 만에 당대 최고의 연출가로 대중에 각인되었던 것이다. 극작가 유치진은 홍해성이 첫 번째로 진출한 대중극단 공연에 대해서 다음과 같은 평가를 내렸다.

---

26 서항석, 앞의 책, 1785~1786쪽.

박영호 작 〈개화전야〉는 여태 보던 창작희곡 중에서는 그 스케일이 크고 동 씨의 작품으로서도 역작으로 헤일 수 있는 것이다. 장치와 의상과 조명에까지도 만반의 준비와 긴장으로 개막하여준 것은 보는 사람으로 하여금 스스로 자중시키는 바 있었다. …(중략)… 지금의 연극사는 기술자로서는 결코 전에 비하여 좋은 컨디션에 있지 못하다. 강홍식(姜弘植) 부처 외에 유위한 연기자들을 잃고 있으니까 그럼에도 불구하고 그들의 무대는 어색하지 않았다. 홍해성 씨라는 새로운 지도자를 맞이한 그들의 새로운 긴장이 있는 까닭이라 보겠다. …(중략)… 이 작품은 스케일이 대단히 크다. 그러나 유감스럽게도 이 큰 스케일을 정리하지 못했다.[27]

이상은 신예 극작가 유치진이 선배에 대한 배려를 하면서도 지적할 것은 제대로 지적한 평이었다. 사실 아직도 초창기 신파의 틀을 벗어나지 못한 오합지졸의 대중극단 배우들을 데리고 그만한 작품을 만들어냈던 것도 홍해성이 아니면 불가능한 일이었다. 그리하여 극단 조선연극사는 홍해성의 도움으로 급격히 극단의 체모를 갖추었고, 대중으로부터도 주목을 끄는 대표적 대중극단으로 자리 잡아가게 된 것이다. 물론 홍해성이 정통 근대극을 추구하는 극예술연구회를 완전히 떠난 것은 결코 아니었다. 이념만 앞서고 전문성이 부족한 극예술연구회의 젊은 동인들은 홍해성의 대중극단 연출을 비판했지만 그는 그에 개의치 않고 조선연극사 연출을 맡은 것이다.

홍해성은 적어도 정통 근대극이니 대중연극이니 하는 것을 차별의 각도에서 보지 않으려 했다. 물론 그가 처음에는 대중극단의 타락을 누구보다도 질타하고 우려했지만 그는 차차 대중연극도 좀 더 그 수준을 끌어올려야겠다는 책임감을 느끼게 된 것이다. 바로 그 점에서 그가 오직 생활고 때문에 대중극단 연출을 한 것은 아니라는 것을 알 수 있다. 따라서 그는 1933년 초여름부터는 순수를 지향하는 극예술연구회와 조선연극사를 오가면서 연출 작업을 펴

---

27 유치진, 「연극사 공연을 보고」, 『동아일보』 1933.5.5.~9.

나간 것이다. 그는 극예술연구회의 〈인형의 집〉(입센 작), 〈빨강머리〉(르나르 작), 〈앵화원(櫻花園)〉(체호프 작) 등을 연출하면서, 다른 한편으로는 조선연극사의 〈인간 일정목〉(박영호 작)과 〈인류야 양심과 같이 있어라〉, 〈천당만원〉(홍구 작) 등을 총감독했다. 그가 극예술연구회에서 심혈을 기울여 연출한 작품은 대부분 자신이 쓰키지소극장에서 직접 출연했거나 직간접적으로 참여한 서구 근대극 작품들이었다. 바로 그 점에서 홍해성이 오랫동안 몸담았던 쓰키지소극장은 오사나이 가오루의 영향을 절대적으로 받았음을 지적한 다음과 같은 이두현의 글은 맞다고 본다.

> 그가 연출한 〈검찰관〉, 〈해전〉, 〈인형의 집〉, 〈앵화원〉은 모두 쓰키지소극장 정기공연에 올랐던 작품들이며, 특히 근대극의 고전 작품들을 주로 연출하였던 오사나이 가오루의 영향이 많아 북구 계통의 작품이 주가 되고, 오사나이를 통한 간접적인 전기 스타니슬라프스키 시스템의 영향도 지적할 수 있을 것 같다.[28]

홍해성이 스승 오사나이 가오루를 통해서 스타니슬라프스키의 영향을 받고 자신의 젊은 시절 연극세계였던 쓰키지소극장을 이 땅에서 재현해보려 노력한 것은 어떻게 보면 순리였을 것 같다. 따라서 다음과 같은 그의 연출관 내지 연극관도 스타니슬라프스키로부터 쓰키지소극장에 이르는 근대극의 맥과 상통한다고 하겠다.

> 무대예술은 현실의 생활을 떠난 극장이란 건축물 속에 집합한 관객에게 그 극장의 광학적 관계와 음향적 관계를 맺은 거기에서 어떠한 제한을 주면서 무대 위에서 일어나는 모든 경과와 형태란 것은 결코 사실적이 아니고 다만 관객의 심리상으로만 자연스럽게—다시 말하면 내면적으로 신념을 가지도록 모든 일을 처리해야 할 것이다. '내면적으로 신념을 가지도록 하는 것' 이것이 무대예술

---

28 이두현, 『한국신극사연구』, 서울대학교 출판부, 1966, 183~184쪽.

의 궁극의 목적이다. 그런데 이 내면적 신념을 가지도록 하는 것이 무엇이냐면 그것은 자연도 아니고 현실도 아닌 것이지만 무대에 장치와 모든 것을 정말 자연 그것과 같은 것처럼—현실 그것과 같은 것처럼 관극자들이 신념을 가지도록 되어야 한다. 관객은 무대장치에 표현된 것으로써 자연과 현실에 대하여 공상을 하는 가운데서 정말 '그 무엇이' 있는 것처럼 '환상'을 이념하게 되는 것을 의미한다. 그렇다고 해서 그것이 결코 유희나 마술사적인 그러한 위기(爲欺)가 아닌 것은 물론이다. 관객은 통일된 순미한 정서를 가지고 지금 무대 위에서 전개되어가는 그 생활 속으로 충분히 동화하여 그것이 심신에 체험할 수 있게 되면 완전한 양식적 환상의 작용이야말로 무대예술의 최후의 목적이다.[29]

　이상과 같은 연출관을 지니고 연극무대를 꾸밀 수 있었다는 것은 1930년대 초 우리의 근대극 수준에서는 대단히 앞선 것이었고 홍해성이 아니고서는 불가능한 일이었다. 그만큼 홍해성은 제대로 공부한 연극인이었다. 그러나 당시의 우리 연극상황이 황폐한 데다가 창작 조건이 열악했기 때문에 그의 능력이 제대로 발휘되지 못했음은 두말할 나위 없는 것이다. 특히 그의 가족을 압박해오는 생활고야말로 그가 이상을 실천해 나가는 데 있어서 최대의 걸림돌이 될 수밖에 없었다. 그가 극예술연구회가 추구했던 본격 근대극운동에 전적으로 공감하고 앞장서는 한편으로 대중극단 연출을 맡았던 첫 번째 이유도 거기에 있었다. 그로부터 그는 아예 대중극 쪽으로 방향을 틀어잡고 연출과 배우교육에 정력을 쏟았는데 그때가 바로 1935년 말 동양극장 개설에 맞춰서였다.

　홍해성의 궁극적인 꿈이 근대극 정립이었기 때문에 그는 전문극단 일을 하면서도 틈틈이 학생극 연출에 나서기도 했다. 그가 귀국하자마자 이화고녀의 〈벚꽃동산〉(체호프 작) 연출을 시발로 해서 이듬해 연전(延專) 주최의 〈어둠의 힘〉(톨스토이 작), 이화여전의 〈베니스의 상인〉(셰익스피어 작), 연전의 〈여로의 끝〉(세리투 작), 배재고보의 〈곰〉(체호프 작), 근화고녀의 〈결혼신청〉(체호프 작),

---

29 홍해성, 「연출론에 대하여」, 『극예술』 제2호.

<승자와 패자>(골드워디 작), 이화여전의 <말괄량이 길들이기>(셰익스피어 작), 연전의 <바다의 부인>(입센 작), <지평선 너머>(유진 오닐 작)와 <정의>(골드워디 작), 보성전문의 <조일상회(朝日商會)>(아이헬만 작) 등을 연달아 연출했다.

그의 이러한 학생극 연출로 인해서 아마추어인 학생극이 적어도 그 수준에 있어서는 '하나의 획기적인 전성시대'[30]를 열었다고 말할 수 있다. 그뿐만 아니라 그 시기, 즉 1930년대 초기야말로 그가 근대극 기반 닦기에 가장 순수한 열정을 쏟을 때였다. 반면에 극연 연출과 병행했던 시기야말로 그가 가정적으로는 가장 궁핍한 때이기도 했다.

따라서 1935년 11월 1일에 문을 연 연극사상 최초의 전문극장 동양극장은 그대로 그의 안식처가 될 수밖에 없었다. 왜냐하면 동양극장은 기업경영식의 전문극장이기 때문에 전속단원제를 도입함과 동시에 충분한 급료도 지급했기 때문이다. 연출책(演出責)이라는 동양극장의 제의를 받은 홍해성은 "몸은 동양극장으로 가지만 마음은 극연을 떠나지 않는다"[31]는 술회를 남기고 극연을 떠나 동양극장의 연출 책임자로 옮겨 앉게 되었다.

그렇다면 그가 개량신파 정도의 대중극을 추구한 동양극장의 연출책임을 맡으면서 쓰키지소극장에서 체득한 소위 스타니슬라프스키식의 사실주의를 포기한 것인가. 물론 본격 상업주의를 추구한 동양극장의 연출을 책임지면서 그의 연출관 내지 연극관에 변화가 온 것은 사실이다. 우선 그와 그의 동료 후배 연출가들은 거의 창작극, 그것도 대중성이 강한 작가들의 희곡이나 번안극만을 연출해야 했다. 가령 그가 동양극장에 들어가서 첫 번째 연출한 것만 보더라도 최독견의 소설 각색극 <승방비곡>을 비롯하여 이운방의 <국경의 밤>, 구월산인의 <기아일개이만원야(棄兒一個二萬元也)>(『매일신보』 1953.12.11) 등 통속극들이었다.

---

30 홍해성, 「한국 연극 약사」, 백철 편,『세계문예사전』, 민중서관, 1955, 88쪽.
31 서항석, 앞의 책, 1790쪽.

그 후에도 그는 두 전속단체 중 호화선(豪華船)의 작품을 한 달에 몇 편씩 연출했다. 그의 대표작들 중 몇 편을 추려본다면, 이운방의 〈장한몽〉과 〈검사와 사형수〉, 〈슬프다 어머니〉, 이광수 원작의 〈단종애사〉, 박종화 원작 〈황진이〉, 이서구의 〈어머니의 힘〉, 김건의 〈장화홍련전〉과 〈김옥균〉, 최독견의 〈여인애사(女人哀史)〉 등 4백여 편에 이른다.

사실 그가 동양극장 연출책을 맡으면서 첫 번째로 시행한 것은 극연에서 했던 공연시간조정이었다. 그 전까지만 해도 들쭉날쭉했던 공연시간을 고정시킨 것인데, 낮은 오후 1시, 저녁 공연은 7시로 정한 것이다. 개막은 관객과의 약속이기 때문에 엄수해야 했고, 타 극단들도 동양극장을 따라 개막시간을 지키기에 이른 것이다. 그러면서 당시 대중극의 치부였다 할 막간을 과감하게 제거했다. 그는 당시 대중극을 타락시키는 가장 큰 요인으로 막간을 지목했고, 기회 있을 때마다 막간극의 추방을 외쳤었다. 당시 홍해성 연출의 동양극장 초기 작품 〈단종애사〉를 구경했던 고설봉은 그에 대하여 다음과 같이 회고했다.

> 동양극장 최초의 장막극 공연이 었던 「단종애사」(1936.7. 이광수 원작, 최독견 · 박진 공동각색, 홍해성 연출)는 당시 연극계의 고질적인 병폐였던 악극단식 쇼를 연극무대에서 근절하고 연극만으로 관객과 만난 공연으로서 의미를 지닌다. 막간극에서 출발한 쇼는 대중적 인기를 획득하면서 나중에는 전체 공연시간의 반을 차지하기까지 했다.[32]

이상과 같이 홍해성은 막간극부터 청산한 것이다. 사실 그가 동양극장 연출에 임하는 자세는 자연주의로부터 출발하여 낭만주의에 걸친 것이었음을 다음과 같은 글에서 확인할 수 있다.

> 동양극장의 연극전성시대의 연극은 관중에게 예술적 향락과 인심의 개선과

---

32 고설봉, 『증언 연극사』, 진양, 1990, 69쪽.

지적 자극의 원천으로서의 하나의 교화기관의 문화사업이었다. 그들의 극운동은 자연주의적 내지 사실주의적 연출방향에서 출발하여 낭만주의 준비기였다.[33]

이상과 같이 결과야 어떻든 그가 연출에 임할 때는 언제나 낭만주의 내지 사실주의에 입각했었음을 알 수 있다. 따라서 그는 배우들의 자질이나 무대미술·조명 등에 불만을 가질 수밖에 없었다. 특히 그는 기초가 부실한 배우들을 교육시키는 일에 신경을 쓰게 되었다. 동양극장이 1940년 4월에 부설 연극연구소[34]를 두게 된 것도 홍해성이 없었으면 불가능했을 것이다.

그는 응모자들 중에서 30여 명을 선발하여 철저한 교육을 시켰는데 1929년 『동아일보』에 연재했던 「극예술 운명과 문화적 사명」을 『무대예술과 배우론』(1940년 5월 발행)이란 소책자로 만들어 교본으로 사용했다. 이 교본은 앞에서도 언급한 바 있듯이 배우의 정신무장에서부터 신체훈련, 언어 등에 걸쳐서 비교적 광범위하고 구체적이며 또 실제적인 것이었다. 당시 동양극장 연구생으로 직접 가르침을 받았던 고설봉은 다음과 같이 회고했다.

연구생들은 동양극장의 독특한 방식에 따라 연극을 익혔다. 동양극장의 연기훈련 담당자는 홍해성 선생이었다. 동양극장에서의 연기훈련은 철저한 실습위주의 훈련이었다. 연극을 하려면 기초부터 해야 한다고 해서 막이 오르면 연구생들은 무대 귀퉁이에 쪼그리고 앉아 선배들의 연기를 직접 보고 있도록 했다. 막을 내렸을 때는 무대에 나가서 장치 전환하는 것을 보도록 했음은 물론이다. 연구생들의 일은 무대 정리, 분장실 청소, 대본 베끼기, 소도구 운반 등의 허드렛일이 주류였다. 한 가지 재미있는 것은 출연 여부와는 관계없이 연극이 진행되는 동안 연구생들도 기초분장을 한 채로 대기하고 있었다는 점이다. 연기만을 직접 보고 배우는 것이 아니고 분장도 이런 식으로 익히라는 것이었다. …(중략)… 또 홍 선생은 연구생들을 분장실에 모아놓고 연극에 대해 강의를 해주시

33 홍해성, 「한국 연극 약사」, 백철 편, 앞의 책, 842쪽.
34 「동양극장 연극연구소 개소」, 『매일신보』 1940.4.25.

곤 했다. 강의의 내용에는 분장법, 화술법 같은 것도 있었다. 홍 선생의 영향으로 동양극장 배우들의 분장수준이 무척 높아졌다.[35]

이상에서 확인할 수 있는 것처럼 홍해성의 배우교육은 이론보다는 실제에 더욱 중점을 둔 것이 특징이며, 연기뿐만 아니라 분장, 무대미술 등까지 철두철미하게 훈련시키는 것이었다. 흔히 배우의 세 가지 요소로 천부적 재능, 훈련, 실습을 꼽는데 홍해성이야말로 기초훈련과 실습을 중시한 연극교사였던 것이다. 그는 물론 한 달에 몇 편씩 연출 작업을 했기 때문에 연구생들을 현장에서 교육시킬 수 있었다. 따라서 그는 동양극장 전속배우들로부터 절대적인 신임을 받고 있었다.[36]

동양극장 전속극단 청춘좌 연출로 시작된 그의 정력적 활동은 호화선으로 이어졌고, 호화선이 1941년 11월 성군(星群)으로 개명[37]한 후로는 성군의 연출을 주로 맡았다. 그러다가 1942년 12월 청춘좌의 〈애처기(愛妻記)〉(송영 작) 연출을 끝으로 그는 일단 동양극장을 떠나게 된다. 심장마비라는 활동불능의 중병을 얻었기 때문이다.[38] 동양극장에 들어가서 만 7년 만의 일이었고, 그것도 단기간에 연출 4백여 편이라는 전무후무한 기록을 남기고서였다. 근 7년여 동안의 요양으로 병세가 어느 정도 회복되면서 1950년 초 국립극장에 신극협의회가 생기자 명목상 회장직을 맡았으나 곧바로 전쟁이 발발하면서 그마저 흐지부지되고 말았다.

전쟁기간 동안 많은 사람들이 그랬듯 그 역시 5남 1녀와 함께 고생을 많이

---

35 고설봉, 앞의 글, 46~47쪽.
36 "홍해성 씨(연출가) … 일찍이 축지소극장에서 다년간 극예술을 연구하고 온 홍해성 씨는 동양극장에서 연출가로서 두각을 나타내고 있는 바 배우들에게 많은 신임을 받는 중이라고."(『삼천리』, 1941.3)
37 "그런데 1939년 11월 신인무대가 성군으로 개명된 것과는 무관함."(『매일신보』 1939. 11.18.
38 그의 유자 홍종화의 증언, 교육방송 스튜디오에서, 1993.10.25.

했지만 종전과 함께 서라벌예술대학에 출강하여 여전히 후진 양성에 진력했다. 그런 그가 1957년 국립극장이 환도하면서 7월에 〈신앙과 고향〉(칼 쇤헬 작)으로 기념공연을 할 때 연출을 맡은 것이 마지막 연극 작업이었다. 왜냐하면 그가 마지막 작품 연출 후 2개월 뒤인 1957년 9월 2일에 63세로 갑자기 세상을 떴기 때문이다.

이처럼 그는 1930년에 귀국하여 1957년까지 27년 동안 우리 연극계에 몸담아 일했지만 실제로 활동한 것은 1942년 발병했을 때까지 12년밖에 되지 않으며, 주 활동무대는 역시 극예술연구회와 동양극장이었다. 그런데 극연활동 3년 동안에는 주로 서구의 리얼리즘극을 이 땅에 소개하는 데 일조했고, 동양극장에서 그의 뜻을 어느 정도 폈던 것으로 보아야 할 것이다.

그렇다면 그가 동양극장에서 활동한 7년 동안의 연극사적 공로는 무엇인가? 가장 큰 공로는 역시 신파극의 정화, 즉 대중극의 수준 향상이다. 앞에서도 조금 언급한 바 있듯이 그는 동양극장에 들어가자마자 첫 번째로 대중극의 썩은 부분이었던 막간극부터 제거한 것이다. 두 번째로는 거의 연출체계가 없던 대중극에 사실주의적인 연출 기법을 도입해서 작품을 만들었으며, 세 번째로는 철저한 배우훈련으로 연극의 기본을 다졌던 것이다. 그 결과 근대극 이후 신파극과 정통적인 신극, 즉 서구 리얼리즘극에 발맞추려는 지적 연극이라는 두 흐름으로 내려왔던 것을 그가 하나의 조류로 통합시킨 것이다.

물론 완전한 합일에까지 이르지는 못했다 하더라도 두 흐름의 간격만은 완전히 좁힌 것이 사실이다. 가령 1940년대 연극에서 상업적인 대중극과 소위 순수한 정통 신극이란 것이 양분되어 각자의 길을 가지 않았던 것이 그 단적인 예라 하겠다. 그만큼 홍해성은 이 땅에 사실주의에 입각한 연출 장르를 처음 도입하여, 서구 근대극 수용의 기틀을 잡음과 동시에 저급한 대중극의 질적 수준을 높인 선구적 연출가 겸 연극교육자였다.

북한 문화계의 지도자가 된 극작가

송영

송영은 오늘날 연극인들에게는 매우 생소한 인물이다. 연극 일선에서 활약하다가 분단과 함께 사라진 연극인이기 때문이다. 해방 직후 3차에 걸쳐 수십 명의 주요 연극인들이 평양으로 갔는데, 송영도 그중 한 사람이다. 월북 이전에는 박영호, 함세덕 등과 함께 3대 극작가로 평가되었고, 월북한 극작가들 중 가장 성공한 인물이었다는 점에서도 주목할 만하다. 여기서 성공했다는 말은 어디까지나 북한에서의 경우이고, 우리나라 희곡사나 연극사에서 성공적인 경우였다는 이야기는 아니다. 특히 월북 연극인들 중 상당수가 불행했던 데 비해, 그는 유독 돋보이는 존재였다.

1922년 열아홉 살의 어린 나이로 염군사(焰群社)라는 좌익 결사체에 가입하며 문단 생활을 시작했던 그는 1946년 말 월북할 때까지 남한에서만 25년 동안 문단과 연극계 일선에서 활약했기 때문에 문화예술계에서는 중진으로 대접받았었다. 동시대 연극인으로서 개인적 친분이 두터웠던 이해랑이 그에 대해서 "카프 시대에는 프롤레타리아 작가로서 사계의 기대를 집중했고, 그 후 호구지책의 유인으로 신파에도 손을 댔고, 또 미일전쟁이 한창 고조에 달했을 때는 일제의 주구 조선연극문화협회의 이사 자리에 앉았었고, 하여튼 극작가로서는 제일 연로할 만큼 과거도 단순하지 않다. 해방 후에는 연극건설본부라

는 맹랑한 존재의 위원장 노릇을 하다가
긴급한 사상적 경향에 몰리어 지금은 이
북에서 또 무슨 장의 요직에 앉았다"고
회고한 글 속에 송영의 행적이 압축되어
있다. 어떻게 보면 한 연극인으로서의
파란만장한 삶을 살았던 그는, 1903년 5
월 서울의 가난한 가정에서 태어났다.

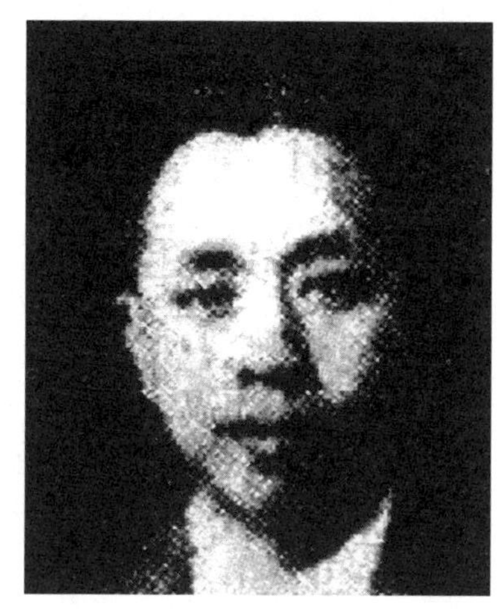

송영

본명이 무용(武鎔)이고 은구산(殷龜山)
과 수양산인(首陽山人)이라는 필명을 썼
던 그는 배재고보를 중퇴하고 생활전선
에 뛰어들었다. 10대 소년으로서 중소기
업체인 초자공장에서 잠시 일하다가 힘에 부쳐 우편국원 노릇도 했고, 운송부
원을 하다가 서울 근교의 은평소학교 교원 생활을 1년여 했다. 책 읽기를 좋
아했던 그는 고보 시절부터 노동자 생활을 하면서도 닥치는 대로 책을 읽었는
데, 그에게 영향을 준 책은 동서양을 망라한 것이었다. 그는『자래공전』,『조
씨삼대록』,『수호지』,『서유기』,『삼국지』,『홍루몽』,『비파기』,『서상기』 등 중국
고대소설과 투르게네프, 막심 고리키, 잭 런던, 에밀 졸라 등 서구 자연주의
계열의 소설에 탐닉했다. 이는 곧 그가 뒷날 비교적 관념적이고 낭만성 짙은
자연주의로 가게 되는 배경이 되지 않았나 싶다. 이러한 작품 경향에 대해서
는 뒤에 다시 설명하겠거니와 그의 인품에서도 그런 면이 나타난다.

그의 취향과 관련해서 동시대에 함께 활동했던 고설봉은 "대단한 애주가여
서 돈만 생기면 술을 먹는 것으로 유명했는데, 동양극장 앞에서 서성이다 아
는 사람을 만나면 둘 째 손가락을 위로 까딱까딱하곤 했다. 그것은 '돈이 생겼
으니 술이나 함께 하자'는 그만의 독특한 수신호였다. 언젠가 극단 아랑과 더

1　이해랑,「조선극작가론」,『예술조선』 1947.1.

불어 지방 공연을 가서는 여관집의 술집에서 술을 받아다 놓고 연신 술을 마셔가며 얼큰한 상태에서 작품을 쓰기도 했다"[2]고 회고한 바 있다.

그는 가난해서 고등보통학교도 다 마치지 못했다. 하지만 공장 등지에서 밑바닥 인생체험과 독서로 인하여 나름대로의 지적 자산을 쌓아갔으며, 넉넉한 마음으로 세상을 긍정적으로 바라보기도 했다.

이해랑도 그와 관련하여 "실례의 말이나 나는 이분의 작품보다도 이분의 인간성을 사랑한다. 재치 있는 담화, 소박한 외모, 풍성한 인간미, 술 잘 먹고 놀기 잘하고, 가다가 터뜨리는 우스운 소리는 허리를 펼 수가 없다. 보편적인 애정이 흐른다고 할까. 처음 만났을 때도 어디서 여러 번 대한 사람 같은 너그러운 인상을 준다"[3]고 평한 바 있다.

물론 이러한 품성과 취향은 오히려 역경을 헤쳐오면서 길러진 것인지도 모른다. 후술하겠거니와 그의 인성과 작품 경향과는 묘한 괴리가 있는 것도 사실이었다.

여하튼 그는 소학교 교원을 잠시 하다가 지적 욕구를 충족시키기 위해서 일본으로 건너가 신문화를 호흡하면서 이제 막 유행하기 시작한 프롤레타리아 문예에 경도하게 된다. 그러니까 당시 도쿄에서 발간되는 문예지들을 통하여 사회주의 예술에 눈을 뜨게 된 것이다. 1922년 도쿄에서 귀국한 그는 김영팔 등과 함께 염군사라는 프롤레타리아 결사체에 가담한다.

그는 교원 시절부터 소설과 희곡을 습작했었고, 1924년부터 월간『개벽』지에 단편소설을 발표하기 시작했다. 그가 초기에 발표한 단편「늘어가는 무리」에서도 알 수 있는 것처럼 그의 작품에는 청소년 시절에 자신이 겪은 밑바닥 인생체험을 바탕으로 해서 열악한 작업 현장과 노동의 신성함을 부르짖는 계급의식이 조금씩 나타나기 시작했다. 그 시기에 그는 카프조직에도 앞장서고

2　고설봉 · 장원재,『증언 연극사』, 진양, 1990, 121쪽.
3　이해랑, 앞의 글.

있었다.

그로부터 그는 꾸준하게 소설과 희곡을 발표하면서 프롤레타리아 문예운동의 전사가 되어 중립적인 해외 문학파 회원들과 노선논쟁도 벌였다. 그러면서 그는 동료문인 이동규와 함께『별나라』,『아등(我等)』같은 잡지를 만들어 노동자들을 중심으로 대중에게 계급의식을 고취하는 운동을 펴기도 했다. 1930년대 들어서 문단에서 대중화 문제가 부각되었을 때 그는 유물론적 기초 위에서 관념적 형이상학이라는 매우 특이한 주장을 펴기도 했다. 그러나 상당수 프롤레타리아 문인들이 전향하던 1935년도에 그 역시 임화, 이기영 등과 함께 전향자 대회에 참석하여 의장적(擬裝的) 전향을 하기에 이른다. 이때의 참석이 위장이었음은 해방 이후 그의 행적이 극명하게 보여준다.

사실 그는 품성 자체가 너그럽고 유연하며 감성적인 사람이기 때문에 프롤레타리아 이념까지도 경직되게 받아들인 것 같지는 않다. 그러니까 그는 프롤레타리아 예술론에 경도되어 있으면서도 과격과 온건을 적절하게 배합하면서 현실에 대처했다고 말할 수가 있다. 그렇다고 해서 그가 사회주의 사상에 대하여 회의를 가진 것은 아니고 확고한 신념을 지니고 있었다.

가령 그가 1934년 8월에 프로 계열 잡지『연극운동』과 극단 신건설을 통해서 적화를 기도했다는 죄목으로 체포되어 전주 형무소에서 2년여 동안 수형생활을 한 것만 보아도 그의 굳건한 이념적 성향을 짐작할 수 있는 것이다. 출감 후 그는 낭인 생활로 인해서 가족의 생계를 꾸려가기 어려울 정도가 되자 그 돌파구를 찾지 않을 수 없었다. 그가 생각할 수 있는 것은 극단을 통한 작품활동인데, 당초 그가 단원으로 활동했던 메가폰이나 신건설은 강제 해체되었기 때문에 대중적인 극단으로 눈을 돌리는 것은 극히 자연스런 것이었다.

때마침 동양극장이 전문적인 대중극장으로서 성황을 이룰 때였으므로 청춘좌, 호화선 등 전속극단의 작품 요청만을 기다리는 처지가 되었다. 수형생활 직전까지만 해도 그는 신파극단에는 아예 관심도 없었기 때문에 도시 빈민들의 비참한 삶을 통해 계급의식을 고취한 〈산상민〉 같은 작품을 메가폰을 통해 발표하는 것이 고작이었다. 이렇던 그가 생계를 위해 고료 과다에 따라 극단 성향을 가리지 않는 처지가 된다.

이때부터 그는 상업극단들에 계속해서 극본을 제공했고 1937년에는 세 번째로 극단 중앙무대 창립에 가담했다. 그러는 동안 1940년대 들어 대동아전쟁이 일어났고, 일제는 황민화 정책을 펴면서 작가들에게 친일어용극을 쓰도록 강요하기에 이른다. 즉 조선총독부는 1941년 연극인들에게 미국과 기독교를 배격하고 일본 종교를 강요하는 내용의 황민화 극본을 쓰도록 강요하자마자 그는 가장 먼저 나서서 〈삼대〉라는 희곡을 발표했고, 이어서 〈역사〉라는 어용목적극도 썼다.

그는 나중에는 일본어로 친일어용극까지 씀으로써 조선총독부의 '요시찰인물' 명단에서도 이름이 빠졌으며 생활 또한 윤택해졌다. 고설봉도 그와 관련하여 "총독부 촉탁으로 〈삼대〉를 쓴 연후에야 그의 극작가로서의 위치가 굳혀져 그는 총독부 지정의 연극문화협회 관선 이사를 지내기도 했다. 제3회 연극경연대회 때 〈역사〉로 작품상을 수상한 뒤에는 연극계의 거물 노릇을 하며 양복차림에 항상 넥타이를 매고 다녔다"[4]고 했다.

그는 평소에 호방한 성격과 풍부한 인간성으로 인하여 교우관계가 넓었기 때문에 따르는 연극인이 꽤 많았다. 그가 풍부한 인간성의 소유자였다는 것은 「아동」이라는 자작수필에 잘 나타나 있다. 그는 이 글에서 "나는 길에 가다가 양지짝에 가 옹기종기 모여 앉은 아이들을 보면 으레 걸음을 멈춘다. 더욱이 소학생들을 보면 넋이 없어진다. 어떤 때는 눈물까지 흐른다. 감격하다 못해서 넘쳐흐르는 것이 눈물이다. 어떤 때는 기차를 타고 지나가다가 창밖 언덕 위에서 소학생 수십 명이 병정장난을 하는 것을 보고도 눈물을 흘리다가 옆에 승객에게 무성(無聲)의 대소를 받은 일도 있다. 라디오 속에서 흘러나오는 동

---

4 고설봉 · 장원재, 앞의 책, 142쪽.

요소리를 듣기만 해도 금방 목이 턱턱 막혀서 말을 못한다"[5]고 쓴 적이 있다.

이 수필에서 그가 얼마나 감정이 풍부하고 감상적인가를 능히 짐작할 수가 있다. 그가 유독 어린이를 좋아했던 것은 아무래도 젊은 날 소학교 교원 생활을 잠시 했던 데 따른 것도 같다. 그는 이 수필에서는 어린이를 좋아하는 이유에 대하여 "거짓이 없고 겉치장이 없으며 마음이 착하고 맑기 때문"이라고 말하기도 했다. 따라서 그러한 어린이 세계가 곧 자신의 세계이고 동시에 창작의 세계라고 고백한 바도 있다.

그러면서 그는 '직업소년들이 많이 모인 지하촌의 야학교실'을 특별히 좋아한다고 썼는데. 여기서 그의 불우아동에 대한 깊은 동정심을 내비치기도 했다.

냉정한 이데올로기 신봉자 같지 않은 그였지만 해방이 되자마자 그는 색다른 자세를 취하기 시작했다. 즉 그는 해방되고 나서 며칠 뒤 프롤레타리아 연극인들이 주축이 되어 조선연극건설본부라는 것을 조직하여 위원장 자리에 오른다. 그리고 〈황혼〉 등의 작품을 쓰다가 1946년에 박영호 등과 함께 제1차로 월북하여 평양에서 북조선연극동맹을 조직하는 등 북한 연극 기반 조성에 앞장서게 된다. 그의 이러한 자세 변화는 월북 직전에 쓴 한 에세이를 보면 어느 정도 내면의 본질, 또는 세계관 같은 것을 유추해낼 수 있지 않을까 싶다. 즉 그는 월간 『백민』(1946.3)에 쓴 에세이 「진리와 애국자」라는 글에서 애국자를 네 가지로 분류해 설명한 것이다. 첫째 언행이 일치하는 사람, 둘째 과거의 공적은 내세우지 않고 황소처럼 묵묵히 건국에 진력하는 사람, 셋째 진리는 항상 새롭게 새로운 세대에 적응되는 새 진리, 새 윤리라는 생각이 확립된 사람, 넷째 편협한 민족애나 국수적인 국가 관념에서 초월되어 진정한 의미에 있어서의 민족적 대애(大愛)를 가지고 세계민주주의적 제 국가의 일환으로써 조선의 특수성(즉 조선 민족만이 스스로 해결할 수 있는 자율적 독립)을 발휘할 수 있

---

5 송영, 「아동」, 『박문』 1940.3.

는 사람[6]이라고 규정했다.

그가 규정한 애국자론은 비교적 보편성을 띤 것이긴 해도 '진리는 변하는 것'이라고 한 말이라든가 편협한 민족애나 국수적인 국가 관념에서 벗어나야 한다고 주장한 점에서는 그의 변신을 합리화하려는 의도가 나타난다. 당초 그가 프롤레타리아 문학운동으로 시작해서 상업극작가로 위장생활을 하고, 다시 적극적인 친일어용극 작가로서 활동했던 그의 계속된 변신은 해방 직후 본래의 이데올로기 작가로 복귀하면서 절정을 이룬다. 그러니까 그는 위장의 귀재라고 말할 수도 있고, 다른 면에서는 변화하는 시대에 잘 맞추어 사는 현실주의자로도 볼 수 있다. 그가 변신하면서도 그에 대한 고민이나 변명도 하지 않은 사실에서 그의 능란한 처세와 뻔뻔스러움도 읽혀진다고 하겠다.

그가 특히 월북 이후 북한에서의 활동만 보더라도 동시대 동행의 연극인들과는 상당한 차이가 있다. 즉 그는 함께 월북한 박영호, 함세덕 등이 전쟁 중 폭사하거나 병사하는 등 별로 빛을 보지 못한 경우와는 달리 북한에서 오히려 문화계의 대부로서 중요한 위치에 서 있었다. 즉 그는 꾸준히 작품활동을 하면서 월북 직후 작가동맹중앙위 상무위원으로 피선되어 10년 이상 재직했고, 1957년에는 북한 최고인민회의 제2기 대의원과 상임위원으로서 영화촬영소 총장까지 했다. 그해 말에는 조국통일 민주주의 전선 중앙위원이 되고, 이듬해 정월에는 북소친선협회 중앙위원으로서 인도네시아 인민문화연맹 전국대회에 대표로 참석했으며, 북인니친선협회 중앙위원장도 맡았다.

그는 계속 승승장구해서 1959년에는 대외문화연락위원회 위원장을 맡고, 제1회 인민상을 받기도 했다. 그리고 그는 1961년도에 접어들어서는 조국평화통일위원회 중앙위 상임위원과 노동당 중앙검사위원회 상임위원으로서 소련, 폴란드, 체코 등 동구권 순방의 문화대표단장도 맡았다. 연극인으로서는 거의 최고위직에 오른 인물로서, 1960년대에도 최고인민회의 대의원과 대외

6　송영, 「진리와 애국자」, 『백민』 1946.3.

문화연락위원회 위원장, 북·인니친선협회 중앙위원장, 북중친선협회 중앙위원, 북몽고친선협회 상무위원 등을 잇달아 맡았다. 최고인민회의 대의원도 네 번씩이나 할 정도로 고위직을 꾸준히 맡았다.(중앙일보사 부설 동서문제연구소 간행 북한인명사전 208쪽 참조) 물론 그렇게 된 데는 꾸준한 작품활동과 폭넓은 인간관계가 그 배경으로 작용했다고 보는 것이 정확할 것이다.

이처럼 그는 청소년 시절을 제외하고 연극인으로서는 남북한 양쪽에서 한 평생을 평탄하게 산 경우에 속한다. 그러니까 그는 인생의 전반부는 자기가 출생해서 성장한 남한에서 연극 생활을 하고, 후반부는 북한에서 활동한 연극인이었다.

그는 동시대의 누구보다도 장기간에 걸쳐서 많은 작품을 썼고 한 가지 장르에 국한하지 않은 작가였다. 즉 그는 단편소설로 출발하여 희곡으로 끝맺었지만 비평, 어린이를 위한 동요와 소설도 썼다.

그가 특히 어린이를 좋아해서 소년, 소녀를 주인공으로 한 작품을 여러 편 썼다. 그러니까 그가 초기에는 주로 어린이의 눈을 통해 본 세계를 순박하게 묘사하는 작품을 쓴 것이다. 가령 그가 염군사 시절에 발표한 습작기의 처녀작 「백양화」를 위시하여 장편소설 「이 봄이 가기 전에」, 단편소설 「음악선생」, 「그 뒤의 박승호」, 「오마니」 등은 바로 그런 취향의 작품들이다. 그리고 어린이 문학작품은 아니지만 소학교 교원 시절 순수한 소년적 분노로 쓴 작품들로서 「백색여왕」을 위시하여 「인도병사」, 「교대시간」, 「석탄속의 부부」, 「정의와 칸바쓰」, 「호신술」 같은 것들이 있다.

이처럼 그가 초기에 토해낸 대부분의 작품들은 소학교 교원 시절에 구상하고 습작한 것이다. 이 시기에 드러나는 그의 성향은 소외된 어린이들과 버림받은 아동들에 특별한 애착을 둠으로써 휴머니즘에 입각해 있으면서도 계급의식의 입장에서 사회와 삶을 응시하고 있었다는 점이다. 어떻게 보면 그의 내면에서 서로 상충되는 두 가지 사상, 즉 휴머니즘과 소시얼리즘이 공존하면서 불합리하고 불공평한 사회의 구조적 모순을 혁파하고자 하는 욕구가 나타난다는 점이다. 따라서 그는 모순된 사회를 상처받은 동심에서 찾으려 한 것이다. 거기서 그는 언제나 분노를 느꼈고 그것을 희곡작품으로 표출해 갔다고 말할 수 있다. 그의 초기작 〈늘어가는 무리〉에서 보면, 이 땅에서 일자리를 못 찾고 일본 노무자가 된 인텔리가 그러한 밑바닥 삶에서 진정한 의미를 찾는다는 내용인데, 이런 주제가 카프 시대에 발표한 그의 작품에서 일관되게 흐른다.

그는 카프 소속의 유일한 극작가답게 1920년대 후반에 프롤레타리아 희곡의 자리를 만든 인물이다. 〈백양화〉를 비롯해서 〈모기가 없어진 까닭〉, 〈일절 면회를 사절함〉, 〈신임 이사장〉, 〈산상민〉 같은 것이 바로 그전 계열의 희곡들이다. 이와 같이 그는 카프 시대에 김영팔과 함께 프롤레타리아 희곡이라는 한 분야를 개척한 인물이다. 그래서 한효(韓曉)는 그의 초기 작품과 관련하여 "그의 작품에서는 언제나 근로인민의 억센 싸움과 착취자에 대한 참을 수 없는 미움이 있었다. 더욱 〈산상민〉에 있어서는 산상에 사는 불쌍한 인민들에 대한 작가의 열렬한 애정이 그대로 경주되어 가장 높은 비극적 현상이 창조되어 있다"[7]고 극찬한 바 있다.

반면에 그의 동료였던 임화(林和)는 조금 시각을 달리했다. 즉 그는 〈외우 송영형께〉라는 편지형식의 글에서 "형이 가지고 있던 초기의 낭만적 경향이 〈백색여왕〉에서 보는 바와 같은 허황한 관념세계로 승화한 것은 아무래도 발전하는 현실에 대한 형의 뒤떨어진 관심과 형이 문학수업 초기에 읽은 많은 로맨틱한 작품이 나쁘게 영향한 것이 아닌가 생각합니다. …(중략)… 형의 희곡은 어떤 의미에서 보면 낭만적 포석(抱石)의 뒤를 이어 영팔(永八)의 그것을 부정하여 발전한 것이 아닌가 합니다. 〈일절 면회를 사절함〉, 〈호신술〉 등 혁혁한 희곡이 곧 그 산물로서 이곳에서는 일찍이 형의 어느 소설에서 발견할 수 없던 놀랄 만한 풍자적 수완이 발휘되었습니다. …(중략)… 거의 대부분의 개개의 관념을 체현한 유형이 되고 사건은 너무나 극적 목적으로 왜곡되고 말았습

7　한효, 「조선 희곡의 현상과 금후방향」, 『건설기의 조선 문학』, 1946, 78쪽.

니다. 그러나 이러한 결함을 초치한 요인 가운데는 형의 소설에서 보는 다분히 개념적인 낭만주의가 이롭지 않게 작용했으므로 나와 더불어 형도 잊지 말아주시기 바랍니다. 그렇지만 〈호신술〉은 고골리의 〈검찰관〉과 비길 만치 부르주아생활과 그 문화(스포츠)를 놀래일 만한 수완으로 폭로한 것으로 카프희곡 중 쾌작임을 부정치 못할 것입니다"[8]라고 대체로 회의적인 눈으로 바라본 바 있다.

임화는 송영의 초기 작품에 대한 평가에서 지나치게 낭만적으로 기운 듯하다고 본 것이다. 그것은 사실 대단히 정확한 지적이었다. 왜냐하면 송영이 비록 사회주의자이긴 했어도 이데올로기 맹신자는 아니었기 때문이다. 가령 그는 "무엇 때문에 누구를 위하여 문학을 하려느냐?"는 질문을 받고 "예술은 지고지엄 지순한 감정의 전달일 뿐이다. 그러니까 '누구'나 '무엇'에 매어 다닐 것이 아니라, 예술 자신의 황홀한 존재를 위하여서다"라고 자신 있게 대답한 바도 있다.

이처럼 그는 청소년 시절의 독서배경이라든가 낙천적이고 호방한 성격, 풍부한 감성 등을 지녔던 것으로 미루어보더라도 그가 과격한 혁명론자는 될 수 없었고 이상주의적인 온건사회주의자였다. 그가 과격한 이데올로기 맹신자가 될 수 없었던 것은 타고난 성품과 광범한 독서에서 얻은 문학적인 소양 때문이 아니었던가 싶다. 사실 그는 대학 공부는 하지 못했지만 광범위한 독서로 인해서 희곡이론에도 꽤 밝았다. 따라서 그는 1930년대 중반 문예지에 희곡작법이라는 글도 발표할 만큼 이론적 무장도 했다. 물론 그의 희곡론은 극히 초보적인 것에 지나지 않았지만 셰익스피어를 비롯해서 입센, 몰리에르 등 서양 고전작가들의 작품이 많이 인용되었고, 심지어 첨단적인 피란델로까지 인용할 정도였다. 그만큼 그는 젊은 날 서양 극작가들에 심취했고, 그로 말미암아 이데올로기 맹신자는 아니었다고 볼 수가 있다.

---

8 임화, 「평론가로서 작가에게 보내는 편지」, 『신동아』 1936.5.

그는 20여 편의 소설과 동요, 그리고 1백여 편의 희곡을 발표한 다작의 작가였는데 소설과 동요는 초기에 썼고 중후반기에는 희곡만 썼다. 희곡도 주로 카프 시대 이후 해방 때까지 집중적으로 썼고 월북 이후에 지속적으로 발표했으니, 남쪽 활동이 전반기라고 한다면 월북 이후는 후반기가 되는 것이다. 그가 1930년대 중반, 즉 동양극장 시대로부터 해방 때까지 10여 년에 걸쳐서 60여 편의 장 단막을 썼으므로 연간 10여 편씩을 발표했다는 이야기가 된다.

그런데 이 시기에 쓴 작품들은 거의가 동양극장 전속극단이나 황금모자, 중앙무대, 고협, 예원좌 등 상업극단들에 의해 무대에 올려져서 그의 성가도 높이고 생활도 윤택하게 해준 것이었다. 즉 그가 상업극단들의 요청에 의해 쓴 작품들은 대부분 시대극이거나 청춘남녀의 연정을 제재로 한 멜로드라마로서 대중오락물 차원을 넘어서지 못했다.

일찍이 동시대에 그의 작품을 지켜보았던 이해랑은 "이분의 작품에서는 그의 인간 면에서 느낄 수 있는 보편적인 면모를 엿볼 수가 없다. 그가 작가적인 양심을 꺾고 속중에게 타협한 신파작품도 무대에서는 한 번도 성공을 해보지 못했다. 일쑤 잘 드라마투르기의 모순을 폭로하고 시정을 상실한 흐름은 구미를 잃게 한다. 이분의 작품에 대해서 말할 수 있는 인상은 먼저 작자가 정신의 끄나풀을 바짝 조이지 않고 붓을 들었다는 것이다. 사람이 너무 좋으면 좋은 작품을 쓰기 어려운 모양이다"[9]라고 비판한 것은 대체로 정확하다고 말할 수 있다.

이처럼 그가 해방 때까지 발표한 60여 편 희곡들은 호구지책을 위해 쓴 작품들, 이를테면 〈애처가〉, 〈인생의 향기〉, 〈남자의 순정〉, 〈정열부인〉, 〈꾀꼬리〉 등을 비롯하여 악극대본으로 쓴 〈춘풍일가〉, 〈산사기행〉, 〈제비나라〉 등은 당시 대중을 즐겁게 한 오락물로서 대중극을 풍요롭게도 했던 것을 부인하기 어렵다. 아무튼 그는 근대 대중연극의 한 축을 이루는 몇몇 극작가들 중의

9　이해랑, 앞의 글.

한 사람이었다.

　그런 가운데서도 우리나라 근대희곡사 내지 문학사에 기록될 만한 작품들이라고 한다면 그가 〈산상민〉 등 초기 단막희곡 몇 편과 1930년대 초중반에 월간지를 통해 발표한 사회풍자희곡 네댓 편 정도가 아닐까 싶다. 즉 〈아편쟁이〉를 비롯해서 〈호신술〉, 〈황금산〉, 〈가사장〉, 〈윤씨일가〉, 〈방랑시인〉 등이 바로 그런 희곡들이다.

　그런데 송영을 알기 위해서는 그의 작품들을 들여다볼 필요가 있다. 먼저 〈아편쟁이〉라는 희곡을 보면 제목 그대로 한국인 노동자가 일본인에게 착취당한 끝에 결국에는 아편쟁이로 전락한 나머지 어린 딸까지 팔아먹는다는 내용이다.

　즉 일본인과 지주에 의해서 토지를 빼앗긴 주인공은 이 땅에서 살 수가 없어 공장이 많은 오사카로 간다. 거기서 주인공은 중노동과 저임금, 식대 등 갖가지 착취를 당하다가 병이 들고 고용주의 고의적 아편주사로 인해서 중독증 환자로 전락한다. 더욱이 주인공은 지난 시절 노동운동 경력 때문에 더욱 가혹한 시련을 당한 것이고, 극한 상황에 이르러서는 어린 딸까지 팔아먹게 되는 것이다. 그런데 이런 지경에 이르는 한국 노동자 여러 명은 자구를 위해서 집단적으로 일본인 고용주에 저항하기에 이른다.

　사실 카프 시대 문학이 공통적으로 다룬 테마는 뭐니 뭐니 해도 빈궁 문제였고, 그것은 1920, 30년대 작가들이 도전한 테마이기도 했다. 문학이 현실을 반영해야 된다는 당위성 때문이었음은 두말할 나위 없는 것이다. 그러니까 그 시대 작가들은 일제 착취에 따른 이농 등 농민몰락, 곤궁, 인간박대 등을 제재로 삼았다는 이야기이다. 그런 중에도 카프 계열작가들은 계층 간의 첨예한 갈등을 조성하거나 소작쟁의, 노동쟁의 등으로 집단적 저항을 하는 내용으로써 은연중에 사회주의 사상을 고취한 것이 특징이었다.

　그의 초기작품에 나타난 또 하나의 특징은 계급의식 고취보다는 일제에 대한 반항에 포커스를 맞춘 것이다. 상당수의 초기 작품들은 이 땅에서 일자리를 찾지 못한 일본 공사판의 하급노무자의 삶을 다룬다든가 그곳에서도 자리를 못 잡고 나락으로 떨어지지 않으려 몸부림치는 이야기이다.

물론, 그의 초기 작품이 모두 그런 계열은 아니다. 중기에 들어서면 노동자나 실직 인텔리의 삶을 묘사하면서도 풍자희극으로 쓴 것도 있다. 가령 1932년에 발표한 〈호신술〉만 보더라도 여공들의 동맹파업 및 임금 폭등과 같은 극단적 상황을 묘사하면서도 그것을 희극으로 가져간 것이다.

즉 그는 이 작품에서 공장주인 가족이 노동자들의 저항에 대비하여 호신술을 익히지만 실제로 집단 저항에서는 무용지물이 될 수밖에 없다는 식으로 썼다. 이런 송영도 1930년대 중반에 가서는 노동쟁의보다는 가진 자와 못 가진 자를 우자와 현자로 양분해서 양쪽 모두의 어리석음을 일깨우는 동양적 윤리관의 입장에서 세태풍자극을 만들어내기 시작했다. 〈황금산〉, 〈가사장〉, 〈윤씨일가〉 등 일련의 희곡들이 바로 그런 계열에 속한다. 가령 가진 자의 속물근성과 우매함을 풍자한 〈황금산〉을 보더라도 제목이 상징해주듯이 궁핍한 시대에 있어서 인간 가치보다는 돈을 더욱 중요시하는 세태를 강하게 비판한 세태풍속극이다.

독립운동가에게 출가했다가 과부가 된 장녀와 역시 사기꾼에게 출가하여 홀로 된 차녀에 실망한 아버지(사업가)가 막내딸만은 부자(황금산)의 바보 아들에게 출가시키려 한다. 이러한 아버지의 계획이 막내딸의 완강한 저항으로 좌절되는 내용이다. 그런데 흥미로운 사실을 맞선을 보는 날 아버지는 딸 대신 식모를 분장시켜 내세우는데, 이는 영국 극작가 A.A. 밀른의 〈미운 오리 새끼〉와 기법상 유사하다. 이는 그만큼 송영의 독서 폭이 넓었다는 이야기도 되지만 그가 김정진이나 신불출에 이어 풍자희극을 본격적으로 시도한 극작가였다는 점에서 중요하게 다루어져야 할 것이다.

사실 희극이란 나쁜 사회로부터 더 나은 사회로 나아가려는 의지의 연극양식으로서 대체로 비정상적이고 척박한 사회에서 유행한다. N. 프라이가 지적했던 것처럼 희극은 주인공의 욕망에 대한 장애물이 하나의 기둥줄거리를 끌고 가는데, 그 장애물을 극복해가는 과정이 곧 희극이다. 여기서 장애물은 대체로 아버지가 되고 부자(父子) 또는 부녀간의 의지의 충돌이 스토리 전개의 뼈대가 되는 것이다. 결국 장애물을 극복하고 새로운 사회를 맞는 축제 형식이 다름 아닌 결혼식이다. 그런데 흔히 이별이나 불화를 넘어 해후나 해결의 과정에는 속죄양을 필요로 하는데 그 제물은 당연히 여자이다.

이러한 과정에서 고찰해볼 때, 송영의 중기 작품들은 전형적인 희극들임을 알 수 있다. 이 시기의 대표작들인 〈황금산〉, 〈가사장〉, 〈윤씨일가〉 등이 모두 왜곡된 사회를 배경으로 하여 문제인물들의 속물근성과 중상모략을 비꼬았다는 점에서 풍습희극에 속한다고 하겠다. 이러한 희극에는 방해꾼들에게 역점을 두는 방식과 발견 및 화해에 역점을 두는 방식이 있는데, 송영은 이들 두 방식을 절충한 것이 특징이다. 그리고 작가들이 희극을 통해서 지적하려는 것은 대체로 사악함보다는 우매함이다.

그렇다면 우매함의 근원은 무엇일까. 그것은 편집성을 이름이다. 희극적 인물에는 기만적인 인간(alazon), 자기비하자(eiron), 어릿광대 등 세 유형이 있는데, 그의 작품에는 에이론과 알라존만 등장하고, 특히 알라존이 방해꾼으로서 끝까지 긴장을 조성한다. 가령 그의 작품에서 〈황금산〉의 양쪽 집 아버지들은 돈밖에 모르는 전형적 속물이다. 〈윤씨일가〉에서도 아버지는 돈과 직위를 위해서 딸을 첩으로 보내려 한다. 늙은이들은 자신의 안락을 위하여 반도덕적인 행위도 마다하지 않는다. 그러다 보니 진실을 도덕률 위에 놓는 자녀와 충돌케 된다. 그러나 젊은이들의 끈질긴 저항에 부딪혀서 늙은이들은 자신들의 무지몽매함을 깨닫고 정싱으로 돌아가 화해의 해결점을 찾게 된다.

〈황금산〉에서의 이사장이라든가 〈윤씨일가〉에서의 윤희중이 바로 그러한 인물이다. 여기서 아버지는 패자가 되고, 자녀는 승자가 됨으로써 비틀린 현실이 바로잡혀지게 되는 것이다. 이 지점에서 표출되는 것은 돈과 지위는 없지만 정의롭게 하는 것이 옳다는 희극적 발견이다. 〈황금산〉에서 막내딸은 백치에게 시집가지 않아도 되고 〈윤씨일가〉의 장녀도 사장의 첩보다는 가난하지만 똑똑한 청년에게 시집갈 수 있게 된다.

송영의 몇몇 희극을 구체적으로 설명한 이유는 그가 일반 희극작가와 다른 점을 지적하기 위해서다. 즉 그의 희극에서는 권력자나 위선적 종교인 대신 부자와 가난한 자만 등장시켰다는 점에서 그가 프롤레타리아 작가임을 드러내고 있다는 사실이다. 그의 작품에서 독자가 부딪히는 것은 부자에 대한 혐의감이나 증오심이라는 사실이다. 그러나 그는 증오심은 나타내도 파괴에까지는 이르지 않았다. 그만큼 그는 온건한 사회주의자였으며 과격한 볼셰비키는 아니었다.

그 점은 그의 가난한 자들에 대한 동정심과 사랑에서도 단적으로 나타난다. 〈가사장〉에서도 보면 가난을 사랑하는 것이 역력히 드러난다. 그의 작품에 대해서 비교적 비판적이었던 동료 임화가 송영이 러시아의 고골리와 같은 풍자 정신이 부족하다고 했지만 〈방랑시인 김삿갓〉을 보면 그렇지만도 않다. 그러니까 그가 이 작품을 통해서 조선시대에 창궐한 탐관오리를 비판하면서도 천성적으로 과격한 혁명론자는 될 수 없었다는 이야기다.

그러나 1945년 민족해방과 함께 그는 시류를 쫓아서 급격하게 계급혁명론자로 표변하기 시작했다. 그 점은 그가 좌경적인 연극건설본부장을 맡았다가 맨 첫 번째로 월북한 것이나, 〈까치 우는 섬〉, 〈황혼〉 등 해방 직후에 발표한 희곡에서도 잘 나타나고 있다. 즉 〈황혼〉에서는 전에 볼 수 없었던 혁명가가 등장하는데, 이 주인공은 친일파의 대척적 인물로서 일제잔재 청산에 앞장선다. 이 작품은 제목이 상징하듯 친일파의 몰락과 혁명세대의 등장이라는 해방 직후 정치사회상황을 리얼하게 묘사한 것이다.

그가 월북 직전에 쓴 「연극운동의 현단계」라는 글에 보면 당시 그의 의중을 짐작할 수 있다. 즉 그는 이 글에서 우익 민족진영연극과 상업주의극을 매도하면서 "사극의 대부분은 봉건적 질서를 고수적으로 발양들을 하고 있다. 그보다도 왕정복고의 사상, 반상계급 시인 등등으로써 반민주주의 사상을 고취하면서 반민주 봉건파쇼 노선에 가력하고 있다. 또 다른 한편에서는 예술지상을 운위하면서 연극예술의 중립을 주장하면서 실상에 있어서 연극운동 전체노선을 휘청거리게 한다. 이러한 일부분은 비록 전체로 보아서 한편 지엽문제이기는 하나 그렇다고 이것을 과소평가를 해서는 아니 된다. 전체적인 연극투쟁이란 대외적인 공연 활동 이외에 대내적인 불순분자의 숙청도 '먼저'가된다. 이것이 지금 연극운동의 현단계적 임무라고 생각한다. 오직 불요불굴의 투지로서 정당한 정치노선에 서서 민주주의적 인민정부를 수립함에 일익적 임무를 다함으로써 진실하고도 좁고 맑은 연극예술이 완성될 수 있을 것이다"[10] 이라고 쓴 것이다.

이러한 내용은 그동안 그가 써온 작품내용이나 연극론에서는 전혀 찾아볼수 없는 과격하면서도 정치성 짙은 것이었다. 이런 글을 쓴 후 그는 곧 문단과연극인들의 옹립을 받아 제1차로 월북했다.

북한 연극 기반 조성에 앞장선 그는 작품활동을 활발하게 전개해나갔다.[11]월북한 이후의 송영 작품은 철저하게 노동당 정치노선에 입각해서 내용을 전개해갔다. 6·25전쟁 전까지 그는 〈나란히 선 두 집〉(1945)을 비롯해서 〈자매〉,〈금산군수〉 등을 발표했다. 한 가정, 한 핏줄의 자매지만 상당히 다른 길을 통하여 노동을 미화한 이 작품은 비교적 온건한 내용이다. 즉 두 자매는 가난한집에서 태어났으나 언니는 부잣집에 출가해서 방탕한 생활을 하고, 동생은 노동자의 아내가 되어 건실하게 살아간다는 이야기이다. 그러니까 송영은 노동자의 아내가 된 주인공을 미화하고, 부잣집에 시집간 주인공을 부패인물로 폄하한 것이다.

다음에 쓴 〈나란히 선 두 집〉은 매우 다른 작품으로서 인민경제 복구와 그촉진을 주제로 한 것이다. 그리고 그 다음에 발표한 〈금산군수〉는 또 다른 계열로서 남한 사회를 풍자한 희극이다. 즉 해방 직후 민주국민당이 지명한 군

---

10 송영, 「연극운동의 현단계」, 『독립신문』 1946.5.1.
11 유민영, 「송영론」, 권영민 편, 『월북문인연구』, 문학사상사, 1989, 172쪽.

수와 이승만 대통령이 임명한 두 명의 군수가 인삼으로 유명한 금산에 부임하여 서로 싸우면서 농민을 착취한다는 내용이다. 그러니까 작자는 두 군수의 형상을 통하여 미국 앞잡이로 보는 이승만 지배하에 있는 남한 사회의 구조적 부패를 폭로한 것이다. 그런데 결말에 가서 두 군수는 지리산 유격대의 습격을 받고 몰락하는 것으로 되어 있다.[12] 그가 월북 후에 쓴 세 편 중에 즐겨 쓰던 풍자희극 기법을 동원한 이 작품도 결국 과격한 정치 투쟁적 결말로 이끌어갔다는 점에서 이색적이지만, 그 역시 어쩔 수 없는 상황에서 그렇게 밖에는 쓸 수 없었을 것임을 유추할 수가 있다.

전쟁 중에도 그는 꾸준히 희곡을 썼는데, 이때부터 완전히 노동당의 기본문예정책에 철저하게 순응하는 작품만을 쓰게 되었다. 가령 1950년 6월 26일 당의 문예정책을 방송을 통해 발표했는데 그것은 '모든 것을 전쟁 승리를 위하여'라는 구호 아래 인민군의 투쟁과 승리에 포커스를 맞춘 작품을 쓰게 된다.

이 시기에 김일성이 내린 교시는 첫째 작품에서 인민의 숭고한 애국심을 보여줄 것, 둘째 인민군의 영웅성과 완강성을 묘사할 것, 셋째 반미·반한적일 것[13] 등이었다. 이러한 교시에 입각해서 쓴 작품이 다름 아닌 〈모두 다 전선〉과 〈그가 사랑하는 노래〉(1952)다. 이 중 북한문학에서 높이 평가된 작품은 강원도 양구 북쪽에 위치한 소막전고지를 둘러싼 전투를 묘사한 〈그가 사랑하는 노래〉이다. 이 전투에서 부상을 당하고도 끝까지 고지를 지키기 위해 싸운 한계열이라는 군인을 미화한 이 작품은 전쟁 중 인민군의 영웅성을 부각한 전쟁극이다. 즉 김일성이 교시한 대로 맞추어 쓴 군사목적극인 것이다.

이처럼 그는 6·25전쟁 이후에는 철저하게 김일성과 노동당의 노선에 충직하게 따르는 작품만을 쓰게 된다. 적어도 송영이라는 개인이 지닌 예술관이라든가 개성 같은 것은 전혀 찾아볼 수가 없다. 저들이 제시한 틀에 꼭 맞는 희

---

12 사회과학원 문학연구소, 『조선문학통사』, 1988, 230쪽.
13 『북괴문예작품 창작 성향의 시대별 변천 과정』, 10~11쪽.

곡만 썼다. 다른 작가들과의 차이라고 한다면 음악을 삽입하여 조금은 감상적
으로 흘러간 정도였다. 이는 아마도 동양극장 시대에 감상적인 신파극본을 많
이 써본 경험에 따른 것이었다고 말할 수 있다.

그러나 1953년 종전과 함께 북한문학의 주제는 노동당이 내건 '모든 것을
전후 인민경제 복구에로' 맞추는 것이었다. 그러니까 전쟁으로 파괴된 것을
복구 건설하는 데 앞장선 노동자들을 격려하는 내용을 제재로 삼았다는 이야
기다. 이 시기에 북한정부는 작가들을 공장. 농촌 등지로 보내서 노동계급사
상으로 무장시킴과 동시에 현장체험을 창작에 반영토록 했다.

이 시기에 송영이 쓴 희곡은 〈백두산은 어디서나 보인다〉였다.[14] 이처럼 정
치사회 변동에도 불구하고 꾸준히 작품을 발표했던 그도 1960년대 이후에는
문화계의 지도자로서만 활동할 뿐 희곡은 별로 쓰지 않았다. 북한 연극계도
세대교체가 이루어지기 시작한 것이다. 송영 역시 극작가 생활 40여 년 만에
창작의 붓을 꺾고 북한문화계의 지도자로서만 활동하게 된다.

여하튼 그는 월북 연극인들 중 가장 성공한 경우에 속하지만 한 극작가로서
는 불행한 예라고 볼 수 있다. 왜냐하면 프롤레타리아 연극운동가로 출발하여
저급한 신파극으로 생활을 영위하고 친일어용극 작가로 앞장섰다가 북한체제
에 순응하는 정치목적극으로 작가 생활을 마감했기 때문이다. 그러니까 그는
진정 마음속으로부터 우러나오는 작품은 거의 써보지 못하고 생을 마감한 작
가라고 말할 수 있겠다.

---

14 유민영, 「북한의 희곡」, 권영민 편, 『북한의 문학』, 을유문화사, 1989, 213쪽.

눈물의 여왕
전옥

필자가 전옥을 처음이자 마지막으로 대면했던 것이 지금으로부터 60년 가까이 된 1966년이었다. 신극사 증언을 채록하던 중이었는데 그가 매우 진지하게 대해주어서 고마웠던 생각이 난다.

당시 그는 병환 중이어서 치장을 전혀 하지 않은 본모습 그대로였다. 따라서 스크린에 비친 그와는 많이 달랐고, 가까이 앉아서 장시간 이야기를 나눌 수가 있어서 그의 전체의 모습을 속속들이 들여다볼 수가 있었다. 솔직히 필자는 그에 대해 별다른 생각을 하고 있지는 않았다. 그가 조역이나 단역으로 출연한 영화 몇 편을 본 것이 전부였기 때문이다. 다만 그녀가 대중으로부터 '눈물의 여왕'이라는 별명을 지니고 있었던 만큼 그가 타고난 비극배우인 줄로만 알고 있었다.

그런데 그를 첫 대면하는 순간 사람들이 왜 그를 가리켜서 '눈물의 여왕'이라 부르고 있었는지를 직감할 수 있었다. 병중이긴 했지만 우수에 젖은 듯한 퀭한 눈은 나를 사로잡고도 남음이 있었다. 수척한 얼굴이었지만 긴 속눈썹과 꿈꾸는 듯한 초점 잃은 눈과 파리한 입술, 계란형의 얼굴이 한국 미인과 서양 미인을 합쳐놓은 것 같았다. 그 당시 그는 60대 중반을 넘어선 노인이었지만 여전히 매력이 넘쳐흘렀다. 그녀야말로 타고난 배우였다는 것을 알 수 있었다. 그 당시 나는 저런 배우가 유진 오닐의 〈밤으로의 긴 여로〉에서 여주인공을 한다면 세계 최고의 명연기가 나올 것 같다는 생각까지 들 정도였다.

60대 후반의 병석에서도 그런 매력을 풍겼으니 10대 20대 처녀 시절에는 얼마나 예쁘고 매력이 넘

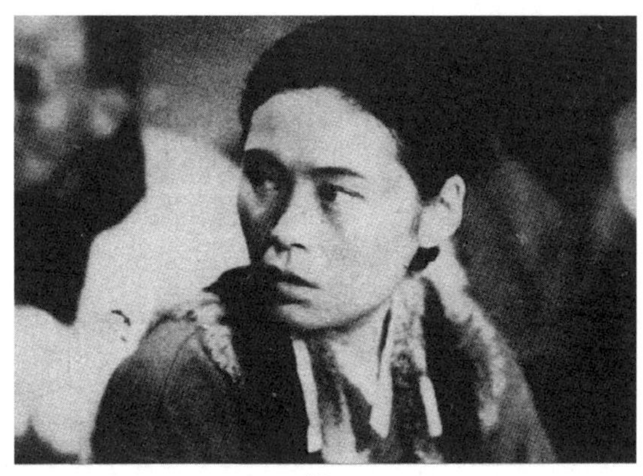

전옥

쳤을까는 짐작하고도 남음이 있었다. 그를 일찍부터 지켜보았던 사람들은 한결같이 극찬했었다. 가령 가장 먼저 어릴 적 그의 모습을 보았던 안종화(安鍾和)는 "눈에 슬기로운 광채가 있고 코가 날카로운 것이 첫눈에도 재주가 있어 보이는 매력적인 소녀였다"[1]고 했고, 악극단 시절 그와 가까웠던 황문평은 초창기 영화감독 이필우(李弼雨)의 말을 빌려 "커다란 눈망울의 겁먹은 표정에 어딘가 애수가 깃든 한 마리의 꽃사슴 같은 방년 17세의 덕례 처녀, '무한한 가능성을 지닌 소녀였다'고 첫인상을 늘어놓았던 이필우는 본시 최초의 촬영기로 우리 영화에 큰 업적을 남긴 인물이다"[2]라고 그의 돋보이는 이미지를 설명했다.

당시 매스컴에서도 뇌쇄적(惱殺的)인 눈에 대해서 주목한 바 있었다.『매일신보』는 그녀에 대해 "고향이 함흥인 관계인지 꼿꼿하고도 매서운 결심이 있어 보이며 쌍꺼풀진 두 눈에 기름한 얼굴과 후리후리한 키는 서양 배우에도 지지 아니할 만한 키"(『매일신보』1935.1.1)라고 기사화하기도 했다.

---

1 안종화,『한국영화측면비사』, 춘추각, 1962, 164쪽.
2 황문평,『삶의 발자국』1, 도서출판 선, 1998, 51쪽.

그는 배우로서는 천부적인 체격과 용모, 그리고 독특한 매력을 지니고 혜성 같이 등장한 경우였다. 그가 숱한 여배우들과는 달리 강렬한 이미지를 오랫동안 남기고 있는 이유도 바로 거기에 있지 않을까 싶다. 그가 태어난 것은 1911년, 그러니까 일제의 한국병탄 이듬해 함경남도 함흥에서였다. 전통적인 반가이면서 상당한 토지를 소유한 소지주 집안의 8남매 중 둘째로 여자로서는 첫딸로 태어난 그녀(본명 덕례)는 위로 오빠, 아래로 남녀동생 여섯이 있었다. 대대로 농업을 해온 부친 전영술(全瑛述)과 모친 신명이(申命伊) 두 분은 함경도에서는 가장 모범적인 가정을 이룬 경우였다. 부유한 양반 집안이었으므로 그녀는 어려서부터 엄격한 교육을 받았고 부모의 사랑도 독차지했다.

그는 타고난 미모에다가 끼마저 넘쳐 보통의 시골 여자아이들과는 애초부터 달랐다. 특히 예능에 취미가 많았던 것은 영화 관람에서 잘 드러났다. 당시만 해도 시골 아이들의 재능을 발견할 만한 기회나 계발해주는 기관도 없었던 시절이었으므로 어떤 잠재력이 있는지 알 길이 없었다. 그 역시 간간이 들어오는 영화 구경에 일희일비하는 모습에서 특이취미를 가늠해볼 수 있을 뿐이었다.

대체로 아이들이 환상적인 영화를 좋아하는 것은 극히 자연스런 것이다. 그런데 그는 보통 아이들과는 확연히 구별 지을 만큼 영화에 광적으로 빠져든 것이다. 그는 『주간여성』지 박안식 기자와 가진 인터뷰에서, 자신이 어렸을 때 얼마나 영화에 빠져 있었는가를 다음과 같이 회고한바 있다.

"엄마! 나 10전만 줘" 14세 소녀 덕례는 아침 눈뜨면 우선 이 말로 하루를 시작한다. 엄마의 핀잔도 아랑곳 하지 않았다. 눈앞에서 어른거리는 하얀 집, 시원시원한 푸른 초원, 그 위를 질주하는 말, 멋진 폼으로 총을 쏴 갈기는 왕자 같은 서부의 사나이, 인디언의 집중공격 속에서도 귀신같이 죽지 않고 달리는 순간들. 눈 감으면 변사의 가슴 설레는 해설이 귓가에서 사라지지 않았다. 엄마에게서 10전을 받아쥐면 만사 젖혀놓고 극장으로 줄행랑을 놓았다. 얻어내지 못해도 마찬가지였다. 극장 앞에 가서 간판을 보고 와야만 속이 풀렸다. …(중략)… 자신은 별로 느껴본 적이 없었지만 어렸을 적부터 '이쁘게 생겼다'는 주변의 소리에 가끔 거울을 들여다보며 서부영화의 주인공과 함께 멋지게 말 타고 달리는 광경을 그리며 얼굴을 붉혔다. 별명이 10전짜리가 되어 놀림을 받아도 좋았다. 그렇게 영화에 극성이었던 것은 어쩌면 미래의 배우를 암시해주는 운명적인 사실이었던지도 모른다.[3]

여기서 우리의 눈길을 끄는 대목은 자신의 배우 입문을 하나의 운명적인 사실로 인식한 점이라 하겠다. 그렇다. 그는 분명 운명적인 배우였다고 말할 수 있을 만큼 그것이 되지 않으면 안 될 운명을 타고난 여자였다. 그런데 그가 배우가 되지 않으면 안 되게 한 인물이 가장 가까이에 있었다는 사실이다. 그가 다름 아닌 그녀의 손위 오빠 전두옥(全斗玉)이었다.

전두옥은 부잣집 장남으로 태어나 남부럽지 않게 성장하면서 각종 스포츠에 취미가 있었고, 그에 따라 한국 최초로 중국의 18계를 배운 인물이었다. 18계뿐만 아니라 권투선수도 할 만큼 선구적인 스포츠맨이었던 것이다. 그가 여동생 전옥을 유달리 예뻐하면서 자기가 좋아하는 철봉, 투창, 투원반, 복싱 등을 가르쳐주어 전옥을 적극적인 성격으로 만들었고, 그것이 뒷날 연기의 폭을 넓히는 계기가 될 줄은 아무도 예측하지 못했던 것이다. 전두옥이 각종 스포츠에 능하다 보니 사교의 폭도 넓어질 수밖에 없었고, 그것은 자연스럽게 여동생의 삶에까지 확장되기에 이른다.

가령 전두옥이 같은 함경도 출신의 영화감독 나운규의 무협 영화 〈지나가(支那街)의 비밀〉 촬영 때 나운규를 대신하여 스턴트맨으로 나섰던 것이, 전옥을 영화계로 끌어들인 계기가 된 것이다. 참으로 운명적인 일이라 아니할 수 없다. 바꾸어 말하면 전두옥이 한국 최초의 스턴트맨으로 영화와 잠시 연을 맺으면서 전옥이 그쪽 방향으로 인생의 방향을 잡았다는 이야기가 된다. 전두옥

---

3 작고 직전 눈물로 회고한 「'눈물의 여왕' 전옥 일대기」, 『주간여성』, 1969.10.29.

자신은 영화배우로서는 자질이 없다고 생각했는지 여동생에게 강력히 영화 입문을 권하게 된다.

그러나 그 과정은 험난하기 이를 데 없었다. 전통적인 반가의 처녀가 천시 되던 배우가 된다는 것은 상상도 못할 일이었다. 완고한 부모가 딸을 같은 마을의 총각에게 출가시키려 한 것도 극히 자연스런 일이었다. 전옥이 그런 부모의 권유를 받아들일 리 만무했다. 아무리 조혼제도라고는 하지만 싫은 결혼을 할 전옥이 아니었다.

그는 성격적으로도 당돌한 데가 있었다. 연극이고 영화고 어떻게든 빨리 데뷔하고 싶어했다. 그래서 당대의 스타로 떠오르고 있었던 복혜숙이 극단을 따라 함흥 공연을 갔을 때, 그를 찾아왔던 일화를 다음과 같이 회고했다.

> 아마 1926년께였을 것이다. 극단을 따라 함흥에 갔을 때였다. 하루는 손님이 와서 찾는다는 전갈이 들어왔다. 들어오라고 하자 조금후 문이 드르륵 열리고 여자 발이 먼저 쓱 방에 나타났다. 버선도 신지 않은 맨발의 여자발이었다. 깜짝 놀란 나는 눈을 둥그렇게 뜨고 노려봤다. 발밑에서 머리 위까지 따져보듯 훑어보다 깜짝 놀랐다. 아직 어렸으나 대단한 미인이었다. 그는 자기이름이 전옥이라면서 영화배우가 되고 싶다고 했다. 그는 그때 함흥영생여중을 다니고 있었다. 이제 15살 정도 됐을까. 나는 '대단한 배우가 되겠다'는 직감을 느꼈으나 아직 너무 어리다는 애처로움 비슷한 마음도 들었다.… '아직 나이가 어리니까 몇 년만 기다려 졸업한후 서울에 가자'고 타일렀다. (중략) 그리고 한 해가 지났다. 무심코 계명영화사에 들어갔는데 전옥이 그 곳에 있었다. 어떻게 왔느냐고 묻자 상해에 가 있던 오빠가 데려다 주었다는 것이었다. 나는 너무나 철이 들지 않은 채 무대에 선 것이 안타까웠으나 어쩔 수 없었다.[4]

복혜숙의 회고와 연결해보면 마침 함흥에서 어떤 영화사의 로케이션이 있었고 영화인들 중에 오빠와 친분이 있었던 배우 서월영이 전옥을 보고 사진을

---

4 복혜숙, 「나의 이력서 41」, 『한국일보』 1974.7.12.

봤는지 테스트하자며 카메라를 들이댄 것 같다. 카메라를 잘 받았는지는 알수 없으나 여하튼 그것이 계기가 되어 아버지가 권하는 결혼도 피할 겸 전옥은 오빠와 함께 서울로 오게 된다. 그때 은근히 도와준 사람이 바로 모친이었다고 한다.

그들은 서울의 영화감독 이필우를 찾아가 간단한 테스트를 거쳐서 팀에 일단 합류한다. 그래서 얼떨결에 출연한 작품이 전옥이 열다섯 살 때인 1926년으로서 〈낙원을 찾는 무리들〉(황운 감독)이었는데, 겨우 네 컷만을 찍혔다. 그것이 그의 첫 번째 작품이었지만 본격적인 작품이라고 말하기엔 어딘가 미흡했던 것도 사실이었다. 그들 남매가 서울에서 영화판을 돌아다니는 줄도 모르는 부친은 각방으로 소재를 찾았으나 금방 찾아내기는 어려웠다. 그러나 이들은 성공하지 못했고 전옥 남매가 함께 있기도 어려웠다.

바로 그런 시기에 나운규가 혜성같이 등장하여 〈아리랑〉으로 명성을 날리기 시작했으며, 나운규프로덕션도 생겨났다. 영화사를 차린 나운규가 첫 번째로 한 일이 여배우 찾기였는데, 운이 따르려고 했는지 전옥이 거기에 픽업된 것이다. 나운규야말로 당시 우리의 비극적 현실을 리얼하게 묘사하려 했으므로 전옥은 가장 적임자일 수 있었다. 그가 나운규의 눈에 들자마자 16세 소녀로서 단번에 주연으로 발탁되었고, 그래서 만들어진 작품이 〈잘 있거라〉(나운규 감독)였는데 성공작이었다.

그러나 전옥의 데뷔에는 많은 고초가 뒤따랐다. 왜냐하면 완고한 부친이 허락할 리 만무했기 때문이다. 그는 여러 번 부친에게 붙잡혀 집에 갇히기도 하고, 또 탈출하는 등 시련의 연속이었다. 한번은 그의 탈출을 막기 위하여 머리를 빡빡 깎아놓기도 했으며, 돌담 위에 인분을 발라놓기도 했었다. 그래도 굴하지 않고 그는 도망쳐 나갔다고 한다.[5] 그런 시련을 뚫고 그가 두 번째 작품인 〈옥녀〉(나운규 감독)에 출연하며 여배우로서 전국적 이름을 날리게 되었고

---

5 전옥과의 대담, 전농동 자택에서, 1966.2.21.

부친도 딸이 유명세를 타면서 예원의 길을 허락할 수밖에 없었다.

그는 다음 작품인 〈저 강을 건너서〉를 촬영하기 위하여 나운규 감독을 따라 간도 용정에까지 가서 현지 로케이션도 했다. 그로서는 최초의 가장 먼 여행이었다. 그만큼 나운규가 전옥을 훌륭한 여배우로 인정한 것이다. 그렇다면 나운규가 왜 전옥에게 이 작품의 여주인공을 맡겼을까. 이 영화는 구한말 군대해산으로 나라가 망한 처지에서 두만강을 건너 정처 없이 유랑하는 어느 나팔수의 피맺힌 한을 내용으로 하는 비극적인 주제로서 〈아리랑〉 못지않게 나운규가 심혈을 기울여 만든 작품이다.

전옥의 회고에 따르면 그 자신이 전형적인 한국적 미인형에다가 비극적 히로인에 적합한 최루성(催淚性) 표정이 민족의 비애를 주로 묘사하려는 나운규의 목표와 맞아떨어졌다고 했다. 여하튼 그는 타고난 비극배우였던 것만은 분명했던 것 같다. 타고날 때부터 대단히 감성적이었던 그는 워낙 눈물이 많은 소녀이기도 했다. 당시 언론에 보도된 것을 보면 그를 가리켜서 비극 잘하는 여배우로 인정하고 다음과 같이 보도한 적도 있다.

> 비극 잘하는 전옥 여사… 극과 영화에서 비극의 주인공으로 출연을 하야 수많은 팬들의 손수건을 적시게 하는 어여쁜 새아씨가 있으니, 그는 극이나 영화를 통하여 어느 편으로든지 명스타인 전옥이라는 새아씨다. …(중략)… 그리고 성격이 센티멘털하여 모든 것에 감흥이 많아 비극을 하다가는 정말 슬프게 우는 일이 많다고 한다. 그 관계로 전옥 주연이라는 광고만 보면 미리부터 손수건을 준비하고 가는 기생아씨까지 있었다고 소문이 나서 영화관계인은 물론이고 항간에 큰 이야깃거리도 된 일이 있었다.(『매일신보』 1935.1.1)

이상과 같이 그는 타고날 때부터 풍부한 감성과 여린 마음을 내포하고 있었던 것이다. 이런 여배우야말로 식민지 치하 절망 상황을 무대와 화면에 담으려던 연극 영화인들에게는 가장 이상적인 히로인으로 사랑을 받을 수밖에 없는 것이다.

나운규의 영화도 일제의 극심한 탄압과 재정적 어려움으로 침체기에 들어서게 되어 전옥은 연극이라는 또 다른 길을 찾게 된다. 1928년 하반기에 극단 토월회에 가입한 것이다. 1920년대를 이끌었던 토월회가 2년여 휴식기간을 지나고 재건하면서 신진 배우를 찾는 과정에서 그가 발탁된 것이다. 그러나 영화만 몇 편 찍어본 경험이 전부였던 그가 연극에서는 완전 신인이었음은 두말할 나위 없었다. 아무리 영화에서 인기를 끌었지만 관객을 직접 대면해야만 하는 무대는 두려움 그 자체일 수밖에 없었다.

그래도 그는 함께 입단한 강석연, 최승이, 심영 등과 지방 공연도 다니면서 단역을 몇 편 소화해냈다. 이런 그에게 주역 기회가 왔는데, 그것도 수원에서 토월회의 최고 레퍼토리로 꼽히는 〈아리랑고개〉(박승희 작, 박진 연출)에서였다. 주연배우 석금성(石金星)이 공연 중에 흥분한 관객이 던진 사과를 배에 맞고 쓰러지는 불상사가 생겼는데, 그가 마침 임신 중이었기 때문에 다시 무대에 나설 수 없게 되면서 대역을 찾던 중 전옥이 발탁된 것이다.

> …전옥은 결정을 통보받는 순간 '대망의 히로인'을 맡았다는 즐거움보다는 두려움이 앞섰다. 관중이 없는 카메라 앞에서도 정신이 마치 오그라드는 듯 기를 펴지 못했던 기억이 새로운 그였다. 생생한 관중들의 무수한 시선 속에서 과연 주역을 해낼지 두렵기만 했다. 주역으로서의 연기연습도, 대사 암기도 해보지 못했다. 걱정이 태산 같았지만 부랴부랴 각본을 외기에 혼신의 정력을 다했다. 연출자의 성화 같은 지시를 따라 이백수와 애끓는 이별의 장면을 수십 번이고 되풀이했다. …(중략)… 길용의 아버지는 동네사람들에게 조상의 산소를 부탁하며 해마다 풀이나 뜯어달라고 애소를 한다. 그러고는 흙을 한 줌 움켜쥐고 '이 옥토를 버리고 내가 갈 곳이 과연 어디냐?' 하고 통곡한다. 전옥은 길용의 손을 부여잡고 흐느끼며 몸부림한다. 여기서부터 연극은 클라이맥스가 된다. 처녀들은 아리랑을 합창하며 울고 관중석도 때아닌 울음바다가 된다. 연출자 박승희도 체면 없이(?) 함께 울음을 터뜨린 극적인 순간이었다.[6]

---

6 앞에 인용한 전옥 일대기 참조.

여기서 확인할 수 있는 것은 그녀의 천부적 배우 기질과 열정이라고 말할 수 있을 것 같다. 왜냐하면 그가 전혀 사전 준비 없이 단시간에 그런 큰 역을 소화해냈을 뿐만 아니라 또 자신의 특기라 할 비극성을 최대한 살려내는 집중력을 보여준 점 때문이다. 작품 자체가 일제에 농토를 빼앗기고 북간도를 향하여 정처없이 떠나가는 내용이었기 때문에, 그의 주역 데뷔에는 매우 적합한 것이긴 했다. 그러나 사실 대역이란 참으로 어려운 역할이라 볼 수 있다. 그것도 며칠을 연습해도 어려운 주역을 하루 전에 통보받고 해낸다는 것은 웬만큼 소질과 집중력이 없고서는 불가능하다고 보아야 한다. 그러나 그는 너끈히 해내고 관중의 열렬한 박수를 끌어내지 않았던가. 그로부터 그는 자신감을 갖고 당장 극단의 총아로 자리 잡은 것이다. 그는 단번에 토월회의 여자 주역의 자리를 굳혔다.

거기서 그는 평양갑부 출신으로 집안 좋고 사나이답게 생긴 미남배우 강홍식(姜弘植)과 가까워지면서 처음으로 남자를 이성으로 생각하기 시작했다. 또 몇 작품에서 그와 상대역을 하면서 사랑의 감정도 느끼게 되었다. 사실 강홍식은 그 당시로서는 쉽게 찾기 힘든 인텔리 배우였으며 어디 하나 빠질 곳이 없는 톱클래스 가수였고 연기자였다. 그들은 언제나 함께 연극을 하자는 다짐을 은연중에 하였으나 그들이 몸담고 있던 토월회가 기울어지면서 새로운 활로를 찾을 수밖에 없었다. 그래서 그들이 터를 잡은 극단이 다름 아닌 조선연극사(朝鮮演劇舍)였다.

조선연극사는 1920년대를 이끌던 극단 취성좌가 매너리즘에 빠지면서 지두한(池斗漢)이 1929년 말에 새로 창단한 전형적 대중극단이었다. 이들 두 사람의 인기가 높았기 때문에 지두한이 두 사람을 끌어들인 것이다. 이들은 연극사가 공연에 성공하면서 결혼에까지 이른다. 그것이 바로 1930년도였는데 전옥의 나이 겨우 19세 때였다. 이들의 만남과 결혼은 주변 사람들의 선망 그 자체였다.

당시 매스컴이 이들의 결합과 관련하여 전옥이 "조선연극사로 옮기어 가지고 지금까지 전속이 되었는데 그곳에서 같이 극을 하던 현재 유행가수로 유명한 강홍식 군과 남모르는 사이에 사랑의 실마리가 얽히게 되었다. "각구야 뒤에 숨은 사랑이 오늘은 세상에다 펼쳐놓고 어깨를 나란히 하여 종로거리를 산보하다가 참새들이 보금자리를 찾아가는 황혼이 되면 낙산 밑 스위트홈으로 발길을 옮긴다니 그들의 행복된 생활을 동료 간에 부러워하는 사람도 많을 것"(『매일신보』 1935.1.1)이라고 쓸 정도였다.

그러나 이들의 생활이 외관대로 행복한 것만은 아니었다. 더구나 같은 극단에서 동료배우로 또 선배로서 때로는 연출가와 배우로 함께 일한다는 것이 쉽지만은 않았다. 특히 그 시절에는 연출가들이 연습 중 배우들을 구타하는 일이 잦았었고 성격이 급한 강홍식이 아내라고 예외일 수 없었던 것 같다. 물론 그것은 전속 연출가 홍해성이 1932년 인텔리극단 극예술연구회로 자리를 옮긴 후인 1932년 이후 강홍식이 연극사의 연출을 도맡으면서부터이긴 했다. 그러나 그들은 여전히 명콤비로서 극단 연극사의 중추적 인물로서 잘 나가는 배우였다. 두 사람 모두 노래 솜씨도 뛰어났기 때문에 극단 조선연극사가 추구한 음악극에는 안성맞춤이었다. 사실 조선연극사는 막간을 많이 하여 대중연극을 타락시킨다고 비판도 많이 받은 단체였다. 그 극단에서 전옥은 지계순 등과 막간에 나와서 노래를 도맡아 했었다. 그것도 작품 주연은 그대로 하면서 막간에 부지런히 불려나간 것이다.

당시 그가 막간에 나가서 부른 노래 중 몇 가지를 소개해보면 그가 어떤 내용을 읊었는지를 짐작할 수 있을 것이다. 가령 남편 강홍식이 작사했다는 〈항구의 밤〉 내용은 네 소절로 되어 있는바 "물 위에 반짝이는/포구에 뜬 조각달/내고향 소식이나/전해주려마/저 달이 거울보다/더 밝다고 하더니/어이해 그의 양자/못 비쳐주나/바람아 네가 만일/남쪽으로 가거든/애달픈 이 노래를/님께 전해라/옛 기억 새로워라/안타까운 이 가슴/흘리는 눈물조차/왜 이리 찰까"로 되어 있다. 대단히 서정적이었다는 것을 알 수 있다.

그리고 김월파가 작사했다는 〈저 언덕을 넘어서〉 역시 유사한 주제로서 세

소절로 되었는바 "산을 넘어 부는 바람/잠든 봄을 깨워주고/웃음 피인 고개 넘어/젊은이의 노래오니/다 같이 노래하며 저 고개 넘어가자/라 라 라 라 라 라/새벽하늘 둥근 저 달/눈물 싫은 달이라면/흘러가는 구름잡고/달 지는 곳 찾아가리/다같이 노래하며 저 고개 넘어가자/흘러가는 저 물결에/한숨 실어 보내여라/봄이 간다 서러 말고/오는 여름 맞이하자/다같이 노래하며 저 고개 넘어가자"로 되어 있어 해석에 따라서는 항일의 냄새도 나는 것이 사실이다.

그러나 분명한 것은 주제가 대단히 서정적이고 비감이 서려 있었다는 점이다. 이는 사실 당시 대중예술의 공통적 흐름이었다고 말할 수가 있다. 일제의 억압과 빈곤 속에서 민중이 느끼는 감정을 노래한 것인 만큼 극히 자연스런 것이기도 하다. 또 그런 분위기에 가장 잘 맞는 이미지의 배우 겸 가수가 다름 아닌 전옥이었기도 하다. 따라서 그의 인기는 날로 상승할 수밖에 없었던 것이다. 영화로부터 연극으로 다시 방송과 레코드계에까지 그의 활동 폭은 날로 확대되어 간 것이다.

가령 1928년 2월 16일 경성방송(JODK) 개국 1주년 기념방송 때 배우 강홍식과 함께 가요를 생방송한 것을 비롯해서 자주 불려다닌 것은 잘 알려진 사실이다. 특히 강홍식과의 명콤비가 때로는 시너지효과도 낸 것이 사실이었다. 그 결과 이들은 여러 군데 레코드회사의 주목을 끌었고, 취입요청이 들어오기 시작한 것이다. 전옥이 1933년 4월에 신보로 포리돌레코드사에서 〈재즈의 멜로디〉라는 음반을 낸 데 이어서 강홍식과 전옥이 이듬해에 SP앞뒤 면에 〈처녀총각〉(강홍식)과 〈실연의 노래〉(전옥)를 취입하여 출반하기도 했다.[7]

전옥은 여기서 그치지 않고 〈저 언덕을 넘어서〉, 〈포구의 밤〉, 〈탄식하는 실버들〉 등 그가 불렀던 인기곡들을 20여 편 가까이 취입하면서 대중가수로서도 거의 정상급에 오르게 되었다. 그의 노래가 얼마나 인기가 있었는가는 레코드회사의 사활과도 관계가 있을 정도였다는 사실에서 단적으로 증명된다고

---

7 황문평, 앞의 책, 52쪽.

하겠다. 즉 부도 직전에 있는 레코드회사도 그의 음반을 출반하면 소생했다는 일화까지 전한다. 이러한 가수로서의 인기는 극단 연극사의 인기로도 이어져서 흥행효과도 올린 것이 사실이었다.

그는 당시 대중예술의 한 형태였던 노래 섞은 대화극에서도 단연 돋보였는데, 가령 극작가 왕평(王平)과 함께 엮은 〈항구의 일야〉라든가 김용환과 엮은 〈배반당한 그 남자는?〉 같은 것이 그 단적인 예라 하겠다. 이는 일종의 음악극 형태이면서도 대화극으로 엮어진 것이 특징이라 하겠다. 즉 노래를 부르면서 두 사람이 대화를 엮어가는 형식이다. 당시 인기를 모았던 〈항구의 일야〉(이응호 극본)라는 것을 한 구절 인용하면 이러했다.

먼저 "세상이 덧없으니 믿을 곳 없어 마음 속 감춘 정도 그 누가 알랴"라는 음악이 먼저 불려지고 이어서 전옥과 왕평이 간드러진 대화를 엮어간다. 여배우가 "에이 여보 당신이 나를 속이는 줄은 진정으로 몰랐다우. 아무도 없는 외로운 몸이라던 당신에게도 부모와 어여쁜 아가씨가 기다리고 있다지요. 원망스럽습니다. 원망스러워요 흐, 하, 모두가 다 내가 어리석은 탓이었는데 새삼스러이 이런 말을 해서 떠나는 그 마음을 산란시켜줄 것이야 무엇 있단 말이냐? 여보 어서 일어나요 떠나실 준비를 하셔야지요."라고 하면, 남배우가 이어받아서 "하하, 일어나야겠나 일어나지 않으면 안 될까"라는 방식으로 슬픈 대화가 이어져 나간다. 그런데 지금 보면 우스울지 모르나 그 당시는 대단한 인기를 얻음으로써 음반이 출반되어 상당량 판매되기도 했었다. 황문평에 의하면, 이 작품이 추억 편과 최종편 4매로 되어 출반되기도 했다고 한다.[8] 그만큼 전옥은 매우 독특한 음악대화극이라는 대중예술 장르를 개척한 인물이기도 했던 것이다.

그러나 그의 활동에도 적잖은 제약이 있었다. 그것이 다름 아닌 출산과 육아였다. 그가 강홍식과 1930년에 결혼하여 연년생 아니면 격년으로 6년여 동

---

8 위의 책, 53쪽.

안에 3남 1녀를 낳아 키워야 했던 것이다. 물론 시부모나 친가의 도움도 받긴 했겠지만 활동하는 직업여성으로서는 보통 어려운 일이 아니었을 것이다. 그가 극단 조선연극사의 중추배우이면서도 지방 순회공연을 자주 나가지 못했던 것도 바로 그러한 출산과 육아와 무관치 않은 것으로 알려졌다. 상당히 자존심이 강하고 남의 신세를 지기 싫어하는 올곧은 성격으로 그에게 육아는 많은 시간을 빼앗기는 요인이 될 수밖에 없었다. 더구나 그 당시만 하더라도 유아원과 같은 보육시설이 없었기 때문에 그로 하여금 많은 시간을 집에 붙어 있게 한 것이다.

그의 헌신적인 가정봉사와 달리 남편 강홍식은 예술가적인 성격으로 외도가 잦았고, 결국 결혼 7년 만인 1937년 쓰디쓴 이혼의 아픔을 겪어야 했다. 그가 혼신의 힘으로 지켜온 가정이 파탄을 맞으면서 그 상실감과 절망감을 견디지 못하고 잘 마시지 못하는 술로 아픔을 달래는 처지가 된 것이다.[9] 그에게 고통을 안겨준 강홍식은 일본 여성과 결혼하여 평양에 둥지를 틀었지만 그는 충격을 딛고 일어나 다시 연예계로 컴백하여 무대와 영상을 오갔던 것이다. 그의 고통스런 이혼은 그녀로 하여금 비극 연기를 더욱 심도 있게 하는 자양이 된 것도 사실이었다. 가뜩이나 눈물을 잘 흘리는 그가 그런 고통까지 겪고 나서는 무대에 오르면 비극다운 비극을 한다는 소리를 들을 정도로 뜨거운 눈물을 흘리곤 했다. 그로서는 연기가 무르익은 것이었다. 그때 나이도 30세쯤 되었으므로 연기경력 14, 5년이 된 상태였다. 그는 이혼의 아픔을 잊고 열심히 연기에 임한 것이다.

1940년 들어서 그는 전창근 감독의 〈복지만리〉에 이금룡, 유계선 등과 함께 출연하고, 이듬해에는 유치진의 요청으로 극단 현대극장의 창립멤버로 가담하여 〈흑룡강〉에도 출연했다. 그런데 흥미로운 사실은 이 극단에는 이혼한

---

9 김현철, 「배우 전옥(숲玉)연구」, 『한국연극학』 제15호. 전옥의 계씨 전황(한국예술종합학교 교수)의 증언, 2004.9.12.

강홍식도 함께 참여한 사실이다. 그러니까 이혼은 이혼이고 연극은 연극이라는 생각에서였던 듯싶다. 그러나 전옥은 창립공연으로서 현대극장과는 더 이상 관계하지 않았다. 왜냐하면 그를 끌어당긴 것은 한창 기세가 오르기 시작한 악극단체였기 때문이다.

주지하다시피 1920년대 후반 배구자와 권삼천이 시작한 악극이 시간이 흐르면서 광범위하게 대중에게 퍼져나갔고 1942년 하반기에 일본의 다카라쓰카(寶塚) 가극단이 내한공연을 가지면서 더욱 활기를 띠었었다. 우리의 경우를 보더라도 동양극장 설립자 배구자가 개관공연으로 악극을 했었고 1938년 4월 화랑악극단 창립을 시발로 해서 다음 달 김희좌악극단이 발족되었으며, 달 뒤에 도원경악극단이 잇달아 생겨났다. 이듬해에도 조선가극단과 쇼를 전문으로 하는 김희좌까지 생겨났다. 악극단이 인기를 끌면서 계속해서 콜롬비아악극단과 성보악극대를 비롯하여 황금악극단, 나미라가극단, 제1악극대, 반도가극단, 약초가극단 등 10여 개가 활발한 공연 활동을 벌였는데, 음악극이 인기를 끌면서 창극단들까지 대여섯이나 생겨남으로써 바야흐로 찬란한 음악극 시대가 열렸던 것이다.

그런 시절에 가장 필요한 배우가 다름 아닌 노래하는 연기자이고 전옥이야말로 최선의 인물이었다. 이 말은 곧 악극단에서 그에게 꾸준히 손짓했다는 이야기가 된다. 그런 그가 악극으로 방향을 돌린 것은 극단 현대극장을 떠난지 반년여 만인 1942년 정월 콜롬비아악극단이 나미라가극단으로 개칭하고 재출범했던 때였다.

처음에는 큰 역을 못 맡았지만 곧 주역으로 발탁되게 되는데, 그것은 흥행사 김윤주가 그 단체를 인수하면서부터였다. 김윤주가 재일교포 출신이어서 일본 공연도 몇 번 다녀왔기 때문에 다른 악극단들에 비해서 국내공연은 많지 않은 편이었다. 그런 그가 악극단에서 히트를 친 작품은 나운규의 〈아리랑〉(박노홍 각색)에서 누이동생(영희) 역을 너무나 실감나게 한 것이었다. 역시 비극의 주인공에서 진가를 발휘한 것이었다. 이 시기에 그는 내키지 않는 작품에도 출연했는데, 그것이 다름 아닌 일본말 공연이었다. 총독부에서 강요한 것이기 때문에 어쩔 수 없이 일본말 악극에다가 목적영화도 한두 편 출연했다.

가령 일본 국경경비대의 용맹과 그 활약상을 과장되게 묘사한 〈망루의 결사대〉(今井精 감독)에 전택이 등과 출연했던 것이 하나의 예가 될 것이다.[10] 그런 유형의 영화에서 전옥은 본의 아니게 마쓰바라 레이코(松原禮子)로 창씨개명 되어 나오기도 했지만 그녀가 그런 이름을 연극이나 악극단에서는 결코 쓰지 않았다.[11] 그만큼 그는 속심이 깊었다.

나미라가극단에서 일하는 동안 와세다대학 출신의 인텔리 사업가면서 평양축구단장을 맡고 있던 최일(崔一)과 가까워졌다. 그가 악극단의 제작 책임을 맡고 있었기 때문이기도 했으며, 집요한 구애도 한몫했다. 배우와 제작자로서 콤비를 이룬 이들은 1944년도에는 남해 위문대라는 악극단을 조직하여 산업전사 위문공연을 다니다가 민족해방을 맞게 된다. 물론 그 시기에 두 사람은 정식 결혼도 한다. 그들이 오랜만에 사랑의 보금자리를 꾸민 것이었다. 해방 무렵 딸(신옥)도 얻었다. 전옥은 딸을 키우느라 1년 이상 활동을 거의 하지 못했다.

해방을 전후한 시기에 이들은 다행히 1년여 간 휴식을 취하고 1947년 5월에 백조(白鳥)가극단을 조직하면서 화려하게 등장한다. 이 단체는 전옥이 평소 백조처럼 살다 가겠다고 생각해온 꿈을 가극단으로 꾸민 것으로서 남편 최일과 전옥이 공동대표로서 이끌게 된 것이다. 백우삼 작·연출로 동양극장에서 막을 올린 〈목포의 눈물〉과 〈청춘의 화원〉은 예상외로 좋은 반응을 불러일으킴으로써 이들은 해방 후의 첫 출범에 자신감을 가질 수가 있었다.

이후 이들은 초가을 들어서 임선규의 〈천국에서 맺은 사랑〉을 공연하고 한 달 뒤에 역시 동양극장에서 백우삼의 〈사랑은 열두 고개〉와 〈목포의 눈물〉을

---

10 유현목,『한국영화발달사』, 한진출판사, 1980, 252~253쪽.
11 김종원·정중헌,『우리 영화 100년』, 현암사, 2001, 203쪽.

리바이벌했다. 악극에 자신감을 얻은 그는 직접 연출을 하기로 결심하고, 1948 년 5월에 임서방이 쓴 〈눈 내리는 밤〉을 전옥 연출로 동양극장 무대에 올리게 된다. 그가 연예계에 데뷔한 지 21년 만이고 그녀의 나이 37세 때였다. 그는 〈흘러가는 인생선〉이라는 작품으로 제1회 선국연극경연대회에 참가하는가 하 면, 직접 창작도 생각하기 시작한다. 적어도 악극에는 자신을 가진 것이다. 그 렇다고 해서 당장 창작에 뛰어들지는 않고 시험기간을 몇 해 갖는다.

그는 자신이 직접 작품을 쓰기 전까지는 작품 개발에도 힘을 기울이는데, 가령 동양극장 시대의 인기 작가들을 벗어나 박두환 등과 같은 신인작가의 작 품을 과감하게 무대에 올리는 용기도 보여준 바 있다. 그가 성격적으로는 극 히 내성적이지만 때때로 행동거지는 놀랄 만큼 강인한 데도 있었다. 가령 황 문평의 주장에 의하면, 그가 1947년 미군정청이 극장입장세를 100% 인상했 을 때, 남편 최일과 함께 로비를 해서 입장세 30%, 영화 60%로 감세하도록 만 들었다고 한다. 그리고 그것이 배경이 되어 국산영화의 진흥이 이루어지는 단 초도 마련되었다는 것이다.

이처럼 행동적인 데가 있었던 그가 연출가로 나서는 것으로 부족하여 극본 까지 직접 쓰는 일에 나선 것도 크게 놀랄 일은 아닌 듯싶다. 그러니까 그 자 신이 작품을 직접 써서 연출까지 해서 공연을 하게 되는데, 그것이 1948년 말 국도극장에서 막을 올린 〈유정무정〉(8경)이었다. 이후 그는 남의 손을 빌리지 않고 자신이 직접 써서 연출까지 하는 활동을 지속하는데, 그것은 6·25전쟁 을 만나서도 마찬가지였다. 그는 피난 가서도 활발하게 악극 활동을 했다. 가 령 〈눈 내리는 밤〉을 위시하여 〈화류춘몽〉, 〈항구의 일야〉 같은 작품이 바로 그런 유형이었다.[12]

피난지에서의 활동과 관련하여 황문평도 그의 책에서 "6·25 난리로 피난

---

12 박노홍, 「한국악극사 8」, 『한국연극』 제37호.

생활 3년 동안, 백조가극단은 끊임없는 공연을 계속, 대중들에게 삶의 여유를 갖게 해주는 등 전란에 찌들은 삶에 유일한 위문 구실을 한 셈"이라고 높이 평가하고 있다. 물론 악극이 비판도 많이 받은 것이 사실이다. 그것은 악극이 갖는 통속성 때문이었다. 돈도 대단히 많이 벌었다. 남편이면서 백조가극단 단장을 맡고 있던 최일도 그와 관련하여 "당시 인기가 굉장했죠. 돈을 가마니에 쓸어 넣고 다녔으니까요. 전옥이가 왔다하면 누구나 손수건을 준비하고 극장엘 왔습니다"라고 회고한 바 있다.

황문평이 말한 대로 전란에 찌든 삶에 지친 대중들이 전옥과 함께 극장 안에서 울면서 자신의 설움을 달랜 것이었고, 그것이 당시 대중에게는 유일한 카타르시스 통로였다고 말할 수가 있을 것 같다. 그러나 그런 유형의 감상적인 악극이 당시 인텔리 연극인들에게서는 멸시를 받았는데, 그럴 때마다 그는 특유의 막걸리철학(?)을 내세웠다고 한다. 즉 6·25 당시 공보처 관리로서 공연문화를 담당했던 시나리오 작가 황영빈과의 대담에서 그는 "코냑 따위의 맛만 아는 사람들이 서민사회 밑바닥에서 우러나는 술 맛, 즉 막걸리의 진미를 모르는 것처럼 상류사회 사람들은 밑바닥 인생들의 희로애락을 모른다. 우리들의 악극단은 서민대중의 애환을 그대로 표현하는 막걸리의 철학을 바닥에 깔고 있다"[13]고 자신의 연극관을 솔직하게 내비친 바 있다.

이는 아무래도 서민적인 대중연극과 멜로영화가 주류를 이어온 한국근대예능사의 한가운데를 가로질러온 그가, 직접 몸으로 체득한 철학인지도 모른다. 그러니까 그가 30여 년 동안 무대 위에서 내려다본 객석은 역시 인텔리들보다는 서민들로 들어차 있었고, 그들이 원하는 것 역시 골치 아픈 지적 탐구보다는 평범한 삶의 애환을 달래달라는 것이라고 확신했다는 이야기이다. 정통극을 하는 사람들과 언론에서, 악극을 통속예술이라고 비판해도 눈 하나 깜짝하지 않은 것도 그의 오랜 무대경험에서 얻은 확고한 예술관에 따른 것이다. 그

---

13 황문평, 앞의 책, 54쪽.

　　　　제3부　대중 공연예술의 개화 (1)

는 좋은 예술은 대중이 좋아하는 것이지 일부 인텔리가 선호하는 것은 아니라고 본 것이다.

그리고 여기서 한 가지 주목할 만한 것으로서 그녀가 왜 하필이면 순수예술과 대중예술을 코냑과 막걸리라는 술로 비유를 했느냐 하는 것인데, 여기에는 애주가로서의 그의 술 철학과 연관이 있지 않을까 싶다. 앞에서도 조금 언급한 바 있듯이 그가 첫 남편 강홍식에게 배신당하고 나서 술로 고통을 이겨내면서 애주가로 변신했고, 평생 술을 입에서 떼지 못했던 것으로 알려졌다.

그가 악극무대에 서서 가장 절정기에 멋지게 읊조리는 명대사는 "무전천지의 소영웅이여/유주강산에 4호걸이라니 술 없는 강산에 호걸이 없더라/술을 따지고 보면 티올티오 이프올드가 먹던 다눈치오의 죽음의 술/톨스토이 이프올드의 마신 술은 사랑의 매주(媒酒)/클레오파트라가 씨자에게 따른 빨간 술은 유혹의 술/이태백의 국화주는 글짓는 술이요/성춘향이 이 도령에게 따르는 술은 백년가약 맹세주요/적벽강 소동파가 술 없이 배를 탔으며/한강 놀잇배에 술 없는 선유가 없더라."(이 명대사는 그녀의 장례식장에서 후배 임예심이 읊었다고 함)였다.

이처럼 전옥은 불행한 처지에서 배운 술을 철학의 경지에까지 끌어올린 멋쟁이기도 했다. 이처럼 풍류를 알던 멋쟁이도 영화가 급속도로 발전하고 텔레비전이 보급되면서 악극이 사양(斜陽)예술로 바뀌어가는 것만은 어쩔 도리가 없었다. 게다가 건강도 나빠지기 시작했다. 그가 그렇게 애지중지 키워온 백조가극단도 그 막을 내려야 할 시기가 온 것이다. 악극운동 20여 년 만이었다. 악극을 떠나면서 그가 마지막으로 귀의한 곳은 역시 그녀가 평소 믿어온 불교였고, 간간이 영화 출연하는 것이 전부였다. 가령 〈항구의 일야〉라든가 〈눈 내리는 밤〉, 〈목포의 눈물〉, 〈화류춘몽〉, 〈저 언덕을 넘어서〉 등 그녀 자신이 과거에 신파극이나 악극으로 인기를 모았던 레퍼토리가 영상화된 것들이었다.

그것으로도 만족하지 못한 그는 1960년대 초에 직접 백조영화사라는 제작사를 설립하기도 했지만, 작품을 몇 편이나 만들었는지는 알 수 없다. 그의 병이 악화되면서 연예계를 거의 떠나다시피 한 것은 1960년대 중반으로서 전농동집과 양주의 농장 장자원(長子園)을 오가며 장기 요양에 들어간 것이다. 거기서 그는 불경 중 천수경(千手經)을 주로 읽었다고 한다. 모든 악을 쫓고 선을 불러들인다는 이 불경을 좋아한 것은 아무래도 모든 고통을 물리치고 싶은 절절한 심정에서 비롯된 것이 아닌가 싶다.

그는 고혈압과 신장염을 앓고 있었는데, 이는 아마도 그동안 고통스런 연예생활에서 얻어진 병인 듯싶다. 그가 장자원에서 『주간여성』 박안식 기자와 인터뷰하는 도중 "저는 흙을 친자식처럼 사랑합니다. 대지의 훈훈한 체취를 맡으면 금방이라도 뛰고 싶은 기분이에요"라고 말한 것을 보면 자신이 곧 대지로 돌아가리라는 것을 은연중 느끼고 있었던 것이 아닌가 싶다. 결국 그는 1969년 10월 만 58세를 일기로 한 많은 이승과 하직했다. 병명은 고혈압과 뇌혈전폐색증이었다고 한다.[14]

1927년 풋내기 영화배우로 출발한 전옥이 1960년대 중반까지 40여 년 동안 타고난 비극배우로서 어두운 시대를 뚫고 살아와야 했던 대중과 함께 울면서, 그들의 설움을 달래줌으로써 아직까지도 그녀를 '영원한 슬픔'으로 기억하는 이가 적지 않은 것은 그녀가 그만큼 대중을 사랑하면서 그들에게 열정을 쏟았기 때문이 아닐까 싶다.

---

14 김현철, 앞의 글, 155쪽.

변사에서 만능 연극인으로 변신한

김춘광

개화기 이후 6·25전쟁 전후까지만 해도 극소수 학생과 일부 지식인들을 제외한 대부분의 일반대중이 찾은 오락물이 신파 계통의 대중극과 창극, 악극 등이었다. 오늘날도 지식층과 일반대중이 즐기는 문화상품이 각각 다른 현상은 크게 달라지지 않았다고 보는데, 다만 오락물의 종류가 조금 달라졌을 뿐이다. 오늘의 주된 대중 문화상품은 영화, TV 드라마, 뮤지컬 등이다. 과거의 창극과 악극을 영상물과 뮤지컬이 대체하고 있는 것이다. 소수 인텔리 관객이 찾는 정통연극, 오페라, 발레, 현대무용 등의 영역도 많이 넓어졌지만, 수적으로 대다수를 차지하는 일반대중은 대중오락물을 선호한다. 오늘날 대중스타라고 하면 영화배우와 탤런트, 뮤지컬 배우 등을 꼽고 있는 점에서도 그 점은 확인된다고 말할 수 있는다.

그런데 해방 이전까지만 해도 대중스타 중에 영화배우, 신파배우 등과 함께 변사라는 것이 있었다. 변사가 가장 빛을 발했던 1920년대에 세 명의 스타가 있었는데, 김덕경(金悳經), 김영환(金永煥), 그리고 김조성(金肇盛)이 바로 그들이었다. 이들 세 스타도 연예사의 변천 속에 부침을 달리할 수밖에 없었고, 결국 무성영화 시대가 끝나면서 김덕경과 김영환은 사라지고 변신에 성공한 김조성만이 해방 직후 타계할 때까지 명성을 누릴 수가 있었다.

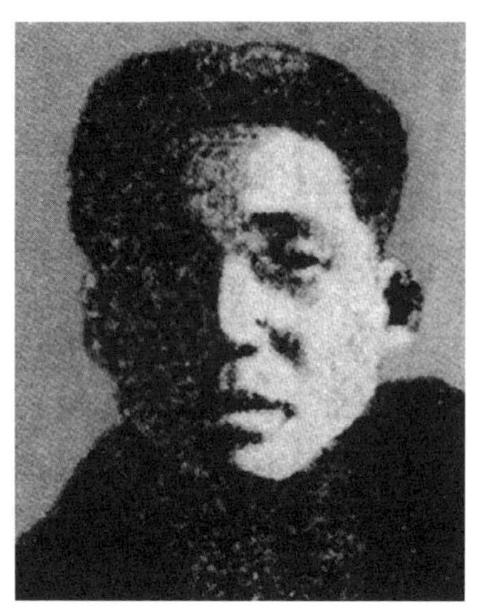

김춘광

그것은 역시 타고난 재질과 부단한 노력에 의한 것이었고 자기 시대를 정확히 파악하고 그에 대처한 데 따른 것이었다고 볼 수가 있겠다. 그는 생애를 전반기와 후반기로 나누어 활동한 인물로서 이름도 전반기에는 본명을 쓰고 후반기에는 춘광(春光)이라는 이름을 썼다. 그가 이미 1920년대 중반에 스타변사로 자리를 굳힌 것을 보면 20대 초반부터 활동한 것이 아닌가 싶다. 왜냐하면 이때 벌써 상당한 명성을 얻고 있었기 때문이다.

우선 그의 생애부터 한번 훑어보자. 그는 1900년 9월 16일 황해도 평산에서 독립운동가 출신의 김동영(金東榮)과 개성 왕씨 사이에서 태어났다. 그의 부친이 독립운동을 하기 위해 일찍부터 만주 등지로 떠나 있었기 때문에 모친이 그를 지극정성으로 양육했고, 그나마 부친이 1930년경 작고하는 바람에 모친이 평양과 서울을 옮겨다니며 생계를 어렵게 꾸려가면서 아들을 교육시킨다. 그래서 그는 소학교는 평양에서 다니고, 중등교육은 서울보성고보에서 받았으며, 그 이상의 교육은 일본에서 약간 받은 것 같다. 구체적으로 그가 일본에서 어떤 공부를 얼마나 했는지는 확실히 밝혀져 있지 않다. 그러나 분명한 것은 그가 서울과 일본을 오가며 견문을 많이 넓혔다는 사실이다.

그 점은 그 후 그의 활동범위와 활동의 질에서 어느 정도 나타나고 있다. 그런 그가 연예계에 나선 것은 대체로 1920년 전후로 추정된다. 왜냐하면 그가 이미 1925년에는 인기변사로서 명성을 얻고 있었기 때문이다. 사실 영화계에서 변사가 등장한 것은 대체로 1919년을 전후해서다. 외국영화가 인기를 끌기 시작하고 또 국산영화도 조금씩 등장하기 시작한 1920년대에 무성영화에서는 반드시 필요한 변사 제도가 생겨나서 서상호(徐相昊)와 서상필(徐相弼)이

변사의 선구자로 역할을 했었다. 바로 그 점에서 김조성이 1917년에 변사로 등장했다는 황문평의 주장[1]은 신빙성이 없다고 본다. 따라서 그는 서상호 이후에 인기변사로 자리잡아간 것이다. 그 결과 그는 1924년쯤에는 정상급 인기변사로 사리를 굳혔음을 다음과 같은 당시 기사로 확인할 수가 있다.

> 김조성 군(金肇盛君) 남구(南歐)에서 봄 제금을 뜯는 듯한 음성 경쾌하고도 애달픈 봄날의 피리소리를 듣는 듯한 어조 졸졸 흘러가는 곡간(谷間)의 샘물같이 가벼웁게 리듬 있게 흘러가다가는 돌부리에 막힌 듯 잠깐 멈추었다가 물이 넘게 되면 또다시 쫄쫄 흘러가는 듯한 것이 군의 해설을 들을 때마다 절실히 느끼는 바이요. 흐름에는 막힐 것이 없으나 검부레기 거석거석 혹은 모래를 섞어서 안개같이 살같이 잘도 지나간다. …(중략)… 그의 해설체는 조선 해설계에서 새로운 터크트가 되었다. 그의 침착하고 고요하며 보드럽고도 봄산의 샘물같이 소리는 고요하여도 멀리멀리 새여오는 소리야말로 잊으려 해도 잊히지 않는 인상을 가슴에 남겨두는 것이 그의 음성이다. 그러니 너무도 애상스런 음색이 그의 해설의 특기이기 때문에 어떠한 신이든지 애조 띄운 말소리는 가끔 가다 장면기분의 반대가 되는 때도 있다. 때때 가다 용어선택 여부없이 부주의로 말미암아 애써 하던 해설에다 잉크를 엎지를 때가 있었다. 「비련의 곡」 상영 시 죽엄의 장면에서 별안간 '국민의 1분자의 손실이 아니라 할까?' 하였음 같은 것이 1예가 될 것이다. 용어 부주의하여라. 신 숙어 사용의 선택이 있으라. '셰로'를 듣는 듯한 김영환 군의 성가를 만들은 소리 같은 김조성 군의 음성, 전자는 북구의 음악이요 후자는 남구의 음악이다. 같은 신진 용사요 또 같은 인기자로서 그들의 해설상 주장은 정반대이다.[2]

이상과 같이 긴 기사를 여기에 소개한 것은 김조성이 변사로 활동할 당시 그에 관한 거의 유일한 평이었기 때문이다. 그가 스물다섯 살의 나이에 이미 변사로서 최정상에 올라 있었던 것으로 보아 상당한 재능과 예술계에 적응하

---

1 황문평, 『인물로 본 연예사—삶의 발자국』, 도서출판 선, 1998, 251쪽.
2 홍원생, 「해설계의 3성(星)」, 『매일신보』 1925.1.1.

는 능력도 갖추고 있었음을 알 수 있다. 그의 변사로서의 특징은 위의 평문에서도 확인할 수 있는 것처럼 남유럽의 음악처럼 유연하고 애조를 띠었다고 한다. 당시만 하더라도 비극영화가 주조를 이루고 있었던 때였던 만큼 그의 구성지고 애연한 음성이 관객을 사로잡았던 것이다. 특히 그의 해설은 기생들이 좋아했었다고 한다. 이런 그의 변사 활동은 아무래도 손위 누님 김정숙의 자극도 작용했을 것 같다.

실제로 김정숙은 1930년대에 가수로 활동을 한 바 있었다. 그만큼 그의 가계에는 예능의 피가 흐른 듯싶다. 그는 인기예술가로 활동을 하면서도 항상 바른 생활을 했다. 1928년 얌전한 규수 방한갑(方漢甲)과 결혼하여 일봉, 차봉 두 아들을 두고 안정적 생활도 한 것이 바로 그였다.

한편 그가 변사로서 연예계의 스타로 부상하자 그와 관련된 다른 쪽에서도 그에게 관심을 갖기 시작했다. 그것이 다름 아닌 영화배우와 극장 경영이라 하겠다. 즉 그가 변사로 인기를 끌자 영화제작자들이 출연을 제의한 것이다. 그의 인기를 화면으로까지 연결하여 돈을 벌어보자는 것이었다. 그에 관해서는 그와 오랫동안 가까이 지내온 안종화(安鍾和)가 여러 가지 비사를 그의 저서에서 밝혀놓은 바 있는데, 단성사 주인 하야가와(早川松次郎)가 김조성과 김선초를 주연으로 픽업 〈춘향전〉을 만들어 재미를 보았는데, 김조성이 처음으로 주연인 이 도령을 맡아 성공했고, 그 여세를 몰아 〈쌍옥루〉를 찍었으며, 당시 장안의 화젯거리였던 기생 강명화(康明花)의 비련을 소재로 한 〈비련의 곡〉도 만들어 흥행에 성공한 바 있다.[3]

이처럼 그는 영화배우로서도 한때 인기를 끌었는데, 흥미로운 사실은 그가 특히 기생들에게 인기가 있어서 픽업되었다는 사실이다. 이는 물론 그가 미남이기도 했지만 그보다는 그의 상대역을 기생(韓龍)이 맡았던 데 따른 것이 아니었나 싶다. 변사와 영화배우로 스타덤에 오르자 그는 극장 운영에도 뛰어들

---

3 안종화, 『한국영화측면비사』, 춘추각, 1962, 123쪽.

게 된다. 그것이 다름 아닌 운영난에 봉착한 조선극장 인수였다. 사실 당시 극장 유지는 쉬운 일이 아니었다. 수지타산 맞추기가 쉽지 않았다는 이야기다. 조선극장이 그 하나의 예였다. 따라서 그는 1926년 9월 경영난으로 폐관 위기에 놓였던 조선극장을 구제하기 위하여 영화 관계로 친분을 쌓았던 일본 자본주 하야가와를 끌어들여 재개관을 한 바 있다(『동아일보』 1926.9.10).

그 당시 그는 조선극장의 주임변사에 불과했었다. 그러나 그는 변사라든가 영화배우 이상의 사업적 수완이 있었던 것이다. 가령 주임변사에 불과했던 그가 일본인과 함께 극장 인수에 나선 것에서부터 조선극장을 맡자마자 미국의 저명한 영화제작사들인 유나이티드 아티스트라든가 메트로골드윈, 워너브라더스, 파라마운트, 그리고 퍼스트내셔널 등과 같은 대회사들과 특약을 맺어 신작영화를 수입하기로 한 것 등은 대단한 것이었다.[4]

이러한 그의 수완은 1930년대 중반 이후에 본격적으로 나타난다. 그러나 조선극장 운영은 특별한 자본을 가지지 못한 그로서는 한계가 있었다. 결국 그는 몇 개월 만에 전무 이필우와의 이해관계로 말미암아 손을 떼고 본래의 변사로 되돌아갔다. 그러나 한 가지 명기할 만한 것은 그가 변사 생활을 하면서도 항상 극장과 인연의 끈을 놓지 않은 점이라 하겠다. 가령 극장의 주식을 갖는 방식이 바로 그런 인연이라 볼 수 있겠다. 또한 변사 생활 틈틈이 영화에 출연하는 것도 빼놓을 수 없을 것이다. 그리고 그는 언제나 무대예술에 애착을 갖고 여기저기 기웃대다가 1929년에는 우리나라 최초의 가극단체였던 금성오페라단의 멤버가 되기도 했다(황문평 증언). 그러나 1930년대 중반 유성영화가 등장하면서 그의 변사 생활도 종지부를 찍을 수밖에 없었고, 결국 그는 영화계를 떠나서 연극인으로 재도약을 시도하게 된다.

그가 연극인으로 극적 변신을 하게 되는 데는 몇 가지 원인이 있다고 본다. 우선 그가 변사 출신이었기 때문에 본격 영화인으로 활동하기도 그렇고, 자

---

4 유민영, 『한국 근대극장 변천사』, 태학사, 1998, 197쪽.

본이 넉넉지 않았으므로 영화제작자로 나서기도 쉽지 않았을 것 같다. 게다가 1930년도에 권삼천가극단의 작품 요청으로 이미 비가극 〈평화〉라는 희곡을 써준 바도 있어서 연극운동에 어느 정도 자신감을 가졌을 수 있다. 그뿐만 아니라 당시만 하더라도 상업극이 대중에게 어필하던 때여서 잘만 하면 돈도 벌 수 있다고 생각한 것이 아닌가 싶다. 결국 그는 넉넉한 자금을 갖고서 1935년 2월에 평소 친분이 두터웠던 임생원, 김세종 등과 극단 예원좌(藝苑座)를 창단했다.

그는 예원좌를 출범시키면서 여타 극단들과 차별성을 두고 활동을 시작했는데, 그것이 다름 아닌 쇼적인 요소를 강조한 점이었다. 즉 무대극보다는 좀 더 가벼운 스케치라든가 난센스, 노래, 만담 그리고 인기영화 해설극 등을 전문으로 한다는 것이었다. 따라서 창립공연도 난센스 풍자 촌극 등으로 꾸며져서 〈만화경〉, 〈생치쌈〉, 〈활동광〉, 〈대감놀이〉를 조선극장에 올리는 것으로 첫 테이프를 끊은 것이다(『동아일보』 1935.2.23).

이때부터 그는 단순히 극단 리더이자 작가, 연출가로서 맹활약을 하게 되는데, 연간 수 편씩 작품을 써서 무대에 올리곤 했다. 수완이 좋았던 그는 나운규를 자기 극단에 출연시키는가 하면, 그에게 작품 각색도 의뢰해서 공연하기도 했다. 그는 인기를 위해서는 물불을 가리지 않았던 것이다. 극작가들이 희소했던 시절 그는 순전히 자기가 주로 작품을 써서 무대에 올릴 수밖에 없었고, 따라서 여러 가지 예명을 사용했는데 김성, 김성중, 김화, 소원(笑園), 소연(蘇然) 등이 그가 잠시 썼던 가명이다.

그런데 그가 예원좌를 등장시켰을 때는 극단 조선연극사라든가 신무대, 황금좌 등이 위세를 떨치고 있어서 대중 속을 비집고 들어가기가 쉽지 않았었다. 그래서 무리도 범했는데, 그것이 다름 아닌 다른 극단 배우 빼내오기였다. 그가 극단 창단 직후 지방 공연 중인 황금좌 배우 엄재권, 김종후, 이준희, 송우섭, 허광라, 노재신 등 6명을 비밀리에 교섭하여 전차금을 주고 빼내옴으로써 극단 공연이 중단되는 소란이 벌어져 경찰까지 개입하는 사태가 벌어지기도 했다(『매일신보』 1935.3.8). 결국 김조성이 경고를 받고 배우 이동에 제동이 걸리는 일까지 벌어진 것이다. 물론 김조성이 전해(1934)에 조선총독부에서 배우통제안이 입안된 데 따른 피해도 없지는 않다.

만일 자유경쟁 시대라면 윤리성에 문제는 있다고 하더라도 타 극단의 배우를 얼마든지 데려올 수 있지 않은가. 여하튼 그가 예원좌를 출범시키면서 상업극계의 판도가 적잖게 바뀌어가기 시작한 것만은 사실이었다. 그 당시 한정된 배우들을 서로 확보하려고 무리하게 싸움을 벌이기까지 한 것은 좋은 현상이었다고 볼 수는 없었다. 그런 극단들의 생존경쟁 한가운데에 김조성이 서 있었다고 해도 과언이 아니다. 그것은 또한 그의 능력이기도 했다. 그가 본격적으로 연극 활동을 하면서 1938년도 가을부터 이름도 바꿨는데, 그가 평소 존경해오던 영화감독 춘사 나운규의 아호 첫 자 춘과 소설가 이광수의 가운데 글자 광을 합친 춘광(春光)으로 정한 것이다(그의 차남 김차봉의 증언).

그는 극단을 이끌고 주로 지방 순회공연을 했다. 중앙은 아무래도 동양극장 전속단체들과 극예술연구회 등과 같은 본격 신극 단체가 버티고 있어서 좀처럼 공략하기가 여의치 않았기 때문이다. 그는 연중무휴로 전국을 순회했고, 만주 등지까지 몇 번 장기 순회를 하기도 했다. 지방에서의 인기는 대단했기 때문에 그가 다니기 싫어도 또 떠나곤 했다.

그러나 그는 항상 중앙에서 터를 잡아야 한다는 생각을 버리지 못했다. 그것은 그의 라이벌 성광현(成光顯)도 마찬가지였다. 왜냐하면 황금좌를 이끌고 지방을 다니던 성광현도 중앙 터잡기가 소원이었기 때문이다. 이들 두 극단이 돈을 잘 벌어서 가마니에 담고 다닐 정도였지만 유랑극단이라 하여 중앙에 오면 푸대접을 받았던 것이다. 그래서 두 사람이 짜낸 것이 다름 아닌 어떤 조직체 결성 작업이었다. 이들은 박진, 이서구, 최독견, 김관수 등을 통하여 극단조합이나 극단연합회 같은 것을 제안했고, 그것이 총독부에까지 올라가 역으로 우리 연극인들을 묶는 조선연극협회를 만들게 되는 배경이었다. 그에 대하여 박진은 회고의 글에서 다음과 같이 썼다.

1940년경은 쏟아져 나오는 창극단을 합치면 극단과 악극단이 전국에 백에 가
깝도록 많아졌다. 이렇게 극단이 많아지고 보니 자연 경합이 심해지고 전국의
극장은 유명 무명의 극단들이 줄을 지어 서서 일정을 잡기 어려웠으니 따라서
극단의 유지가 곤란하였다. 이때 돈 많이 버는 황금좌의 성광현(成光顯)과 예원
좌의 김춘광(金春光) 등 수 3인이 나를 찾아와 논의하기를 극단을 통제하는 방법
이 없겠느냐 필요한 기금은 자기네가 부담하겠다는 것이었다. 즉 그 자율적인
통제를 할 필요가 있었던 것은 사실이었다. 나는 그 실현성 여부를 김모와 이모
에게 문의하였다. 그랬더니 그들은 이 문제를 조선총독부 경무과에 제안하였다.
그러지 않아도 우리의 문화를 말살할 방책을 궁리하고 있던 판에 이 제안은 일
제의 귀를 기쁘게 하였다. 그래서 관제로서 통제기관을 만들어 놓은 것이 조선
연극협회였다.[5]

이상에서 알 수 있는 바와 같이 김춘광이 성광현과 함께 나서서 조선연극협
회가 탄생될 수 있는 배경을 만든 것은 사실이다. 그러나 당초 그가 생각했던
것이 반드시 총독부가 막후 조정하는 통제기관이 아니라 실력 없는 단체들이
너무 많아서 제한된 극장들을 두고 경쟁하는 추세를 한번 정리하고 그것을 계
기로 중앙 진출의 교두보도 마련해보겠다는 것이었다. 솔직히 지방에서 그렇
게 인기를 끌고 있음에도 불구하고 중앙 연극계로부터 홀대받는다는 것은 흥
행극단 리더로서는 견디기 어려운 것이었음은 두말할 나위 없는 것이 아닌가.
그런 그의 순수한 의도를 총독부가 교묘하게 악용한 것이 다름 아닌 조선연
극협회 탄생이었다. 그리고 그런 주장을 한 연극인으로서 안영일, 서항석, 이
민 등 여러 명 더 있었다. 여하튼 연극협회 탄생과 함께 일제의 통제가 강화된
것은 사실이지만 혼란스런 연극계가 어느 정도 정리되긴 했었다. 그가 거의
예상치 못한 일을 만들어낸 데다가 초기(1940년 10월)에 창씨개명을 하는 바람
에 뒷날 친일파로 매도당한 것이 아닌가 싶다.

5 박진, 『세세연년』, 경화출판사, 1966, 172~173쪽.

그런데 흥행극단을 이끌고 다니는 입장에서 그런 구상은 누구나 할 수 있었을 것도 같다. 실제로 예원좌는 협회에 등록된 9개 단체에 당당히 들게 된 것이다. 그의 예원좌가 중앙에 터를 잡으면서 연극계로부터 제대로 대우도 받게 되었고, 1942년 가을부터는 그가 극작뿐민 아니라 연출가로도 활동한다. 그러니까 그는 극단 경영에서부터 극작, 연출 등 전천후 연극인으로 연극계를 종횡무진 누비고 다녔던 것이다. 그리고 유랑극단 시절과는 딴판으로 극장도 변두리가 아닌 동양극장에서부터 부민관에까지 진출하여 자신의 희곡을 직접 연출해서 대중에 맞섰다.

이 시기에 그가 〈어머니와 아들〉 등과 같은 어용극도 몇 편 쓰지만 유명한 〈검사와 여선생〉이라든가 〈촌색시〉 등과 같은 대표작도 내놓는다. 그리고 여기서 간과해서는 안 될 것이 대중연극인으로서 그가 은연중에 민족의식도 표출해보려고 노력했었다는 사실이다. 가령 그가 평소 존경하던 나운규의 〈아리랑〉을 공연하여 종로경찰서에 끌려가서 곤욕을 치른 사실에서도 그 점은 어느 정도 나타난다.

자신감을 얻은 그는 자기 작품 외에 인기작가 임선규라든가 송영 등에게도 작품을 의뢰해서 무대에 올렸고, 이서향이라든가 나웅(羅雄) 등에게도 연출을 맡겼다. 이는 그만큼 그의 극단이 인정을 받고 있었다는 이야기도 되는 것이다. 그의 극단은 협회가 주최하는 연극경연대회에 참가하여 당당히 수상도 할 만큼 실력 있는 단체로 부상했다. 그러다가 그는 1945년 8월 해방을 맞게 되고 그의 후기 활동도 조금 변화되어 전개되기 시작한다.

여기서 변화되어 전개된다는 이야기는 그가 일제 말엽과는 달리 정치권력이나 이념에 휘둘리지 않고 자신의 확고한 연극관에 입각해서 활동을 펴나갔다는 이야기이다. 후술하겠거니와 그는 해방 직후의 혼란 속에서 좌우 어느 쪽에도 귀 기울이지 않고 상업극 일변도로 나간 것이다. 즉 그는 해방과 함께 예원좌를 즉각 해산하고 두어 달 후인 1945년 10월에 극단 청춘극장을 출범시킨다. 물론 평소 그와 친분이 있었던 송영이라든가 나웅, 이서향 등이 함께 연극을 하자고 접근했을 가능성이 높지만 그는 까딱도 하지 않았다.

그 원인을 이경희는 세 가지로 추정했다. 첫째는 식민지 시대 총독부가 만든 연극협회에 대한 회의, 둘째로 일제가 국민연극이라 하여 연극을 정치선전극으로 이용한 것에 대한 역겨움, 그리고 세 번째로는 그가 철저하게 상업극을 표방한 만큼 어떤 이념에도 동조하지 않겠다는 신념에 따른 것이다.[6]

솔직히 이 시기에 자신의 신념을 지킨다는 것은 쉬운 일이 아니었다. 당시 연극 활동을 했던 이진순은 상황 설명에서 "신파 연극인들은 지식의 열등감과 소외감에 사로잡혀 사상을 따르는 것이 사회의 참여요, 진보적이라고 착각하여 좌익 연극인들의 선동에 현혹되어 허수아비 노릇과 앞장서는 열성분자로 이용당하게 되었다"[7]고 증언했으며, 박진도 회고의 글에서 "저들 동맹에 가담한 자들이 저마다 투철한 사상이 있어서가 아니라 비판할 여지도 없이 유행병적인 소아병에 걸려서 공산주의연하는 것을 진보적인 것처럼 여겼었다"[8]고 설명한 바 있다. 그런 환경에서 김춘광이 철저하게 상업극을 고수한 것이야말로 연극의 질적 수준은 차치하고 일단 평가받아야 하지 않을까 싶다.

그리하여 그는 청춘극장을 창단하자마자 가장 열정적으로 공연 활동을 펴나갔다. 우선 안종화와 콤비를 이뤄서, 자신이 쓴 희곡을 그가 연출하도록 해서 매월 새 작품을 무대에 올리는 열성을 보여준 것이다. 솔직히 한 달에 한 편씩 장막극을 쓴다는 것은 대단한 무리이다. 그래서 그는 신작과 함께 일제 시대에 썼던 구작과 이서구, 박민, 장정희, 조건 등에게 작품을 의뢰해서 공연을 메꾸기도 했다. 그는 사실 너무 과로했다. 그럴 수밖에 없었던 것이 수십 개의 극단들 중 청춘극장이 상업적으로는 가장 앞서 나갔기 때문이다.

그의 작품은 여러 편이 히트했고, 그에 따라 그의 인기 또한 좋았다. 이경희가 청취한 그의 차남 김차봉의 증언에 따르면 그가 연극인으로서 흥분할 만했

6　이경희, 「김춘광 희곡 연구」, 서울여자대학교 석사학위 논문, 1983, 26쪽.

7　이진순, 「한국연극사 제3기」, 대한민국예술원, 1977, 15쪽.

8　박진, 앞의 책, 200쪽.

다. 왜냐하면 그가 쓴 일부 시대극에는 민족지도자 김구(金九)까지 찾아와서 관람하는 데 그치지 않고 '위국쟁광(爲國爭光) 예술구국(藝術求國)'이라는 휘호를 써주고 간 적이 있고, 〈안중근사기〉 공연 때는 그와 함께 독립투쟁을 했던 우덕순(禹德淳)이 찾아와서 무대인사까지 했다는 것이다.[9] 이는 그를 한껏 고무시킨 사건들이라 말할 수 있다.

해방 후 이념 문제나 정치 성향의 활동에 전혀 무관했던 그도 1947년 들어서 조금은 달라졌다. 그가 처음으로 연극인들의 단체에 앞장선 점에서 그렇게 보는 것이다. 즉 그는 1947년 11월 유치진이 주도한 전국연극예술협회 창립대회에 참여하여 성광현과 함께 부이사장을 맡는다. 이때부터 그는 분명하게 우익민족연극 쪽에 서서 활동을 전개해갔다. 그런데 흥미로운 사실은 전국연극예술협회는 그 강령이 '민주주의 원칙과 창조적 자유를 확보하고 일체의 사대사상 배격 순수연극 수립 상업주의연극의 지양'(『조선일보』 1947.11.8) 등이어서 김춘광의 청춘극장과는 거리가 있었다. 그가 그런 단체에서 부이사장까지 맡았다는 사실은 주목할 만하고, 그의 포용력을 짐작하게 하는 대목이라 하겠다. 그는 물론 배수진도 쳤었다. 즉 상업극을 지키기 위해서 당시 흥행극을 이끌고 있던 성광현, 김상진, 김광수, 최일, 김윤구, 김영환, 손일평, 김해송, 이부풍, 김정구, 김승원 등 극장장, 악극단장, 작가 15명과 의형제를 맺고 '단결하여 민주주의를 사수하자'는 결의대회까지 연 바 있다. 그리고 전국연극예술협회가 한국무대예술원으로 개칭하고, 1948년 4월 총선거선전문화계몽대를 조직했을 때 그는 청춘극장을 이끌고 서울에서 맹활약한 것이다. 그는 돈도 어느 정도 벌었고 또 대중연극인으로서 영향력 또한 만만치 않았다. 그러나 그의 연극은 비판도 적잖게 받았다.

그에 대한 몇 가지 예를 소개해보겠다. 가령 언론인이고 극작가로서 동시대에 활동했던 김광주는 당시의 상업극에 대한 글에서 "조선 연극의 운동을 퇴

---

9 이경희, 앞의 글, 29쪽.

보시키고 좀 먹고 있는 소위 신파조의 연극의 범람이다. 이들은 연극의 흥행가치라는 것 즉 '돈을 모을 수 있는 연극'이라는 데 명민한 두뇌를 갖고 연극의 문화적 예술적 가치라든지 그 민심에 끼치는 영향이라든지를 도외시하고 저급한 대중에게 아첨하는 흥미본위의 연극을 예술이라는 미명 아래 조제남조(粗製濫造)하여 조선 무대를 구역질나게 만들고 있다"[10]고 비판한 바 있다. 물론 그보다 더 혹독한 비판도 있었다. 가령 극작가 김진수는 당시 연극현상에 대하여 다음과 같이 쓴 바 있다.

> 그들은 밤잠을 자지 않고 '×× 없는 신랑이니 '××이 웁니다' 하는 괴한 신파를 만들어낸다. 그런 것만 하면 무당이 춤추듯 굿터의 굿 구경꾼같이 관중이 모여든다고 한다. …(중략)… 흥행주들은 '울리는 것이 아니면 탐정활극이나 울리는 것을 하나 써주시오, 그런 것만 써주시면 각본료는 얼마든지 드리지요, 돈을 먼저 쓰셔도 좋습니다.' 그들은 돈뭉텅이를 가지고 극작가를 타락케 하고 배우를 매수한다.[11]

이상과 같은 비판은 당시 흥행극의 타락상에 대한 전체적인 비판이지만 특히 김춘광과 성광현의 두 단체에 집중된 것이었다. 왜냐하면 이들 두 단체가 흥행극의 주도권을 잡고 연극계를 휘젓고 다녔기 때문이다. 이러한 상업극에 대한 비판에 대하여 김춘광은 나름대로의 방어소신을 갖고 있었다. 그의 차남(김차봉)이 밝힌 김춘광의 방어논리를 보면 어느 정도 수긍이 갈 수도 있을 것도 같다.

대중연극에 대한 확고한 신념을 갖고 있었던 그는 정통연극인들의 혹독한 비판에 대하여 "다 같은 예술연극인데 그런 비난을 할 필요는 없다. 예술이라는 것은 대중이 없이는 존재할 수 없다. 신파건 신극이건 대중이 없이는 존재

---

10 김광주, 「극장예술의 고민—연극운동의 당면과제」, 『문화』 1947.10.
11 김진수, 「연극운동의 당면과제」, 『대조』 1948.8.

할 수 없다. 아무리 화가가 그림을 잘 그려도 보아주지 않는 그림은 무의미하다. 신극도 신파도 마찬가지이며 작품을 무대에 올렸을 때 그것을 평가해주는 대중이 있다. 대중이 보아주지 않는 연극은 실패이다. 신파극을 했다고 비난했지만 나는 성공했고 신극은 실패하지 않았는가. 대중의 동원에 좌우되는 것이다. 연극은 대중예술이며 대중이 보아주는 연극이어야 한다"[12]고 반격하면서 연극이 고급예술 아닌 대중예술이라는 자기 소신을 밝힌 바 있는 것이다.

물론 연극이 고급예술이냐 대중예술이냐 하는 것은 논쟁의 여지가 없지 않다. 사회학자들은 그동안 연극을 고급예술에 포함시켜온 것도 사실이다. 그러나 오늘날 전 세계 연극의 주류처럼 유행하는 뮤지컬을 고급예술에 포함시킬 수 있겠는가. 따라서 연극이 추구하는 가장 이상적인 것은 아무래도 격조 높으면서도 대중에 가까이 다가갈 수 있는 형태라 말할 수 있겠다. 그렇게 볼 때 그가 해온 연극이 당시 저급한 대중에게는 어필했는지는 몰라도 깊이나 품격을 갖춘 연극은 아니었던 것 같다. 그가 당연히 비판을 받을 만했다는 이야기다. 그러나 솔직히 그로서는 억울했을 수 있다. 그가 돈만을 위해서 연극을 한 것은 아니었고, 자신으로서는 최선을 다했다고 믿었기 때문이다. 그리고 그는 그런 비판에 별로 개의치 않았다. 왜냐하면 그의 소신은 확고했기 때문이다.

그는 오로지 대중에게 즐거운 오락물을 제공한다는 신념으로 작품을 써서 무대에 올렸을 뿐이었다. 그는 관중에게 언제나 즐거운 볼거리를 제공해야 한다는 생각을 갖고 있었다. 솔직히 희곡을 가지고는 자신이 없었기 때문에 무대의 외형적인 데 많은 공을 들였다. 즉 그는 희곡주제나 배우들의 연기 수준, 앙상블 같은 것보다는 무대장치라든가 화려한 의상 등에 신경을 더 썼고 투자도 많이 했었다. 그가 극단의 무대미술을 위해서 전속 무대장치가를 서너 명씩 두고 있을 정도였다.

그리고 시대극을 할 때는 고증된 의상을 여기저기서 빌려다가 입힐 정도로

---

12 이경희, 앞의 글, 32쪽.

신경을 썼다. 그의 차남의 증언에 의하면 당시 관객들이 웅장하고 화려한 무대장치와 의상에 압도당했었고, 너무나 큰 무대장치 때문에 작은 극장에서의 공연은 엄두도 못 냈었다고 한다. 지방 공연을 자주 다닌 편인 청춘극장이 이동할 때, 장치와 의상, 대소도구 등이 기차 한 칸을 차지할 정도였다고 한다. 그런 그가 너무 과로한 나머지 성인에게는 매우 드문 뇌염이 찾아와서 1949년 9월 세상과 하직한 것이다. 그의 나이 향년 49세였고, 자신의 작품 〈풍운아〉가 시공관에서 인기리에 공연 중이었다. 그 자신으로서는 전성기에 세상을 하직한 것이지만 대중연극계로서는 대들보를 잃은 것이나 마찬가지였다.

그는 특유의 친화력과 리더십, 그리고 경영 능력까지 갖추었기 때문에 극단 청춘극장이 해방 직후의 혼란 속에서도 단원들을 충분히 먹여살릴 만큼 든든한 극단으로서 대중연극계를 주도할 수 있었다. 그는 단원들을 많이 사랑했고, 특히 신인들의 발굴에도 심혈을 기울였다. 신영균과 정애란의 발굴은 그가 아니면 어려웠을지도 모른다. 그가 해방 직후 무지한 극장주들을 잘 다루면서 공연 활동을 어려움 없이 펼칠 수 있었던 것은 과거 잠시나마 조선극장 경영에 참여했던 것이 큰 도움이 되었음은 두말할 나위 없는 것이다.

흥행만을 아는 극장주들을 다루는 데는 극장을 잘 알고, 또 상당 기간 극장주를 갖고 있었던 데다가 그들과도 잘 알고 지내온 그가 아니면 불가능했다고 말할 수 있다. 그처럼 튼튼하던 청춘극장이 그의 타계와 함께 맥없이 무너진 것은 단순히 6·25전쟁과 함께 달라진 시대 변화에만 그 원인을 돌릴 수가 없다고 본다. 즉 그의 타계 직후 청춘극장은 그의 차남 김차봉과 전광남에 의해서 근근이 유지되다가 1970년에 완전 해산되었다.

변사 출신의 그는 정식으로 극작 수업이나 연출 수업을 받아본 적이 없다. 물론 초창기 연극인들 대부분이 그런 부류라고는 하지만, 그는 특히 감수성이 예민한 20대를 연극판에서가 아니라 영화판에서 그것도 시나리오 작가나 감독이 아닌 변사와 조역배우로 보냈기 때문에 당초부터 대중성이 몸에 뱄다고 볼 수 있다. 그리고 조직적 수업을 받지 않고 어깨너머로 극작과 연출을 익힌

데 따른 허술함을 안고 있었다는 한계를 지닌다. 따라서 그는 처음 극단을 조직하고 나올 때만 하더라도 자신의 한계를 인식하고 정극 아닌 스케치, 난센스, 만담, 영화해설 등과 같은 경희극을 추구하겠다고 선언했던 것이다.

그러다가 시간이 흐르면서 연극을 어느 정도 익혔고, 그 자신도 다른 대중극단들처럼 못할 것이 없다고 확신하고 전문극단으로 활동한 것이다. 이러한 그의 연극인으로서의 발전은 작품력에 그대로 나타나고 있다. 가령 그가 처녀작품을 낸 1930년부터 예원좌를 만들어서 자리를 잡아갈 무렵인 1938년 정도까지 약 7, 8년 동안은 아마추어 작가답게 단막극을 주로 썼다. 그러니까 2시간을 공연할 만한 호흡 긴 희곡을 쓰지 못했다는 이야기다. 극작가들이 희소하고 또 무명의 유랑극단이었던 예원좌에 어느 극작가도 작품을 선뜻 주려 하지 않았던 시절, 그는 극단을 유지하기 위해서 절치부심 극작과 연출을 공부해서 1938년 하반기부터 장막극을 써서 무대에 올리기 시작한 것이다.

그리하여 극작 데뷔 10여 년 만에 당대 인기 작가들이라 할 임선규, 이서구, 이운방, 송영, 김건 등과 어깨를 나란히 하는 극작가로 우뚝 설 수가 있었다. 그때 그는 나이 40줄에 접어들었고, 〈검사와 여선생〉이라든가 〈촌색시〉 등과 같은 대중희곡의 수작들을 쏟아낸 것이다. 여기서 한 가지 특기할 것은 그와 그의 극단이 매너리즘에 빠져 있을 때 〈검사와 여선생〉을 내놓음으로써 기사회생할 수 있었다는 사실이다. 이 작품은 내놓자마자 폭발적 인기를 끌어서 예원좌의 주머니가 빌 적마다 무대에 올렸고, 그럴 때마다 만원사례를 가져옴으로써 '신기의 마법램프'라는 별명을 듣기도 했었다.

그뿐만 아니라 이 작품은 뒷날 여러 번 영화화되어 많은 스타를 배출하기도 했다. 가령 1948년 윤대룡 감독이 영화화했을 때는 윤인자 등을 배출했고, 1960년대 중반 들어서 전범성이 감독했을 때는 김지미와 김석훈 등이 부각되었었다. 그만큼 이 작품은 그에게 돈만을 벌어준 것이 아니라 영화화되어 숱한 스타를 만들어내기도 했다.

그는 평생 50여 편의 장 단막극을 발표했는데, 그것은 문헌에 나타난 것만 그렇다. 제대로 문헌에 나타나지 않은 작품까지 합치면 더 될 것 같다. 그리고 연출작품도 40여 편이나 되므로 연극 활동이 15년 정도밖에 되지 않는다고 볼 때, 양적으로는 타인의 추종을 불허한다. 이는 솔직히 바람직하다고만 말할 수 없는 것이다. 15년 동안에 50여 편이나 썼다는 것은 연간 장막극을 3, 4편씩 쓰면서 연출까지 하고 또 상당기간은 전국을 유랑하면서 썼다는 것이므로 질적으로 부실했다는 방증이기도 하다. 바로 그 점에서 그를 정통 극작가로서보다는 대중연극운동가로 접근하는 것이 바람직할지도 모른다.

여하튼 그는 대중적인 극작가로서 이름이 올라 있고, 또 1940년대는 절대적인 인기를 누린 인물이다. 그가 초기에 쓴 작품들은 대체로 노래가 곁들인 희가극류이다. 가볍게 노래하고 관중을 웃기는 킬링타임용 연극으로 은혜와 복수를 곁들임으로써 스릴도 가미된 작품들이다. 예를 들면 〈암흑가〉라든가 〈아라비아연무곡〉 같은 것이 바로 그런 유형의 작품들이다. 그는 1930년대까지만 해도 구성작가 수준을 넘지 못했다고 보아도 무방할 것 같다. 그러나 그가 오랜 변사 생활에서 대중의 취향을 읽는 법을 배웠을 것임은 두말할 나위 없었다. 어떤 주제와 내용을 대중이 선호하는지를 충분히 알고 있었다는 이야기다. 그가 질적으로 그리 높지 못한 작품들을 가지고도 인기를 누렸던 것도 바로 그런 대중심리 독법에 따른 것이었다고 말할 수 있다.

그는 식민지 시대의 좌절된 감정을 감상주의로 달래면서 사랑과 의리, 은혜와 복수 등을 주조로 한 권선징악적인 작품을 초기에 많이 썼다. 해방 전까지 그런 유형의 작품으로 일관했는데, 그 절정의 작품이 다름 아닌 〈검사와 여선생〉이다. 여타 작품들도 그러하지만 이 작품에는 신파극과 멜로드라마의 모든 요소가 다 들어 있다. 그래서 이 작품은 동시대의 임선규 작 〈사랑에 속고 돈에 울고〉와 쌍벽을 이루는 대중연극의 고전으로 전해올 수 있었다. 그런데 그가 임선규와 차별성을 지키려 한 것은 기생보다는 인텔리 여성을 히로인으로 삼으려 한 데서 나타난다. 즉 〈사랑에 속고 돈에 울고〉가 전형적인 기생 주인공의 신파라고 한다면 〈검사와 여선생〉은 고등교육을 받은 여교사이다. 이 작품이 오래도록 무대에 올려지고 또 영화로도 여러 번 만들어진 이유도 바로 그런 인텔리 여주인공을 내세운 데 따른 것이었다. 두 작품은 성격 또한 많이 달라서 전자가 전형적인 가정비극류라면 후자는 비록 멜로드라마라고 하고 고귀한 교육을 배경으로 깔았다는 점에서 크게 차별지어지는 것이다.

그의 대표작에 대해서 잘 모르는 이들을 위하여 줄거리부터 조금 설명해야 할 것 같다. 남자주인공인 소년(장손)은 가난 속에서도 한결같이 병석의 할머니를 극진히 간호하면서 어렵게 생활을 꾸려간다. 이러한 장손을 주변 사람들이 도와주지만 그중에서도 담임인 여교사(양춘)가 가장 동정하면서 돌봐준다. 그로부터 17년 뒤 그 여교사는 결혼하여 살고 있었다. 그러던 어느 날 그녀의 남편이 출장 간 날 밤 모르는 탈옥수가 이 집에 숨어들었다가 체포되는 사건이 벌어진다.

이때 그녀는 탈옥수에게 의지할 곳 없는 어린 딸이 있다는 사실을 듣고 데려다가 대신 키워주어 탈옥수의 걱정을 덜어준다. 그녀의 남편이 오해를 하게 되는 것은 당연하고 부부싸움이 벌어져 흥분한 남편이 권총을 꺼내 가지고 옥신각신하다가 잘못해서 남편이 오발로 사망하면서 그녀가 살인 누명을 쓰고 재판정에 서게 된다.

그런데 뜻밖에도 담당검사가 그 옛날의 제자 장손이 아닌가. 장손은 탈옥수를 불러 자초지종을 듣고 사건을 규명해간다. 그 사실을 모르는 양춘은 자신이 남편을 죽인 죄인이므로 사형을 시켜달라고 절규한다. 이때 검사 장손은 자신과 여교사의 과거를 설명하며 선량한 옛 스승의 무죄를 주장한다. 결국 재판장은 그녀에게 무죄를 선언했고, 두 사람은 극적 해후를 한다는 내용이다.

이 작품에는 멜로드라마의 공식이 그대로 들어가 있다. 첫째 선량한 주인공과 사악한 적대자와의 갈등이라는 것, 둘째 주인공이 여러 가지 외부적인 힘이를테면 가난이라든가 낡은 도덕 같은 것으로 인하여 곤경에 빠진다는 것, 셋째 주인공의 비극적 운명이 종국에는 행복으로 끝난다는 것, 넷째 우연의 연속이라는 것, 다섯째 통속적인 윤리관에 입각한 권선징악적인 교훈을 담은 연극이라는 것[13] 등이 바로 그런 측면이라 하겠다. 물론 그의 작품은 모두 멜로드라마임은 두말할 나위 없다.

그가 변사 출신으로서 그런 유형의 작품을 주로 보아왔고, 또 그런 유형의 신파극이 유행할 때 거기에 함몰되어 신파극단을 조직해서 활동을 펴왔으며 임선규라든가 이서구, 이운방 등 신파 계열 작가들을 좋아했다. 다만 그가 문인으로서는 대선배라 할 이광수와 영화감독 나운규만은 존경의 대상으로 평생 받들어온 것이 이색적일 뿐이다. 따라서 그의 작품은 자연히 임선규나 이서구의 신파극 스타일이고 이따금 이광수나 나운규의 작품을 부분적으로 모방하는 정도였다고 말해도 무방할 것 같다.

가령 그의 대표작 중 하나로 꼽히는 〈촌색시〉만 하더라도 상황과 인물 설정에는 차이가 있어도 구조에 있어서는 어딘가 임선규의 〈사랑에 속고 돈에 울고〉를 떠올리게 한다. 여주인공이 부모 없이 오빠와 산다는 것, 여주인공이 오빠의 친구와 결혼하지만 시모의 학대를 받고 또 남편을 연모하는 신여성과 갈등을 빚음으로써 그녀가 자살미수에 그치고 결국 정신이상이 되어 낙향해 있다가 오해를 풀고 정상으로 돌아와 행복으로 종결되는 점에서 유사구조를 가졌다고 보는 것이다.

그런데 여기서 한 가지 흥미로운 사실은 그가 주인공을 이따금 정신이상자로 만든다는 점인데, 이는 나운규의 〈아리랑〉에서 써먹은 수법으로서 그도 선호했다고 볼 수 있겠다. 그런데 한 가지 분명한 것은 그가 현대희곡사의 두 가지 명제였던 전통 인습으로부터의 해방을 따르면서도 그 자신은 여전히 보수적이었다는 사실이다. 이는 솔직히 동시대 작가들의 공통적인 자기모순이기도 했다. 이어서 그는 동양극장 시대에 인기를 끌었던 여타 작가들의 작품들과 분위기나 구조가 유사한 멜로드라마, 이를테면 〈봄바람〉이라든가 〈어머니와 아들〉, 〈사랑과 인생〉 등과 같은 희곡을 여러 편 내놓았다. 즉 그가 그동안

---

13 유민영, 『한국현대희곡사』, 홍성사, 1982, 91~97쪽.

별로 선호하지 않았던 기생을 여주인공으로 삼은 점이라든가 처첩문제를 애욕의 문제와 연결시킨 점 등이 바로 그런 경우이다. 이런 유형의 작품이 정극을 선호하는 연극인들로부터 비판을 받은 것은 너무나 자연스러운 것이다.

그러나 센티멘털리즘을 주조로 해오던 그가 해방을 맞아서는 크게 달라진다. 즉 그가 시대극으로 탈바꿈한 점에서 그러하다. 물론 그가 해방 후에 쓴 스물대여섯 편이 모두 그런 시대극만은 아니지만 과반수가 역사를 소재로 한 작품들이다. 그만큼 해방 후에는 그가 시대극에 중점을 두고 창작에 임했음을 알 수 있다. 그리고 또 한 가지 주목할 만한 사실은 그가 4년여 동안에, 해방 전 10년 동안 썼던 작품의 양만큼 많은 작품을 쏟아냈다는 점이라 하겠다. 그는 특히 극단 내에 출판부까지 두고 자신의 대표적 시대극을 발간해내기도 했다. 이는 그만큼 그가 역사극에 애정을 갖고 심혈을 기울였다는 이야기도 된다.

물론 해방 직후는 역사극이 유행했었다. 특히 시대극이 유행한 데는 몇 가지 이유가 있었다고 본다. 그 첫째가 역시 독립에 대한 감격을 연극인들이 표현해낼 수 있는 것은 역시 빛나는 항일투쟁을 무대를 통해서 재현하는 것이라 확신한 데 따른 것이라고 말할 수 있겠다. 가령 안중근 의사 이야기와 3·1운동 이야기가 시대극의 주종을 이룬 것도 그 때문이라고 볼 수 있다. 두 번째로는 혼란기의 한 현상이라고 보아야 될 것 같다. 대체로 어느 시대나 억압적 상황과 혼란기에는 역사극이 유행하는 경향이 있다. 그러한 연극들은 무대장치가 장대하고 현란한 것이 특징이기도 하다. 관객들의 얼을 빼는 스타일이다. 세 번째로는 소재의 빈곤을 느낄 때, 작가들은 흔히 역사 쪽에서 이야기를 찾아내려 한다. 급작스런 해방으로 연극인들이 표현의 자유를 얻었지만 소수 극작가들이 여기저기에서 매일 막이 올라가는 시절에 희곡을 제공하는 일은 결코 쉬운 일이 아니다. 그래서 찾아낸 손쉬운 통로가 다름 아닌 역사의 골짜기였다. 네 번째로는 역시 상업적 성공에 따른 것이었다. 특히 독립운동 이야기야말로 우리가 절절하게 겪은 것이기 때문에 관객의 최고의 관심사였고, 극단들로서는 돈벌이가 가장 잘되는 품목이기도 하다. 따라서 그런 현상을 매우 부정적으로 본 비평가도 있었다.

가령 당시의 연극상황을 지켜본 이태우는 역사극의 유행이 "문화적 유산의 정당한 계승을 위하려는 양심적 의도가 보이지 않고 상업주의적 영합에 그치는 경향이 있음은 통탄하지 않을 수 없다"[14]고 혹평한 바 있다. 솔직히 이태우의 비판은 정곡을 찌른 것으로서 각 극단들이 시대극이 잘 먹히자 너도나도 독립운동사를 넘어 개화기 이전으로 소재의 폭을 넓혀갔다. 김춘광이야말로 그런 대표적 극작가였다. 왜냐하면 그가 안중근 이야기나 김상옥 이야기에서 조선시대, 그리고 다시 고려 삼국 이야기로 자꾸만 넓혀갔기 때문이다. 즉 대원군이라든가 단종, 그리고 다시 백제 이야기 거기서 다시 올라가 주몽 이야기까지 거슬러 올라간 것이다. 그러나 역시 그가 심혈을 가장 기울인 것은 역시 독립투쟁 이야기였다. 적어도 그가 처음에 독립운동 이야기를 극화한 것은 돈벌이를 위한 것이었다기보다는 애국심에 입각한 것이었다고 보고 싶다.

그 점은 그의 대표적 시대극이라 할 〈안중근사기〉 서문에 그대로 나타나 있다. 그는 이 작품의 서문 격인 '내용대강'이라는 글에서 이등박문이야말로 아시아를 지배하려는 야심의 나쁜 형의 거물이라면서 "단군기원 4천 2백 4년 10월 26일 오전 9시에 하르빈역두에서 안 의사(安義士) 선생이 통쾌하게 죽이니 세계만국이 놀래었으며 중국 4억만이 안 의사 선생을 경모하고 숭배하게 되었다. 쾌재라, 통재라 조국을 위하여 벽혈(碧血)을 뿌리고 2천만 동포에 원수를 갚아주니 안 의사의 거룩한 자취가 어찌 우리 앞에 빛이 되고 거울이 아니 될 소냐. 우리는 왜적에게 눌리어하고 싶은 일을 마음대로 못하기 때문에 오늘날까지 안 의사 선생에 사당 하나 변변히 받들어 모시지 못하였지만 중국은 벌써부터 안 의사 선생의 영을 받들어 모시고 사당까지 모셔서 해마다 춘추로 봉제항을 올린다니 우리 3천만은 눈물이 나도록 감격할 일이다. 중국 사람은 남녀노유를 물론하고 지금까지 안씨라면 양반인 줄 안다니 안 의사 선생의 거

---

14 이태우, 「신파와 사극의 유행」, 『경향신문』 1946.12.12.

룩한 자취가 얼마나 장하고 숭엄한가. 우리는 다시 머리를 숙이고 경의를 표하자. …(중략)… 동포여! 친애하는 동포여, 오늘에 우리는 안 의사 선생에게 거룩한 자취를 본받아 의로 죽고 의로 살기를 맹세합시다. …(중략)… 일본이 아무리 우리나라를 집어먹었다 하여도 어찌 안 의사 선생과 같은 의사열사가 없기 때문에 오늘에 일본은 패전국이란 말로가 비참하지 않은가. 우리는 아무리 굴욕의 세상을 살아왔지만 안 의사 선생과 같으신 의인이 계심으로 오늘에 해방이 있고 오늘에 자주독립이란 커다란 서광이 비치어 있지 않은가. 동포여 친애하는 동포여 우리는 의로 살고 의로 죽기를 거듭 맹세하십시다"[15]라고 쓴 것이다.

이러한 글은 경개(梗概)라기보다는 선동적인 글이라고 볼 수 있을 정도다. 그러면서 그는 중국 대통령 원세개(袁世凱)가 안 의사에게 바쳤다는 시, 즉 "평생에 경영하던 일을 지금 하다니/죽을 땅에서 삶을 도모하는 것은 장부가 아니다/몸은 비록 한 나라께 있으나 그 이름이 만국에 떨치니/백 세를 살지 않아도 죽음이 천추에 빛났도다"를 소개함과 동시에 안중근이 이등박문을 저격하고 나서 지었다는 시를 다음과 같이 소개하고 있다. 그의 시는 "만났도다 만났도다 원수 너를 만났도다/너를 한번 만나려고 수륙으로 기만리를/혹은 윤선(輪船) 혹은 화차 천신만고 당도하야/오늘 너를 만나보니 너뿐인 줄 알지 마라/오늘부터 시작하여 하나둘씩 보는대로/내손으로 죽이리라 × × × ×…/이것은 3 · 1운동 후/여러 의인이 조국을 떠나면서 눈물 흘리고 지은 창가/4252년 3월 1일은/이 내몸이 열노물(鴨綠江)을 건넌 날일세/연년이 이날은 돌아오려니/내 목적을 도달키 전 못 돌아오리라/우리가 지금 다시 생각하여도/뜻을 세우기 전 돌아오지 못할 것을 알고/떠나가신 길이 아닙니까/여러분 혹 기억하실는지요/우리는 지나간 그 옛날 이렇게 슬프고 애달픈 노래를 불렀습니다/슬프고 슬프도다 우리 민족아/4천여 년 역사국으로 자자손손이 복락하더

---

15 김춘광, 『희곡 안중근사기 후편』, 청춘극장 출판부, 1946.

니/오늘날 이 지경이 웬일인가/철사주사로 결박한 것을/우리 손으로 끊어버리고/독립만세 부르는 소리에/바다가 끓고 산이 동(動)컸네"라고 되어 있다.

여기서 원세개와 안중근의 시를 그대로 인용한 것은 귀중한 역사자료를 그대로 보여줌과 동시에 김춘광이 시대극을 쓸 때 사료에 충실하게 다가가려 했다는 사실을 알려주기 위해서였다. 그것은 특히 독립운동 이야기를 극화할 때 그러했는데, 그 이유는 두말할 것도 없이 그가 희곡 창작과 공연을 애국심에 입각해서 한 데 따른 것이다. 그가 이 작품에서 안 의사와 함께 독립투쟁을 한 우덕순(禹德淳)도 중요하게 취급했기 때문에 수도극장 공연 때는 당사자가 직접 무대에 올라가 인사까지 하는 일이 벌어지기도 했었다.

그는 이 작품을 사실에 가깝도록 가져가면서 동시에 관중의 누선을 자극할 수 있는 극적 장치를 마련했는데, 가령 관객들로 하여금 애국심을 불러 일으키기 위해서 중요한 부분에서 가족들을 자주 등장시켜 천륜까지도 외면하면서 조국독립에 자신을 제물로 바치는 안 의사의 영웅성을 부각시켰던 것이다. 게다가 안 의사의 장렬한 죽음을 감상적으로 끌고 가려고 승려로 하여금 회심곡을 부르게 함으로써 비장미를 극대화한 것이다.[16] 이러한 그의 기법은 여타 시대극에서도 십분 발휘되었음은 두말할 나위 없는 것이다. 독립투쟁을 애국적 입장에서 극화한 것은 대중의 절대적인 지지를 받는 데 좋은 바탕이 되었지만, 지나치리만큼 감상적으로 접근한 것은 문제였다.

물론 그런 접근이 대중오락물 제공이라는 데는 더없이 좋은 방식이지만 대중의 역사의식을 일깨우는 데는 다소 문제가 없지 않다. 그는 대중에 영합해서 내내 그런 방식으로 역사에 접근해갔다. 가령 조선시대의 비운의 왕으로서 오늘날까지도 대중의 마음을 아프게 하는 단종의 이야기를 그는 독립운동 이야기 다음으로 선택한 것도 우연이라고 보기 어렵다. 그가 평소 존경해온 이광수의 소설『단종애사』를 바탕으로 희곡을 쓴 것이다.

---

16 이경희, 앞의 글, 90쪽.

　제3부　대중 공연예술의 개화 (1)

그는 이 희곡의 서문에서 "고금을 통하여 어리신 임금(端宗大王)같이 슬프고 애달픈 이야기가 없을 것이다. 유명한 작가가 벌써 소설로 만천하 애독자 여러분의 심금을 울리고 남았지만 이번의 희곡은 여러 작가선생의 소설을 참고로도 하였지만 또한 유명하신 사가제현을 방문하고 참고의 말씀도 많이 듣고 쓴 것이니 희곡을 보시는 독자제현은 여러 가지 점의 극의 요소를 잘 구명하시고 참작하시어 읽어주시면 천만다행일까 생각합니다"[17]라고 씀으로써 그의 두 가지 지향점을 말해주고 있다.

그 한 가지는 역시 감상적으로 역사에 접근해감을 가리킨 것이고, 다른 하나는 기존 인기소설에 사실을 가미한 것이라고 하겠다. 일찍이 오르테가도 지적한 바 있지만 사실 대중이란 언제나 감정에 민감하고 지성에 둔화되어 있으며, 개인의 책임을 기피하는 경향이 있는 것이다. 그런 성향에 잘 맞는 것이 바로 대중예술인 것이다.

여기서 그는 또한 수양대군을 부정적 인물로 극대화시킴으로써 선한 사람과 악한 사람을 대비시키는 멜로드라마의 전형을 만들어내기도 했다. 이런 그가 대원군을 영웅화(?)한 역사극으로 나아가기도 했다. 사실 대원군은 긴 역사를 놓고 볼 때 긍정적으로만 평가하기에는 무리가 많음에도 불구하고 그는 영명한 인물로 묘사한 것이다. 그는 우선 서문에서 자신의 입장을 대원군에 대한 존경과 찬탄으로 설정하여 "무술년 2월 초 이튿날은 이조 5백년사 중에 제1영걸인 흥선 이하응 대감께서 운현궁에서 별세하신 날이다. 이날이 조선 근대에 괴걸이요 유사 이래 어떤 제왕이든 잡아보지 못하였던 절대적 권리를 손에 잡고 이 8도 3백여 주를 호령하며 밖으로는 불란서, 미국, 청국들을 내려누르고, 안으로는 자기의 백성의 복지를 위하여 그의 일생을 바친 '흥선대원왕' 이하응이 별세한 날이다"[18]라고 설명하면서 '위대한 인걸 이하응의 씩씩한 웅자'

---

17 김춘광, 「서문」, 『단종애사』, 청춘극장 출판부, 1946.
18 김춘광, 「서문」, 『대원군』, 청춘극장 출판부, 1946.

를 그려 보겠다고 쓴 것이다.

따라서 그의 작품은 객관성을 상실하고 있음은 두말할 나위 없다. 이처럼 그는 순전히 대중에 영합하면서 극히 주관적으로 역사 속의 인물을 묘사한 것이 특징이라고 말할 수 있다. 그러니까 그는 역사의 이면에서 꿈틀거리는 내면적 갈등을 끄집어낼 만한 능력도 의지도 갖고 있지 못했다고 보아도 무방할 것 같다. 오로지 그는 애국심과 열정, 그리고 흥미 위주로 역사를 무대 위에 재현해보려는 자세로 희곡을 쓰고 무대에 올린 것이다. 그렇기 때문에 해방 후에 여러 작가들이 하나의 유행으로서 역사 시대극을 썼음에도 유난히 그가 심하게 비판을 받았다고 볼 수 있다.

즉 이태우는 「신파극과 사극의 유행」이라는 극단평에서 작가들이 역사극을 순전히 상업적 대중영합에 입각하여 쓴다면서 "특히 한심한 것은 우리의 의열사를 모독하며까지 매물로 한 〈안중근사기〉, 〈김상옥사건〉 등의 상연"이라 혹평하고 해방 후의 모든 정치적 성향의 작품들이 실패한 원인은 생경한 이데올로기의 편승과 함께 일제하 선전연극의 수단에서 벗어나 새로운 형식으로 발전시키지 못한 데 있다고 지적한 것이다.[19]

이상과 같이 그가 열정을 갖고 시대극을 써서 나름대로 국가적 기여를 했다고 자부했지만 연극계에서의 객관적 평가는 호의적이지만은 않았다. 변사 출신으로 영화배우와 감독, 극장과 극단 경영자, 그리고 극작가, 연출가 등 영화와 연극을 오가며 우리나라 대중예술을 풍요롭게 하다가, 그의 뜻을 충분히 펴지 못하고 어린이가 주로 앓는 뇌염으로 말미암아 이승과 하직한 것이야말로 커다란 문화적 손실이라 아니할 수 없다.

---

19 이태우, 앞의 글.

간행물

『경향신문』『대한매일신보』『독립신문』『동아일보』『로동신문』『매일신보』『서울경제신문』『서울신문』『스포츠조선』『여성신문』『예술통신』『일간스포츠』『조선일보』『조선중앙일보』『중앙일보』『중외일보』『평화일보』『한국경제신문』『한국일보』『황성신문』

『개벽』『건설기의 조선문학』『공연과리뷰』『국어교육』『국민문학』『극예술』『대조』『댄스포럼』『동광』『동리연구』『드라마』『레이디경향』『막』『문예』『문예영화』『문장』『문학사상』『문화』『문화예술』『미르』『백민』『법륜』『별건곤』『비판』『사조』『사상계』『삼천리』『시나리오문예』『시민연극』『신동아』『신민』『신사조』『신생』『신세기』『신여성』『신천지』『신태양』『역사평론』『연극포럼』『영화시대』『영화연극』『예술원보』『예술논문집』『예술조선』『오피니언』『월간동화』『월간문학』『잡지예찬』『전선문학』『조광』『조선문단』『조선영화』『조선예술』『조선지광』『주간여성』『주간조선』『주간한국』『춘추』『춤』『충남문학』『통일문학』『판소리연구』『한국극예술연구』『한국연극』『한국연극학』『현대드라마』『현대문학』『혜성』『호서문학』

저술

강성희, 『강성희 희곡전집』 1~5, 1996.
─────, 『염원』, 2003.
강성희 · 조현례, 『너와 나와 만나는 곳』, 2005.
강한영, 『신재효 판소리 사설집』, 민중서관, 1971,
광산문화원, 『용아 박용철의 예술과 삶』, 2002.
권영민, 『월북문인연구』, 문학사상사, 1989.
고설봉, 『이야기 근대연극사』, 1993.
─────, 『빙하시대의 연극마당 배우세상』, 1996.

고설봉 · 장원재,『증언 연극사』, 진양, 1990.

구히서,「안민수론」,『우리극연구 5』, 공간미디어, 1995.

국어국문학회,『판소리연구』, 태학사, 1998.

김경옥,『여명 80년』, 창조사, 1964.

김남석,『조선의 여배우들』, 새미, 2006.

김동욱,『한국 가요의 연구』, 1961.

──────,『춘향가 연구』, 연세대학교 출판부, 1965.

김동원,『예에 살다』, 1992.

──────,『미수의 커튼콜』, 2003.

김방옥,『열린 연극의 미학』, 1997.

김영수,『혈맥』, 영인서관, 1949.

김우진,『김우진 전집』(1 · 2), 전예원, 1983.

김유미,『작가 김영수』(1 · 2), 민음사, 2002.

김재철,『조선연극사』, 학예사, 1939.

김정옥,『나의 연극교실』, 서문당, 1974.

──────,『시인이 되고 싶은 광대』, 혜화당, 1993.

──────,『바람 부는 날에도 꽃은 피네』, 혜화당, 1994.

────── 외,『연극적 창조의 길』, 시각과언어, 1997.

────── 외,『영화론의 전개와 제3의 영화』, 시각과언어, 1997.

김종원 · 정중헌,『우리 영화 100년』, 현암사, 2001.

김창순 편,『북한문화론』, 북한연구소, 1978.

김천흥,『심소 김천흥 무악 70년』, 도서출판 민속원, 1995.

김춘광,『희곡 안중근사기』(전 · 후), 청춘극장 출판부, 1946.

──────,『단종애사』, 청춘극장 출판부, 1946.

──────,『대원군』, 청춘극장 출판부, 1946.

김학동,『한국문학의 비교문학적 연구』, 1972.

김항명,『살아 있는 성좌─복혜숙』, 명서원, 1976.

대한민국 예술원,『한국예술총집 3』, 2000.

문화체육부,『윤백남 작품세계』, 1993.

──────────,『박승희 작품세계』, 1994.

반재식 · 김은신,『여성국극 왕자 임춘앵 전기』, 백중당, 2002.

박용철,『박용철 전집』(1 · 2), 깊은샘, 2004.

박조열,『총독 돌아오다』, 학고방, 1991.

━━━,『오장군의 발톱』, 공간미디어, 1994.

박　진,『세세연년』, 경화출판사, 1966.

━━━,「한국연극사 제1기」,『예술논문집』제15집, 대한민국 예술원, 1976.

박현령,『허규의 놀이마당』, 인문당, 2004.

박현숙,『박현숙 문학전집』(1~7), 늘봄, 2001.

━━━,『그리움은 강물처럼』, 늘봄, 2005.

박　황,『창극사연구』, 백록출판사, 1976.

백　철,『세계문예사전』, 민중서관, 1955.

백성희,『무대 밖에서』, 혜화당, 1994.

백현미,『한국창극사연구』, 태학사, 1997.

서연호,『한국근대희곡사』, 고려대학교 출판부, 1994.

서종문 · 정병헌,『신재효 연구』, 태학사, 1997.

서항석,『경안 서항석 전집』(1~6), 하산출판사, 1987.

송수남 편,『한국 근대춤 인물사』, 현대미학사, 1999.

신정옥,『한국연극과 서양연극』, 새문사, 1994.

『실험극장 10년지』, 극단 실험극장, 1990.

『실험극장 40년사』, 극단 실험극장, 2001.

아키바 다로(秋庭太郎),『日本新劇史』, 理想社, 1955.

안민수,『연극연출－원리와 기술』, 집문당, 1998.

━━━,『연극적 상상 창조적 망상』, 아르케라이팅아트, 2001.

안병섭,『영화적 현실 상상적 현실』, 정음사, 1989.

안제승,『신무용의 본질과 요람기가 남긴 영향』, 세기사, 1972.

안종화,『신극사 이야기』, 진문사, 1954.

━━━,『한국영화측면비사』, 춘추각, 1962.

양승국,『김우진 그의 삶과 문학』, 태학사, 1998.

━━━,『한국근대연극비평사 연구』, 태학사, 1996.

━━━,『한국 신연극 연구』, 연극과인간, 2001.

여석기, 『한국연극의 현실』, 동화출판공사, 1974.

──, 『동서연극의 비교연구』, 고려대학교 출판부, 1987.

──, 『현대영미희곡작품노트』, 한신문화사, 1987.

──, 『세상을 넓게 볼 줄 아는 도량』, 도서출판 둥지, 1991.

──, 『에세이 셰익스피어 명작선』, 시사영어사, 1991.

──, 『씨네마니아』, 솔, 1996.

──, 『햄릿과의 여행 리어와의 만남』, 생각의나무, 2001.

『연극문화 그리고… 사회』, 서강대언론문화연구소, 1993

오사량, 『동랑 유치진 선생과 드라마센터 이야기』, 서울예술대학, 1999

오스카 G. 브로켓, 『연극개론』, 김윤철 역, 한신문화사, 1989.

오영진, 『하나의 증언』, 국민사상지도원, 1952.

──, 『오영진희곡집』, 동화출판공사, 1976.

유민영, 『한국현대희곡사』, 홍성사, 1982.

──, 『한국근대연극사』, 단국대학교 출판부, 1996.

──, 『한국 근대극장 변천사』, 태학사, 1998.

──, 『21세기에 돌아보는 한국 연극운동사』, 푸른사상사, 2022.

유치진, 『동랑 유치진 전집』(1~9), 서울예술대학 출판부, 1992.

유현목, 『한국영화발달사』, 한진출판사, 1980.

이광래, 『촌 선생』, 현대문학사, 1972.

이근삼, 『제18공화국』, 을유문화사, 1967.

──, 『서양연극사』, 탐구당, 1980.

──, 『어떤 노배우의 마지막 연기』, 연극과인간, 2001.

이규원, 『우리가 정말 알아야 할 우리 전통 예인 백 사람』, 현암사, 1995.

이동순, 「한국대중문화사와 왕평 이응호의 위상」, 동북아시아문화학회, 국제학술대회
    발표자료, 2009.

이두현, 『한국신극사연구』, 서울대학교 출판부, 1966,

──, 『한국가면극』, 문화재관리국, 1969.

──, 『의민당수기』, 한샘, 1989.

──, 『한국무속과 연희』, 서울대학교 출판부, 1996.

──, 『한국연극사』, 학연사, 1999.

이두현 · 장주근 · 이광규,『한국민속학개설』, 민중서관, 1974.

이병복,『무대미술 30년』, 도서출판 한국무대미술가협회, 1997.

이석만,『해방기 연극 연구』, 태학사, 1996.

이원경,『연극연출론』, 현대미학사, 1997.

─────,『불멸의 처』, 평민사, 1999.

─────,『이원경 연극화술론』, 한국예술종합학교 연극원 연기과, 2003.

이유영,『한독문학비교연구』, 서강대학교 출판부, 1983.

이진순,「한국연극사 제3기」, 한국연극협회,『한국연극』1977.3.

이해랑,『또 하나의 커튼 뒤의 인생』, 보림사, 1985.

─────,『허상의 진실』, 새문사, 1991.

임종국 · 박노준,『흘러간 성좌』3, 1966.

임형택,『한국문학사의 시각』, 1984.

─────,『한국문학사의 논리와 체계』, 2002.

장덕순,『한국설화문학연구』, 서울대학교 출판부, 1978.

정노식,『조선창극사』, 1940.

정상진,『아무르 만에서 부르는 백조의 노래』, 2005.

조선일보사출판부,『현대조선 문학전집』, 1938.

조지프 캠벨,『신화의 힘』, 이윤기 역, 21세기북스, 1991

───────,『천의 얼굴을 가진 영웅』, 이윤기 역, 민음사. 1999

조영복,『월북예술가 오래 잊혀진 그들』, 2002.

조지훈,『한국문화사서설』, 탐구당, 1964.

조택원,『가사호접』, 1973.

조희문,『한국영화의 쟁점』1, 2002.

차범석,『껍질이 째지는 아픔 없이는』, 정신사, 1960.

─────,『대리인』, 선명문화사, 1969.

─────,『환상여행』, 어문각, 1975.

─────,『학이여 사랑일레라』, 어문각, 1982.

─────,『동시대의 연극인식』, 범우사, 1987.

─────,『식민지의 아침』, 학고방, 1992.

─────,『예술가의 삶』, 혜화당, 1993.

──────, 『목포행 완행열차의 추억』, 융성출판, 1994.

──────, 『떠도는 산하』, 형제문화, 1998.

──────, 『옥단어!』, 2003.

──────, 『한국 소극장 연극사』, 연극과인간, 2004.

최은희 · 신상옥, 『조국은 저 하늘 멀리』(상 · 하), 패시픽 아티스트 코퍼레이숀, 1988.

한국고전음반연구회, 『유성기음반가사집』, 민속원, 1990.

한국극예술학회, 『함세덕』, 태학사, 1995.

한국무대미술가협회, 『까페 떼아뜨르』, 1998.

한국영화인협회, 『한국영화전사』, 1969.

한승연, 『꽃이 지기 전에』, 2003.

함세덕, 『동승』, 박문출판사, 1947.

허　규, 『민족극과 전통예술』, 문학세계사, 1991.

──────, 『물도리등』, 평민사, 1998.

허은아, 『무대 위에서 스러진 불꽃 왕평 이응호』, 미루나무, 2011.

황문평, 『인물로 본 연예사－삶의 발자국』(1, 2), 도서출판 선, 1998

황　철, 『화술과분장』, 1963.

Hans Knudsen, *Theaterwissenschaft*, 1950.

Hans Knudsen, *Methodik der Theaterwissenschaft*, 1971.

인물 및 용어

유민영 柳敏榮

경기도 용인에서 출생하여 서울대학교 및 같은 대학원 국문학과를 졸업하고 오스트리아 빈대학교 연극학과에서 수학하였다. 연극평론가이며 문학박사. 한양대학교 국문학과 교수와 단국대학교 예술대학 학장, 방송위원회 위원, 예술의전당 이사장, 단국대학교 문화예술대학원장 및 석좌교수를 역임하였다. 현재 단국대학교 명예교수이다.

주요 저서로는 『한국연극산고』(1978) 『한국현대희곡사』(1982) 『한국연극의 미학』(1982) 『전통극과 현대극』(1984) 『한국연극의 위상』(1991) 『한국근대연극사』(1996) 『한국근대극장변천사』(1998) 『20세기 후반의 연극문화』(2000) 『격동사회의 문화비평』(2000) 『문화공간 개혁과 예술발전』(2004) 『한국인물연극사』(전2권, 2006) 『한국연극의 사적성찰과 지향』(2010) 『한국근대연극사 신론』(전 2권, 2011) 『인생과 연극의 흔적』(2012) 『한국연극의 아버지 동랑 유치진 – 유치진 평전』(2015) 『한국연극의 거인 이해랑』(2016) 『무대 위 세상 무대 밖 세상』(2016) 『예술경영으로 본 극장사론』(2017) 『풍성한 문화예술계의 명암』(2019) 『사의 찬미와 함께 난파하다 – 윤심덕과 김우진』(2021) 『21세기에 돌아보는 한국 연극운동사』(2022) 『북한 연극사』(2024) 등이 있다.